国家出版基金项目
NATIONAL PUBLICATION FOUNDATION

中央苏区革命史
调查资料汇编

卷二

吴永明 / 主编

黄伟英 / 编

江西人民出版社
Jiangxi People's Publishing House
全国百佳出版社

国家出版基金项目
NATIONAL PUBLICATION FOUNDATION

中央苏区革命史
调查资料汇编

卷二

吴永明 / 主编

黄伟英 / 编

江西人民出版社
Jiangxi People's Publishing House
全国百佳出版社

本卷说明

本卷为《中央苏区革命史调查资料汇编》卷二，包括兴国、宁都两个县的革命史调访资料。

一、兴国部分内容简介

调访资料主要来源于江西省档案馆所藏的以下 4 个案卷：1.《兴国杰村、东村等地人民斗争史料》（全宗号 X014，目录号 1，案卷号 072）；2.《兴国县杰村、九山等老革命同志座谈当地人民建立游击队、土地革命斗争、党和苏维埃的建立等革命史的记录》（全宗号 X014，目录号 1，案卷号 073）；3.《兴国县塘背乡、良村、古龙岗等老革命根据地党史资料稿》（全宗号 X014，目录号 1，案卷号 074），4.《兴国县水南武装斗争、"东固事件"、"十万株战役"调查整理材料，以及"反动的靖卫团"材料》（全宗号 X014，目录号 1，案卷号 075）。资料编排的顺序首先是以案卷号为序，然后依照各个案卷号原有的页码顺序，依次辑录。

兴国部分的调访资料主要形成于 1958 年底—1959 年初。在此期间，党史调研人员深入兴国的各个乡村，如杰村、九山、社富、均福、良村、古龙岗、江口、龙岗、东村，召开座谈会，也进行小规模的访谈或个别访谈，由此形成了相关的调访资料。参与调查与资料整理的团队与人员有陈钦现、张化年、肖国雄、唐竞新、刘庆煌、省委赣东南中央苏区党史资料调查队兴国分队、李华、陈怀山、杜德风、贺淑媛、杨春年、颜德志等。访谈对象基本上是土地革命的亲历者或亲历者之亲属。

从资料内容来看，有的是调研后形成的综合材料，如《良村史料》，系统地介绍当地区乡划分，党的建立、发展和活动情况，武装斗争情况，政权建设，群团组织发展情况，生产、经济建设及文教卫生情况，打土豪分田地情况，苏区人民和干部的生活，当地的游击战争，发生在当地的重要战役等。有的是专题材料，如《杰村的政权建设》，专门记录土地革命时期杰村苏维埃政府的建立和各项工作开展情况。有的是个别人的访谈材料，如《均福乡曾昭文等访问记录》等。有的是某个重大战役的专题资料，如《十万株战役访谈材料整理》。

二、宁都部分内容简介

宁都部分的资料主要来源于江西省档案馆所藏的以下 3 个案卷：1.《宁都县苏区（长胜县所属）黄石、瑞林、产田、渡头、田头、里迳等人民革命斗争史调查材料》（全宗号 X014，目录号 1，案卷号 095）；2.《宁都县城关镇、城郊、大沽、令〔会〕同、青塘等乡苏人民革命斗争史调查材料及大事年表》（全宗号 X014，目录号 1，案卷号 099）；3.《宁都县东韶、横江、陂头、洛口、永村、石上等乡苏地区人民在第一、二次国内革命时期斗争史的调查材料和大事年表》（全宗号 X014，目录号 1，案卷号 100）。资料编排的顺序首先是以案卷号为序，然后依照各个案卷号原有的页码顺序，依次辑录。

宁都部分的调访资料主要形成于 1958 年底—1959 年初。在此期间，党史调研人员深入宁都各地，如城关镇、城郊乡、长胜乡、田头、里迳、洛口、东韶、大沽乡、青塘、横江、永村等地，召开座谈会，也进行小规模的访谈或个别访谈，形成了相关的调访资料。参与调查与资料整理的团队与人员有中共江西省委赣东南中央苏区党史调查工作队宁都分队（下设东韶小组、洛口组）、中共宁都县委党史编写委员会办公室、中央访问团、赵全聪、夏培元、罗育群、刘占云、邬海明、叶敬俭、刘事聘、李禧汉、唐和亲、王文超、肖炎山、许第倬、吴绍略、叶敬煜、胡钦豪、伍崇光、宋华楶、杜铮奎、漆特英等。访谈对象基本上是土地革命的亲历者或亲历者之亲属。

从资料内容来看，有的是调研后形成的综合材料，如《里迳乡人民革命斗争史》《宁都县青塘乡苏区革命斗争史料》等，记录的内容主要由以下部分组成：革命前当地的社会情况、革命的发生、政权建设及其维护政权的斗争、北上后的革命斗争、红军北上后被摧残的情况和解放前夕的社会情况等。有的是座谈会的记录材料，如《东韶、琳池老同志座谈材料》《大沽乡革命老人座谈记录整理》等。有的是个别人的访谈材料，如《访问老革命同志廖高垣记录整理》《曾祥福老革命同志口述资料》《访问黎球和黎瑞玉同志的材料》等。

三、资料录入、整理过程中遇到的问题及处理方法

档案资料的辨认难度非常大。调访资料大部分是手写而成，只有少数是刻印版。20 世纪 50 年代末正是繁体字向简体字转化的过渡期，因此，档案资料中繁体字与简体字并存。同时，也有不少当时通行的异体字。资料编写者往往有自己独特的书写风格，有的较为潦草。有些字、词的写法在当时通行且众所周知，但现在却不再使用。在人名和地名上，经常使用同音字或同形字，致使一个人名、地名有多种写法。访谈对象多使用方言，有的方言令外来的调研人员很难把握。访谈对象的记忆与表述也存在一些错乱之处。档案原文有不少涂改之处。资料存放了 60 多年，字迹的淡化、模糊以及纸张的残破现象难以避免。档案的编排也存在一些错乱现象。以上种种因素夹杂在一起，令档案录入的难度非常大。

在资料辨认、录入和编纂的过程中，我们的原则是尊重资料原文，兼顾阅读使用上的方便，为此，进行了以下调整：1.把所有的繁体字转化为标准简体字。2.把异体字转化为标准简体字，如灴/赣、沄/潭/个、峯/峰/拿、□家/国家等。3.对人名中使用同音字或同形字问题的处理：凡是中国近现代史上的知名人物，统一写法，例如在档案资料中出现的"张辉占""张辉玷""张辉赞"等写法，统一为"张辉瓒"；对一些相对不知名人物的名字，难以确定哪种写法是标准的，则用脚注的方式标注。4.对地名中使用同音字或同形字问题的处理：如果确定是同一地名，按照该县地名志中的标准写法加以统一，如将"梅告""梅窖"统一为"梅窖"；如果推测应该为同一地名，但没有百分之百的把握，则在正文中照录原文，在脚注中标注加以说明。5.对于较难理解的方言，正文中照录原文，在脚注中标注其含义。6.对于档案资料原文中有明显错误的地方，正文中照录原文，在脚注指出其错误。7.对于字迹过于潦草或过于模糊难以辨认之字、词，或纸张毁损造成的资料缺失，用特殊符号代替。8.档案编排中出现的错乱现象，通读后加以理顺。

在资料录入中遇到困难时，课题组成员反复讨论和辨别、请教老一辈专家学者、结合其他史料反复求证，甚至进行实地考察，尽管作了最大努力，但由于客观上存在的困难及水平之欠缺，错误与不足仍在所难免。现不揣谫陋，将资料汇编成册，向学界作一汇报，既希望有助于深化中央苏区史研究，也希望能得到各界的友善指正。

本卷资料的查询、搜集、整理、录入和校对工作，主要由黄伟英，南昌航空大学马克思主义学院硕士研究生田婷、陈雪，江西师范大学历史系硕士研究生封真真、陈华等共同完成。

编者

2022 年 10 月

目 录

兴国部分

1929—1934 年杰村、九山、社富等地区的土地改革情况

说明

兴国县的杰村、九山、社富等地区（前属赣县管辖），位于兴国西南部，接近赣州，在苏区时靠近白区，反动势力顽固，因此赤白斗争剧烈，反革命力量几次企图复辟，使红色政权较慢巩固，土地改革也因而反复进行了几次。下面材料是根据访问上述几个地区的老革命同志所得到的资料整理出来的。希望阅读者校对改正。

一、杰村乡各村土地改革情况

里观进行了三次分田地。

第一次是 1929 年 4 月，以村为单位，田分上、中、下三等，每人分 8 担谷地。地主、富农财产全部没收，富农分坏田，中、贫农一样分田地。

第二次是 1930 年 4 月，用调整的方法：凡工人、师傅、理发的不分田，帮手与徒弟仍分田。

第三次是 1933 年 8 月，进行复查，分地主、富农、中农、贫农、雇农、流氓 6 个阶级，地主不分田，富农仍分坏田。

阶级路线是："依靠贫雇农，团结中农，打倒富农、地主阶级。"

在第三次反"围剿"时，我们把地主赶到白区。在第五次反"围剿"时又赶走了一些地主，对于不杀掉的地主，送"感化院"。

横江在 1929 年下半年进行第一次土改,这次土改工作进行了很久。办法：按田定钱,按人分钱,以乡为单位,茶山、竹山、油茶山也是定好钱。田分三种：上、中、下。每人约能得到 7 担谷田的钱。地主、反水富农不分田,富农分坏田,中贫雇农打平分。没收来的财产折成钱分,贫雇农自己的房子与富农换好的房子住。地主及反水富农赶出境。

领导土地改革的机构：区土地部,乡贫农团(设有主任)。

1933 年进行第二次土改。查田查阶级,当时上级发了很多文件,发土地证,征土地累进税。

杰村在 1930 年三月初三(阴历)开群众大会,焚烧契约。第一次打土豪、分田地的政策是：依靠贫雇农,团结中农,反对富农,打倒地主,斩恶霸劣绅,抽多补少,抽肥补瘦。以原耕为基础,按村按人口,地主不分田,师傅(木、泥、篾、铁匠的师傅,当时被认为是剥削阶级)不分田,富农分坏田,中贫农一样分田,徒弟有分田。当时里丰一人分了 8 担谷地(1.6 亩)[①]。

自 1930 年三月初三以后,成立乡、村政府。区成立土地科,设土地委员。分粮食、财政,组织贫农团。[②]1930 年春,组织贫农团,划分阶级,有地主、富农、中农、贫农、雇农、工人、师傅、徒弟,分剥削阶级与被剥削阶级。此外,还有劣绅、地痞、流氓。

1931 年 7 月,又重新分过田。当时田要插牌子(写明原耕人、田亩、地名),土地委员进行查对,看有无差错。造好土地名册,打好数目,开群众大会通过。自此以后,政府〔权〕就巩固了。

古境进行了两次土地改革。

1930 年 2 月,第一次分田,划了阶级,但不明显。凡雇长工、剥削大的就是地主,有余粮的就是富农。以村为单位,地主富农分

---

① 文中对"担"和"亩"的换算很不一致,原文照录。
② 原文如此。

坏田。古境每人分 10 担谷田（江背每人分 7 担谷田）。

1932 年正月，第二次分田。这次是彻底平均分田，以乡为单位，抽多补少，抽肥补瘦，打平分。古境每人分 8 担谷田（江背每人分 7 担谷田）。地主不分田，富农分坏田。田分为上、中、下、特下 4 种，师傅、老板不分田。

含田 1930 年曾经开会决议，凡有能力作多少就作多少田。地主、富农的田，一律不还租谷。

1931 年 8—10 月，开始分田，以乡为单位，平均每人分 10 担谷田。田分为上、中、下、特下 4 种。地主和反水富农不分田，富农分坏田（特下田）。同时分山，照苗好坏搭匀，平均分配。

杰村乡地区土改概况：第一次分田地，1929 年春至 1930 年（各村先后不同），由土地部长负责，按人口分田，每人分 8 担谷田（实际不止 8 担谷田，有 10 多担谷田，因为看青苗的好坏折实收谷）。以原耕为基础，抽多补少，抽肥补瘦。

第二次分田是 1930 年—1932 年，打乱平均分配，田分上、中、下、特下 4 种。

第三次分田是 1932 年—1933 年，查田查阶级。这次依据抽多补少、抽肥补瘦的原则。

划分阶级的标准是：

自己不做工夫，田出租，雇长工劳动，放债，靠土地剥削和收租过活，为地主阶级。

全村庄的话事人，事事由他管的，为恶霸地主。

富农——有部分土地出租，放债，请月工，剥削不是很大。

赌棍——不劳动，以赌钱为业。

赌皮——做些工夫，又赌些钱。

流氓——不做事，游手好闲，好吃懒做，偷劫，无所不干。

中农——自给自足，不进不出，土地、经济都不剥削。

贫农——田少，做零工，钱、谷要向人家借。

雇农——专门替人家做长工，没有一点田地。

工人阶级——无产阶级，最忠于革命的阶级。

对待地主、富农和土豪、劣绅、恶霸的政策：退押退租。知道哪一家地主、富农有钱，有多少花边（银洋），就派人去动员、宣传，要他自动交出来。宣传不动的再换人宣传。顽固宣传不动的就捆起来交区裁判部，再宣传，直到他交出来为止。一般地主、富农经过宣传后交出来的多，捆起来的少。开地主的谷仓分给农民。

恶霸地主不一样，知道他有1000就要他交出1000，不交出来就捆打、踩杠子。

审枪、审马刀：要他交出枪支、子弹、武器给游击队。

杀地主、富农：第五次【反】"围剿"时〈国民党来了〉，太和捉到的地富交到杰村里丰，杰村的交到于都，结果杀了不少。

严格管制：夜晚逃走的地富，哨兵一发现就会将其杀掉。平时强制他劳动，帮助红军家属做工，押着挑担架、修桥筑路，强迫做苦工。

把最恶的地主、富农，头上剃一条沟，预防他逃走，以便于捕捉逃犯时做记号。

大地主——肖家岁：布口人，全家20多人，4人在赣州读书，是杰村地区最有钱的地主。有田3300担（550亩），自己只种200担，其余的出租，请了月工2人，长工1人，茶山满山都有〔是〕，无法计算。5栋新房。在杰村圩开了卖布、卖铁、卖鸦片烟3个商店，请了2个小工（助手）。资本雄厚，资财难以计算。以卖鸦片最厚利，大发洋财。借1担谷要还3箩，借1块钱要交4毛钱利息（年利），这是最轻的。狗腿子肖祥△充当靖卫团，保护他。

全乡包括杰村、田间、布口、鸭田坝等村，共有地主11家，富农8家。在11家地主中，3家是恶霸地主（谢达文、张俊如、谢梦生），他们都依靠靖卫团势力杀过人；3家是开明地主（张提贤、肖祥用、谢恒中），钱谷都能自愿交出来。其余5家地主表现一般。

苏区个别地方，由于结婚或其他大事，土地可以买卖。

二、九山乡土改情况

九山。1929 年 9 月（阴历八月）开始打土豪、分田地，当时的土地分配办法：某村的地主的土地就分给某村的贫雇农。

1931 年阴历二月，正式土改。每人分 5 担 4 斗谷田，田分为上、中、下、下下 4 种；上田 1 石，中田 9 斗，下田 8 斗，下下田 7 斗（面积相等）。茶山每人 1 石 5 斗茶桃，柴山未分。地主不分田，富农分坏田，贫农、雇农、中农打平分。以乡为单位，贫农团领导土改工作。

在土改时，中贫农对自己的土地，有一部分人瞒了田，瞒产者中贫农都有，以中农为多。

杨梅。1928 年 9 月开始打土豪、分田地，成立贫农团，划阶级：分地主、富农、反水富农、中农、贫雇农，每人分 7 担谷田。当时提出，打土豪分田地，消灭地主，没收富农部分财产，富农分坏田。

土改前借地主 1 担谷要还 3 箩或 2 担，放债剥削农民，借 10 块钱月利 1 元，租田每年要请租主吃一次酒席。

歌谣：

　　黄竹篾子打谷箩，听𠊎穷人唱只歌。

　　𠊎问地主借担谷，吃了一担还三箩。

当时国民党常要苛捐杂税，杨梅每年要几次地税（薪水谷、伙食谷），国民党又要征兵勒索钱。

歌谣：

　　反动毛好谢达文，称他自己有铜钱。

　　八十二区带兵转，一直带到去仓田。

　　假借民意来清匪，贫苦耕牛一下牵。

　　每家要出壹毫子，贫苦工农叫连天。

　　四面红军开火打，捉到区长割颈根。

　　有谁捉到谢达文，赏你二百大花边。

陂脑村。1929年冬分田地，每人分8担谷田（合1.5亩）。1930年8月，又分过一次田，富农分坏田，地主不分田。第二次分田时，地主表现较好的也分田（分坏田），贫雇农分好田，中农原耕不动。按多少加减调整。按人口分田，先查田、查阶级，先划阶级后分田。

刘海东是九山一带的大地主，占有田地2000多亩，木子（油茶桃）1000多担。自己只种10多亩好田，其余全部出租。雇长工四五个，做茶工、砍柴火、做家务、打杂，自己不劳动，靠收租过活。也是九山乡的靖卫团头子。

三、社富乡土改概况

社富。在1928年到1929年，□□□组织了农民协会，开始秘密活动。1930年开始打土豪、分田地，划阶级，分地主、富农、中农、贫雇农。中贫雇农分好田，按人口平均分配，每人分1.2亩田。富农分坏田，地主不分田。以各村为单位，区、乡成立土地部，有土地委员若干人，负责分田。各村有土地委员和贫农团。田定为上、中、下三种。

谢木村。1930年9月乡政府成立后进行土改。以村为单位，平均每人分12担谷地（合2亩）。凡地主、土豪、反水富农、反革命、靖卫团大干部不分田，富农分坏田，贫雇农分好田。这是第一次土改。

第二次土改调整不平，山林分一次，把山林估价折成钱，再按人口分配。土改时，没收地主土豪的财产分给贫苦群众。比较好的田和东西留下来，优待红军家属。乡土地委员和贫农团是领导土改的机构。土改后，群众只要向政府交很轻的累进税，最多每人交一石三四斗左右。一般贫雇农不交累进税。区〈有〉设有土地部。

鹭溪。1929年开始打土豪分田地，富农、地主、包工头（师傅）、流浪没有田分，中农分下田，贫农分中田，雇农分好田。由分田委员会、土地委员、农协会管分田地。打到地主的东西就分给贫雇农，中农没有分。

第二次分田，1929年冬，打乱平分，中农也分田（政策改变了，团结中农），地主、富农、师傅、老板仍不分田。

桂江。1930年解放，接着就打土豪分田地，只分了一次田，复查了几次，分田以村为单位，每人分6担（1.5亩）。田分上、中、下三等。中贫农好坏田平分，富农分下田，地主不分田。当时，地主听到要分田，大部分地主逃到白区赣州地方去。

成龙地区土地改革。1929年2月（民国十八年正月），成立农协会。3月间开始分田，以乡为单位，每人7担谷田（横江人8担谷田），地主不分田，反水富农和地主、富裕中农被送到白区（赣州），富农分坏田，中贫农同样分田，"抽多补少，抽肥补瘦"。师傅、老板不分田，帮手和徒弟分田。阶级路线是"依靠贫雇农，保护中农，打倒富农地主"。

四、龙口地区的土地改革

龙口1928年开始第一次土改，以村为单位，以原耕为基础。那一村原来耕有多少田地，这些田地就归那个村的人口平均分配。田分上、中、下三等，雇农、工人分上田（好田），贫农分中田，中农得下田。地主、富农、流氓、劣绅与工头（师傅、老板——专剥削工人为生的）概不分田。分田的办法是经过大家讨论分配的。因为革命胜利是和无产阶级领导分不开的，因此这样分田大家没有意见，假如有个别中农心里头有意见，也不敢讲。因为在当时分配讨论时，他们也参加了。没有分到田地的坏分子，靠帮助别人劳动为生，如打柴、开荒、打杂。

龙口每人平均分6石谷田，多少不均等。有的村人口少，原来耕的田多，这次分的田也就多些，例如，邻乡下昭村每人分10多石。口号是打土豪、分田地，消灭地主。

第二次土改，1930年上半年进行的，田分上、中、下搭匀，一般的富农有田分，其他与第一次一样。

领导土改的机构区土地部、乡土地委员、贫农团。查田查阶级，1931年冬，第一次没有烧掉的文书契约、借条，全部由查田委员会集中烧毁。

主要是查瞒土地产量、剥削情况，实际是查清有无漏网地主、富农。主要是查中农、富农两个阶级，查出来的地主、反水富农与恶霸财产，全部没收。

前两次没收来的是分给贫雇农。这次查出来的东西是折价卖给贫雇农。

（整理人：陈钦现）

杰村、社富地区党的建立和发展

序言

本文是我们 5 个人经过半月余的时间，在社富、桂江、九山、横江、里丰、杰村、含田、古境、和平等地方的调查情况，为了将后〔来〕查考方便，特分专题汇编。本文共包括两大部分，一部分是苏区解放前各地方的群众组织，一部分是各地方党的建立和发展。

根据我们了解，现在兴国杰村乡、社富乡一带过去都有三点会和洪家的组织，革命前各地方有农民协会组织。三点会和洪家性质是一样，不过三点会比洪家组织在前。三点会原来是一种反动组织，由地方上一些地主、富农、流氓分子和部分贫苦工农组成的，专门抢劫。后来，经过党的工作，才从性质上把三点会改变过来，由一个反动的地方组织变为革命性质的组织。后来三点会改称为洪家。

农民协会，是一种农民的革命组织，这是在我们的领导下组织起来的，它的主要任务就是组织农民，打土豪，分田地。

党的活动在杰村、社富一带，先后不一。一般说杰村一带党的活动较早，社富一带较晚，但总的情况，都是先由秘密活动，转到公开活动。

（一）横江、里观、杰村地区党的建立和发展

横江、里观、杰村从 1926、1927 年就开始有党的活动（丙寅、

丁卯年间），最初的革命种子、党的根苗是徐惠濂^①、钟积金两人。徐惠廉（又名徐复祖，后来叛党，现在信丰县教书），是里观村人，原在上海某大学读书，是大学毕业生，在大学里入党的。1927年，他从上海返家，他回到家里，就将自己家的财产一部分分给贫苦农，一部分出卖（因为他家是地主成分。有的说徐惠廉回家后，就把自己家里的财产全部分给贫苦农；有的说他回家后，就把自己家的财产折价出卖）。他回来，名义上说是办学校，买了十几盏马灯和许多板凳、黑板，办贫民夜校，其实是进行发展党的工作，暗中组织农协会，组织农民起来暴动。

　　钟积金是横江李村垅人，很早就在赣州入了党，在赣州经【常】回家进行革命活动。1926—1927年，陈赞贤在赣州领导赣州市工人运动，赣州、于都都成立了工会，杰村人民在赣州、于都的影响下，也纷纷组织农民暴动。钟积金听说他家乡（李村垅下）暴动，就从赣州转回家里从事党的工作，领导横江人民革命，首先他回家来就把家里的田地、财产分给贫苦农。

　　丙寅、丁卯年（1926、1927），杰村地区人民在赣州、于都工会，农民协会的影响下，在钟积金、徐惠廉同志的领导下，也成立了农民协会和工会（手工业工会）。钟积金从赣州回来，就找一些家里最穷的人，例如横江钟华稿等，问他："要不要田？只要你要就可以给你，不要你的钱，也不还租。"而且，当真给了钟华稿十几石谷田。后来组织了农民协会，就打土豪分田地。首先封有钱人的仓，当时封了9只大仓，初来群众不敢去挑，后来经过很动〔多〕发动工作，才分了9仓的谷。同时路上"短米"（有人拿米出坑卖经过，遇到就一概把他拦住，并没收）。钟华稿"短"了2次米，共得了5斗8升米。

　　后来，赣州工人运动被镇压，陈赞贤同志被害，杰村地区的农民协会就一度停止。

---

① "徐惠濂"，下文又作"徐惠廉"。

1929年4月（旧历三月），陈毅、林彪同志带领红四、六军从井冈山下来，经过杰村，在含田住了1夜，在杰村住了2夜，后来经曾田，过瑞金上福建去了。在杰村召开了群众大会，大会内容主要是号召大家组织起来，起来暴动，起来打土豪、分田地。杰村钟秀浪同志与林彪、陈毅会了面。晚上，陈毅、林彪同志对钟秀浪说："你们要组织起来，起来暴动。"秀浪回答："靖卫团势力很大，我们没有力量。"陈、林又说，"不要怕，地主有钱的人是少数，100里只有5户，穷人是多数，我们可以给你们30支好枪。"30支枪后来没有叫秀浪去领，而交给王友登同志，带到桂岭岗去了。

当时，胆大的贫苦人，就出来榨钱。农民常用酒精倒在墙上，假烧地主的房子，地主就吓坏了。陈毅同志就劝我们说："不要烧，他出钱就好了。"当时，榨到了好多钱。横江一地主叫邱庭昌，出了500多光洋，封了他100多担谷。还封了地主很多谷仓，横江王立起、邱庭昌、邱庭宣、张俊沂、肖凤光的谷仓都封了，一共封了10多只谷仓，只开了横江的，大胆的穷人就去挑谷来吃。

附：三点会与洪家

三点会成立于宣统民初时，起于杰村田间，谢西斗为大哥（首领），人数只有几十人，后来国民党要杀他，他就跑到赣州进行活动，发展会员，最多时达几千人。大哥是钟老三、王裕光（西斗已死）。于都反动派追查、围剿三点会，老三带了百余亲信逃到宁都，后来率120余人经九山到成龙（属九山大队长〔管〕）——地主巢穴，成龙地主召集"田兵"（农民）600多人，包围老三部队，由于众寡悬殊，结果老三被杀（其头被剁成28块），30多个主要亲信亦被杀死，三点会消失。

民国十一年左右，九山组织了三点会。头子是钟启祥，参加者有30多人。

三点会的记号：参加会员都有一条丈余长的青布巾，绕在左手及身上。

三点会的宗旨：劫富济贫。

活动时间：晚上。

分财办法：由大哥、二哥分配，也有心歪的弄来东西独吞。

参加成员：贫富皆有，贫人为了得财，富人为了保家。

洪家：三点会失败后两三年，出现"洪家"，又称"五祖万太"，又说是"金兰结义"。

洪家四语："人王面前一对爪，东门头上草生花。丝〔狮〕子滚裘〔球〕十一口，我王头上插金花。"

活动时头插黄花，脸涂锅烟。

入洪家仪式：入时到静而有水的地方开会，入家者手拿 36 根香（点着的），面临水说："有忠有义照香过，无忠无义照香亡。"说完即将香投到水中。

宗旨、分物方式，皆同三点会。活动时间、参加成员亦同三点会。

民国十五年左右，九山成立洪家组织，参加者有 100 多人，领导人是刘瑞华、刘怀义。

自有了三点会、洪家，就成了"不怕死"的贫苦农民谋求生存的支柱，与向地主斗争的领导核心，其首要对象是富而恶的人。

三点会与洪家的头子，都有手枪，成员多是用短刀、梭镖。三点会的成员，曾拿着这样的武器，打击了不少恶地主。洪家成员不仅从地中〔主〕手中夺得不少财富，还倒向红军，配合红军向反动派斗争。1929 年，刘瑞华就积极参加革命，三点会、洪家的成员参加革命的更多。

红四军第四中队第一支队（支队长钟兴棋）经过杰村时，就留下钟正泉（原姓张）同志在本地工作。首先是留在钟积金家里。钟正泉留下后，就开始秘密发展党员，建立农会，封豪绅地主的谷仓，抗租抗债，组织赤卫军与靖卫团斗争。

1929 年赤化后，钟正家[①]、钟积金（后被 AB 团所害）、徐惠廉

---

① "钟正泉"和"钟正家"疑为同一人。

就秘密组织党支部。最早的党员是钟积金、钟华稿、王周和、钟秀浪、钟秀炯、林云山、林起根、徐惠涛、徐惠源（后叛变）、林一栋、徐惠廉、钟正家等。钟积金担任党支部书记。

钟正泉在杰村五六个月，共发展了十几个党员。钟积金担任支部书记时（1929.3—1930）共发展了党员十三四个。当时介绍入党时，首先是启发，问"你苦不苦，同志，要不要革命，要不要入党"，革命坚决的就介绍进党。

参加党组织要宣誓，念八项守则（内容不记得），入党宣誓时，要呼口号：①服从命令，遵守纪律。②严守秘密。③阶级斗争。④牺牲个人。⑤永不反党。

当时成立了暗交通网，秘密通信，信纸用药水洗或放入水里才看得见字。王周和、钟华稿同志做交通员，把信送到于都县。农民起来暴动时，横江地区党组织通信路线，是钟积金的信由钟华稿送到里观的徐惠平（徐惠廉三叔兄），徐惠平再到江背。

横江反动头子王均道，常班（叫）曾田陈兴台等靖狗子来捉我们，他常说，枪决了钟华稿、钟积金就断了共产党的根（指当地而言），并张贴告示："捉到了钟积金、钟华稿，奖300 花边（现洋）""捉住了一定抽筋剥皮"。

1929 年江背暴动胜利后，钟秀浪和钟秀招经常过江背去联系。1930 年 4 月以前，钟秀浪和江背的陈达三、林成贤、林钦、林一姚、谢正秀等开了三天三夜的会，讨论如何打杰村，进攻田间的问题，结果决定分五路进攻田间。

1930 年 4 月（旧历三月初一），陈达山[①]的第七、第八大队来解放杰村，分五路来。钟秀燮带一路从杰村、碰岭顿山进攻田间；钟秀浪带一路从金钱老、古境、含田，走龙头揭进攻田间；肖翔光带一路从硿子瑶到田间；含田林××带一路从南山走下诏进田间。另外，林云山带一支队伍，从南山洞进来，因来迟了，使靖卫团走

---

① "陈达山"和"陈达三"疑为同一人。

这条路逃跑了。

打田间时，把有钱的人捉起来，用"调马换将"的方法，要他交一支枪来就放他一个人，结果缴到十六七支枪。

初四，开了群众大会（搭台），杰村全村人都参加了大会。会后，杀了谢石长。会后成立了革命委员会，杨约轮任主席，还成立了指挥部，朱品昆担任党代表，指挥部主任廖春山。

三月十五，召开群众大会。会议开始时，大家讨论，谁会说话就上去当主席，结果看到张术贤会说会话，就推他做主席。会上宣布焚烧契约，会上杀了地主、反革命分子王均道。

区委书记次序如下：

指挥部时期（1930.4—）：主任朱品昆（代号东月红）（指挥部实际就是党的机构）。

杰村区成立后（1930.6—）：陈名杰（后来投敌）。

二次战争到赤化七坊后（1931年）：曾提堂。

杰村区取消与社富成立上东区（1931.8）：周富盛。

红军北上抗日至解放前夕：

1.1934年红军北上抗日后，党的组织被打散。1937年，上级党组织从赣州派了一个姓刘的到兴国来，打入国民党兴国县政府秘书处，进行党的领导工作。后来，成龙刘行清[①]、刘加舰、刘雅俪、李昌招4人便组织了党小组，李行清担任小组长，与刘秘书取得联系。这个小组4个人，曾经2次约好下午从杰村圩回来，在路上开过2次会议，讨论和发动群众抗兵、抗款、抗租，结果在一次李行清的发动下，李佐樟曾经起来抗过兵。还有不少群众抗过租和款。1938年，因被国民党识破，刘秘书被捉，李行清也被俘、牺牲，党小组活动一度被停止。

1948年，党又派了一个杨老师，从福建来的，在古井（今杰村乡）教书，他在学校里发展党员，但地主、富农、保甲长都可入

---

① 疑为下文的"李行清"。

党，不过规定，地主、富农入党要出钱，贫雇农入党不要钱。杨老师发展的党员多半是无党证。由于看到姓杨的拉拢的〔了〕很多地主、富农分子，当地党员也就没与他取得联系。

1949年快要解放时，杨老师派李××挑担竹椅去接头，结果在路上被国民党查出（在竹椅筒内查出一张条子）被杀。解放前一两个月，杨老师返回福建（现在在省或中央工作）。

2. 红军北上抗日后，国民党反动派执行残酷统治政策，当时在小龙钨矿山（泰和）工人罗老泰、邱惠通、钟子云等组织群众，企图暴动，夺取钨矿保卫团的枪支，但因力量小又有人劝阻，暴动未成。

3. 红军北上后，杰村留下六七个伤病员，藏在群众家里。老百姓送茶送饭，洗衣浆补，照顾十分周到。白匪来，群众保密，使留下来的同志免除了迫害。有的伤员死了，群众募捐掩埋。

4. 解放军在吉安时（指1949年），杰村群众欢天喜地，巴不得早些到来。1949年阴历七月十八日解放军来了，群众烧开水，做好饭菜迎接（十七日有人去迎接解放军），找人帮助红军伤员，群众还帮助解放军买鸡蛋等东西。解放杰村的是一四四师，师长姓张，政治委员钟永发。解放军一来，群众呼口号：欢迎红军回老家！解放我们的痛苦！土地回老家！

（二）社富地区党的建立

1927年，王四生在铁山窿（现在的△丰）建立党小组，组员有林吉、谢运连、张文茂、黄才皇等四人（王在燕山做过长工，林吉等四人是在△丰挖沙子）。1930年，这个党小组在兴国。1931年，回到社富建立了支部，庄固光担任书记。同年，成立上东区（主任是周富胜）和特别区（肃反机构）组织。全区有党员70个左右，区、乡都设有党支部。

区少共书记是胡有裙，下任书记是李文光。乡少共书记为黄礼坤（第一个），区少共有几十个，乡少共有20多个。少共的主要工作是宣传动员参军和发展组织。

（三）九山地区党的建立及其发展

1928 年 2 月，开始有党的秘密活动，主要有刘文彪、刘金羊生、刘洋油生、刘海仁、枕仁长子、刘衣衍、刘生家、刘灶长党员。1929 年 5 月解放时，刘文彪任党支书，党员有须和、刘从东、刘友恒、钟雪梅、丘崇山、刘显彬、刘立昌（后叛党）、王林白等 20 余人，到 1931 年发展到两三百党员（有一说，他们还是三点会的秘密活动，不是党）。

在党的领导与组织下，九山地区农民曾经三次举行秘密会议。第一次，1930 年 3 月在蜘蛛背召开，有刘贤森、刘仁山、谢家鉴、张继祯、刘兴云、方继申、刘友山等十余人参加，主席刘友山，他号召大家组织起来，说贫苦工农是大多数，赤军虽然人少，但可以由小而大。这次会后，就进行沟通，被组织的农民越来越多，并且有了发展的名单簿。第二次，离第一次会十多天，在大竹坝召开，有二三十人参加，这次会是由刘友三[①]召集的，也是讨论"打土豪分田地"的事。第三次，离第二次会不久，在犁尖下召开，到会的有三四十【人】，挂起了红旗。这时，九山一带的农民都组织起来了，开会的人有周围五里路的，服从红军领导，杰村刘接金领导开这次会。

兴国县政府搬到九山：

1934 年十月廿日左右（阴历），兴国县城被白匪占领了，县政府迁到九山乡冷水坑新屋下（今九山大队陂脑中队），随着而来的还有独立团（属县的）、独立营（九山乡的）几千人，附近村庄被扎满，有重机关枪、水机关枪，每个战士有手榴弹两个。在当时做了下列工作：

第一，领导作战。领导打石富、杰村（杰村有了白匪），在杰村捉到 3 个国军（从兴国到杰村买菜的）。

---

① "刘友山"与"刘友三"疑为同一人。

第二，作工事。山岭上挖壕沟，路上打钢钉（使敌军不好通过），把路挖掉。

第三，杀地富。杰村、社富、于都捉来的地主富农都在这里杀，杀了两三百。

第四，开会要大家摊派油给红军吃。

第五，打于都小禾溪捉到3个人（杀了2个）。

第六，下命令捉地主、杀地主。

在社富打了七八天之后，白军从杰村、社富、岭背、马鞍石一带包来，于民国廿三年十二月十几日夜，经大小禾溪、于都、古彼〔陂〕一带退出。

（采访人：张化年、肖国雄、唐竞新、陈钦现、刘庆煌；整理人：肖国雄、刘庆煌）

杰村的政权建设

一、杰村的解放

1930年4月（旧历三月初一），陈达三的第七、第八大队来解放杰村，分五路来。钟秀燊带一路从杰村，碰岭顿山进攻田间；钟秀浪带一路从金钱老、古镜、含田，走龙头揭进攻田间；肖翔光带一路从砝子瑶到田间；含田林××带一路从南山走下诏进田间；另外，林云山【带】一支队伍从南山洞进攻，因来迟了，使靖卫团走这条路逃跑了。

打田间时，把有钱的人捉起来，用"调马换将"的方法，要他交一支枪来就放他一个人，结果缴到十六七支枪。

二、苏维埃政府的建立和转化概况

（一）革命委员会的成立

杰村在初三解放，初四开了群众大会（搭台），杰村全村人都参加了大会。会后，杀了谢石长。会后成立了革命委员会，杨约轮任主席，还成立了指挥部。在十五日召开群众大会，会议开始时，大家讨论，说〔谁〕会说话就上台去当主席，结果看到张术贤会说话就推他做主席。会上宣布焚烧契约，会上杀了地主、反革命分子王均道。

（二）杰村乡苏维埃政府的成立

1930年冬，成立杰村乡政府，受石门坳东城区管，乡主席张俊模，共10个干部。杰村乡包括6个村：杰墟、鸭墟、溪岭、高田、田间、布口。

（三）杰村区的成立及其转化情况

1930 年冬杰村区政府成立，张术贤任主席。杰村区开始是 7 乡，后来改为 9 乡，即九山乡、南山乡、龙溪乡、潭路乡、里丰乡、洛江乡、杰村乡、谢庄乡、古镜乡（谢、古二乡是 1933 年 5 月间划入杰村区的）。

三次战争中间，杰村与社富合并成立上东区，属赣县管（1931 年 8—9 月于富口）。杨 × （音好象是"国"字音）品为主席，刘炳希为财政部长，刘庚龙为事务部长，刘水龙为秘书，张俊模任裁判部长，钟秀尊为少共书记。不久，周富盛为主席。三次战争结束，社富与杰村分开，杰村区仍属兴国，社富属赣县（1931.10）。

杰村区历任区主席：张术贤、杨平湘、谢家湘、李采高、钟秀燮、刘基培、李现伦。

三、苏维埃政府的工作

（一）土地改革（专题整理）。

（二）组织赤卫队。

（三）儿童团：放哨、查路条，很严（白天），夜晚是赤卫队防哨）；打菩萨，除迷信；捉吃鸦片烟的人（白天）；捉赌；监视地主坏分子；化装宣传。

（四）扩军：在打吉安前及打吉安时，叫自动参军——参与者很多。打吉安后，才有扩军说法。

当时杰村乡与谢庄乡（两乡的工作都不错），各项工作都相互挑战竞赛，特别是扩军工作，竞得更厉害。还记得 1931 年冬第二次扩军时，杰村乡以 117 个比垮谢庄乡 104 名〔个〕，获胜。

杰村人民踊跃参军，无论是自动参军或扩军，杰村（指自然村）人民都是非常积极的，下面一个数字就是证明。在土地革命时，总人口（老小在内）250 个的杰村，先后参军的就达 80 名，剩下的差不多都参加了游击队、支前担架队与洗衣队等。

潭路乡第一次补充团，成立一个排，30多人。第二次扩大模范师，又成立一个连，90多人。

杰村区三次扩大模范师，总共动员600余人，1931年一次自愿参军的就有230余人。

（五）肃反①

（六）妇女活动：妇女组织慰劳队、宣传队、担架队、洗衣队。在扩大模范师时，所有男子上前线，留下的尽是老小残弱和妇女。妇女承担了一切生产任务，春种夏收、犁田耙地都学会了。有时妇女也参加红军，上前线打敌人。

（七）苏区合作社

1931年秋，杰村区成立消费合作社，借公款300余元开办，以经营油、盐、布为主。同年冬开始集股，1元1股，最多不超过10股，入4~5股的为最多，一次共集资100余元。红军家属有优待证，不入股也可买到东西。区社的盐、布是装谷到赣州兑换来的。区社有4个负责人。

1933年春成立乡合作社（杰村、九山各1个），区社资金移交乡社，同时又集合了新股金。设乡社的地方成立农村合作社，一个人到处流动，挑货叫卖。合作社干部没薪俸，伙食费和区干部一样。合作社的利润很轻，1%左右，除维持工作干部开销外，多余的利润用来优待红军家属。

合作社的货经常成包或拿出一部分来，因为好对服〔付〕敌人的打扰。敌人一来，发动群众把东西藏起来，敌人一去又开门做生意。

（八）其他

1.选举

（1）18岁以上公民（除地富、反革命、开小差回来的士兵没

---

① 原文缺。

有选举外）都有选举权。

（2）有规定比例：男女，阶级成分。

（3）上面提名，下面讨论通过。

（4）50 个产生 1 个代表。

2. 对待富农地主政策

（1）驱逐出境，到赣州。

（2）分坏田，住破屋。

（3）不肯拿出钱的就吊打。

（4）作劳役队，做苦工，帮助红军家属，抬担架。

（5）第五次【反】"围剿"时集中一部分地富（连老婆、儿子），把他们杀掉，"斩草除根"。

（6）修桥铺路。

（7）不准他们开会，没有选举权。

（8）判决了的剃头做记号，交感化院。

（9）表现一点不好就是杀。

3. 干部和群众关系

（1）有缺点错误，会上提出严格批评，不接受就斗争；再不，法办。

（2）个别干部报私仇，使群众发生意见，提了，不合他〈个人〉意时，就扣帽子，出嫌疑。

（3）经常开会，工作有计划有检查。无意识不执行任务的都要严格批评，有意识地犯个人主义、英雄主义就要开斗争会，再不开除党团籍。

（4）开除党团籍的人，还要判刑，送感化院。

（5）干部与干部，群众与干部的意见，多是男女关系方面的。

（6）1930—1931 年，婚姻实行"彻底自由"，一个早上就离了婚，一个晚上就结了婚，没有手续，随妇女便。群众说："这哪里是男女平等。"有些人还编成山歌唱："分配田地李绍〔韶〕九，婚姻自由李立三。"1932 年后，就有离婚结婚的手续了。

（7）当时没有什么贪污的，一查出就是杀（不判刑）。1932年后就有改进，看轻重，也看阶级成分了。

（8）当时群众对干部没有什么意见，很团结。（只是婚姻问题才有意见——指1930—1931年这段时间。）对干部有意见的是流氓、赌棍，因为他们现在没有赌钱的生路了。

4. 赤化前后群众生活

（1）赤化后粮食充足，都能吃饱。

（2）谷便宜，布、盐贵。

（3）田很多，因战争，有很多荒芜。

（4）生活较苦的：干部家属，个别红军家属（特别是独子出去当兵的）。

生活较好的：没有担任任何工作，能劳动，但又有残缺的人。[①]

（5）比赤化前，80%的人【生】活提高了。

（6）土地便宜。

（7）耕田队：帮助红军家属和有困难的干部家属（带饭、带工具去，没有工钱）。

5. 列宁小学

（1）义务教师，没有薪水，有点文化的就是教师（一般是中农），他分了一份田，家里人种，或大家帮他种，吃自己的，书费政府出。

（2）入学的只【有】贫苦子弟（有中农的），没有地富子弟。

（3）夜晚，青年入夜校班。

（1—5是在杰村乡和平大队采访的材料）

6. 苏区对工商业的政策：保护工商业。

7. 对知识分子的政策：一般知识分子多出身于地主富农，其行

---

① 照录原文。

动受监视。

四、杰村区、乡评为模范的条件

杰村区评为模范的条件：
①扩军任务完成好。
②完税快。
③与靖卫团斗争坚决。
④合作社办得好。
⑤生产搞得好。
杰村乡评为模范的条件：
①超额完成扩军任务。
②超额完成公债任务。
③超额完成各项任务。
④捐款工作做得好，借谷票多。
⑤优抚红军家属及慰劳红军工作做得好。

五、横江、里丰、含田、古境、和平解放的经过

（一）横江

1929 年（阴历三月），第四、六军团走这里经过，这就是横江最早解放的时间。当时留下钟正泉一个同志在这里做秘密工作，发展党员，建立农会。四五月起建村农会，封豪绅地主谷仓，抗租抗债，与靖卫队斗争，组织赤卫军。1930【年】2—3 月，建立苏维埃政府，主席：谢家香、郭荣海、曾△兴、王盛△、赖茂兴。横江乡包括：横江、梓山、白石。

（二）里丰

1929 年（阴历三月），第四、六军路过这里，钟积金接头，四、六军留下一个姓钟的到这里工作，里丰从此解放。1930 年 2 月国民党又来了，4 月又解放。

1930 年春成立曾田乡政府，曾田乡包括：曾田村、里丰、基庄

村、花山村、塘境村，乡主席徐清吉。

（三）含田

1929 年 2 月，开始组织秘密农民协会，主要有林云山、林如栋、林如运、林如奎、林云斋、曾呈祥、林兴、林易、吕厚发。林如运任主任，林云山任文书。后被田间靖卫团"清剿"了 1 次，牵去了 16 条〔头〕牛。到 3 月 15 日，曾呈祥、林易又从兴国带来二、四团 2 个连；16 日早就围剿田间靖卫团，牵回了 16 条〔头〕牛，并开了 4 家大地主的谷仓（17 日）；16 日中午，在含田大禾坪召开了群众大会，500 多人参加。会上，李少〔韶〕久等讲了话，会议主要精神是号召贫雇工农组织起来，与农民协会联合起来，没有吃没有穿的去挑地主的谷。

农民协会在到 1930 年正式赤化后才开始转入公开活动。

第二团团长李韶九，第四团团长段起凤。16 日开群众大会时，还杀了 4 头猪。农协林如运、林如奎被五七坊靖卫团所杀害。

（四）古境

1930 年 2 月，第一次解放，第八大队从江背来的，大队长陈达三，副队长陈桂明，指导员吕德贤。

1930 年正月，在石门坳成立东一区，区委曾品章。

1931 年 3 月，第四、六军从兴国来，第二次解放，并到打社富靖卫团。10 月，打上堡、马安石，全歼马安石靖卫团，活捉江背靖卫团团总张修贤、李泽田和马安石团总钟美狗。

1930—1931 年，成立谢庄乡，主席邹启全，党支书林云山。1931 年后，改为龙田乡，主席是林丹和，党支书李行清。1933 年 9 月由东一区划入杰村区。

（五）和平

潭鹭（和平）一带赤化时间与杰村差不多，其乡区变化如下：

松山 ——
坳下 —— 1930.2—3 月赤化 —— 谢庄乡（东一区）
和平 ——
潭鹭 ——
谢庄乡（东一区） —— 潭鹭乡（1931.5）
巷坑乡（南一区）

松山 ——
和平 —— 潭鹭 —— 坳下 —— 口杰村

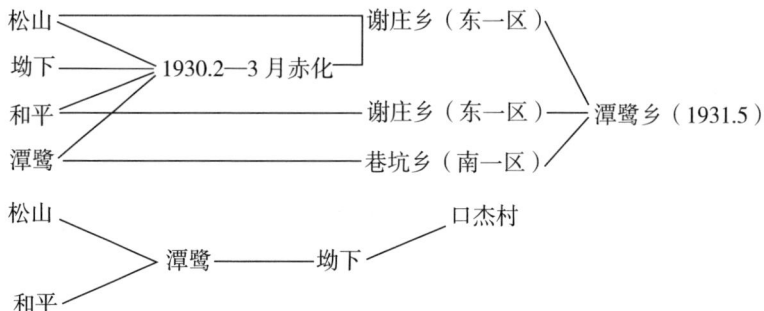

补充：1930 年，含田属第四区，后改为洛江区，再改为江背区；到 1933 年 5 月，谢庄、古境划入杰村区。

（六）九山乡

1. 关于九山解放的经过

庚午年（公历 1930 年）4 月 × 日，九山地区刘礼山、刘杨标、谢传金（谢【石】鼓子）、谢会锁、钟雪梅、刘友山等 6 人到杰村地母庙迎接红军（当时杰村区区长：张文贤；文书：卢炳坤；财政：钟华兰）。红军分三路进兵九山，左路（在山背）由钟雪梅带路，中路（横江、分水坳）由刘友山、刘杨标、刘礼山带路（中路是主要部队），右路（宝盖潭）由谢传金、谢家锁带路。

当时带了一把〔面〕"兴国县杰村区南山乡政府"的红旗去接。

这次红军来九山，带了几十条枪来，驻扎九山祠堂。捉到地主富农 80 多人。

1930 年（民国廿九年）旧历四月廿四日早上，九山刘顺和、钟卫梅、刘文标、刘林东、谢石鼓子、黄思绅等人去杰村带红军到九山村来。红军来时声势浩大，红军来到九山时，靖卫团就先逃跑了。当时，红军中刘杨柳、刘金洋山抢了私财不归公，想发浑财，红军杀了这些守奴才〔财奴〕。红军分三路进攻九山，中路从杨梅来，左右二路从河树坳、南山方【向】来。

1929 年 5 月（民国十八年四月二十四日）解放，由刘文彪、刘金阳生、刘洋油生、刘生泉、谢石鼓子、刘海仁、枕①仁长、刘水生、钟龙家到接头。农历四月二十六日，开了个群众大会，成立苏维【埃】政府，刘文春任主席，成立了赤卫队。

旧历五月，白匪又来了。六月初六，靖卫团在九山祠堂杀了八九条〔头〕猪，"立中"（请贫雇农吃，企图拉拢贫雇【农】充当它的炮灰），被游击队打来了，把他们搞好的猪肉全部拿走了。到11日，白军又来了。民国十九年七月十五日，游击队又来解放，缴到白匪2支枪，杀了个团丁。16日，游击队又退出九山，直到民国二十年八月十五日才正式解放，重建苏维埃政府。

2. 九山乡苏维埃政府

九山乡苏维埃政府由下列5村组成：第一村九山，第二村大州背，第三村杨梅，第四村陂脑，第五村罗坪。

乡主席调换情况：第一届钟雪梅；第二届刘文存；第三届欧超群；第四届刘生中；第五届刘远信；第六届刘门兰；第七届刘文存；第八届刘门兰；第九届邱重山（后反水）；第十届一人数月，常调。

上列乡主席都是党员，家庭都是贫农。

任乡主席最长一届八九【个】月，最少两三【个】月，一般四五【个】月（原来规定每届四【个】月）。

3. 群团组织

①拥苏同盟会：贫雇农参加，中农要最好，要缴月费。

②儿童团过去读列宁小学，放哨、禁赌、禁大烟、破除迷信——打香炉、祖牌。

③妇女主要是宣传参军，做鞋慰劳红军，组织洗衣队，红军北上时也参军。

④1929年冬起赤卫队，一村一个，陂脑有四五十人，队长刘金标，九山是苏维埃政府，赤卫军就在它的四周"游来游去"，与四邻靖卫团斗争。

---

① 疑应为"沈"。

4. 列宁小学

九山乡列宁小学有 5 个教员，负担〔责〕教书。杨梅从 1932—1934 年有学生 35 个。学习科目有国语、算术、地理、历史、图画、音乐等 6 门。列宁小学做了很多宣传工作，口号有：打倒五七坊靖卫团！消灭靖卫狗子！另外慰劳红军，动员红军归队，动员参加红军模范师。

5. 九山乡评模条件

九山是杰村区的模范乡，得了许多奖旗（当时杰村是模范区）。

九山模范乡的条件：第一，扩大红军超额，有一次，九山乡去了 80 多人；第二，买公债超额；第三，妇女宣传、生产、慰劳工作做得好。

6. 九山地势的重要性

九山居于、兴（于都、兴国）要道之上，在苏区革命时意义很大。兴国早就赤化了，杰村也赤化了，兴国的盐、布等商品，都要从于都水头（两边倒的地方）圩运来，若九山白匪统治，则水头圩与兴国一线则无法通，故兴国县苏对九山赤化特别关心与重视，派出很大力量，解放九山与巩固九山人民政权。当时，每天都有几百人的商品运输队经过此地，天天若赶集一般。这是九山位置重要的证明，也是九山赤化得早，坚持得久的一【个】很重要的间接因素。

7. "兴国县杰村区南山乡政府"红旗制作情况

这面红旗是上级要求做的（张说贤）。

这面红旗是由谢会锁同志的大哥谢家鑫负责做的，上面用墨笔写了"兴国县杰村区南山乡政府"等字，写字的人是钟雪梅。

这面红旗是秘密做的，庚午年（公历 1930 年）4 月就做好了。一①

民国廿三年（1934 年）阴历十月廿日左右，兴国县城【被】

---

① 原文如此。

白匪占服〔领〕了，县政府迁九山乡冷水坑新屋下（今九山大队陂脑中队），随着而迁来的有独立团（属县的）独立营（九山乡的）几千人，附近村庄被扎满，有重机关枪、水机关枪，每个战士有手榴弹2个。在当地做了下列工作：

1. 领导作战：领导打社富、杰村（杰村有白匪），在杰村捉到3个国军（从兴国到杰村买菜的）。

2. 作工事：山岭上挖壕沟，路上打钢钉，使敌军不好通过，把路挖掉。

3. 杀地富：杰村、社富、于都捉来的地主富农都在这里杀，杀了两三百。

4. 开仓，要大家摊派油给红军吃。

5. 打于都小禾溪时捉到3个人（杀了2个）。

二

1930年元月成立革命委员会。4月成立兴国县政府。5月12日，被兴国民党〔团〕肖团长"清剿"，县革命委员会由龙江头经方大[①]、崇贤过东固。这次只是表面上被冲散，其实团伙未散。

三

1930年成立公略、万泰、胜利三县。

四

1931年在瑞金成立临时中政府。

（整理人：唐竞新）

---

① 疑应为"方太"。

杰村、龙口地区的武装斗争

一、地理环境

杰村、九山与龙口等地，皆位于兴国最后部^①，西南接近赣县，东南毗邻于都。本区时归赣县管辖，时为兴国境地。山多且高为其地形特点。龙口位赣兴交通要道，九山位于兴要冲。地理位置可谓经济军事价值双重所在地。这样的地理条件，给游击队带来了方便，特别是龙口，面临横水江，背依龙山、燕山，又近兴国革命中心兴国城。九山周围高山耸立，既易发现敌人的进攻又利于防守，隔山就是红区杰村、江背，更利于游击队的活动。杰村的天然条件虽比龙、九差些，仍可称为有利的天然环境，四周皆山，有河穿心而过，与江背、东村皆相距不远。

亦有不利条件：那就是它们近赣州、于都，而赣州与于都的马鞍石皆是反动匪徒的中心，当地的反动派常和他们狼狈相依，共同对付本区游击队。另外，当地反动势力很大，像〔与〕龙口仅有一江之隔就是五七坊靖卫团的反动窠窝；九山只有一山之隔就是反动的马鞍石、成垅、留垅靖卫团所在，而且九山就有靖卫团；杰村亦隔一峡江水就是布口、田间靖卫团寨营；横江（今杰村公社的一个大队）与曾田靖卫狗子只相距 6 里。

但总的来说，本区的地理环境对本区的革命，特别是游击队的活动是有利的。

---

① 原文如此。

二、各地游击队的简单介绍与著名战役

各地游击队，尽管其领导人、人数、武器、活动场所、成立时间与发展情况都不相同，但亦有不少的共同点：都是为了保卫革命胜利果实，防止靖卫狗子与国民党的侵扰与赤化相邻的区域。各区赤化时间虽不相同，但赤化以后，随着农协会、苏维埃等组织的建立，各地人民武装亦同时建立起来。其总名为赤卫队，下分游击队、特务队等组织。以此为其一。其二，各队都是初期人少、武器差，逐渐变成大队人马，洋枪代替土枪土炮。其三，队员都是劳武结合，有事作战，无事耕田。其四，第三次反围攻胜利后，在红军的帮助下，联合打垮了马鞍石靖卫团大本营——各地靖卫狗子的集合地。彻底消灭了国民党的地方武装以后，即 1931 年以后，各地游击队解散，一部分入伍——转为红军，一部分参加生产。其五，红军北上时，各地人民又同时组织起自己的武装，掩护红军北上，保卫自己的政权，坚持与敌人斗争。其六，作战多得益于当地群众、赤卫队与纠察队配合。

各队相异的情况，下面介绍。

甲、龙口游击队及著名战役

1929 年割禾时，红二、四团来到龙口，不久龙口游击队就组成，起初只有 12 人。政委周兰田，大队邓明山，分为两班，第一班班长曾友贵，第二班班长周地寿。队员：刘世塘、温地发、刘文填、刘岚圣、刘文宽、刘文尧、刘发□生（乳名）、周明桐。伙头刘地长，事务长刘世铗。四五人为一班。武器：9—10 支坏枪，2 口马刀（2 位指挥官一人腰佩一口，他们没有枪）。枪的来源：大部分是从土豪劣绅家里缴来的——夜上跑到他们家里抓去一只头子，审问、强迫他们拿枪出来取人。另一部分是周兰田在县里领来的。

主要的敌人是隔河的五七坊靖卫团。

游击队自成立的那天起就天天同靖卫狗子打。每天至少有 1 次，多至 8 次。直打到五七坊完全赤化为止。

我们的子弹非常缺乏。刘岚圣同志五发子弹打了100多仗,一般的队员最多不过用了5—10发,班长最多也不过20来发,每打一仗都只打一枪,其他都是打炮〔爆〕竹,只有特殊情况才多放几枪。我们放一枪,敌人不死,也弄去块皮。

我们有最好的帮手——船业工会的赤卫队六七十人与少年先锋队四五十人,他们虽然是拿梭镖、大刀,却非常勇敢,不是同我们一齐冲过河,就是在后面助威。

每次战斗开始多是双方先相骂。我们说:"靖卫狗子过河来,在我们这里人人平等自由,人人有田分,不受剥削压迫,你们为什么要为地主反动派卖命?"他们乱叫:"赤贼你们过来,我们有吃、有穿、有钱。"相骂之后,双方开火。我们只要看见他们有枪,就"不怕死",往河里一跳,我们都会游泳。刘岚兰年纪最轻(15岁参加)不太会游,他的班长周地寿带他过河。敌人看到我们下河,就慌忙跑,我们就死命追,没有过河的助手,当他们望不见我们时,怕我们被敌人包围了,就猛冲过河,解围接火。

我们对待叛徒是丝毫地【不】留情的。刘岚圣的亲兄刘水生,为了野老婆,有一夜跑到河那边,后被我们知道,捉他来审问,最后决定斩,杀了几刀,未杀死,又跑到河那边,敌人给他诊好了,就留作靖卫狗。他一出来就被我们一枪打中了腿。刘岚圣同志自其兄反后,就坚决不理他,各走各的路。

我们打五七坊打了很久,但总打不开,因为我们的枪太少了,不过打了两〔三〕次很有名的战斗。

横水江战役(1930冬—1931春)

五七坊的靖卫狗子,见其主子向我苏区发动了第一次围攻,猖狂一时,强夺我横水江。返家地富坏分子乘机大肆煽动,群众随之反水。

我们的队伍,当时退驻燕山龙山地区,尽管力量比敌人小多了,仍在死命拼。

正在这千钧一发之时,赣县三大队——赣县游击队队长刘礼仔

（乳名）率【队】伍来援。约好，信号炮一响，前后夹攻。

一日晚，我们的包围工作已完全作好了。号炮一轰，四周的"枪声"如打炮〔爆〕竹，敌人不知道我们是什么大队伍到了，连忙逃跑。拿枪的往赣逃，拿刀的往窠窜。哪里逃得了。逃赣的被三大队打的头破血流，缴了很多枪；逃家的被我们迫到横江洗澡。就在这个"澡盆"里，被我们打死杀死七八十只，可是只缴到两支枪！

大战凯旋归家，连忙扫检我们的弹壳——"炮〔爆〕竹皮"，横水江战役就算真正结束了。

横洒之战（1930 春）

一天，我们得到五坊靖卫狗子来横洒抢粮【的】消息，我队立即同龙口地区的赤卫队、工人纠察与少队商量好了对付办法：埋伏在横洒周围，来个"空城计"；打的办法就看来敌多少，多切少包。

不久，敌人果然来了，武装不多，只〈有〉前面有些，后面都是拿着扁担、刀子。我们等匪全进了我们的包围圈，大炮一放，四面齐喊杀。靖卫狗子吓得什么也不要，只要看到个田塍、田洞就钻头不顾屁股躲起来。我们就从他们的屁股眼里通〔捅〕进，共杀死 30 多个。

经过这两次大战，五七坊靖匪知道了我们龙江游击队厉害，不再敢轻易侵入我赤区。

高埠激战（第二次反围攻时）

活捉张辉瓒以后，我们龙口游击队，在白石领到了百多条枪。而同时被编到第三区（从龙口、埠头以下到石院，长 40 多里）游击队。

我们原来的大队长、政委都调走了，换为了 AB 团的做政委、连长，使游击连仅成立了 20 天左右就失败了。

1930 年阴历二月初五，我们连（100 多人）在高埠被敌人（国民党正规军）包围了，从早晨一直打到晚上，激战一整天，敌人的大炮机枪就叫个不停。当我们子弹不多时，我们屡想突围，敌人机枪扫个不停，没有办法冲。于是我们就停止对敌射击，敌人还是乱打一气。后来大概是看到没子弹朝他们那边飞，就以为我们真没有子弹，乱喊乱叫"冲呀……"当冲到隔我们不远的地方，我们就是一子一个，一榴弹几个，把敌人一次一次地打了下去。最后敌人又是胡打起来。我们的子弹的确打光了，我们身上也被炮轰起的土盖满了。冲又冲不完，于是就把枪全部毁了。敌人见我久无弹出，一步一步地爬近，最后，全连被俘36人！

敌人俘到了我们，就用枪柄死打，我们做"哑巴"，让他们打！押到兴国城又死打苦审，我们也是做"哑巴"。因为我们准备了死，反正过了18年又是条好汉！

第三次战争时，龙口人民又组织了游击队。老队长邓明山，老政委周兰田，率领着80多人，英勇地战斗着！

第五次战争时，龙口人民，同其他赤区一样，16—45岁的都武装起来了。有许多超龄与体弱的也因为他们坚决要求入伍而参加了游击队，掩护红军北上，切敌、扰敌，牵制敌人。龙口人民武装在周普园、周富盛等人率领下，一直战斗到1934年十二月间（阴历），最后在九山失败。

乙、杰村游击队的光荣斗争史

（1930年阴历四月某日—1934年阴历十二月二十八日）

（一）杰村游击队介绍

杰村游击队诞生（1930年阴历四月）

1930年阴历三月初一，江背的七、八大队及赤卫队、群众，冒着狂风暴雨分五路向杰村挺进，赤化了杰村。杰村人民的武装——赤卫队，随之成立。约过月余，杰村游击队正式诞生。

杰村游击队，共有48人，皆杰村（自然村）人，队长张俊模，武器只有些土枪土炮（祖遗的三根）与刀子。

杰村游击队的发展壮大（1930年阴历四月—1934年阴历十二月）

杰村游击队成立不久，富有革命性的相距30里的九山人民，冒着生命危险，前来参加杰村游击队。自此，杰村游击队就不再是杰村一村的武装，而成为杰村地区的人民武装。人数、武器不断增加，很快就由一个游击队变为游击连。

1930 年冬，杰村乡成立。张俊模被调任乡主席。杰村游击连，正式宣告为杰村乡人民的武装队伍。人数已发展到两个排，队伍由原来的两个排长——陈章云、张祖春负责。

1931 年冬（第二次扩大红军时），张俊模、陈章云等皆参加红军，到兴国城。上面不允许张、陈参军，调他俩返乡工作。张任连政委，张祖春任连长，队伍已发展到百多人，枪亦有几十支（内有40 支是从上面领来的，而上面是从张辉瓒手里缴来的）。这时，杰村游击队，已成了区游击连。

在领到 40 支枪以前，打仗多是偷偷摸摸地去打敌人，因为他们枪多。自领了枪以后，不同：哪里有敌人（靖卫团），就到哪里打，鸣鼓而攻之。因为我们的枪好，靖卫狗子的枪多是"单响"（一次只一颗子【弹】）。一直打到 1931 年冬，把国民党的反动地方武装全部消灭了。杰村游击连分成两部分，一部分参加红军，一小部分参加生产。

四五次战争时，杰村人民又组织起来。先是一个游击连，到红军北上时，成立杰村游击司令部。

杰村游击司令部（1934 年八月—十二月二十五日，阴历）

成立于 1934 年阴历八月，政委刘永贞，司令员张俊模，副司令员曾浪兴，参谋长张声永。上属马鞍石中心游击司令部（兴胜县军事指挥机关）领导，下辖杰村游击队（51 支枪）、江背游击队（30 多支枪）、社富游击队（20 多支枪）与风林游击小组（5 支枪）4 个单位，总共枪有 100 多支，人有 500 多人。初是拦阻兴国城内敌人往外扩张，后来拦不了，就专门从事切敌扰敌，保卫自己的政府机关，一直坚持着斗争。

十二月廿五日（阴历），杰村游击司令部解散。

次日，杰村游击队被派往九山，社富游击队派往均子垇，区政府留驻龙洒。

军政分开后，区里的主要干部钟文锦、钟华杦、钟光林等叛变投敌。自此军心动摇，一部分不坚定的分子投敌、逃跑，剩下一部分同兴胜县委周富盛、中士立等人领导的队伍合并，继续战斗。

二十八日晚，于江背冲封锁线被敌人包围，杰村游击队的光荣斗争史，就被反动派中断了。

杰村游击队的主要敌人：初期是各地靖卫团，末期是国民党反动派的军队。

杰村游击队的成长过程，也就是一段斗争过程。它是在战斗中诞生、成长与壮大的。从它的全部历史来看，它是一支战无不胜的部队，以勇敢善战著称，它打过很多著名的胜仗。就是最后，除少数无骨的叛徒外，绝大多数同志，仍是坚持到底，宁死也不向敌人屈服。在家里站不住脚，就跑！

（二）大战役介绍

里观围一枪败敌（1930年阴历五月十七日）

1930年阴历五月十七日，兴国城方向来的靖匪，在团总陈泰祥率领下，共400多支枪，到处去〔抢〕劫，扰乱我赤区。

当日我赤区有很多地方，都遭到他们的烧杀抢劫，贪心无厌的陈匪首，见我里观围（属杰村区管）内驻有消费合作社与乡政府，用全力包围，妄图一举毁之。

当时围中仅有11位（一说18位）赤卫队员，双方势〔实〕力悬殊。看势是万分危险！但我围中同志，非常沉着勇敢，坚持抵抗。徐惠平同志（赤卫队员），见一家伙指手划脚，乱喊乱叫，他"啪——"的一枪，那家伙就倒了。即刻敌人就像无头蛇一样，向四面乱窜，慌忙逃走。

原来那家伙就是陈泰祥！无怪乎慌忙逃走。

"里观围一枪败敌"，又叫"徐惠平一枪逼走四百枪"佳话，至今还成为里观人民自豪诗句。

九山大捷（1930年阴历六月六日）

九山的靖卫狗子，自被人民赶走以后，总是不服，逃到外地，与五七坊、于都的靖卫狗子狼狈为奸。在六日向九山大举进攻，敌人不仅人多，而且还有百多支枪。当时九山赤卫队力量很小，抵抗不了，被敌围住。敌进驻九山风志堂，立即烧我革命同志房屋，捉革命群众的家畜杀，并计划开大会，杀我48个革命同志示众。钟雪枚、谢传添、谢传金、刘八月生、王禩伦、谢家员等6人突围，将敌情告诉杰村，并请兵杀敌。杰村赤卫队、游击队，联合四大队（桥头游击队）、九大队（兴国游击队）与当地百姓共1000多人，（四大队又〔称〕于（于都）会（会昌）游击队）；九大队的指挥是钟修，立即兴兵攻敌。

我们的枪不多，只有百余枪，当我们的包围尚未成，敌人号炮就响了，正在准备酒席的靖卫狗子慌忙逃跑。结果只打死3个敌人（一说6人；又说4人，并活捉20多人），缴枪两三支，我方未伤半人。示众者是他们！

九山再捷（1930年阴历十一月二十五日）

当时，杰村有一部分游击队，驻于九山，保护政府。忽得成、留（成龙、留龙）靖卫狗子进攻之息，立即设计：派一支伏棍梓坪（近于都的一方），其他的武装与群众埋伏在周围山上。

当敌人快入九山时，我棍梓坪伏军，早竖起白旗，并烧了几堆杆。又对敌喊："冲呀！冲呀……"匪问："你们是从哪里来的？"答："从马鞍石来的。"敌人信以为真，生怕迟到被马鞍石的抢光了，死劲冲。当他们全入九山时，"马鞍石"的白旗立即变成了红旗，并喊："杀呀！杀呀！杀……"同时，号炮齐鸣，四周伏兵齐起。这对敌人来说是个晴天霹雳，吓得像乌龟一样，一见土堆、树木草丛就往里钻，屁股、脚都不□，我们的队伍与群众，拿着刀叉，一个个从敌人的屁股上杀进，像笃哉粑①一样，共杀死敌人几十个。

高兴圩之战与失败原因（1930年冬）

1930年冬，兴国来的赤卫大队与杰村、梓山等乡的赤卫队，

① "笃"，方言，意为"戳"。

共 800 多人，枪很少（兴国来了 30 多支枪）。为了赤化于都的高兴圩与马鞍石，于□月□日发动了进攻。我们是一路进军，冲入圩后，兴国竹坝来的赤卫队想发"洋财"，到商店里去拿东西，反动的商人见我们队伍没枪，就开驳壳打拿货人。他一打，我们的军心就动摇了，开始后退。与墟相隔 5 里的马鞍安〔石〕靖卫团得息〔知〕就派 100 多条枪，拦住我们的路，白匪与当地群众将〈把〉我【们】包围起来。结果我们冲围出来，有 20 多个被俘，当场被杀死四五人，他们都是竹坝人，杰村游击队没有一人受伤。

所向无敌的我们的游击队为什么会失败呢？原因很多。①敌情没有摸清，当时是盲目冒险进攻，于都马鞍石的靖匪有枪几千支；②无计划，一路进军，进退不便；③队伍复杂，有想发"洋财"的；④为什么会产生①—③情况呢？领导与指挥人有问题——当场士兵们就说要绑他们，说他们是 AB 团。战后，陈明杰（横江乡支书）与林直三（是派来的指挥官）都受了处分；另一指挥肖道云（杰村区主席），在田村作 AB 团杀了。⑤地形不利，四周高山耸起，冲进去了，很难退出来。

含田之役（1930 年十二月二十五日—　，阴历）

1930 年十二月二十五日——立春那天（一说"二十三"，说法不一致），五七坊共有靖匪 2000 多，枪 500 多支，到赤区来劫财过年。杰村游击队与县驻杰村的一个特务排的队员，在鸭圩埭上望到匪主力已冲到成龙，后面多是拿刀子的百姓。

我们的力量，一个特务排有人 30，枪 27 支，林政委指挥，内有 4 名党员；杰村游击连百余人，10 多支枪；另有广大群众。

当时局势，距杰村七里路的大江村，在反动的地主、富农煽动下，全部反了水（包括赤卫队），倒向七坊；杰村百姓也十分动摇，都非常担心：辛辛苦苦劳动与斗争来的东西，自己享受不成，过不了安静年。

在这种情形下，在打不打敌人这个问题上，有两种不同态度，一方坚决要打；另【一】方怕，主张不方〔打〕。

特务排与游击连的党组织，根据当时情况，开了个紧急党员大会，游击连有 7 个党员。

11 个人的党员会议，实际上也就是两队的军事干部会议。在会上发生了争论，以政委林同志、连长张俊模同志为首的大部【分】同志主张打，理由是敌人主力已冲到前面去了，符合"敌进我扰，敌退我追"的方针。陈章云的侄子，坚决主张不打，理由是我们力量小，他当时任一排三班班长。

结果：决定打。当场宣布开除陈三班长的党籍与撤消职务，并绑起来了。会议所以能得到这样的结果，和绝大部分党员同志"不怕死"是分不开的，也和两队领导人意见一致分不开。

立即兴兵，冲到含田均上，敌人有 10 多支枪在那里守住这个险要的口子。我们哪里管他们，放了一排枪，就往里冲，把关的敌人被吓跑了。除特务连一人挂花，别无损失。

当地群众见我们冲进去了，到处插起鲜红旗帜。敌人慌忙退却，顿时乱成一片，一簇红一块白。到处在打。

战绩：俘敌刘团总，捉到 20 多条白狗子，缴到 1 支枪；后来有一个"小鬼"送来 1 支枪。

当天，区政府就审问刘匪首，招出：该团有 300 余【支】枪（据我们估计，有 500 支）。第二天开群众公审会，计划当场枪毙，结果【被】群众用乱石头打死了。20 多只白狗子都被我们杀了。

当时我们的政策："自动缴枪投降者不杀，其余的凡是捉得到的就杀掉。"

小鬼没有杀。他在区上"聊了几工"（玩了几天）。在第三天，他的家属来了，他（她）们都说："共产党真好！你们真好！回家后我们一定很好地宣传，并发动群众起来革命。"

不久，小鬼参加了红军。

里观围之战（1931 年一月四日— ，阴历）

里观围位于今杰村乡，里丰大队，围中驻有我们的乡政府。

四日晚上，轮到两只流氓鸦片鬼徐金根老与方士桂生放哨。乡政府对他俩已有注意，乡主席谢加相派人严格地检查岗哨与周围情况，没有发现半点情况。约半夜时分，忽然来了许多敌人。

围里政府工作人员，奋起抗战，放炮，炮引线点不着。只有利用少数枪支来抵抗。正在激战，围门大开，白匪都冲入围内，将我们的干部与革命群众绑捆了60多人，并当场用锯锯死我们干部。

杰村游击队得息〔悉〕后，立即出发，包围敌人，敌人顽抗。我们在山上，对准围内敌人，一枪一个，打死敌人30多人，2个叛徒首先被打死。

当时，看见围内敌人迫害（打、锯……）自己的同志，心里像油煎一样，可是只有10多支枪，子弹又少，而围中敌人有80多支枪，子弹很充足。围墙又高又坚，怎么办？我们的同志不顾危险，三两个一跑，跑到围脚下，放一两枪，引得敌人大打一通。等下我们又在那边响两枪，惹得白匪又胡打一气，打到第三天，敌人子弹打的差不多光了，"看形"（看样子）敌人有点动摇。

我们连部（杰村游击连）根据当时情况，下总攻击令："第三天一定要打开。"初用火烧围门，门太厚，不成。敌人一个队长在这天想在围门上凿一枪孔，孔未成，其命归天！敌人更动摇。

火攻无效，准备从墙上爬入，弄来许多梯子。敌人见围外摆满了梯子，很恐慌。到傍晚，天下着小雨，正是爬围的好时机，而敌人非常恐慌，不再赶〔敢〕顽抗，于是在天黑时从后门往山上逃走了。

第二天搜山时，还发现一个走迷了路的不敢回巢的敌人。里观围战斗，到此结束。两只〔个〕流氓给我们带来了沉重的损失——伤亡同志29个（在围内被杀死27个，杰村游击连伤2个）！（一说是14个）。我们也打死敌人30多只〔个〕（其中一队长），活捉一只〔个〕。从这条活狗子嘴里我们知道，敌人为什么在初四夜突然向我们进攻，围门为什么开，炮为什么放不响，原来都是两只放哨的奸细搞了鬼。

他们早就通知了敌人，今天晚上是他放哨，并保证开围门，湿炮引，并在适宜进攻时候，插起双根记时香（以往是草香）作进

【攻】信号。徐、方为什么会如此无耻呢？原来是想取得其野老婆——住在反动巢里——曾田（靖匪巢穴）的刘细娇婆的心欢，取得巨额金钱。女流氓细娇婆为了讨好地主，为了得"赏"，把徐、方告诉她的事，原原本本地告诉了曾田靖卫团。曾田靖匪头目，估计自己力量不足，就勾结马鞍石的白狗子。可恶的流氓分子，为了个人私利，不惜一切，犯下了天大的罪过！

直到现在，一提起他（她）们，里观人民无不恨之入骨！

数战国民党军大捷（三次战争时）

第三次战争时（1931年春），我们逃到檫木山（龙口坑地）过了月余。二次战争于富田结束。

战争结束后，我们区委钟士立提意见：领枪回家。于是派人到富田领枪，当时叫我们领200条枪。当时杰村区干群在那边的总数不过千余人（我们的游击队多被编到三军团）。剩下来的队伍亦不多（只有30来条枪），所以只领了40条枪（李凤标是当时领枪人之一——现在杰村钢铁厂工作）。领到枪后，开始回家。一到杰村，首先打田间靖匪，后又攻七坊等地白狗子，无有不胜的。我们的政府亦随之迁来。

三次战争时，敌人用"格满行"（全面进攻）政策。我们退到敖盐①、高埠、高兴（于都的）。曾三〔山〕主席（江西省的）当时率二十二军在敖盐。我们到敖盐之时，他还同我们讲了话（当时叫"训话"）：你们一定要想办法回家，坚持斗争。当时我们的游击队与群众（杰村区的）共有千多人，未回。后来二十二军想把我们游击队100多支枪编入二十二军。我们大家都说：我们没有枪，以后没有办法参加家里的生产。于是没有把我们编到二十二军。在那里休息了几天，回兴国高兴竹高山。这时三次战争已在十万州结束了。

我们到竹高山时，遇到被我们红军释放了的俘虏兵队伍。当时我们派队伍检查他们身上还有没有枪，其他的东西我们都不要。他

① 在当地方言中，"盐"与"源"同音，疑"敖圵"为"鳌源"。

们看到我们就高呼："拥护共产党""拥护你们的队伍"。他们还告诉我们有敌人来了。因为那里隔敌人——河背九师只有 5 里路，果然敌人派来一个连来"游击"。张俊模连长坚决要干一场，政委张述贤看到"难民"很多（即跟随我们的百姓），主张不打。当时我们有百余条枪。

结果决定：我们派一排人，先掩护老百姓退回敖盐，留下两排同敌人作战。我们在距离敌人 3 里的地方，抄敌人之后，给他个措手不及，俘敌士兵 4 个，缴枪 4 支。敌人只顾乱着逃命，因为当时三次战争已经结束了，敌人非常动摇。张政委没有看到这点。

胜利之后，我们也回到敖盐。曾三〔山〕主席又和我们谈了话：坚决恢复杰村区工作；巩固队伍。并奖了我们 100 元作伙食费，因为我们一到敖盐就向他讲了我们没回家伙食费。

当月（夏历，七月）我们回到燕山。先派侦探陈发林与张××（被匪杀死了）到杰村侦察（他俩的家属都在杰村，未随【队】伍走）敌情。次日晚 8 时，侦察兵回队，计划夜 12 时即出发，刚天亮时到杰村，田间靖卫团还在家不知动静，一击败敌，敌逃到白石（今杰村横江大队）。白石百姓向我们报告情况：靖卫狗子枪不多，驻扎地点等。当时我们也不敢在家里扎下来，于是当夜起兵打白石，田间敌人全歼，缴枪 3 支，俘团总（姓肖的）。灭田间匪后，部队扎在家里。

第三天，洪门百姓来向我们报告洪门靖匪情况。当时距离洪门 10 里路的兴国城、竹坝皆扎了白军。

当夜向洪门进军，天未亮以前就围住了敌人。敌人还在睡觉，其哨兵还在胡唱着什么歌子。我们为了做到一网打尽，故意等到天亮才开始打。由于旁边一村未围到，所以只打死敌人五六个子，缴到一支枪，一部分敌人溜走了。

听说（后来洪门百姓告诉我们的）等我们到了杰村，兴国城内白军来到洪门"剿"我们。

约又过了 3 天，扎在城内的六十师、六十一师由兴国退往赣州，路经社富。正当他们的"尖兵"到社富的时候，我们也到了那里，由于看到敌人力量太大，我们就埋伏在乌皮山，敌人真死，走我们的山脚下过都没有发现【我们】。

有利的时机终于到了：一个小鬼背着一根驳壳，相距大队约几十米子，孤单地走着。当时我们既没有背过驳壳，更没有用过它，多么地想玩一玩它啊！有些人想下去拿，一排长不同意，我（张俊模连长）不管三七廿一就冲下了山，将那只小鬼提上了山。谁知道是只空壳，就只剩下10多发子弹。据小鬼告诉我们，他是××队长的勤务兵，枪给队长拿去了。后来小鬼参加了红军。

不久，敌人的"后卫尖兵"（一连人）来了，我们很多人要打，一排长看到敌人队伍很庞大，怕因此一击给当地人民带来损失，劝我们不要打，我们接受了他的意见。

在相隔后卫尖兵连约半里路的地方，10来个敌人歪歪斜斜地向我们山脚下走来，大概是"后卫连"的尾巴，这下可不能放过，于是我们一排枪齐发，敌人听到枪声，立即高举双手，前半里路的"大敌"忙着逃命，不敢后顾。

结果，我们缴到了9支枪，几千发子弹，抓到了10来个俘虏。这些俘虏，后来我们给他们各发了3元路费和一些宣传品，让他们回家了。

马鞍石巨胜（1931年冬）

第三次反围攻胜利后，党的政策是将我们的红军由前方调到后方来肃清反动的地方武装。

红八师于冬季向靖匪窠穴上堡围进攻，各地游击队亦配合主力部队进攻，〈光〉缴到千余支枪，手枪80多支。

破围时，一部分敌人逃到马鞍石旁边的一山上（非常险要），红军又包围，敌人想突围逃跑，妄想与赣州反动派汇合。结果，被杰村游击连截住，缴到300多支枪，几支驳壳，抓俘几百，还捉到1个团总。凡是重要的头目或地富分子皆杀掉了，其他的都放了。

于都团总即集结在马鞍石的靖匪，总指挥钟偕瑞投降，后被杀了。从此，于都、兴国的反动地方武装被肃清了。

（三）红军北上后杰村人民坚持斗争——杰村游击司令部的成立及其活动（1934 年八月—十二月二十六日）

红军北上时，杰村游击司令部成立（时间大概是 1934 年阴历八月间），政委刘永贞，张俊模任司令员，曾浪兴任副司令员，张声永任参谋长。上受马鞍石中心游击司令部领导（司令员姓钟），这个司令部共领导 3 个游击司【令】部：杰村、桥头、仙霞贯。我们杰村游击司令部又领导 3 个游击队、1 个游击小组，即江背（30多支枪）、社富（20 多条枪）、杰村（51 根枪）3 个游击队与风林游击小组（埠头的，共 5 支枪）。

当时兴国、胜利（于都一部分）两县都白了，就组织一个兴胜县，中心游击司令部大概就是兴胜县军事指挥机关，其直接领导机关是兴胜县委。

还记得：当时中心游击司令部钟司令员要调我（张声永）任仙霞贯游击司令部司令员，杰村游击司令部不同意，未去。

初期，风林还不〈是〉接受我们的领导。

1934 年阴历九月七日，白军进兴国城。这时，我们游击队的任务是在于防止敌人向城外红区进攻。杰村游击队在△地与象形一带活动；江背的在水沟子与石门坳游击；社富的在燕山活动；风林的不知道。

后来敌人占领了杰村。这时社富的、杰村的、风林的退守横江，与江背又失去了联系。当时我们 3 支队伍共有 80 多条枪，连群众共三四百人。

在敌人尚未占领杰村时，即阴历十月初，我们杰村游击队主动深入敌人腹地洪门，打败了 1 个办事处（当地反动组织），杀了 1 个团总，缴到 1 把马刀与一些衣物。我们又在溪源捉到敌人 2 个采购，缴到 1 袋子弹，2 个采购后来都放了。

我们游击队的主要任务是保卫政府。

1934 年阴历十二月二十五日白天，杰村游击司令部解散：张声永参谋长分到社富游击队，张俊模在杰村游击队，风林也分了。半夜，社富、杰村游击队合攻高石（高田）地方的敌人堡垒，张俊模生病未参加，当时其亲人在相距 3 里的白石等他，张俊模就这样离开了队伍，回到家里。攻高田堡垒总指挥是张声永，攻后两支队伍又分开了。战果：后来到反动派，只打死个民伕〔夫〕。[①] 当晚都回到龙溪山。

二十六日夜晚，杰村游击队派往九山，社富游击队派往圳子墈，区政府留在龙溪。

分开后，区政府主要负责人钟华枞、钟光林、钟文锦等共带两支枪到杰村投敌，听说钟文锦是主犯。

各队听到他们投敌消息后，军心动摇，有的解散了，有一部分和兴胜县委周富盛、钟中立等人领导的队伍——由马鞍石来到龙洒〈的〉汇合。

二十八日晚，他们想冲封锁线过桥头，于江背被围，最后失败。

无耻的叛徒严国朱（黄洒泗坪人），在游击队失败后，将解散时埋在山中的枪 27 支，送给了敌人。当时敌人"奖"了他很多钱——每支 50 元。

这个叛徒，听说土改时他还在泰和当工作队，我们听到这消息提了很多意见！

三、游击队的组织与纪律、战术

甲、游击队的组织

游击连部正、副—排正、副—班正、副（一排 30 多人，一班 15 人）。

连部有连长、指导员、文书、财政、传令兵。

连长：掌握一切情况和指挥打仗。

指导员：计划，指挥，上政治课，宣传。

---

① 不通顺，照录原文。

文书：专门写公文。

财政：管理经济、伙食，清理财物。

传令兵：专门传令、通信。

游击连连长张述贤（杰村人）。

乙、游击队的打法

游击连的打法：敌人来，让它进来，我们就在后背截他的"龙脉"，它就不晓得我们有多少队伍，我们有一个崠（山顶）就有几条枪，这里打枪，那里也打枪，它就不晓得我们有多少，慌张起来，拿起梭镖就刺，刺得它就不晓得走，九山这个地方就看不到方向。

有一次，小禾溪的靖卫团打九山，游击连住在南塘，正在杀猪，子弹打得水飞几丈高，游击队还不和他打，一点不着慌，吃饱了一餐猪肉才和他作战，结果打得它就散，还缴到它的枪，杀死它2人。

丙、游击队的纪律

纪律严，一次不积极警告，两次就枪决。

打1个子弹要中1个，连打3个子弹没有中，就要杀头。

游击队的口令：夜晚防哨，有人来了就发口令："是谁？"对方回答："杀敌"（或"人"，打巴掌）。如果符合今晚的暗令就不放枪，知道是自己人。每天的暗令都不同，有时一个晚上换几次。

附：赤化七坊时的军纪

1931年五月，我们赤化了七坊。在出发前，红三军八师师长（单臂）在杰村召开了一次军人大会，参加开会的，除了八师士兵，还有我们的赤卫队、少队、游击队。在会上师长严格地规定如下纪律：不能烧，不能要老百姓东西，要爱惜老百姓的东西，不能损失老百姓东西，谁要弄了老百姓东西，就要枪毙谁。结果士兵完全做到了。我们入境时，当地群众都跑了，买菜都没地方买，怎么办呢？结果我们弄了菜，没人收钱，就把我们的钱放在弄了菜的地方。

（整理人：张化年）

东村乡（东村、莲塘）党的组织及其活动

一、东村党的组织及活动

1.同盟会的秘密组织：1926年冬，陈玉书、陈卓英、陈宗森、胡承松、罗金乐、胡承水、胡嘉宾等7人在庙坪的岭背崠〔嵊〕开同盟会，拜天地，吃血酒，结拜兄弟，誓词"谨守秘密，生死同盟，吉凶相共，患难相扶，如有反水者，盟鸡头落地"。这组织的成立是受革命的影响（因他们大都〔多〕是在外读书的知识青年，如陈卓英就曾在1925年参加广东的北伐军，后又随北伐【军】到武汉，故受革命思潮的影响）。他们的宗旨是：反对资本家，维护贫穷人。他们曾和三点会表面上相好往来，实际则反对三点会不分青红皂白地"吊羊古"（三点会有时也抢农民的东西）。后来同盟会扩大了3次，增加了胡友林、陈宗连……有了10多个成员，每次仪式和第一次一样。规定每人缴月费铜圆三四个，但一般很少缴。

1927年二月，这秘密组织被鼎龙靖卫团知道了，就到庙坪来"清乡"，当时同盟会成员都逃跑了。

2.庙坪党组织的成立：陈玉书原想找到共产党组织。恰在1926年11月间，鼎龙靖卫团来庙坪"清乡"时，他逃到永丰店前姐夫胡先椿家里，就在这里他从赖金〔经〕邦那里（赖是知识分子）找到了党的组织，拿到一本《入党须知》。1926年12月从永丰回到庙坪，后召集同盟会中较坚强分子开会，吸收他们相互入党，并【在】1927年6月秘密组织农民协会，达30人之多，接着就去于北特委联系，结果与于北特委决定建立庙坪、坝子两个支部。至

1927 年 2—3 月间，庙坪支部正式成立了。书记陈宗森（以教书为掩护），党员有陈玉书、陈卓英、陈连升、胡嘉宾、陈宗森、罗金乐等 10 余人。党支部成立是在寨子岽。3—4 月间，庙坪和坝子上的全体党员在一个晚上到于北特委开党员大会，参加大会的有 70 多人（9 桌），主持会议的是钟声楼，开了 1 天 1 夜，又晚上回来。这次会议的主要内容：发展组织问题。以后经常都有党员到于北特委联系。

1927 年 10 月间，于北特委又召开党支部书记联席会议（庙坪支部书记陈宗森参加），研究成立兴于暴动队问题。

3. 坝子上党的成立。1926 年冬，兴国支部黄家煌到坝子上。这时黄家煌是有时又有须，有时又没有，装疯卖哑〔傻〕地到各地进行党的活动。他到坝子上时，李济南、李传海、李桂平三人在喝茶。李传海是他的学生，但他当作不认识地说："我犯了事要走到福建去，没有旅费。"李说你到我教书的小学去住。黄住了十几天，引导他们组织区农协。1927 年时，农协与桥头党组织有联系，便成立了党的组织，这时入党要找 2 个介绍人，填入党申请书，入党时有党旗，举手握掌拳宣誓："努力工作，严守秘密，遵守纪律，服从命令，牺牲个人，永不反党。"（公开入党时就没有这几句）

二、莲塘党的组织及其活动

1927 年，一些地主阶级知识分子陈△民、陈泽民、赖世霖、李茂生（当时是贫农知识分子，解放后是恶霸，枪决了），他们在兴国城入党后回到莲塘便组织发展党员。

1928 年，坝子上人陈赤平（党员）、黄朝昇（团员）到莲塘的陂溪，发展了民校教员陈琼林为党员，他后来又吸收彭学标、张祖标为党员。党组织活动和工作是秘密的，参加入党的连老婆也【不】让知道。入党要介绍人，入党年龄要在 24 岁以上，24 岁以下的入青年团。入党要看他的历史，工作积极为主，其家庭成分和对党的认识也要看。入党时必须宣誓，誓词："严守秘密，服从命令，遵守纪律，永不反党。如有反党天诛地灭。"没有党证，只有一个符号，里面也有党徽。

当时，每次党小组会的主要内容：发展党员问题，党员在群众中必须起模范核心作用，党就好像一个桃子的核，周围的群众是桃子的肉。

党员分正式和候补。候补期多的半年，少的3个月。前者多为中农成分〈的〉，后者多为贫农成分。党组织没有公开前党员不交党费，也没有政治课和党课上，也不发党证。但政治测验看党员的觉悟如何。

1930年，党组织公开活动了，才发给党证，要每月交党费3个铜圆（各支部不同），抽百分之几为党地方办公费用，其余上交。

1932年，大力公开发展党的组织，把先进分子吸收入党，但不发党证。首先发的党证是印〔硬〕板制的，上写党员8条，剪掉左角；后发的是牛皮纸的，上面有两面旗子，比前发的大些。

三、政权建设与群众团体

（一）1929年冬，在睦田成立兴国县革命委员会东乡办事处，主任余石生，秘书陈宗森（党组织还未公开），指挥农协工作。1930年，成立苏维埃。

1929年，区苏维埃政府在东村成立，主席胡嘉宾，区委书记周运还，其中设：

军事部——领导地方武装（赤卫队）训练、操练（每月2次），扩大赤色区，打击扰乱敌人，牵制敌人，扩大红军队伍等工作。

财政部——专门管理经济，管理区政府伙食。

粮食部——管理粮食。

文化部——管理学校、宣传等工作。

裁判部——专管犯人。

土地部——管理土地，领导生产。

工会——领导工人向老板作斗争，请工人要工会批准，当时主席是傅学尤。

经济保险部——①，贫农团——②，妇女部——③，少队部——④。

（二）1930 年区苏维埃政府从东村迁到莲塘官田，原因是东村近蜈蚣山、忠州、古龙岗等白色区，为了便于指挥作战。这时组织更健全了，区苏设：军事、财政、粮食、文化、裁判、土地、工会、劳动、青工、内务、国民经济、工农检察、妇女、社会保险、少队等部及贫农团等组织，区苏工作人员只供伙食，没有薪金。

区苏下面设——乡苏维埃政府。

东村区有 4 个乡——东村乡、莲塘、坝子上、忠州乡。

（三）1928 年，党组织向东村发展，农协也公开组织，开农民大会。2 月，成立东村区农民协会，委员胡承松，书记陈玉书，秘书陈宗森，军事部长胡承普。

进行打土豪，抓反动派（向国民党报消息的），镇压土匪靖卫团及反革命分子。这时，四周很平静，没有靖卫团。1929 年冬（11 月），农协组织发展到江背，陈大森为委员长。

莲塘 1928 年冬有农民协会组织，焚烧契约，宣传打土豪、分田地。当时广大农民群众非常拥护农民协会，有一首山歌："今年国家样减松，好得朱德毛泽东。第一好得李韶九，第二好得段起凤。"

1929 年，段起凤来莲塘（已被收编），他在一次大会上说：穷人我不嫌，地富少了我的钱。穷人跟着我来去，每月可得八块钱。

农民协会设有贫农团、赤卫队。当时赤卫队不受年龄、性别限制，其任务上面井〔警〕戒古龙岗、蜈蚣山白色区，下面井〔警〕戒兴国城靖卫团。

1927 年 6 月，东村组织了秘密农民协会，内部犯了错误就用

① 原文缺。
② 原文缺。
③ 原文缺。
④ 原文缺。

打屁股解决，对外"三点会"和土匪。东村附近有人被土匪抢去了东西，农协陈玉书写一张条子，就把东西送回去了。陈玉书虽表面与三点会友好，但陈此时是共产党员了，他有时拉拢个别资本家，利用他的经济，又作掩护自己的身份。三点会所以听陈的话，是因三点会开始有些怕共产党了。

8—9月间，于都桥头特委陈日奎（书记代名词）、朱学久、中声楼、李荣华、李华富、中越舟、何星佳与农协取得联系，要秘密农协提出"打倒国民党，打倒帝国主义，建立地方武装，实行抗租抗债抗捐抗税"等口号。

1928年，组织了兴于赤卫大队，农协公开活动了，在庙坪老屋开群众大会。

1929年2月，成立了东村区农协会（在圣机家里），主席胡承松，书记陈玉书。

四、工会组织

1929年春，成立工会，分：县工联，区工会，乡工会小组。

县工会主席：1932年时〔是〕黄方溪。分：工联部，运输部，手工店员部，工人纠察队。工作时间：工厂里实行8小时工作制——男工8小时，女工6小时，童工4小时，工资男女平等。

入工会，会员每月交5分钱会费。区工会设组织部、劳动部、宣传部。工作人员伙食由会费及自己出部分。区工会主席傅学有（由工人代表选出），每年改选一次。请工人必须经过工会小组介绍和批准。

工会组织工人向老板进行斗争，打倒土豪劣绅。

县工联设手工、店员、苦力、运输、职工、工人纠察队。当时，仅工厂实行8小时工作制。工人纠察队的任务打反动派，有一次曾缴获30多支枪。

规定妇女生产前后1个月不上工，工资照发。师傅、老板不能参加工会。区工会组织除同上外，还有青工部，部长陈友昆。

乡工会小组无脱产干部，请工人必须经工会小组介绍，各级工会选举每年一次。

五、访问有关妇女工作材料整理：宣传动员青壮年男子参军

张淑凤，54 岁，苏区区苏维埃政府妇女部长。

①干部首先动员自己丈夫或儿子参军：第九区区委执会张福寿（当时任代表），开完扩军会后，首先带自己儿子到区政府报名。亲戚朋友互相动员爱人去上前线。

②妻子宣传丈夫参军：这样子例〔例子〕真说不完，如李玉凤动员丈夫参军，说："不打垮反动派，分到的田、屋都会被夺掉，你安心去！家里的事我们会搞。"

③慰问红军：当时谁报名参军，妇女们就自动报名做鞋子。那时妇女代表在区里开会接受任务时，一般代表都保证做 50—60 双，布草鞋 100—200 双。个人有的做 5—6 双，曾贞九（小纲人）做鞋 4 双，我虽工作忙，也做了布鞋 2 双、草鞋 3 双。陈秀怡动员丈夫参军后，她发动她所代表的 14 家妇女做鞋 50 双。

④组织妇女到前方去慰问红军。

1933 年 10 月间，红军在高兴一带与白匪作战，当时第八区政府妇女部，组织了 100 多人的慰问队，到高兴去慰问（有 90 多里路），其中绝大部分为妇女同志。这次杀了 2 条猪（分 4 担挑），另带有果品、花生、豆子（都是捐来的）共 10 多担，布草鞋 5 担，草鞋 20 多担；还有乐队，吹吹打打去。从早晨吃饭出发，到太阳西下时才到达。

到高兴后，受到红军战士的鼓掌欢迎。当时我们说："新战士同志，别挂记家里，妻儿子女政府都会照顾，你放心，一心打垮敌人吧！"红军战士回说："谢谢你们！我们打垮敌人以后，才回来拿妻抱子。"第二天早我们就回来了。

在去的一天，因要过河，又没桥，故请男同志范年墩背我过。

事后，人家对范同志说："你才真打破了老封建！"有的讽刺说："会倒霉啊！"但范同志说："当然我的封建打破了！"

⑤组织担架队、救护队。

×××年，红军打忠州时，区妇女部组织了30多个妇女去做救护队。当时有一被子弹穿过脚跟的伤员，我就背他回区政府，揩血敷药，给饭、水吃。区政府有猪肉得先让他吃。

⑥生产：组织与发动妇女学习犁田、耘田、莳田。我也到学，现在很多妇女会犁田就是那时学会的。

附：我参加了中华全国第二次苏维埃代表大会

地点：瑞金

参加人数：1000多人

开会时间：5天（她们一队迟到1天）。

大会还奖了她一顶泥帽①。那时各县都送了大批的猪肉、牛肉等来慰问代表。

妇女部组织妇女去给红军家属耕田，不要工钱，吃自己。有时到山上去砍柴给红军家属烧。

妇女组织慰劳队、洗衣队到前方去。

每村建立一个红军家属肥料所，捡猪粪狗屎堆在那里，帮红属生产，解决困难。

扩军时，许多妇女动员爱人参军，又亲自背着包袱送去。当时群众流行着山歌：

　　不请假，不回家，反对老婆拖尾巴。

　　锣鼓打得响叮咚，一送情郎去参军。

　　红旗摇摇向前进，送我情郎去打敌人。

以后扩军成了经常工作。有些到了前线开小差回来了，便动员说服他们归队。红军老婆组织突击队，互相检查有无开小差的，有就动员归队。

① 原文如此，疑应为"呢帽"或"草帽"。

妇女也组织学习文化,进夜校。

(参加访问人:阙祖焕、曾同志、郭行增、吕俊△、彭适凡;
整理人:彭适凡)

六、赤卫队组织

赤卫队的任务:保护地方苏维埃政府,打靖卫团,并〔警〕戒
敌人,镇压反革命。1932年改为赤卫军,5月编成模范师上前线。

坝子上1927年6月,李传海、李桂本、李济南组织了12人,
晚上开到庙坪水头龙李德原家里,有五六支枪,当夜开回松山岗,
李桂本为通讯员,不久编为赤卫军,有八九十人,牛皮枪(鸟枪)
30多支,黄朝升任连长,在葛坳青山背住了六七天,半夜又开到
潭树坡,后开到什石村山塘坑陈长材家里,后开到铜罗窝传海家
里,抓土豪李泽原、李禄海,罚款200多元;李传辉罚款70元。
开到兴国三里背,抓到四个土豪罚款700元。1928年3月间,在
富岭崇与于都会合,人数100多,编成十五纵队,队长朱学久。

七、少先队组织

1929年就成立了。凡16—23岁男女均可参加。

任务:禁烟禁赌,打菩萨破除迷信,抓顽固分子,检查放哨
(五里一亭,三(山)路哨),检查来往行人,协助赤卫队作战,扰
敌人,并〔警〕戒打游击,宣传解歌〔放〕等工作。

以乡为单位设戒烟所,戒烟者时间不限,看他决心和瘾头大
小,他们不做事,戒掉了就放出去。

检查行人看路条,无者任何人都不放行,并加以盘问,最后还
把他送到原单位,经过证实,才完成责任。

组织:以村为单位,编队分班,每班9—10人。有正副队长和
指导员、正副班长。

操练时间:农忙7天一次,农闲每天1次,都在早上操练1小
时左右。内容:基本步伐,上子弹,开枪等。

妇女少先队员还编为洗衣、缝衣、医疗、慰劳、卫生队。战时还组织运输、担架队，平时参加生产。

八、儿童团

1929 年成立，凡 16 岁以下者为儿童团。

任务：抓烟赌，打菩萨破迷信，白天放哨。

组织：以村为单位，编队，区以上称团长，下面为队长，队大小不一，班的人数为 9—10 人。实行"三三"制——三班为一排，三排为一连，有正、副班长。白天放哨时，儿童团、少先队各 1 人为 1 个哨位。

唱十大纪律八项注意歌。纪律要求严格——军事化。

"缴物要归公（打土豪），行动听指挥。借物要归还，买卖要公平。损坏东西要赔尝〔偿〕，说话要和平。住了民房要打扫清洁，门板要放回原处，禾草要捆好。"

生产经济建设：合作社——1930 年冬成立。

资金来源：起初由打土豪劣绅得到的钱拿一部分，后由群众集股，每股 1 元，每户至少 1 股，多的到 18 股。每乡有 1 个。

合作社由区苏国民经济部直接领导。

组织：有主任、出纳、采买（3—4 人）：组织大的【则】人员多些（7—9 人）。

每月结算 1 次，每年分红 1 次，合作社优待社员 5%，红属 8%，购买货物一律不欠账。合作社货物一般市场可买的都有卖，但价格比私商便宜，群众很拥护。

社员股金证是牛皮纸的，红属优待证是红色布面的。

工作人员没有工资，伙食由合作社负责，外出办货费用实报实销（在红色区办货，指定住红色饭店，到白色【区】办货则实报实销）。

货物多从吉安、宜黄、赣州的茅店等地来的。

九、莲塘土改与查田检〔查〕阶级

第一次土改：1928年冬，开始焚烧契约；1929年春开始的。

分配原则：以村为单位，按土地、人口抽多补少，抽肥补瘦，以原耕为标准，平均分配田地，没有划阶级，约每人分到7担。

口号：打土豪，杀〔抗〕劣绅，分田地，实行抗租、债、粮、税、息，即五杀。

又提出：打倒帝国主义，打倒资本家，反对知识分子（后停止，因大家要学文化），拥护苏维埃政府，拥护共产党，武装拥护苏联，男女平等，妇女自由等。

分土地时，经常开群众大会。首先是党团员开会，后【开】干部会（贫农团长会），后开群众大会。开会内容：叫贫〔穷〕人团结起来，打倒土豪劣绅分田地，每次都说要分得大家没意见为止。有时也讲些目前时事、政治，讲话的人有县里来的，也有区里来的。县里来的如没事，有时也到农村来。[①]

开始平分土地由地主掌握，好田都被地富分去了，如，官田乡陈文明地主第一次土改分田时，他掌握，把好田都分给地富亲友了。以后划阶级才以贫农团为核心，进行分田分山。

1929年秋收后才分山林，按山上树木、茶子树、柴火树多少来分类分配，分法和分土地一样。（一说1929年11月开始土地检查、划分阶级，1930年1月分田。）

第二次土改：1930年（民国十九年正月）

划分了阶级：地主、富农分坏田，住破屋，贫、雇、中农平均分配，师傅、老板不分田，帮工学徒分田，分山和分田一样。

另一说：死了的人田拿出来，生了人补进，地主无山分，富农分坏山。山秋收后分。土改时党团员先开讨论会，后开贫农团会，宣传方针政策，后开群众大会，男女老少都到。贫农团起主要作

---

① 此句不通顺，照录原文。

用。没收地主的大洋归公，衣物用具，先优待去参加红军的，后贫雇农多分些。查田运动时地主要罚款，富农要捐款。

第三次土改：1931年第三次查田运动，实即查阶级。地主不分田，驱逐他到白区去。富农分坏田，老板、师傅分半份（也有全份的），徒弟、帮工照数分。当时将不法地主、造谣破坏等坏分子，送感化院去劳改，为了便于认〔识〕别，把坏分子的头发中间剃光成一条直线。

1933年，东村查田运动，原来地富无田，这时地主的无田，富农的瘦田，口号"彻底查田，富农分坏田"，"红军留好田"，规定红军原得田归公家代耕为"公田"，中央还发了查田运动指南文件。

十、莲塘文化教育

（一）列宁小学（1929年开始）每村1个，不收学杂费，经费由乡苏供给，教员没有工资，多是本村人（半知识分子），吃穿是自己的，也无补助（仅由学生代耕田）。

（二）学制：没有星期天（节日去开会或游行等），每年考试2次，取消了打骂制度，只有互相批评、自我批评、检讨，也有斗争方式。（如功课不好，违反纪律时有时罚站。）

（三）口号：普及文化。凡7—15岁的儿童不分男女，一律入学。

（四）课程内容：国语、算术、体育、常识、娱乐。常识课结合时事政策（主要提出压倒资本家）。（课本由县里编写，送省文化部审核，再由县里印发下来，不收书籍费）没有劳动，有时参加宣传，配合群众开大会，和组织优待红军家属、慰劳等。

学校里挂马、列像，党旗（有镰刀斧头）和一个大五角星的红旗。

（五）农民夜校：每村1个（由于战争未健全），青年、中壮年男女都可参加。

当时提出强迫教育，屡次不来就罚他给红军家属劳动。

老师是当地的半知识分子，完全是义务的，无优待和补助。

上课时间一般在农闲时候（冬天）的晚上。

夜校办公费（纸、粉笔）向群众募捐而来。油灯则由群众摊派，学员用的灯火自备。

课本内容：主要是农民三字经[①]等，如：共产主义好，为群众谋利益，老幼有养，少壮有教，各尽所能，各取所需。大家贫苦（雇）工农，快些团结起来，实行阶级斗争，打土豪，分田地，斩劣绅，夺政权。

---

① 原文如此。

东村人民公社收集党史资料初步整理（座谈）

一、党组织机构的成立、发展及其活动情况

自 1927 年 4 月成立了党的组织，地点在庙坪岭背峱，由陈玉书到永丰找到党的根苗，回来便召集陈作英、陈宗森、胡承松、罗金乐、胡方程、胡嘉宾等秘密成立农协组织，对内〈边〉有正确处理，对外抗御三点会抢劫。到 1928 年，各地方开【始】成立乡区协，轰轰烈烈起来闹革命。

1929 年元月，在官田召开第一次全区党团员大会，计 200 多人，会议主持人是陈中节。会议主要中心讨论攻打龙聚三都（即现在龙岗、江口）和扩大党团组织，同时在党团员中进行了思想检查。

1929 年春，成立区委会（包括东村、莲塘，称为九区），曾礼堂任区委书记（地点在桅杆坑陈圣礼家里），陈中节、陈作波为组织、宣传，下设支部、分支部、小组。

同年 5 月间，在东龙山召开第一次党代会。计到会人数有 40 多人，会议主持人李家根【是】新调来的。会议中心：①估计当前政治和地方情况。②群众对党的倾向如何。③破除迷信等。此后中心任务是扩大地方武装，转入焚烧契约、平田、废债、划阶级、扩军、购买公债等。

1931 年元月间，东村并到江背，成立东江区；莲塘并到鼎龙区。同年冬，划为东村莲塘区（莲塘分为 7 个乡，东村区 8 个乡）。樟木属桥头区，一直到 1934 年底，停止了党的活动。扩军最突出的有 1932 年工人师和少共国际师，1933 年模范师，同时中央提出

扩大一百万铁的红军。

1931 年 6 月间，毛主席、朱总司令到过莲塘，驻杉木排，亲自指挥三次战争，打垮上官云相部队。同年 6 月间，曾山和项英到过东江区，旋即召开了东江区活动分子会议。在会议〔上〕指示，加强整顿地方武装，组织担架运输，支援战争等任务。在 1926 年以前反动统治时，政治非常腐败，土匪横行，到处抢劫，封建势力猖狂进攻，持〔恃〕强欺弱，以大压小。农民受压迫日深，以致生活饥寒交迫，市场百物【价格】上涨，自此引起无产阶【级】与资产阶级矛盾尖锐化，表现在：

首先，有东村圩曾传雷、李桂应的两家当铺，群众组织起来抢劫一空。同时，莲塘闹义仓（即饥荒），掀起了群众运动。后来，由兴国县仓发出一部分坏谷救济后，才逐渐停下来。

其次，抗金租缴价①，如刘圣远、刘孟怀、孟樑、圣赞等便把县里派来【的】欧阳元愚逮捕起来，这造成群众运动，声称要把欧阳元愚杀掉，有当地封建势力把持不敢杀掉；后来虽把孟樑等拘押了一时，但也释放了。

再其次，打死邹老六，地点在坝子上，原因收鸦片烟捐，声称要光洋，连什〔杂〕洋却又〔都〕不要，并且收得很重，因此激起了群众的愤怒，便把邹老六提来活活地用石块打死了，边打边说还要光洋吧。

以上这些事实都说明了，人民群众的斗争力量是伟大的，也是不可磨灭的，从此便产生阶级矛盾尖锐化，满怀信心起来闹革命，向封建资产阶级势力进攻才取得革命的伟大胜利。

二、武装斗争情况

1927 年 11 月间，陈玉书、陈宗森、胡承松、承元等到于北特委开会，地点在花桥头。大会上，经研究，组织兴于暴动队，共计

---

① 　此处不通顺，照录原文。

30多人，在坝子十八断南寨①正式成立的，推选陈日奎任队长，陈作英任教官兼指挥。起初，只有1根枪（湖北造），用银洋98元，由于都谢屋土围内造出来的。作英便回到水头，把靖卫团10多支单响快【枪】缴来。后来，有曾宪廷、丁拔群工人又带来枪枝19条，包括2支短枪，便有30多支枪了，就到处去抓土豪，缴枪支，罚款等。因此，势力日益澎涨〔膨胀〕，后成立十五、十六纵队，十五纵队由朱学久任队长，十六纵队由曾宪廷任队长，丁拔群任宣传主任，陈日奎任指导员，陈作英任指挥，陈连昇、中先冈任中队长，共计150人。1928年元月，有赖秉阳、秉谦、秉忠等将赖姓7根枪亲自运【到】庙坪，自己也自愿参加入队。后来开往莲塘圩，编成独立第四团（包括十五、十六纵队，城岗、鼎龙靖卫团），团长段起凤。七、八、九纵队为二团，团长李绍〔韶〕久。同年，开往东固，与毛主席、朱总司令由井冈山下山会师，同时送二团2枝〔挺〕机枪，给四团1个号兵。二、四团给朱总司令队部〔部队〕银洋800元。

从此，二、四团分开，四团分为5连，1、2、3、4特务连。同年3月间，集中官田，全团攻打赖村，被敌人四面包围，被冲散了，后来逐渐归队。1930年，又成立了二十五纵队，肖以佐任队长，即一个团的组织。

农村地主〔方〕武装，于1929年有赤卫队的组织，这是三三制的编制，那时有枪的编了一部分到四团去，当时主要任务是打土豪分田地，扩大赤色区域，向边区进攻。

三点会的性质是劫富救贫。起初是打抢的形式和行动，后来，有了党利用他争取过来，参加革命，充实了武装力量，不革命当土匪者杀。因此，对革命有很大的关系和作用。

赤少队、工人纠察队于1930年才有，其参加条件，少先队16—23【岁】，24—25【岁】赤卫队。一般手工业工人纠察队，负

---

① 此处疑有误，照录原文。

巡视警察任务，也就是以工人阶级为领导（阶级成分包括贫雇农、中农、工人、青工学徒、独立劳动者），当时主要任务是扩大赤色区域，维持地方秩序，经常向白区发展。

1932 年攻打吉安，由二十五纵队配合三军团攻打过几次才打下来。

中央提出扩大一百万铁的红军，是在 1933 年提出的，本县口号是打到南昌、九江，会师武汉。

兴国模范师是在 1933 年 5 月间成立的，整师通过加入红军去，回来休息 2 个星期，听候按期集中。东村、莲塘各一营，莲塘营长陈中丁，政委郭宜燊。东村营长陈长梅，政委李化华。集中后编成红六师，属三军团，攻福建沙县得胜，兴国组织慰劳团，并有工农剧社去进行慰问。

那时，广大人民群众对参军参战热情很高，组织健全，可以随调谁〔随〕动，不分早晚半夜，纪律很严肃。首先攻打蜈蚣山，其次攻打忠州，上村反水。有李性本手持挎刀，亲自走水田冲去杀敌人。郭子季打石子安时亲自冲到屋脚下去放火烧屋，结果光荣牺牲了。

又在 1931 年攻打白军（竹坝），东村 3 个连，经过 7 天 7 夜顽强抵抗，后来因弹药不足才撤退。

官田有个兵工厂，起初叫修械所，由郑倪德、赵生盛 2 人制造单响快【枪】，后来转修械处，王赞当处长。由漳州、厦门缴来机器后，才正式成立兵工厂，厂长吴汗杰，政委张健，1933 年 7 月迁瑞金江面。

第一次战争【在】1930 年，龙岗战役活捉张辉瓒全师 12000 人，我方主力一、三、五军。二次战争在富田打垮谭道源、公本潘①（扑〔消〕灭人数不详）。三次战争 1931 年 6 月 23 日在莲塘大△打垮敌人上官云相（约有 4 个师）。四次战争在东黄陂打垮陈诚、

---

① 应为"公秉藩"。

罗卓英，全部扑〔消〕灭（2个师）。从此，敌人转变堡垒政策，步步围攻苏维埃区域，我方采取坚壁清野。五次反围攻是1934年8月在高兴、老营盘打得最凶，后来我方撤退，开始北上抗日。

那时，人民支援战争是很热情的，如做侦探、向导、担架运输、送信、慰劳红军、堵敌、截敌、扰敌、送粮食、送饭、清扫战场等，坚壁清野是在1931年三次战争后才提出来的。

三、政权建设及群众团体组织发展情况

县革命委员会是1928年冬在城岗成立的，有胡灿、黄家煌、鄢日新、余石生、凌甫东等，就在附近搬来搬去，原因【是】怕敌人发觉，力量也不够充实。

苏维埃政府于1929年在兴国陈家祠成立，主席肖芳全，后由〔为〕李茂生、胡承松、胡启根、中昌涛、丘××、王青生等。到北上为止，其组织机构有雇农工会、手工业会、筏业工会、反帝同盟会、革命互济会、总务处、秘书处、财政部、内务部、工农检察部、土地部、军事部、国民经济部、文化部、青工部、少队部、劳动部、粮食部、裁判部、拥挤红军委员会，还有国家政治保卫局等组织机构，领导全县人民进行工作。

召开过7次县代表会，自1931年开始，发选民证进行选举，其方式【是】有选举权的人才能入场，举手通过，会议日程和现在一样。

群团组织，如工会、妇女会、贫农团、反帝拥苏互济会、雇农工会、儿童团、少先队等。

妇女工作有哪些突出贡献：如扩大红军做宣传动员工作，有澄江钟清和，动员自己丈夫去参军，自己积极参加工作，积极参加慰劳工作，如做布草鞋，买毛巾斗笠，做洗衣队，欢送入伍，替新战士背包袱，唱送郎歌等，鼓舞战士勇气，愉快上前线。

儿童团组织很健全（8岁以上15岁以下参加组织）。其任务【是】破除迷信，捉烟戒烟，检查步哨，检查来往行人等。遇有自

己的部队经过，整队欢迎，每次纪念大会自由演讲，总是争先恐后发言及自〔主〕动参军，做勤务员，如传学△、黄有生、胡定去参军吹号。

现东村公社范围，苏区时有莲塘区、东村区、桥头区（属于都），又名胜利。

四、土地斗争，查田查阶级情况

1928 年冬，开始土改，共分三次。第一次，由 1928 年冬至 1929 年正月，以村为单位，按人口平均分配。第二次，1929 年 10 月间，采用抽多补少，抽肥补瘦，死者就抽出，生者有补。第三次，1931 年冬，开始划阶级，其阶级界线：收租吃饭者划地主；囤积居奇划高利贷；经常大小事要到场，才能解决问题的就划劣绅；剥削劳动力又有轻微债务剥削，划富农；生活自给，不剥削人家的划中农；做了长工划雇农；牧牛叫牧童；撑竹筏叫苦力工人。主要口号是贯彻执行划分阶级。地主无田分，住破屋；富农分坏田；工人师傅、老板无田分，有的分半数，或酌情分配。其组织机构县区土地部、乡土地委员负责分配工作。

1931 年 8、9 月间，驱逐地主出境，送下江口、茅店。同年冬，纠正了这一政策。

苏区起义时就进行打土豪。1931 年开始划阶级，后进行斗争地主，其方式首先进行没收财产，后进行向地主筹款，有经济不拿出来又顽抗者进行打吊，同时采取软硬并进方式，能自动坦白交款者免以〔于〕打吊。

五、生产经济建设情况

苏区时群众生产热情很高，因为贫雇农分到田地后，债务又废除，也不出租税，生产积极性很高，收入又为自己所有。军干家属实行代耕，组织耕田队负责，没有另外领导生产机构。

经济组织，区有财政部，国民经济部，消费合作社，刨烟合作社，药业合作社，缝业合作社，竹、木、铁合作社，造币厂。自1930年起，有上述组织机构，总的任务是发展国民经济，解决人民生活品之需要，对外还设有贸易公司，特别是造币厂起到很大的作用，来造银洋出口便利。

苏区优待红军家属做得很好，一切生活军属有优先权，做到随调随动，要多少就多少。后来，要自己带饭，不吃家属的饭。机关干部，每星期出勤优待一天，屠宰税每头征收5角，优待红军家属，因此，广大青年对扩军参战很热情，而且战士在前线英勇杀敌，对家庭毫无挂虑。

另外，组织优红商店，按优待证，照原价卖不赚钱，家属寄物邮信不贴邮票，按时邮递，军人婚姻法律保障，不许乱搞男女关系，违者依法惩处。

购买公债自1932年开始，购买方式党团干部做到起带头，先认购先缴款。同时，建立推销公债委员会，并且发动竞赛。为干部买公债退回债券的，是最光荣的。其种类分战争、建设公债两种。上级提出任务要完成和超儿〔额〕完成，又不能摊派和强迫命令。

借谷运动是在1934年进行的，原因【是】战争紧迫，国家开支又大，必须向群众借粮，以适应国家的需要，群众自〔主〕动自觉地踊跃借粮完成任务。

在苏区时，通行货币有铜圆、铜钱、纸币、银洋、银毫，不得降低纸币价格。当地农副产品价格稳定，只有外来的盐、布、药材缺乏，原因是敌人利用封锁政策。

关于粉碎敌人的封锁，对外组织贸易局，采用两种方式，一种用货物换货物，另一种利用商人进行化装混入白区采货进行通商。

兴修水利方面，进行了中小型修理陂圳、河堤，封山育林，发动群众，植树造林，保护山林也很重视，特别是河堤水坝比较严密，船桥也很重视，都有专门管理负责。

工业生产：主要是发展手工业，如缝匠、竹、木、铁都组织了手工业生产合作社，有社长领导，积极发展生产，解决农具和家具的各种需要，实行 8 小时工作制度，如青工学徒去开会时间要师傅包工资，假使参军要师傅【也要】包 2 个月工资。

兴国取得模范县主要成绩是扩大红军（如工人师，少共国际师，红六师），其次党的建设、武装建立及经济建设、购买公债以及各项运动都超额完成。总的说来，各项组织健全，参军参战支援战争都积极完成任务。

反动派复辟后，对苏区人民摧残：①对苏区干部进行逮捕、屠杀、没收家产、罚款、肉刑拷打、挖死尸、罚劳役。②在苏区自由结婚，妇女要强迫出钱配价①〔陪嫁〕。③当红军去的老婆所生子女在反动派复辟时，上谱要出款（如刘、叶、曾等姓）。④农民所分到的土地被地富收回去，重行〔新〕花利债务剥削，加上各种苛捐什〔杂〕税等。被屠杀干部，东村、莲塘 13 个，坐班房共计有 40 多人，其中严刑拷打有丘让禄、涂英瑞，吊绝 3 次气，罚款最多有涂英瑞 130 元，付现款 50 元，其余还凭了票②。

苏区前情况：土匪横行，盗窃百出，人民生活饥寒交迫。苏区时得到解放，人民生活提高。反动派复辟后进行抓兵勒款，捐税加重，人民生活极端困难，可称起了很大的变化。

六、文化卫生情况

1930 年，各村建立列宁小学，做到了全部学龄儿童上学。教科书内容，初期老教科书，后来内容按马列主义原则〈进行〉编辑新教科书。教师报酬起初每月发给银洋 5 元，后来与机关干部一样，只发伙食什〔杂〕费，由政府按月统一开〔发〕放，其方针政策是贯彻马列主义，实行普及义务教育等。

苏区时夜校、识字班，一般规定年龄在 14 岁以上、25 岁以下青年参加夜校，26 岁以上、45 岁以下参加识字班，包括男女，到

---

① 原文如此。
② 原文如此。

处很普及，对提高文化扫除文盲起了很大作用。县开办了列宁师范、中央红军学校，曾以政治军事为主培养干部人才。

苏区时办过东江□□□教员训练班，地址在黄岗，训练期〔时〕间1个月，其内容【是】培养列宁小学教师人才，贯〔灌〕输马列主义理论及业务能力。东江区办过1次党团员训练班，人数有100多人，训练内容专讲马列主义以及党的建设，和入党须知，时间1个月。那时发行刊物，有《红色中华》《省委通讯》《青年实话》《斗争》〈报〉等。每逢纪念节日，印发宣言提纲，以便向广大群众进行宣传。

中央组织蓝衫团，大多数是妇女巡回各地演出，其内容是参战参军。结合当前中心宣传运动，兴国县成立了工农剧社，区有俱乐部，其内容是以贯彻当前中心工作为主，如扩军、购买公债、慰劳红军、支援战争等，都起了很大作用。

苏区时，当地设有商业合作社，看病不收诊费，只收药费。兴国县办过贫民医院，干部免费治疗。前后方有医院，总医院由△坪张家△迁到小密，到官田，后迁茶岭。与当地群众关系很密切，经常派洗衣队替伤兵洗衣服，而且经常募果品进行慰劳，以鼓舞伤病员早日恢复健康，回到前线去打敌人。接收伤病员很关心，看护周到，纪律严肃。

群众性工作宣传贯彻多，执行比较少。

七、肃反及重大事件

肃AB团是在1929年底开始，莲塘先捉到郑△中，原因【是】城岗有人咬了，恰巧三军团走莲塘经过带去了，没有杀〈了〉，现在是长征干部。东村黎茂东先捉，起因由〔是〕樟木山有人咬他是AB团。从此大肆逮捕和屠杀，主要是采用严刑拷打，逼迫供认。东村、莲塘因AB团搞错了，计有250人左右。东江事件后，才纠正左倾路线，执行明确阶级路线，从此肃反路线就正确了。

东江事件是在1931年10月12日兴国县主席胡启榔、县委书记贺昌借改组名义，亲自带兵由崇贤、城岗、鼎龙、莲塘，最后到东村。胡到东江区时，召开党团活动分子会，有数十人，在钟昌优家里，主要审查各人阶级成分，何时入党；最后，提出肃AB团，东江区有大部分AB团，要自己忠诚坦白，才是出路。当时，到会者听了恐慌万状。第二天绝〔清〕早到东村乡把所有干部扣押，如陈仕远、丁祖和、叶宗辉、傅清山、李佐汗、曾新发等，全部解回东江区。当晚，东江区召开活动分子商议，一面派人请示中央。另【一】方面发动群众，第二天早晨，群众拥集1000多人，阻挡胡把扣押干部〈不许〉解走，一连紧紧围守了7天，而东江区干部跑了。

另【一】方面，派胡光亮到中央请示3个问题：①工人阶级划分；②妇女婚姻问题；③肃反问题。亲自送到中央会见毛主席和朱总司令，申诉后建议中央立即派人到兴国去巡视和检查，否则老根据地就要垮台。朱总司令便顿〔跺〕脚说："不得了，就是兴国县政府搞鬼。"然后，毛主席亲自批示，由省委陈正人和曾山去解决东江问题。第二天，回到省，正好胡启榔和东江区干部到省来了，而胡光亮把双方情况证实后，省委作出决议，胡启榔、贺昌撤职，东江区李济南、李盛等扣押，而李济南判徒刑6个月。

从东江事件结束后，提出反对立山〔三〕、罗明路线，执行明确阶级路线，肃反路线已转为正确。

东村人民公社人委会

省委赣东南中央苏区党史资料调查队

兴国分队　林

均福乡曾昭文等访问记录

1. 访曾昭文

曾昭文，40岁，儿童团，做过伪保队副。

1928年，由谢方成从大龙传过来，发展了温国增，组织秘密农民协会，谢方成为负责人。1928年冬，领导进行开仓。

1929年冬，农民协会公开，成立了政府，齐分乡主席雷万祯，乡党支书邱时聪，齐分村代表曾继午。1931年，齐分乡并入白沙乡。

1930年9月，分土地，只分了一次，按人口打乱平均分配。

1930年，成立儿童团，有红领巾，做打破迷信和禁鸦片烟工作。烧菩萨，搜查、捉拿吸鸦片的，由儿童团书记带领进行。捉到吸鸦片的及其用具，把人捆起来并同用具一同送到村政府，开全村大会，当面把鸦片用具烧毁打碎。

（访问人：李华、陈怀山；整理人：陈怀山）

2. 访温国田

温国田，现年70岁，曾做过苏区的乡代表，区苏维埃国民经济部部员

1927 年 6 月间，齐分地方开始组织秘密的农民协会，发起者为温国行（当时在崇贤圩经营烟酒什货店）。当时，参加人有温国田、温家臣、温家详、张亮显等人。秘密活动时期主要是开会、发展会员。开会研究去打那些土豪的问题。秘密活动只有两三个月，接着就公开了。公开以后，即到处捉反动派，有时到泰和境内去捉由本地跑出去的反动派。在 1927 年 8 月间，曾到泰和把齐分的土豪温国士捉回来把他杀掉；也有的捉回来不杀，让他出款子赎回。把捉回来的送到大龙的谢方贵、谢方成等人的地方处理。①

1929 年八、九月间，在白沙（离齐分 5 里路）组织游击队，领导人邱会培、谢方成等人，当时队员有二三十人。

1929 年 11 月间，成立齐分乡政府，最初的乡主席曾全歧，这时开始有支部，支部书记谢希方。

1930 年秋，开始分土地（这里只分一次土地），按人口平均分配，每人分 8 石谷田，地主富农也分了田，但分给他们的都是坏田，将他们的好田都调给贫雇农。当时没有什么捐税，只是有些捐献。

后方群众除组织生产以外，当时也提倡土地要深耕几遍，多下肥，来提高产量。同时也组织担架队、输送队，以及帮助红军家属耕田等。

红军北上，国民党来了以后，贫雇农在苏区革命时分得的田全部退还给地主，分得的东西也要退回。地主收回土地后，当时的地租是每石谷田要缴一箩谷（50 斤）。

红军第三医院在 1930 年 10 月间开始设在齐分，当时住的伤病人员有 100 多名。在 1931 年 3 月即搬到永丰的南龙，别的情况不详了。

（整理人：杜德凤）

---

① 这句读起来不通顺，原文如此。

3. 访钟招元

钟招元，56 岁，县军事部

1927 年二三月，由叶宗炎、刘思黄、叶××组织秘密农民协会，与大龙联系。谢方规、谢方成（即谢云龙）、洪云龙经常来开会。

1928 年二三月，组织了齐分乡苏维埃政府。

1928 年八九月，分土地，只分了一次，每人 8 担。中农以原耕为基础，不够的补足，多有也不没收，没有秧田的还调些好田给他做秧田；雇工（长工）分 10 担田，而且【是】比较好的田；贫农每人 8 担；地主和反动富农的财产没收，不分田。在反"围剿"时，"为了我们内部的团结，地主滚出去"，把他们送往白区。地主组成劳役队，做担架运输、优待红军家属的工作。工人分半田，其家属分全田。

（整理人：陈怀山）

4. 访谢喜枋

谢喜枋，今年 59 岁，1929 年冬入党，曾经当过红军第二分医院的事务长，1933 年在均福当乡支书。

1928 年冬，洪雨龙、陈玉堂、谢云龙来到这组织最贫苦的人成立农协，那时还是秘密地工作，主要是宣传共产党是无产阶级的娘家，要打地主，分田地。最初找到温跃顺、雷万珍，以他们为骨干。1928 年 11 月，谢喜枋、温跃彬第一批参加了农协，开始 10人左右，组长温跃顺。1929 年 6 月，扩大了很多人，这时已经公开工作，委员长是邹祥谭。

1928 年 12 月，党、团支部都成立了。党员有温跃顺、业炳皇、雷万珍，支书业炳皇，团员黄顺胡、黄飞令，团支书温跃顺，初【期】只有 3 人。

农协秘密时已经开始捉土豪、坏分子。那时没枪，只有梭镖、鸟枪。曾经到大龙捉了雷能平，后杀了。1928 年 2 月，大龙成立了教导队，领导人洪雨龙等，主要是帮助打土豪。

1929 年初时，抗租、抗粮、抗债，后就分田。第一次每人 8 石，平均分配。地、富分坏田、破房，工人分全份。1931 年 2 月，〈分〉第二次分田，"撤死补生"，工人改分一半。分过田后的工作主要搞生产。

1930 年，成立了均福村苏维埃，主席△克召，后联合了齐分成立了乡苏维埃，主席邹祥谭。

1931 年，谢喜枋在齐分医院做事务工作。

1931【年】冬，在齐分成立了第二分医院，院长李△祥，湖南人，政委粟白。那时医院的总人数 300 多，来往伤员很多，火【伙】食是每人 1 元、3 钱盐、5 钱油、3 餐饭。那时地方派了很多看护、洗衣队，送了很多慰劳品、菜、草鞋、果子，每月都有。医院驻扎在百姓家中，有五六个外国医生是吉安捉来的。1932 年 2 月左右，医院就迁走了。

1932 年，成立了崇贤区肃反委员会。谢喜枋在那当上士搞火【伙】食①。那时黄全国是肃反委员会办公室主任，十几天后说他是 AB 团，杀了他，换刘清华当主任。几月后，又换陈寺林。支书甘宝胡②。不久中央派了 30 多人，带了 30 多条枪来，把将要杀的邓相华、蓝雅昌、李△浩救了出来，反把陈寺林、甘宝胡捉了起来杀了。后肃反委员会解散。宗顺廷是当时做组织工作的，也被杀了。

① 此处材料不通顺，照录原文。
② 照录原文。

那时捉了很多人，区委都捉空了，搞得很乱，简直不知哪个是共产党、哪个是 AB 团。

1931 年，打开了吉安。廿军军长是刘铁超的时候组织了两个政府，一个省政府是段起凤搞的，一个是曾山他们。后曾山被捉，曾山说要到毛主席那去讲理，看哪个错了。段起凤是受廿军的指示搞的，后廿军被解散，段起凤也被杀。

温跃彬补充材料：

红军北上后，国民党来了，把革命同志的家都抄了，还经常骂我们是土匪，动不动就打，谢喜枋被抓去坐了 20 天的牢。

联保主任专门征我们的兵，温跃彬连征了 3 次，没办法，只好买兵代，第一次花了 20 元买，【第二】次 15 元，【第】三次花了 300 斤茶油。

平时都不敢住在家里，一年有好几个月躲在山上。

（访问人：杜德飞、贺淑媛；整理人：贺淑媛）

5. 访王凤英

王凤英，看护生（苏区），现妇女主任。

1927 年春天，暴动，领导人谢云龙，以后成立农民协【会】和政府，成立了妇女突击队、儿童团……

1930 年，第一医院搬到樟木山，我在第一所当看护生。当时有二、三、四、五所，分散在各地。我们所有两三百人，所长叫罗矮子，在此地扎了两年。总部在茶岭桥头。1933 年，搬到宁都，1934 年，搬安抚〔福〕；同年，又搬到于都。以后把红军伤员分散到老百姓家里，不久国民党来了，很多伤员被杀。

我们这里先打土豪。分田地时，每人 8 石。地主杀掉，老实的送去坐班房。地富地分最坏的，贫农坏田调出去，中农的田不动，一些工具用具按少的分^①，茶山每人分 5 石木桃。

以乡为单位分。

国民党来了以后，把曾沛文、陈文谭捉到，吊起来打，一直没有回来。收屠费、门牌费。

（访问者：石碧霞、贺淑媛；整理者：石碧霞）

6. 访刘心洋、张林

大龙一带最早革命时，【主要有】谢云龙、谢方桂、陈少棠、洪雨龙、洪立龙、谢文龙、王响其、骆和彬、雷贵春。

1928 年冬，农民协会公开，并开始暴动开仓。1929 年，成立政府，分田地，每人 8 担，好坏打烂〔乱〕分。茶山每人 6 担，地富分坏田、住破屋。阶级划分：富农、中农、贫农、雇工、工人。

1930 年，查田查阶级，抽多补少，分得不匀的重新调整，死的撤田，生的补分。补分给工人田（由公田补）。

1930 年，送了一批地主出境。

1929 年，成立政府，乡主席：骆和彬—周昌伦—王家才—陈长良。

1928 年春，赖金〔经〕邦等在东固一带结成寨，有 100 多人，打"劫富济贫"招牌，"吊羊牯"，后被毛主席收编了。

1929 年元月，毛主席领 4000 多人下山到罗坑、大龙，在罗坑开了大会。朱德总司令讲了话，他穿一件破棉衣。毛主席部队从罗坑经大龙、崇贤、兴国，到福建一带，当时有 2000 多支枪。

---

① 此处不通顺，照录原文。

1935年二月初十左右，国民党捉去几十人，没有回来10多人。这地方三次战争受破坏大，屋多被烧，猪、牛全被杀光。

地主回来倒算。他们当了保长，就大量收租、逼税，连共产党时期的租也要算。

有月费钱（每月几角）、门牌钱、学费、青年服务捐、集义仓等。

（访问人：夏△祥、杜德凤；整理人：夏△祥）

良村史料（集一）

一、良村概况

（一）良村的地理位置及基本情况

良村位于兴国东北面，北与永丰县相邻。良村是一个多山、交通甚为不方便的地区。

今良村人民公社，是由良村、中洲、南坑3乡合并成的，以良村为全区的经济、政治、文化、交通的中心，故公社、党委也设在良村。

全公社，共有4729户，19040人（男9506人，女9534人）；共有土地24548.07亩（水田22838.43亩，旱地1709.64亩）；共有男劳动力4128人，女劳动力3197人；共有大耕牛1947只，小耕牛795只。

全公社分为良村、前村、厚村、上迳、下坪、中洲、牛形、约口、约洒、龙升、蕉坑、南坑、中叶、郑枫、富兴等17个大队，132个生产小队，387个生产小组，281个公共食堂。

（二）良村地区行政区划的变迁

苏区时，良村属永丰县管辖。

永丰县苏维埃政府于1930年在龙岗明德书院成立，不久移【至】沙溪，四五月间迁至荇田。

1930年，永丰县只有龙岗、沙溪、良村3个区。

1931年，区扩大了，分为良村、龙岗、沙溪、南坑、君埠、上固、中村、上溪、白沙（潭头）、石马、荇田等区，古县则成为游击区。

当时，永丰县的县主席是张声荣（1930—1931 年），副主席吴昌水，县委书记文感清（1930—1931 年）。

1930 年 1—2 月，成立良村区，分良村、中洲、南坑 3 乡。

1930 年 4 月，良村区分为良村、南坑两区。

良村区分为良村、前村、厚村、亩元、约洒、蕉坑、社甲、船形等 8 乡。以良村乡工作较好，厚村乡较差。

南坑区分为中叶、枫叶、郑溪、楼溪、双坑、北坑、雄光、雄口、富兴、宝石等 10 乡。最好是楼溪，因是革命根据地，最差是郑枫〔溪〕乡。

从兴国到良村的路上，有一个茶亭，在隘上。以此为界，以南是兴国，以北是永丰县（良村属永丰）。良村到永丰县城 240 华里，到兴国【县】城只有 80 华里，因为路程的关系，良村曾在 1931 年 8 月一度划入兴国县。当时正是肃 AB 团的时候，干部也想划入兴国躲躲"风"（兴国肃 AB 团没有永丰县这样盛）。划入兴国是属城岗区，为良村乡，由于是新区，征兵、夫子、担架〈……〉等，分配的任务甚重。同时永丰与兴国也相争。永丰说：我们人口少，要划过来。就在 1932 年 2 月又划回永丰县。

1932 年 8 月，永丰县分永丰、龙岗两县，良村属龙岗县。

1934 年 6 月，永（丰）龙（岗）县合并，实际上没有成立，只不过是名誉〔义〕上的，那时已经转入游击战争了。

国民党反动派统治时期，及解放后，良村地区一向属永丰县。因为离永丰县城远，开会、工作都不方便，经过多次提意见，于 1956 年 12 月良村才划入兴国，直至今。

（三）苏区前的良村

1. 国民党的反动统治，左右派斗争，姓族之斗

苏区前，布满了国民党的统治机构。龙岗有警察所，良村义仓下也扎有警察局。他们催粮征兵、敲诈人民、抽捐纳税，还有所谓捉赌禁烟之名，从中捞一把，拿钱上荷包就走了。

民国十六年（1927年），就开始了左右派的斗争。左派是一伙"后生"，"新"知识分子，如陈远模、郭棋，他们反对老一辈，即劣绅，为之"右派"。左派是倾向革命方面的，希望寻找出路。但因右派力量大，往往被压倒。左右派的斗争是很激烈的，总的来看，还是争权夺利，一个不肯让一个，父子也不肯让，如罗鉴供本人是左派，他的父亲罗明德就是右派。左派提出"减租"，反对苛捐杂税。当时流传着一只"十打"的歌："就要打倒白军臭小官，各处都起挨户团，门上门牌钉一块，家家要出灶头捐。好得红军有把握，贫穷晓出告喜欢"。

后来，这伙左派就加入到革命的队伍中来了。

宗派斗争也厉害，何、李两姓是生死对头。

2. 地富高利贷者的残酷剥削压迫及人民生活的疾苦

当时人民在经济生活上是困苦的。除了国民党反动派的苛捐杂税，还有地富和高利贷者的残酷剥削和压迫。

良村地区，地主富农的地占80%以上。

田租重：10担谷田交5担（50%）。

高利贷：加三利是一般，最高的加五利，最少的加二或加一点五。

谷利：1担谷还3箩是一般的，最高的1担谷还2担，最低的1担谷还1桶。

良村地区最大的地主是何昌数，叫"十万户"家财，谷田有八九千担，房子30多栋，山不可计数，钱算不尽，请了三四个长工。

有50%的人没有饭吃，70%的人不够吃，因此，就捡谷钱、典当东西、借贷、卖子卖妻。

流氓、地痞、赌棍、烟癖也多。

当时，人口比现在还是衰多了（衰是少的意思），文化也薄，除了粮户佬的子弟，还有谁读得书起。

二、良村党的建立、发展及其活动

（一）棍子会

1927 年，良村就有了棍子会，实际就是三点会，这里的人叫它为棍子会。棍子会是从福建传过来的。良村的首领是邹老七，外面的首领是张树远、段月泉（即段起凤）。里面有所谓结拜十兄弟之名目，老段为大哥，老刘为二哥，老三张助远，老四、五、六在福建，老七姓邱，老八、九在福建。

段月泉是 4 条枪起势的。段月泉，吉水南龙人。他在南龙黄石坳上开饭店。有几个兵落店歇伙，问他枪放到店里怕不怕，他说不怕，结果就弄到了 4 条枪，店也不开了。民国十六年（1927 年）6 月，就跑到良村来，扎在良村义仓，组织所谓"十兄弟"。8 月间，每当逢圩的日子，就在街上开"市民大会"，对当圩的人宣传所谓"折桂子"，要大家出 2 块钱归服他，归附了他的就叫"折桂子"，不归顺他的就"疯牯"。他还告诉大家念几句口咒："你说风来不说风，五色旗令在斗中，左右龙虎归蛇会，又有漂手合火筒。"（不知究竟是什么意思。）

初来，他们是抢单家独屋（小山村）的，后来就抢粮户佬的，进行捉"羊牯"，不归顺他的，就进行纳〔勒〕索、抢劫、烧杀。他们日上（白天）在义仓，晚上就藏山，进行抢劫。山里人都很怕他们，老百姓在那个时候胆很小，就组织防哨，防备来抢。

他们在中洲捉到罗造龙（富农），勒索到 800 多银洋。在中洲有半数以上的人归服了棍子会。

民国十七年（1928 年）8 月，龙岗、城岗、枫边等地靖卫团合伙围剿良村棍子会，结果棍子会就垮了一大半。

【民国】十七、十八年（1928 年、1929 年），陈远模、郭棋在约洒成立秘密农民协会，以串联方式，一村向一村发展，准备暴动。

【民国】十八年 4 月，李绍〔韶〕九从东固到约西，百多人

（每人皆有枪），穿红袖子，吊红带，草鞋用红绳捆，到约洒作宣传，他说：你们（对老百姓讲）不要走，我知道你们归顺了我们，我们要打土豪，分田地。他吃了一顿饭就走了。

（二）良村党的建立，棍子会被改编

党的建立是经过一段过程的。民国十六年（1927年）就分了左右派，左派多是知识分子，有倾向革命，寻找革命出路的要求，如陈远模、郭棋（两人均约洒人，中农成份，年轻，陈是中学生，郭是高小生），当时有所谓陈远模的政治委员、郭棋的军事委员的传语，大概这就是他们政军的分工。【民国】十七年（1928年），他们也参加棍子会，发展一些忠诚老实的人进来，对劣绅地主进行勒索，"吊羊牯"。那时的秘密活动是改名换姓的。【民国】十八年（1929年），毛主席下山，风声一时，他们也认清了形势，认识到靠棍子会这条路是不行的，因此抛弃棍子会，于1929年□月到东固，与毛主席的部下"接头"，他们两人就成为良村地区最早的党员了。

1929年3月，毛主席的红军（当时还没有军团的称号，通称红军）来到良村，住了一宿（具体情况另列专目），对棍子会进行改编，在良村街上进行宣传，说："过去抢劫做坏事，现在不可以了，一起要收编，不接受收编的就杀，并限定时间日期。"陈远模、郭棋等人就协助红军改编棍子会。在良村改了千多人，300多枪（主要改编的地方是东固，具体情况不详）。张时清（流氓、赌棍）因为不接受改编，就杀了。把收编的棍子会编为红军二、四团，二团团长李绍〔韶〕九，四团团长段月泉。此后，棍子会就驯服红军的领导，进行"打土豪、分田地"，段月泉把13条枪（原是棍子会自己的，13条枪内有一条不能打），送到南坑楼溪，开始有了武装斗争。曾仁才造了42条来复枪，力量越来越大，成立了"楼溪赤卫军"；敌人看到就怕，说："楼溪赤卫鬼子来了。"

1929年10月间，兴国党派了范志平到良村来，在何肖恕、鸭子排、钟子千、何静山、梁干甫（他们均是知识分子）等家里落脚，在良村老虎屎（龙溪庙）、谢坑、岭下塘一带发展组织，进行活动。

10月间，发展了第一批党员。由于陈远模、郭棋是知识分子，发展党员也是凭感情，还不晓得"阶级"成分。发展的党员大部分是地主成分、知识分子，如何静山、梁成甫、张益山、钟子千、刘子舟、谢受之、谢以可；中农成分有何光量、张伟卿；贫农成分何光有，共10人左右。领导人是范志平，支部书记是谢受之、钟子千。

（三）毛主席两次路过良村地区

第一次，1929年3月间。毛主席从井冈山下山，到瑞【金】，过古龙岗，路过良村。到达良村是下午五六点钟，扎在良村街大店下，千多人，枪四五百条，皆坏枪，一半人是梭镖。

第二天上午10时，在万寿宫剧台上，作了宣传讲演，内容大致是两方面，一是要群众团结起来，一是要打土豪、分田地。他说："无产阶级和工农商学兵团结起来，反对富农地主，打倒反动派。"在会上讲话的只有两个人，一个是毛主席，另一个不清楚，有人说是朱总司令。开会时，四面八方都放了哨（东口上，西脑上，横街上，巷缺子上）。

毛主席脸消瘦，眼睛很活，穿便衣，打空手，背了一个大粗斗笠，穿水鞋，前后背有短枪跟他。在未开会前，毛主席还到良村街上，看见穿破衣服的人就问："这里粮户多，还是穷人多？"大家回答："穷人多，20家中没有一家粮户。"

当时敌人在后面追来，不敢久停，在良村只宿了一夜。第二天上午10时开会，11点钟就开走。敌人追赶的情形是：红军到了良村，追兵到了古龙岗；红军到了龙岗，追兵到了良村；红军到了东固，追兵到了龙岗；红军到了崇贤，追兵到了东固；红军到了兴国，追兵到了崇贤。以后，红军由兴国往瑞金、汀州到福建去了。

（总结前面的，毛主席这次来良村，主要做了下列工作：①改编棍子会；②访问与宣传。）

第二次，1929 年 11 月，毛主席领两三千红军路过良村，没有停脚。这次来去的方向是：福建→汀州→瑞金→于都→兴国→良村（1929.11）→龙岗→东固→崇贤方太→兴国→福建。

（四）党的发展及其初期活动

1929 年 11 月间，发展了第二批党员，共计 3 人，即黄何贵、肖文堂、周恒传，这 3 个都是贫农成分。在良村成立支部，支部书记黄何贵（支部代号"碌逐先"）。1929 年底，党也从良村传播到南坑，范志平在南坑杨柳坑开过会，至此，良村地区，由 1 个党支部发展到 3 个支部，即：

蚕树背支部（10 人左右）：书记谢受之、钟子千。

良村支部（3 人）：书记黄何贵，少共书记钟富文。

南坑支部（代号"张自强"）：书记李先洋。

1929 年 1 月间，发展第三批党员：有凌开祥、胡华尊、周恒荣、胡俪深、林生秀、戴家敏、张上敏、王向善等 20 多个。这个时候，3 个乡都有 1 个支部了，支部书记如下：

良村：何宝卿。

南坑：张声荣。

中洲：谢××。

区长是邱焕南。

区委书记：金刚（1930 年 2—3 月），钟胡子（1930 年 4 月—? ），邓浩春（1930 年 8 月—? ）。

1930 年 2 月，发展第四批，这批共有百多人。有农民协会的村子，就有了党小组。

此后，转入肃 AB 团，党组织的发展工作就停滞下来，直到 1931 年底停止肃 AB 团，党的建设发展工作才大大地恢复起来。

党的活动，开初是很秘密的。因为当时有靖卫团来扰乱，就改名，用代号。良村支部代号是"碌逐先"。入党的时候要奉行手续，用红纸写誓词，C.C.P. 代表党，C.C.Y. 代表团；念誓词的时候，举起拳头靠鼻梁，代表五大洲的无产阶级团结起来。誓词："愿牺牲个人，努力革命，阶级斗争，严守秘密，服从纪律，永不叛党，谨此宣誓。"

发展第一、二、三、四批党员时，要举行宣誓手续，要介绍人，很秘密，发展一个党员要经过慎重考虑。第四批后，发展党就公开了。开大会时，旁边打了发展党员的登记台，愿者就去签名，也容易批准，没有什么介绍书、介绍人了。

从外地到良村发展与领导党的负责人，除范志平外，还来了金钢①、钟胡子（钟秀山）。他们都是工作几个月后就调走了。

从1929年至1930年这个阶段，党主要做了下列工作：

1. 秘密组织农民协会。用串连方式，一村向一村发展，由小而大。农民协会设有委员长，下有生产和组织委员。讨论农民要土地要衣穿的问题，讨论生产资料归农民的问题，讨论农民要婚姻自由的问题。

2. 从经济着手，捉粮富佬。打土豪、分田地，罚款，杀劣绅。当时经济很丰裕，10块钱就要拿出6块钱来（对粮富、劣绅）。杀了余庆河（帮于都靖卫团送枪）、郭定继（送情报）。

3. 秘密发展组织（前已言）。

4. 实行"减租""五抗""三杀"。田租要交2担的，就交3箩或1担。

"五抗"是：抗租、抗粮、抗税、抗债、抗兵。

"三杀"是：杀土豪，杀劣绅，杀反动派。（当时没有恶霸这个名称，只有劣绅土豪）

5. 开市民大会宣传，演"文明"剧。宣传缴契约、生纸②，宣传妇女剪发放足，宣传婚姻自由，禁烟禁赌，打破迷信。

（五）区乡党组织的成立及其组织机构

1930年2月，成立良村区，同时也成立区委。

---

① "金刚"，前文写作"金钢"。
② "生"字疑有误，照录原文。

区委书记：金刚（1930年2—3月），钟胡子（1930年4月—），邓浩春（1930年8月—）。

区委下有3个乡支部、支部书记

良村：何宝卿

南坑：张声荣

中洲：谢××

1930年4月，良村分为良村、南坑两个区委。

南坑区委书记：杜隆机。

区委会有下列组织部门：

正、副书记：负责全区党的领导工作。

组织部：发展审查党员。1930年以后，入党是用簿子报名方式，有的地主富农也报名参加，有的也被批准了。入党也不宣誓。以前入党要举行宣誓典礼，说："永不变党，变党就天诛地灭。"党的代号是C.C.P.，团的代号是C.C.Y.。

宣传部：检查，写标语口号，组织演剧。每一村都有一个宣传员，拿着旗子，对白区说：自己不打自己，穷人不打穷人。

妇女部：慰劳红军，剪发放足，婚姻自由。

儿童部：列宁学校，检查放哨，捉赌捉鸦片烟，破除迷信。

少共团部：[①]

区委人数6—8人不等。

（六）扩大红军是党的中心工作

三次战争以后，党的中心工作是扩大红军。

党团员是带头动员、带头参军。一个人负责动员多少人，都有数目规定。

做好红军优待工作。发动妇女做慰劳品，家属要什么，就拿什么去，有什么困难就马上解决，有什么要求就答应。

沿途欢送红军，设"欢迎酒"。过年、过节要向家属送酒送肉。

---

① 原文缺。

有些顽固分子不愿当红军，就自己割烂脚，装病。党当时也不强迫命令。四次战争以前，开小差回来的士兵，还是宣传动员他归队。四次战争以后，对连开 3 次小差的就是杀。

机关干部实行"星期六"慰劳红军家属制度，自己带饭，带工具去帮助家属生产。

（七）党的领导作用及其工作作风

区委是领导机关，领导权在区委。乡党委和政府只有执行权。一切工作，先党委讨论，后交政府部门执行。

党团员起领导和带头作用，党团是"头"，群众是"尾"，头动尾也动。参军、优待红军都是自己带头。

党章上是这样讲，铁的组织，钢的纪律。

一切工作是贯彻阶级路线。

当时也有缺点，就是婚姻"绝对自由问题""肃反问题""专讲战争，不注重生产"等问题。（关于此项，以后还有专题）

（八）党领导下的"坚壁清野"战斗

五次战争时，敌人向苏区进行疯狂的进攻，以堡垒政策对待苏区。

苏区人民响应党的号召，进行"坚壁清野"的战斗。

"坚壁清野"的内容是断路断桥，把路挖几丈宽，让敌人无路可走；粮食、猪牛、木砻、锅碗、家具都搬到山上，人也藏山；使敌人进到村，见不到人，见不到物，无住无吃的。

良村的人民把这个与敌顽强战斗的工作，称为"慢延"工作，也就是使敌人不容易进来，即使进来了，敌人也没有办法对付。

（九）红军北上抗日后，苏区人民在曾山主席领导下坚持最后的斗争

1934 年 11 月，红军已经北上抗日了。曾山主席从宁都带了省政府人员及三团人，无线电台（1 台）等军用物质〔资〕，到了方太。直接在省政府领导下的还有兴（国）永（丰）独立营、方太游击司令部。兴永独立营，400 多人，400 多枪，营长蔡宗营，政治

委员徐达志。方太游击司令部，司令长陈定邦。这两个部队，在石演、洋村、竹山、鼎龙一带进行游击活动。

与此同时，良村还有区政府，还有游击队。区政府扎在上迳、西岭、陈家塞。区长张庆祝，区委书记谢玉明，共有30多人。游击队有60多人，40条枪，队长吴星辉。

1934年12月，国民党从兴国、老营盘、东固、富田、永丰、龙岗、良村四路包围而来。省一级干部及三团人都往河西走了。其他县区干部、独立营因为人多，影响大，不容易通过封锁线，就在齐汾分手，留下来了，县干部发50—80元，区干部30元，每人平均发80担谷票，在后方成立难民委员会。扎在大龙，有七八百人，藏在山上或老百姓家里。独立营在齐汾活动，在山上打了4天4夜，子弹都用完了，国民党又放火烧山，省副主席徐达志自杀，蔡宗营反水投降。

（十）红军北上抗日后，地下党的活动

1935年2月间，良村的地下党干部何学伸（区委副书记）、林世标、林世龙、李宪德、李宪法、周恒才、周恒发及城岗一部分革命干部等19人，在一天夜晚到城岗打伪乡政府，缴到伪政府11条枪，子弹2担，用棺材埋在狗屎脑（西岭隘上）。由于第二天有人告密，〈就把〉他们【被】捉起〈来〉，经过审问后，全部被枪决，光荣牺牲（现评为烈士）。

这次城岗缴枪事件，是革命人民、革命干部，对伪反动政府一次有力的反抗，说明了革命人民的心永远不死。

这次反抗，是有计划有准备的。准备先把城岗、良村，过南坑，由王碑进福建，与曾山"接头"。可是在强大的反动势力之下，最终失败。

（十一）革命人民迎接解放

1. 支前委员会

1949年6月，城岗支前委员会（设在城岗街上，公开了）杨继玉（今兴国县县长）来信良村，要谢祖荣、周立智、谢名煌等

3 位老革命干部到城岗去"接头",准备迎接解放。当时他们 3 个人去了,回来后,不敢回到家里(南坑),有时藏在山上,有时藏在肖文山家里。他们的老婆还骂他们,说受了别人的"弄",使得躲躲藏藏,生产也丢了。因为不藏起来,国民党反动派就不会放过的。

2."应变会"

1949 年 7 月二十几,以钟林生为首组织一个"应变会",有几十个人,都是贫苦老实人。开过二次会,第一次在坪上,只谈了一下对付国民党游击队的事。第二次在塅头谢家山,有 30 多人,讨论要防〔放〕哨,对付国民党游击队,因为国民党游击队准备捉拿张文山、许衍藏、蓝以舟、张治平,并讨论到城岗去接头的事。会议没有作出什么决议和工作布置。

3.1949 年 8 月十几日夜,有〔以〕钟林生为首等 30 多人在大山下开会,以结拜形式,跪跪拜拜,杀了 1 只鸡公,吃了四五斤酒,发了一对蜡烛,用红纸写了一张字(不知什么内容),由钟林生念了一下就烧了,讨论的主要事情,是大家不要做坏事,有困难大家帮助。钟林生也是想通过这次会,来报何世汗的仇,因为何世汗是大恶霸,曾经介绍别人去奸他的老婆。

4.1949 年 8 月间,解放军到了城岗,永丰的到了东固石溪,伪政府潘县长六七条枪在良村勒索老百姓,钟司令(国民党的游击队)到石岗背抢东西,老百姓准备反抗,去接解放军,就在塅头邓家祠开会,七八十人。这个会,本来是一个准备迎接解放的会,因为钟灵生^①参加了,解放后就告为反革命组织(具体情况不详。钟灵生是国民党的游击队长,解放后已枪决)。

5.1949 年 8 月 15 日夜,钟义衍、蓝以舟、胡华尊、张文山、谢祖康等 10 多人,在良村炮垒(地名)开会,谢祖康当主席。他

———————————

① "钟林生"与"钟灵生"疑为同一人。

和张文山都讲了话，说："我们的队伍又回来了，大家要热心起来，过去是一班知识分子话事，我们吃了亏；现在知识分子又不行了，我们要出来，组织接待，商量借粮借草，安置解放军，〈要〉大家一定做到。"

三、武装斗争

（一）良村人民武装的建立与靖卫团的斗争

1928 年 11 月间，良村人民由秘密的革命活动，随着革命形势的高涨，走向公开的革命斗争，组织了良村游击大队，开始与敌人进行公开的武装斗争。全大队人数 300 多人，共有四五十支枪和其他各种武器，大队长张沈衍。

1928 年 12 月，打龙岗头靖卫团，活捉敌人刘队长，先后袭击过永丰县城，打良村伪警察局。

1928 年冬，曾缴获敌人枪枝〔支〕，在坝子头战斗中击伤敌队长梁荣杰，并放火烧毁靖卫团房子。

1929 年 2 月间，组织抗兵队，缴南坑伪乡政府步枪 11 条，并打死敌人 10 多人。

1930 年 5 月，苏维埃政权建立后，游击队编为赤卫军，包括男女赤卫队、少先队、儿童团等人民地方武装队伍。

当时良村附近城岗、龙岗、沙洒、荇田，驻扎有靖卫团军队，良村一带是属龙岗靖卫团管辖的。反动靖卫团驻扎在龙岗圩上，有 40 多人、40 多支枪。团长张乃安，大队长张国初，副大队长廖西远。

在苏维埃政府成立以前，反动靖卫狗子常到良村一带勒索苛捐杂税，捉人。

自 1930 年成立了苏维埃政权以后，靖卫团就逃退到永丰城去了。

1930 年 △ 月初三，曾一次捉到 5 个靖卫狗子，全部杀掉。

（二）风车扭战斗

1929 年（民国十八年）春，楼洒的青年团到赣县聘请曾仁才等 5 名铁匠，制造了 42 条枪，计：坐炮 2 门、三角炮 1 门、抬枪 3

支，其他皆为"来复枪"。

1929 年（民国十八年）8 月 18 日，在青年团员罗世凯、赤卫军队长杜隆潭的指挥下，在良村附近天子崠与白狗子吴德波匪军作战，白军大败。红军乘胜直追到龙岗，放火烧白狗子的房子。那天，兴国蜈蚣山的靖卫团赶到，包围了红军。当时敌人捉走了杜全顺、钟发礼、罗甫佐等 7 位同志。后来在蜈蚣山被匪军杀害。附风车扭形势图：

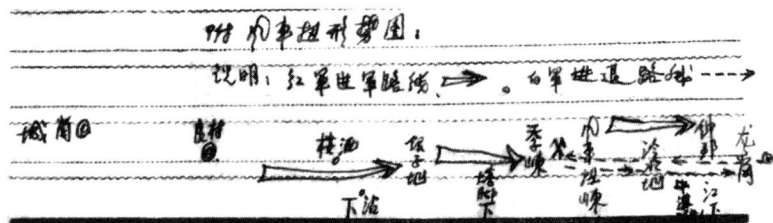

（三）蜈蚣山战争

1929 年 2 月，红军三军团配合地方武装、特务连、赤卫军，攻打蜈蚣山白狗子。当时良村赤卫军有 12 条枪，特务连有 16 人、12 条枪，地方军队总共 200 多人；后来，赤卫军又到赣南特委领了 10 多支枪。政治委员是张上金。

蜈蚣山反动头子王山龙，事先透露消息，帮助我们打敌人，我们先派人与他接头，我们先打下冷水坜。敌团长李飞纯、李金银，组织团兵，1929 年 2 月敌团兵杀了王山龙。9 月，我军打了一次败仗，张上金政委牺牲。

1930 年正月初一出发，由南坑到"夏归中"打了一仗，然后退回。正月十五六开到厚村，十七日开到大岭风。这时总司令部下命令要撤退，当时没有撤退，开机关枪打。正月十八日，在红军三军团和赤卫军的配合下，打开蜈蚣山，击溃敌人。

（四）良村战役经过

1931 年 7 月（民国廿年六月中旬），蒋匪向兴国莲塘、三角峰、大坝、蜈蚣山等苏区，发动疯狂屠杀。

阴历六月十八、十九日，红军一、三军团由福建向兴国莲塘进攻。红军一、三军团配合五军团及第三军第八师（师长刘畴西）和地方赤卫军，在兴国莲塘与敌人发生战斗。在红军猛烈进攻下，匪军被逼向后溃退，经罗子圳、大圳、岭下、厚村，退至良村。驻扎在高岭的永丰县警卫营200多人、120支枪（营长周××）听见枪声后，即分牛子坑（100人，60多支枪）、亩源（100多人，50多支枪）两路，配合红军主力包围敌人，在良村发生了一场剧烈的战争。虽然敌多我少，在〔但〕红军英勇战斗和全面配合，给敌人狠狠地打击，敌人全部崩溃，师长逃走，全军缴枪，少部残敌向龙岗、东固逃窜。在亩源、良村一带国民党九十一师几乎全部消灭，师长郝梦龄狼狈逃跑。在良村附近岭下打得最狠，杨家圳一带尸山血海、臭味冲天，良村周围的房子在战火及国民党几十架飞机的轰炸下，【成为】一片废墟。

良村战役的第三天，蒋光鼐、蔡廷锴部队由荇田至龙岗、良村、城岗、方太、高兴，从高兴转回良村，在良村、南坑、金坡一带大烧大杀，以报复良村战役的失败。

附：龙岗战役概况

1931年1月，红军一、三军团从宁都三路进攻龙岗。中路主力正面由小别直逼进龙岗，左路从良村方向包围，右路经君埠、空坑方向包围。张匪部队在龙岗接触我红军主力后，妄想向行田[①]方向逃出包围圈，立即被我右路红军击退，张匪狼狈带兵退回万公山，结果在万公山决战一场，张辉瓒全师缴枪投降，师长张辉瓒被生擒。红军在这一次战役中取得了辉煌的战绩，用敌人的武器，武装壮大了红军的队伍，更有力地打击了敌人。

---

① "荇田"与"行田"疑为同一地点。

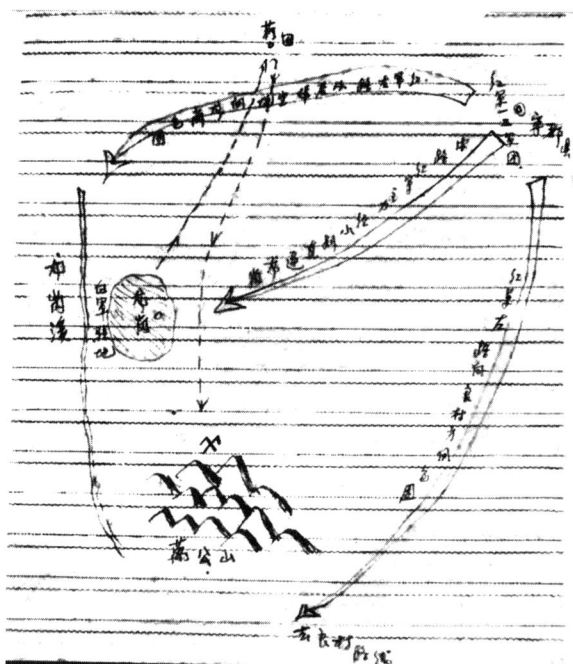

（五）1934—1935【年】春游击队活动情况

　　红军主力北上抗日以后，良村一带的游击队和其他各根据地的游击队继续和敌人开展游击战争。

　　1934 年冬，曾山同志带省政府机关及三团人和无线电器材等驻在方太（1934 年 11 月间）。在宁都、永丰、兴国边界山区活动了一年多时间，先后到过黄陂、竹高岭、南坑。当时曾山同志带领的机关干部包括：胜利县、永丰县、龙岗县等几个县的干部在方太活动。

当时有游击队司令部 200 多人，200 多支枪，还有西方军、独立营，由曾山同志指挥带领。良村有区政府，迁到上迳、西岭。区主席张庆祝，书记谢玉明，游击队长吴星辉，有 14 条枪。

在方太组织的游击队司令部，总司令蔡宗永、陈廷邦，一共 600 多人（独立营有 400 多人），政治委员徐达志，先后曾在石洋、竹青山、鼎龙一带打仗，以后退到河西。

1934 年 12 月，国民党由兴国老营盘、永丰、龙岗、良村一带进攻。当时曾山同志决定把省级干部带走，地方一级和县干部成立"后方难民委员会"，往河西方向走。在东固发粮票和路费、伙食费，区干部发 35 元，地方干部发 35 元，动员回原地工作；县级干部发 50—100 元；米票每人平均 80 担谷。

后方难民委员会分散在山上和老百姓家里，一共有 700 多人，当时独立营没有带走。国民党军队到了东固后，放火烧山，独立团和国民党战斗了 4 天 4 夜，最后弹尽援绝，被敌人包围，蔡祖荣[①]叛变革命，其他有些干部自尽，大部分走散。游击队自此以后分散了，到各地零星活动。

（六）城岗缴枪事件（1935 年 2 月）

1934 年冬—1935 年春天，良村一带有何学伸领导的地下党，组织游击队活动（何原系良村区副书记，狗屎脑人），担任组织工作。

1935 年 2 月的一个夜间，何学伸、凌世标、凌世龙、李贤德、李贤发、周恒才、周恒发等 19 人攻打城岗伪乡政府，缴获了城岗伪乡政府 11 条枪，弹药 2 担。由于此次缴枪后没有及时离开，第二天被敌人捉到了，全部被杀害。[②]

---

① "蔡祖荣"，前文又作"蔡宗营"。

② 此处表述与前文有差别。

因为原来计划准备打城岗、打良村、打南坑，经王碑进福建，但叛徒在打城岗的后一天就泄露了风声，结果全部被俘牺牲。以后游击队就不敢活动了。

1936—1937年，红军经过的地方都通行红军苏区的钞票。

武装斗争（补充材料）

1927年（民国十六年），陈远谟、郭棋秘密组织革命活动。我军游击队有一次从西岭来，先打下靖卫狗子几个哨站，在良村附近打了几个钟头，后来靖卫团退到高山上，双方又进行激烈战斗。在这次战斗中，打死永丰县警卫团长（刘××），并击毙敌人20多人，缴获20多支枪。

1928年，永丰靖卫团又一次到良村大烧杀，屠杀无辜老百姓9名，然后退回永丰城。

由于游击队势力越来越大，国民党靖卫团逐渐削弱，到后来靖卫团反动势力不敢到良村一带横行。

1929年（民国十八年），良村开始革命暴动，陈远谟、郭棋公开进行革命活动。这时靖卫团退却到龙岗，丝毫不敢来犯。

从东固来的赖金〔经〕邦同志在良村圩上开会，自此以后，良村一带赤色势力扩大到几十里远的地区。

1930年（民国十九年），农民协会在良村地区如雨后春笋一样普遍组织起来。各个崠上都有岗哨，往白区逃走的地主、富农不敢回到苏区来。

1931年（民国廿年），革命的怒火燃遍了良村各个角落，各村实行"五抗""三杀"，缴获反动文件书籍，烧掉契约等东西。

1932年（民国廿一年），各地划阶级，分田地，成立区乡苏维埃组织、赤卫军。赤卫军平时生产，捉反动派。这些地方武装枪支不多，大部分是土枪炮、梭镖。

当时赤卫军集合了几千人攻打三都七堡、蜈蚣山，打了几年都没有打垮敌人，一方面是没有枪支弹药，只是一些土枪、梭镖。后来，配合了红军三军团，只打了几天就把敌人打败了。

在攻打蜈蚣山、三都七堡这次战争中，党及时做好准备工作，先做好政治宣传、经济筹备、军事部署，先了解敌情、严密放哨。集合了地方武装 3000 多人，分 4 个小队打先锋，在后村腊烛崬打开敌人岗哨。敌人退到祠堂中，在李村的资本家一齐退到祠堂逃避。当天打到天黑就开始收兵。白军乘机下来烧房子，那一次良村被烧了很多房子。因为当时三都七堡内部没有暴动，反复打了几年没有打开，后来，红军团一打就打垮了敌人。

在攻打蜈蚣山时，开始没有打开敌人围墙，后来放炸药把敌人的土墙炸毁，打死了很多敌人（民国廿一年）。

在当时，白区上兴国蜈蚣山村是最顽固野蛮的，当地人民受反动派的谋庇〔蒙蔽〕，受反动势力的压迫。

全蜈蚣山有几百户，山上出产茶油、木材，物产丰裕，少数人生活富裕。但在反动派统治下，人民过着贫困生活。

蜈蚣山反动头子李石英、李统材组织伪民团兵 200 多人（1949年解放时缴获百多支枪），与苏区对抗。

三都七堡是上兴国要地，有一次打牛婆塅（距龙岗五六里路），红军出动几千人去打敌人。永丰县派马连长来带兵，我军在这次战斗中冲到龙岗圩上写宣传标语"白区群众要暴动起来，打土豪分田地，贫苦工农专政，欢迎群众暴动起来"。这一次没有打开牛婆塅，只烧了敌人几栋房子。马连长左手受伤。

于都、瑞金、宁都也曾组织兵来打三都七堡。在民国十九年就开始攻打，直到民国廿一年红军三军团来才打开三都七堡，红军三军团先打开三都七堡，后才打蜈蚣山。

三都七堡一带反动势力大，禁鸦片都禁不了，这一带敌人特别顽固，流氓、赌棍、坏分子也很多。

注：本材料根据张上谋同志口述整理。

良村史料（集二）

前言

我们两人在良村地区进行了一星期的调查访问，开了全乡的老革命同志座谈会。收集到良村史料第二集，43页，估计有2万字左右。

良村史料第一集包括良村概况，良村党的建立、发展及其活动，武装斗争等三部分，其中党的建立、发展及其活动的材料，主要是四次访问肖文堂同志得来。第二集包括政权建设、良村肃反两部分。

由于年数已久，时间、地点、事件各人回忆的程度不同，可能材料中有许多是错误的，我们整理时没有作鉴别，我们只是作一般整理。缺点、错误在材料中是难免的，用时还需要一番研究、审核、鉴别。

一、政权建设

（一）1929年冬的农民协会暴动

良村在前村（谢坑）暴动。

南坑在楼溪暴动，参加暴动的有谢名高、谢名尧、谢清明、张声荣、谢祖生、曾有兰、刘希文、谢得惭、段俭金等。

捉到君埠的罗衍焕（大劣绅）罚了700多【元】款；捉了下坑的炎飞交，罚了百多【元】钱；捉到曾少萝（大粮户）罚了七八百元。

由农民协会，转为苏维埃政府。

1930年正月，村苏维埃政府成立。先是楼溪的成立，接着就一个个传着，各村也请人来串联。去发展组织的多是谢名高、谢名根两人。

（二）区、乡苏维埃政权的成立及其组织机构

良村区苏维埃政府于1930年1—2月成立，分南坑、中洲、良村3乡。

良村区设在义仓下，区主席变换如下（不知具体时间）：第一届邱焕南（知识较好，读书耕田）；第二届胡子生（半知识，耕田）；第三届钟华祖（稍有知识，挑夫）；第四届张良区（稍有知识，泥水匠）；第五届赖火生（文盲，长工）。

1930年4—5月，分良村、南坑两区，南坑区主席：刘机考，半知识，吹打（1930年5月—1931年5月）；刘机和，稍有文化，耕田（1931年5月— ）。

以上7个区主席，皆贫农成份，除刘机和不是党员外（这个时候，他还没有入党），其余的都是党员。

区苏维埃有下列组织机构：

组织部：搞群众组织。

宣传部：宣传工作。

土地部：查田查阶级，领导分土地。

劳动部：组织劳动力，优待红军及工作人员。

内务部：管民政。

工农监察部：检查下面情况，设有控告箱。

军事部：管军事、赤卫军、扩军。

裁判部：审查、处理案件。

财政部：管经济。

教育部：管学堂。

粮食部：专管粮食。

乡苏维埃，相应的有上列组织，不称"部"，而称委员，只有

军事不称军事委员，而称赤卫委员（权限小了）。

（三）打土豪、分田地

良村地区进行了两次分田。

第一次，1929 年冬—1930 年春。没有什么具体政策，只有"打土豪、分田地""减租减息"的口号。由知识分子、地主、富农自愿拿出来（实际是被迫拿出来），好田都自己坐①了，坏田才拿出来。因为那个时候，还是一伙知识分子当干部，大部分农民还没有大胆起来，认为有田分就是"好事"了。

这次分田，没有划阶级，以村为单位，原耕为基础。每人分得2 担、3 担、4 担不等。一般是 3 担（合 7 分田），分得山 1 担多（指木子桃）。

这次分田，地富的东西也没有没收，他们反而分到好田。贫农有意见。中农的田大致没有变动。（大土豪、大劣绅的东西才被没收了。）

第二次，1930 年冬（8—9 月②），查田查阶级，抽多补少，抽肥补瘦。划了阶级，以原耕为基础（对中贫农而言），地主富农的土地财产全部被没收了，地主富农分坏田，有些没有劳动力的地主不分田，师傅分半田，工头不分田。

这次，每人分得 5 担谷田（一亩二分五）、3 担多山。土地比第一次分得多，是因为地富的土地不是像第一次那样，由他自己拿出，而是全部没收。另一方面，有些地富跑掉了，多了一部分田。

划阶级根据的标准如下：

地主：不劳动，收租吃饭。

富农：1 个人超过 2 个人的土地。

富裕中农：土地超过半个人，自己不剥削人，但比中农强。

中农：土地稍为〔微〕要补得进，自己能耕，粮食也稍为〔微〕

---

① 在当地方言中，"坐"意为"选"。

② 原文如此，疑为农历。

少点把子。

半自耕农：需要分一小部分土地进来，租一部分进来。

贫农：稍微有些土地，但不足。

雇农：专做长工，没有一点耕具。

高利贷：放银子账，放"街街"账，今天放钱，明天就收息，过手就要利。

流氓：赌钱，不做事。

烟痞：吃鸦片烟。

当时还有所谓反动富农、反水富农。

（四）四次扩军

三次战争前，是自愿征收，愿者去，还没有编成队伍。三次战争后，编模范师、模范营，取消赤卫军，准备上前线，领导人、队伍都编好了。

第一次，1931 年，编成独立团，良村、南坑共 300 多人。

第二次，1932 年 5 月，编成良村、南坑两个模范营（与龙岗合成模范师），共去 600 多人，送到荇田，交乐安。

第三次，1932 年 8 月，动员补充团。16—45 岁的全体出征，当时永丰成立十一、三、一团，补充五军团。

第四次，1933 年 6 月，扩大西方军〔赤卫军〕。由永丰、博生（宁都）、胜利（兴国）、庐陵（公略）、于都等县组成西方军。西方军是警界〔戒〕军，紧〔警〕防地方治安，掩护政府。西方军也是"送终军"，以后就没有大队伍来。

（五）苏区人民和干部的艰苦生活

打土豪、分田地后，苏区人民的生活比起苏区前是有了改善，但总的来说，还是艰苦困难的。

由于敌人的封锁政策，米贵盐贵。1 元钱只能买 7 斤米，还要到宜黄、乐安去挑。1 元钱只能买 3 钱盐，甚至还买不到。熬硝盐吃，吃得人得病、发肿。

机关干部生活更艰苦。一天连饭带菜 1 角 5，吃 2 餐，一二两米，4分钱菜。干部是没有薪金的，只是家属有些优待，帮助耕田。机关干部实行"星期六"，晚上办公，白天8小时优待红军家属，自己带吃带工具去。

最困难是第三次战争。良村在第三次战争中吃尽了亏，房屋烧了，谷子、禾田被踩了，铺盖、全部东西都被国民党搞掉了。（因为第三次战争在良村结束。）

比三次战争更困难的时期是五次战争时期。东西都没有了，全部被封锁。

（六）生产、经济建设及文教卫生情况

因为战争多，人少了，山荒，田也荒了一部分。那个时候，荒山、荒田不过问，一个事情就是专讲扩大红军。

邓子恢发行经济建设公债，第一次是1932年冬，任务较少，自愿出。第二次是1933年，任务最重，带有点强迫命令，挨户摊派，依生活走，地富是强迫写，党团员要带头多买。第三次【是】1934年，任务更少。下面是良村地区3个干部购买公债的统计：

	第一次	第二次	第三次
张文山（贫，木匠）	5元	42元	11元
凌开祥（贫，木匠）	2元	20元	5元
谢祖栋（贫，耕田）	5元	12元	3元

苏区时，有消费合作社、红色酒饭店、贫民借贷所、生产合作社、贫民合作社等几种组织。

消费合作社，是国家拨出来的钱，发展市面，经济交流。

红色酒饭店，国家投资，工作人员（有介绍信的）及来往旅客，都可以落店吃饭、睡觉，5分钱一餐。

贫民借贷所，就是今天的信用合作社，没有饭吃的，〈发〉生病的，就可以临时去借。它是农民自己的股金，2元钱1股，借钱不要利。

生产合作社，木匠、泥水、篾匠联合成的，由工会领导。

贫民合作社，是由贫民投资的，2元钱1股，经商性质，自用自给，一年两次分红。

文教卫生方面：是普及列宁小学，有识字班、夜校。列宁小学不要学费，只收书费，义务教师，没有薪水，只是优待家属。卫生工作不注重，卫生院、卫生所都没有，西药也没有。

（七）干部作风、干群关系、批评与自我批评

强迫命令：中农及小资产阶级干部较骄傲，有强迫命令。

婚姻"绝对自由"，腐化作风：不经手续，随便结婚，不离婚就结婚的现象也有，只要双方同意，不受任何人的干涉。青年男女要怎样就怎样。（由这件事情也联系到肃反，影响到扩大红军）

干部的带头、吃苦作风是一贯的。上面两个缺点，还是初期，那个时候的干部，很多是小资产阶级和知识分子。自肃反后，调了一批干部，工作作风大大好转。

实行"五反"：反官僚、反命令、反贪污、反浪费、反腐化。对于贪污，禁得特别严，一贪污了就是"杀"。

干部对群众有接有应：

批评、斗争，那个时候，开会有下列仪式：

第一，宣布开会。

第二，公推主席和记录。

第三，唱国际歌。

第四，主席报告开会理由。

第五，参加人报告。

第六，讨论（分小点）。

第七，自由说话。

第八，批评。

第九，散会。（大的会还有高呼口号一项。）

从开会来说，是充分发扬民主，展开批评与自我批评。

不单纯批评，还与表扬相结合。

批评、斗争是对事不对人的，父子也不分。开完会后，又和睦团结，不闹意见。

干部每天晚上还有生活检讨会，提出优缺点。

二、良村肃反 [①]

三、附零碎史料

（一）山歌

革命山歌

肖林安　编

正月革命是新春，红军一次大得胜。
龙岗活捉张辉瓒，全师武器缴干净。
二月革命花朝边，一三军团在福建。
连日连夜开兵到，东诏打垮谭道源。
三月革命是清明，良村打垮郝梦龄。
四月革命正莳田，南丰塘坊大决战。
七日八夜冒打垮，后来退回广昌县。
五月革命是芒种，反军阴谋大行凶。
五里筑了三碉堡，下了决心枉费工。
六月革命热洋洋，红军抗日往北上。
万里长征艰苦过，经过几多恶战场。
七月革命是七星，红军编成八路军。
下了一个总攻击，一夜打垮日本兵。
八月革命月色明，红军改为解放军。
因为我们政策好，引起全国大革命。
九月革命九九长，解放势力日加强。
打倒中国蒋介石，帝国主义发恐慌。

---

① 略。

十月革命正立冬，解放军队真英雄。

追得蒋匪无路走，好像曹操过华容。

十一月革命雪霏霏，解放军队出江西。

半年解放全中国，恢复赣南根据地。

十二月革命到年边，工农群众是神仙。

人人共享平安福，家家来过胜利年。

这首山歌是良村老革命同志肖林安回忆苏区热火朝天的革命并为今天的幸福生活感怀而作。

十打歌

杜隆长　写

一来拐班[1]地主要打已，不怕穷会肚饥。

看见龙天毛[2]雨落，谷价日见日更起。

好得红军出来议谷价，马上跌下三吊二。

穷人沾恩食松里[3]。

二就要打倒反动派，捉得你到要生埋。

箩绳捆手吊单比[4]，见人前来刘一块。

还要取招[5]你二句话，记得早前讪索艾[6]。

三就要打倒大土豪，土豪做事挖灶脑[7]。

一只小事弄成大，有吃有拿有天嘲[8]。

四就要打倒大劣绅，劣绅做事不公平。

同你开搞[9]一只事，总讲铜钱谢中人。

十指不沾良春水[10]，穿鞋踢袜食乃人[11]。

五就要打资本家，资本好比青竹蛇。

耕户问你折担谷，总讲现钱打现价。

为何至今毛[12]铜钱？利上起利算高价。

六就要打倒蒋中正，你在中国害良民。

各洲〔州〕府县钱粮起，买卖货物抽厘金[13]。

七就要打倒靖卫团，因为坏在张乃安[15]。

黑夜三晨当土匪，抢了东西捋手圈[16]。

搞乱[17]地方不安全。

八就要打倒国民党，做事完全公当。

有理无理要写款，捆倒人民遭冤枉。

九就要打白军臭小官，各处都起挨户团。

门上门牌钉一块[18]，家家要出灶头捐[19]。

好得红军有把握，贫穷晓得较喜欢。

十就要打倒蒋冯张李员[20]，四大军阀快归边[21]。

白军天下毛长久，红军天下万万年。

《十打歌》流传于民国十六年（1927年），那个时候，良村地区正闹左右派斗争。《十打歌》大概就是左派及一般老百姓编出来的。

注（兴国方言）：

1. 拐班：那班。 2. 毛：冒（没有）。 3. 食松里：生活过得好了。 4. 吊单比：（原文缺）。 5. 取招：追问。 6. 艾：我。 7. 挖灶脑：灭门绝户。 8. 天嘲：说话。 9. 开搞：解决。 10. 良春水：应为扬州水。十指不沾扬州水，就是不花一点力气。 11. 穿鞋踢袜食乃人：踢，穿的意思。乃人，那个人的意思。全句的意思就是吃穿靠什么人。 12. 毛：冒（没有）。 13. 抽厘金：抽税。 14. 靖卫团：地主恶霸组成的地方反动组织。 15. 张乃安：永丰龙岗靖卫团总。 16. 捋手圈：夺手银环（装饰品）。 17. 搞乱：扰乱。 18. 门上门牌钉一块：编户，固定户税。 19. 灶头捐：一灶代表一户，即户税。 20. 蒋冯张李员：指蒋介石、冯玉祥、李向荣（国民党师长）、张辉瓒。 21. 归边：投降。

（二）良村乡基本情况统计

全乡4729户，19040人（男9506人，女9534人），土地24548.07亩（水田22838.43亩，旱地1709.64亩）。劳动力：男有4128人，女有3197人，耕牛：大的有1947只，小的有795只。大型农具：犁、耙，其他（数目缺）。

全乡共有良村、前村、厚村、上迳、中洲、牛形、约口、约洒、楼洒、龙升、蕉坑、南坑、中业、郑枫、富兴、富保等 17 个大队，132 个生产小队，387 个生产小组，281 个公共食堂。

（三）张继清收集的材料综合

【分左右派问题】

1927 年正月，分左右派，雷保群等起义为左派，张乃安装假为成立农民协会，饶云换等同志写公事到区，把张扣起。

1930 年五月初四，张乃安包围上田县府，午时就上龙升见人就杀，可是由于龙升人民有〈民〉热忱的革命斗争①，警惕性高，使他扑一空。（曾群波）

1927 年分左右派，张加元为左派。（本府村里老同志口述）

【肃 AB 团问题】

1930 年陈远模、郭棋，三军团下放的带兵官来捉 AB 团，结果被别人咬为 AB 团。（本府村里老同志口述）

AB 团这回事其实是没有的，是大地主罗焕南弄的把戏。这次是大土豪大地主有意屠杀我们工农革命同志。（杨光、刘茂万、江世传）

【良村战役】

第三次反围攻是 1931 年 6 月中旬，蒋匪由兴国莲塘三角峰、大坳、蜈蚣山等地向苏区疯狂地进攻，我工农红军一、三、五军团及第三军第八师（师长刘畴西）配合作战，虽然敌多我少，终于在良村一仗，把白匪消灭。

1931 年 6 月中旬，一、三、五军团与国民党反动派何应钦在莲塘大坳到良村，把国民党打败，（红军从龙公山来，300 人，敌人从龙岗上），红军 300 人，师长刘畴西。（若坑：张声钰等）

注：张继清是良村党史编写负责人。

---

① 原文如此。

良村访问材料

1. 访问林开祥、张文山、肖文堂材料整理

林开祥，男，51岁，农村小组长，县委侦探，乡主席。张文山，男，60岁，乡主席，乡文书，县工会主任。肖文堂，又名肖仁堂，男，59岁，乡支书，区、县组织部长。

一、良村的区乡划分

苏区时，良村属永丰县管辖。1931年，曾一度划【归】了兴国县，因乡主席卢振托做事不公平，踩死新划入兴国的良村，引起〔得〕老百姓有意见。兴国县只管辖了6个月，又划入永丰县，直到1956年12月才〔又〕划入兴国。

从兴国到良村的路上，有一个茶亭，在隘上，以此为界，以南是兴国，以北是永丰县（良村属永丰县），良村到永丰县城240华里。

永丰县设有下列各区：良村、南坑、龙岗、荇田、沙溪、石马、东村、上溪、君埠。固县（离良村190里）是游击区，当时没有区政府。永丰县府设在行田①。

1929年3—4月，成立良村区，分良村、中洲、南坑三乡。

1929年9月，良村区分为良村、南坑两区。

良村区分良村、厚村、前村、船形、苏洲、约溪等乡，以良村

① "行田"与"荇田"疑为同一地点。

乡工作较好，厚村乡较差。

南坑区分楼溪、高雄、富光、宝石、郑枫、中叶、南坑、中洲、北坑等乡，最好的是楼溪，因是革命根据地，最差的是郑枫乡。

二、良村、南坑地区党的建立、发展和工作

1927年良村有了棍子会，实际就是三点会，这里的人叫它为棍子会，首领是东固段月泉。棍子会是从福建传过来的。里面有所谓结拜十兄弟之名目，段月泉为大哥，老刘为二哥，老三张助远，老四、五、六在福建，老七姓邱，老八、九在福建。

1928年①2—3月，毛主席领红军（当时还没有军团的称号，统称红军）来到良村，住了一宿（具体情况另列专目讲）。当时有中学生、地主阶级出身的陈光谟、郭棋到"接头"，他们两个就先入了党。后来（什么时候不清）兴国县又派范志平（什么地方人不知道）到良村做发展党的工作，因此，1928年2—3月良村地区就有中国共产党了。

毛主席在良村的时候，除了建立党【组织】，还进行了改编棍子会的工作。把棍子会改编为红军二、四团，四团由段月泉当团长，二团由李绍〔韶〕九当团长。棍子会就驯服地服从红军领导，进行"打土豪、分田地"。段月泉把13条枪（原来棍子会自己的，13条枪内有一条不能打）送到南坑楼溪，开始起势；曾有才造40条"来火〔福〕枪"，力量越来越大，成立了"楼溪赤卫军"，敌人见到就怕，说："楼溪赤卫鬼子来了。"

1928年二至三月，良村有了党，三、四月间就发展了第一批党员。当时活动地区经常在良村老虎尿（龙溪庙）。首先发展谢坑、岭下塘地方的，因为陈远谟、郭棋是知识分子，凭感情做事，还不晓得"阶级"，发展的党员大部分是地主成分，如何静山、梁成甫、张益山、钟子千、刘子舟、谢受之、谢以可；中农成分有何光景、

---

① 时间疑有误，照录原文。

张伟卿；贫农成分何光有，共 10 人左右。主要领导人是范志平。

1928 年 11 月间，又发展了一批。这一批贫农成分较多了，有肖文堂、黄何贵、周恒传、刘子俊等 10 多人。这个时候已有了两个支部，一是良村支部，一是南坑支部。良村支部书记黄何贵，少共书记钟富文；南坑支部书记李光洋①，代名张自强。南坑地区党的建立，是 1928 年底从良村传过去的，范志平在南坑杨柳坑开过会。

1929 年 2 月（赤化不巩固，已经有农民协会了），发展了第三批党员，有凌开祥、胡华尊、周恒荣、胡俪深、林生秀……等 30 个。这个时候，3 个乡，每乡都有 1 个支部了。支部书记如下：

良村：何宝卿；

南坑：张声荣；

中洲：谢××；

区长是邱焕南。

区委书记：金刚（1929 年 2—3 月）；钟胡子（1929 年 4 月—）；邓浩春（1929 年 8 月—　）。

1930 年发展第四批党员，有百多人以上，党就公开了。

第三批至第四批相距一年的时间，停止发展党的组织，因为捉 AB 团这个时候很厉害。AB 团停止杀后，一切机关才摆出台，有党、政、军。

1928 年至 1930 年这阶段，党主要做了下列工作：

①捉粮富佬：打土豪分田地，罚款，罚了款，还要杀；

②"五抗""三杀"：抗租、抗粮、抗税、抗债、抗××；杀土豪、杀劣绅、杀反动派（当时还没有恶霸这个名称，只有劣绅土豪）。

③开市民大会宣传、演文明剧：宣传缴契约、生纸，宣传妇女剪发放足，宣传婚姻自由，禁烟禁赌，打破迷信。

_____

① "李光洋"与"李先洋"疑为同一人。

三、毛主席两次路过良村

第一次，1928^① 年二三月，毛主席从井冈山下山，到瑞金，过古龙岗，到良村。到达良村是下午五六点钟，当时红军扎在良村圩大店下（这个时候，红军还没有军团名称，通称红军），千多人，枪四五百，皆坏枪，一半人是梭镖。第二天上午，在万寿宫剧台上做了讲演宣传，内容大致如下：（一）群众要团结起来；（二）打土豪、分田地。"无产阶级要团结起来，反对富农地主，打倒反动派，工农商学兵要团结一致"。在会上讲话的只有两个人，一个是毛主席，另一个有人说是朱德总司令（现在还不清楚）。开会时四面八方都放了哨（东口上、西脑上、横街上、巷缺子上）。

毛主席当时脸消瘦，眼睛很活，穿便衣，打空手，背了一个大粗斗笠，穿水鞋，前后背有短枪跟他。在未开会前，毛主席还到良村圩上，看见穿破衣服的人就问："这里粮户多，还是穷人多？"大家回答："穷人多，20 家没有一家粮户。"

当时敌人在后面追来，不敢久停，在良村只宿了 1 夜。第二天上午 10 时开会，11 点钟就开走。敌人追赶的情形是：红军到了良村，追兵到了古龙岗；红军到了龙岗，追兵到了良村；红军到了东固，追兵到了龙岗；红军到了崇贤，追兵到了东固；红军到了兴国，追兵到了崇贤。以后红军由兴国，往瑞金、汀州到福建去了。

（总结前面的，毛主席这次来良村，主要做了下列工作：①改编棍子会；②建党；③了解与宣传。）

第二次，1928 年 11 月，毛主席领两三千红军经过良村，没有停脚。这次来去的方向是：福建→汀州→瑞金→于都→兴国→良村（1928 年 11 月）→龙岗→东固→崇贤方太→兴国→福建（接着就发生第一次战争）。

---

① 时间疑有误，照录原文。

四、杀 AB 团[1]

五、龙岗战役、良村战役

龙岗战役：1931 年 1 月□日，我红军一、三军团从宁都三路进攻龙岗。中路主力正面由小别直逼进龙岗，左路从良村方向包围，右路经君埠、空坑方向包围。张匪部队在龙岗接触我主力后，妄想向行田方向逃出包围圈，立即被我右路红军击退。张匪带兵退回万公山，结果在万公山决战一场，张匪全部缴枪投降，师长张辉瓒被生擒。红军在这一次战役中取得了很大胜利。

良村战役：

1931 年 6 月，师长郝梦林〔龄〕的白军，由龙岗进到莲塘，与我从福建下来的一、三军团相遇，双方交火，在我军逼进下，敌经岭下、后村、十万株退至良村。驻扎在高岭的永丰县警卫营，200 多人，120 条枪（营长周××），听见枪声，就分牛子坑（百人，60 多条枪）、亩源（百人，50 多条枪）两路，配合主力包围敌人，在良村发生了一次战斗。我军取得了很大的胜利，捉到□兵，全部匪军缴了枪，师长逃跑了。（敌人是经龙岗方向退，我一、三军团则由良村经兴国，进瑞金，入福建。）

良村战役的第三天，蒋光鼐、蔡廷锴部队由荇田至龙岗、良村、城岗、元太[2]、高兴，从高兴倒转来，在良村、南坑、金坡一带大烧大杀，以报复良村战役的失败。

（良村战役具体情况有待后继续调查访问）。

（访问人：陈经现、刘庆煌；整理人：刘庆煌）

---

① 略。

② 原文如此，疑应为"方太"。

2. 访问邱于森、唐先荣材料整理

邱于森，男，65 岁，乡代表，县粮食站站长。唐先荣，男，57 岁，村党支书，村代表。

一、良村的打土豪、分田地

民国十九年春，头一次打土豪分田地。以村为单位，每人分 6 担谷【田】，凡做手艺、木匠、铁匠、篾匠的师傅、工人没有分田地。头次分田没有划阶级，按人口平均分配。

民国廿年〈正〉一二月，第二次分田地。每人分 8 担谷【田】，划分阶级，地主没田分，富农分坏田，中贫雇农平均分配，以原耕为基础。

划阶级的标准：土地有多，雇长工，专靠剥削为生，自己不劳动，划为地主阶级。

劣绅——坐横凳子，做中人，吃人家的钱。

高利贷者——土地少，放债，以高利贷剥削人家。

大土豪——就是土地多，三四千担谷，剥削人。

富农——田多，放债，剥削别人劳动。

中农——经济一般，土地不超过两个人之数量，不剥削人。

贫农——土地少，受剥削。

雇农——没有田地，做长工过活。

流氓——吃鸦片，赌钱，不做工夫。

（整理人：刘庆煌、陈钦现）

3. 访问邓宪萼材料整理

邓宪萼,男,61岁,苏区土地委员、乡文书、粮食科长。

一、良村苏维埃政权的建立
在民国十七年四月间,钟子全①、钟秀山、金光②同志开始秘密组织革命活动,组织农协会,领导革命的有钟子千、梁管福、乡政府主席钟友秀、区主席邱焕南③。
民国十七年成立赤卫队,【民国】十八年转为红军游击队并组织儿童团、少先队,妇女组织洗衣队,做慰劳工作,宣传参加红军的好处,做慰劳品。
二、打土豪分田地
民国十八年十一月,开始打土豪分田地,以村为单位,平均分配。
每人得2亩(8担谷),划了阶级后才分田,划地主、富农、中农、富裕中农,以人口平均分配。每年进行调查一次,"生补调动"。农具家具分给贫雇农。【民国】十九年、廿年,也有进行分配山林木子,每人分2担木桃。粮食科调查当时粮食的情况。
三、其他
良村乡后村④大地主何学宣,家有18人,每年收成10万担谷,靠收租,自己不劳动,有两个孩子参加革命。他向人家借过很多债

---

① "钟子全"与"钟子千"疑为同一人。
② "金光""金钢""金刚"疑为同一人。
③ "邱焕南"疑为"罗焕南",照录原文。
④ "后村",疑应为"厚村"。

买田地家产。他不与国民党反动派打交道。

民国十九年成立苏维埃政府后，办了列宁小学，七八岁以上的小孩子都入学校读书。

各村成立合作社，贫雇中农都可参加合作社，不限股份。

4. 良村乡肖文堂、凌开祥、张文山访问记录整理

肖文堂（又名肖林安），男，59岁，县委组织部、区秘书，组织部书记。凌开祥，男，51岁，乡主席、书记、侦察兵。张文山，男，60岁，区监察部长、书记、乡主席、农协委员、区工会主席。

一、龙岗战役概况

第一次反"围剿"：红军一、三军团从宁都三路进攻龙岗。中路主力正面由小别直迫龙岗，左路从良村方向包围，右路经君埠、空坑〔南坑〕方面包围龙岗。张匪军队在龙岗接触我主力后，妄想向苻田方向逃出包围圈，又被我右路军队击退，张匪带兵退回万公山。结果在万公山决战一场，张匪全部缴枪，师长张辉瓒被生擒。当时缴获了张辉瓒全师的武器弹药，打死敌人无法计算。红军取得了很大胜利。

龙岗战役简图：

下面是肖文堂同志亲手绘的。

龙冈战役略图

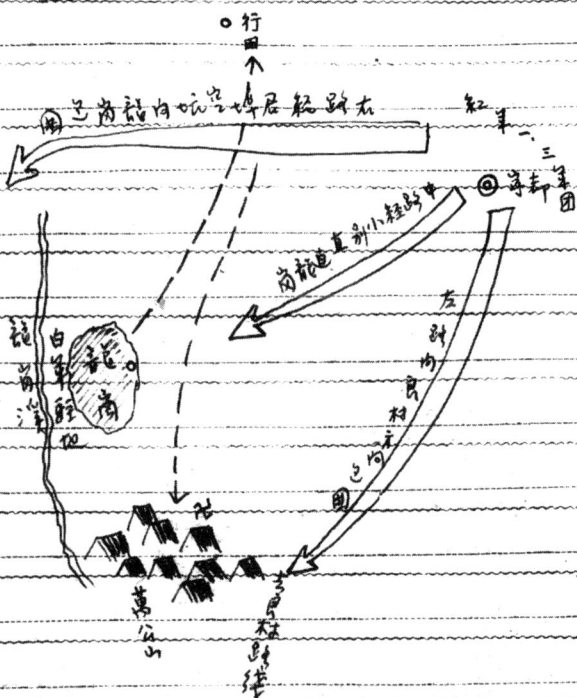

图说：1. 此图是根据肖文玉同志报告手稿的草图整理出来的。

2. 箭头 ⟹ 表示红军一、三军团进军方向。

3. 箭头 ----→ 表示敌人妄想逃脱方向。

4. ☩ 箭号表示决战地点。

二、良村战役简概〔介〕

1931 年 6 月开头，红军一、三军团进福建，白军在良村大抢东西。当时老百姓实行坚壁清野，白匪到处捉人挑担，至莲塘返回。永丰县警卫营驻高岭，得知消息，出兵截击，白军被捉到很多士兵，全部缴枪，师长郝梦龄逃跑了。俘虏兵发伙食、路费。

第三天，蒋光鼐、蔡廷锴，由荇田、龙岗、良村、城岗、元〔方〕太、高兴，从高兴打转回来，到良村、南坑、金陂时大烧大杀。（图二）

附图说明：红军一、三军团由朱德、彭德怀带领，由福建向兴国莲塘进攻。

永丰县警卫营（营长周××）驻扎高岭有200多人，120条枪，分二路进发。100人，60多枪，向牛子坑方向；100人，50多支枪，向宙源进攻。在良村一带打了一仗。当时白军正在良村、南坑一带大烧大杀。

良村战役简图

附用说明：

1. ▭ 表示我第一军团进军路线

2. ⟶ 表示我第一军团战后去袭敌路线

3. ----→ 表示敌人逃退路线

4. ▭⟹ 表示敌之企图包围路线

5. ✕ 表示决战区

开头：一、三军团进福建。【敌人】到良村抢东西，老百姓坚壁清野，捉人，挑担，到莲塘返回。

结果：捉到□□兵，全部缴了枪（俘虏兵有伙食），师长跑了。

第三天，蒋光鼐、蔡廷锴由行田、龙岗、良村、城岗、元〔方〕太、高兴，高兴打倒转→良村、南坑、金坡时大烧大杀。

（整理人：刘庆煌、陈钦现）

5. 张继清搜集材料整理

说明：本材料根据张继清同志（良村党史编写负责人）搜集的，标题是整理者加上去的。

一、若坑党的秘密组织，苏维埃政权的建立

民国十七年，陈远模、郭棋到若坑秘密组织农民协会，刘崇桂任委员长，张声波任赤卫队长，杨辉镇任指导员。

当时共产党的主要工作：实行土改，扩大红军，积极发动群众，组织抬担架，妇女洗衣队，做布鞋和草鞋，慰劳优待红军，支援前方。

民国十八年，我们永丰县若坑开始组织赤卫军、少共队等地方武装。与兴国县江口、三都吴德波匪军进行斗争。

民国十九年，我地有永恕贞来建立共产党的秘密组织，有温为美、张先继、杨光相等首先参加中国共产党。

中国共产党于1921年7月1日在长〔上〕海长辛饭店成立。（照原稿抄录）

二、第二次国内革命战争和五次反"围剿"

第二次国内革命战争时期是1927—1937年。民国十六年，我们工农红军以〔随〕毛泽东主席和朱总司令从吉安井冈山出发，由南龙、东固，再发展到兴国县来。他的主要工作是打土豪、分田地，为无产阶级服务，实现苏维埃政权，以共产主义为最高目标。

第一次反围攻是民国十九年九月，国民党反动派蒋介石派遣10万大军由龙岗进发，"围剿"苏区。我们工农红军一、三、五军团给予无情的反攻，活捉白匪师长张辉瓒，并把全部匪军歼灭。

第二次反围攻是民国二十年三月，蒋介石又派遣 20 万大军在白匪师长何应钦率领下，由白沙打到沙洒。也是我们一、三、五军团把白狗子全部歼灭。

第三次反围攻是民国二十年六月中旬，蒋匪由兴国莲塘、三角峰、大坜、蜈蚣山等地向苏区疯狂地进攻。我工农红军一、三、五军团及第三军第八师（师长刘畴西）配合作战，虽然敌多我少，终于在良村一仗把白匪消灭。

第四次反围攻是民国二十一年五月，这是我们一、三、五军团抵抗白匪，在宜黄、乐安、中黄陂将白匪消灭掉。

第五次反围攻是民国二十一年九月，白匪又在永丰县的乌江发动一百万大军，向我们红色的地区进行更毒辣的进攻。从四面重重包围，幻想一网打尽我们工农红军。我军配合新〈款〉独立营与他们作战，不但没有把我军消灭，我军反而活捉白匪师长李向荣及团长八老爹。到民国二十三年八月，我们主力部队开始北上抗日。

塘背乡老苏区干部党史资料

一、党组织机构的成立、发展及其活动情况

1. 兴国的党在 1927 年一月成立，起初由湖南姓张的同志为领导，提出任务是要消灭封建剥削和土豪劣绅、抗租抵税，使农【民】翻身，消灭资本家。

2. 兴国县委在 1930 年一月成立，由本县上社钟同志担任县委书记，县委下级有乡支部书记、乡主席、少共书记、妇女部、贫农团、工会。

3. 党的建设、发展情况。乡支部 3 人至 5 人成立 1 个支部。县里开过党代表会 3 次，时间【在】1930 年 8 月，地点在兴国县孔圣庙召开，会议内容是精选干部成立区委。

4. 我区在 1930 年九月成立区委，书记刘瑶。以后发动情况，历年中心任务是分清阶级、焚烧田契、借约，打土豪、分田地。停止活动在 1931 年，因二次战争一般干部东跑西散，不能聚集。

5. 地下党的分布活动情况，由老张同志来领导，进行活动。有的化装送信，有的探定敌情，后来老张未详。燕山乡党员有 8 个，都田乡党【员】有 7 个，进行消灭资产阶级，无产阶级团结一致，与敌人开展斗争，经济斗争，方式用宣传，分清两条道路，反对封建剥削，不受资产阶级的痛苦和压迫。地下党在 1932 年受到挫折，因国民党在兴国蹂躏，并成立了反动政府。在〈后〉同年 4 月，红军恢复兴国【政权】，重新活动，我们一般贫苦农民重见天日。

6. 毛主席到兴国两次，朱总司令到过两次，陈毅同志未见来

过。毛主席来的主要任务是扩大红军〈为重要〉。

7.1926年以前兴国政治、经济、文化、人口、土地及阶级等情况。对于上述情况，因反动统治的时候弄得妻离子散，贫苦农民无处安身，有的打长工、卖〔做〕壮丁，弄得家破人亡。资本家、豪绅、地主，衣食住行，样样都好，享尽荣华。

二、武装斗争情况

1. 何时开始建立武装组织？ 1929 年三月开始【建立】武装组织，采用了鸟铳、大炮、梭镖，用当地公堂、神会的资金制造大炮、梭镖。武装组织名称是由农民编入赤卫军（成年人编的），青年人编入少先队。赤卫队军以后改为游击队，经常与靖卫团做英勇斗争。

2. 红二团领导人李绍〔韶〕久，四团领导人段起锋〔凤〕，合并在青塘，与敌作战失败后改编为二十五纵队，其中政治指导员烟〔鄢〕日新，指导攻打兴国。一、三、五军团怎样来的？ 三军团是模范师改编的，领导人彭德怀。五军团是反动军投降来的，改编为五军团。

3. 三点会是什么性质？ 他的口号是劫富救贫，对革命无干涉，以后争取过来，首先把三点会首长动员，将队带到红军里，收□编制。

4. 赤卫队、少先队、工人纠察队。1929 年组织赤卫军，工人纠察队在 1929 年冬季编成的。参加具体条件，农人〔民〕成年编入赤卫队，青年编入少年先锋队，工人编入工人纠察队。当时提出的口号和斗争任务，坚决向升官发财、有钱有势的资本家做无情斗争。

5. 东河指挥部（未详）。

6. 中央提出口号扩大百万铁的红军【是】在 1932 年夏。本县提出口号，首先由党、团员自动带头，同时规定每个党员要带 3 个或 4 个参加前线。主要口号：拿下赣州，夺取南昌，汇〔会〕武汉，做到夺取全省政权。

7. 少共国际师在 1932 年编入，同年编入工人师。1931 年[①]编入模范师。经过时间：上级提出 7 天，后来 3 天就组织起来完成任务，人数 14000 人左右，由陈△麟同志带队到吉安，编成三军团。

8. 广大人民群众对参军参战热情，表现：组织慰劳队、妇女欢送队，做草鞋、军鞋、慰劳品等，做好拥军优属工作。

9. 全县有 1 个兵工厂——在宁都青圹〔塘〕驻扎。

10. 一、二、三、四、五次围攻战争准备做得如何？首先，每个壮丁造好梭镖一只和马刀、大炮，防止敌人交通，挖路挖口，拦阻敌人。组织扰敌队截敌人的落后队伍，做好坚壁清野工作，隐藏粮食工作。领导人由乡里的首长负责。战争在广昌打得最凶，在 1931 年冬进行一次战争。1931 年 12 月，进行二次战争。冬季度进行了三次战争。在 1933 年，进行四次战争，在福建宁化战争。1933 年五月，进行五次战争为止。

11. 各次战争。有首长欧阳师长到过兴国，做好组织宣传队、扰乱敌向导队、侦察队，做好坚壁清野工作，开过会议（未详）。

12. 游击队分布在哪些地区？分布在赤白交界的边境，游击队是脱离生产，赤卫队不脱产，是群众编成的。在 1930 年成立的、在三区的游击队人数编 130 余人，领导人邓民山，与靖卫团的斗争是光突〔荣〕的。

13. 人民群众支援了战争，做好募捐、慰劳，送菓〔果〕品等，继续不断地支援。坚壁清野【是】在 1929 年提出来做的。

14. 几次解放兴国的情况。解放兴国是三次。

三、政权建设及群团组织发展情况

1. 县革命委员会在 1929 年成立，在兴国白石下设农民协会。

2. 苏维埃政府在 1930 年成立，有县、区、乡苏维埃政府。县

---

① 时间疑有误，照录原文。

政府主席肖能岩，龙砂区主席陈重麟，燕山乡主席邓良仁。乡下级机构有工会、农会、妇女会、革命互济会、贫农团、儿童团、中共少共等组织。

3. 开过几次代表会。乡代表【会】，规定每个月召开 3 次，具体内容是做好宣传动员工作为中心。开过 3 次选举大会，在乡进行选举，做法首先在农村要【在】30 个人中选代表 2 个。

4. 有哪些群众团体？贫农团、赤卫军、互济会、耕田队、儿童团、妇女会、工会、雇农工会等组织和革命军事委员会。建立苏维埃政府后，成立了群众组织，领导人【是】刘朱明同志、燕山邓良仁同志（此二人□都田乡、燕山乡的）。

5. 妇女作〔做〕好党的工作。贡献：做好宣传工作，如扩军△福山谢陈秀鼓励丈夫曾德江去；文院村谢官秀动员自己儿子刘先岑去参军，并还祝呼〔嘱咐〕她儿子：你去参军，在外要放心，好好保获〔护〕自己武装，不打垮敌人不要回来，并不要开小差和逃跑。其次，还做好慰劳品，送军鞋、套鞋、果品等。

6. 儿童团组织活动情况。儿童团帮助做交通、送信、检查和打菩萨、捉烟赌等（如都田乡邓经纬当〈任〉队长，燕山乡刘光钢、龙口乡刘瑞林经常带队去）。

7. 当时你处的行政区划分情况？有的划为龙沙区，有的划为枫林区。

四、土地斗争查田、查阶级情况

1. 什么时候开始土改？在 1931 年进行分田，分过三次田，至 1932 年停止。政策如何？规定贫雇农分好田，富农分坏田，地主无田分。在 1932 年划分地、富、贫、中农阶级。根据劳动、土地剥削和不劳而食的情况来划分，由贫雇农土地委员会进行工作。

2. 什么时候驱逐地主、富农出境？在 1933 年冬季，在当年十二月停止。

3. 打土豪，斗地主、富农、劣绅等。自 1930 年打土豪、斗劣绅，1931 年斗争地主、富农，首先由当地负责人摸好地富的经济来源，斗争方式用宣传动员，如有顽强不缴的，用强迫方式进行。

五、生产经济建设情况

1. 群众生产热情不太〈很〉好。我处靠着赤白交界的地方，反动派经常来恐吓群众，用抢劫、屠杀手段对待老百姓，所以对生产方面不能安心耕田。领导生产机构是组织了耕田队，由队长领导。

2. 经济组织形式有哪些？有合作社、革命互济会。供销社是贫中农集股组织的。互济会募捐的，在 1932 年组成好。合作【社】是专采办农民需要的东西【的】，互济会是救济被难群众和烈军家属解决困难的。

3. 耕田队、犁田队是由一般男女劳动人民组织的，专优待烈军家属，做到随调随动，机关人员也同样去优待。

4. 拥军优属工作做到了带饭吃。共产青年团实行礼拜六，逢六天去优待 1 天，起到了使红军战士安心在外当兵，不会顾家中。

5. 公债借谷运动是怎样进行的？首先摸清经济来源，有的多借，无的不借，由党、团员带头先借，群众热情很高，表示拥护。

6. 当时银行纸币价额〔格〕情况。起初时价额〔格〕稳定，后来到 1934 年红军出洞〔动〕时，纸票不值价，每担早谷价额〔格〕13.00 元。

7. 兴修水利、河堤、封山育林、发展交通等工作。用发动群众做到防洪、防旱工作。封山育林，植树造林繁荣农村。

8. 工业生产情况。有工会，下分木匠、缝匠、铁匠、篾匠、理发工人等，领导人有胡万提、万采、蔡邦俊等人。

9. 为什么兴国取得模范县？因扩大红军超额完成任务，做好优待工作，购买公债，借粮，开展党、团员等。

10. 反动派复辟后对苏区人民的摧残。一般革命干部受了反动派的拷榨，如写乐助捐、特别捐，以及坐班房、罚苦工，施行了屠杀手段，抢劫粮食，牵了耕牛，赔偿财产（数字分不开①）。

11. 人民群众的生活水平。在苏区革命前，一般贫苦农民受尽痛苦，过着牛马生活。国民党复辟后，利用种种恶劣手段，逼花利、典谷，都要增加缴纳。到苏区时，一般贫苦农民解放了痛苦，团结起来抗租抗债。

六、文教卫生情况

1. 列宁小学在 1931 年建立。教师报酬利用当地公堂、神会、义仓开支，公什〔杂〕费包括在内。教育方针政策按马克思列宁主义。

2. 夜校、识字班等。规定男女成年上【夜】校，书、笔、灯油费自备，对提高文化、扫除文盲起了作用，用新旧对比的方式，如国民党的时候一般贫苦农民无钱不能上学，做了一时光眼瞎子。另外，设有红军学校。

3. 办建了干部训练班。具体内容是贯彻政治和国内、国外的意义②，以及学习军事。

4. 蓝衫团组织怎样？在 1932 年成立，其工作内容是贯彻婚姻法，消灭封建剥削，结合中心运动和扩大红军、优待家属等。

5. 有哪些医院？地方有红色医院，其任务是医治农村贫苦农民、伤病兵员，和群众能取得密切联系，能甘〔关〕心人民，态度和蔼。

6. 群众卫生开展情况如何？对卫生方面正常。

七、肃反及重大事件情况

1. 肃 AB 团在〔从〕1932 年开始，起初在东黄陂发现【AB 团】，在 1933 年停止【和】纠正。

2. 当时政策，以诬咬的方式，有的用冤仇，搞错了，人数不知其数。

---

① 意为算不清楚。
② 口语，意为革命在国内、国外的意义。

古龙岗公社党史资料

一、胜利县

1. 龙岗乡原来属于胜利县（苏区时）。成立胜利县的原因，当时我们接连打开古龙岗、于都、宁都、瑞金、青洲、章洲、连山等地，由于这种不断的胜利，故 1931 年 11 月间在平安区建立胜利县。1932 年七月间，县委迁移到银坑区。县内设有：组织部、宣传部、青年部、妇女部、国家政治保卫局。各部内又分科。

历任县委书记：①钟学相；②杨尚奎；③金维映（女）；④刘列澄；⑤管晃锒。

历任县主席：①钟铁清〔青〕；②潘叶迪；③赖文泰；④谢先霖〔策〕。

胜利县所属〔下辖〕14 个区：江口、赖村、银坑、三贯、肖下贯、马安〔鞍〕石、樟木、茶头、桥头、河田、曲洋、平安、梅窖、古龙岗。到 1933 年，江口区划归博生县后，胜利县只有 13 个区。

2. 召开的党代表会和人民代表大会

党代会：

第一次党代表大会，1932 年三四月，在银坑铜坪脚下召开，到会 1000 多人，开了一天一晚。会上，有县委书记金维映、钟铁清〔青〕等 3 个人作了报告。内容：（1）发展党员。（2）扩大红军，优待红军家属。

第二次，1932 年六月在银坑召开，到会 300 多人，进行了 3

天。会议内容：选县委员会，研究国家形势和扩大红军的问题。

人民代表大会：

第一次，1931年冬，在平安寨（平安区）召开，内容：选举县政府，代表是由下面的头头候选上来的，先提名，后投票选举。

第二次，1932年4月，在银坑召开，内容：因钟铁清〔青〕贪污，改选，选了潘叶迪。

第三次，1932年6月，在银坑召开，内容：潘叶迪调监委工作，改选，选了赖文泰。

第四次，1933年冬，在银坑召开，因赖文泰上调中央工作，选谢先霖〔策〕。

二、兴国县

1927年冬，江背、桥头赤化，成立了党支部，初去接头的是林通贤、刘从义，他们回来发展了林左庆、林右庆、温右仁、江由中、陈坊西、凌大标、凌永南、乌起鸿、林天来，3个晚上发展了60多个，后来林通贤、刘从义带军队赤化兴国城。

1. 1929年冬成立兴国县委员会，书记钟××。

2. 兴国召开过三次党代表大会。

第一次，1931年春，在兴国城（现在县委住的地方）召开，到会代表1000多人，邓子恢同志到会作了指示。这次会议内容：

（1）讨论粉碎敌人第二次围攻的问题。

（2）讨论扩大红军，会上提出扩大5万人的任务。

（3）讨论打赣州的问题。

（4）经济动员，地主罚款，富农捐款。

（5）讨论地方建设问题。

（6）讨论发展党、团员。

第二次，1933年冬，在兴国城内召开，到会代表1000多人，曾山到会作指示。会议内容：

（1）讨论行政规划的问题（扩大县、区、乡）。

（2）作好防空工作的问题。

（3）继续扩大红军和优待红军家属的问题。

（4）支援东北义勇军。

（5）讨论加紧肃反，发展党、团员。

第三次，1934 年春，在兴国城召开，到会代表 2000 多人，会议内容：

（1）讨论实行坚壁清野问题。

（2）组织游击队、野战军出动。

（3）反右倾，反浪费，反贪污。

（4）发展生产。

1929 年春，兴国县召开过一次代表大会，到会人数 100 多，开了六七天，地点在兴国城李家祠。会议内容：讨论发展党组织和如何攻打三都七保（江口、古龙岗）的问题。

3. 兴国县革命委员会【是】1928 年建立的。革命委员会下设：教育部、裁判部、军事部、工农检查部、内务部、土地部、财政部、国民经济部、粮食部、劳动部、文化部。还有一个特派员。共 7 个区：上社、高兴、茶园岗、江背、永丰、枫村、城区（苏区时）。

有的说：1929 年兴国成立农民协会，十至十一月间建立兴国县苏维埃政府，主席（1）钟××，（2）陈重林（已叛党）。

4. 兴国县获得模范县条件：（1）扩军好。星期①扩大了 1 个少共国际师，一个晚上扩大 200 多人，全体出发。25—35 岁参加赤卫军，35—45 岁参加担架队。（2）建设公债买得多，借谷运动做得好，一个人借 100 多担谷的很多。例如，罗木恒、谢辉英、钟清训等。（3）妇女工作、优待工作做得好。（4）修了很多路，弯的都修平〔直〕来。（5）地主罚款、富农捐款搞得好。有的地主搞出了 1000 多元银洋。

---

① "星"字前疑有漏字。

三、中央召开的几次代表会

1. 1931 年在瑞金召开过一次，开了 3 天。

2. 1932 年十一月，在博生县召开一次，毛主席到会讲话。会议内容：讨论经济建设问题，总结战争战绩，讨论扩大红军，优待红军家属，反对帝国主义等问题。

3. 1934 年秋，在博生县开的，内容不详。

4. 1933 年九月，在瑞金，中央召开查田委员大会，共有一二百人，开了 7 天。主要讨论查田查阶级和纠正偏差问题。毛主席做了总结。他说：查田查阶级，穷人要有力，土地归自己，敌人要分开；自己不打自己人。项英和朱德也参加了会议。（参加会的主要是各县、区土地部长和查田委员。）

四、各个首长从兴国经过和召开的会议

1. 1928 年四月，毛主席、朱德带第八师从桥头来过一次，打的招牌是"临时中央政府"。朱德在龙岗邹家祠住，在沙罗堂屋背树林中开过农民协会会议。后来又在沙罗堂开群众大会。毛主席、朱德没有出席，只派了李国珍、郭登梅（广东人）到会讲话。大会主要内容：号召穷人团结起来，反对有的（资产阶级），分田抗债，婚姻自由；并嘱咐大家"靠得住的人要宣传动员他，靠不住的就不要乱讲，讲了自己吃亏"。从龙岗往黄塘，部队七八百人，分三个地方住：张家祠、方屋牌、朱屋祠。毛主席住在大仓固口。朱德住在朱屋祠。在黄塘住了三天，开了三次会。一次在黄塘土围上，二次在老石下罗会善家里。会议内容：主要是宣传群众不要做资产阶级的走狗，穷人不要怕，我们的队伍很好，无吃的有吃，无穿的有穿，号召大家去挑地主的谷吃。红军见到小孩子就问："小鬼怕不怕？"回答"不怕"。"你们就好，我们是来救你们的，你们吃得饱吗？"回答"没有什么饱"。"吃得不饱就跟我来去担谷吃"。这次挑了一天谷，挑了江下大地主——邹继增七八十担谷。红军在黄

塘捉到 2 个靖卫团丁，宣传他们不要为资产阶级服务。毛主席和朱总司令由黄塘到梅窖，走青塘往宁都、安富、黄陂，到小埠中村。第一次战争后，毛主席和朱总司令退回东固。

2. 有的说：1928 年冬，毛主席、朱总司令、彭德怀、陈奇涵到古龙岗。朱德和陈奇涵住在黄塘社公嘴，毛主席和彭德怀住在古龙岗邹家祠。陈奇涵在黄塘樟屋召开群众会，到会人四五十个。陈奇涵讲话，内容：我们要团结起来，打倒封建地主，废田抗债，实行婚姻自由，建立苏维埃政府，成立农民协会。这次毛主席从井冈山下来叫大家开会。会上当时就组织了农民协会，选出了 5 个领导和农会主席。同时，红军住在黄塘，还组织了宣传队，拿面方红旗，挨户宣传大家不要怕，我们是来救你们的，我们不会拿你们一针一线。毛主席、朱德、彭德怀在古龙岗邹家祠枫树下开了军官大会（军人），周围架了几千支枪。这次毛主席等住了 10 多天就走了。因地方上红军没有留下工作人员，所以此后工作也无开展，农协会也不敢动了。1928 年，第二次解放兴国。毛主席、朱德第一次带军来兴国，在江口与靖卫团还开火。1929 年秋天，李绍〔韶〕久的第二四军团从龙岗经过，叫大家组织起来劫富救贫。当时有很多人想和他告〔搞〕。

3. 1931 年正月，彭德怀带第三军团从宁都到东黄陂来解放龙岗、江口，骑了九匹马，在蜈公山打了 3 天。彭德怀在龙岗邹家祠住。在枫树下开了庆祝大会，有 5000 人到会，还游行示威，呼口号，"武装起来，打到南昌、九江去，打倒蒋介石，反对帝国主义"。三军团在龙岗住了半个月左右，又退回宁都去了。

4. 1932 年七月，四次"围剿"时，朱德总司令又带六军团打了广东南雄后到于都，开誓师大会，再到兴国。在兴国又开了大会。然后由江背洞走坝子上，到古龙岗去打东黄陂。在古龙岗邹家祠住了一晚，没有开什么会。1932 年六月，毛主席、朱德、黄公略从于都来过永丰。

5. 1934 年秋天，毛主席在兴国城关寚鸡窝召开了几万人大会。

毛主席在会上总结了国家情况，报告了红军打胜仗的消息。毛主席说："野战军出动，要作〔做〕好防空工作，不要怕，国民党要马上打垮他，政府还要一样工作。干部不要脱离政府，各区、乡的工作还要继续努力……"会上还呼了口号：打倒日本帝国主义，援助东北义勇军。1934 年九月，红军北上时〔前〕，旧历二十二日在九山召开群众大会，毛主席说：要跟我们走的要坚决，要自愿，不去的留在家里的要搞好团结，好好工作。不久，我们就会回来。野战军出动时，要有"三得"，即吃得、饿得、走得，能背八十斤重才可以去。1934 年八月，朱德从福建下来，走瑞金、宁都，到古龙岗，准备去缴永丰龙岗敌人的枪。结果没有去，在古龙岗住了一夜后，又回宁都去。

五、党的初期活动及其发展

忠田、黄连坑、龙岗、江口、梅窖等地党的〈先后〉发展情况（现都属古龙岗乡）。

1. 忠田：1928 年春天，有〔由〕周伟昭〈到〉叫中①伦坊、中文梁到桥头炷坑开会（周伟昭是桥头那边来的）。到会者有中盛楼、中盛祥、朱学久。会议有〔由〕朱学久、中盛楼等两同志主持，开会内容：叫我们转回来组织农民协会。1928 年冬天，我们在左泊径新坪开入党宣誓大会。这次会召开之前，有于北办事处派林志文来领导工作。入党宣誓内容："遵守纪律，严守秘密，服从命令，牺牲个人，永不反党，如要违背，定【遭】天歼（谴）"。会场挂着一面镰刀斧头的红旗，一面 C.P. 红旗，开了会回来就暴动，发展组织，发展了有上十个人，如中俪峰、中伦坚、中永芹、中文梁、中永呦、中文渊、中俪伦。然后成立了党小组，组长中伦坊。过了不久，在忠田密下坝召开会议，到会三四个人，讨论打土豪问题，最后决定打忠田留坑的土豪——中伦伯。这样就暴动起来了。又发展

———————————

① 名字里的"中"疑为"钟"。

党员中文浦、中永才、中永院。十一月十九日，杀靖卫团总中伦偕，大张旗鼓地组织农民协会。农民协会的主席是张景堂（实名叫中伦坊）。十一月二十三日，配合于都中盛楼的第十五纵队打龙岗头上土地窿。1929 年正月，成立少先队，有〔由〕中文梁领导，到罗谭宣传叫人民起来分田抗债。正月十二日，少先队在枫树坑进行宣传。靖卫团来打。结果我们打死了他一个人。正月十三日，全体暴动打三都七保靖卫团（江口古龙岗）。正月二十一日，二十五纵队打三都七保，在桌壁崇包围靖卫团几百人，打死十多人，活捉3 个，接着建立赤卫队。二月初，成立兴国第九区办事处。九区给我们发 5 支枪。我们自己原来有 1 支（中永呦自造的），共 6 支枪。后来又发 5 支，共 11 支，17 个人。1929 年 4 月，成立党支部，支部书记赖秉权。支部下设 2 个分支（忠田分支，支记〔书〕中伦坊；小木乡分支，支书许腾芳）。

2. 龙岗因为有靖卫团，地方反动势力很顽固。黄连坑和岭上坊的地方人民生活很苦。黄连坑有 30 户，岭上坊有 70 户。所以1928 年 11 月黄连坑和岭上坊就有党的秘密活动。首先是角坑李良生、李飞万、邹在涛（都是角坑人）、姚善根（埠头人）、邹远桂开始活动。首先他们从连塘、角坑到黄连坑来发展曾荣煌、曾荣清、曾清茂、曾清榜、曾庭森，后来扩大到岭上坊、坝坵等地方。距黄连坑 2 里路的蜈公山李家有千多人，这个地方红一下、白一下，受灾害最大。到 1929 年，李良生住在石田井，在黄连坑发展了十几个党员，到岭上坊发展 7 个。例如，曾荣顺、邹善仙、李月仁、李会容、饶荣鱼〔香〕、邱有旦、李惠峰、孔还旭。从黄连坑到坝坵又发展了曾广荣、温贤榜、赖祖荣。当时党的暗号是，便衣右上角的纽扣不扣，凡是看到右上角没有扣的就是自己人。入党誓言：严守秘密，遵守纪律，服从命令，永不反党……1928 年 11 月，就在黄连坑成立党小组，组长曾庭榜。1929 年春天，建立秘密的支部。支部书记李良生，支部设在黄连坑。当时，我们开会要到黄连坑开，因怕国民党发现，经常是晚上开会，当【晚】又要回来。1930

年元月开始，矿头村地主曾任矿、某〔亩〕南村地主刘光智和岭上
坊三村组设岗哨，保卫他们的财产，防止红军来。原来叫邹善仙到
岭上坊山上放哨，因地主曾任矿、刘光智不放心，就派他们最靠
得住的曾任清、曾荣全与邹善仙一起放哨。当时放哨每人每月3担
谷，3个人每月9担谷。邹善仙是我们党派进去的。本来规定，无
论红军〈来了〉或白军来了，都要事先告诉地主。我们放哨，一听
到号炮声，看到白军来了，就把"青天白旗"升得很高，使老百姓
看到做准备；红军来了是打3铳，白军来了只打2铳。有一次，红
军来烧江家地，我没有放铳，因为党内部早通知了我，而另外2个
人放哨就不知道。因这事还被捉起来坐班房，后来他们才认为我
"不晓得"这回事，又放了我。放哨到了1931年一月解放才结束。
解放后，各村成立贫农团，公开建立党支部，支部书记是东村坝子
上的赖昌通（地主）。党支部领导贫农团。当时每个小村有个党小
组，大村有支部。

　　1928年春天，宁都万金〔经〕邦在城岗青华山（兴国县）〈召〉
开会。黄塘邱念棋、陈玉山到参加会。万金〔经〕邦是省派来的。
邱念棋开会回来后，就发展党员。当时发展的有黄德才、尹祖才、
廖雅松、廖雅才、廖声芹，后又到蜈洒发展杨声怡、李罗文、李王
山龙。七月间，到坪湖、石田井、银坑山上开党小组会，成立小
组，组长邱念棋。开会后三天就被国民党发现了。当地封建头子就
把廖雅才、廖声芹、杨声怡、李王三龙[①]、李罗文杀了。邱念棋（现
在福建）、陈玉山、黄德才、尹祖才、廖雅松逃到胜华游击队（段
起凤的），后改为二、四团。此后，党的活动就停止【了】。

　　3. 东乡办事处、龙岗、江口、梅窖等地党的发展和区委的建立

　　（1）1931年正月，三军团来解放龙岗、江口、梅窖。解放后，
有候家波、凌崇学、黄石宪、叶韶佳、付学春（随三军团来，都是
东村、龙岗头人）等人领导工作。旧历十五日，成立东乡办事处，

---

① 文中"李王三龙"与"李王山龙"疑为同一人。

党支部书记候家波。同时，成立了龙岗区。过十多天，又成立江口区、梅窖区。

历任区委书记：

龙岗区：8个乡，分8个党支部：龙岗、大仂、黄塘、江湖、营前、添源、无洒、中邦。共有党员255个。历任书记如下：

①候家波　1931年1—3月；

②凌崇学　1931年4—6月；

③罗金岳　1931年7—11月；

④叶绍加^①　1931年11月—1932年元月

⑤中仕榜　1932年2—9月；

⑥杨诗标　1932年10—10月底

⑦王裕瑞　1932年11月—1933年7月

⑧邓方其　1933年8—11月

⑨黄有仁　1933年12月—1934年9月

江口区：7个乡7个支部，桐村、南村、塘背、陈也、墩山、何家、营上。党员计200多个。历任书记如下：

①何为标　1931年1—9月

②中仁　1931年10月—1932年2月

③陈宗才　1932年3—6月

④钟玉仁　1932年7—12月

⑤邹声友　1933年1—7月

⑥刘风兴　1933年8月—1934年9月

梅窖区：4个支部（先），后扩到9个，乐团、点三、三僚、梅窖、寨上、新弯、黄坳、黄岭、万石。共有130多个党员，历任书记如下：

①陈宗联　②叶树新　③邓子淦　④中启爱　⑤赖来荣

上述几个区在1932年归胜利县；到1933年，江口区划归博

---

① 文中"叶绍加""叶绍佳"与"叶韶佳"疑为同一人。

生县。

（2）三个区所召开的党代表大会

第一次，1931 年正月下旬，在龙岗下坪召开，到会人 10 多个，候家波、凌崇学、黄石宪主持会议。中心内容：

①打土豪分田地，清查户口、土地，封仓分粮。

②收缴武装，宣传穷人不打穷人，团结起来，搞好工作，打倒帝国主义。

③扩大党的组织，建立和健全党的组织。

④建立苏维埃政府。

⑤实行站岗放哨，破除迷信。

第二次，1931 年 7 月，在万寿宫（龙岗）召开，到会人数 70 余个，罗金岳、候家波、黄石宪、周永樊主持。内容：

①肃 AB 团，教育大家要认清自己的阶级。

②驱逐地主出境，查田抗债，抽肥补瘦，抽多补少。

③建立列宁小学、识字班。

④禁赌，禁烟，【募】捐慰劳红军【物】品。

第三次，1932 年正月，在龙岗下坪白屋子召开，到会 40 余人，叶绍加、罗金岳主持。内容：

①动员党员带头扩大红军。

②区保卫队上调县警卫连。

③扩大地方武装，组织模范营、模范师，组织宣传突击队。

④实行劳动法、新婚姻法。

⑤劳动群众买公债。

第四次，1932 年 7 月，在龙岗邹家祠召开，到会人数 100 多。【由】中士檬主持，时间 1 天。内容：

①组织慰劳队，检查拥军优待工作。

②建立修戒〔械〕厂、消费合作社、药业合作社、铁业合作社、农业合作社、熬盐合作社。

③整顿地方武装，实行赤色戒严。

④开展节约运动，每人每天节约四两米，支援红军。

⑤【开展】借谷运动，征收累进税。

第五次，1933 年 2 月，在龙岗乡邹家祠召开，到会人数 100 多，时间 3 天，有〔由〕王裕瑞主持。内容：

①进行查田进〔查〕阶级。

②扩大红军，组织担架。

③支援灾区人民。

④公开地发展党、团员。

（3）历年党的中心任务

1931 年开始，党主要领导群众打土豪、分田地，抗租抗债，组织农民协会（贫雇工农，对革命积极者参加）、贫农团（贫农参加）、雇农工会。贫农团和雇农工会受农民协会领导。组织赤卫军、少先队、妇女会，秘密发展党。

1932 年，开始公开发展党、团（打起旗来报名，然后经过审查），划阶级，分田地。"抽肥补瘦，抽多补少"。扩大模范师、模范营、少共国际师、工人师。同时，推行公债，开展借谷运动，办学校和合作社，组织互济会（支援灾区）、反对〔帝〕大同盟，组织耕田队、担架队、洗衣队、慰劳队（慰劳红军，优待家属）。送地主出境。

1933 年，党的中心工作，扩大百万铁的红军。当时的口号："创造百万铁的红军，打到南昌、九江去，到武汉会师，再回来家里享幸福。"同年，复查分田和阶级。

1934 年党的中心工作，扩大红军三个师，全体出发，口号："创造野战军，出动北上抗日。"当时，干部带头，16—45 岁的全体出发。党的活动到 1935 年停止。

六、政权建设及群团组织发展情况

1. 1931 年正月解放后，成立农民协会，建立了东乡办事处（临时机构），有〔由〕候家波、凌崇学、黄石宪、叶绍加、付学春领导。正月十五日，成立办事处。首先是邹善述担任主席，后来因他贪污，枪决了，就换邱恒茂作主席，支书候家波。同时成立东乡保卫队，队长中树春，不久换洪永辉，政委罗金岳。东乡办事处领导3个区的工作（龙岗、江口、梅窖）。到九月间（三次战争后），撤消东乡办事处，组织了肃反委员会，东乡办事处的人员都转到肃反委员会工作。正月十五日，成立龙岗区，10多天后，才建立江口、梅窖区。各区历任主席：

龙岗区：

①谢时焜 1931 年 1—6 月

②邱□棋 1931 年 7—10 月

③谢时焜 1931 年 11—11 月底

④邹良恩 1931 年 12 月—1932 年 1 月

⑤刘应金 1932 年 2 月—1934 年 9 月

江口区：

①廖平信 1931 年 1—12 月

②黄德扬 1932 年 1—6 月

③曾昭良 1932 年 7—12 月

④刘盛景 1933 年 1—6 月

⑤廖能径 1933 年 7 月—1934 年 9 月

梅窖区：

①曾广焕 1931 年 1—8 月

②钟绍才 1931 年 9—12 月

③黄德生 1932 年 1—9 月

④王奕中 1932 年 9—10 月

⑤揭大林 1932 年 11 月—1933 年 4 月

⑥温光中 1933 年 5—7 月

⑦李安仙 1933 年 8 月—1934 年 9 月

各区政府的组织，除正、副主席外，有总务处、文书、雇农工会、军事部、财政部、文化部、教育部、内务部（包括妇女部）、土地部、国民经济部、劳动部、裁判部、工农检查部、特派员（特派员的任务【是】审查各种案件）。

2. 工会、赤色互济会、反帝大同盟

雇农工会：1931年二月成立，主席黄有仁，主要任务介绍出去工作的人，当时没有介绍信工人无工作做。

赤色互济会：1932年正月成立，主席廖贤林。会员每月缴两三个铜板（会费）。区里的互济会由县领导；乡里的是先选好主任，然后到各村宣传、动员贫农参加，一村成立1个小组（十多个人）。互济会的会员缴的会费由县里统一管理，然后由县里统一掌握，根据各地区的灾情发下来，救济贫民及慰劳红军。这样做的目的，穷人救济穷人，使贫农团结起来反对帝国主义。

反帝大同盟：主要反对帝国主义。

3. 妇女工作：主要是给红军做鞋，慰劳红军，宣传动员丈夫、儿子和青年人参加红军，宣传新婚姻法，剪发，放脚，欢送红军。当时妇女工作做得很出色，互相竞赛，谁也不甘落后，如古龙岗魏友清就动员老公（丈夫）上前线。

4. 儿童工作：主要捉赌、禁烟、破除迷信、检查放哨。儿童团规定7—15岁的贫农子女参加，一个区有一个团，一乡有一个队，有百多人。儿童工作很认真。一次，胜利县一个人来检查岗哨，试验儿童，骑一匹马来，有路条故意不拿出来。这个儿童就不准他过。首长说："我是工作人员，骑马的还要路条吗？"儿童回答："什么人都要路条，没有路条就不能过。"后来这个首长还奖给他2角钱。

5. 坚壁清野：三次战争时（1931年六月）提出了坚壁清野，当时挖路，破坏敌人的交通，把粮仓、砻子、风车、锅头等都藏起来。当时有首歌谣："苏区群众力量高，坚壁清野要做好。风车砻碓紧藏起，粮仓蔬菜找不到，饿得白狗汪汪叫。"

七、土地革命、查田查阶级情况

分田共进行过三次（1931年1月—1933年9月）。

第一次，1931年1—3月，进行的方法，首先组织分田委员会，查清所有的田地，把田分为上、中、下三等，插上牌子，然后按人口平均分配（见人分田），每人有6—8担谷田。当时的口号：分田抗债。

第二次，1931年—1932年元月，分田的方法，地主、师傅、老板、反水富农、知识分子均没有田分，富农分坏田。组织分田委员会，以乡为单位进行，口号"以抽多补少、抽肥补瘦为原则"。

第三次，1933年7—9月。1933年5、6月间，中央召开查田运动大会（在瑞金饶〔叶〕坪，参加大会【的】有各区的主席、土地部长、检查部长、特派员。主要讨论查田、查阶级和纠正偏差。回来后，各区、乡成立查田委员会，进行复查，纠正偏差。

当时划阶级，不管田地多少，只要是自己不劳动、专靠收租吃饭的均为地主；通年请长工，有很多田，自己配合劳动均为富农。1931年开始就提出打土豪、地主、富农。进行方法，先宣传，叫他们拿出钱来做我们的办公费用（先摸清他的底），如果不交钱，我们就给他上肉刑（打地雷公、坐飞机，踏杠子，用香火烧），叫贫农积极分子给他算账，榨出了钱就放他回去，顽固就关起来或杀头。

土豪——有钱有势的人。劣绅——能说会写的、不劳动、专勒索别人的人。

1931年10月间，送地主和反水富农出境（到白区）。送出去不久，他们不肯在外面，又回来了。另一方面，出去把我们的消息都走漏了。于是，以后就再没有送他们出去。

另外补充：江口农民协会，1926—1927年有谢先民、伍赵忠在江口组织农民协会，写到200多人的名字（参加）。他们说：不要怕了，有的（资产阶级）在一边，冒个（无产者）在一边。刚兴起一两个月时间，就被国民党捉到 2 个头子，打伤了（后来死了），从此，农民协会就没有了，参加农协的主要是贫苦老实人。

八、生产、经济建设情况

1.1931 年前后情况：1931 年以前，人民的生产情绪是不够高的；1931—1934 年，红军来了，分了田，不交租，征税又很轻，群众的革命和生产情绪很高，尤其是对优待红军家属的工作做得更好，组织耕田小组、耕田班，替红军耕田。耕田队受土地部领导，男女都可参加，各队、组、班要分别包干红军家属的工作，帮家属做工夫要自己带饭菜吃，不能吃家属的一粒米，并要自己带工具。每项工作都是先给他们做好再做自己的。还帮他们砍柴、洗衣服。领导干部要经常检查给家属做的工作，如果做不好，就要受批评。每到过节，干部带头捐慰劳品（肉、花生、豆子）慰劳家属。干部作榜样动员大家。当时扩军扩得多，也是由于优待工作做得好。

2. 苏区前后人民生活对比及国民党对人民的统治

苏区前，田多被公堂、地主占有，使得人民"吃不能充饥，穿不能遮体"，无钱、无屋、无老婆、无吃的占 80%。在苏区时候，贫苦的只占 10%（即生活提高的占 90%）。1935 年（1934 年冬）国民党复辟后，做长工连饭也赚不到吃，无吃占 90% 以上。在政治上我们无权，甚至连说话权都没有。地主说一句话我们都要退几步，他们用地保压迫，无吃，眼泪粒粒滴滴。要我们生就生，要我们死就死，抓我们当兵，榨我们的钱，大姓封建头子欺我们小姓，强方欺弱方，小姓有理也无理，小姓到大姓的地方割茅草都要罚钱。借地主的田作①，要送"花利"（租）；收租人来了，还要做一餐好的中饭给他吃，如要吃得不好，他就说："明年田不给你作了。"借他 1 担谷要还 3 箩，50% 的利，借钱也是利上加利。贫雇农饿死

---

① 方言，与"种"意思相近。

都难借到谷，没有办法，有很多人要抢别人的东西。地主一天吃几次，我们饿得走不动路。地主每年吃不完，穷人放下禾镰无吃的。地主说："富人不要与穷人行，不是向我们生〔赊〕，就是向我们借。"穷人说："穷人不要与富人行，他不是叫我们挑，就是叫我们撑。"地主看到谁穷，就给谁20—30担谷，几年后收，故意拖，等到你还不起时就来逼你们要；你出不起，就把土地全部拿去。如，邹善仙，借蜈公堂12个耗〔毫〕子，经过一年就算了12担谷。雷义声借雷必辉10块钱，一年要算8担谷，还补了2块钱。雷任泮地主，把田借给饶日香，因收成不好，不够量花利（交租），被迫把自己亲生女儿给雷做小老婆。地主放"新谷钱"，他先拿钱给你用，到明年秋天收割时，明明卖2元1担谷，他就以1元钱1担谷算。当时地主、公堂、神会等占土地80%以上，农民占20%，地富人口占30%，贫农人口占70%。有钱人有书读，我们无书读，就是读书，也要出节礼、青苗钱，出馆钱，要请先生吃饭。

1934年红军北上后，国民党复辟后对苏区人民的摧残更加严重，进行反【攻】倒算，把农民分得的东西都抢回去。有的东西不是他们的也抢去，要老百姓出门牌钱、灶头钱、壮丁钱。国民党来要粮，没有粮还要供草鞋钱，要杀鸡招待；一年出几次壮丁钱，有的一次出了30多担谷。

对革命同志拿来割肉，或是生埋（活埋），如，刘德良、曾绍良等都活埋了，并给他们把胸部钉椿〔桩〕子。在蒔田时，敌人用铁鎚活活地打死温原夫（苏区时村代表），并用刀杀七八刀。白匪认为他死了，后来他起来走了不远的路，因流血过多而死了。把韩家景搞在松树上用刀割脸皮，活活地被割死了。还有用踩杠、打地雷非法行为对待我革命同志。

1934年敌封锁后，我们挑着鸡蛋和鸡去换盐回来吃。每村起合作社熬硝盐吃，用粮、金、银去换盐。自己做土布穿。建立消费合作社来防制〔止〕大商人投机。

3. 推销公债和借谷运动。动员的方法，首先召开干部会和党、团支部会，然后干部带头开群众大会，向群众宣传，"过去我们无田，无吃，又无穿，现在红军来了，我们有了田，又不交租，过去我们有钱都买不到田，我们应当自动买爱国公债，支援红军，借谷给红军吃，借了以后还有还"。经过这样宣传后，党、团员就自动报名，买多少多少公债，或是借多少多少谷子出来，群众看到干部都报名，也就很高兴地报名，买公债和借谷。群众自己说什么时候交就什么时候交来，也不用干部去催。

4. 工业方面：当时有衣服厂、木业合作社、铁业合作社（衣服厂在宁都）。水利方面当时没有提出什么。

5. 银行、货币、物价情况：只有中央才有银行，省、县只有财经部。当时的货币有三种（现洋、铜板、纸币）。中央银行的建立是由于打开以后，就进福建打沙县。打沙县卢新邦，在沙县缴到敌人1个兵工厂，1个造花边机器（铸银洋的），有许多模子。后来，瑞金就设了1个造花边的银行。当时的物价，只有盐最贵（因被国民党封锁）。1933年时1块光洋买1斤多盐，纸币1元买几两盐，谷子5元一担（纸币），猪肉1元一斤。

九、文教、卫生情况

1. 列宁小学：1931年，普遍建立列宁小学，每村有1个。1933年，古龙岗建立1所中学。列宁小学的学生，7—15岁，起初地富的子女不能去上学，到1934年才许可地富子女去学习。学生的课本有〔由〕上级发给（不要钱），主要课有：常识、农民课本、算术、图画、音乐、体育。课本内容："叮当叮当叮叮当，我家出身是铁匠。创造世界少不得我，拾起铁锤精打钢。社会如此不平等，拾起铁锤打破他娘……""跑跑跑，跑向前，跑到共产社会几多好，无阶级，无界限，无烦恼……"学校的办公费有〔由〕文化合作社供给。教师每村有1个，中学有几个，是经群众选出后，再经政府批准。教师的生活有〔由〕自己负担。起初时每月有两块钱，后来就没有了。因为他分了田，他的田有大家帮助作〔种〕。学校的宣传工作，主要结合当时的中心工作。每个月师生要帮红军家属砍一次柴，提出教育为生产服务。

2. 夜校、识字班：每村都有，16—45 岁，不分男女都能参加学习（地富不能去）。费用有〔由〕群众自己斗钱（各个人自己出），教师有〔由〕群众选（中贫农）。课本内容："天地间人造，创造者工农兵，男和女一样人……"书本不要钱，每天晚上去，有事的请假。开始办校时，向大家宣传学习的好处："过去受压迫没有书读，现在不要钱有书读，学会看报纸，能了解国家大事和战争情况（当时战争很多）。"我们提出的口号："白天做工晚读书，是农民又是学生，学文化，懂政治，利国家又利自己。"有时晚上读报，《农民报》《红色中华〈报〉》《捷报》，主要宣传战争胜利的消息。

识字班：专学认字和写字，45 岁以上的可参加。

3. 党校训练班：1932—1933 年，中央办有党校、军官学校、红军学校。三个月一期，还有训练班，各区抽 1 至 2 个人去受训，各部门学习各部门的东西。1933 年省里办教育训练班，调区干部去训练，每 2 个月一期。

当时中央所办的刊物有《青年画报》《胜利画报》《红色中华报》《农民报》《捷报》。

4. 蓝衫团：1932 年冬成立，只有中央和省里才有，区、乡没有蓝衫团，只有俱乐部。蓝衫团的成员都是有各地抽调来的（脱产），县里的一个团有 60 多个人，经常下乡演出。看戏的不要钱，戏的内容：主要围绕中心工作进行宣传，如，优待家属，扩军，反帝国主义等。区、乡的俱乐部要演什么戏，首先要经区政府批准，才可演出，他们的宣传对扩军有很大作用。

十、红军北上抗日，群众和敌人的斗争

1. 画眉坳会议。1940 年，在画眉坳还有党的活动。1940 年，在画眉坳龙下有〔由〕黄明镜（江背麻坑人，现在崇贤工作）召集陈世桂（现在均村）、邱庆松（赣县人）、杨 × × 等 4 个人开了党

员会议。当时，黄明镜还叫林天财去开会，林因当晚加夜班没有去。后来，他们开完会后，黄明镜对林天财说："人的眼睛要放远些，立场站稳就不怕。"

2. 肖发通组织游击队。肖发通的活动：肖发通是胡保乡胡家塅人，苏区时【是】共产党员。在1939年的时候，国民党经常在地方上抓壮丁。当时，江口廖明澄等3个人因不愿当兵，而逃到永丰做工。永丰板石有个姓刘的和一个姓肖的。肖发通在1940年正月在永丰墟头果子山行屋上（没有人住，四面高山）组织他们起来反抗，并说："毛主席在东北还有几万人，我们暴动，他们更会暴动。"起初，肖发通卖了田买到2支枪，1支短、1支长。到2月间，扩大到20多个人，就打南坑伪乡公所，晚间去打，一开枪，乡公所的人和老百姓全逃走了，缴到5支枪，其他东西一点也没有动他们的。肖发通说：我们现在苦些，将来会有办法的，我们不要动老百姓的东西，动了就站不住脚。过路挑担的人的东西不要动人家的。到了3月，扩大到30多个人，准备打番匐庵上的地主，想缴他一些枪。这个地主一年可收200担谷子，结果找开后，只缴到200多元现洋。打了庵上后，又回到果子山。在果子山，肖发通叫他的成员回家发动那些怕抓壮丁的，并且靠得住的人来参加我们的组织，靠不住的就不发动他们，向靠得住的人宣传：我们现在苦些，将来我们打到腾田、沙洒就有吃有穿了。这样一宣传，就有600多人报名参加。肖发通说：我们用不了一年可扩大1000多人，那就可打地主。大家安下心来，不要怕。毛主席在东北一带，我们暴动起来就好。后来永丰来了100多匪军，肖发通就逃到风车扭去了。

3月间，李飞岳、温守祥（原是伪乡长，后被何祖伴夺取了他的职）想投到肖发通这边来，一同去打何祖伴（伪乡长），缴何祖伴的枪。何祖伴知道他们的计划后，就到兴国报告伪政府，就派保安团20多人来捉李飞岳和温守祥，结果李、温就说：肖发通是"土匪"，我们不是。温守祥就派他的部下义勇军到肖发通那里邀肖去打沙洒，并派 30 多人、20 多支枪包围肖发通。本来肖知道李飞岳和温守祥进来之后就不好做工作，想走，义勇军不叫〔让〕他走，李、温为了立功，就想杀肖发通。于是，当晚，在冷水坳上坳约肖发通去吃酒，当肖喝醉了时，温守祥就用短枪打，打到肖的脚上，肖跳到外面的厕上，被国民党乡政府的 1 个干事用马刀砍死了。廖明澄也打到了脚，乘当两边大闹就逃走了，后来好了，又回永丰做工，被国民党捉到杀了。3 月，肖被杀后，这个组织就解散了。

3.抗兵运动。1944 年正月间，黄塘廖雅梅（苏区时党员）、廖雅乐（苏区团）召集谢时焜、廖声林（苏区时党员）、廖名洪（团）、廖重和等人在黄塘西门背开会，叫"自治会"，讨论抗兵的问题。廖雅梅讲话内容：国民党来抓兵，我们先不要动他，让他抓了走出村外后，我们再动手。还开了几次会，讨论搞掉国民党合作社，但没有实现。开初，只有十几个人，后来扩大到 300 多人，组织了通讯员，通过通讯员来联系。当时提出的口号是"大家自治起来，杀掉国民党区长，没有办法时就准备伙头①上山打游击。缴到敌人的枪，就去见毛主席"。后来 10 多户人家，每家斗（拿出）1 桶谷，买了 1 支枪。国民党有三次来黄塘抓兵，看到抓兵的来了，通讯员就通知各家，发动三次群众拿梭镖去拦。一次，国民党来抓张瑞龙，300 多人拿梭镖出动追打，想缴敌人的枪，追到半路，不料国民党几个拿枪跳下河去跑了。抗兵运动从黄塘后来影响到龙公山、江湖、三僚、营前地方农民。后来，三僚人起来杀了国民党 2 个伪区长，一个姓黄，一个姓余。到 1945 年，因被国民党发现，把黄塘买的 1 支枪缴了。同时，苏区游击大队长温声衍又上树跌死，以后就停止了。但是从此以后，国民党几年不敢到黄塘抓兵。

4.坳背 1949 年组织暴动，迎接解放军。1949 年 6 月，江背洞

① 在当地方言中，"伙头"意为"锅"。

解放时，江背人赖茂英和吴士祥在江口坳背发动一两千农民起来暴动，想与兴国国民党匪首中定△打，后来因派人到江背与解放军接头，解放军劝说："你们没有枪，不要去打，慢些等我们来打，你们会上当，可能会烧掉你们的房子。"结果就没有去打。

5.兴国地下党活动：1949年解放前，兴国有个卖油条的（又会做衣服），姓刘，在领导兴国党的活动。

（此文为龙岗乡老革命同志座谈会、个别访问的材料综合。共访问76人，访问时间为1959年元月5—21日）

古龙岗乡武装斗争史料

一、武装的建立

忠田　1928年旧历十二月就开始了武装斗争，忠田农民协会群众配合桥头十五纵队，以肖一佐为指导员，打江背上土地窟的靖卫团。同时，建立少年先锋队。1929年三月间，成立赤卫队。初来只有10余人、6条枪，天天操练，脱产，队长黄善龙。开头是由于龙岗、三僚靖卫团来打忠田，烧了忠田的祠堂。忠田就与兴国县第九区联系，九区发给忠田5支枪，连自己原来有1支（中永呦自造的）土马枪，共6支枪。不久，九区又发下来5支枪，共11支枪，扩大到17人。到4月，赤卫队改编为赤卫军，亦是脱产的，扩大到1个大队，有120余人、90多杆枪，大队长曾盛龙。后又改为赤卫连，连长中伦坊，一连分三排，共90余人。

古龙岗、江口、梅窖　1931年旧历正月解放后才建立赤卫队，赤卫队属军事部领导。区军事部长为一个团团长，古龙岗共90多人、30多支枪，分24排。江口区赤卫队共700多人、10多支枪，梅窖区赤卫队700多人、20余支枪。

1932年旧历三、四月间，地方赤卫队改编为模范营，龙岗、江口、梅窖3个区3个营，共1100多人。与此同时，从赤卫队中调出一部组织预备队。

古龙岗、江口过去叫三都（江口）七保（龙岗），靖卫团势力很大，所以解放得晚，到1931年正月才解放。而三都七保四周却早几年解放了，所以赤白经常斗争。地方赤卫军与白匪靖卫团展开

了不懈的斗争，主要图示如下：（1928—1931 年）

赤卫队组织的方法：先由组织领导调查成分，然后进行宣传，指定名来开会。开会就编班编排。规定 26—45 岁的青壮年，只要家庭是工人、贫雇农或下中农出身，经过军事部审查合格就参加赤卫军。当时的口号是"武装保卫苏维埃"。武器主要是缴公堂、地主的，部分是从上面领来的。

二、游击队组织

1.1930 年，兴国县成立了游击队，叫游击大队，共 2000 多人、70 多支枪，并各区的游击队共有 1 万多人。后来到打【倒】七方〔坊〕靖卫团，1932 年开〈出〉到打赣州，后来一部分编为独立团，一部分留下来牵制敌人，让红军胜利北上，这部分最后被冲散。

2.1931 年旧历正月，江口区组织了游击队。初来只有 30 多人，6 支枪；后来发展到 70 多人，20 多支枪，连长李□□，大队长陈道志，指导员肖桂年，后来又发展到 100 多人、100 多支枪。1932 年 7 月，开出打赖村土围，打三僚靖卫团。1933 年，因扩大红军就全上前线去了。

3.1934 年九月初，红军北上时，各区、乡机关干部和部分跟上来的群众组成了游击队。主要任务是牵制敌人，让红军胜利北上抗日。

梅窖区 15 人，10 多支枪，队长赖雷荣。樟木区 30 多人，21 支枪，队长谢先庭。江口区 20 余人，6 支枪，队长 ×××。

旧历九月初三，龙岗区、乡干部 30 余人组织了一支游击队，16〈多〉支枪，队长邹善仙。白天在边界打游击，碰到白匪就打。晚上专门扰乱敌人。游击路线主要如下：

区、乡干部由古龙岗→营前→源头→爷原→中尾坑→忠田（在罗潭打了一仗）→忠洲→石田井（打了一仗）→樟木山崟上→回到忠洲、石田井崟上→9 月底在小木乡被敌人拦断，队长邹善仙失掉了联络，便参加了城岗游击队。城岗游击队共 25 人，15 支枪。到 1935 年元月 15 日，因城岗乡党支部书记带 15 个人反水，只留下郭玉莲、邹善仙、刘金莲 3 人，最后 3 人返家。

1934 年 9 月底，被正队长敌人冲散后，便由副队长周大辉带领，到桥头老圩又与平安区、樟木区游击队会合，编成一支游击队，共 300 多人，队长王春生（湖南人），口号是"钻过敌人封锁线"。

这支游击队从桥头→小木乡火车坳→龙岗峰→和木坑（在和木坑缴到敌人 10 多支〔门〕土炮，捉到 4 个反动派）→曲洋大前→枇杷窿（因枇杷窿人反水，我们就去打，结果打伤了我们 1 个人，我们牵到敌人 1 只牛）→十一月间，全胜利县干部到银坑和小密中央办事处开会→桥头→樟木→桥头，十一月底，成立游击司令部→旧历十二月底，到马鞍石长山与中央项英部下的游击队、李学民带

领的 30 多支短枪会合，和胜利县全县各区的游击队（包括 12〔11〕
区：古龙岗区、樟木区、马安石区、三贯区、洒下营区、茶头区、
平安区、赖村区、银坑区、曲洋区、车下兔区）共 2000 多人。县
游击总司令部、司令员兼县长谢先霄〔策〕，有 700 多【支】枪，2
架洋机关，3 架水机关。

1935 年旧历正月初二，游击队从马安石长山→安子峃，想冲
过敌人封锁线到东固去，结果只冲过几百多人，还有 300 多人因没
有冲过就回到安子峃。第二次，□找不到人带路就停在安子峃，结
果被敌人包围了，在坝子上打死了中央首长李学民。敌人首先派进
2 个人来宣传我们投降，正当我们准备杀 2 个宣传员时，敌人已经
到了门口，结果我们 300 多人全部被俘。

A. 游击队的纪律和生活：游击队晚上到什么地方都不准点火。
出发时，首长先告诉我们今晚开往什么地方，什么方向；失掉了联
系时就摸树，凡是树皮翻起来的一摸割手的一面便是东面，树皮较
光滑的面便是北面。根据树来断定去向。开差时没有月亮就互相搭
肩或牵长衣角走。

B. 游击司令部：1934 年 11 月，在桥头成立司令部，从此就没
有县、区的组织了，由游击司令部指挥游击队活动。游击司令部各
区有 1 个，龙岗区司令部，司令员邱念棋，区委书记兼指导员黄有
仁，政治委员邹家昌，大队长王春生，参谋吴□辉，特派员雷仁增。
游击司令部共由 7 人组成。

三、地方武装斗争的不断胜利

1. 大前坳土地窟战役

1928 年十二月（旧历），敌人钟学熊靖卫团 30 多支枪（岗头
上）和古龙岗靖卫团经常来镇压赤区革命势力，收捐税。当时忠田
地区人民受北区革命的影响，组织起来了。一次，桥头十五纵队去
宣传大〔前〕坳土地窟人民起来革命，中〔钟〕学熊带 30 多个靖
卫团配合岗头上四五百群众，对准我们打。中田赤卫军配合塘埠农

会群众300多人和桥头肖一佐领导的十五纵队100多人（100多枪），共400多人，在土地窿就打。敌人在岗头上，我们在罗潭河背，打了一天，后来我们1个人冲进去，被敌人夺走了1支枪。这次战斗双方不分胜负，到了下午，十五纵队就不打而走了。

2. 忠田战役

1929年正月（旧历），三都七保靖卫团来烧【忠】田祠堂，与岗头上有份的就不烧。来烧祠堂的是营前岗头上的靖卫团300多人。当晚，忠田钟伦坊、中〔钟〕永呦跑到忠洲班〔搬〕二十五纵队（200多人）配合中田农会群众100多人，拿着猪婆刀（梭镖）、土炮，便由营前进攻七保靖卫团。恰好靖卫团也从三僚来进攻忠田，因遇了路①，没碰。靖卫团先到忠田操屋，忠田没有人，于是二十五纵队就临时找钟伦坚（党员）领路，回头去包围敌人。当时围到敌人100多人，当时打死敌人七八只〔个〕，活捉到3只〔个〕，其【余】的冲散回到了三僚，后来三僚群众向靖卫团闹，要回人。

3. 元头战役

1929年3月间，忠田赤卫军27支枪，配合群众60余人，本来想去打营前的靖卫团，走到元头，看到塘里很多鱼，就停下来干鱼吃。三都（江口）七保（古龙岗）靖卫团和宁都靖卫团100多人（宁都靖卫团总严文信）配合营前江佰川武装（三都即江口靖卫团，团总是吴德波；七保即【古】龙岗靖卫团，团总是廖有泮）和部分反动群众（拿梭镖的）共有1万多人来打三忠（忠田、忠州、忠尾坑），结果敌人看到赤卫军在干塘里的鱼吃，就不去打三中〔忠〕，而马上包围赤卫团。后来有人看到就回到忠田去报讯〔信〕，当时在家的只有3个有病的人、1支枪、3颗子弹、2把刀。赤卫队队长黄善龙当时也有病在家，结果他们4个人就带领30多个预备队打过来，向敌人猛冲，从元头中岗地打过去。另外，当时忠尾坑也来了3个人、1支枪、2把梭镖，由谢明楼带路从元头屋背打进

---

① 原文如此。

来。结果，他们7个人、2支枪就两面夹攻敌人，干鱼的赤卫军又由内打出。忠田来的4人，因3粒子弹不敢打掉，就用石头扔，由于人民群众的坚强勇敢、不怕牺牲精神，用石头猛冲猛打，结果4个人、3粒子弹冲垮了敌人1万多人。当时敌人一见我们来势汹汹，就吓得缩成一团，手里拿了枪也吓得忘记了放。这次我们不仅冲垮敌人1万多人，而且还追击了敌人5里路远，捡到敌人很多土炮、梭镖。

4. 忠田山杉崇战役

1929年七月间，三僚靖卫团60多个人，团总曾昭涵，从长白山石崇想进攻忠尾坑、上下坪。当时，上下坪2个人放哨就看到了，即刻回去报讯〔信〕。中〔忠〕尾坑只有2支枪，上下坪只有1支枪，结果3支枪、〈来了〉30多人，就与敌打起来，一边打一边派去忠田班〔搬〕赤卫军。忠田派了6支枪、60人，派了一班预备队10多个人，预备队只有土炮、梭镖。到了山石崇就与忠尾坑、上下坪30多个人配合起来，分成两路进攻敌人。忠尾坑的打正面，忠田的就绕道从敌人屁股后面打过去，想活捉几个。不料一近身用刀杀过去，敌人就逃跑，他跑我们就追，结果追了3里多路，捡到几支梭镖。这次打了1天的时间。

5. 忠尾坑战斗

1930年正月在中〔忠〕尾坑，宁都靖卫团团总王文成和三僚廖平贵、曾昭涵的靖卫团，三都吴德波，七保廖有泮的靖卫团共1000多人，700多支枪，强迫三僚、河西劳动群众走前面来打忠尾坑，包围忠尾坑，放火烧中〔忠〕尾坑的房子。忠尾坑只有20多个赤卫队【员】，几支鸟铳。三僚、河西群众一到中〔忠〕尾坑就怕，赶快散来〔开〕了。忠尾坑赤卫队怕损伤群众，就叫本村群众把门关紧，不要出去，烧死也不要说话、不要投降。忠尾坑20多个赤卫军〔队员〕把棉被打湿来围在身上，站到屋顶去，与敌人搏斗。这个屋角起了火又跑到那个屋角上去打，英勇顽强的20多个赤卫军，结果打死了敌人19人，取得战斗胜利。

6. 营前爷元战斗

爷元地主，两个都姓江，一个叫七满子，一个叫六满子，依靠三僚靖卫团的势力，在地方上称霸，压制革命。他们有 3 支枪，经常镇压革命，剥削压榨民众。忠田赤卫军为了扩大革命范围，扩大革命武装，想缴爷元地主的 3 支枪，就去打爷元。正好当时爷元有江大相、曾庆友经常从爷元偷米过樟木山来粜，他们两个因偷米出来粜不敢回家，白天就住在忠田，晚上就回爷元偷米。他们随时都会带刀。忠田赤卫军就利用他们，培养他们回去探听敌情，通过他们当时敌人什么事都知道。同时赤卫军又培养江大相、曾庆友去拉拢江冬女（男）作打爷元的助手。

1930 年七月一个晚上，没有月亮，忠田赤卫军事先与江冬女约好，开 30 多【个】赤卫军和 30 多个预备队共 60 多个人，30 多支枪，多数是梭镖、土炮，埋伏在爷元下河背后崇上。江冬女叫〔告〕诉赤卫军，看到我蹲下解大便，敌人就是吃早饭，就可进攻。到第二天早晨，就派江冬女出去活动，等到江冬女出门前往墈上，蹲到地上解大便时，赤卫军从前后门冲进去，敌人正在吃早饭，措手不及，结果捉到两个地主（江金清两父子），关在房子里，六满子、七满子逃跑了。这次缴到了敌人 3 支枪和很多土炮、梭镖。

接着，就召开了群众大会，宣传他们起来革命，组织了农会，选出了刘承波当主席。过了 20 多天，封建头子七满子、六满子又班〔搬〕三僚靖卫团打回来，我们给〔和〕他打了 2 天 2 夜，因力量不足，便把江金清二〔俩〕地主解回忠田。

7. 江口墈水战斗

1931 年正月三军团来时，墈水反动靖卫团队长江世盛逃到赖村。7 月间，因国民党罗作仁的军队又走江口、龙岗过了一次，他知道后就赶忙从赖村带 100 多靖卫团，80 多支枪，回到墈水来煽动农民反水，共有 200 多人。七月十五【日】我们派保卫队，队长洪永辉，100 多人，并每乡派 1 个赤卫连，共计 1000 多人去打墈水。保卫队和赤卫军包围敌人后用排枪扫，我们前进，敌人就逃上

山。靖卫团逃走了，留下反水的地主和农民，我们又继续打，冲锋
3 次，后来，我们就放火烧他【们】的房子，迫使他们自动投降。
结果，捉到 6 个地主，打死 2 个，缴到敌人大土炮 16 支〔门〕，大
小武器、梭镖 100 多件。

8. 三僚战斗

1931 年正月三军团【来】时，三僚靖卫团总廖平贵、曾昭涵
带靖卫团逃到赖村。七月间，因国民党罗作仁的军队去古龙岗区过
了一次，他们就乘机从赖村带回 300 多靖卫团，到三僚村来煽动地
方群众反水。在廖平贵的煽动下，发动了 2000 多反水群众。看到
三僚人反水，龙岗、江口、梅窖区就派赤卫军和保卫队近 3000 人
〈左右〉，100 多【支】枪，分三路包围敌人。一路从廖屋壁背，一
路从黄岭进攻，一路从赖村罗鉆〔铷〕岭进攻。真正上火线的只有
1000 人左右，打了 1 天 1 夜，因没有打开，就到赖村调三军团一个
团来，带了 1 架水机关来打。同时，放火烧屋子。有一个大房子，
几十间，里面有 100 多靖卫团和反动分子。后来，这 100 多人跑出
来，因为是晚上，结果我们一部分误以为是靖卫团从赖村来了，吓
得踩伤了很多人，发了一下□风，结果这班靖卫团就逃跑了。在这
栋大屋里只烧死 10 余人。当这间大屋快要烧完时，我们打一枪过
去，里面还跑出 1 个人来，我们就捉住了。这次一共活捉到 10 多
个人，缴到敌人枪支 3 条，大铜炮 1 根，土炮、梭镖几百支。最后，
反水农民因看到烧房子没有办法，迫不得已自动开门投降。从此之
后，我们红军就留下一部分武装，在三僚重新建立红色政权。

9. 最顽固的反动堡垒被攻开

1930 年四月（旧历），一军团第三军第四团打了均村、社富后，
连晚〔夜〕跑到兴国城。第二天，就开到龙岗头，在龙岗头休息了
1 个星期又开到桥头。当时，黄公略、罗炳辉的军队也在那里。黄
公略是第一军的团长。那时，国民党从赣州调来了一团人住在上
堡，常出来抢老百姓的粮食和鸡鸭。上堡土围靖卫团是中美狗子
（钟偕瑞）的。当时王智道和罗炳辉对我们说，我们一定要打开上

堡土围。

上堡土围周围是很深的池塘。土围上面是一块钢板，钢板下是一个烂土围。我们走到那里就散开来。烂土围中打了几枪出来，我们就进去操〔抄〕，结果没有发现一个人，只好回来报告参谋长说："里面没有什么东西。"以后，我们又继续前进，不知道烂土围前面一条圳，离土围有 2 里远。国民党一团人早出来了，准备打我们。等我们走近烂土围时，土围里又啪啦一枪过来，打中了罗炳辉一个勤务员的手和刘大炘一只脚。后来，我们又继续前进，打到下午就回来，缴到敌人 30 多条枪和很多手榴弹。当时，搞到的手榴弹还在上堡池塘里炸到很多鱼。这次没有打开土围，把军队又撤回到东固。部队在东固住了一个多星期，又开到崇贤，由崇贤到湖南柳杨[①]，后又回到江西。三次战争后，1931 年八月，又从卢陵来打上堡，包围了几个月，到 1932 年四月打开上堡土围。

我们一军团第三军三个师共 3000 多人，配合地方群众 2000 多人，四周包围，几个月围困敌人在土围里。敌人飞机天天送粮食等东西来，投又投不中，结果被我们捡到吃了。靖卫团在土围里不敢出来，大便也解在里面，溴〔臭〕得要死。我们隔 5 天尺远[②]挖一个壕沟，上面放门板，门板上堆砖，使敌人飞机炸不到。围了几个月后才挖地洞进去。到群众家里去收废铁和鍫，打碎和硝一起装在棺材里，用铁钻钻紧，准备把土围掀开来。引线做得很大很长，牵到洞口上。一边准备炸他，一边宣传他们自动开门。问他们肯不肯自动开门，肯就自动打开门来，不肯我们就放炮，放炮时你们的损失就更大；今天不开门，明天我们就放炮。

敌人也从外面挖地洞出来，我们四面防守。宣传敌人还不开门，我们又挖进去。挖到土围脚下时，就把棺材箭[③]进去（1 个棺

---

① 原文如此。
② 原文如此。
③ 在当地方言中，"箭"意为"挤"。

材几千斤），因宣传几次敌人仍不开门；后来，黄公略就说我们先放一炮，就放了一炮，结果震动地盘，地都开了裂。美狗就叫："你们不要打，过几天就会开门。"以后，我们就等他几天。后来，美狗写了一封信出来，说他【里】面〈来〉有很多人民，不要损伤他们的人；同时，告诉他们里面有多少枪，说3天后，我们派一连人去西门，他们就会开的。真的到了第三天，我们就派一连人去西门，为了防备他玩花招，事先我们埋伏了很多人在周围，架好了机关枪。这一连人到了西门，美狗子就带了几支短枪出来了，站在门口。叫他放下枪，举起手来，美狗子就自动放下枪举起手。然后我们大军就冲进去，在里面住了几天，要他们煮了几天饭给我们吃。几天后，因为里面全是地主，很多鸦片、花边（现洋），我们就出来研究，后来决定，放他们（敌人）出来，一个一个地检查，金、银、花边决不能让他们带走。男的由男的一个一个地检查，女的就派女的一个一个地检查。当时，敌人也很古怪，因当时是冬天，在烤火炉，他们就把金子、银子、银洋藏在缺头底下，结果检查的把火炉子打开来检查到了。有的妇女把金、银放进阴部小便里，检查的女的也用手去搂，结果发现检查出来。

把他们检查后，就解到桥头，我们到了桥头，派人招付〔呼〕他们吃饭、洗脚，问他们好不好？他们回答："好，晓得这样，我们早也该出来。"以后，我们就清查土围，把土围里的粮食、布匹分给苦困人民，鸦片、花边（银洋）就归政府。这次在土围里共2000多人，700多支枪，全部缴械。后来就通知各县地方来领回地主去，一般轻的还每人发给他10元钱回家。

10. 打赖村土围

1931年11月，独立团1000多人，和河东、河西的赤卫队模范营1200多人，配合三军团第八师1000多人，与胜利县警卫连100多人，共3000多人，包围赖村土围，四面挖工事。工事有三层，工事上面用箩装满泥，箩中间挖一洞，可以看到敌人土围。用棺材装满硝去掀，打一炮去轰掉土围一角。因为轰一炮工事又沉掉，又要重挖，所以以后就不打了。到兴国县城搬来一般大锉炮，宣传他"狗头出不出来？不出来，我们就打炮进来。"敌人不开门，我们就把炮装好。装了2天，装好后就召开各连连长会，布置兵力，搞好后就调一炮去，把土围打了一个很大的洞。又问他出不出来，不出来，我们再一炮来了啊，后来又炮一炮去，敌人吓得说："明天会开门，明天会出来。"当晚，团总宋景敬逃跑了，逃到一个土围里。第二天上【午】土围就打开了门，结果缴到70多支枪，捉到地主30多个。1932年5月间，打开赖村连子塘，地主后来被解到兴国。

11. 龙岗风车扭战役

1933年十一月，我们红军第八军团5000多人，从永丰→沙洒→禾上坝，1934年四月起到八月在禾上坝打了几个月。到九月初一就打风车扭。敌人三个师，即九十、九十三、九十七师，薛岳任总指挥，共一万多人，在风车扭打了三天三夜。敌人每天【派】十几架飞机来炸，我们挖防空洞、壕沟，飞机走了我们就同敌人打，边打边退。因为红军主力北上，我们第八军团也是边牵制敌人边北上抗日。当时，发动地方一些妇女、老人（青壮年全上前线了）组织担架队，实行坚壁清野，破坏敌人交通。

12. 塘背鸡公崠战役

1934年九月〈间〉中旬，我们主要是江西国家政治保卫局、保卫团组织的游击队，即宁都的游击队（当时是博生县），江西政治保卫局局长朱时仁，住在坎田（于都县），包括机关干部有七八百人。本想缴江口敌人的枪和子弹，政治保卫局的人留下来做后方工作，住在坎田。九月二十三日（旧历），敌人想来消灭他们。

敌人主要是谢美中、中绍武的军队，共四五百人。谢美中、中绍武是地方豪绅，苏区时逃到福建；1934年九月初，和国民党军队一道回来，住在江口。个个有枪，三四架水机关，子弹相当多。敌人从江口【到】何家边。何家边又分二路进攻，一路走塘背→山家坳，到高岭，准备包围鸡公崠；一路走罗家边崠上→鸡公崠。

我们参加打火的只有200多人，100多支枪，多数是梭镖，打了半天，四面敌人又来了，宁都敌人→甘方→坎田、青塘→黄陂→坎田，于都、瑞金、安富〔福〕的敌人从官田来，几百万敌人进攻苏区，结果展开了两小时的激战。因敌强我强〔弱〕，被敌人冲散，有的被杀，有的被俘。

四、红军和五次反"围剿"

1.红军编制和领导人

一军团总指挥朱德，政委毛主席，军长林彪。

三军团军长彭德怀，分四、五、六三师。

四军团是贺龙、叶挺领导的。

五军团是 1932 年国民党在宁都赵博生、孙连仲、董振堂三个师反水过来后编成的，由赵博生领导。

九军团是 1934 年在福建成立的，罗炳辉领导，士兵是由各军团抽调出来的。

十五纵队是桥头游击队组织的，肖一佐领导。

二十五纵队是由于都、兴国、赣县三县游击队组成的，陈达三领导。

二、四团是李韶九、段月泉（段起凤）从福建回来搞兄弟会，组织三点会，到处抢劫，后来搞到了枪，就到井冈山与朱德接头，组织胜华游击队。后来，毛主席派金万邦来领导，编为二、四团。

1934 年六月，在三南（定南、全南、龙南）组织新四军[①]，全部是各县的干部组织的，共几千人，由项英领导（杨尚奎同志也在那里），有 1000 多支枪，经常在三南打游击。

2.五次反围攻〔剿〕战

第一次反"围剿"：时间 1930 年 12 月—1931 年 1 月，地点：永丰龙岗。

我们在东固编成一、三、五军团后，去打湖南。国民党就派人

---

① 组织新四军的时间有误，照录原文。

来"剿"，我们就返回江西到黄陂肃反。敌人分三路进攻：①公秉藩从泰和到东固；②张辉瓒从藤田走沙洒到龙岗；③毛炳文从吉安到富田。

我们红军是一、三军团。三军团打正面，一军团打左右翼。一军团从永丰、东村直到龙岗包围敌人。真正接火的只有第一军团三军八师三团〈人〉1000多人，配合地方上300多游击队。游击队从东村、南北坑配合三军八师围住张辉瓒，天亮就打。我们猛冲，打到太阳下山时，就全部缴下了张辉瓒的枪。在龙岗万山活捉张师长。缴到1万多支枪。

第二次反"围剿"：时间1931年5月，地点：富田。

国民党是公秉藩、毛炳文2个师，共24000多人。我们是一、三军团配合卢〔庐〕陵、吉水的游击队，接火的只有一军团3000多人和游击队700多人。三军团是后从瑞金到良村来的。我们的主力军分三路进军，四面包围敌人。一军团第一军从沙洒牛古崇到富田来，第二军从龙岗过富田，第三军从东固上富田。

打富田时，我们正〔主〕力军打正面。发动群众，先用禾秆绳牵在周围山上，绳上插好香。先用几千〔个〕赤卫军把敌人引进了富田街上，然后，发动群众把四周绳上的香点着来，两边用几个人拉，使绳子一动一动，并同时放爆竹，结果敌【人】一看四【周】是火，吓得要死，不知怎么一会〔回〕事。正当紧张时，大军就打进来，四周群众又喊杀。

同时，正当敌人在富田吸鸦片时，我们红军事先就派了一个侦察连（十几个人）混进敌人中间，后来外面一叫杀，外面打进，内面又打出。经过1天1夜时间，在桥头岗活捉公秉藩，敌人二师人全部缴械。毛炳文因化装【成】士兵，没有识出来逃走了。

第三次反"围剿"：时间1931【年】6月间，在十万州高兴圩和莲塘大坳上。

敌人是蒋光赖〔鼐〕、蔡廷楷〔锴〕的军队，何应钦的总指挥。敌人分四路进攻：①东固一路；②兴国一路——蒋光赖〔鼐〕、蔡廷楷〔锴〕的军队；③古龙岗一路——罗作霖两个师。④宁都一路。

首先是在高兴圩打。敌人从泰和来围攻，我们第一军团从宁都下来，到高兴圩来打火。敌人一天几十架飞机来炸，扫机关枪。我们白天〈就〉躲在丛山中，晚上〈就〉同敌人打。后来，我们把敌人赶到泰和河背。

后来，敌人又围攻。分五路进攻：一路走良村，一路走风边，一路走龙岗头，一路走樟木山，一路走古龙岗。

我们先用古龙岗游击队60多个人打正面，打〔把〕敌人引进大坳三角峰，主力军先潜伏在天子地、芒荬坑高山上。我们主力军分四路：第一军团三军从天子地打右翼，二军从陈家寨打左翼，一军从莲塘打正面。三军还分了一部分从敌人屁股后包进来。共3万多人。加上连塘、良村、古龙岗游击队1000多人，在三角峰打了一天一晚。结果，在三角峰缴到敌人一师人的枪，三角峰缴枪后，四向的敌人就逃跑。还缴到三四百匹马。

我们捉到很多俘虏。我们对俘虏的政策是：

不搜俘虏腰包，愿当兵的就留下当红军，不愿当红军的就回家，并发给他10元钱作旅费，杀猪迎接俘虏兵。所以有的俘虏兵给我们送三四次枪来。

三次战争还组织了地方群众清野〔理〕战场，见死人就埋，见伤兵就抬，对白匪伤兵也给他医治，慰劳伤兵。

第四次反围攻战争：时间1932年7月。地点：东韶草鞋岗（东黄陂）。

宁都孙连仲军队反水过来后，编成五军团，就打广东南雄，匪首是陈济棠军阀。敌人三个师10万多人，戴铁帽子。在广东南雄乌金水口决战，我们缴到敌人三团人的枪，我们冲锋30里，主力军两天三夜没吃饭。第二天还冲锋，当时是一、五军团。三军团当时在赣州塘江。因为当时三军团被围，一军团从敌人后面打过去，使敌人转向我们一军团，三军团就乘势打过来；同时，独立第六师也来增援。当时，第五军团用马刀劈过去。

水口战役结束后，就回到于都。在于都开了誓师大会，然后到兴国。在兴国接了很多新兵，补充了各军团。在兴国又开了誓师大会，在兴国，官长说："运输大队给我们送枪来了，我们先到东黄陂草鞋岗去等他们，到那里见到摆子（拐子师长）就捉。"在兴国开完誓师大会后，一、三、五军团就分三路向东黄陂进发。

第一军团从城岗→龙岗头→良村→永丰建埠→东黄陂。（另一说三军团路线）

第三军团从兴国→江背→坝子上→古龙岗→寨岗→东黄陂。（另一说第一军团路线）

第五军团从于都→青塘→安富〔福〕→东黄陂。

一军团打正面，三军团打左翼，五军团打右翼。

敌人三个师，共80万人。这一战役结果，我们全部消灭了敌人三个师，活捉2个师长，1个叫陈世骥，1个叫李民；打死了1个师长叫卢递平〔鲁涤平〕。这次敌人是从宜黄来的，草鞋岗敌人失败后，其他各路人就逃走。

第四次战争结束后，蒋介石就在庐山召开会议，实行堡垒政策。

第五次反围攻战：时间1933年11月—1934年9月。

敌人是何应钦、蒋光赖〔鼐〕、蔡廷楷〔锴〕的【部队】，共一百多万人。

红军在旧历元〔正〕月间就已准备，在瑞金训练了一个野战军，后编为第七军团。口号是"野战军出动，向北发展，抗日先遣队"。

1933年11月间，我们的红军首先在福建边界打游击。结果，九军团与敌人在鸭前打开来了，九军团是罗炳辉领导的。后来，一、三、五、七、九军团都参加战斗。当时红军的游击路【线】是从福建→黎川→南丰→白石〔舍〕（打了一仗）→甘竹→鸭前决战→永丰→沙洒→禾上坝。在禾上坝，从1934年四月打到八月，从禾上坝又往古龙岗，第八军团在古龙岗风车扭打了一仗。到九月，红军就从于都→麻岭→湖南→北上抗日。

第五次战争敌人实行蚕食政策、堡垒政策，步步为营。

五、攻打赣州和吉安

1. 攻打赣州 2 次。1932 年六月打了一次，缴到广东军阀三团人的枪。

1932 年十二月，又打了一次赣州，我们一、三、五军团配合独立营独立团，围困敌人 1 个多月，敌人用飞机送东西投下来。我们打赣州是地洞进去，用棺材装硝去炸，炸了敌人 7 层沙包围墙。

2. 攻打吉安 2 次。1932 年（民国二十一年）冬，攻打一次吉安。我们是一、三、五军团，敌人围了铁丝网，铁丝网上通电，结果我们就买水牛来冲。水牛身上倒洋油去烧，一烧牛就往前冲；同时，农民换柴刀来砍，1 元钱 1 把柴刀，结果打开了吉安，缴到敌人 500 多支枪。

第二次攻打吉安是 1934 年旧历五月二十九日。红军 2000 多人，1 万多【支】枪，很多拿马刀。国民党有三个师在吉安，敌人天天很多飞机来炸。我们采取游击式地打，今晚从此山攻，明晚从彼山攻。头上、行李上都插满青杖，枪夹到腋下走。八军团在万寿△上打了 3 天就退了。后来五军团接上去打。

六、模范师、工人师、少共国际师的建立

1. 兴国县：1930 年三—五月扩大了 1 个工人师。

1932 年八月，开始扩大模范师，后来编入第六师，罗秉辉任师长。

1933 年春，1 个星期内扩大了 1 个少共国际师，师长谢中华。

当时的口号是"扩大百万铁的红军，打到南昌，会师武汉，援助东北义勇军"。

2. 胜利县：① 1932 年冬开始扩大 1 个模范师；1933 年春天，中央提出"扩大百万铁的红军"的口号，口号原文是"创造百万铁的红军，打到南昌、九江去，到武汉会师，再回家享幸福"。1933

年四月就出发，江口、梅窖、古龙岗三区共扩大 1100 多人，全胜
【利】县扩大 13000 多人。首先到打宁都，打南雄，打了南雄后就
编入第五军团。龙岗、江口、梅窖三区共扩大 300 多人，一个连。

②1933 年六月，工人师出动，龙岗、江口、梅窖三区共扩大
300 多人，一个连，连长洪德胜，由连长带到胜利县集合。全胜
【利】县扩大 1100 多人，后来编入第一军团，军长林彪。

③1933 年八月，少共国际师出动，龙岗、江口、梅窖三区共
扩大 700 多人，分三营、一团。团长廖民其，指导员严仙登。龙岗
营营长李良浩，梅窖营营长曾宪游，江口营营长邱干丰。少共国际
师全胜利县扩大 3000 多人。少共国际师是少年先锋队编的。年龄
规定在 16—25 岁。少共国际师全部是团员。少共国际师后来没有
改编，直接开往瑞金保卫中央政府。

扩大红军的主要做法：先召开区党、团员支部大会，后召开乡
党、团支部大会，再召开党、团小组会，层层动员报告，分配任
务。党、团员是带头，包干。发动党团员、干部带头，互相串联。
发动妇女宣传，给红军做鞋。当时宣传工作很好，如果有谁不自动
报名参军，妇女就紧跟着他，一边同他做工，一边宣传他。同时党
员斗钱买东西送给去参加红军的人。

群众参军热情很高。每次扩军任务来了，先开支部大会宣布
任务后，党、团员就自动带头报名，保证任务。有的党员一个保
证 20—30 个。由于党、团员带头，干部带头，群众也就踊跃报名
参军。在后方的，对红军家属优待工作做得很好。给红军家属做工
夫，自己带饭去。先做好红军家属的工夫，才做自己的工夫。参军
的组织妇女欢送。当时【有】许多妇女送郎、送子参军的例子。

龙岗乡人民支援了二、三、四、五次反"围剿"战争，主要
工作是，给红军送粮，组织担架队、运输队、打火队、破坏队（破
坏敌人交通要道）、慰劳队，做布鞋，送鸡蛋、生猪、豆类、花生、
米果等去慰劳红军；组织妇女洗衣队，替红军洗衣服，补衣服。

3.实行坚壁清野：1931 年 7 月以后，即三次战争以后，开始实

行坚壁清野，破坏敌人交通，把粮食、砻子、风车、锅头全部藏起来。当时有首歌谣："苏区群众力量高，坚壁清野要做好。风车砻碓紧藏起，粮食蔬菜找不到，饿得白狗汪汪叫。"

4. 暴动队：暴动队是1926年①从井冈山下来8支枪到东固组织起来的，以后在均村打了一仗，缴到敌人70多支枪，势力开始大起来了。后来又打高兴，在高兴又缴到100多支枪，后来又打兴国，这时已发展到200多【支】枪。暴动队是朱总司令亲自领导的。

七、红色医院

1. 龙岗寨上医院

寨上医院上〔是〕1933年五月从瑞金搬来的伤兵医院，叫第五分医院，院长姓梁。共分五个所，一个所有一个所长，一个文书，一个管理员。所分三排，一排管三班，一班有十多个看护人员。一所有五六个医官。

伤重的进第一所，稍轻的进第二所，伤更轻些的进第三所，〈比较〉最轻的进第五所，第五所伤兵几乎可以走路。伤兵多半是从宜黄、乐安、广昌方面来的。

看护人员主要是给伤兵换药、送饭、扛屎扛尿。以后伤兵多了，各村派代表组织洗衣队，去照顾伤兵。

毛主席很看重伤兵，伤兵说要什么吃，就要去买来，不管下雪打霜，白天或晚上都要去找。乡下买不到，要到县里去买。院长天天问伤兵吃什么菜，问吃了牛肉吗，吃了猪肉和油豆腐吗。各所长天天开会，所长天天去问伤员哪里痛，哪里不好过，吃什么药。问完再去检查药方，看看药方对不对头。如果搞死了一个伤员就要枪决，一次在马安石打死了几个医官，因为药方不对头，结果说他们是反革命。

医院的工作人员对群众很好，对群众很和气。群众除了不准

---

① 时间疑有误，照录原文。

拿辣椒进去卖以外，油果可以到医院去卖。群众经常替伤兵扛屎扛尿。有时，伤兵看到有人走门口过，就喊："同志，同志，请你过来拿把壶子来帮我装一下屎，装一下屎。"叫到哪个，就去帮伤兵搞。

寨上医院到 1933 年十月间，十一月就迁到黄塘。原因是（因为有些重伤伤兵精神失常乱说）伤兵对院长说，他们晚上在祠堂里看到很多穿红色衣服的像鸡婆一样的鬼；并且当时隔几天又死人，结果就迁移了。

2. 黄塘医院

1932 年正月从东黄陂迁来的，叫第五分医院，院长叫余院长。院里有政治委员、事务员、管理员、所长等干部。

本院共分四所（一、二、三、四），伤最严重的住第一所，轻些的住第二、三所，最轻的住第四所。

医院有一个特务排，60 多人，专门保护医院。

医院看护男女都有，全部是青年人。看护主要工作是，照顾伤兵，替伤兵换药、扛屎扛尿。医院制度很严，有一个事务员因贪污 300 多元钱公款就【被】枪决了（在黄塘）。

群众与医院的关系搞得很好，老百姓经常去慰劳伤兵，送花生、果子给伤兵吃。青年妇女唱歌安慰伤员安心休养。医院的同志对群众也很好，无论对大大小小都很和气，帮助百姓带孩子。

群众进医院看病，要有区政府的介绍信，没有介绍信就不会看。

1934 年 8 月，迁到茶岭、枇杷窿，因国民党匪军来了，所以走的时候很紧张，发动很多群众帮助抬伤兵。

3. 樟木山残废医院：1931 年，由中央在樟木山办了一所残废医院，共分三所，第一所在樟木山，第二所在樟木墙背禾（东村乡），第三所在桥头水背（于都县）。

4. 地方群众医院：1931 年解放后，各区都成立了一个贫农医院，由各地方办的，专给群众看病，看病要缴药费，一个医院有 10 多个人。

八、反动组织

1. 靖卫团

1926—1927 年，在三都（江口）七保（龙岗）地方，地主普遍组织了靖卫团，专门保护地主财产，与红军对立，企图扑灭革命火焰，镇压革命暴动，勒索群众。

①古龙岗靖卫团，30 多个人，30 多支枪。团总廖俪泮、中文某，大队长廖声义（后被三军团捉到打掉了）。

②江口靖卫团，30 支枪，50 多个人，团总吴德波、温济清、谢邦庆，并成立了"保卫局"。当周围赤化之后，他们就恐吓群众，反宣传，"红军来了，见人就杀，见屋就烧，妇女抢走后有〔又〕给自己睡觉，孩子抓走，捉大家去挑担子……"红军走了以后，在江口又成立"善后局"，局长李良林、谢美中。

③三僚靖卫团，团总廖平贵、曾昭涵，共有 20 多个人，20 多支枪。

④蜈洒靖【卫】团，共 30 多个人，20 多支枪，团总李辉庭。

2. 其他反动组织

①义勇队，主要任务是捉拿革命同志，抢革命同志的家产。

②铲共团，主要任务是铲洗共产党，到处勒索人民群众的钱财。

③守护队，主要任务是守护反动炮楼，保护其反动地方政府，收苛捐杂税，抓壮丁。

④白动队，主要任务是领导国民党地方政府。

⑤便衣队，主要任务是侦探共产党和红军的情况。

⑥清乡会，主要任务是清查共产党人。

（整理人：杨春莲、肖国雄）

古龙岗乡党史材料（座谈会材料）

一、党组织机构的成立、发展及其活动情况

1. 龙岗乡原来属于胜利县（苏区时）。成立胜利县的原因：当时我们接连打开古龙岗、于都、宁都、石山、瑞金、青州、章州、连山等地，由于这种不断的胜利，故在1931年7月间在平安区建立了胜利县。1933年7月，县委迁移到银坑区。县委书记，正书记金维英〔映〕（女），副书记朱伟才，后来金维英被调往中央蓝衫团，有〔由〕刘列澄任书记。县委内设有：组织部、宣传部、青年部、妇女部、国家政治保卫局（搞肃反）。各个部内又分科。胜利县起初建立时有14个区，到1933年把江口区划到博生县，就只有13个区。1934年冬红军北上以后，便没有胜利县了。

2. 忠田、江口、梅窖、龙岗等地党的发展和组织情况。

①忠田：1928年春，周伟昭叫中^①伦坊、中文樑^②到桥头燋坑开会去，（周伟昭先入党）到会者还有中盛楼、中盛祥、朱学久。会议有〔由〕朱学久、中盛楼等两同志主持。开会内容：叫我们转回来组织农民协会。1928年冬天，我们在岭泊经新圩开入党宣誓大会。这次会召开之前，有于北办事处派林志文来领导工作。入党宣誓内容："遵守纪律，严守秘密，服从命令，牺牲个人，永不反党，如要违背，定遭天歼（谴）。"会场挂着一面镰刀斧头的红旗，一面

---

① 姓名中的"中"疑为"钟"。
② "中文樑"与"中文梁"疑为同一人。

C.P. 红旗。开了会回来就暴动，发展组织，发展了有上拾〔十〕个人，如中俪峰、中伦坚、中永芹、中文樑、中永呦、中文渊、中俪伦、中文樑 ^①……然后成立了党小组，组长中伦坊。过了不久，又在忠田密下坝召开会议，到会 3—4 个人，讨论打土豪问题。最后，决定打忠田留坑的土豪——中伦伯。这样就暴动起来了。又发展党员中文浦、中永才、中永院。11 月 19 日，杀靖卫团总中伦偕。大张旗鼓地组织农民协会，农协会的主席是张景堂（实名是中伦坊）。11 月 23 日，配合于都中盛楼的第 15 纵队打岗头上土地窟。1929年正月，成立少先队。在枫树坑进行宣传，靖卫团来打，结果我们打死了他 1 个人。13 日，全体暴动打三都七保靖卫团。正月 21 日，25 纵队打三都七保，在桌壁崇包围靖卫团几百人，打死 10 多个人，活捉 3 个。接着建立赤卫队。2 月初，成立兴国第九区办事处。九区给我们发了 5 支枪，我们自己原来有 1 支土枪（中永呦自造的），共有 6 支枪，后来又发 5 支枪，共 11 支，17 个人。1929 年 4 月，成立党支部，支部书记赖秉权。支部下设 2 个分支，中〔忠〕田分支，中伦坊为书记；小木乡分支，许腾芳任书记。

②东乡办事处的建立：1931 年春（正月），三军团解放江口、梅窖、古龙岗。解放开始成立东乡办事处（临时机构），书记罗金岳（莲塘过水度），罗金岳是三军团留下来的。经过罗金岳的活动，〈到〉各地【纷纷】发展党组织。1931 年 4 月，成立江口、梅窖、古龙岗区（三区），东乡办事处被撤销。4 月间成立胜利县〈后〉，7 月间，江口、梅窖、古龙岗三区划入胜利县管。1933 年冬天，江口区又划归葆生县 ^②。

③江口：1931 年元月，成立江口党支部。首先是罗金岳同志来发展揭大林、中永林、邹生肇、谢大仁等。后来，胜利县派张家亨、中道翠二同志来领导工作，成立区，区委书记张家亨，主席揭

---

① 名字重复，照录原文。

② 疑应为"博生县"。

大林。

④梅窖：1931年正月成立党支部。7月，成立区委会，党委书记陈宗连，区主席廖平信。最初只有4个支部（乐川①、点三、三僚、梅窖），后来扩大为10个支部（乐川、点三、三僚、梅窖、寨老〔上〕、新弯、黄圳〔坳〕、黄岭、万石、中邦），全区共有130多【个】党员。

⑤古龙岗：1931年正月建立党支部。7月，成立区委会。区委书记罗金岳，区主席邱恒茂。少共书记周盛中（良村人）。首先是罗金岳来发展；邹声雨、廖雅松、邹恒茂、周发兴、张金兰、邱无其、洪永辉等。

古龙岗区共分8个支部（龙岗、大仓、黄塘、江湖、营前、添沅〔源〕、蜈洒、中邦），共255个党员。

⑥历年党的中心任务。

1931年2月开始，党主要是领导群众打土豪、分田地，抗租抗债，组织农民协会（贫雇工农、对革命积极者参加）、贫农团（贫农参加）、雇农工会。贫农团和雇农工会受农民协会领导。组织赤卫军、少年先锋队、妇女会，秘密发展党。

1932年，开始公开发展党、团员（打起旗帜来报名，然后经过审查），划阶级，分田地，"抽肥补瘦，抽多补少"，扩大模范营、模范师、少共国际师、工人师。同时，推行公债，开展借谷运动，办学校和合作社，组织互济会（支援农民），反对〔帝〕大同盟，组织耕田队、担架队、洗衣队、慰劳队，慰劳红军，优待红军家属，送地主出境。但中心工作是扩军和发展生产。

1933年，党的中心工作是扩大百万铁的红军。当时的口号是"创造百万铁的红军，打到南昌、九江去，到武汉会师，再回家享幸福"。同年开展查田查阶级运动（复查）。

1934年党的中心任务，扩大红军，扩大三个师，叫全体出发，

① "乐川"，疑应为"乐团"，下同。

口号是"创造野战军，出动北上抗日"。当时干部带头，16—45 岁的全体出发。

党的活动到 1935 年就停止。

3. 毛主席、朱德总司令、陈毅等同志来过兴国几次？何时来的？每次对我们工作作了何指示？

① 1928 年 4 月，毛主席、朱德同志带第八师从桥头来过一次，朱德在龙岗邹家祠住，在沙罗堂屋背树木中开过农民协会会议，后来又在沙罗堂开群众大会。毛主席、朱德没有出席会，只派了李国珍、郭登梅（广东人）到会讲话。大会主要内容：号召穷人团结起来，反对有的（资产阶级），分田抗债，婚姻自由，并嘱咐大家，"靠得住的人要宣传动员他，靠不住的就不要乱讲，讲了自己吃亏"。

从龙岗往黄塘，部队七八百人，分 3 个地方住：张家祠、方屋牌、朱屋祠。毛主席住在大仓固口。朱总司令住在朱屋祠。在黄塘住了 3 天，开了 3 次会。一次在黄塘土围上，二次在老石下罗会善家。会议内容，主要是宣传群众不要做资产阶级的走狗，穷人不要怕，我们的队伍很好，无吃的有吃，没有穿的有穿，号召大家去挑地主的谷吃。红军见到小孩子就问："小鬼！小鬼怕不怕？"回答："不怕。""你们就好，我们是来救你们的，你们吃得饱吗？"回答："没有什么饱。""吃不饱就跟我们来去担谷吃。"这次挑了一天谷，挑了江下大地主邹继增七八十担谷。

红军在黄塘还捉到 2 个靖卫团丁，宣传他不要为资产阶级服务。

毛主席、朱总司令由黄塘到梅窖，走青塘，往宁都、安福、黄陂到小埠中村，隐藏在中村。后来，国民党就派张辉瓒来"剿匪"，从龙岗来围攻，这是第一次战争，结果活捉到张辉瓒师长，杀了他的头。共打了 3 天，张辉瓒军队全部缴械。第一次战争结束后，毛泽东、朱总司令又退回富田、东固。

② 1931 年正月，彭德怀带第三军团从宁都到黄陂去，经过龙岗，骑了 9 匹马，在蜈公山打了 3 天，大前坜打了 1 天，住了半个

月左右，又退回于〔宁〕都去了。

③1932 年 7 月，四次"围剿"时，朱德总司令又带三军团打了广东南雄后，到于都开誓师大会。再走〔到〕兴国，在兴国又开了誓师大会。然后，由江背洞走坝子上，到古龙岗去东黄陂。在龙岗邹家祠住了一夜，没有开什么会。

④五次反"围剿"时，1934 年 8 月，朱总司令从福建下来，走瑞金、宁都，到龙岗，准备去缴永丰、龙岗敌人的枪，结果没有去。在古龙岗住了夜①，后又返回到宁都去了。

4.1929 年春，兴国县召开了一次党代表大会，到会人数共 100 多人，开了六七天，地点在兴国李家祠。

会议内容：主要讨论发展党组织的问题和讨论如何攻打三都七保（江口、龙岗）的问题。

二、武装斗争

1. 中〔忠〕田 1928 年就开始了武装斗争。1928 年 12 月，中〔忠〕田农民协会配合桥头十五纵队攻打江背上土地窟的靖卫团，肖一佐为指导员，朱学久、中盛楼领导的。1928 年冬建立少先队。

中〔忠〕田 1929 年 2 月开始建立武装——赤卫队，初来只有 10 个人，6 支枪。天天操练，脱产，队长黄善龙。结合小木乡农民共 30 多个人，到打元头、点下、爷沉。

组织武装的原因，是因为龙岗、三僚靖卫团来打中田，烧了中田的祠堂，结果中田就与兴国第九区联系。当时九区发给我们 5 支枪，连原来的 1 支（中永呦自造的）土马枪，共 6 支枪。后来发区又发给我们 5 支枪，共 11 支枪，17 个人。

1929 年 4 月起，赤卫队转为赤卫军，赤卫军脱产，一大队，分三中队，共 120 多个人，90 多支枪。大队长曾盛龙。后改为赤卫连，一连三排，90 多个人，连长中伦坊。

———————————

① "夜"前疑有漏字，照录原文。

龙岗、江口、梅窖地方，1931 年正月开始建立赤卫队，属区军事部领导，区军事部长为团长。龙岗区共 960 多个人，24 个排，共 30 多支枪。

江口区赤卫队共七八百人，10 多支枪。

梅窖区赤卫队 700 多人，20 多支枪。

1932 年三、四月间，各地方赤卫队、赤卫军改编为模范营，龙岗、江口、梅窖区一个营，共 1180 多人。

赤卫军组织办法：先由组织领导上调查成分，然后大力宣传，指定姓名叫来开会。开会就骗〔编〕班骗〔编〕排。凡是 26—45 岁的青年，家庭是工人、贫雇农或下中农，经过军事部审查合格者就参加赤卫军。当时的口号是"武装保护苏维埃"。

枪多半是缴公堂、地主的，也有一部分是由上面发下来的。

1932 年 4 月间，少先队又改骗〔编〕为少共国际师（无枪），组织工人师（县里的）。

以后，赤卫队又调出一部分来编成预备队，预备队改模范营和少共国际师，开上前线后又改为补充师。

1934 年 9 月初，红军北上时，机关干部和部分跟上来的群众组织了游击队。龙岗区 30 多个人，16 支枪，队长邹善生。到 9 月底，又在桥头组织樟木、龙岗、平安三区游击队，300 多人，队长王春生。梅窖区 15 个人，10 多支枪，队长赖雷荣。章木区，30 多个人，21 支枪，队长谢先庭。江口区游击队 20 多人，6 支枪，队长 ×××。

11 月，在于都桥头成立了游击司令部，一区有一个司令部。县有总司令部，胜利县总司令部，司令员是县长谢先霁〔策〕兼。

龙岗区，司令员邱念其[①]，指导员黄有仁，政治委员郑家昌，大队长王春生，特派员雷仁增，还有参谋 1 个。

2.二团是永丰沙洒段月泉（段起凤）领导的，四团是桥头李绍

---

① "邱念其"与"邱念棋"疑为同一人。

久〔韶九〕领导的。

二、四团是段月泉从福建回来到莲塘组织兄弟会，到处抢劫，后来搞了枪就到井岗〔冈〕井〔山〕与朱总司令接头，以后就成立二、四团（1927）。成立二、四团时，毛主席还派了党员金万邦来领导。

一军团军长林彪，三军团军长彭德怀，五军团军长董震〔振〕堂。五军团是1932年国民党在宁都的孙连仲暴动起义过来以后编的。

暴动队是井岗〔冈〕山8支枪下到东固，在东固组织暴动，以后在均村缴到敌人70多支枪，势力就大起来了。后来打高兴，又缴到敌人100多支枪。到后来打兴国时已经发展到一两百【支】枪。1926年起于东固，朱总亲自领导的。

3. 三点会的口号是"劫富济贫"，实际是土匪，到处抢劫，专劫富不救贫，为个人打算，抢到的东西自己得，别人想不到。三点会参加的多半是贫苦人，但也有些有钱的人参加。他们参加了三点会组织就可以受到保护，不会被抢劫，对大地主就规定不能参加。

4. 中〔忠〕田1929年就组织了赤卫队、少先队，龙岗、江口、梅窖等地1931年才有。条件是：16—25岁贫雇工农出身的参加少年先锋队，26—45岁贫、雇工农出身的参加赤卫队。

少年先锋队，主要是禁烟、禁赌、破除迷信、站岗放哨。

赤卫队主要是镇压土豪劣绅，保卫斗争果实。

5. 1932年6月打了一次赣州，缴到敌人陈济棠三团人的枪。

6. 1933年春，中央提出"扩大百万铁的红军"的口号。当时，我们的口号是"创造百万铁的红军，打到南昌、九江去，到武汉会师，再回家享幸福"。胜利县共扩大了一师人，共3000多人。

7. 模范师1932年冬开始，1933年4月间开动。少共国际师6月间建立的。工人师1933年冬开始，到1934年才出动。

少共国际师全部是团员，主要是保卫中央政府，在瑞金，很少开动。

少共国际师全胜利县共扩了3000多人，后来开往瑞金→宁都。

1932年开始组织模范营。1933年春，提出扩大百万铁的红军，4月就出发。江口、龙岗、梅窖三区共扩了1100多人，全县共扩大了一万二三千人。以后开往宁都→打南雄。

工人师全胜利县有1100多人，后来开往福建。

扩大红军的具体做法：先开区党、团总支大会报名，后开乡党、团支部大会报名，再开小组会报名。党团员、干部带头，党员包干，党员和干部到群众中宣传，互相审〔串〕联，发动妇女去宣传动员。当时宣传很紧，谁应当去参军而不愿去，宣传员就紧跟他。他去做工也跟他一道去做工，一边宣传他。党员斗钱买东西送给他，发动妇女给他做鞋。

先报了名的就先编好班，编好排。

8. 群众对参军参战热情很高，党、团员带头保证任务，有的一个人保证20—30个。每次任务来了，先开支部会，宣布数字后，党员就自动带头报名，然后开代表大会。代表看到党员和干部带头报名，也自动踊跃报名。开了代表大会，再开群众大会。群众看到党员、团员、干部、代表都报了名，也就踊跃报名参加红军。

同时，优待工作做得好，给军烈属做工夫自己带饭去，先做好红军家属的工夫，后才做自己的工夫；参军的又组织妇女欢送。

当时许多妇女宣传自己的丈夫和儿子参军。

1929年春，宁都靖卫团配合江伯川地主武装共1000多枪，还有河东、河西的靖卫团都来了，并拿梭镖的群众共1万多人。靖卫团总是吴德波，准备围攻三中〔忠〕（中〔忠〕田、中〔忠〕州、中〔忠〕米坑）。在元头，我们的赤卫军只有57支枪，2个号兵，1个教练官，共60多个人，分2个中队。敌人看到就包围，当时留下在乡里的（并有病的）只有4个人、3支枪、3粒子弹。后来因有人到乡里去报讯〔信〕，结果他们4个人就带24个预备队在中岗地用石头打，3粒子弹不敢打掉，结果4个人用石子冲开了1万多人，并追了5里路远。这次叫做"三粒子弹打胜仗"。

1930年正月在中〔忠〕尾坑，宁都靖卫团团总王文成和三僚廖平贵、曾昭涵，三都吴德波，河西廖有泮的靖卫团共 1000 多人，700 多【支】枪，强迫三僚、河西群众来打忠梅坑①，把忠梅坑包围，放火烧房子。中〔忠〕田只有 20 多个赤卫军，只有几支鸟铳，三僚、河西群众一来就散走了。赤卫军叫老百姓关门，不要出去，烧死也不要说话，会烧死也不要投降。赤卫军这栋屋有火就跑那栋屋，用湿棉被堆在身上，站到屋顶上打敌人，结果打死敌人 19 人，取得了胜利。

9. 莲塘官田（现属东村乡）兵工厂。1932 年 3 月建立，首先是中央派了 1 个造枪的来办起来的。这个人来，介绍信放到草鞋里带来的。这个工厂共 100 人左右。造枪（牛皮枪）和子弹，兼修理枪，叫第二兵工厂（第一兵工厂在瑞金），1934 年 4 月搬到瑞金江面去了。

寨上兵工厂，共 200 多人，1933 年建立起来。中央委托一个姓黄的来领导，会造枪兼修理，叫"第三修械厂"，1934 年 4 月搬到瑞金。

银坑一个兵工厂，造蒔梅（一束②黄蒔）炸弹。

10. 第一次战争，1930 年冬在永丰龙岗，我们是四、六军（三军团）共 2000 多人，活捉了张辉瓒师长，缴到 1 万多支枪。

第二次战争，1931 年 2 月打富田（那时江西省政府在那里，曾山任主席），国民党公秉藩的军队来"围剿"，当敌人来之前，我们事先就埋伏在四周，发动群众擦〔搓〕好禾杆〔秆〕绳，先用几个赤卫军把敌人引进来，进到富田街上时，绳上点香火，把四周山上都围起来，两边搞几个人拉，一动一动的，同时放爆竹。敌人四面一看到处是火，四处响，莫名其妙，吓得要死。乘此，四周群众就喊杀喊打，红军打真枪。就这样，结果活捉到了师长公

① 在当地方言中，"米""尾""梅"三字音似，推测"忠米坑""忠尾坑""忠梅坑"为同一地名。
② 疑"束"应为"说"。

秉藩。

第三次战争，1931 年 6 月在莲塘大坳上三角峰（十万州）打火。我们一、三军团共 10 万人。当时我们全部被包围了，上面对我们说："共产党成立在今天，消灭也在今天，怎么办？"大家就说："打。"初来派了 2 连人去，只留下 3 人回来；后再派 2 连人去。敌人 60 多万人，分五路来围攻：一路走良村，一路走凤边，一路走龙岗头，一路走樟木山，一路走古龙岗。

这次战争我们缴到敌人六七千支枪，几百匹马，富田敌人一失败，四周的敌人就逃跑。

第四次战争，1932 年 7 月在宜黄东黄坡〔陂〕草鞋岗。我们是一、三、五军团。在兴国开誓师大会时，长官说："运输队给我们送枪来了，我们先到草鞋岗去等他，到那里见到摆子（拐子师长）就捉。"

一军团打正面，三军团打左翼，五军团打右翼，进军路线如下：

一军团从城岚〔岗〕→良村→建布〔埠〕→东黄坡〔陂〕。

三军团从古龙岗→寨岗→东黄坡。

五军团从于都→青塘→安福→东黄坡〔陂〕。

敌人三个师，共 80 万人。这次我们打败了敌人三个师。

第五次反"围剿"，从 1933 年 10 月—1934 年 9 月，在禾上坝、兴国高兴、老营盘、鸭〔驿〕前（广昌），敌人 100 多万，我们 70 万人。

11. 二次战争彭德怀路过兴国，在龙岗开了群众大会，要大家准备担架、运输。

五次战争时，朱总司令到兴国，在禾上坝开了军人大会，整理〔顿〕队伍。

12. 支援了三、四、五次反"围剿"战争，主要是给红军送粮，组织担架队、打火队、运输队、破坏队（破坏敌人交通）。慰劳队给红军做布草鞋，给红军送鸡蛋、生猪、豆类、花生、米果等，慰劳伤员和前方战士。组织妇女洗衣队，给红军洗衣服。

三次战争后（1931 年 7 月）提出了坚壁清野。当时挖掉路，破坏敌人的交通，把粮食、砻子、风车、锅头等都藏起来。当时有首歌谣："苏区群众力量高，紧〔坚〕墙〔壁〕清野要做好。风车砻碓紧藏起，粮食蔬菜找不到，饿得白狗汪汪叫。"

13.1934 年红军北上时，胜利县各区机关干部都组织了游击队，全县有 1000 多人，700 多支枪，由中央李学民和胜利县县长谢先霁〔策〕领导，主要任务是牵制敌人，让红军胜利北上。

14. 敌人的组织有靖卫团、义勇队、铲共团、守护队、白动队、便衣队。

靖卫团是各村地主组织起的反动集团，主要是保护地主的财产，对付红军和赤色区，镇压农民起义。

义勇队主要是打革命干部的家产，捉拿革命同志。

铲共团专门是消灭共产党，到处勒索人民的钱。

守护队主要是守护炮楼，保护其反动政府，收苛捐杂税，抓壮丁。

白动队是领导国民党地方政府的机关。

便衣队是专门侦探我们红军的情况。

其次，国民党还有清乡会（清查共产党人），实行保甲制度。

15. 两次解放兴国。1928 年，第一次，毛泽东和朱总司令的军队来解放兴国，在江口与靖卫团还开了火。

1931 年，第二次，彭德怀带三军团来解放兴国，在龙岗山上打了火。

三、政权建设及群团组织发展情况

1. 兴国县革命委员会 1928 年开始建立的，县革命委员下设部、区、乡。县、区内设有：教育部、裁判部、军事部、工农检查部、内务部、土地部、财政部、国民经济部、粮食部、劳动部、文化部、妇女部。区还有特派员。

2.1931 年冬，成立胜利县苏维埃政府，在平安寨（平安区）。1933 年 7 月，迁到银坑（现属于都管）。开始共 14 区，即：江口、赖村、银坑、三贯、肖下贯、马鞍石、樟木、茶头、桥头、河田、曲洋、平安、梅窖、古龙岗。后来（1932 年），江口划归博生县管，只有 13 区。

历任县主席是：①中〔钟〕铁清；②潘叶迪；③赖文泰；④谢先霖〔策〕。

县政府下设区、乡、村，县政府内设部（与县革委会同），部又分科。

主要任务：①打土豪，分田地；②组织革命武装，扩大红军；③发展生产；④抗租抗债；⑤肃反。

〈另附：〉古龙岗共 8 乡：蜈洒、中邦、大岙〔仚〕、黄塘、寨埛、营前、古市、添沅〔源〕。

江口区共 7 乡：段水①、南村、何家、桐林〔村〕、塘背、陈也、杉村。

梅窖区共 9 乡：寨老〔上〕、新弯、三僚、黄埛〔坳〕、黄岭、点三、万石、梅窖、乐团。

中〔忠〕田乡属樟木区（樟木区现属东村区）。

3.胜利县开过四次代表大会。

① 1931 年冬，在平安寨（平安区）召开，选举县政府，代表是由下面一级一级选上来的，先提名，后投票选举。

② 1932 年 4 月，在银坑，中〔钟〕铁清贪污，改选，选潘叶迪。

③ 1932 年 6 月，在银坑，潘叶迪调监委，改选，选赖文泰。

④ 1932 年冬，在银坑，因赖文泰上调中央工作，改选，选谢先霖〔策〕。

4.区有【雇农】工会、赤色互济会、反帝大同盟。

雇农工会：1931 年 2 月【成立】，主席黄有仁，主要是介绍出

---

① 原文如此。

去工作，当时没有介绍信工人无事做。

赤色互济会：1931年2月起的，主席廖圣林，会员每月缴2枚铜板会费，主要慰劳红军，救济灾民，互相救济。

反对〔帝〕大同盟：刘祖清领导，1931年2月成立，目的是反对帝国主义。

5. 妇女工作，主要是给红军做鞋，慰劳红军，宣传动员丈夫、儿子和青年人参军，宣传新婚姻法，剪发，放脚，欢送红军。当时妇女工作作〔很〕好，很出色，互相竞赛，谁也不甘落后。送子、送夫参军的例子很多，例如，古龙岗魏友清就动员老公上前线。

6. 儿童工作，主要是捉赌，禁鸦片烟，破除迷信，检查放哨。儿童团规定7—15岁的贫雇农子女参加，一个区有一个团，一乡有一队，一队有100多人。当时儿童禁掉了赌和吸鸦片。

儿童工作很认真。一次，胜利县一个人来检查岗哨，试儿童，骑匹马来，有路条故意不拿出来，这个儿童就不准他过，首长说："我是工作人员，骑马的还要路条吗？"儿童回答："什么人都要路条，没有路条就不能过。"后来，这个首长还奖了他2角钱。

7. （见第2条）。

四、土地斗争、查田查阶级情况

1. 分田共进行过三次（1931年1月—1933年9月止）

第一次，从1931年1—3月止。进行的方法，首先，组织分田委员会，清查所有的田地，把田分为上、中、下三等，插上牌子；然后，按人口平均分配（见人分田），以村为单位，每人有6—8担谷田。当时的口号：以"抽多补少，抽肥补瘦"为原则。

第三次，从1933年7—9月止。1933年5、6月间，中央召开查田运动大会（在瑞金饶〔叶〕平〔坪〕）。参加大会有各区的主席、土地部长、检查部长、特派员，主要讨论查田查阶级和纠正偏差。回来后，各区、乡成立查田查阶级委员会，进行复查，纠正偏差。①

当时划阶级：不管田地多少，只要是自己不劳动，专靠收租吃饭的，均为地主。通年请长工，有很多田，自己配合劳动均为富农。

2. 送地主出境。1931 年 10 月间，送地主和反水富农的家属出境（到白区）。送出去不久，他们不肯在外面，又回来了；另【一】方面，我们也怕他【们】到白区暴露我们的革命情况，于是在 1932 年正月就纠正，再没有送了。

3. 提出打土豪、地主。1931 年开始打地主、富农和土豪劣绅，进行的方法，首先进行宣传，叫他们拿出钱来做我们的办公费用，并摸清他的底，如果不交钱，我们就给他上肉刑（打地雷公，坐飞机，踏杠子，用香火烧）；叫贫农积极分子给他算账，榨出了钱就放他回去，顽固就关起来或杀头。土豪——有钱有势的人；劣绅——能说会写的、不劳动、专勒索别人的人。

五、生产、经济建设情况

1. 1931 年以前，人民的生产情绪是不够高的。1931—1934 年，红军来了，分了田，不交租，征税轻，群众的革命和生产情绪很高；尤其是对优待红军家属的工作做得更好，组织耕田队、耕田小组、耕田班，替红军家属耕田。耕田队受土地部领导，男女都可参加，各队、组、班要分别包干红军家属的工作，帮红军家属做工夫要自己带饭菜吃，不能吃家属的一粒米；并且要自己带工具去作；每项工作都是先把军属的做好以后，再做自己个（个人的）；还帮助家属挑柴、菜，洗、补衣服。领导干部要经常检查给家属所做的工夫，如果做得不好，就要受批评。到过年过节时，干部带头捐慰劳品慰劳家属（肉、花生、豆子……）。干部作出榜样，然后动员别人。当时扩军扩得多，也是由于优待工作作〔做〕得好。

---

① 材料中未见第二次分田的情况。

2.1932 年，建立消费合作社（群众自办）来防制〔止〕大商人投机。另外，还有文化合作社（支援儿童读书）、铁业合作社、熬盐合作社（当时被国民党封锁，群众没有盐吃，就熬土盐吃）。

互济会是 1932 年正月组织的。区里的互济会有〔由〕县领导，乡里也是先选好主任，然后到各村宣传，动员贫农参加。一村成立 1 个小组（10 多个人），互济会的会员每月交会费（几个铜板），会费统一交给县里，然后有〔由〕县里统一掌握。根据各地区的灾情发下来，救济贫民、灾民及买慰劳品慰劳红军。这样做的目的：穷人救济穷人，使贫农能团结起来反对帝国主义。

3.1932 年，提出推销公债和借谷运动：动员的方法，首先召开干部会和党团支部会，然后干部带头开群【众】大会，向群众宣传："过去我们无田，无吃，又无穿，现在红军来了，我们有了田，又不交租，过去我们有钱都买不到田，我们应当自动买爱国公债，支援红军，借谷给红军吃，借了以后还有还。"经过这样进行宣传后，党、团员就自动报名，买多少多少公债，或是借多少多少谷子出来。群众看到干部都报名，也就很高兴地报告买公债和借谷出来。群众自己说什么时候交就什么时候交来了，也不用去吹〔催〕。

4. 银行、货币、物价情况：只有中央才有银行，省、县只有财经部。当时的货币有 3 种（现洋、铜板、纸币）。价格方面，只有盐最贵（因被国民党封锁了），1933 年时 1 块光洋买 1 斤多盐，纸币 1 元买几两盐，谷子 5 元 1 担（纸币），猪肉 1 元钱 2 斤。

5. 粉碎敌人的封锁：1934 年敌人封锁后，我们担着鸡蛋去换盐回来。另外，每村起合作社熬硝盐吃，用粮、金、银、油去换盐回来（到白区），自己做土布穿衣服。

6. 工业和水利：当时有衣服厂、兵工厂、木业合作社、铁业合作社（衣服厂在宁都）。水利方面，当时没有提出过修水利。

7. 兴国县和长岗乡取得模范的条件：各种工作都能做得好，能超额完成任务。1933 年扩大红军时，3 天扩大 3 个师。公债、借谷运动做得好。干部节省粮食，工作不要工薪。长岗乡扩军扩得多，妇女们对慰劳工作作〔做〕得好。

8. 在 1926 年以前人民的生活情况：在政治上我们无权，甚至连说话权都没有。地主说一句话，我们都要退几步。他们用地保压迫我们，无吃，眼泪粒粒滴滴，要我们生就生，要我们死就死，抓我们的兵，榨我们的钱，大姓封建头子欺我们小姓，强方欺弱方，小姓有理也无理。小姓要到大姓地方割茅草都要罚钱。借地主的田作，要送花利（租）；收租人来了，还要做一餐好的中饭给他吃，如要吃得不好，他就说明年田不给你作了。借他 1 担谷要还 3 箩，50% 的利。贫雇农饿死都难借谷到，没有办法，很多人抢别人的东西。地主一天吃几餐，我们"吃不充饿，穿不遮体"。不少人饿得走不动路，地主过年吃不完，穷人无口粮、丢下禾镰无吃的人很多。地主说："富人不要与穷人行，不是怕〔向〕我们生〔赊〕，就是怕〔向〕我们借。"穷人说："穷人不要与富人行，他不【是】叫我们挑，就【是】叫我们撑。"地主看到谁穷，就放给谁 20—30 担谷，几年不收利，故意拖，拖到你还不起时就来逼你要；你出不起，就把土地全部拿去。如邹善仙借蜈公（公堂)12 个耗〔毫〕子，经过一年就算了 12 担谷。雷义声借雷必耀[①]10 块钱，一年要算 8 担谷，还补了 2 块钱。雷任泮地主把田借给饶日香，因收成不好，不够量花利（交租），被迫把自己的亲生女儿给雷做小老婆。地主放"新谷钱"，他要先拿钱给你用，然后明明卖 2 元 1 担谷，他就只给 1 元钱给你。当时，地主、公堂、神会等占土地 80% 以上，贫农占土地 20%；地富人口占 30%，贫农人口占 70%。

有钱人有书读，我们无书读，就是读书【也】要出节礼、青苗钱，出馆钱，要请先生吃饭。

9. 国民党复辟后，对苏区人民的摧残情况：进行反攻倒算，把农民分得的东西都抢回去，有的耕牛、用具不是他们的也抢去，对

---

① "雷义耀"与"雷义辉"疑为同一人。

革命同志拿来割肉，或是生埋（活埋），如刘德良、刘□良、曾昭良等都活埋了，并给他们把胸部钉椿〔桩〕子。在蒋田的时候敌人用铁鎚活活地打死了温厚夫（苏区时村代表），并用刀了[①]七八刀，白匪认为他死了，后来他起来走了不远的路，因流血过多而死了。把韩家景抢在松树上用刀割脸皮，活活地被割死了。还有用踩杠、打地雷等非法行为（对待革命同志）。

10. 苏区前后人民生活的对比：苏区前，田多被公堂、地主占有，使得人民"吃不能充饥，穿不能庶〔遮〕体"，无钱、无屋、无老婆、无吃的占 80%。在苏区的时期，贫农只占 10%（即生活提高的占 90%）。

1935 年（1934 年冬）国民党复辟后，做长工连饭也赚不到吃，无吃的占 90% 以上。

六、文教、卫生情况

1. 列宁小学：1931 年，普遍建立列宁小学，每村有 1 个。1933 年，古龙岗建立 1 个中学。列宁小学的学生，7—15 岁，开始地富的子女不能去，到 1934 年才许可地富子女去。学生的课本有〔由〕上级发给（不要钱），主要有常识、农民课本、算术、图画、音乐、体育。课本内容："叮当叮当叮叮当，我家出身是铁匠，创造世界少不得我，拾起铁锤精打钢。社会如此不平等，拾起铁锤拓〔打〕破他娘……""跑跑跑，跑向前，跑到共产社会几多好，无阶级，无界限，无烦恼……"。当时学校的办公费有〔由〕文化合作社供给。教师每村有一个，中学有几个，是经群众选出后，再经区政府批准。教师的生活有〔由〕自己负担，起初时每月有两块钱，后来就没有了。他的田有〔由〕大家帮助作。学校的宣传任务，主要结合当时的中心工作。每一个月教师和同学替军烈属砍一次柴，因提

---

① "了"字前疑有漏字。

出教育为生产服务。

2. 夜校：每村都有，16—45 岁，不分男女都能去学习（地富不能去），费用有〔由〕群众自己斗钱①，教师有〔由〕群众选（中贫农出身）。课本内容："天地间人造，创造者工农兵，男和女一样人……"书本不要钱（上面发），每天晚上去，有事要向老师请假。

识字班：专学写字、识字，45 岁以上者可参加。

开办夜校时，首先向大家宣传学习的重要性：过去受压迫（苏区以前），没有书读，现在我们要读书，学会看报，了解国家的战争情况（当时战争很多）。他们提出的口号是："白天做工晚读书，是农民又是学生，学文化，懂政治，利国家又利自己。"晚上读报，《农民报》《红色中华》报，上面有宣传战争胜利的消息。

3. 党校训练班：1932—1933 年，中央办有党校、军官学校、红军学校，3 个月一期，还办有训练班，各区抽一至两个人去受训，各部门学习各部门的东西（时间 1 个月）。1933 年，省里办教育训练班（2 个月的），调区干部去训练。

当时中央所发行的刊物：青年画报、胜利画报、捷报、红色中华报、农民报。

4. 蓝衫团：1932 年冬成立，只有中央、省、县才有蓝衫团，区、乡只有俱乐部。蓝衫团的成员都是各地抽调来的，调来以后都是脱产的。县里的蓝衫团共有 60 多个人，经常下乡演出。戏票不要钱。主要是围绕当时的中心工作进行宣传，如优待红军家属、扩军、反帝国主义〈……〉等。

5. 医疗机构：每区有 1 个贫农医院，是地方上自己办的，专给群众看病，看病要交医药费。医院共有 10 多个人。

当时，在黄塘、寨上、小密、安富（小密、安富在东村）等地设有伤兵医院，专为伤兵看病的。群【众】要去需要有介绍信才可以看（军属），伤兵医院每 3 个月检查一次，好了的就回到原岗位。

———

① "斗钱"，当地方言，意为"大家一起凑钱"。

医院里和群众的关系很好，因为群众经常去慰劳伤兵员。

1931年，章木山建立残废医院，共分三所：第一所在章木山，第二所章木墙背禾（东村），第三所在桥头水背（于都）。上述医院属中央办的。

茶岭医院是1931年办的，是伤兵医院，三次战争时伤兵都到此医疗，设备很好。

（据龙岗乡老革命同志座谈会访谈资料整理。座谈会参加人数16人，时间为1959年1月8—10日）

古龙岗公社访谈资料

1. 古龙岗公社老同志座谈会材料

座谈人数：12人

一、苏维埃政权的建立及其组织

1. 东乡办事处、龙岗、江口、梅窑区的建立

1931年正月十二日（农历），三军团来解放龙岗，当日就成立农民协会。负责领导的是侯家波、凌崇学、黄石宪、叶韶佳、傅〔付〕学春（随三军团来，都是东村、龙岗头人）。旧历十五日，成立东乡办事处，首先是邹善述担任主席，后来因他贪污枪决了，10多天时间就换主席邱恒茂，党支部书记侯家波。

同时成立东乡保卫队，队长中树春，不久换洪永辉，政委罗金岳。

东乡办事处是临时机构，到同年9月间三次战争后撤销，组织肃反委员会，东乡办事处人员全部转到肃反委员会工作。

龙岗区主席：①谢时焜（1931年一月十五日—六月）；②邱沉棋①（1931年七—十月）；③谢时焜（1931年十一—十一月底）；④邹良恩（1931年十二月—1932年一月）；⑤刘应金（1932年二月—1934年九月，红军北上）。

---

① "邱沉棋""邱先棋""邱先其"与"邱念棋"疑为同一人。

梅窖区主席：①廖平信（1931年一—十二月）；②黄德杨（1932年一—六月）；③曾昭良（1932年七—十二月）；④刘盛景（1933年一—六月）；⑤廖能经（1933年七月—1934年九月）。

江口区主席：①曾广焕（1931年一—八月）；②钟绍才（1931年九—十二月）；③黄德生（1932年一—九月）；④王奕中（1932年九—十月）；⑤揭大林（1932年十一月—1933年四月）。⑥温光中（1933年五—七月）；⑦李安仙（1933年八月—1934年九月）。

区政府的组织：除了正、副主席、总务处、文书、雇农工会外，共十部：军事部、财政部、文化教育部、内务部（包括妇女部）、土地部、国民经济部、劳动部、粮食部、裁判部、工农检查部。

2.胜利县的建立和历届主席

1931年十一月，在平安寨建立胜利县，曾山省主席到会，由于北区改的。1932年×月□日迁到银坑（现属宁都）。

县历任主席：①钟铁清；②潘叶迪；③赖文泰；④谢文霖〔策〕。

二、党的建立和发展

1.黄塘、无洒的建立

1928年春天，宁都万金邦在城岗青华山（兴国县）召开会【议】，黄塘邱念棋、陈玉山〈到〉参加会。万金邦是省委派下来的。邱念棋等开会回来后就发展党员。当时发展的有黄德才、尹祖才、廖雅松、廖雅才、廖声芹。后又到无洒发展杨声怡、李罗文、李王山龙。7月间，到坪湖、石田井、银坑山上开党小组会，成立党小组，组长邱念棋。开会后3天，就被国民党发现了，当地封建头子就把廖雅才、廖声芹、杨声怡、李王山龙、李罗文杀了。邱念棋（现在福建）、陈玉山、黄德才、尹祖才、廖雅松就逃到胜华游击队（段起凤的），后改为二、四团。此后，党的活动就停止【了】。

2.大仑、黄连〔莲〕坑党组织

1928年十一月间，李良生、邹远△从东村、连塘过角坑发展党组织，由角坑过黄连〔莲〕坑（原龙岗乡）发展党员。十一月间，在黄连〔莲〕坑成立党小组，组长曾庭榜。因角坑与黄连〔莲〕坑只隔一道山，李良生等经常过来领导工作。

1929年春，成立党支部，设在黄连〔莲〕坑，支部书记李良生。1931年正月才公开。

1931年正月，建立龙岗区、江口区、梅窖区委会。区委会共分三部：组织部、宣传部、妇女部。

龙岗区分8【个】乡、8个党支部：龙岗、大仚、黄塘、江湖、营前、添连〔源〕、无洒[1]、中邦。

龙岗区委书记：①侯家波〈有〉（1931年一—三月）；②凌崇学（1931年四—六月）；③罗金岳（1931年七—十一月）；④叶绍加（1931年十一月—1932年一月）；⑤中仕榜（1932年二—九月）；⑥杨诗标（1932年十月—十月底）；⑦王裕瑞（1932年十一月—1933年七月）；⑧邓方其（1933年八—十一月）；⑨黄有仁（1933年十二月—1934年九月）。

江口区7个乡、7个党支部：桐村、南村、塘背、陈野、墩山、何家、营上。

梅窖区先是4个支部，后扩为9个支部：乐团、点三、三僚、梅窖、寨老[2]、新弯、黄圳〔坳〕、黄岭、万石。

江口区委书记：①何为标（1931年一月—九月）；②中仁（1931年十月—1932年二月）；③陈宗才（1932年三—六月）；④钟玉仁（1932年七—十二月）；⑤邹声友（1933年一—七月）；⑥刘凤兴（1933年八月—1934年九月）。

梅窖区委书记：①陈宗联；②叶树新；③邓子淦；④中启爱；⑤赖来荣。

3. 胜利县历任县委书记：①钟学相；②杨尚奎；③金维英〔映〕；④刘列〈新〉澄；⑤朱伟才。

---

[1] "无洒"与"蜈洒"疑为同一地点。
[2] "寨老"与"寨上"疑为同一地点。

4. 龙岗、江口、梅窖区党代表大会

第一次，1931 年正月下旬，在龙岗下坪，到会人数 10 多个人，侯家波、凌崇学、黄石宪主持会议。中心内容：①打土豪、分田地，清查户口、土地，封仓分粮；②收缴武装，宣传穷人不打穷人，团结起来，搞好工作，打倒帝国主义；③扩大党的组织，建立和健全党的组织；④建立苏维埃政府；⑤实行站岗放哨，破除迷信。

第二次，1931 年 7 月，在万寿宫（龙岗），到会人数 70 余人，罗金岳、侯家波、黄石宪、周永樊主持。中心内容：①肃 AB 团，教育大家要认清自己的阶级；②驱逐地主出境；③平田抗债，抽肥补瘦，抽多补少；④建立列宁小学、识字班；⑤禁赌禁烟；⑥募捐慰劳红军。

第三次，1932 年正月，在龙岗下坪白屋子，到会人数 40 余人，叶韶加、罗金岳主持会议。中心任务：①动员党员带头扩大红军；②区保卫队上调县警卫连；③扩大地方武装，组织模范营、模范师，组织宣传突击队；④实行劳动法、新婚姻法；⑤动员群众买公债。

第四次，1932 年 7 月，在古龙岗邹家祠，到会人数 100 多，中士榜[①]主持会，时间 1 天。中心任务：①组织慰劳队；②检查拥军优属工作情况；③建立修械厂、消费合作社、药业合作社、铁业合作社、文化合作社、农具合作社、熬盐合作社、医院；④整顿地方武装，实行赤色戒严；⑤开展节约运动，每人每天节约四两米，支援红军；⑥开展借谷运动，征收累征〔进〕税。

第五次，1933 年 2 月，在龙岗邹家祠召开，到会人数 100 多，时间 3 天，王裕瑞主持会【议】。中心任务：①进行查田查阶级；②扩大红军，组织担架【队】；③支援灾区人民；④公开地发展党、团员。

（记录人：肖国雄、杨春莲；整理人：肖国雄）

---

① "中士榜""中仕榜"和"中士檬"疑为同一人。

2. 访问邹善仙、雷仁增材料整理

邹善仙，龙岗村人，现年 50 多岁，贫农，现在龙岗大队公共食堂任经理，苏区【时】任过乡党支部书记。雷仁增，龙岗村人，现年 52 岁，贫农，现在龙岗国营商店，苏区【时】任过乡党支部书记。

一、党的初期活动及其发展

龙岗因为有靖卫团，地方反动势力很顽固。黄连坑和岭上坊二地方人民生活很苦，黄连坑有 30 户，岭上坊有 70 户，所以 1928 年十一月黄连坑和岭上坊就有党的秘密活动。首先是角坑李良生、李飞万、邹在涛（都是角坑人）、姚善根（埠头人）开始活动。首先，他们从连塘到黄连坑来，发展曾荣煌、曾荣清、曾清茂、曾廷森①、曾清榜；后又扩大到岭上坊、见〔坝〕坵等地方。

距黄连坑 2 里路的蜈公山李家有千多人。这个地方红一下、白一下，受灾害最大。到 1929 年，李良生住在石田井，在黄连坑发展了十几个党员。到岭上坊发展了 7 个，例如，曾荣顺、邹善仙、李月仁、李会容、饶荣香、邱有旦、李会峰、孔还旭。到见〔坝〕坵又发展了曾广荣、温贤榜、赖祖荣。当时党内部的暗号是，便衣右上角的纽扣不扣，凡是看到右上角没有扣的就是自己人。

1928 年十一月，在黄连坑成立了党小组，组长曾庭榜。入党誓言："严守秘密，遵守纪律，服从命令，永不反党……" 1929 年十一月，建立秘密的支部，支部书记李良生，支部设在黄连坑。当时我们去开会，要到黄连坑开，因为怕国民党发现，常常是晚上去开会，当晚又回来。1931 年解放后党才公开，成立了公开的党支部，

---

① "曾廷森"与"曾庭生"疑为同一人。

支部书记是东村坝子上的赖昌通（地主）。

1930 年一月开始，矿头村地主曾任磺，亩南村地主刘光智和岭上坊三村组织岗哨，保卫他们的财产，防止红军来。原来叫邹善仙到岭上坊山上放哨，因地主曾任磺、刘光智不放心，就派他们最靠得住的人曾任清、曾荣全与邹善仙一起放哨。当时放哨每人每年 3 担谷，3 个人每年共 9 担谷。党利用这个机会，就派邹善仙打入地主岗哨中去。本来规定，无论红军来了或白军来了，都要事先告诉地主。白军来了，我们放哨一听到号炮声，就把"青天白日旗"升高一些，使老百姓看到就准备；红军来了是打三铳，白军来是打二铳。一次，红军烧江家地，我没有放铳，因为党内部早通知了我，而另外 2 个放哨就不知道。因这会〔回〕事还被捉起来坐班房，后来他们认为【我】"不晓得"这回事，才【把我】放回来。

放哨放到 1931 年一月解放才结束。解放以后，各村成立了贫农团，贫农团受贫农团党支部领导。当时小村有党小组，大村成立了党支部。1932 年正月，3 个小村并 1 个大村，大村有村政府，大佘村党支书邹善仙。1933 年五月，由大村又并乡（古市乡），古市乡支部书记邹善仙。1931 年正月，成立龙岗区。龙岗区委书记先后次序是：①侯家波；②凌崇学；③罗金岳；④叶召佳[①]（被 AB 团杀害）；⑤钟士榜；⑥杨诗林；⑦王裕瑞；⑧邓方其；⑨黄有仁。

二、苏维埃政权组织

1931 年正月十五【日】，三军团和桥头李绍久、段月泉的游击队来解放古龙岗，解放就各村成立贫农团，贫农团下面有赤卫军。1932 年正月，3 个小村村政府并为 1 个大村村政府。大佘村主席兼党支部书记邹善仙，支书曾慰文，财政委员孔还旭，分田委员林敦其。

1933 年五月，大村并为古市乡，古市乡包括：大佘、龙岗、在

---

① "叶召佳"与"叶绍佳"疑为同一人。

上三村 ①。乡政府设在龙岗，乡主席刘昌通，文书刘昌玉。

起初，乡主席、文书是脱产干部；支部书记半脱产，以后就全脱产。

1931 年解放就成立了区，龙岗区属胜利县（胜【利】政府设在银坑）。龙岗区包括九个乡：古市乡、柴溪乡、大企乡、黄塘乡、江湖乡、营前乡、寨上乡、天〔添〕源乡、油桐乡。

另注：

胜利县共 13 区：古龙岗区、章〔樟〕木区、梅窖区、银坑区、桥头区、肖下干〔贯〕区、三干〔贯〕区、车〔茶〕头区、平头寨区、马安〔鞍〕石、河田区、赖村、曲洋区。

三、人民武装

1931 年正月，三军团从黄坡〔陂〕到江口到龙岗，到蜈洒，李绍久〔韶九〕的军队又从良村和东村进来，在蜈洒打了 3 天，在牛皮坳打了一仗，江湖打了一仗。在三僚打了 2 天。后来，靖卫团退到赖村土围里。先打下马安〔鞍〕石上堡围后，最后在赖村消灭了靖卫团。打赖村从 1932 年三月起，打到同年七月才打开。打赖村是我们的独立团和模范营。当时打了几个月，有江口区、龙岗区、平头区、章木区、瑞金来的、桥头来的模范营同时来包围。然后，各区的士兵轮换来打，1 个人打 1【个】来月，领导的长官就不调换。

1934 年九月初三，组织游击队，30 多个人，20 多条枪，主要由龙岗区、乡干部。县有游击连。龙岗区游击队队长邹善仙，白天在边界打游击，碰到白匪就打；晚上就扰乱敌人。游击队的游击路线：从龙岗→营前→原头→爷原→中尾坑→中田（在罗潭打了火）→中洲→石田井（打了火）→章木崟上→中洲、石田井栋上→回到小木乡（最后 1934 年九月底被冲散）。

被冲散后，邹善仙就参加城岗游击队。

---

① "在上三村"下面有下划线，并在右侧加注了 "？"。

城岗乡游击队共 25 人，15 支枪。1935 年元月 15【日】，城岗支部书记带 15 个人反水，只留下郭玉连、邹善仙、刘金莲。1930—1931 年赤白对立图：

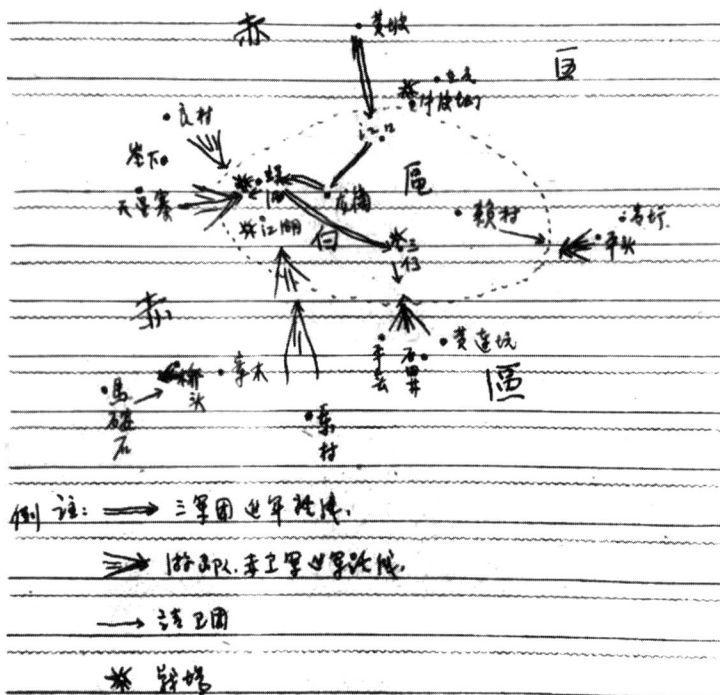

四、靖卫团

1927、1928 年，龙岗、江口就有靖卫团，江口团总吴德波，龙岗团总中文某、廖俪泮。苏区以前靖卫团名目不大，龙岗靖卫团只有五六条枪。

红军北上以后，又恢复了靖卫团，江口设了靖卫团的"善后局"，局长李良林（蜈洒人）、谢美中（江口人）。起靖卫团目的就是专门对付赤区人民和红军。

五、国民党对人民的剥削压迫情况

苏区以前，靖卫团是由公堂、资本家出钱维持。红军北上后，要百姓出"门牌"钱、"灶头"钱、"壮丁"钱。有田的人，因有钱有势，不征粮；无田人就征粮。国民党催粮的人来催粮，如果没有粮，就要出草鞋钱，要杀鸡招待。壮丁钱一年出几次，有的一次出30多担谷。

六、分田

1931年解放就开始平田抗债。共分了三次田：

第一次，1931年二月，动手插标尺，以村为单位，每人六七担谷田。

第二次，1931年冬天，师傅、老板、迷信职业者、知识分子不分田，富农分坏田，富农分子不分田，每人6担谷田，以乡为单位。

地主、富农组织劳动队，到前方去做担架、运输。知识分子教书。

第三次，1932年十一月，查田查阶级，抽肥补瘦，抽多补少。

分完田以后，因战争紧张，把地主、富农送到江口塘白区去。

七、其他

1933年九月，在瑞金中央召开查田委员大会，共一二百人，开了7天，项英主持会，毛泽东、朱德在会上讲了话。毛主席在会上作总结，他说，查田查阶级，穷人要有力，土地为自己，敌人要分开，自己不打自己人。

3. 访问兰兆桂、吴祥辉、江学模材料整理

兰兆桂，中〔忠〕田人，苏区【时】任过县土地部长，解放后任中〔忠〕田乡长，现任龙岗手工业社主任。江学模，龙岗村人，贫农，苏区任过区委书记，现在龙岗乡敬老院任院长。吴祥辉，摇钱树人，贫农，苏区【时】任过区邮代所收发员、乡党支部书记，现在龙岗乡任干事。

一、党的初期活动

1928 年冬，组织了贫农协会。首先是中央派来的郭德梅（女的，广东人）、李国侦到这里来，召集大家开大会。在开大会之前，郭德梅（女）等 10 多人事先开了秘密会，内容不晓得。开群众大会的内容是说，你们（指群众）受资本家剥削压迫，资本家是少数，要组织起来，团结起来，打倒封建剥削，起来打土豪、分田地，平田抗债，婚姻自由。【过了】几天，毛主席的军队来了，打的招牌是"临时中央政府"，共 1000 多人从黄塘来的，在龙岗住了五六天就走了。以后，大家就不敢动了，身上一块红布都要撕下来。

1929 年秋，李绍久〔韶九〕的军队二、四团又经过了一回，叫大家组织起来，"劫富救贫"。当时，很多人想跟他（绍久〔韶九〕）去。

二、游击队

1934 年九月底，县、区、乡机关干部和部分群众到桥头老圩（平安、古龙岗、樟【木】区），共 300 多人，口号是"钻过敌人的封锁线"，队长王春生（湖南人）。这支游击队由古龙岗、章木、桥头、马安石①、三贯区、洗下营区、茶头、平安、赖村、葛坳〔坳〕、球阳、车下免 12 区和胜利县干部组成。

游击队从 1934 年九月初三开始，主要游击路线如下：添坑乡政府→上坑→乐团→点山→椰元→黄坳（龙岗区政府），到龙岗区就组织干部（区、乡）游击战争，队长邹善仙→小木乡火车坳（副队长周大辉带领）→龙岗同②→和木坑（缴到十几把土炮，捉【到】4 个反动派）→大前（曲洋）→枇杷龙（枇杷龙人反水，打伤我们一个人，我们牵到了他一只〔头〕牛）→银坑开会（全县干部，在

---

① "马安石"与"马鞍石"，"车头"与"茶头"，"樟木"与"章木"，"三贯"与"三干"疑各为同一地点。

② 原文如此，疑应为"龙岗洞"。

十一月间）→桥头边→樟木→桥头成立司令部→马安石长山（十二月底与中央项英的游击队30多条短枪会合，李学名和全胜利县共2000多人，杀了很多地主、富农）→先塅营→马安石→车头（因对面河背段屋就是敌人，又退到马安石）→长山→安子崬（1935年正月初一）。

1935年正月初二早上，我们想冲过敌人封锁线过东固，因只冲过几百人，有300多没有冲过，回到安子崬。初三，因无人带路，我们就停在崬上，结果【被】敌人包围了。在坝子上打死了我们中央首长李学名，我们300多人被俘了。首先敌人派了2个宣传员进来宣传我们投降，我们正准备杀掉他们，不料白匪到了门口。

这支游击队共六七百支枪,2架洋机关,3架水机关,30多条（项英的）短枪（当时项英在瑞金红毛山）。

游击队晚上到什么地方都不点火，出发时互相搭肩走，或互相牵衣走，如果失掉了联系，就摸树找方向。因为我们在出发之前，首长给我们上课，告诉我们走的方向，失掉联络时，就去摸树。凡是树皮翻起来的、割手的一面就是东面，树皮往里弯、摸过去不割手的一面就是北面，根据树的方向，再去找游击队的去向。

敌人来了，我们就实行坚兵〔壁〕清野的政策，把粮食、用具、锅头都藏起来，我们联系的办法，是把信放在石板下，或树根下。

三、游击司令部

1934年十一月，在桥头组成游击司令部后，就没有区、县了。游击司令部由7个人组成〈，共七人组成〉。党书记兼指导员湖南人黄有仁（龙岗区委书记），司令员邱念其，还有参谋吴相辉、大队长、特派员等。

四、胜利县区划

全县共13区：古龙岗区、梅窖区、樟木区、桥头区、马安石区、三贯区、仙下营区、茶头区、平安区、赖村区、球阳区、车下免区、银坑区。

五、三军团解放龙岗和赤卫军

1931年旧历正月十一日，解放江口。十二日，解放古龙岗。十三日，很多人来看红军，红军个个很和气。十五日，开始组织赤卫军，喊我们去打土豪，带我们去杀道士刘德金（逃跑了）的猪。那天赤卫军个个分到一捆肉，还分了一部分肉给群众。三军团袁排长领导我们打土豪。

二月，赤卫军进山。当时，哨兵喊三句不应，就放枪。三月开始打游击。六月三次战争，白匪来了。我们打赖村土围，白匪来，我们退到冷水坳。

三军团从良村岭下到连塘，红军到大坳上，我们退到十万洲。大坳上红军缴到敌人200多匹马和许多子弹。在中洲堆了1房间的子弹，不晓得几多，枪堆有几间屋。

六、上堡战役

1932年正月十三（旧历），吴祥辉领13人、骑1匹马到桥头，和三军团八师配合，编成三军第八师二十三团，打上堡围。上堡土围靖卫团总叫中美狗。

打上堡土围时，我们走地下挖地洞，钻进去，用棺材装好硝，用铁钻钻好，到了土围近边就点引线，把土围掀开。正当我们点引线时，靖卫团就自动打开门来投降。这次搞到很多银洋，还有很多鸦片，缴到300多支枪，捉到几百人。

七、五军团和三军团的胜利

三军团1932年三月到宁都，宁都新年村反水过来（赵博生的军队，投降红军），以后就编为第五军团。1932年四月，到△西训练了三个月。五月，过广东南雄，打广东军阀陈济堂〔棠〕，他筑的工事很利害。我们用水牛去冲，水牛尾巴上扎爆竹打，爆竹一响它就往前拼命冲，打了3天3夜。后来，三军八师二十三团从他的后方，一夜走30里，打进去；同时，又增加了独立第六师，扎在赣州塘岗的三军团又来了。结果，缴到敌人三团人的枪。以后，放了300人到召^①关去侦擦〔察〕。旧历六月初，开进江西，打乌金水口。当时，有2架水机关，只有1架好的，1架坏的；1架水机关打了七八担子弹。后来，因敌人增援了3个师，我们才返【回】于都。一、三、五军团在于都开誓师大会，回来打兴国杰村、社富。到兴国后，又开了誓师大会，准备打东黄陂。在兴国补充了一、三、五军团，整顿了一下，以后就分路向东黄陂进攻。

A. 第四次战争

五军团走于都→青塘→安福→东黄坡。

一军团从城岗→龙岗头→良村→永丰县的监布→东黄坡。

三军团朱德总司令率领从兴国江背→坝子上→古龙岗→东黄坡。

敌人卢递平〔鲁涤平〕师长的兵进来以后，就打，结果活捉师长卢递平。

在战争之前，官长对我们说："运输队给我们送枪来了，见到拐子就捉（拐子是师长）。

B. 瑞金银行的由来

打了东黄坡以后，就进福建打沙县卢新〔兴〕邦。在沙县，缴到敌人1个兵工厂，1个造花边（铸银洋）的银行许多模子，后来瑞金设1个造花边的银行模子就是沙县缴来的。

（整理人：肖国雄）

4. 访问龙岗乡雷仁增

一、兵工厂的问题

1933年春，建立1个兵工厂，据说是从别处迁移来的，共有人数四五十个。工厂里的事务长——吴星伍（现不知去处），工厂的主要任务是修理坏了的枪支，在龙岗乡住了几个月以后，就迁移

---

① 疑"召"应为"韶"。

到于都那边去了。①

二、各种政权组织情况

1931年正月，第三军从此经过，并有人在群众中进行宣传打土豪、分田地，组织农民协会、贫农团，捉地主，审问地主要东西，把地主的东西分给穷人。二、三月间，成立区政府和区委（龙岗区），区委内设有正副书记、组织部、宣传部、文教部、妇女部、党团支部。当时区委书记是叶少加。区政府设有正副主席、军事部、土地部、工农检查部、总务处、裁判部、财政部。当时区主席是谢时坤。当时各乡都有上所〔述〕组织，但各种部里只有1个干事，没有部长。各村的村政府有经济保管、土地委员、宣传员、村长，到1932年就只有1个总代表。还曾建立了1个东乡办事处，主任是丘恒茂。办事处领导3个区（樟木区、龙岗区、梅窖区），领导不久，办事处就取消了。办事处的干部，有的【分】配到各区，有个别不好的开除。

当时的中心任务：1931年春天，进行划阶级、分田。地主不分，富农分坏田，其他平均分配。提出抗债。1932年，扩展模范少队和模范营，模范少队是18—23岁，模范营是24—45岁以下的，所扩的兵士都要经过区军事部检查，如有身体不好的、成分不好的及流氓分子都不要。龙岗共送去1000多人，1933年开到胜利县，加入红军。当时扩大红军的任务是继续不断地在进行，直到1934年九月国民党来了为止。扩大百万铁的红军是1933年提出来的，到1933年冬完成。

后方的主要任务：慰劳红军，优代〔待〕红军家属，调查红军家属有什么困难，无论做什么都要先帮他们做好。到1933年时，因苏区地方扩大，又加上不断的扩军，没有人生产，就将乡里的各种组织减少，各乡只有1个支部书记、主席、文书，都是脱产的，

① 原稿在本段的左侧页面注明"此厂没有"。

其他干部都改为不脱产的。

1934 年，国民党来了，各区干部组织游击队，老百姓组织难民团，领导妇女、老幼跟着游击队逃走。游击队在园岭被敌人包围，他们就都转回来。国民党叫他们是"土匪"，捉他们走做运输工作，抢他们的东西，不准他们乱说乱动，并且还杀了几十个。

1931 年冬，县里成立国民政治保卫局，领导肃反问题，每区就有一个特派员，由县保卫局直接领导，火〔伙〕食由县开支。特派员的任务，侦察地主的活动，审查各种案件。

（整理人：杨春年）

5. 访问丁光煌、吴功法、林天财同志整理材料

丁光煌，兴国坝南人，苏区财政部长，现在江口国营商店。吴功法，江口人，苏区当兵，县交通站长，现在江口商店。林天财，江背人，苏区任县工会党支部书记，现在江口商店。

一、党的活动和党的组织

1.1927 年冬，江背、桥头赤化，成立了党支部，初去接头的是林通贤、刘从义。他们回来后就发展了林左庆、林右庆、温在仁①、江由中、陈仿西、凌大标、凌永南、乌起鸿、林天来等，3 个晚上共发展了 60 多个。后来，林通贤、刘从义带军队赤化兴国城。

2.1929 年冬成立兴国县委员会，书记钟 ××。

3. 兴国县开过三次党代表大会。

第一次，1931 年春，地点兴国城，现在县委会地址。到会代表共 1000 多【人】，邓子恢同志到会作了指示。这次会议中心内容有：（1）讨论粉碎敌人第二次围攻的问题；（2）讨论扩大红军的问

---

① "温在仁"与"温右仁"疑为同一人。

题，会上提出扩大五万人的任务；（3）讨论打赣州的问题；（4）经济动员，地主罚款，富农捐款；（5）讨论地方建设问题；（6）讨论党的建设，发展党、团员。

第二次党代表大会，1933年冬，在兴国城里，到会代表1000多人。曾山到会上作了指示。会议中心内容：（1）讨论行政规划的问题（扩大县、区、乡）；（2）作好防空工作的问题；（3）继续扩大红军，优待红军家属的问题；（4）支援东北义勇军；（5）讨论加紧肃反；（6）发展党、团员。

第三次党代大会，1934年春，在兴国城里，到会代表2000多人，会议中心内容：（1）讨论实行坚壁清野问题；（2）组织游击战争，野战军出动；（3）反右倾；（4）反浪费、反贪污；（5）发展生产。

4.1940年，在画眉坳还有党的活动。1940年，在画眉坳龙下黄明镜（江背麻坑人，现在崇贤工作）召集陈世桂（现在均村）、邱庆松（赣县人）、杨××4个人开了党员会议。当时，黄明镜还叫林天财去开会，林因当晚加夜班没有去，后来他们开完会后，黄明镜对林天财说："人的眼睛要放远来，立场站稳就不怕。"

5.窠鸡窝会议。1934年秋，毛主席在兴国城关窠鸡窝召开了几万人大会，毛主席在会上总结了国家情况，报告了红军打胜仗的消息。毛主席说："野战军出动，要作好防空工作，不要怕，国民党马上要打垮它。政府还要一样工作，干部不要脱离政府，各区、各乡的工作还是要继续努力……"会上还呼了口号："打倒帝国主义，援助东北义勇军。"

6.1931年二月，毛主席、朱总司令、彭德怀从于都到龙岗三塘坑住了三夜，经江口过小埠、东黄坡。

1932年六月，毛主席、朱德、黄公略从于都过来永丰。

二、武装组织

1.1930年三—五月，扩大了1个工人师（兴国县）。

1932年8月开始扩大模范师，经过10个月的时间（兴国县）。

1933 年春，1 个星期扩大了 1 个少共国际师（兴国县）。

当时的口号是"扩大百万铁的红军，打到南昌，会师武汉，援助东北义勇军"。

2.1932 年十二月打赣州，我们一、三、五军团配合独立营、独立团，围困敌人 1 个多月，敌人只要〔好〕用飞机送东西来。打赣州是彭德怀领导的，我们用棺材装硝从地洞里打进去，我们炸了敌 7 层沙包围墙。

3.1934 年六月编成新四军，共几千人，大部分由各县的干部组织成的，在三南（定南、全南、龙南，苏区【时】属于广东）打游击，项英同志领导（杨尚奎也在里面），共 1000 多支枪。①

4. 五军团是 1933 年六月由赵博生、孙连仲的军队反水过来编成的，博生领导。②

5. 三军团是彭德怀领导的，四军团是贺龙、叶廷领导的，一军团是朱总司令的，二、四军团为第二方面军，一、三、五军团为第一方面军。

一个军团只有 6 万人左右，1 万多支枪，一、三、五、七、九军团共 30 万人。

红军北上时只有 20 万人左右。

6. 二十五纵队是由于都、兴国、赣县 3 县组成的，陈达三领导的。【陈达三】后被 AB 团杀害。二十五纵队曾打开了上堡土围。

7.1930 年，兴国县建立了游击队，县游击队共 2000 人左右，70 多支枪。□各区、乡的游击队共 1 万多人。县游击队叫县游击大队，后到打七方靖卫团。1932 年，又到打赣州。一部分后来改编为独立团，一部分留下来的到红军北上就被冲散。

8.1934 年，在福建建立第九军团，李明辉领导，成员是由各军

---

① 本段材料有误，如，新四军成立时间有误，三南不属于广东，照录原文。

② 赵博生率领军队起义的时间有误，照录原文。

团抽调出来的。

三、苏维埃政权建设

1.1929 年，兴国成立农民协会；十一—十一月间，建立兴国县苏维埃政府，主席：①钟××；②陈重林（已叛党）。

2. 中央开过三次全苏维埃代表大会。

① 1931 年，在瑞金，开了 3 天。

② 1932 年十一月，在博生县（宁都），毛主席到会讲了话。会议内容：讨论经济建设的问题，总结战争成绩，讨论扩大红军，优待红军家属，反对帝国主义等问题。

③第三次，1934 年秋，在博生县开的。

3. 兴国县分 7 区：上社、高兴、茶园岗、江背、永丰、枫林、城区（原东一区）。

四、兴国县模范县的条件

1. 扩军好。一星期扩大了 1 个少共国际师，1 个晚上扩大 300 多人。全体出发，25—35 岁参加赤卫军，35—45 岁参加担架队。

2. 建设公债买得多，借谷运动作得好，1 个人借 100 多担谷很多，例如，罗大恒、谢辉荣、中绪训等。

3. 妇女工作、优待工作做得好。

4. 修了很多路，弯的都把它修直了。

5. 地主罚款、富农捐款搞得好，有的地主搞出了 1000 多元银洋，几百的更多。

五、送地主、富农出境

1932 年三、四月间，送地、富出境，因为送出去，把我们的消息都走漏了，以后就停止了。

（访问人：肖国雄、杨春莲；整理人：肖国雄）

6. 访问赖茂英、赖茂生、刘昌玉材料

赖茂英，贫农，苏区任区主席，现任江口营部保管员。原借〔籍〕杰村横江人，现住在坳背。赖茂生，苏区任新四军长^①，现任连部连指导员。刘昌玉，苏区任区秘书，现任连指导员。

一、

1.1934 年九月，红军北上时，旧历二十二日，在九山开群众大会，毛主席说：要跟我们走的要坚决，要自愿；不去的，留在家里的要搞好团结，好好工作。不久，我们就会回来。

野战军出动时，上面说，要"三得"，即：吃得，饿得，走得，能背 80 斤重才可以去。

2. 第一次战争，国民党蒋光赖〔鼐〕、蔡廷楷〔锴〕的部队，我们是十二军打右翼，二十二军打左翼，还一个（？）打中路。

3.1932 年二、三月间，寨上（古龙岗乡）建立了 1 个兵工厂，从干田分来的，在地方上招工人，共二三百人。1933 年冬，迁往银坑了。这个兵工厂主要是打马刀、刺刀，打洋镐、铲，修理枪和目标弹^②。

4. 医院：寨上兵工厂迁走后，又设医院，叫第三分医院，分五所，是伤兵医院，工作人员一二百人，看护很多是妇女和青年、儿童。

黄塘【是】第一分医院，茶岭、干田是伤兵医院。

二、党的活动

1. 胜利县 1932 年六月开了一次党代表大会，300 多代表，在

① 此处疑有误，照录原文。
② 原文如此。

银坑，共进行了3天，会议中心议程是改选出县委员会，研究国家形势和扩大红军的问题。

2. 1949年六月①，解放军到了江背洞时，赖茂英、吴士祥等在□□发动一两千农民暴动，准备打中定△（兴国司令）。后来因派人到江背洞与解放军接头，解放军说："你们没有枪，不要打，打你们上当，会烧掉房子。"结果才没有打。

（整理人：肖国雄）

7. 访问刘林禄、吴万奎、赖书林材料

刘林禄，贫农，苏区任区委组织干事，现任连指导员，现在住在下坑。赖书林，贫农，苏区担任区劳动部长，现是社员，住在下坑。吴万奎，贫农，苏区任军队里的班长，住在下坑。

1. 游击队：1931年正月十三日，成立江口区游击队，参加者要立场坚定、勇敢、思想进步的。共1个连，初来只有30多个人，后发展到120多人、6支枪。连长是宁都姓李的，肖桂联为指导员，后来到打赖村土围，打三僚，打墩水。1933年冬，因扩大红军，全部上前线了。

江口中区叫三都，包括吕团、杉团、郎团三地方。

2. 少共国际师：少共国际师到贵州后，全部编入一、三、五军团，作为补充。

---

① 时间疑有误，照录原文。

8. 访问曾广启、王奕辉、吴昌栋、江学焕材料

1. 江口农会：1926—1927年，谢先民、伍赵忠在江口组织农民协会，写到200多人，他们就说："不怕了，有的（资产阶级）在一向，冒[①]的（无产者）在一向。"刚兴起一两个月时间，就被国民党捉到2个头子，打伤了（后来死了），从此农会就没有了。参加农会的是贫苦、老实的人。

2. 江口靖卫团：苏区江口解放得迟，是由于有靖卫团，设有保卫局，头子是吴德波、温济清、谢邦庆，有30多支枪，五六十个人。

周围地方赤化之后，他们对老百姓的宣传，恐吓说"红军来了，见人就杀，见屋就烧，妇女抢走，小孩抓走，捉大家担东西……"，号召大家去打红军。

9. 访问谢邦善、谢燕呈材料

1. 江口赤化时间及军队：1930年八月，桥头李绍久〔韶九〕的游击队从青塘过寨江，到江口来了一次，共100多人来。1931年正月，三军团从宁都来解放江口地方。5月间，地主、封建头子又班〔搬〕赖村、宁都的靖卫团来，杀了很多干部。到八、九月间，五军团又来解放。

2. 江口游击队：1931年三月，组织游击队，共100多人，三四十支枪；到八、九月间，发展到100多支枪；到1933年，全部上前线去了。到1934年红军北上时，地方上区、乡干部又组织

---

① 当地方言"没有"的意思。

了游击队，到九月间被冲散了。

3. 地下党。1949 年解放前，兴国有卖油条的姓刘（会做衣服），在兴国领导地下工作。

1949 年四月间，有一支军队，300 多人，每个人 2 支枪，1 支长枪、1 支短枪，穿得很整理〔齐〕，全部草绿色的衣服，从黄坡〔陂〕、寨岗到江口来。当时谁也不知道搞什么的，到国民党乡公所，乡公所还杀鸡招待了他们，他们什么话也不说。本来，他们到兴国去，后来听到兴国有反动军队来了，就打转身往青塘过于都去了，这是我们的游击队。

4. 五次反"围剿"：我们打高兴有两次，三次战争时打了一次，五次战争时打了一次。五次战争时，我们是一、五军团，共 1 万多人，每个人都有支枪。一军团打正面，五军团打左右翼。国民党是广东陈济棠的军队，共打了 3 天 3 夜。

5. 打兴国：1934 年 9 月打了一次，我们一、五军团，国民党是广东军，打了 1 天，打下敌人 1 架飞机。

6. 列宁小学：列宁小学只有 3 门课，即语文、算术、常识。

（整理人：肖国雄）

10. 访问刘大仕、刘昌同、曾广梧材料

刘大仕，贫农，在上①人，苏区当红军，现是营军。刘昌同，贫农，在上人，苏区任乡主席。曾广梧，大仑村人，苏区当兵，现在在上供销社。

一、寨上医院

在上医院，【是】1933 年 5 月从瑞金搬来的伤兵医院，叫第五

---

① 本材料中，"寨上"与"在上"混用，尊重原文。

分医院，院长梁院长（名字不记得），共分 5 所，1 个所 1 个所长，1 个文书，1 个管理员；1 所分 3 排，1 排管 3 个班，1 班有 10 多人看护人员。1 个所有五六个医官。

伤重的进第一所，较轻些的进第二所，再轻些的进第三所，又轻些的进【第】四所，可以走的进第五所。伤员主要是从宜黄、乐安、南丰、广昌来的。

看护主要是给伤兵换药、送饭、扛屎扛尿。后来伤兵多了，各村派衣服队①去照顾伤兵。

毛主席很看重伤兵，伤员说要什么东西吃，就要去买来，不管下雪打霜、白天晚上都要去找，乡下买不到，到县里去买。院长天天去问伤兵吃什么菜，"吃了牛肉吗？吃了猪肉吗？吃了油豆腐吗？"天天开所长会。所长天天去问伤员，哪里痛？吃什么药？问了以后再去查药方，看对不对。如果搞死了 1 个伤员就要枪决。一次在马安石打死了几个医官，因为药方不对头，说他们是反革命。

医院工作人员和群众关系很好，群众可以进去卖油果，辣椒不可以进去。群众经常进去帮伤员送屎送尿，有时伤员看到有人走门口过，就叫："同志，同志，过来，请你拿把壶子来帮我装一下屎。"

到同年十月间到十一月就迁到黄塘了。当时，因为有些伤兵（重伤，精神失常）在祠堂里看到像鸡婆一样、穿红衣服的鬼，便对院长说；同时隔几天又死人，结果就迁走了。

二、武装组织

1. 三军团的总指挥是彭德怀，共 2 万多人，3 个师（四、五、六师），第六师是兴国的模范师，1933 年一次就补充 6000 人来。

八军团共 2 万多人。

2. 打吉安：1934 年五月二十九日（旧历），八军团 2 万多人，1 万多支枪，很多拿马刀的。我们今晚从那个山去打，明晚从这个山去打，头上、行李上都插满了青，枪挟到腋下。国民党 3 个师，天

---

① 原文如此。

天很多飞机来炸。八军团在万泰县打了 3 天后就退到泰和沙村，后来五军团又接上去打。

三、①

□□□□年□□月毛主席、朱德戴个斗笠、穿草鞋到龙岗去，共 500 多人、300 多支枪，1 架迫机〔击〕炮，2 架旱机关，在古龙岗住了 3 天，在黄塘住了五六天，后来与三都靖卫团打了火，退回到东固。这次在寨上因乱枪打伤了刘大位，后没医好，偿了 30 元钱安葬他。

四、靖卫团

1. 古龙岗靖卫团共 30 多人，30 多支枪，团总廖俪泮，大队长廖声义（后被三都团捉到杀了）。

2. 三僚靖卫团，团总曾招焕，20 多人。

3. 江口靖卫团，30 多个人，团总吴德波。

（访问人：肖国雄、杨春莲；整理人：肖国雄）

11. 桐林座谈会材料

访问人数：8 人

一、武装斗争

1. 江口区游击队：1931 年正月成立游击队，共 70 多人，20 多支枪，连长李△△，大队长陈道志。1932 年 7 月，开去打赖村，以后编入江西保卫团，后又编入三军团。

2. 1934 年提出扩大百万铁的红军，口号是"扩大百万红军，争取更大光【荣】"。

3. 二、四团是彭德怀领导的，由桥头、于都的赤卫队、游击队

---

① 原文后缺。

组织〔成〕的，共1000多人，300多【支】枪。

三军团：1930年（民国十九年），毛主席从井冈山下来，到桥头编为三军团，初来只有3000多人，后发展有六七千人，打开于都、宁都后，扩大到1万多人。

4. 第一次"围剿"：第一次战争，敌人何应钦、张辉瓒二个军。红军一、三、五军团。敌人分两路来，一路从小埠来，一路从龙岗来。我们分三路进攻，三军团打正面，一军团打左翼，五军团打包稍〔抄〕。打了3小时，活捉张辉瓒。

5. 打吉安。1932年（民国二十一年）冬，打吉安。我们一、三、五军团。敌人有通片的铁丝网。我们用水牛去冲（水牛身上倒洋油烧），向农民1元钱换1把柴刀，砍铁丝网。打了1天，缴到敌人500多支枪。在吉安扎了3个多月。

6. 打赣州。打了二次赣州。第一次1932年，一、三、五军团，打了1天便退了。同年，隔了不久，第二次打赣州，本来我们先勾〔沟〕通了北门敌人，走北门本来就打开了赣【州】，不料我们走到南门去了，所以没有打开。

二、县代表大会

1. 1933年，胜利县召开党代表大会，地点平安寨（现属宁都），会议进行了3天，县委书记邹啊金①作了报告。

（整理人：肖国雄）

12. 访问谢时焜、廖名洪、张瑞和、廖声林、刘清香材料

一、党的建立和组织

1931年正月〈旧历〉十二日，由彭德怀带三军团来解放古龙

---

① "邹啊金"，疑为"阿金"，即金维映。

岗，侯家波（杨村）、凌崇学（城岗）、黄石宪（龙岗头）、侯宗元（杨村）、叶绍佳（东村）、傅学春随三军团来领导工作，召开群众大会，成立农民协会，发展党的组织，首先发展邱恒茂、江学模、吴相辉、刘祖坺、黄有仁、谢时焜。

一月十五日，成立东乡办事处。党书记侯家波，东乡办事处主席邱恒茂。二十几【岁】，又成立古龙岗区，区主席谢时焜。古龙岗区委书记〈，第一个〉：①侯家波；②凌崇学；③罗金岳；④叶绍佳；⑤中仕榜；⑥杨诗林；⑦王裕瑞；⑧邓方其；⑨黄有仁。

过了1个多月，又成立江口区、梅窖区。3个区都受东乡办事处管。

到六月间，撤销东乡办事处，组织肃反委员会。东乡办事处的人全部转入肃反委员会，肃反委员会主任周永樊。

划了区后就划乡。1931年冬，成立胜利县委员会。县委书记张国华，县主席钟铁清。

2. 县党代表大会

胜利县第一次党代表大会，在1932年三四月，银坑铜坪脚下，到会人数1000多人，开了1天1晚。会上，县委书记阿金（金维英〔映〕）、钟铁清等3个人作了报告。

中心内容：①发展党员；②扩大红军、优待红军家属。

3. 1944年2月间，黄塘廖雅梅（党）、廖雅秋（团）召集谢时焜、廖声林（党）、廖名洪（团）、廖重和（青年）在黄塘西门背开会，叫"自治会"，讨论抗兵的问题。廖雅梅讲了话，内容："国民党来抓兵，我们党不要动他，让他抓了走出村外后，我们再动手。"还开了几次会讨论搞掉国民党合作社，但没有实现。开〔起〕初只有十几个人，后来发展到300多人，还有通讯员。口号是"大家自治起来，杀掉国民党区长，没有办法时就准备伙伕，上山缴到了枪就去见毛主席去"。后来10多家人家每家斗1桶谷，买了1支枪，发动群众拦了3次抓壮丁。后来影响到龙公山、江湖、三僚、营前不少地方老百姓。三僚一定要杀了2个伪区长（燕、余），后来到

1945年因大队长温声衍（团员）上树跌死了，又被国民党发现把一支枪缴掉了，以后就停止了活【动】。但起了很大作用，从此国民党不敢到黄塘抓兵了。

地下党：1949年解放前，兴国有卖油条的姓刘（会做衣服），在兴国领导地下工作。

4. 医院：1932年正月，从东黄坡迁移到黄塘来的，叫第五分医院，院长余××。有一个特务排60余人，专做保卫工作。院内的干部有院长、政治委员、事务员、管理员、所长。分四个所（第一、二、三、四所），伤口最重的伤兵就住第一所，较轻的住第二、三所，最轻的住第四所。看护员男女都有，主要任务照顾伤兵和换药。院内的制度很严，有一个事务员因贪污300多公款就【被】枪决（在黄塘）。

群众与医院的关系搞得很好，经常去慰劳伤兵，送花生、果子给伤兵吃。青年人给伤兵唱歌，安慰他们，叫他们安心休养。医院的同志对老百姓大大小小都很和气，帮助他们带小孩子。群众要进医院看病，要有区政府的介绍信才给看病，没有介绍信就不给看病。到1934年8月迁到茶岭、枇杷龙，走的时候发动群众去抬伤兵。

5. 胜利县1932年五、六月间召开了一次人民代表大会，共3000人左右，决议杀9个反革命分子。前二天，在古龙岗开会杀了11个人。当时对地主、反革命分子的子女也杀光，认为斩草要除根。

6. ① 1928年冬，毛主席、朱总司令、彭德怀、陈其〔奇〕涵到古龙岗。朱德和陈其〔奇〕涵住在黄塘社公嘴。毛主席和彭德怀住在古龙岗邹家祠。陈其〔奇〕涵在黄塘樟屋召开了群众会，到会人数达四五十个人。陈其〔奇〕涵讲话，内容是，我们要团结起来，打倒封建地主，废田抗债，实行婚姻自由，建立苏维埃政府，成立农民协会。这次是毛主席从井冈山下来叫大家开会。会上当时就组织了农民协会，选出了5个人领导，选了农会主席。

同时，红军驻在黄塘，还组织了宣传队，拿面方旗帜，挨户宣传大家，不要怕，我们是来救你们的，我们不拿你们一针一线。

毛主席、朱德、彭德怀在古龙岗邹家祠枫树下开了军官大会，周围架了几千支枪。

这次毛主席等在龙岗住了10多天就走了，因地方上红军没有留下人工作，所以以后也无什么组织。

②1931年正月，彭德怀带三军团【由】寨岗、江口来龙岗，彭德怀在龙岗邹家祠住。在枫树下开了庆祝大会，有5000多人到会，一定要游行示威，呼口号："武装起来，打到南昌、九江去，打倒蒋介石，反对帝国主义瓜分中国。"

（整理人：肖国雄）

13. 龙岗乡（油桐牛古垅）访问吴昌才

肖发通的活动：肖发通是胡保乡胡家垅人，苏区时是党员。在1939年的时候，国民党经常在地方上抓壮丁，当时有江口廖明登等3个人不愿当兵就逃到永丰做工，永丰板石有个姓刘的和一个姓肖的。1940年正月，在永丰墈头果子山行屋上（没有人住），四面高山，肖发通就组织他们起来反抗，并说："毛主席在东北还有几百万人，我们暴动，他们更会暴动。"起初，肖发通卖了田买到2支枪，1支长的，1支短的。到2月间，扩大到20多个人，就打南坑伪乡公所，晚间去打。一打枪，乡公所和老百姓全逃走了，缴到5支枪，其他东西一点也没有动他们的。肖发通说："我们现在苦些，将来会有办法的。我们不要动老百姓的东西，动了就站不住脚。过路挑担的人的东西也不要动人家的。"到3月，扩大到30多个人，就打番匍庵，庵上住的是地主，一年可收200担谷。打开庵，缴到200多元现【洋】。在打庵上以前认为里面有枪，想缴些枪，不料打开后没有枪。打开庵上后，又回到果子山。在果子山，肖发通叫他的成员回家发动那些怕抓壮丁的、能靠得住的人们到我们这里来参加组织，靠不住的就不发动他，向靠得住的人宣传：我们现在苦些，到将来打到藤田、沙酒就有吃有穿，那我们就有办法了。这样一宣传，就有 600 多人报名参加。肖发通说：我们用不了一年可扩大 1000 多人，那就可以打地主，大家安下心来，不要怕，毛主席在东北一带，我们暴动起来就好。后来，永丰来了 100 多匪军，肖发通就逃到风车扭去了。

3 月间，李飞岳、温字祥（原是伪乡长，后被何祖俸夺取了他的职）想投到肖发通这边来，一同去打何祖俸（伪乡长），缴何祖俸的枪。何祖俸知道他们的计划后，就到兴国报告。兴国伪政府就派保安团 20 多人来捉李飞岳和温字祥。结果李飞岳、温字祥就说："肖发通是土匪，我们不是。"温字祥就派他的部下义勇军队到肖发通那里邀肖去打沙酒，并派了 30 多个【人】、20 多支枪，包围肖发通。本来肖知道李飞岳和温字祥进来工作就不好搞了，想走，义勇军不叫他走。李、温为了立功，就想杀肖发通。于是，当晚在冷水坳上坳坵约肖发通去吃酒，当肖喝醉了时，温字祥就用短枪打，打到肖发通的脚上，肖就跳到外面的厕所上，被国民党乡政府的 1 个干事用马刀砍死了。廖明登也打到了脚，但他逃走了。后来好了，又回永丰做工，被国民党捉到杀了。三月间，肖发通被杀后，这个组织就解散了。

（整理人：杨春年）

14. 十万株战役访谈材料整理

访问对象：郭祖妮、李越经、阮兆球、曾明证、赖世宝、邓仁植、陈牛雪、凌玉汉、郭英帝、钟万宝

（一）十万株战争前的敌我形势

（1）敌人的猖狂：国民党卖国集团以蒋介石为首，驻守南昌，

发动第三次反人民战争，向中央苏区进攻，兴国县处于包围中。当时兴国县的城关镇、高兴、老营盘、方山岭、龙岗、黄陂、良村、东村、江背（那时属于永丰县）等地，都先后被国民党军或地主武装占领，在兴国的国民党匪军主要是上官云相和郝梦龄等部队。

（2）莲塘四面受包围：当时仅有莲塘在我军手中，中央苏维埃政府、省苏维埃政府、区乡政府、无线电台等都迁移到莲塘来了。毛主席、朱德、贺龙、叶挺、曾山等同志都来了。曾山同志当时是省主席，陈毅任赣南特委书记。国民党匪军东面已到古龙岗（距莲塘 30 里）；西面已到城关镇（距莲塘 40 里）；南面已到江背（距莲塘 40 里），国民党匪军总部扎在此地，其侦察兵已到东村（距莲塘 20 里）；北面已到良村（距莲塘 40 里）。形势十分紧张。国民党匪军总部扬言，谁先拿下莲塘，就奖 20 万元。

在战争发生前几天，莲塘没有红军，仅有预备队（赤卫队）武装放哨。

（3）当地群众积极准备迁移：当地群众听说国民党匪军要来，便准备迁移。男女老少都想搬走。这时老少都上山了，食物埋藏起来，东西毁坏了一部分，群众要实行坚壁清野，不让一点一滴的东西给敌人。

（4）毛主席和朱德同志于 1931 年旧历六月二十二日来到莲塘。据说，毛主席说过："胜利也在这里，了①也在这里。"（涂瑞英说是听吴朝昇说的）。他们在莲塘住了一晚，莲塘距离战争发生地点仅有 5 里，飞机整齐地丢炸弹。战争开始不久，朱德同志对群众（黄敬保）说："你们不要跑，准备好，明日早上（旧历二十四）四时，就可以缴敌人的枪。"战争开始后，赖福坚带毛主席到十万株大乌嵊战地上去，毛主席用望远镜看，叫群众（送水、送饭的群众）不要起来，怕枪打到。赖福坚没有碗吃饭，毛主席把自己的碗给他吃饭。吃完饭后，赖福坚听到毛主席的警卫员说：这就是毛主席。赖

---

① 方言，"了结""失败"的意思。

福坚才知道拿碗给他吃饭的是毛主席。朱德同志和钟万宝上山打扫战场，叫钟万宝准备担架，结果来不及，钟万宝背下 1 个伤病员，在他家里休养了 5 天，才送到红军医院去。

（5）群众积极准备，支援红军。当地群众听到红军要在这里与白匪决战，便迁移了。该〔当〕时正值割早稻的时间（大约割了一半），也停下不割了。特委派了吴朝昇同志在沙公背召开了各乡代表会议，会议内容是讨论做好思想发动工作，做好各种准备，要各乡准备担架队、运输队、向导、粮食、送水、送饭。吴朝昇说："红军在莲塘要与白匪决战，要做好一切准备。"并且提出了谁下田割禾，就以援敌论。

在一切为了做好战争的支援工作的口号下，各乡、村都召开了各种会议，从党内到党外进行了动员，群众发动起来了，组织了担架队、运输队，准备了粮食，组织了人送开水、稀饭，也找好了响〔向〕导，设立了岗哨和侦察兵，由预备队员担任（即赤卫队），消息非常灵通。供销社也停止了对群众营业，把食物给军队吃。

（二）我军的部署，战争的经过和结果

（1）战争发生的时间：1931 年旧历六月二十三日中午十二时至旧历六月二十四日早上四时。

（2）战争地点：十万株（即罗子坳），距莲塘 5 里路的地方。

（3）我军的部署

我军是从福建方面开来的。当时红军总指挥部打了电报到福建。我军第一军团（下分第三军、第四军、第二十二军）由林彪同志率领，第三军团（下分第五军、第八军）（第六军在莲花县牵制敌人，未参加这次战争）由彭德怀同志率领。另外，还有第二十军及第七军参加战役（第三十五军在高兴、崇贤一带牵制敌人，也未参加这次战役），总共 5 万余人。指挥作战的是第三军团。我军从福建连城出，开到于都桥头地方后，便分两路：一路走忠洲方面，一路走长塘方面，一直走了 7 天 7 晚。战争时总司令部设在官田。我军分两路包围，正面袭击攻打敌人，共三路——左、右、正面。

忠洲方面（左面）由角坑、蜈公山、黄连坑一带。长塘方面（右面）由石古溪到□水坑到长塘、嶂背、小山一带。中路是从莲塘到十万株（即罗子坳）。我军于1931年旧历六月二十二日中午全部到达，山上都驻满了红军。朱德同志在莲塘住在黄敬保家里。彭德怀同志在忠洲方面，并想由赖福泥同志（当时党支书）带路。

（4）战争的经过和结束

战争的开始——1931年旧历六月二十三日中午十二时左右，驻在良村的国民党匪军是上官云相、郝梦龄的部队，有2个师，共2万余人。他们从良村出发，准备打下莲塘。从良村经过岭下、大坳、小砾溪、洲溪、三角峰到了十万株（罗子坳），我放哨的预备队（赤卫队）在罗塘坝、新拱桥站岗，敌我相距不到1华里。我放哨的预备队员便向良村来到十万株的匪军打了一排枪，敌军便从左面樟木坑和右面哀鸟崠等两面山上散开了。我红军主力部队接上来了（预备队撤出了），激烈的争夺战开始了，开初敌军占领了山头，后来被我军夺下来了。进行了短锋相拼的肉搏战，以下午三时到六时打得最为激烈。我军左右两路从蜈公山和小山一带下山到大坳，截断了从良村来的敌人，包围了敌人3团人，没有被包围的敌人得知消息后，便从岭下、良村一带撤退。战争继续到晚上，便停了枪声。24日早上四时，敌人全投降了，一群一群的俘虏从十万株下来，捉到了1个姓陈的旅长，后来枪毙了。战争在十万株地方打得最激烈，那里地形险要，敌人在此死伤人数最多（40多个民夫掩埋了1天多）。

其余的残敌从岭下、良村、龙岗、南坑、荇田一带逃窜，我主力部队随即追击。到了荇田、龙岗、南坑一带全部歼灭了残敌，在南坑还缴到敌人银圆和无数的驳壳枪（后勤部队）。至此，两师敌人全部被歼灭，我军取得了辉煌的胜利。我军在永丰、荇田等地歼灭敌人以后，便到宁都黄陂，在这里开了庆祝大会，休整了20多天，于1931年旧历七月二十六日上午十时在兴国高兴与敌军开展了竹高山战役。

（三）其他

（1）敌人的残暴和无能

在战争发生的当天晚上（二十三【日】），有 2 个群众——郭英潘、郭承模从樟木坑山上下来（战区），被国民党的士兵抓到了，当场就杀了。敌人见了猪、鸡等就抓，败退时沿途烧了很多房子。残暴的敌人又是最无能的，也是在战争发生的当晚，曾明证同志等 6 人在小砾溪庙下，捉到了敌人 5 个，缴获步枪 5 条（有 2 个敌人在吃大烟，3 个睡着了，枪挂在【墙】壁上，被带了刀的 6 个农民抓到了）。又如，郭承祺、张祚全等 3 同志在当晚从山上跳下来，活捉敌人 2 个通讯员，缴获枪〔机〕枪 2 挺（他们也是带了短刀，没有其〔他〕武器）。

（2）朱德同志住在黄敬保家时，朱德同志要黄敬保（他是当时村代表）找伕子，后来全体老百姓都〈已〉去了。他看见一个我方姓陈的伤兵（脚上挂花）就背回家里，护养了五六天，以〔之〕后抬到军医院去了。

（整理人：朱春根）

东村区党的活动情况

一、秘密同盟会的组织

1926 年冬，陈玉书、陈卓英、陈宗森、胡承松、罗金乐、胡玺承、胡嘉宾等七人在庙坪的岭背崇开同盟会，拜天地，吃血酒，结拜兄弟，盟誓，誓词为"谨守秘密，生死同盟，吉凶相共，患难相扶，如有反身〔水〕者，照鸡头落地。"其目的是抵制"三点会"，因为当时"三点会"时常会抢劫农民的东西，后来又扩大了三次，增加了胡友林、陈宗连……人数已有 10 多人。每次开会仪式和第一次一样。这时有缴月费，但很少缴，铜圆三四个。1927 年（民国十六年正月），庙坪秘密组织被鼎龙靖卫团知道了，就到庙坪来"清乡"，当时一些人就逃跑了。（当时这样组织很多。）

二、党的成立与武装斗争

陈玉书是赣州中学学生，知道"共产党"这个名词，但不知道是怎样的组织。他很想去找党的根苗。1926 年十一月鼎龙靖卫团来庙坪"清乡"时，【他】逃跑到永丰店前姐丈〔夫〕胡先椿家中，在赖金〔经〕邦那里找到了党的根苗。他从那里拿了一本"入党须知"回来。12 月从永丰回到了庙坪，说原来有一次同盟会的人为党员①。后召集人开会，农协发展到 30 余人。二三月成立了党支部，陈宗森为书记。成立党支部以前，也去于北联系，分坝子支【部】、庙坪支【部】。有陈玉书、陈卓英、陈连升、胡嘉宾、陈宗森、罗金惠〔乐〕等 10 人参加。这时入党的手续就是吃血酒，盟誓，是

---

① 原文如此。

在柴（寨）子崇成立的。10月接到于北特支指示，入党要填申请书，要一【至】二人介绍。党派人到附近靖卫团（东村、水头……）进行工作。

1927年六月，组织了秘密农民协会，农协处理内部错误就用打屁股解决。对外也是对付"三点会"及土匪。这时东村附近有人被土匪抢去了东西，秘密农协陈玉书写一张条子，就把东西送回来了。八、九月间，于都桥头特委陈日奎（书记代名词）、朱学久、钟声楼、李华荣、李华富、钟赵舟、何昌桂与秘密农协取得了联系，要秘密农协提出"打倒国民党，打倒帝国主义，建立地方武装"等口号，实行抗租抗债，抗捐抗税。

三一四月，每月去一次于北开会。庙坪党员全部在夜晚秘密到于北特委开党员大会，有六七十人，发展组织，掌握会场的是钟声楼。开了1天1夜。会后不久，1927年4月支部书记联系会讨论，就在坝子上南砦成立兴于暴动队，有30余人，队长为陈日奎，兼党代表；教练是陈卓英，兼指挥。开始用98元买了1支步枪（这支步枪是湖北造，在于都谢屋土围内□出来的），买枪的钱是于北特支打土豪得来的。12月间，陈卓英回到水头，将靖卫团11支土造单快枪带到暴动队（陈卓英是党组织派他打入靖卫团任教练的，这时东村、水头一带表面上为靖卫团，实际是还没有组织好）。曾宪庭、丁拔群在路上抢到别人17支长枪、2支短枪（都是洋造的，是东村靖卫团的），自动加入暴动队。这时暴动队的武装力量增多了。

十二月初，暴动队来到了江背洞，后来又到长岗岭，捉到8只〔个〕土豪，缴了5支步枪（好的），罚了他们2400银圆。休息了一夜，又到杰村捉到2个土豪（两兄弟，姓肖），他们自动拿出了800银圆，缴了他们1支单响快枪，回家又将1支洋枪送来。暴动队看他们还"老实"，又是读书的，就指示他要组织杰村暴动和农民协会，结果组织了，暴动队还帮助他们组织。

十二月，在江背洞接到于北的指示（这时书记是钟声楼），要成立十六纵队，是〔由〕兴于暴动队组成，有百余人，单响快【枪】百条，分三中队（实则一中队一排），队长是曾宪廷，丁拔群宣传，政委陈日奎，自己指挥。队伍由江背洞开回到庙坪过年，就成立了纵队队伍，把当地反动头子胡兴环捉起来杀了（因为他把当时秘密组织告诉了鼎龙靖卫团），并没收了他的家产，将其家产分给当地群众。在除夕，队伍又开到莲塘赖屋缴富翁的枪，没有缴到，他们逃跑了。1928 年 1 月，赖秉忠、赖秉洋、赖金成、赖秉钦等人把自己的枪（一共百六、七支①）送到十六纵队。他们交了枪后，宣传他们回去组织农会。秉忠和金成就自动加入十六纵队。

三、党组织的扩大与武装斗争的发展

坝子上党的组织也开始了。1926 年冬，兴国支部黄家煌（在赣州入党，黄在 30 岁左右就有须，装疯卖哑地活动）到了坝子上。这时，李济南、李传河、李桂本 3 人在吃茶，黄家煌与李传河（黄的学生）假装【不】认识（李也是教书）。黄对他们说："我犯了事，要逃走到福建去，没有旅费。"当时在李传河家住，有的人说，一共住了十几夜，引导他们。黄要李组织农协。1927 年初，坝子和桥头党有联系，成立了党的组织。这时入党手续也完备了，入党时找两个介绍人，填申请书，入党时有了党旗，举手握拳宣誓"努力工作，严守秘密，遵守纪律，服从命令，牺牲个人，永不反党"。（公开入党时就没有说这几句）

1. 红二、四团由来

1928 年正月，兴于暴动，在富岭嵩与于都暴动队会合，编为十五纵队，队长为朱学久。八月，朱学久带了 29 条枪，40 多人，从莲塘到坝子上来抓土豪，住下来了。这时坝子上土豪就跑到江背去报告靖卫团。靖卫团就带了民团共约 1000 多人来坝子"清剿"。我们部队派李传海为侦察，军队退到坝子对面山上埋伏。到了半夜，我军把坝子四周靖卫团的哨摸掉了，即在四面包抄，打死了几

---

① 原文如此。

个靖卫团。

1928年正月，十五纵队开往莲塘圩打鼎龙的靖卫团。张叔和是共产党员，在靖卫团活动。十六纵队编成独立第四团。七、八、九纵队原在东固，编为红二团。四团团长段起凤，原是在红二团，后来派他来编成红四团，团长为李韶九。2月，红二、四团开到东固与井冈山下来的朱、毛、彭会师。朱、毛送了2挺机枪给二团，因红二团打仗很勇敢。又送了1个号兵给红四团，因为红四团还是地方武装，没有经过训练，不会打机枪。二、四团送了800银圆给红四军。这时，白军肖志平领2个团六十八、六十九团下梅窝牛婆崇包围来了。红四团分成5个连——4个连加上1个特务连，各连分头游击。四连就在半夜开到坝子上陈长才家。各自走掉了，没有损失。后来在富田，各游击队都回来了，仍集中为红四团。3月开到赖村，又被包围，半夜部队就冲散了。同年冬下，肖志平率领1000多人到庙坪来围剿赤卫队和农协。当时负责人都逃到山上躲起来了。陈玉书家屋被烧，鼎龙靖卫团（后组织的）经常来扰骚〔骚扰〕，将叶绍夫、陈英流、胡风爵、陈宗清等人捉往赣州严刑拷打，后来才释放回家。肖志平在坝子乡时下令"捉到坝子赤卫队的人有奖"。捉到了坝子30多人，解到兴国肖家祠，后来放了。

1930年冬，东乡成立1个党团训练班，设在坑胡前，有100多人参加，学习期限为2个月，专门学习马列主义。

2. 二十五纵队由来

1927年坝子组织了秘密赤卫队，只有10多人，队长为陈长梅，只有五六支枪。过后不久，编为赤卫大队（一称赤卫军），黄朝升升〔为〕大队长（赤卫连连长），在葛□青山背住了六七天。后开到铜罗窝李传海家里住，抓土豪李泽原、李禄海，罚款200多元；李传辉罚款70多元。开到兴国三里背抓到4只〔个〕土豪，罚款700元银洋。后又到江背洞打了张修贤土豪，将其家产全部没收，后到长杉、马长洞打了韩公丁土豪，罚了500银圆。1929年后，从赤卫大队中选出身强力壮 60 余人组成为六大队，队长陈大森，专门与七方靖卫团打仗。（当时余下的人编成十五纵队。）

1929 年旧【历】十二月，兴国 11 个区的赤卫队（11 个大队）合编为二十五纵队（在中洲有 600 余人，其中有兴永、兴于大队），队长为肖以佐，政委邹赞平（后改二十二军，在黄陂肃反了金万邦）。

红二、四团被国民党第六十八、六十九两团打散后，改编为第三军，军长为徐□，政委为陈河金。1932 年以后，编到第三军团，彭德怀为军团长。

1928 年，党组织向东村发展，农协也公开组织，开农民大会。1928 年二月，成立东村区农民协会，委员为胡承松，书记为陈玉书，秘书为陈宗森，军事部长为胡承晋。进行打土豪、捉反动派（向国民党报消息的）、镇压土匪（靖卫团和一些反动分子）。这时四周较平静，没有靖卫团。1929 年冬（十月），农协组织发展到江背，陈大森为委员长。1929 年冬，在睦田成立了兴国县革命委员会东乡办事处，主任为余石生，秘书为陈宗森（这时党组织还未公开），指挥农协工作。1930 年^①才成立苏维埃政府。

四、土地改革，扩军运动

1. 土地改革

1929 年割禾以后，农民协会公开了^②，成立土地调查委员会。先将土地调查清楚，到十一月就调查结束了。1930 年 1 月^③开始分田，分田政策是"多出少补，抽肥补瘦"；不是以亩为单位，是以谷为单位；提出"平田、废债"口号，每人分四、五、六担谷的田。这时也有点公家^④。

---

① 原稿上方注有"（1929 年）"。
② 原稿上方注有"（成立乡政府，没有农协会）"。
③ 原稿上方注有"（1929 年冬）"。
④ 原文如此，疑应为"公田"。

1932 年，进到〔行〕土地复查，划阶级，地主无田分，富农分坏田，红军就分好田、大田，由别人代耕。中央还发了查田运动指南文件。

土改以后，扩军就是经常事，几乎所有男子都当兵去了。

（颜德志整理）

反动的靖卫团

一、前言

我们5个人，在社富、桂江、九山、杰村等地区进行了半个月时间的党史调查工作，收集到近10万字左右的原始史料。为了便于核对和系统研究，我们分了5个专题整理，"反动的靖卫团"就是其中专题之一。材料完全是从原始史料中抄过来的，只不过作了一般的串联核对和整理，其缺点和错误一定会很多的，应用时还需要作一番考核、鉴别工作。

本专集是以收集到的桂江、稠村、石富关于"七坊"靖卫团的材料为主要根据的，关于靖卫团的摧残和破坏活动材料多是收集于九山、杰村一带。专集共分了13个纲目，最后的一个是"解放后党和人民政府对苏区人民的关怀和照顾"，目的在于与靖卫团和国民党反动派对人民的摧残形成一个鲜明对比。此专集没有附图，这是一个缺陷，今后还应该补上。

据我们了解，在兴国的五坊、七坊、马鞍石（今于都县）、九山、高兴圩（今于都）、江背、曾田、田间一带有靖卫团。而以七坊的靖卫团力量较大，也最顽固，骚扰和破坏性也最大。靖卫团是地方性的地主、富农、劣绅的反动武装。反动的靖卫团建立了自己一套组织机构，拥有武装力量和兵工厂。

靖卫团是我们红军和赤卫队最凶恶的敌人，也是人民痛恨入骨的强盗。靖卫团每到一地就是实行烧、杀、抢的"三光"政策，给予了赤卫军和红军扩大革命根据地很大的阻力和革命人民极大的摧残。但是，一切反动派终归要失败和死亡的，这是历史发展的必然结果，反动的靖卫团也就在我们红军和革命人民的顽强〈的〉打击下，得到了它【应】有的下场。因此，这个专集本身，就是一个很好的反面教材，清楚地认识到它的反动本质，及一切反动派不甘心死亡作最后挣扎的疯狂情况，也证明革命的人民有决心、有信心、有力量打垮一切反动派。

关于红军和我们的地方武装（游击队、赤卫军）与靖卫团斗争的情况，另有武装斗争的专集整理，这里没有重复。

二、靖卫团形成的基础

五坊、七坊的含义："坊"是同敬奉一个庙宇的村庄，组成 1 个"坊"。有的一村一坊，有的几村组成一坊。五坊是指鹭溪、纸帮、黄洒、埠头、葛湖等 5 个村庄。七坊是指稠村、桂江、山溪、上埠、古茂、黄冈、里沅等 7 个村庄。

形成靖卫团的基础：第一，经济基础。五坊、七坊地富多，公堂大收租多，有供奉靖卫团的经济条件。五坊的鹭溪一村 540 户，5 户是地主，6 户是富农。借地主 1 担谷，要还三五十斗。借地富的钱要 5 分利。桂江一村，有 259 户，900 余人，其阶级成份如下：地主，2 户；富农，3 户；中农，12 户；贫农，214 户；雇农，16 户；工人，11 家。

（这是苏区时的情况，现在桂江村的户数与苏区时差不多，人口增至 1190 人。）

桂江乡地富剥削压迫情况——桂江乡共有七八户地主，每户霸占的田地是很多的。桂江村地主黄洪发，5 人吃饭，有田 500 担，合 100 亩田，每人有田 20 亩，当时桂江分田时每人平均只是 1 亩 5 分。其他地主，如黄礼致有田 150 多担，丁钦明有田三四百担，黄芳春有田六七十担。（约 6 担田为 1 亩，要视田地好坏而定）

田租：高达 60%，有的 20%、40%、30%，一般都是 50%。年成不好时也不减租，要减的话，地主就说："将田收回来，我转租给别人好了。"

放散谷钱：春荒时，农民没有饭吃，向地富借钱买谷，地富就放钱出去；收割时就以收割时的谷价（很便宜）收谷进来，这样地主放 1 担谷钱实收 2 担谷，利息 100%。

高利贷：利息 1.6—3 分。

其他：农民租种地主的田地，收割时要请地主吃酒席"整餐"；过年过节要给地主"送礼"；平时要给地主做杂工，随时都要听从使唤。

九山乡地富剥削、压迫情况及农民生活的痛苦——土地财产多数掌握在 10 只地主、18 只〔户〕富农手中，多数的贫、雇、中农，每年只能得到一两百斤谷，其他就是吃杂粮，象〔像〕薯菜、树皮、草根，还没得饭吃，每天只吃两餐，吃两餐还是过不下去，还必须出卖自己的全部及〔或〕一部分劳力。这样，还是不能解决问题，所以一部分胆大的，也就迫不得已加入三点会、洪家"打劫"。为什么一年忙到头的农民还连饭都没得吃呢？主要是地租高利贷的剥削残酷，租 1 石谷田要完 5 斗租，借 2 箩谷要还 1 箩息，高利贷的利息达 5 分。

以九山靖卫团的头子刘海东、刘主贤为例，虽然到他们手上是"败家"时，但占去的田、土、山林仍是可观的。

刘海东：40 多岁，地主，家有廿多人吃饭，本人不是读书的，有田 2000 担（1 亩为 6 担），大部分出租，自己耕了几亩，1 年能成木子〔梓〕（油料）一两千担。请了四五个长工铲茶山、砍柴、打杂。任了 1 年靖卫团团长。

刘主贤：20 多岁，中学毕业生，家有 10 多人吃饭，他本人是恶霸地主，当靖卫团团长时间最长，家里田不多，有四五百担，茶子（油料）摘得千多担，请了两三个长工。（当时九山分田，每人只分得 5 担 4 斗谷田，1 石 5 斗茶桃，柴山未分）

第二，封建官僚势力强。有很多人在赣州、南昌开店（经商）、做官；地方劣绅、地主、恶霸在地方上横行霸道，无所不为；劣绅、地主往往从宗派姓族来聚集他们的力量，打着同姓同谱的招牌。

第三，有反动的武装基础。七坊的靖卫团在民国十年就有了，那时地主、富农是为了对付三点会的"侵扰"。从那个时候起，就有了脱产的军队，有了枪支、大刀、梭镖。

三、靖卫团的成立及其组成的目的

在民国十年左右（1921年），七坊的反动地主、富农，为了对付三点会的侵扰，桂江的黄芳春，古茂的钟兆基，山溪的曾直宜，黄岗的陈家兰，稠村的谢缘思（刘声偕），西溪的郭翀〔昶〕祯等首先组成靖卫团。当时共有40名左右成员（多是贫苦老表），他们脱离生产，每月有六元薪，吃地主、富农的。最初只有几支枪，多是大刀、梭镖，请白鹭人钟荣柄做教官，资金由地主、富农公堂按财产多寡写款，枪是从赣州买来的、国民党送的（一说国民党没有送枪）。

□年□月，赤区李绍九（兴国人）到社富捉"羊古"（榨取地主财物），捉到1个地主要他出几百块钱，出了钱才放，叫就叫"打土豪、分田地"。当时，捉到社富一个大地主、劣绅（最恶的劣绅），名叫陈伯发，不知他出了多少钱就〔被〕放回来了。桂江一带的地主、劣绅〈就〉害怕起来，就组织人放哨，放到社富去的，陈伯发有时就供他们吃饭，这样许多无法生活的贫穷人就被招去当靖卫团，成了地主劣绅的武装。同时，这些地主、劣绅看见自己村庄上也有人到赤区去"劫富济贫""打土豪、分田地"，得到东西就平分，为了防止这些"土匪"的破坏，为了防止"赤化"，为了保存自己的生命、财产，稠村的谢永思，山下的曾直宜，古茂的钟兆基，黄岗的陈家兰，里沅的刘永芳，桂江的黄春芳，上埠的上宝等七村大地主、劣绅，于1927年春二、三月间就联合起来组织七坊靖卫团，发起人是：曾直宜、谢永思、钟兆基、陈家兰、黄春芳，这些都是村庄上的"话事人"（当事人的意思），有什么事情就是他们当头，当保长、收礼品、管公堂，所有地方上的事情都是由他们管。

四、七坊靖卫团的组织机构

最高机关是七坊靖卫团团部（正、副团长各 1 人），下有分队部（分队长 1 人）、班部（班长 1 人）。

七坊靖卫团团总：1927 年曾直宣（地主），副团总刘声偕（贫农）。1928 年刘声偕任团总。

七坊靖卫团下有 4 个分队：

第一分队，稠村组成，3 个班，1 个班 10 人左右，共 30 人，每人有枪 1 条，此外有驳壳手枪两三条。这个分队负责把守社富。分队队长谢发华。

第二分队，由古茂、里沅、桂江 3 村组成，2 个班（1 个班 10 人），每人 1 枪，此外有驳壳手枪三四条。这个分队 1 班负责把守里沅，1 班负责把守社富，队长黄希圣。

第三分队，黄岗组成，2 个班（1 个班 10 人），每人 1 枪，此外有驳壳手枪五、六条。这个分队负责把守于都五龙圩一带。分队队长陈叫把。

第四分队，山下组成，4 个班（1 个班 10 人），每人 1 枪，此外有驳壳手枪七八条。这个分队负责把守南塘圩（现属赣县）。分队长曾述洋。

4 个分队的势力都差不多，比较起来，最强的要算山下，次为黄岗，再次为稠村（即四、三、一分队），比较弱的是第二分队。

五、靖卫团的常住部队和民团队

上述有组织、编了队、脱离生产、有枪、有操练、有薪水的靖卫军叫常住部队。组成人员是一部分贫穷人，有的是没有生活出路的，在劣绅、地主门下找口饭吃（有些贫穷人就不愿意）；有的是强迫去的，劣绅、地主看见你年轻力壮身体好，就强迫当靖卫军，不去的不行，要罚 3 元款，或者打、抢、枪毙，不准你耕田，加上

"赤匪"帽子。另一部分人是流氓、赌棍、逃兵，特别〈是〉喜欢接受〔收〕逃兵，因为他们有军事技术，逃兵在靖卫团士兵中越来越多，像第一分队即稠村，在1927年就有七八个逃兵。常住部队是脱离生产的，当时请了几个湖南人【做】教练。

靖卫团是有薪水的，每人每天有薪金2毛（1个银圆10毛；1个月的薪水为6个银圆，也有月薪高到14个银洋的），分队长每月9元，班长比士兵多不了多少。劣绅、地主用公堂里的谷子和钱财养活这批人，表面上看是他们出的，实际上羊毛出在羊身上。原先，清明节和七月半，在公堂里祭祖烧纸，有酒有肉吃，还有肉分，自有了靖卫团以后，这些公堂就养他们了。

民团队就是一般【由】16—50岁的老百姓组成，妇女不参加。不参加不行，就叫"土匪"。民团队要轮流守哨，把守要口。紧急时，还要出发援助常住部队，民团队就是它们的后备部队。民团队不脱离生产，也没有薪水和组织系统，从属于自己的分队，出发时听从常住部队指挥。常住部队主要任务是："剿匪"，把口。

劣绅、地主用种种威胁强迫手段和欺骗方法，要大家当靖卫团，就说是"这是保护大家的生命、财产"。有一次赤军杀死了1个人，他们就用手指，对老百姓讲："你看，你们没有钱的人，不是同样要杀吗？"你不参加，他就说："不准你上谱""你不去，就滚！"

六、七坊靖卫团的武装力量和兵工厂

靖卫团是掌握了武器的。枪由几支到几十支，又增至每个分队有三四十支枪。最多时期，枪达300余支。分配情况是：一分队有枪百余条；二分队50条；三分队百余条；四分队百余条，此外还有土炮、鸟枪、梭镖。（注：一说是一分队有枪70余条；各分队的枪支数包括民团队的在内。）

靖卫团的人数由总数三四十人到100多人；最高数字达到300多人。

1927年三四月至八九月，在山下、黄岗、稠村3个地方造"吉

子枪"，造了几百条（记不清了，约有两三百条），是请于都人造的。

1927年九月至1929年四月，广东兵工厂，厂址在黄岗、山下、稠村，造广东七九枪和湖北小径口枪两种，造了几百条（记不清了，约两三百条），造枪的人都是从广东请来的（也即广东人）。这3个造枪的地方力量都差不多，每个地方有20个人造枪（有一说稠村有58个人造枪，但是不完全是造枪和子弹的）。

七、靖卫团的情况

红军来了，哪一个哨口发现就放号炮，其他7个村也就一个传一个地放，就是叫大家准备。如果是红军进了口，紧急时，就放连声枪。

如果于都方向发生了号炮响，负责把守于都的第三分队的民团队就集合出发去"增援"。社富方向发现了号炮，负责把守社富的第一分队的民团队就集合去"增援"。如果几个方向同时发生号炮响，就各负责自己这一方的；如果有哪一方需要支援，其他分队就有人来。

出发时，打着"七坊靖卫团""七坊靖卫团第×分队"的旗子。

天天都有打，红军到了这里也烧房子、杀猪、抢东西（注意：是烧、杀、抢谁的），靖卫团到了赤区也杀、烧、抢，实行"三光政策"。哪一方捉到那一方的都杀掉，杀得厉害，不论亲戚朋友，不讲人情面子。

当时在20里左右打仗，20里外很少。

八、七坊靖卫团策划和支持下的大江反水事件

1929年冬、1930年正月，大江两次反水，是在七坊靖卫团策划和支持下进行的。

大江是一个封建堡垒村，大江现属兴国杰村乡含田大队。大江是大江村和毗连的一个小村（袁屋）的总称。大江共有60多户，

200 多人，以大江村占绝大多数。大江姓刘，是大姓、"主人"，是过了"朝"的，它们的祖先一向在此，好田好屋都被他们占据了。袁屋姓袁，人口少，据说他们的祖先是明转清的时候从广东搬到这里来的，到现在已经 10 代了，姓袁的被他们瞧不起，认为是"客籍"，事事要受大姓欺侮。因此，在宗派上，是大姓欺压小姓。

大江是一个封建势力的堡垒，除了表现在宗派上欺压小姓外，更主要的是仗人依势。刘本蓬是大江劣绅恶霸地主，是杰村五保的团总和经济卡子（抽税的），在杰村一带横行霸道，无所不为。他还是一个"地理"先生，在广东行过"地"，以行地榨钱、持人[①]。还杀过我们几个革命同志。大江人，就是仗着他的势力，靠人众，文化强，有钱有势，打官事〔司〕不怕，里里外外都有人，形成了以地主、恶霸、劣绅为首的封建势力的顽强堡垒。

大江的封建经济势力也强，公堂大，田多财产多，收租大。许多人在此种经济影响下，借着势力，靠着好田好土，形成了一批流氓、赌棍、玩游的人，他们往往成为恶霸地主劣绅的帮凶和狗腿子。

大江反水的原因、经过、结果：1930 年二三月，杰村一带都已经赤化，大江的下头黄竹（松山），上头含田，四面都是赤化圈包围，大江就在此种情况下【被】"逼"着赤化的。

大江人民在劣绅、地主恶霸的煽动下，干部为首的组织与策划下，五坊、七坊的支持下，加上自己的觉悟性又不高，因此，造成了 1930 年冬、1930 年正月[②]大江（指大江村，袁屋不包括在内）两次反水事件。

其反水的原因：第一，大江是一个封建势力、宗法势力的堡垒，有钱有势，"不欢迎"革命（对地主、劣绅、恶霸而言），因此，赤化也是【被】"逼"着赤化的（当然贫苦农民是热烈欢迎赤化

---

① 　原文如此。
② 　按照后文，两次反水的时间应该是在 1930 年冬、1931 年正月。

的）。第二，大江的革命干部成了这次反水的积极组织者、领导者、策动者，他们是革命的异己分子、赌棍、流氓、地富的狗腿子，乘"赤化"之机混入政权机关。第三，大江的流氓、赌棍、流浪人多，他们感到革命没"好"生活了，想通过反水投到七坊去，参加靖卫团，进行抢劫活动。第四，人民群众的阶级觉悟不高，受了敌人的欺骗和煽动，对革命认识不清：① 1929 年大江曾一度赤化，杀了罪大恶极的恶霸地主劣绅刘本蓬，大江人对此事感到不满，认为失去了自己的"撑腰人"。②全村男妇老少在敌人的煽动下都积极准备反水，并参加反水，不知道这是上了敌人的圈套。第五，大江村的地主恶霸与七坊靖卫团有勾结，有计划、有布置、有准备地进行这二次反水活动。

第一次是大江的赤卫队反水，第二次是大江全村反水。

1930 年冬（不知哪月哪日），当时在含田、葛湖、坡下都有赤卫队和特务营。有一天，七坊靖卫团来了，我们两边都埋【伏】了赤卫军，它向中路进来，中路的特务营就向它发射排枪，它就退，退到大江时，站在庙脑山的大江赤卫队就起起靖卫团的白旗来，我们就退，退到江背。（具体情况不清楚）

第二次反水是在 1931 年正月□日，大江村的男妇老少都把东西搬进祠堂，把大门封掉，人也躲到里面，在墙上开炮眼，筑火垒，准备战斗的样子。当时一个小朋友从祠堂里读书回来，对人讲（不知对谁讲）〈，说〉祠堂里的情况，这个人听了，就将消息报告乡，乡又转告区，我们的赤卫队就赶快来包围祠堂，从上午八点钟到下午断暗 ① 时才结束。交了不到 1 个钟头的火，他们有 2 支吉子枪，梭镖 100 多，鸟枪七八条，土炮 1 门，打死了大江村 1 个妇女，我们的赤卫队就放火烧祠堂，几个重要的脑子 ②，都从瓦上逃走了（因为大江的屋是一栋连一栋的）。

---

① 当地方言，意思为"黄昏"。
② 原文如此。

这次反水捉到他们几十个人，妇女小孩都放了，其余的坐了一个时候班房（一、二、三、四个月不等），分批分期地都放出来了。带头反水的干部是刘传福（文书）、刘传祺（村主席）、刘光耀、刘崇森。结果把刘传福杀了。

访问对象（袁有庭）的谈话中，先后也发生了矛盾，这就是大江反水的机密是不是被我们先知道了的问题。这段话是：大江反水是【在】大江"革命"干部策划下搞起来的，与七坊靖卫团有布置有准备，商量哪天把东西搬到祠堂里，哪个时候靖卫团来接应，可是反水的机密被我们知道了。我们就在这一天打起靖卫团的白旗来了，大江人以为是靖卫团来了，因此，提前反水，而最后被我们包围，终遭失败。

红军北上抗日后，大江形成更顽强的恶霸封建势力。红军北上后，这些带头反水的罪恶分子都先后回家，地主恶霸劣绅势力不但恢复赤化前原状，而且更顽强和猖狂了。他们有一肚子的"气"，这下子非"消"不可。

第一，残酷地吊打和枪杀革命干部，严刑拷打严有红，打死袁有祯，逼死袁有淮，杀死林桂辉、黄辉申、林升。

第二，横行霸道，欺压小姓，对姓袁的（袁屋村）、杨的（坳下村）、黄的（象形村）进行大肆掠夺骚扰，抢东西，牵耕牛，占霸田土山园。

第三，官〔仗〕势凌人。红军北上抗日后，至解放前夕，大江做官的更多了，势力更大了，在杰村含田一带行霸成〔称〕王，无所不为，镇压人民，抽捐纳税，捉丁征粮。其"官员"如下：

刘传祺：伪乡长，伪联保主任，1949年逃走了。

刘光耀：赌棍，狗腿子，土改时跑了。

刘传兰：伪保长（在家）。

刘传声：伪保长（在家）。

刘传缓：伪副乡长（在家）。

刘光祥：伪保长（已死）。

其他狗腿子、流氓、赌棍之类还有很多。

第四，使一部分革命同志对搞革命工作产生了害怕思想。

九、七坊靖卫团武装力量发展简况及其下场

1927 年春，成立七坊靖卫团后，就在山下、黄岗、稠村 3 个地方造吉子枪，经过打仗，行不通，只打得几十步远，不如红军的"快枪"，四五里路远也能打中，用吉子枪打，时常打败仗。以后，就买枪，分配有多少担谷田的就买多少（多是分配给地富），公堂也出钱买。开初在于都买（这时于都还是白区），后来在赣州买，共买了 500 多支。自 1927 年 9 月买了枪后，经常打"胜仗"（注意这里的阶级立场）。

战争越来越多，每天至少一次，多至几十次。1928 年、1929 年、1930 年之间，打得最多，特别是后两个时期。

1929 年 4 月，红军第一、四、六军打七坊，白军六十九团（团长是一个姓肖的）争〔增〕援（注意这样的字眼），不到一天，靖卫团退了，七坊失败。七坊"逃难"逃到江口（靖卫团和大部分老百姓都跑到江口），不到 1 个月又回来（红军走了）。1929 年八九月，红军又回来了，又逃到赣州，不到 1 个月又回来。

1928、1929 年，四周都赤化了，五、七坊就只有一条通赣州出路，四面八方都打这里。1930 年上东区主席刘仁贵、区军事部长肖金长带了 1 连兵（枪 100 余支，人 200 多）打下了七坊。靖匪往于都那边逃，在于都马鞍石上堡土围，被红军包围了，最后被缴了枪，没死的都捉到了，头子刘声偕被捉到杰村坐牢，死在牢里（病死的）。士兵极仇恨他，死了亦被士兵拖出来杀了几刀。七坊的靖卫团到此才被彻底消灭，这就是靖匪的下场。

红军入七坊后到处写着："欢迎靖卫团士兵，打倒靖卫团团总。"

〔补充：七坊靖卫团与赣州国民党、社富的五坊、于都县的八坊及社富乡的龙源团（成龙、溪源的靖卫团）都是相互呼应的。〕

十、五坊、九山、田间、曾田等靖卫团

五坊位于赤白交界地区，劣绅地主怕红军，不敢大搞靖卫团，只是劣绅地主买了些枪，保守〔护〕自己的生命财产，队伍较小，力量较七坊弱，30 多人，30 多条枪。扎在鹭溪（有时在里源），团长刘上俪，成立 1 个二分队，受七坊管。

九山靖卫团 1926 年、1927 年就起势（就有组织），豪绅地主看见于都桥头在 1925 年就赤化了，很害怕，起靖卫团防"匪"。该团有 20 个人，十多廿条武器，尽是土枪。初，团长刘海长；后，刘主贤。1929 年 5 月 24 日，赤卫队杰村打来九山，捉到团总的老婆，把刘海东的房子也烧了。在成立靖卫团前，还请成龙靖卫团到九山扎了 1 个月。靖卫团主要在九山一带打。1930 年十二月，靖卫团到赣州领到 20 多支单响枪。1931 年十一月（冬至），各地所有的靖卫团都逃到马鞍石上堡土围里。十二月，【游击队】在葫芦山、回龙山〈被游击队〉【将其】全部消灭，缴到七八百支枪，活捉团总林章茂，打死九山靖卫团刘主贤。

曾田靖卫团：10 多人，12 条枪，团长陈兴召，经常攻击里丰，躲在于都。

田间靖卫团：30 多人，30 多条枪，团长谢达文，经常攻击杰村、富口，躲在七坊。

十一、地主、富农、高利贷者对农民残酷剥削压迫

五坊（鹭溪为例）、七坊（桂江为例）、九山（九山地区为例）、前面已经有了整理材料。

曾田（缺剥削情况）——大土豪徐庆昌，田地不晓得有几多，钱埋了 18 大缸，它是曾田地区最大的地主，还杀了很多人。

杰村——杰村乡包括杰村、亚田坝、田间、布口等村，有地主 11 家，富农 8 家。11 家地主中，有 3 家是恶霸地主，3 家是"开明"地主，其余 5 家一般。大地主肖家岁，布口人，20 多人吃饭，4 人

在赣州读书，是杰村区最有钱的地主，有田 3300 担（550 亩），自己只耕了 200 担，其余的出租，请了月工 2 人、长工 1 人。茶山满遍，难以计算。5 栋新房。在杰村圩开了卖布、卖铁、卖鸦片烟 3 个大店，请了 2 个小工（师傅、助手）。资本雄厚，资财难以计算。以卖鸦片最发洋财。借他 1 担谷还 3 箩，借 1 块钱 4 毛利（一年），还是最轻的。狗腿子肖祥光，充当靖卫团保护它。

杰村的田租,1 担谷田要四五斗租谷，坏田或年成不好也没有减。

谷息，借地主 1 担谷要还 3 箩，或者 2 担。

公堂，富农的田共占 50%（杰村没有地主）。

杰村一般老百姓一家能收到 4 担谷，40% 的不能收到谷，都给地富了，没吃没穿的占 60%。

里丰、横江——7/10 的人，没有半年粮。田租：6 成之多，实际不止，像 1 担谷田收不到 1 担谷，而还租还要还这么多，1 担谷田要交五六斗租谷。谷利：1 担还 3 箩，也有 1 斗至 6 斗的。高利贷：1 分 8 厘至 2 分。

横江有 133 户人家，地主 2 家，富农 9 家。

十二、反动派对人民的摧残

1928—1931 年这段时间，主要是靖卫团的杀、烧、抢的"三光"政策。红军北上抗日后，主要是国民党反动派的"复仇"大屠杀，造成了极大的摧残和破坏。

九山地区：

1929 年，靖卫狗与国民党骚扰九山共 39 次，大战 13 仗，给九山带来极大的灾难。1935 年，国民党地主对人民的压迫、剥削、迫害尤为严重，下面几项数字就是国民党、靖卫团罪恶滔天的铁证。

从 1929 年到 1935 年，共烧掉九山人民的房子 2000 余间，抢走与烧掉 1000 多担谷，抢走、打死耕牛 150 多头，杀人 130 多个。

1935 年阴历正月初二、初三，杀死刘文松、刘龙辉、刘贤望、刘禄长、王临沛等 5 位九山人民的革命领袖，随后又杀死刘贤彬、谢传金、康定材等同志。被关的有 30 多名。强迫每个党员出洗党款，每人 5 块；阴历六月强迫交自新费，最少的有几块，一般是几十块，多的到一百六七十元，因逼此款卖子的有 3 人（钟雪梅就是其中一个），卖房子的 4 人，卖妻的 1 人，卖财产的无数，出了款又被迫去当兵的有 3 人（皆无人归）。

反动派是无恶不作的，把酒缸、水缸翻掉，拆厕所砖瓦，搬石柱，搜箩，去做堡垒，门板桌凳都烧掉，靖卫狗子吃得不要的剩饭，把土放进去，不让老百姓吃。

对我们的老革命同志杀得惨。谢传波同志放哨，靖卫狗子来了，打了一枪，谢同志未死，撕了一个晚上的草皮，把周围的草皮都撕光了。第二天，白狗子又来了，见他未死，连斩几刀，一个头分成 4 块。刘衣龙同志，靖卫团把他的肉一块块割下来，就把盐放进肉里，割到最后只剩骨骼不见肉了，敌人才放手，剩一口气，把他埋了。

里观村：

今杰村里丰大队里观村，被国民党和靖卫团烧掉了 100 多栋房子，只有 3 栋没烧。1932 年正月，杀了 21 个革命同志。1934 年正月初四，国民党连【联】保又杀了林拔於（乡主席）、邱兴桂（乡中共书记）、徐恒长（赤卫队）、邱寿荣（土地科员），其中 3 个是党员；邱寿荣【被】打了 1 枪，没有打死，后来活【过】了。

七坊地区：

这个反动势力的中心——七坊，红军北上抗日后，1934 年十二月地主恶霸又全部回来了。1935 年正月初九日，国民党捉了很多人。同时，由 18 个人组织了暗杀团，在稠村、古茂、黄岗、社富一带捉拿革命干部。12 月 25 日晚，杀了林仁旂（乡党支书）、黄康盛（赣南区财政部长）、黄友山（工会主席）。第二天晚上，又杀了林地发（区宣传副部长）、林金发（儿童团长、招工队长）、黄招发

（又叫梅英）①（乡妇女指导员）、丁家祥、丁石清（挖掉眼睛），受难的 8 个中有 6 个是党员，其他是团员。被杀者都剥得无一丝线。

当时有 290 号（290 个）革命同志出了赎身钱，每人 30 元。出了钱还要具结，黄炳清同志因为出 30 元，把儿子也卖了。

1934 年，因大多数人当红军去了，田荒了很多。国民党来了后，农民向地主借 1 担谷要还 2 担，地主到各家去搜索，见到好的东西，地主说是他的，便拿走。借了地主的谷或利息一年不清，地主就要田，由地主说要哪块田就哪块田，任地主收回转租。地主常说要你（指农民）在这里就在这里，不要就把你赶走。并且每年抽壮丁，规定 15 岁就要出壮丁钱。

杰村：杰村与七坊打了 2 年，靖卫团一来，见人就杀，见鸡、猪就捉，见房就烧，杰村圩烧得只剩 2 栋房子，南山烧了 80%，更可恨的是国民党野兽一样强奸妇女，一次黄水秀被强奸 10 多次，后来见到她面色变白了才停止。

对黄锦同志摧残一例：黄锦同志，今社富乡人，1934 年北上，在河南新县沄寨同广西军作战，右脚负伤，被俘。黄把党证吃进肚里。敌人对黄同志进行严刑拷打，"踩杠子"，用烧红的铁块烧背部，并逼问黄同志说：你走得了家里走不了。黄同志的回答是你要杀就杀吧！敌人恶毒地敲打黄同志的牙齿，并惨无人道的用辣椒〈数值〉拌盐，擦黄同志的眼睛（现在黄同志的眼睛瞎了），黄同志家里全部东西也被靖卫团没收了。1955 年黄锦同志才从湖南回兴国，现有残废军人证。

十三、解放后党和人民政府对苏区人民的关怀和照顾

以九山区为例：1951 年政府发下生产补助金 2860 元，给九山人民送来瓦 53000 块，耕牛 44 头，耙 44 只，犁头、犁壁 132 副；铁农具 200 多件。为九山人民建设 1 厕〔所〕。

---

① "（ ）"为编者所加。

解放后，还发下大批房屋救济，新建房屋 50 多幢，修理的更多。（据九山人民银行营业所同志补充：解放后，政府曾多次发下房屋新建与修理费，得利最多的达 500 多元，得几十元到一二百元者甚多。）

自解放至去年，每年至少都有两次优待款发下来，有对红属的，有对老革命的，有对鳏寡孤单的，有对生活贫困的等多种救济与优待，得的最多的数达六七十元，少的亦有几元。

苏区时的公债、米票、人民币都兑换现在的人民币，还加上了利息，这也是一个极大的照顾。

主要根据材料：

1. 社富乡谢木大队刘仁桂、陈祯林等十个老革命同志座谈会的记录整理。

2. 社富乡桂江村黄戚扬口述材料整理。

3. 杰村乡含田大队袁有庭、林云斋口述材料整理。

（采访人：张化年、肖国雄、陈钦现、唐兢新、刘庆煌；整理人：刘庆煌）

宁都部分

对调查苏区时长胜县所属的黄石、对坊、葛廷、瑞林、产田、渡头、岗面七个区的记忆情况介绍

这 7 个区，在 1933 年秋（民国二十二年）建立长胜县之前，是属宁都、瑞金两县管辖边缘交界之地，位于宁瑞公路之中偏右，北靠同属长胜县管辖的长胜、田头，东近固村，南接瑞金，西与雩都曲阳、银坑、葛坳相近。除黄石、对坊两区较多平原地址外，其他区属范围均处崇山峻岭，村落山坑阳埗地带①，梅江中穿黄石、产田、瑞林三区，长达 70 华里左右，宁、石、雩 3 县商船经常来往航行。虽多属山区，少处丘陵，但土地、人口相称，常年以产粮食稻谷为多。木材、树竹是山区特有的产品，除供应本地用材之外，还大量水运外地，如赣州、南昌等，满足城市建设的需要。这也是该地区副业收入的主要经济来源。

该地区在红色之前，人民的生活处在极其困苦之中。瑞林、产田、渡头、岗面原属瑞金县管辖，黄石、对坊、葛廷是属宁都州所管。在民国十八年（1929 年）之前，封建的统治压迫笼罩着整个山区，而山区人民除受当时的军阀政府的残苦〔酷〕压迫外，还被平原地区鄙视，受着军阀、地方姓氏封建的双重压迫和剥削。军阀政府经常派武力沟通当地封建姓氏头目，捐款收税，苛捐杂税是当时压在人民头上的严重经济负担，军阀政府派往山区的走卒，则胡

---

① 此处不通顺，照录原文。

作非为，他们除重收群众捐款外，还暗带烟苗种到群众油菜田里，加〔嫁〕祸于人，骗取罚金，欺压人民，弄得民不聊生，鸡犬不宁。但是在群众被压得忍无可忍的情况下，军阀收捐人员经常也会受到群众的反抗。以瑞林为例，群众就与收捐人员数次发生冲突，民国十七年（1928年）×月间，群众会集1000人左右，用土枪、梭镖等武器，围捆瑞林墟在住的30多个带有枪支的收捐人员（有的就是靖团犯）。当时有个农民×××躲在树背用鸟枪【欲】将军阀部队的排长打死，但因鸟枪洋硝失利，未能打响，反而被军阀部队发现，排长将该农民当场开枪击毙。自此后，军阀军队被情况所迫，不得不离开瑞林，经常派少量人员和当地封建头子沟通〔结〕一起收缴捐税。往后，群众反抗捐税与收捐人员的冲突就经常在各地出现。遇群众多时，收捐人员时常被打。瑞林曾数次将收捐人员推下河里去。群众对军阀收捐人员非常仇视，都唤他们叫——捐款狗子。当时虽然农民的反军阀治统〔统治〕情绪高涨，但因为处于分散无力的情况下，仍是不能摆脱军阀政府和地方封建的黑暗统治，人民的苦难还是如常，特别是小姓贫苦的人民还加重了捐款的负担。

民国十□年军阀战争时，北兵由瑞林沿河而上，并有部队经过里迳一带，在行途中抓夫、封船，群众不敢接近；如里迳群众反映，看北兵一下就挨打。在这些地区的北伐影响，群众只听到有南兵、北兵。而北兵经过之地，群众被抢挨打，北兵未经之地的群众只听说北兵很厉害。由于北兵只是经过，没有长住，因而群众的痛苦、愤怒也只好忍耐，随风而过。（其他反映很少）

毛主席经井冈山到兴国、雩都地区发展革命根据地时，（大约192□年），这时群众才知道有红军，但是红军是怎样的军队、做什么，由于这些地区是偏僻的山区，初时知道的人数很少，但是在群众中平时也会舆〔议〕论红军在雩都来了〈……〉等情况。

民国十□年正月初一，还没有天亮时，毛主席带领红军在大柏地麻子垇击溃反动军队消灭敌一师后，经过葛廷时，写了很多革命的宣传标语。群众就受到了革命的影响，知道了红军是助穷人的；特别是红军打开宁都到璜〔黄〕陂后，由福建方面返回大柏地时，为了弥补麻子坳战斗时群众财产的损失，通知受损失的群众到大柏地领钱赔补。发出补偿后，革命的影响更大，密切了群众关系，接触了群众的良好感情①，于是地方的贫苦农民就朝点香、夜点灯的盼望着红军的来到。群众在舆〔议〕论中提到了红军的名字，就感到亲切，并互相会说出希望红军快来的心里话，如丘田老同志邱△平介绍情况时说，丘田的贫苦农民，自听到麻子坳红军得胜，经过葛廷写了革命宣传标语后，经常有农民说：如果红军不来的话，我们要苦到死；希望红军来赶快分地，到那时，我们的吃穿就不要愁了。但是这些影响当时只是靠近葛廷的边缘之事，而在此时的其他区地〔地区〕还没有与葛廷地区同样的反映〔应〕。因为红军还没有接近的地区，当时土豪劣绅知道红军政策而存在着惧怕、不满的情绪，并在这时各地还有靖卫团在活动，因此，穷苦农民只好暗听风声，内心喜悦。

民国十□年，雩都桥头到瑞金江面②一支部队（称红军游击队），由朱学九带领〈导〉（群众说朱学九的兵），到瑞金岗面向大土豪罗光栏"老爷"捐款，但因罗光栏以姓氏势力作背景，不肯出钱，于是朱学九的部队即将罗光栏带走，经过里迳到留田、四桥头；在罗光栏被解之时，岗面罗姓还会集很多罗姓群众，追赶朱学九部队，带着土枪、标梭〔梭镖〕，企图用武力夺回；朱学九部队来里迳时，正逢正月十二日群众请神打土铳，在里迳街上休息了一下，门上、壁上写了"千户不相连、万户欠我钱、穷人跟我走、月月八元钱"等宣传标语。因当时误为打铳是夺罗光栏的，因而，在里迳、坪布烧了两个祠堂，当天即走了。

在这时，因为这些地区还没有建立党的秘密组织，也没有群众

---

① 此处不通顺，照录原文。
② "江面"，疑即为"岗面"，当地方言中，"江"与"岗"同音。

关系的基础，因而只是路过宣传影响。不过，此时群众已经知道了雩都桥头有了巩固的红色革命组织了。

在朱学九部队第一次来到这些地区以后的不久，在雩都葛坳方面来了一支部队，号称红军游击队，由葛燕华领导，共有三四十人，七八支枪，进入瑞林、水口，在水口为据点，经常到长沙、瑞林、岗面、渡头、丁陂、里迳等山区进行活动。不久，又从岗面方面来了支十余人、一两支枪的游击队，由刘宽坤带领，号称游击队。长沙宋开炳又会集部分人员组织游击队，于是三队就在水口会合，他们都说到桥头接红军头的，（据水口当地群众反映）他们三个曾以葛燕华为大哥，吃血酒，结拜兄弟。这时，共有的部队已有100【人】左右，他们又集中、又分散〈的〉到各处进行活动，向土豪捐款，烧抗捐款土豪的房屋，也会写一些革命的标语。因为此时在丁陂、岗面、长胜、曲阳、赖村等地都有靖卫团的组织，并也在这些游击队活动的地区进行动活〔活动〕，双方对敌，经常冲突战斗。因此，来来往往，致使这些地区成了一时红、一时白的混綮山区。

访问及座谈会记录整理

1. 访问老革命同志廖高垣记录整理

苏区党史资料调查简表

姓名	廖高垣	性别		成分		职务	政治面貌	
别名		男		今		琵琶大队敬老院长	党员	
苏区姓名	同	年龄		昔		县文书		
		59						
住址	宁都县长胜乡琵琶城〔形〕							
访问主要内容	本区资料	长胜县、田头区的革命历史						
	别区线索							
表达能力	好							
交来文物							备考	36
访问时间	1958 年 12 月							

一、对于长胜情况的一般回忆

1929 年 12 月，罗炳辉率领红十二军来至〔到〕宁都，随即便把队伍分到各乡去，帮助成立农民协会，即苏维埃政府。琵琶乡苏主席归肖凤楼。12 月 9 日，红军战士来到田头开展大会，进行宣传，谈谈关于资产阶级同无产阶级斗争的情况，鼓励贫雇农动员起来，当场即举手选举温勋堤当区苏主席，他有些害怕，□对他进行思想工作【后】，【他】担任下来工作，做了一年光景。1930年，由福建河田经黄石贯到田头的卅五军三〇八团，团长为廖永。他对田头工作提出意见，说田头流氓、赌博、坏分子多，要温勋堤肃反。他害怕，受到下面检举他革命不坚决，改组，选举田头村人温勋焕当田头办事处主任。到了1931年时，当时严××、黄镇中率领靖卫团与苏维埃对立（我们和他斗争，严跑到翠微峰，黄跑到云石寨），经常下来骚扰政府。毛主席和朱总司令军队（疑是赵博生队伍）住在翠微峰下面，把它包围了，没有吃的，有些人自动跑下来，因此攻下了。黄镇中在云石寨〈孤立即〉逃走了。工农红军、游击队上山也没有搜到什么东西。但地方守望队还存在。守望队头子温太住、温太忠砸掉田头办事处。4月，靖卫团头子温拜飓又砸掉王坊乡苏，工作人员四散。因当时我们无武器，用梭镖。9月，赵博生来了，恢复苏维埃政府，成立田头区苏，辖琵琶、田头、大牙、渡头、王坊、长胜、水枞、璜山、松山、南必、赖坊、松山［白（赤）河］12个乡，但当时田头乡受博生县管。

1932—1934年扩大红军一百万，1931年成立中央苏区，划原宁都县为3县。四或五月，在田头城隍庙开会，朱开铨作了关于划县意义的报告。1934年九月十九日，反动派来了，我们就组织游击队，继续和反动派进行斗争。

二、关于长胜县及田头区的行政区划及机构组织

长胜县辖9区：田头、黄石、产田（丁陂）、长胜、瑞林、葛滕、渡头、固村、戴坊。

长胜县苏主席朱海全；副主席曾飞龙、赖公秀（一任），谢荣燕　　副：罗镇中、曾广塘（二任）；

裁判部部长罗振宗；

劳动部部长曾绍连；

粮食部部长潘定金　罗祖兴；

检察部部长潘固名；

军事部部长谢兆金；

内务部部长廖集金；

保卫处长刘刘珠^①；

财政部部长陈复林；

国民经济部部长袁△全（包庇反革命被镇压）；

支库主任温炳山；

县会计廖仁春（日新）；

土地部部长朱友祥、廖美清（璜陂人）；

教育部部长廖镜清；

县委书记冯名贵；

工会主席罗禄生。

田头区各乡主席：

田头乡辖3村：田头塘、田头村、沙田窝。

琵琶乡：陈为良、袁俊锦、袁忠堤、邱正任、宋芳燄、陈育（叛）。

车头乡：郭家有、黄铁炳。

赤（白）沙乡：廖高贵。

王坊乡：邓振照。

田头乡：温薪堤、田振龙（焉公子）、温世袖，乡支书郭学熿（1934年5月—9月）。

田头区组织及人选：

区主席：潘定金、赖公秀（叛）、潘固燄、邓诗财、廖胜标、罗祖兴；

财政：黄赞新、刘炳辉·（叛）；

军事：程忠福、欧昌；

裁判：陈世标、黄赞新、陈世良、×文标；

---

① 原文如此。

土地：廖美清；

总务处：廖康仪；

工会主任：鄢福先、谢亦辉、温义提。

田头区委书记：曾省三、邓声俊、刘瑞锦；

特派员：刘丰和、温亦渭；

工人队长：袁宗理。

三、战争情况

1931 年六月二十三日，在琵琶河、长胜、黄石一带游击队与黄【镇中】打，打死他 1 个排长。我们游击队长巫义甫、排长陈诗灶（红军北上时，各有苏维埃政府均组织游击队与大刀会、义勇队、小差团、暗杀队等天天打仗）。

1934 年九月二十八日，游击队（田头、黄石）过河，向琵琶分两路进攻三公底打义勇队。我们只有几条枪，地富反坏集中于此，我们有刘、黄二同志被打死。

以后，黄镇中带保安师十九团回来，【我们】同他打了一次。我们由黄石退驻瑞林寨（当地苏维埃政府有保存），在里迳与他打了一次，最后退到铜宝〔钵〕山。

四、对下一步深入访问的意见

1. 关于肃反方面。

2. 关于党的建设方面。

3. 关于瑞金铜宝〔钵〕山的游击队的领导人问题。

五、关于〈有关〉廖彬的材料

黄镇中是廖彬部下，因杀 AB 团，就带人跑出来（黄是 AB 团）到处杀人。廖彬部下崔太南（财政）和丁陂几个人把钱带走了，与黄合伙，欺骗区、乡政府说去打土豪。但打来打去把干部杀死，和土豪合伙了。廖彬就是因为这件事情而死的。

六、关于大牙坪游击队多人被杀事件

张事炜有武才，原是流氓头，后归红军为游击队，以后又叛变了（国民党来后），又同我们对立。郭家有当游击队排长时曾和他打过，他拉拢封建地主、坏人在一起，假说开会，让游击队来开会，借机缴了我们许多枪，杀死我们许多人于大牙坪—大坊。

七、关于丁陂杀伪联保主任的情况

1934年十月，我们为了探听敌人情况，首先由驻产田廿四师第七团（项英领导的）向驻瑞林田螺形的游击队要两名胆子大的队员。我们把〔选了〕郭承均（今尚在，住流坊），然后由几个红军化妆〔装〕成白军，把郭承均同志反绑起来押到大牙坪去。沿途宣传捉到"土匪头"了。到了那里即差同志去找当地联保主任郭有增（住在上下贯）来谈话，我们的游击队和红军在他来的路上埋伏好，在丁陂水头下，一部分游击队队员也在□队里去了。有个人押着郭承均同志带联保主任（有些人跟着他）向丁陂走去，在路上被他发觉了，他即向后跑，我们追他，追上后将他反绑起来，剥下他的衣服，押向丁陂去问他的事情，问完即杀死他和跟来的几个坏蛋，好人则放回去了。我们到联保处得了几百斤盐、良民证和伪钞。

八、红军北上后：守望队情况

黄镇中带领十九团回来，住在三△△，他有不少的守望队。

王坊温拜飏，车头温传容、温传实和三公底的义勇队联合起来向革命的游击队进攻，以后一直和我们打仗。

九、成立政府的过程

红军来了之后，人民群众害怕，关门不出。红军就到处宣传，我们都是受苦受地主剥削压迫，有些当长工的觉悟快，想想他们的话有道理。他们说地主剥削你，所以要抗租抗债。你们白天不来，晚上到我们这里来。于是晚上到他们那儿去，报告本地某人有多少地、多少钱，他们就把他登记下来，然后展开工作。当时提出口号"打土豪"，并进行宣传，我们无产阶级没东西吃的就按人分谷子，开群众大会，散钱给他们。大家都很高兴，于是什么事情都来和他们说。当时进行活动是秘密的。

红军来了以后，上面就派党员来发展党员。成立农民协会，并建立苏维埃政权。1932 年（31），中央第二次代表大会决定成立贫农团，经过选举村、乡、区、县代表到中央去开会，一层递一层很是热闹，到中央去开中央成立中华苏维埃政府成立大会。

成立政府，同时各种组织也建立起来了。当时有儿童团 7—15 岁，少先队 18—25 岁，赤卫军 36—45 岁，一般老弱为耕田队。妇女也组织起来了，首先搞放足、剪发、扩军、优属，送果品慰劳红军，煮茶在路上招待红军，工作很是热情。

十、红军北上时及其稍后一段时间的情况

1934 年以后，我们加紧进行肃反工作，实行坚壁清野。仓在的把砻和谷拿走，敌人来了吃不上饭。我们在哪里碰上他们就打他们。白天在政府工作，晚上去探听各种消息。为了工作方便，打死所有的狗，杀掉所有的鹅。晚上很少睡觉，到地主坏分子□后去探听各种消息。看他们又在开什么会、商量什么，好准备对策。

十一、关于东华山事件

1934 年十二月二十六日，项英召集江西省、闽赣省各地游击队开会。（中央规定项英留下做游击队工作，有办事处在铜宝山），叫大家回转原地去进行活动，任何艰难困苦，必须要拿出牺牲精神去克服。我们听了命令，十二月二十九日黄昏时分，我们田头区游击队要到莲石山（宁都南）去找江西军区，走到琵琶河边，有 70 左右个人在陈世良的带领下过了河，但船却沉了。第二批人仍留在河对岸，二十八日晚①，过了河的人到了东华山。十二月二十九日②天亮时，游击队中 3 个坏蛋——刘挺善、刘炳辉、温薪迁拖走了我们 3 条枪（当时我们只有 4 条枪）。下面义勇队传锣搜山，各方面义勇队来了不少人，围住东华山。游击队员当时被冲散了。当时抓住我们少共书记杨如意（赖枋杨田坝人）、看守队队

---

① 时间疑有误，照录原文。
② 时间疑有误，照录原文。

长陈麻子（南必乡下排村人），并拿走了他的 1 把马刀。登时将他们在鱼尾坝杀了，尸即抛入河中，我们没有找见。陈世良（游击队领导人之一）和 1 个特派员跑到太子坪岭子脑藏起来，呆〔待〕了 1 天，老乡做米果看见了他，去报告，义勇队来了，【想】把他带【到】区裁判队，□□□□□，衣服、毯子均拿走了，当时陈身上有近袋，内装 17 个银洋，他把银洋一撒，来抓他的 5 男 1 女的义勇队抢银洋去了，他即跑掉了。

余下未过河的人回铜宝〔钵〕山去了。被冲散的游击队员林祖桃（琵琶坝背人）、郑五十子（肃反积极分子）被义勇队捉住。当时的义勇队长为崔申□（三公底人）和张事煜（流氓，罗屋底人）。1935 正月，二人英勇殉难了。

十二、关于小差团的问题

1933 年提出扩大红军 100 万，大多数干部怕麻烦，补充兵源整团、整排、整连地送入补充师去，再由补充师统一调配。有的分到瑞金上前线，有的则家庭观念太重，互相串通，甚至整排、整连地跑回家了。政府宣传回队，有人回队了，但有的人不回去。两次到他家里去宣传，什么都给了，要啥给啥。他们跑出去了，我们去抓他，他就和我们对立，叫做铲共团。大刀会、义勇队、暗杀团也同时出现了，搞得干部骂人不敢回家。这些反动组织是地主、富农、土豪、劣绅和逃兵混合组成。反对逃兵有一道命令，军委会主席张闻天拟了反对逃兵廿五号命令，一、二、三次归队可以，坚决不参加红军、上山做坏人就杀掉。

十三、关于地主向白区逃跑问题

发现长胜县内有地主出口——即逃到白区，以瑞林区为最多，知道路条有问题，要各部开干部会检查，但未检查到，以后即收回所有路条，如要路条，必须本部部长盖章方才可以。我们又开了一次干部会，也没有找出原因来，后来由一个做保卫工作的同志，化装成坐了牢的地主模样，晚上到路口去探头探脑，碰上一个地主就和他攀谈起来了，地主问他坐过牢吗，他唉声叹气。地主问他逃不逃，他说想逃没有路条怎么办？于是地主说路条倒可以想办法，只是要银洋。他说钱不要紧，命要紧。于是地主引他到瑞林附近十几里的一个地方去造了 1 个公章，所做公章的路条和我们一模一样，于是把私造公章的十五六岁、姓陈的小孩捉来杀掉了。但是已经放许多反革命到赣州去了。这是 1934 年春天的事情。

十四、关于赖坊打当铺的情况

1929 年 3 月，毛主席和总司令的兵在赖坊打当铺，打过之后就往宁都，然后到璜〔黄〕陂去了。

打开赖坊当铺，把当铺衣物归还原主，无主衣物分给大家，用碗盛铜圆，1 人 1 碗，来了许多人，当时有许多人志愿参军。参军每人每月有 8 块钱，红军打土豪的钱不能私人贪污，要公开散发与〔给〕群众，红军有三大纪律八项注意。

红军北上后，国民党迫害老革命的□□情况：

1934 年九月二十八日，攻打三公底义勇队失败之后，廖高垣随田头游击队经黄石到瑞林寨去了（时我政权尚存在）。（1934 年 12 月，在里迳同黄镇中打了一次大仗。）

九月十九日，琵琶乡政府走了，田头区苏晚上转移，白天工作。22 日，游击队廖高垣劝曾金标、【曾】金蝉走，然而二曾不听劝，想借黄道富（封建头子）立下脚来。二十二日晚被三公底和岭脑义勇队抓住，二十三日 10 时，捆在小坊门口橙树上吊打，割耳朵、脸，不说游击队去向又割嘴，以后在小坊的屋背塘的墓坑下杀了。

十二月二十九日，东华山事件后，部分游击队朝瑞金方向走，在高陂过年。次年正月，碰上廿四师从那里经过。因十二月在里迳打了败仗，我们要跟去，他们暂时不浪〔让〕，因我们人多，而且有许多家眷。以后就往山上跑。山上有许多地主、富农，我们人多，抓住他们杀了不少。二月，到铜宝〔钵〕山一带游击去了。来往于渡头、产田、瑞林、高陂、石新、广田、万载等地。游击队有很多，到处都一样。

红军将北上时，地主、富农、反革命阴谋活动，我们把他们集中起来了编成劳役队，不好的即杀掉。1934年九月十九日，田头区一次杀掉19个人。

大柏地之战消灭刘士毅一团人，刘尚有一部在赣州。这次战争，刘也未在此。

1931年九月以前，我们和敌人经常周旋。敌人□□在安福一带（一团），我们总司令驻在璜〔黄〕陂。时间不到1年，到九月以后〈从此〉政权稳定下来。

（整理人：丁祖科）

2. 访问崔厚荣、崔启良、陈育深、陈渭汾、陈太燕记录整理

崔厚荣，59岁，原当过坑塘、莲塘乡主席。崔启良，63岁，原琵琶乡村代表。陈育深，59岁，原产田区委组织干事。陈渭汾，48岁，原青年团排长，红军战士。陈太燕，50岁，原村代表，小队长。

丁陂是在十二军来以后才成立政府。第一次毛主席领导红军只在长胜住一天多即走了。经过赖坊打当铺，以后到璜〔黄〕陂驻扎下来。

1930年，攻了几个月，攻下丁陂街背土圩，这个土圩是红四军打下的。靖卫团团长为陈英河、陈英清，我们没有抓住匪徒，散了许多东西与群众。土圩里有18支枪。我们是用硝炮挖地洞方法攻破土圩的。

打赖村土圩的同时。游击队打福建莲子塘土圩。竹园土圩是红四军打下。杨梅头土圩用决小河堤水灌进去的。谭姓土豪（谭漾荡）有百万家财。靖卫团有1000多到2000支枪。

丁陂（产田）区干部：

区主席：陈渭英

裁判部：黄志清

合作社：陈育英

瑞林刘官昆打【着】红军旗号打土豪，实际是胡来，搞到东西归他自己，乱烧房子，群众对他不满，〔他〕也烧群众房子。有个四乡政府，下有大、中、小陂。

廖彬从璜〔黄〕陂到固村碰上刘官昆，请他来开会，抓到了他，即将他杀死。又捉到刘官昆之弟刘义凡也杀死。其后管开炳有五六百人，为我们红十二军抓住消灭了，把其部下编入红军，成立苏维埃政府（瑞林乡政府），原属瑞金管，后划归长胜县。

瑞林区辖乡：上田、村屋堂、水口、堂都（彭村）、南田、东坑、瑞林、岭子脑乡。

丁陂区（产田区）辖乡：山溪、山淡、水法、大梅、上坪、产田乡。

山溪乡主席：陈仁凤、陈仁标

产田乡辖村：山溪村、山龙村、谢塘村。

国民党经济封锁，苏区缺少盐吃，拆土墙熬硝，熬盐。

在琵琶乡，硝盐 1 角钱 12 两。好盐 1 元钱 1 两，稍差者 1 元二三两。

赤色戒严：白天黑夜都有人放哨，到处都站有放哨的。赤卫队守边放哨，有通行证制度，没有条子不准走。儿童团也检查路条，妇女也做这个工作。

改造坏人：

编坏人为劳役队，为红属耕田，不能乱说乱动。有的做长期担架，更坏一点的即送到劳动感化院去。在宁都西门即有一个劳动感化院，专门改造坏人。感化院的坏人，头发从前额到后脑，中间剃一线去。〈张学良开来卅万东北军。〉高虎脑战争失败，是王明、博古做了差事。

关于大刀会的问题：

入大刀会，前额中间画一道符，肚兜上也画符，用小水缸里的水画符，每人喝一碗小水缸里的水，人便发矇。打仗时用大刀莽撞进攻，埋头向前。红三军团曾打过它几次，打死满多。驿前附近有几万大刀会。

对封建迷信的办法：

划和尚、尼姑、道士为迷信地主，要他们开斋，下山劳动，改造得好的摘帽子，不能化缘。烧菩萨，干部带领儿童团，也有少先队去烧焚菩萨。庙宇作为会场，或办公之用。传教士跑了，不准教徒做礼拜，因为都是帝国主义组织。

坑头乡苏主席：郭继增、崔后荣。

1934年时有兰〔蓝〕衫团，由儿童团组成的，专门演戏。在黄石有几十个人，在田头也有七八个。兰〔蓝〕衫团团长为曾同祥。

贫农团：主要工作为评成分，宣传扩军，主要成员为长工。

国民党军队占了宁都时，地主、坏蛋全回来（指琵琶），他们组织的义勇队，手臂上带有臂章，上有一个"义"字。本地义勇队很多由封建头子为首，三公底的温镇中曾当过伪区兵。

苏区前期的口号："打倒官僚资本主义，打倒资本家，打倒卖国贼"。后期以"打倒日本帝国主义"口号叫得最响。

3. 访温勋阳、张成珍、孙贤发同志座谈记录整理

温勋阳，56岁，村代表红军战士，治安委员。张成珍，46岁，乡少先队长。孙贤发，47岁，乡仓库主任，合作社主任，食堂会计。

比巴〔琵琶〕乡苏主席：袁厚锦、陈为良、宋芳懒、陈育（叛）。

少先队乡有指导员（许明标），一村一排，排下有班，有队长

（张成珍）。少先队白天轮班放哨，晚上赤卫军放哨。儿童团由赤卫军带领检查路条，查路条的人一定要经过教育，本乡的人走路，认识的不要，晚上一律要。

1934年九月二十八日，三公底游击队与义勇队作战，我们失败。曾金榜（博生县特派员）、曾金蝉（乡党书记）被义勇队用刀砍死。三公底的义勇队队长为崔申△，白军进占宁都时，他们即组织反动武装。

我们在驿前捉到了大刀会张台尧，押到田头杀死了。温世章（中农）当大刀会也被我们杀死了。赌棍温立塘也是大刀会，土改复查时逮去劳改。温辉（会）模【为】地方劣绅，也是大刀会，任过伪保长。

补充团一般没有枪，做军需搬运工作者多。

乡经济工作方面：

1932年时，琵琶乡有两个油寮合作社，主任为袁忠堤（被国民党捉去死于狱中）。年分红利每人（户）分17斤油。

每乡都有消费合作社，5角1股，集股兴办，经营内容为本地土货、日用品。每年分红，因为缺盐，所以分盐。

当时拆各家各户墙熬硝盐，又得硝，又得盐。硝做火药打敌人，盐供食用。合作社非社员也可和社员一样买到东西。地主来买东西，要我们有多才卖给他们。物资实行统一调配。区和县都有消费合作社。

打土豪的钱，红军到来时即分与群众，以后归乡掌握，后有〔由〕区财政部管理。

1932年，琵琶乡开始购买公债，一年买两次，自己报买多少。公债分5角、1元、2元、5元四种。当时公债没有利钱，干部带头购买。

干部6两米一顿，也发饭票。普通群众按情况完纳公粮，吃食不规定。

分田之后，由于战争，许多人上前线和搞运输，劳动力缺乏，田里杂草无人搞。

文教方面：1932年开始琵琶乡各村都有小学，读"妙，妙，妙"，差不多学龄儿童都上学了。

妇女工作方面：红军来了之后宣传放脚、剪发，乡村有妇女干事，宣传参军、归队。从此以后没有人再缠足了。今三十二三岁的妇女小脚，放足的也满〔蛮〕多。

1934年开始，琵琶乡成立备荒仓（琵琶形），积谷每家1—2担，地、富5—6担。军〔均〕用作救济灾荒（丁陂第三师第四补充团即吃过），有两个仓库主任。因为时【间】太短，只收了军谷，有两个仓和两个仓库主任，收入有二三万斤谷，国民党来了之后即为〔被〕义勇队吃了。

宁都上三乡：怀德、清泰、太平。

下三乡：仁义、平阳、安福。

琵琶乡辖三村：琵琶形村、三公底村、迳底村。

琵琶乡苏地址原在今琵琶大队部（茅下），后因不安全而搬入琵琶。

4．敬老院老人温薪堤、陈燕锦、黄针婆、廖高梧谈话记录

田头区政府地址：竹山下。（田头）

琵琶乡迳底村有7个地主。

田头乡有土豪10个左右。地主也约【有】10个。

划分成份标准：顽固的叫土豪；衙门进出的叫劣绅；剥削劳动的叫地主。

关于田头乡政府的成立问题：

琵琶形带头和红军接头之后，田头乡才成立政府。政府成立以后满〔蛮〕久，民【国】十九年才打土豪、分田地。每人分6担。

第一个先打土豪李勋柱。

民国十八年，红军经长胜去宁都与反动派打仗，退回来经赖坊打当铺，散东西与穷人，自愿参军者不少，然后退回瑞金。

潘固名是潘定金叔父。

田头乡政府成立大会是在田头圩城隍庙召开的。

温薪堤，76岁，当过田头乡主席。

黄针婆，69岁，烈士母亲。

【民国】廿三年，反动派先到县（九月十九日），后到田头（二十七日）。

5. 访刘沫锦记录整理

（1934年六月底，大刀会去找我们的竹笮区）乡政府，双方动手，我们用大刀、马刀与他们对敌，双方都伤了几个人。自此以后情况更紧急了。

1934年六月以后，情况比较紧急了，有事区里即发通知。六月以后的一天晚上，区里事先通知戒备，恰巧当夜有人来找人，两人在乡政府住很害怕，即商量好一人拿梭镖，一人去开门。他们的商量又被外面的人听去了，外面人大叫自己人，方才罢手。

1931年五—九月，田头扩军100多名（区或乡？）。

选温薪堤当主席，他不敢当，用10块钱买公事代他当。群众不同意。

6. 再访张台彬谈话记录整理

1929年十二月一日，成立了仁平区政府（地址在今长胜老〔乡〕的乡党委）。仁平区政府是由仁义【乡】和平阳乡组成的。仁义乡包括固厚、赖坊、田头；平阳乡包括固村、长胜、黄石鑛。

1930 年三月，孙连仲驻广昌，赵博生驻宁都，反动势力很大。于是仁平区政府迁【至】瑞金冈面、渡头一带。赵博生起义后，才撤销仁平区，成立固厚、赖坊、田头、固村、长胜、黄石区。划长胜县以后，才成立戴坊、葛籐区。固厚划归博生县。

张【台彬】1934 年五—八月在固厚任区委书记。固厚区辖乡：熟田、青山、凤凰、评田、桥背、三道、大龙、林溪。

1934 年五—八月（农历），固厚地区很乱。熟田乡附近的曲赖有千余大刀会，七月，砸掉了我们青山、大龙、三道乡苏。过白水寨时碰见我们五军团被消灭不少，活捉 300 多，血流成河。（他们本想到驿前）。

大刀会成员为土豪、地主、逃兵。他们用大刀、梭镖、土铳，非常反动和顽固，不易被打退。

固厚区苏主席：邱芬芹。

红军北上后，我们地方工作人员集中于瑞金的上堡，由项英领导，编成独立团（游击队），活动于福建桃花寨一带。团长姓廖，后被俘。

地方反动势力于红军北上后，组织义勇队，在固厚一带活动的，是石城的义勇队。【在】长胜（宁都）活动的是黄匪镇中的伪保安十九团。

（整理人：赵全聪）

7. 访杨才伟记录整理

杨于 1931 年参军入补充师，调教导第四团，团长孟××，政委李保生，在博生县受了几月训，当通讯班长。四月十八日，反动派进攻广昌时调三军团四师十一团团部当通讯班长，打广昌时手上负伤。我们的队伍到驿前。杨到固厚后方第一医院，伤势稍好即作医院政治委员。红军北上后，5 个残废组织游击司令部，有 2000 多人，三四百支枪，加上土枪土炮有六七百，还有梭镖。和反动派打了几年，1933 年十二月—1934 年 15[①]，战争中又负伤。全游击队被捉（时间和地点都有问题），押到赖坊时逃到刘下。

白军士兵弟兄，多是工农出身，受了官长压迫，开来进攻红军。长年离乡背井，永别儿女双亲。残杀自己兄弟，谁愿自己牺牲。修筑马路堡垒，天天辛苦不停。如今天寒地冻，棉衣还没（未）上身，受尽官长打骂，当作牛马牲畜。（驿前附近标语）

同志们，我们告诉你，爱护伤病员，大家要注意。伤病员，找不到一定发脾气，前方到后方，因为负了伤。放哨要注意，经常到病房，时时看望，免得他们发生坏现象。前方战争的等他们上前方，严密地去消毒，卫生要加强，发扬阶级友爱，大家都一样。粉碎敌人去，才能得解放。前方后方，巩固苏区胜利都一样。（苏武牧羊语[②]·医院歌）

我们是工农革命的战士，为苏维埃而斗争。消灭阶级的敌人，善用自己手中的武器。了解班排的任务，知道哪里有友邻。坚决同白军战斗，消灭国民党的武器，要作部队同志们的模范，私杀（？）自己的影响，才算出色的军人。无论如何不能离本班，本班损坏不成是（时），参加邻班内作战，受重伤不能作战时，爬到掩蔽敌人去，等到军医来医治。

---

① 原文如此。
② 原文如此。

8. 调查熊丁山（叛）记录整理

熊丁山，曾名熊家炜，现年 55 岁，曾任乡苏主席。

1929 年，果子园乡（赖枋）成立乡苏，乡苏主席：（一）陈歉荣；（二）熊家炜；（三）刘永海。

1932 年 8 月，少共国际师的团长是黄才珍（黄石人），当时熊任□长。

熊任乡苏主席时因扩大红军，乡苏全体工作人员均参军。

9. 访问陈世良记录整理

陈世良是田头区裁判部长、游击队长，民政局工作。

红军 1929 年正月初三到长胜—宁都—龙岗、站布。红军在长胜只驻了两天。三月底或四月初，十二军到赖坊打当铺。又转宁都。12 月，十二军又由宁都—竹园笮—长胜，成立了长胜（田头）农民协会。第二年三（四）月，成立办事处（疑为仁平区政府或田头办事处），主任温勋焕。国民党又于六月打过来了，办事处搬到黄石鐉、葛藤坳、老虎坑一带打游击。国民党匪军也曾到过固村一些地方，但很快又退出来了。赵博生起义后，（十月）办事处回到原处。这时各地成立了乡政府。经过选举又成立了区政府，选举时要出榜，公布哪些人有选举权，哪些人没有选举权，每乡都有代表，大乡有 5 个。

1934 年五月之后，到处都有大刀会。驿前、马头最多。九月十九日（旧历），国民党进攻宁都时，就有了义勇队。九月廿八日，田头区政府撤退，在琵琶打了一次火，之后经白沙、璜山、柳树下。时黄匪镇中兵到汉帝庙,我们就弯到长胜,又和黄匪碰上了,在大坪打了一仗。之后我们又走黄石鑛,经岭脑到瑞林,编入胜利县游击队。到丁陂、曲阳、于都等边界地区和银坑一带活动,以后退到瑞金的白鹅、西坑、铜宝山。到了铜宝〔钵〕山时(十二月),项英领导廿四师来了,我们受其领导。十二月二十六日,召开游击队、独立营、保卫团会,下令以各省归各省,各县归各县(时廿四师在福建),各区归各区,进行活动。丁陂、竹笮、田头、青塘、黄石鑛、瑞林寨合并为一支游击队,有 120 人。二十七日,到丁陂莲花庵,碰上国民党的赖村乡兵打了一仗,我们损失了一部分,被捉走三四十名,剩下 73 人。二十八日晚,渡琵琶河(?)(有一部分因船坏了未过河),到了太子坪庙子前(东华山),准备到莲花山去找江西军区。二十九日晨,刘挺善(游击队文书,曾到过璜陂,与朱德接过头)、刘炳辉、温薪迁拖走 3 条枪(共 7 条枪)、1 把马刀(陈世海班长的),下山投奔义勇队,领来义勇队包围我们。杨如意(少共书记)、罗海全排长(残废军人)、朱桃立、郑五十子、林祖桃均被杀死,〈并将〉尸首【被】丢入河中。被捉住罚款【后】放了的有:李进红(罚 90 元),叶发林(班长)(罚 30 元)。

陈世良和黄达林(竹笮园特派员)走到太子坪的岭脑,被义勇队员发现了,5 个男的和 1 个女的(均姓黄)就过来捉人,黄达标〔林〕跑掉了。陈的背包,裁判部公章,党证,包袱,单被,700多元苏钞(因陈担任没收委员),棉袄和夹裤被剥掉。陈乘机将贴身放着的 17 块花边撒开,乘他们抢钱之际跑掉了。3 天之后,到会同的武朝村蹲了 14 年,佃田耕种。(陈原系南必乡人)1949 年12 月,才回到南必老家。

因为闹革命关系,南必下排 9 户姓陈的人家走了 4 户避难。

在会同武朝村避者有 7 户,陈世同(世海说),世柯(区主席)和世良(均下排人)。[①] 陈友、陈珍锦、陈进坎均南必人。1936 年,

---

① 原文如此。

陈世坎回归家，被抓住活埋了。

补：1933年六月，我们杀掉秘密守望队16人，曾胜德和叶义焕是我们派到赣州去为合作社办货的，成了秘密守望队，月薪7元，回来发展了组织，被查出来之后即杀掉。

1934年八月，竹筈园乡被大刀会砸了，杀掉了几个人，情况更紧了。1934年五月，政局不稳，大刀会出现了，晚上政府工作人员睡觉也不安心。地主坏蛋活动得很厉害。我们将走时，发现有问题的即杀，也有好些地主跑掉了。

对待地主反革命的办法，罪大的送劳动感化院，罪较小者送兵站，长胜有一个兵站在大坪，当担架队。

10. 访谢荣燕同志记录整理

谢荣燕，男，原长胜县长，今为瑞金县劳改大队长。

苏区党史资料调查简表

姓名	谢荣燕	性别		成分		职务	政治面貌	
别名		男	今			劳改队大队长	党员	党员
苏区姓名	同	年龄	昔	雇农		县长	党员	党员
		51						
住址	瑞金县城关镇							
访问主要内容	本区资料	苏区时长胜县的情况						
	别区线索							
表达能力	好							
交来文物						备考	瑞金县劳改大队大队长	
访问时间	1958.12							

一、关于长胜县的成立原因及时间

1931年成立博生县。第四次反"围剿"时，形势很紧张，博生县管得太宽了，照顾有困难，因此，决定于1933年7月将长胜划出来，便于保卫群众，支援战争。召开一次苏维埃代表大会，讲明划县原因。在距长胜老街约一里路的一个大祠堂里开会的，但第二天早上满屋里尽是反动标语，加上当地吃塘水太脏，于是不久即迁县办于黄石的高陂塘。

当时黄镇中的主要抓〔爪〕牙——地痞流氓，经常活动于长胜草鞋岭一带，和我们的民兵经常打仗。王坊、琵琶垅一带的反革命从琵琶山一带跑到草鞋岭去了。其中也有开小差的和部分落后群众，他们和黄镇中有联系。黄时有几百人，枪不太多，经常在固厚山上走。大刀会经草鞋岭和他联络。

反革命分子到处造谣，混到我们这边来探听消息，写反动标语，或者逃跑到赣州或广州去。甚至晚上动武、打枪，刻假公章，开假路条。丁陂陈姓（富农）小孩（十五六岁）刻有长胜县各种公章。

二、五次反"围剿"战争的紧张阶段及红军北上后长胜人民的游击战争

建立赤卫队，王坊一带成立1个模范师，整顿赤卫军、模范营。

做扩大一百万铁的红军工作，组织好各级干部层层带头，开活动分子会，大力宣传，出现不少父母送子、妻子送郎当兵的动人事迹，组织儿童唱歌，欢送参军者，耻笑开小差者，开3—4次者要和他算账（助他家的费用），对造谣和带动他们逃跑者给予处罚，重至杀头。

情况紧张时，我们组织了各种担架队、运输队、洗衣队、扰乱队，实行坚壁清野，组织地方独立营（即游击队），成立游击司令部，由钟微同志任司令（一直坚持到最后）。冯各炎任县委（犯逃跑主义错误），继任为钟仁（调闽赣军区），又任为王飞龙（在里迳失败，吊颈自杀）。每区都有1个独立营（长胜县有9区）。到1934年十月，敌人到了广昌时，编成一个游击队，由中央领导。长胜游

击队撤至老虎坑、草鞋岭、固村、固厚、瑞林、马头、产田一带活动，到了武华山一带。长胜的产田、渡头、瑞林游击队归瑞金县领导，瑞金的游击队到安治前、铜宝〔钵〕山、壬竹岭一带活动。根据中央指示在敌人"圈子内"进行活动。中央移至于都宽田办公后，我们跟中央走受到了批评，仍来原地活动，坚持到次年（1935年）六月。

起初，我们有几万人（包括家属），在老虎坑、草鞋岭、固厚、固村一带活动。但当时一个独立营还不到 10 条枪，总共也是百来条枪，但马刀、梭镖、鸟枪不少。同靖卫团、大刀会打。在石上和国民党打，我们一般是不打的，只是碰上时才打，在长胜、草鞋岭、固厚各打一次。在王坊、老虎岭经常打。最主要是在固厚基社庵、雷公寨坚持。十二月，我们有 5 连人，百来条枪。在岩前（准备经桥岭到莲花山去）冲封锁线，只剩下 2 连人，1 个连长受伤。在上中门（石上至瑞金之内）扎了很久，当时国民党罗田、桥岭办事处势力很大，经常来烧杀，我们 6 人化妆去砸、捆保甲长办事处的人，杀掉十几个人，得米、肉、菜、盐不少。基福庵、雷公寨、下下练、八高山〈……〉等地老百姓对我们很好，给我们米、肉、菜，为我们通风报信。上中门以往是很重要，距固村、固厚都是 30 里，距大牙坪也 20 里。敌人来了大肆摧残老百姓。

到上中门，我们碰上义勇队。我们七八十人被打得剩下只有十几个人了。在基福庵、雷公寨、八高山一带做了不少群众工作，但敌人搜山，扔炸弹，我们从岭下想渡河到福建，但正渡中又遇上敌人开火，又被冲散，有人跑回雷公寨去了。我和政委去找司令（钟徼），有一天下雨，国民党又来搜山，我们把公章武器埋入地下，人藏入村中，国民党吃了饭就走了。我就逃到长胜，又到王下，当时很多人都开小差了。当时游击队中有 1 个家属（营田人），她鼓励队员开小差，司令员逮捕她，群众保她，她逃走出去报告靖卫团，因此我们再也呆不下去了。想转到铜宝〔钵〕山去，路过里迳，要曾飞龙去打探消息，他则一去不回。政委要我们准备回家安居乐业去。10多人解散了，埋藏了武器。里迳有义勇队，政委、我和军事科长不敢走。碰上义勇队，我们每人抓石块石头冲过去了，到了一个大山，但山被敌人烧了。有草木灰，一走就有一个印子。走下山脚，我们6人又会在一起，但是没有吃饭，晚间摸到里迳方面，吃冷水充饭。国民党又追来了，我们又分散开来，到上田时挖生番薯。总务处长（曾广埔）讨了一点饭回来，以后4个人到我家去了。曾广埔累了，我们3个人到罗下，想搞到联保办事处的印信好走路，但又怕被捉住，只得又藏到山上去，但碰到原军事部长谢朝金（叛徒），我被捉，政委吊死了。

1949年5月，瑞林寨谢荣坦等人为反抗拉丁举行了暴动，打碉堡，搞到100套军衣。

1933年开始查田运动，营田（瑞金）先开始查。

（整理人：赵全聪）

11. 里迳乡革命老同志严锡振座谈纪录整理

在土地革命前，我住在离里迳5里地的园竹村刘屋垅。1929年初，在瑞林寨等地的游击队，经常来到里迳一带活动，宣传"打土豪、分田地"，当时里迳一带贫苦农民要求打起红旗，要派人去瑞林四乡政府接头。当时便时常到家里找我，贫苦农民常问："我们还不接得头来？""你要是怕，我送你去"等。1929年三月，我和刘积才、罗福祥、曾炳辉四人去到瑞林，接头后带回红袖子和字据。回来后讨论起政府的问题。四月初，在瑞林四乡政府派了20多人来里迳，不久，村政府成立了，设在坪布，主席刘积才，文书罗镇中。安排组织人员。10月转乡政府，四乡政府主席谢××来此参加会议，开了2天1夜，先选好主席（罗等宝）、文书、贫农团主任、查田委员和土地部长。里迳乡政府后在河背。然后各村起村政府。开初里迳乡有7个村：中蕉、园竹、坪布、里迳、严坑口、鸭子岭下、寺背。

1929 年八月某天中饭时，毛主席率红军经黄石到里迳，在街口与廖世宣谈话，住了一夜，就下瑞金去了。

乡政府成立后，1930 年就开始打土豪分田地。当时全乡约 2300 人，田地 5000 多亩。平均每人分田 9—15 担（里迳一带 9 担，山地最多 15 担），田分甲、乙、丙三等，地主没有田分，富农分坏田。中农的田拿出来重分。1931 年发行第一次经济建设公债，1932 年开始收累进税，很轻，每亩田交几斤谷。同时，还成立了消费合作社、粮食合作社、森林合作社和药材合作社。在 1931 年已提出扩大红军的口号。1933 年以后，扩红工作已是中心工作。在这段时间内，我担任过支部组织委员和主席。在工作中，表现很好，得到群众欢喜〔迎〕。1933 年 8 月，区埋在调葛砾乡任主席。当时的葛砾乡是较落后，优待军属不好，扩军工作同样做得不好，军属有困难也未及时解决。因此，军属时常到乡政府来诉说困难。我到葛砾后，把里迳一套优待军属的作法带来了。首先，下通知召集军烈属开会，命令要少先队、慰劳队做好擂茶和果子。第二天，来开会的军烈属坐着吃擂茶吃果子。我就向他们问长问短，然后在会上向军烈属解释，仅〔紧〕问他们有哪些困难，并记下来。会后，军属都很高兴，许多有困难的家属反映说，政府很关怀，也不好多向政府要帮助。我和当时干部的一致努力，几个月后落后的葛砾便成了扩军模范了。

当 1934 年 5 月，政府调我到寺背乡工作时，葛砾的群众恋恋不舍，要我留下在葛砾工作。

到寺背后，任乡主席和游击队长。当时里迳和寺背两乡组成游击队，有 80 多人。在寺背，每天要早上和下午上操。在 1935 年七八月野战军撤动〔离〕后，乡游击队在里迳【一】带活动。十二月初八日，配合廿四师和黄（石）对（坊）葛（藤）游击队进攻洋溪国民党匪军。打了 1 天 2 夜，廿四师用迫击炮轰击。初十日，瑞林来了一团匪军助战，我方撤退，转回里迳一带活动。

1935年八月，逃往于都。当时国民党设联保，到处迫害老干部同志。在1936年冬，偷偷回来，家里的东西全被弄掉，只剩下自己、老婆和2岁的儿子。住在对面的地主知道自己回来，马上报告寺背反动派，派了卅多条〔人〕包围了屋子。来时，自己正坐在门口，看到这种情形，知道无法冲出，于是冲到楼上，揭开板子，躲在瓦角下。敌人四处搜查，没有寻到。当时两个地主说："刚才看到他，怎么不见了？"反动派说："他当惯了土匪，怎么会回屋？"此时，天下大雨，自己借此机会，冲上后，从楼上跑下山，逃了。在山上找到罗镇中等，罗为自己整了假的通行证和良民证，于是又逃〔到〕于都，做零工度日。

当时自己又想回来，有点舍不得离开自己屋里①。1937年冬，又回到了家里，马上被反动派抓住。反动派施毒刑，用两枚钻子从脚下一直钻到腰边，杉木棍都打断了，还准备押去枪毙。后反动派为了从我身上弄一笔钱，逼我卖掉1个只2岁的独子，卖了100块钱。罚了3次钱（第一次75元，第二次25【元】，第三次10元）。回转家里，什么都没有了。于是只得帮人做零工度日。当时不敢在附近做，要走远一点做，防止被敌人杀害。做长工难维【持】生活，又去砍木头，经常不敢在家。地主富农见到我就骂我是"土匪"。生活非常困苦。

1948年放排到于都，听说毛主席快回来了，心里非常高兴。1949年在里迳，廖世宣叫自己坐下子，并告诉说反动派准备杀害10个老革命，要关照自己离开一点，于是又在外面逃了2个多月。

解放军到长胜时，一口气跑到那里，坐在长胜办公室的凳子上，透了一口大气，晚上参加了一个会议，第二天就到里迳来，带了两条枪回来，向群众宣传"解放军回来了"，宣传群众拿出禾草送给解放军。此时，地主见到自己态度很好，见到说："你到哪里？"我答："到外面，还会整在屋里。"地富暗中说"又会行时

---

① "屋里"，方言，"家"的意思。

了！"有富农说："这回难道还会【划】我的富农吗？"答："也不一定。"自己写信到□□罗镇中。及时召集同志开会，选好人数，安排干部，当时没有来吃，自己挑出来，组织民兵20多人，开好查田查阶级，与长胜区取得联系，当时王秘书在此工作。划好土地之后，坚决打地主。为了分好土地，曾3次牵线丈量，下雪天也照样这样做。后邹区委下来分好了田。开初选为村主席，不久又选为乡主席，自己感到年纪大了，撤〔辞〕了主席的职务。至今一直担任着工作。

现在就好了，自己享着毛主席的后福，要永远记住共产党和毛主席！

田头区综合史料

一、暴动前的社会情况

田头区在苏维埃时包括田头、车头、白沙、南陂、渡头、王坊、比巴、南必等 8 乡。一说大牙、长胜、水枧、果子园也在内，即暴动前的仁义、平阳 2 乡的大部分。北和直属乡交界，西是赖村，东南为瑞金，东是固厚、固村乡。现在全区属长胜乡管。地势北部较平坦。有梅江通到田头、车头、比巴、王坊等地。在作物方面，出产甘蔗、大米、小麦、花生、甘薯、大豆等，尤其是大米和甘蔗出产最多。

在国民党反动派统治之下，人民生活很苦。温姓压迫小姓，小房也受大房压迫。封建势力很大，如王坊的温廉三、温秀勋当过伪县长，加上国民党政府的压迫和剥削。因而人民时时刻刻都想起来反抗。因此，革命的烈火一放，熊熊之焰便燃烧起来了。

二、革命的发动

1. 田头党组织的产生

1928 年（民国十七年）九月间，宁都西门人江巨川在田头范堂小【学】校教书。他就串通老师曾纯德、刘挺善（现在是地主）、宁中毕业生崔大原及本校一些学生和一些能保守秘密的群众，常在一起开秘密会议，搞革命活动。赖公秀去听（赖公秀是长工），江巨川便叫他参加开会，赖公秀便在一本簿子上签名盖章，从这时他就进了党。开始时不要交党费（以后要交）。当时江巨川对他这样说："共产党是由俄国传来的，入了党之后，有很多好处，到处都有饭吃。"赖公秀入党后，从里到外担任送信工作，有一次送到洛口。当时田头党组织的一切工作都是受洛口党组织的领导的。

1929年正月初三（农历），红军十二军由田头→长胜→宁都→龙岗进行宣传革命，群众受大影响。同年三、四月间，十二军到赖坊打当铺，又转宁都，红军把得来的东西分给穷苦老百姓。人民受到革命影响，都想起来参加革命。

田头的党组织在上级领导下继续发展。1929年九月（农历），接到通知去港口开会，党员化装去，伪装收租、赶街等，走到宁都上面的流坊脑，一个熟人告诉他们洛口在捉人不要去，于是他们就回田头。过了几天，王坊的劣绅温廉全也带人来捉。江巨川事先得信回宁都，刘挺善、崔达原等被捉（赖公秀是长工，未被发现）坐了几天班房，交了自新书，罚了几百元就放出来了。

革命组织暂时受到了挫折，但革命的影响却扩大了。到1930年六月（农历），比巴〈形〉袁宗燕便邀集袁厚锦、袁宗定、孙世培、崔振华、孙贤发等10多人，联名写信给璜〔黄〕陂党组织，希望来解放他们的穷乡，指导组织革命。由袁宗燕化装做生意送去，当时红军接见他的是一个副官，但没有带回什么任务。

2.政权建立

人民日夜盼望革命，于是在1930年冬，红军十二军又来到了田头，袁宗燕等人就去接头组织政府。第一任主席是温起室，文书崔兴金，财政林宝森，事务长崔兴方，就开始打土豪。由十二军来掌握政策。十二月间，就首先杀了劣绅邓观澜。

在比巴起政府后，就派人到车头去宣传革命，内容是打破姓氏观念（因温姓是大姓，而往往压迫小姓）、族感观念。温老三等就起来打土豪，最大的土豪是白沙的。

十二军在1930年12月是由宁都经竹笮乘、长胜到田头来的，来后就四处派人组织农民协会等。在田头，指导组织政府的是1个营长，召开群众大会，讲资产阶级和无产阶级间的斗争。把兵农武装起来（这次开群众大会的时间是十二月十九日）。他推荐温勋堤做主席，问大家：选他当主席，你同不同意？群众就大举手表示同意。土地委员温章子，财政马公子。由十二军的政治委员打土豪，打了赖温保、陈安义、温立万等十几个土豪。

在田头、比巴〈形〉起政府的影响下，王坊很想起政府。田头派了崔达原到王坊宣传革命。群众热烈拥护，过了几【天】就起了政府，主席温立青（起了政府后，达原就回田头）。在起政府后，打听到宁都的地主有很多东西在竹笮嵊山的小姑岭。因此开始就打小姑岭的土豪。

渡头乡的地【主】豪绅看到壬田、王坊、比巴等地起了政府，怕它们来打土豪，因而就起来组织政府，推出几个人来维持，主席是邓振海。

车头在1930年八月（农历）已成立了贫农团。十二月间，在田头等地影响下，成立政府。同时，又成立了游击队，共三四十人。车头乡第一任主席是邓家耀。

白沙在1930年还未成立政府，但黄石各地已经成立了政府。但白沙有很多人暗地里心向着共产党。

十二军这次来田头后，各地区先后就组织起来成立了政府。田头是红军领导。1931年，十二军转移后，田头归仁平区领导，政府设在长胜，今区政府所在地，后来迁到田头完小。

1930年，各乡都进行了打土豪，对封建势力打击了一下子，但未彻底推垮。同时，有黄镇中、严渭臣等的靖卫团。田头有反动的温拜扬的守望队为首，联络于都的守望队兴风作浪，如渡头苏维埃被劫。当地的土豪看到乡主席周子凤、李××等很积极，因而在1931年正月十七日，土豪就与温拜洋①串通，在十七日晚，就来打乡政府，杀死我们的乡干部3人。

1931年一二月，各地就进行分田地。三、四月间，守望队常

---

① "温拜扬"与"温拜洋""温拜飏"应为同一人。

来扰乱。

1931年十月三日（农历），温拜飓的守望队和温井石的守望队，就来打我们的比巴乡政府，杀死了袁宗燕。守望队说就是袁宗燕起头带红军来的，并将袁宗燕的房子都烧了。共烧了比巴乡6栋房子。

1931年二月（农历），我们的游击队（长胜的、田头的）200多人成立，傅高皇、兰英聚和温拜扬的守望队（七八十个人，有枪七八十支）打了一次火，敌人走，我们的游击队就把它包围，打死了一个守望队【员】。

红军三十五军三〇七团团长廖冰由黄石来田头，对着主席温勋堤说：田头流氓、骗子多，要肃反，温勋堤不敢做，红军就把他的主席卸了，把田头乡改为办事处。

1931年六月（农历），孙连仲的反动军队来到了田头，我们的政府就迁走了，有的就散了，有的干部未走就被杀了，如白沙就牺牲了好几个干部。到赵博生起义后，田头在〔再〕恢复乡苏维埃政府。十月，兰英聚的游击队（五六个大队）来到田头保护政府。

十一月十九日，敌人劫王坊的政府。这时工作更紧张，因王坊的封建势【力】未彻底打垮。事情是这样的，这天上午，乡苏维埃政权打了温亦录的土豪，杀了他一个〔头〕猪，这只〔个〕土豪就去于都虎井报告守望队（离王坊20多里）。就在当天晚上，他就带守望队来进攻我们的乡政府，吹冲锋号，叫包围我们乡苏。当时我乡政府只有20多人和十多支梭镖，抵不住敌人，因而只好突围逃走，敌人捉去我乡干部4人，其中，2个姓温的干部牺牲了，2个姓刘的放回来了。

三、政权建设及维护政权的斗争

（一）田头区域和人事情况

1931年冬，成立田头区（地址：田头完小）。过了个把月，就迁到长胜去了。辖车头、赤沙、南必、渡头、王坊、黄山、比巴等乡。到 1931 年，又划进果子园、水冲、长胜、大牙。1931 年，改红军办事处为宁都县。1932 年，王坊和渡头乡合并。1933 年，成立长胜县、博生县，田头乡为长胜县管。田头区的长胜、果子园、水冲、李家坊划为长胜区。

（二）田头区、乡苏政权的人事

田头区主席：潘固明→袁玉林→赖公秀。

裁判部：陈世良、宋文柯、邓振海。

土地部：廖秀青、潘固明。

财政部：袁厚金、黄赞彩、邓振绅。

检察部：郭老法。

内务部：宋弓演。

教育部：邹学断。

军事部：欧阳昌、谢辉、温义悌。

工人队长：袁宗理、郭承珍。

妇女：主任郭东秀、老谢婆（田头区）。

中共区委书记：曾省三、潘定金、邓声俊、刘瑞锦。

组织部：邓家焕。

少共书记：廖方仪（叛徒）、杨之记。

1933 年区合作社主任：廖日行。

互济会主任：陈恭明。

各乡苏人事：

王坊乡主席：温立锌、温亦□、温立圤等人。

乡党支书：温勋宽、温勋椿。

组织干事：温步固。

少共书记：温松山、洪卜清。

贫雇农团主任：温亦淮、许仕证、温步固。

工会主任：廖高辉。

耕田队长：温世汗。

妇女主任：廖长英。

赤卫军：刘元桂。

1932 年，王坊与渡头合并。主席：邓家昌。

车头乡主席：郭家有、温传仁。

赤沙乡主席：廖高（1932 年任）。

比巴乡主席：温起塞。1932 年的党支书：曾珍权。

田头乡主席：温勋堤→邓振龙→温炳炎（1934 年五—九月）。

支书：郭学煌

黄坊乡（即山头王）主席：温勋坎。

（三）分田运动

从 1930 年起就开始，如王坊是边打土豪边分田，到 1932 年二月就来一个查田运动，田头村每人分到 6 担田。

渡头乡有 300 多户，有 10 家土豪；王坊乡有 32 户①，有地主、富农、劣绅 23 家，中农百多家，贫农百多家，较中农少。

当时划阶级，除地主、富农、中农、贫农、雇农外，还有：

迷信地主：如庵里的和尚头子，不劳动。

迷信者：即问仙、问神、和尚道士、斋公、尼姑等。

烟瘪：吃鸦片者。

流氓：流氓光棍。

反动富农：即违犯政府法令者。

对这些人则严加管制，和尚尼姑等强迫他返俗改造，分田给他们。

那时没有资本家这一称号。

（四）经济建设方面

1931 年起发行公债，一年几次，面额有 5 角、1 元、2 元、5 元，称为建设公债、战争公债，买时干部带头。

1932 年，县、区、乡就办了油寮合作社、代销合作社。1934 年，就办了积谷来搞好人民生活，其情况如下。

---

① 数据有误，原文如此。疑为"320 户"。

油寮合作社：1932年办，油寮是没收地主的，设主任1人，由群众集股，地、富阶级敌人不能入。社员照样纳油槽税，收入除付工人工资、修理费外，剩下分给社员，比巴乡的油寮合作社每股分到17斤油，不要本钱。

供销合作社：地、富等阶级异己分子，不能入，每股股金5角，社员买东西没有优待，只是在闭盐时买硝盐有优先权，并分到红利。

积谷：1934年阴【历】六七月时，办起了积谷谷仓，由政府倡办，群众送谷，是义仓性质。军队来时供给军队，送的粮一户1担、2担不等，对地富则指定其多少，有的交五六担。比巴乡有2个仓，集谷2万来斤，只是在国民党来时，有的发给群众，有的则被地富劣绅侵吞。

物价：硝盐1银圆1两，差的1元可买3两。这是在1932—1934年敌经济封锁的情况。肉1元可买30斤。

干部待遇：每人每餐吃饭6两米票，1天1斤2两，发饭票。在1934年春天干部带自〔自带〕伙食。吃盐一些人有盐吃。军队可不吃硝盐。

完粮：由干部看其收成而决定其完粮数，一般的都是留得够吃，或稍有剩余。

（五）文教方面

教育：1931年〈就〉办学校。区、乡都有列宁小学，区为高小，村为初级小学，教材由政府发，以中贫农中有文化者为教师，没有工资，并教查路条。田头圩有列宁小学，各村都有。

文化：田头圩有蓝衫社，有三四十人，每逢节日举行演戏。

宣传：妇女放足，号召妇女参加劳动生产，从此这田头、比巴一带的妇女就没有缠脚的了。

（六）对地方治安的一些规定

1.赤色戒严（即民主管理）。在苏区时，各乡各村都站岗放哨，越界越乡都要路条，或通行证，白天儿童团、少先队，晚上由干部率领赤卫队去放哨。

2. 对犯罪分子，对敌人、地富、流氓，其犯罪严重者，都送到宁都感化院去，轻者编入村乡的劳役队，随叫承〔随〕到。身体好些的编入长期担架队。进感化院者，头中间剃，两边留发。

3. 归队运动与"小差团"

1933 年底起，那时我们的扩军很多，很多人上了前线，但是有很多未搞通思想，开小差回来，军队就通知当地政府动员回队。中央对此下令称第 25 号，是张闻天下的，内容要政府动员他们回队，若坚决不回者可杀。这个命令只有区干部才知道，下面的群众以为是地方干部搞的，干部一次一次地去动员，要什么给什么，有的干部甚至当场把自己的衣服脱给对方，若坚决不去就捉去。但也有一些与地富、大刀会分子一起来抵抗，自称为铲共团，我们称他为"小差团"。

开小差 6 次以上者枪决，田头枪决过 1 个——廖高垣讲。

（七）维护政权而斗争

1. 伪造公章的破获

1934 年春天，丁陂等地走了很【多】土豪、劣绅、坏分子，这件事引起了政府的注意。原来各乡都放哨，没有政府路条是不能通行的。可是发现土豪劣绅们又有与政府的一样的公章、私章，那时是我带公章和县主席的私章。我很小心，白天放在身上，夜晚则放在枕下，怎样也不会丢失，因而要求各级干部注意，也未查出。过下子又召开各部长以上干部开秘密会讨论这事，检查政府中有无不可靠的分子，希望来破案，也无效。后来县保卫局派干部来调查，他知道政府中有坏人，因而未通知政府。

县保卫局的一个人到丁陂，化装为一地主，脸涂黑了，穿破烂，在山岭上遇到一个地主去打路条。公安人员说：你〔这〕位老表去哪里。地主告诉他去什么地方。你躲了多久？答：多久多久。接着说：我也才出来，躲了好久。装为同情他和他一样受苦的态度，又说这号日子蛮苦。答：是蛮苦。红军在这里，性命难保。是呀，在这里是定要受惊吓，但又没有什么办法。办法是有，只是要钱。只要有办法，保到性命要紧，要几多钱？你什么地方能想到办法吗？你跟我来。因而保卫局的人员就跟去，走到一离政府十几里地处的山上，只见一小孩在那里。那地主就说来打路条，他也来打路条的。那小孩说：白天不能走，要到夜晚才能走。来的地主，其实是要回来盖章。保卫局人员就到政府来报告，当夜就去到那里捉，结果捉到五六个地主和那个小孩。

后来审问他们，才知他们的底细，知道走了很多土豪、劣绅到赣州所给的出国〔入〕证，都是那小孩私刻公章盖的，结果缴出很多公章和私章，主席、付主席、公章、各乡主席的章都有，和真的一样。

2. 北上前政府戒严的加强

1934 年阴【历】六月，大刀会在竹笮嵊的大土豪陈兴秀的策动【下】和流氓地主一起劫我竹笮区政府。双方死伤几个，从此以后田头政府就怕起来了，实行戒严。我任乡文书，有什么情况区政府会来通知。有一次，在乡政府只有我二人，有一次晚上区政府的干部来通知，用枪打门，因而我们二人商量，我到门背用棍堵，你用梭镖去开。这些被来的人听到，赶紧的说：搞不得，是自己人。

以后，田头区政府对我们说：你们政府的人少，我们区政府都经常晚上走，你们不要到乡政府晚〔睡〕，以后就没有在乡政府睡了。

3. 反动势力的抬头

到 1934 年第五次"围剿"，反动势力抬头，王坊、田头的温拜飏的守望队改为铲共义勇队，温亦录为副队长，比巴乡、山公底、车头、黄山也组织了义勇队，当时的反动组织有义勇队、暗杀队、小差队、大刀队等。

为了对付他们，区乡都成立了游击队。

4. 北上前后的斗争，游击队的活动

在北上前，各乡、村的地主土豪，有的躲在山上，有的早就跑【了】，怕他们反抗，因把〈他〉可能反抗的杀了。田头区一次杀了

40 多个土豪，有一次杀了 19 个。

北上后继续斗争：

（1）田头一战

田头区成立游击队，由干部组成。九月十九日，敌人进宁都城。九月二十九日，就到了田头。九月二十八日，游击队与大刀会在河下开火，打死 1 个百姓。大刀队初来时是温大倅，于都人。接火后游击队退到白沙作战时，打死 1 个百姓，因为他没有走，我们的军队退到黄石贯去了。

（2）与山公底的义勇队作战

九月二十八日，田头几区的游击队到山公底的河下打义勇队，敌人依靠黄镇中的十九团回来同我们打了 1 天，敌人集结有很多人，捉了我们几个残废军人杀了，一说是几个部长，他们不愿走，想靠亲戚来庇护。

（3）捉大牙坪的联保主任

十月间，田头、长胜、坎田的游击队，在丁陂【的】游击队，在瑞岭田螺形驻二十四师（项英所管）①，知道这个游击更能打，下令要田头选二人到那里去，要求要大胆、心细之人，结果选了郭承均去，送到产田第七团驻地。第七团伪装解送"土匪头"前往大牙坪的联保处，目的想探实敌人而去打山公底的义勇队。到大牙坪，讲捉到"土匪头"，叫联保主任出来打"土匪"，联保主任听到很高兴，就集合队伍部分人跟着去。到丁陂的水头下看到我们游击在那里埋伏，因而他想逃跑，但我们把他捉住，有部分跑走了，追到大牙坪，把联保处搞垮，搞到盐几百斤和一些良民证、钞票，把被捉到的是好人就放了，坏人和伪主任杀了。

（4）与暗藏敌作斗争

这支游击队驻在丁陂。丁陂的大刀队向我们的红军战士朱红良说：同志，去参加我们的义勇队，带枪去有钱赏。我们的红军战士

---

① 此处不通顺，照录原文。

朱红良把这情况反映给领导，这样把内部的敌人查出了几个，把他们杀了。

1934年十月二十七日，大牙坪2个义勇队联合起捉孙贤发（今为党员）同志，介〔解〕到大牙坪的联保办事处。当日用扁担打，大腿骨打坏了。第二天，红军来劫，是红第五军派来的，派了百多人，郭承珍、廖美清带兵来劫。由上攻下，敌人——义勇队有七八十人，就抵火，把敌人排长打死，捉到义勇队18人，带回岭背（瑞金的岭背）。

五、国民党对革命的迫害

1934年九月，田头各地〈就〉成立了联保处，主任是黄道祥，来迫害我们的同志，如廖康义，被捉去，2个手指头被打坏了，罚款百多元，才放出来。

王坊的温勋豪、温勋尧、温勋寿、温世科等5人，在义勇队队长的翼卵之下，拜为五虎，专门抢革命干【部】家财，对付革命干部，在他们手里打死了几个干部，如温立珍、温世伦等。1935年，温拜飔和温勋秀，名为起义仓，别人都不需要，勒索了老革命温卜镐之款，使〔把〕其田卖了，又捉他弟的壮丁，出〔勒索〕了200多元，【温卜镐】直到1948年才敢回来。

又如，解放军渡长江（在三月里）。五月里，渡头邓炳文（任过联保主任）、温拜飔（守望队长，恶霸）、邓炳章（伪保长）、黄式荣（田头联保主任）等交结同盟，喝血酒，一起要杀老革命邓家振、邓振刚、邓书连等。一天夜里，来到邓家振家，气势汹汹，满身捲〔卷〕扎，要来杀邓家振，但家振未在家而未成，因而这些老革命都不敢回来。

（伍崇光整理）

里迳乡人民革命斗争史 ①

苏区党史资料调查简表

姓名	廖世宣	性别		成分	职务	政治面貌	
别名		男		今		党员	
苏区姓名		年龄		昔			
		75					
住址		宁都县黄石乡里迳圩					
访问主要内容	本区资料	里迳地区的革命斗争历史					
	别区线索						
表达能力		较差（嗓子不好）					
交来文物						备考	
访问时间		1958 年 12 月					

---

① 这个文件较乱，经过认真阅读后发现，这份调访资料里实际上包含了两个文件，一是《里迳乡老同志座谈记录整理》（1959 年 1 月 2 日），另一个是《里迳乡人民革命斗争史（1959 年 1 月 3 日）》。两份资料混夹在一起，且有重复之处，出版时把它们理顺、分开，删去了重复部分。

苏区党史资料调查简表

姓名	罗镇中	性别		成分	职务	政治面貌	
别名			今		义务教师	老革命	
苏区姓名	同	年龄 75	昔		长胜县裁 判部长		
住址		宁都县黄石乡里迳大队里迳圩					
访问主要 内容	本区资料	长胜县及里迳地区和 游击队坚持斗争情况					
	别区线索						
表达能力		好					
交来文物						备考	
访问时间		1958 年 12 月					

苏区党史资料调查简表

姓名	严锡振	性别		成分	职务	政治面貌	
别名		男	今			党员	
苏区姓名	同	年龄	昔				
住址		宁都县黄石乡里迳大队					
访问主要 内容	本区资料	里迳地区革命斗争历 史及游击队坚持革命 的斗争历史					
	别区线索						
表达能力		较好					
交来文物						备考	
访问时间		1958 年 12 月					

说明

1958 年 12 月 28 日下午到 29 日晚上，我们召集了里迳乡 5 位老革命同志进行了座谈，回忆苏区时代的革命斗争情况。参加这次座谈的老同志，有严锡振、廖世宣、杨传信、王立英和罗镇中。同时我们还访问了彭步云、黄炳辉和邱以平等同志。

参加座谈会的老同志，把本地区土地革命时期革命斗争的情况作了全面系统的介绍，不仅着重介绍了本地区土地革命时期斗争的情况，而且介绍了土地革命前夕和红军北上后被摧残的情况。兹将会上的纪〔记〕录按问题的性质整理出来，以便参考。因时间关系，未能详细核对。虽然会后我们又多次向这些同志了解当时的情况，但仍难免有遗漏之处，事件之间也会有不够明确和前后矛盾之处，这有待于同志们，特别是老同志看后补充和改正。

一、苏维埃政府成立以前本地区的一般情况

在国民党反动派统治时代，里迳属于伪宁都县对坊乡管辖。伪乡政府设在对坊，在葛藤坰驻扎有反动的保安师（约一排人），时常来里迳一带征兵征粮，征收各种苛捐什税。当时土豪劣绅剥削很厉害，人民生活极端困苦。

先前这里一片土地（指里迳）多是姓郭的，地租一般是对半分，地主来收租谷时，向佃户要吃要喝，吃喝不好就要大发脾气，连桌子也给打掉。流氓赌棍从瑞金下来讹诈小姓，没有借钱硬说你借了他的钱。大姓欺压小姓，封建宗族势力很是浓厚。而且反动派常来压诈〔榨〕，对没栽种鸦片的人，他们就拔几兜栽到你田里，然后罚款。不仅如此，地主放债，剥削很重，每石谷年利 5 斗，高至 1 担，借债要用东西抵押，过期被霸占。穷苦人一年累到头连饭也没有吃，过年关就像过牢关，小姓到 12 月不敢来赶集。

北伐战争时期，1926 年四月"北兵"来到里迳，扎在街上，有几十个人，"蛮歪"，有的人看他们一下，【他们】就要打人家几

个巴掌。住了几天就走了。当时里迳群众还【不】知道有清党和【共】产党，分左派和右派。

1927 年正月初一（注：这个年代是不对的，据"毛选"载，红军在 1929 年二三月间才从井冈山下来。因老同志都这样说，故写下），毛主席的红军由瑞金上来，在大柏地马子岈跟白军打了一仗，消灭了匪军金汉鼎一师人（刘士毅师的一团人）。红军往长胜到宁都去了。

1929 年正月十二日，于都桥头朱学九游击队到渡头打土豪，捉到地主罗光栏，押解经里迳。渡头姓罗封建势力集合群众，拿着梭镖、土铳追来，想用武力夺回。朱学九部队来到里迳，正逢里迳群众"誤神"打土铳，被误为来夺罗光栏，所以在坪布烧了两个祠堂，当天就走了。此后，在村政府成立前，就有各地的红军游击队来往里迳进行活动，如：刘宽坤（万田沙心人），共 100 人左右；郭承明（黄石礭人），有 20 人左右；廖彬（长胜人）有 200 人左右；曾云楼（瑞林人）有一支小队伍；周品仁有一支小队伍；葛热华有 20 人左右。这些队伍经常来往里迳活动，当时刘宽坤、廖彬的队伍有几十条枪，其他队伍大部分是梭镖、土枪。这些队伍经常在各地打些土豪、借款、罚款、宣传革命等。有时也会在里迳住上一两天，宣传打土豪、分田地等革命政策。里迳的群众在这样的形势影响下，受到了革命的影响和教育。红军游击队来了，群众就会集米集柴，给队伍搞饭吃。有时紧张一些，群众则将自己做好的饭集起来给他们吃。贫苦农民听到打土豪、分田地，非常喜欢。瑞林成立四乡政府后，里迳群众希望早些接上头来，比如园竹贫苦群众常到雇农严锡振家里要他去接上头来。有的说"我们怎么还【没】接到头来"，有的说"你要是怕，我送你去"等。有一些经济情况较好的群众，怕别的地方游击队来打掉土豪，又怕不起政府红军来了会吃亏，因此也想接上头来。

二、苏维埃政府的建立及其组织情况

1929 年二月间，曾炳辉（二村人）曾去葛藤坳接头，后群众认为葛藤的武装力量没有瑞林四乡政府强大，四乡政府游击队有洋枪。三月（栽禾边），刘积才、罗福祥、严锡振、曾炳辉四人到四乡政府接头，带回一张字据，内容是，准许里迳起政府，有困难互相解决，有事情会来援助等。字据上盖有四乡政府的印子。接头后每人带回一只红袖子，上面写有接头人的名字。

接上了头，群众非常高兴，回来的四个人讨论起政府的问题，商量哪些人可以发红袖子。不久，又在瑞林拿上一批红袖子。得了红袖的人经常开会，这后自己买布做红袖子，做好后，送到瑞林四乡政府盖上"中华苏维埃政府"的章子。1929 年四月初二，瑞林四乡政府有廿多人来里迳，住了一晚，召开了大会宣传。五月，村政府在坪布成立，刘积才任主席，罗镇中当文书，严锡振做贫农团主任。还有财政和事务长。

村政府起了以后，里迳红了，寺背那边还是白。为了防止靖卫团来捣扰，村政府发动里迳群众挖了通往寺背的道路，挖了几十丈远。（寺背成立政府后，修好了，至今仍可看出痕迹。）

1929 年八月，毛主席的红军从黄石到里迳去瑞金。某日中饭时到里迳，当时一面红旗插在廖世宣门口。毛主席、项英等同志坐在街口休息，看到廖世宣来了，很谦和地端凳给廖坐。廖问："这是不是朱德的红军？"并说："新陂那边有土围，有靖卫团。"毛主席说："我们是到瑞金去成立中央政府的。不要怕土围，应该好好地做好工作，将来到瑞金去开会。"（毛主席没有问廖的姓名，廖也不知是毛主席），这次来的红军很多，里迳附近都扎满了。红军住了一晚就开往瑞金。

在村政府成立时，同时成立赤卫军，有三四十人，要成分历史好，年龄相当，家里贫苦的人才能参加。提出成立赤卫军这个问题后，马上有几十个人报名。

村政府成立后，开始打土豪，先打罗祥春、蔡太绍的土豪，罚款，并将一部分食物发给贫苦农民。

1929年十月，村政府转乡政府开了2天1夜的会，四乡政府主席谢××参加了会议，选好了乡主席、文书、贫农团主任、查田委员和土地部长。接着洛村起政府，先选贫农团主任和查田委员，再选村主席、少先队长和儿童团队长。

乡政府设在河背，里迳属对坊区领导，管7个村子：中蕉、园竹、坪布、里迳、严坑口、鸭子岭下和寺背。

1933年八月，划长胜县，里迳乡也划归葛藤区管，辖4个行政村，中蕉、园竹、坪布和里迳，其余3村划归寺背乡。

里迳乡政府的组织和领导人员的姓名：

乡主席：一任罗善室，二任廖发彬，三任王道琴，四任王玉香，五任陈大元，六任林兴柳，七任严锡振，八任廖啟彬。

文书：罗镇中→陈彦华→杨永红→罗美伦→严之东。

贫农团主任：尹志煌→曾广塘→林光柳→邱克池→廖启彬。

经济委员：罗子云→曾炳辉→罗运群。

土地科长：罗镇中→彭步云（分好土地后，土地科撤销）。

互济会主任：廖世宣→彭宏炳。

反帝大同盟主任：严锡振。

事务长：廖世宣。

特派员（干事）：×××。

妇女干事：郭秀英→郭步莲→余步莲→廖金莲→肖金莲。

赤卫军队长：黄道芹等。

工会主任：赖纪春。

新陂土围打开前（1934年四月），黄华有、钟应标等的靖卫团经常来里迳骚扰。当时里迳所处的情况是：三面白，只有葛藤一面红。但里迳群众打起红旗后，一直高举红旗坚持斗争。

三、党团组织

最早来此发展组织的【是】葛藤孙明山。1929 年八月，黄石郭志署来此发展组织。1929 年九月，由孙明山介绍，廖世宣、廖高升、黄宽经、尹志煌入党。团的组织同时发展。党组织在村干部、赤卫军中发展。党团组织发展很快。到 1930 年，有党员 110 多人，团员近百人。

入党手续：1 个介绍人，填表，不宣誓。逢八过组织生活，每月 3 次，秘密进行活动，没有暗号。入党有 3 个月后〔候〕补期，表现好的讨论转正。每月缴党费 1 个铜板。在党组织生活时进行八条纪律的教育，党员要服从党的纪律，牺牲个人。

全乡有 1 个中共乡支部，每村有小组，通知了开会，不管落雨落雪都要到。

中共乡支部有支部书记、宣传委员和组织委员。

支部书记：一任陈炎华（做了 3 个月），二任钟森山（做了一年），三任王永全。

党支部宣传委员：廖高升。

组织委员：严锡振。

团支部书记：罗子云。

宣传委员：曾达生。

组织委员：曾绍良。

团组织逢九开会。团费每月 1 个铜板。

少共书记：黄进城。

儿童书记：杨长生等。

1933 年划乡时，4 个村各村党员（已知的）名单如下——

第一村（中蕉）：廖高升、廖发彬、彭世贵、王永金、廖得池、廖池厚、廖池榜、肖金莲、郭步莲、郭秀莲、陈老三子。

第二村（园竹）：严锡振、钟少谋、曾炳辉（1933 年复查时被划为地主，开除出党，逃瑞金，在九保被反动派捉杀）、曾少育、曾少海、严锡忠、严永援、严志春、朱造游、赖基村、罗会赞、罗会林、罗立城、林起仿、林兴广、曾传宜。

第三村（坪布）：邹少椿、廖宝珍、邹家升、彭传仲、彭宏炳、蔡有发、彭步云。

第四村（里迳）：罗宏球、杨才信、罗光才、罗镇中、廖世宣、黄宽经、曾广发、廖启彬、刘忠松、曾广塘、陈育森、尹志煌、刘积才、陈长连、王昌秀、王立贵。

在1932年公开建党。党组织领导各项工作，每项重大的工作，都在党内先讨论，第二天在团内讨论。党团联席会讨论，作出决议后，党团员带头执行，领导群众去干。

四、群众运动

（一）打土豪、分田地

政府成立后，在1930年一二月分田。分田以前，首先清查土地数目。没有丈量土地，按总田面（原来田的面积）计算，同时还进行了抗债，借了地主富农的债的人，向地富要回借条，烧焚。地富的田契、屋契、岭【契】都烧掉，中农、贫农的契也烧掉，因此后来很多田地无契。

分田以村为单位，按人口平均分配。当时7个村的人口约2300人，土地数5000多亩。平均每人分田9担，山地最多15担田。田分甲、乙、丙三种，好坏搭匀，中农的田拿出来重分，地主没有田分，富农分坏田，各村留有公田。

分田时，区里派下工作人员，根据剥削情况和政府法令划分阶级，划出的地主富农报区里批准，再打地主。现在已知的四个村的地主、富农数字如下——

第一村（中蕉）：郭志有（地主）。

第二村（园竹）：曾兴和（地）、严锡蟠（地）、严志冬（地）、曾炳辉（地）、曾发芹（富），曾发其、曾发亨、曾兴珠、罗运宾、罗会富、严曾仁、严朝贵、严永林、严锡辉（以上是富农）。

第三村（坪布）：彭钟礼（富）、彭书和（富）、邹永和（富）。

第四村（里迳）：曾发明（地）。

在1933年七—八月，进行查田查阶级，查出了地主严志东、曾炳辉、罗会孚。一般群众瞒田的较少。

被打的地主、富农，有不少投河自杀的，有的上吊。平时地富对群众打招呼，群众不理睬，个个革命坚决。

地富跟新陂靖卫团有过联系。富农钟运球在1930年四月初三带新陂靖卫团来里迳骚扰，捉走群众彭于珠子（杀在河坝），抢走妇女饶兰英，富农钟运球跟靖卫团跑了。地主黄彦涂逃往泰和马家洲。

政府对地富严加管制，把他们组成劳力队。村代表、少先队，特别是耕田队长管制他们劳动，替军属耕田，不得吃一碗茶水，带饭去吃。赤卫队自成立起开始赤色戒严，白天有人专门检查路条，晚上由作田老表轮班放哨。曾经捉到逃亡的地富。1932年二月，捉到逃亡地主罗贤桂。还捉到过土匪黄镇中派来的侦探1名，当场杀掉。

在1934年九月，根据上级的指示，集中地富，一次杀掉了15个。（打土豪分田地时没有杀地主、富农。）

（二）经济建设方面

1931年五月，发行第一次经济建设公债，完成了几百块的任务，发行公债以前党内开会研究，然后开群众大会推销。

1931年，征累进税，很轻，一亩田只交几斤谷。开初可用钱代，也可交谷，以后要交粮。公粮送到黄石仓库，乡里也可留些。

1932年，发行第二次经济建设公债。同年三月，里迳成立消费合作社，社主任廖安宣，采买王立先。消费社由群众集股组成，每股1元，经营各种消费品。当时上田兵工厂、印刷厂也到这里买东西。由于代销社办得好，能帮助群众解决困难，群众又要求成立粮食合作社。首先，各村先召集党员开会讨论，作出了决议，认为成立粮食合作社可以帮助群众解决困难；冒钱的人家可以1升、2

升买零来吃。党内决议后，又在群众中讨论，群众非常同意，踊跃集股。1932年7月，成立粮食合作社，1桶谷1股，最多的是4股。股金由村长收齐运粮社，主任廖永怀。社员有购物的优先权。

消费社和粮食社月月有数算（乡主席、中共支书参加），以股分红，每年一次，分红时社员都蛮欢喜。地主、富农也想加入，群众不准他们加入。

此外，还组织了森林合作社、药材合作社（主任罗明有），还设立了招待所。

〈没有〉成立互助组和耕田合作社。耕田队耕公田，帮红属和干部家里耕田。40岁以上的人参加耕田队，它还代没有劳动力的户耕田。

打土豪、分田地后不要交租，收一担得一担，还分到了地主的东西。成立合作社以后，生活更进一步得到了改变。家家有余粮，粜粮做新衣服穿。当群众知道还要完累进税时，急着先交掉，有的问："我要交多少，让我早点子挑了来。"当公布累进税的数字后，群众不分男女老少把谷子挑到仓库（在黄石）去。人人欢天喜地。

（三）扩大红军

1931年，提出要扩大红军优待红军家属，并进行宣传，提出每人要准备当兵，干部自己带头。当时提出红军要打到南昌、九江。组织了担架队、运输队、慰劳队，有长期伕子、短期伕子。耕田队帮红属耕田，慰劳队帮红属解决困难，挑水、作（砍）柴、洗衫裤等。妇女组织洗衣队、欢送队、宣传队等，做鞋子，做草鞋，募捐，做果子，唱歌……敲锣打鼓欢送参军。

从1931年起，扩军是当时一项重要工作。在1933年三—四月，提出"扩大一百万铁的红军"这个口号后，扩军是一项中心工作。当时去参军非常光荣，欢迎欢送。

扩军任务由县分到区，由区分到乡，然后乡党支开会讨论。第二次团内讨论，再党团一起讨论，把任务划给各村，号召党团员带头，进行宣传鼓动。首先宣传开小差的人归队，儿童见到开小差的人进行耻笑，骂他们做怕死鬼，群众都会唱讽刺开小差的士兵的歌，其歌词为："开小差的士兵，无缘无故回家庭。原来是工农，不该怕牺牲，父母妻子有优待，一切田地有人耕。快快归队，快快归队当红军。"

里迳乡扩军工作的方法是，干部带头，带动群众。乡赤卫军队长召开村赤卫队长、少先队长开会，作动员，干部在会上挑战，下去的动员群众参军，带头报名。乡里表扬好人好事，表扬先进村，各村之间展开挑战，到处宣传当红军的好处，"有前方才有后方"，政府照顾红军家属。洗衣队帮助年老红属洗衣，慰劳队帮助挑水、作柴①、煮饭。耕田队按时先耕好红属的田地，有困难政府能及时解决。为了听取红属的意见和要求，乡政府规定每月十五日召开红属座谈会，开会前少先队、慰劳队做好"擂茶"，准备好花生、豆子、薯片、果子等食物，开会时军烈〔属〕坐下吃茶吃果子。乡主席向他们解释，告诉他们的儿子或丈夫所在地及近况，要他们安下心来。同时，还问他们生活上【有】困难没有，衣服有没有人洗，有没有人帮助担水、作柴、煮饭等。会后，乡政府马上解决会上所反映的意见。没有做好工作的人要作检讨。这样一来，红属心里非常高兴，不肯拿衣服给洗衣队洗，而洗衣队员却抢着洗。红属心里没有丝毫愁革〔怨〕。由于优待红属工作做得好，群众都愿当红军，所以在扩军运动中，里迳成为模范乡，出现了许多好人好事。团支书邱克之、少先队长王金山积极带头，带动一排人参加红军。邱克之同志在宣传动员青年群众参军时，以身作则。有的群众说家有老母不愿去，有人说家里老婆年轻，舍不得。邱克之用自己的模范行动来带动他们，他说，我家里母亲年纪很大，老婆很年轻，我愿意去当红军，因为当红军光荣，有前方才有后方。就这样，许多同志也参军了。还有妇女郭步莲同志动员丈夫参军时说："你去当红军

———————————

① "作柴"，方言，"砍柴"之意。

很光荣，你去了也帮助了我的工作，如果你不去当红军，叫我怎样去动员别人当红军呢？你去当红军，回来我们还是夫妻。"在郭步莲同志模范行动的带动下，出现了许多妻子动员老公、母亲动员儿子参军的好事例。

在里迳乡，能参军都前线去了。乡里只留下乡主席、文书、支部书记和村代表、耕田队。参加红军的〈约〉有四五百人。

1933 年八月，里迳乡主席严锡振同志调葛砾乡工作，带去了优待红属的工作方法。在个月后[①]，在干部努力下，落后的葛砾乡成为扩军的模范乡。

（四）文化教育方面

1931 年二月，成立列宁小学，设在河背，各村有列宁小学。儿童去上学。当时没有进行扫盲，也没有夜校。到处都写有"打土豪分田地""扩大一百万铁的红军""肃清反革命"等石灰标语。

群众学会了很多革命歌曲。现在还能唱苏区时代的"革命歌"等多首。小学教师担任教歌工作。

（五）苏维埃政府建立后，妇女开始放脚，剪发，打破包办婚姻，提倡婚姻自主。郭步莲同志带头剪发放脚。

五、里迳地区的战斗情况

1929 年三、四月间，驻守兴陂、黄沙、渡头的靖卫团黄华友100 多人，都带有枪，并带着白区老百姓来到里迳。这时，里迳的赤卫队还不强大，人数少又没有枪，抵抗不住，便都登山了。靖卫团便大抢一顿，不久，靖卫团探听到游击队不在此地，便又从渡头来到了雷公掌下大抢了一顿。九、十月间，又带来老百姓到里迳的河背大抢了一通。

1930 年四月初三，正逢里迳当街，黄华友部带来几十个人并

---

① 原文如此，疑有漏字。

携带枪，进行抢劫并捉走彭意珠子（被杀）和李功伟的老婆饶兰英去给靖卫团的一个小头目黄家潘做老婆。九月十九日下午，又从渡头带来了 2000 多人（连白区百姓）。我方只有几百人（游击队二三十人在内），和敌人打了一仗，便都登山了。敌人便进入村里，在里迳、河背等地进行烧劫，我方游击队便从山上分三路冲将下来，敌人慌忙撤退，被我方捉住 2 人（我方 1 人受伤而牺牲），当即杀掉了。我方一直追直〔至〕蕉溪才回来。第二天（九月二十日），敌人又来，并搬请靖卫团严渭臣（驻彩江）共有 2000 多人，我方也从葛藤开来几百赤卫军支援，加之廖彬二三十人游击队，共有四五百人，分兵抵抗。葛藤赤卫军抵敌〔抗〕由彩江来的靖卫团，里迳赤卫军和游击队〈便〉抵抗从渡头来的靖卫团，战斗至中午，敌人败退到中蕉，抢了一顿才走。十二月十六日，王立先带几百人（内有老百姓从官仓来），钟应彪靖卫团从刘坑来，我方抵敌〔抗〕不住，退至葛藤，钟应彪便在刘坑、胡屋底等地大肆烧杀，焚毁 2 栋房子，烧死 2 个人。

过后，里迳有 29 个当红军的（可能是开小差的）回来，在蕉溪被钟名标捉住，当场杀死几个，捉回新陂后全部杀掉了。

1931 年八月间，黄镇中打着红旗率部从宁都来，经过里迳，当时不知道【他】叛变了，所以没有阻他，但也没有去跟他接洽。他过了里迳，便打起白旗走进刘田，再进新陂土围，和黄化友、钟名标、王立先等会合。九月初，我红三十五军追赶黄镇中，来到里迳，在当地游击队、赤卫军配合下，包围新陂土围，埋棺材炮打开土围。黄化友、钟应彪① 被打死。王立先和黄镇中逃进欧底土围。我军追击，亦用棺材炮炸开土围。黄镇中又逃上云石寨。云石寨攻下，黄镇中逃往福建去了。

新陂靖卫团几次来骚扰时，焚烧房屋 55 间，并烧死 2 个人。

---

① "钟应彪"，疑与"钟名标"为同一人。

　　河背烧毁 3 间。里迳 5 间，蕉溪 28 间，坎子塅 15 间。刘坑 4 间，阳屋牌 4 间。

　　里迳和寺背两乡在 1934 年五月成立游击队。队长严锡振、刘厚仁（副），书记王永生、邹绍椿（副），队员有 80 多人，驻在寺背，没有枪，只有梭镖、土铳。

　　1934 年七、八月间，野战军撤〔出〕动，留下廿四师在里迳一带游击。同时黄（石）对（坊）葛（藤）干部组成游击队，有百多人，几十条枪，由侯忠仁（黄石区军事部长）任队长，廖金山任副队长，后由郭子妹任副队长（因他悲观失望，说要解散游击队，被处决）。

　　1934 年十月，长胜县干部组成独立营，有 300 多人，60 多条枪，4 架花机关，在这一带活动。

　　十二月初八日，区乡游击队配合廿四师进攻洋溪，其战斗经过：

　　原来洋溪没有炮楼，在初七晚上，反动派说里迳是"土匪兜"，要筑防御，所以漏夜做好 6 个炮楼。洋溪战斗要是没有瑞林反动军队来增援，我们一定能打下来。

　　乡游击队退回里迳后，日夜放哨，早上、下午上操，经常开会，找目标，派人作柴、走亲戚去探消息。每天晚上汇报，发现敌情，队里马上研究，决定行动。十二月二十日，发现在葛藤的敌军来洋〔杨〕屋一带买菜，游击队第二天赶到杨屋藏好，不久来了四五十个匪军，都有枪。看到这种情况后，队员中有人问队长打不打，队长一声令下，号兵吊号，土铳轰天轰地地打响了。队员口喊冲杀冲下山来，匪军掉头就跑，赶走了敌人。

　　游击队下到杨屋后，教育了卖菜给敌人的群众，要他下次有敌人要上来报告。

　　以后，游击队在盲东寨放"防风哨"，每班有 3 人，日夜有人守着，发现敌情就放土炮，游击队马上做好准备，看到敌人多就不打，敌人少就跟他打，把捉到的敌人杀掉。由于群众的报告，曾经 2 次捉到买菜的人，审问后杀掉。

　　1935年正月初十边子①，在园竹坳子下，打死了敌人1个哨兵。当时我们的游击队发现敌人的哨兵后，女队员罗金莲带着绳子和刀子，从地上爬到敌哨兵脚下，拖住咬哨兵的脚。那时，哨兵以为是狗咬脚，准备赶，1个男游击队冲上，2人一起用哨兵〔刀子〕刺死了敌哨兵。不久，〈敌人发〉敌人发现哨兵被捉刺，惊慌得很，马上集拢队伍，向山上哨〔扫〕花机关。我们游击队向山下扔炸弹，丢了60多个，只响1个。敌人冲上来，我们游击队就边打边走，从一个山头到另一个山头，最后被敌人追得无法，就用火烧山，阻止敌人前进。我们游击队在高山顶上烧饭吃，用土铳打他并派人看敌人的退路，吃饭后又追击敌人，使当时驻在坳子下一团敌人，漏夜退走了。

　　到1935年初，活动困难，有的已开小差，剩下十二三人，当时大家决定死也死在红旗脚下，不向敌人投降。到二月，因生活困难，找米不到，游击队决定分组找出路。在这之前，曾在1934年冬，发生过有游击队员王昌海叛变，带靖卫团来捉游击队的事情。

　　王昌海是在1934年十二月廿几逃下山的，接着在匪靖卫团队长钟运池、邹升同【下】当了义勇队员；到了1935年正月，就带靖卫团搜山。我方未受损失。

　　游击队分散后，夜晚进行活动，带着马刀、土铳、梭镖，时常转来在规定的时间地方开会，即规定在大高山的一所屋子内逢七开会，讨论如何逃出的问题，并事先规定，逢七没有来开会就算逃脱了。游击队解散时（没有正式公布），只有十二三人。1935年三月，有尹志煌同志想下山探探消息，看是否能下山。结果一到山下，就被反动派捉住。反动派用扁担打他，打出屎来了，被罚80元，到冬天因伤过重牺牲了。

　　严锡振、刘厚仁、王永生、邹少椿4人，在8月才各自逃亡到于都、瑞金等地。刘厚仁被捉到洋溪，罚七八十元。

---

①　方言，意为左右。

至此，坚持斗争半年多的游击队解散了。在乡游【击】队解散前，曾与黄对葛游击队连〔联〕系，准备合拢来。区游击队未同意（可能是当时各自要分散活动，缩小目标）。黄对葛游击队在1934年十二月解散了。

六、红军北上后被摧残的情况

主力红军在1934年七、八月间出动①后，十二月二十七日，反动派的军队开到里迳，说里迳是"土匪兜（窝）"，进行抢劫，什么都搞光了。这时，没杀掉的地主、富农又台〔抬〕头，带头捉人。里迳义勇队长钟运池约2班人，钟运池是曾经被打过的二流子。因此，不仅是老革命，就【连】一般人民群众也遭到了残害，而老革命同志受残害更为严【重】。当时，对只要是参加过革命工农同志，家产都会被没收了。

国民党军队和义勇队到园竹乡政府搜查时，搜出少先队红旗，就将这2栋房子烧了。

当反动派还没有进到里迳时，里迳的老革命同志绝大部分都上山，或逃出去了，因而捉到的或杀害的不多。当时，只有焦溪彭传义同志（共产党员）因出走不及，在路上被捉到杀害了。但是，反动派、地主是革命的死对头，他们对于在外逃走几年回家转的革命同志，仍是进行报复残害。如罗镇中同志（长胜县裁判部长）在1934年被捉到时，进行严刑拷问，打地雷公，踩扁担，香火烧……越狱后，在外逃难。到1945年回家转时又被捉到，地主恶霸要把罗镇中同志杀害，说是为地主复仇。经讲许多条件，限制不得自由行动，被保出后，又被迫到瑞金去避难。

反动派对于一般担任工作不大的革命同志，回家后都要罚钱，有的被罚钱3次以上，如严锡振同志第一次罚75元，第二次义勇队又罚25元，后来又罚10元。因为革命同志的家产被没收了，缴

---

① 应指中央红军长征。

不起罚款，只得东借西凑，借不到逼得卖子卖女，严锡振同志就被逼得把 1 个独子卖了 100 元。其他老革命同志也有不少卖子卖女的。对革命同志的罚款多在 100 元以上，最少也在 10 元以上，而以 40—50 元者为多（罚款都【是】银圆）。

还有的老革命同志，因被迫外逃，生活困难，又不敢回家来，因此也有死在外面的。到现在还没回家乡的如有乡苏工会主席赖志村同志全家。

不仅如此，反动派、地主富农还千"土匪"万"土匪"的辱骂老革命，受尽了压迫，无处申冤。

七、坚持斗争的事例

红军北上后，党的工作就转入地下秘密活动。

一方面留下来的游击队，因敌强我弱，就分组上山隐蔽。并且还规定，在中焦大石下有暗信来往，互通消息；也会开党的会议，用刀在树上砍规定的记号，寻到指定的地点开会。当时党支书是杨永泉同志。

在山上的同志，和在家里的可靠的忠实的同志取得联系。有时，晚上下山到他们家里去开会了解情况。而在家里的同志如严锡振、杨传信等就给山上同志送食物，送消息。

在山上的同志也不能长期住下去，罗镇中同志利用洋伞铁骨子磨成小刀，用住在家里的同志弄来的旧路条，照样刻下盖路条的公章，弄来街上的伪政府贴的布告上的方印，也照样刻下方印，来假造路条，造良民证。当时刻成了盖路条的和盖良民证的公章，就假造路条、良民证，再往别地方逃走。里迳老同志得到假良民证、路条的有罗镇中、邱以平、左金生、严锡振等 8 人。从于都逃出来得到的有 6 人，从瑞金逃出得到的有 18 人。罗镇中同志说：反动【派】发路条、良民证，我们也发路条、良民证，但我们是发给革命同志的。

老同志逃出去，有的做木工、篾匠、铁匠、耕田，各自谋生。

当红军快来时，本地土豪劣绅、保甲长开秘密会议，开老革命同志的黑名单 10 人：廖步云、罗正中、王立英、廖世先、王永泉、陈太原、严锡振、左金生、陈年华、郭步莲等 10 人，说他们是红军兜，如果不杀掉，等红军回来一定不得了。名单开出后，送去黄镇中指示。这个消息为甲长李功伟告诉了廖世先，又通知其他同志，注意防备。不久，解放军逼近了，反动政府解散了；黄镇中也上翠微峰去了，自己也顾不住，因而没有派〔来〕得及【派】人来捉老同志。

1949 年闰七月初八日，里迳又解放了，人民群众〈以〉无比高兴、热烈迎接了人民解放军的来到。

（整理人：夏培源、罗育群、刘占云）

赤水县马头区革命斗争史资料

中共江西省委赣东南中央苏区党史调查工作队
宁都分队与中共宁都县委党史编写委员会办公室合编

应该预先说明的几句话

因我们有新的任务须马上到乡下去，所以，很匆忙地整理出此综合材料。

这是一份纯粹资料性的综合材料。它是依据田埠、马头、东龙3个大队的老革命廖盛明等20【位】同志的回忆记录整理出来的。它是一份既没有对证过经典文献，没有任何文字材料依据，又没有和其他工作队、组〈训〉调查到的有关材料核对过的材料。所以这是一份极粗糙的参考性内部资料。我们准备在不久以后抽空把此材料，进一步充实改写和核对。

根据分队部交给我们的任务，我们对苏维埃时代的马头区，不作全面调查，而是着重调查革命力量对反革命大刀会的斗争问题。分队部给我们的时间是4天的时间（结果用了6天的时间）。分队部给我们的人力是2个同志。

我们能在时间短、人力少、地区大的情况下，基本上完成调查任务，是由于得到乡党委、大队党支部的重视、领导、帮助和老革命积极、热情【的】支持协助。

由于我们对苏维埃时期的赤水县的情况一点都不了解，同时苏维埃时代的马头区，现在大部分属固厚乡东风人民公社管辖，有些地方属会同乡管辖。所以在对马头区进行调查时，碰到一些困难，对因此而产生的这个困难问题，在不久以后进行充实、改写和核对此材料时，尽量设法解决。

材料中所用的月、日均以古历计算。

材料中存在的一些问题，我简略地述写在后面，并准备在不久以后充实、改写和核对此材料时，尽量设法解决。

中共宁都县委革命史编纂委员会　肖康民

中共江西省委赣东南中央苏区党史资料调查工作队宁都分队　梁小克

一、一般情况

第二次国内革命战争时期的赤水县马头区的版图，现在绝大【部分】属宁都固厚乡东风人民公社管辖。

在第二次国内革命战争时期，马头区最初属宁都县管辖。1933年元〔一〕月，宁都县改为博生县，马头区属博生县管辖。1933年，赤水县成立，马头区划归赤水县管辖。

马头区苏设马头。（在193□年□月马头区苏曾移到东龙，约1个多月的时间，又移回马头。）

马头区设有9个乡（？）：马头、东龙、田埠、田背、肖高、肖坪、武村、长胜岭、茶甫坳。（？）

马头区地处宁都、石城、广昌县3县之间的边区地带。计：

马头向南：马头 15 田埠 20 固厚

马头向东：马头 10 东龙 10 石城县的小松 30 石城县城

马头向西：马头 65 宁都县城

马头向东北：马头 60 广昌县驿前 30 广昌县赤水

东龙 20 田埠 20 固厚

东龙 10 小松 40 译前 30 赤水 40 广昌县城

（以上的里程均以华里计算）

马头区的版图：综〔纵〕有35华里，横有25华里。地势高坑，岭险山高，交通不便，夹〔狭〕长梯田居多。

马头区内及其邻近地带有许多小集镇。这些集镇，本来是设在交通路旁上的附近农产品集散地。可是在国民党统治时期，这些小集镇成为土豪、狗子的盘据〔踞〕点，而向附近农民进行剥削、压迫，并且集聚许多流氓、烟鬼、赌徒在一起作恶。这些集镇在苏维埃时期，曾把它们当作为此地区的区、乡政治、军事、文化中心。这些集镇一直都有"当街日"——直到人民公社化以后，才改变这种传统的习惯——每隔数天一次。兹列各镇"当街日"如下（古历计算）：

田埠每逢四、九当街

固厚每逢三、八当街

马头每逢一、六当街

小松每逢二、七当街

会同每逢五、十当街

固村每逢二、七当街

驿前每逢三、六、九当街

武村、东龙朝朝早市。

马头区 70% 以上的山岭、田地都被土豪劣绅、祠堂（死地主）所霸占。农民们一年辛苦的劳动果实，60% 是被地租剥削去了。计10 担田（2.5 亩）年产（上等田）10 担谷子，而地主要收去 6 担。地主在收租时，农民还要杀鸡鸭招待，否则就会被地主拿去〈我〉财物，就会有夺田的（不准农民耕此田的意思）危险。农民若因贫困、灾害而交不起租时，地主便把地租转为高利贷，年利 50%。若次年仍交不起此笔债务，连 50% 的利息也变成本钱，转而生息。

高利贷剥削和地租剥削一样，残酷地强加在农民的身上，一般的利息是 50%，若〔如〕果本利不能预期还清的话，则本上加利、利上加利。据眉村一老革命黄银清的回述〔忆〕，他因贫病交迫，曾借过地主 1 担谷的高利贷，无法还清，在 7 年半后共须还给地主本利共 76.5 担谷，他因无法清还，地主就迫他卖了 1 个 4 岁的亲生儿子，卖得银洋 140 元，来清理这笔债账，结果仍欠 6.5 担谷子。

国民党反动政府，年年月月都强加许多苛捐什税在农民的头上，国民党反动政府的大小狗腿子便乘机勒索、诈骗，迫使农民们走投无路，家破人亡。这种情况在苏区时期以前是这样，在红军北上以后更加变本加厉地勒索诈骗农民。特别是在红军北上以后，一切苛捐什〔杂〕税、征兵、捉〔征〕粮、烧杀抢劫强加在老革命的身上、苏区人民的身上。（关于国民党匪徒对苏区人民的浩劫，我们准备后面谈。）

农民们为了换得一点盐、一斤米，想到山上去打点柴来卖。可是，这种希望常常幻灭，因山岭绝大多数是被土豪劣绅及由他们所掌握的祠堂所霸占。

有些农民们，想做点生意来糊口，可是在这个山高岭险的交通线上，经常遇到流氓、赌徒、烟鬼的拦路抢劫，有时钱财被抢光，有时连命也难保。对于这种惯匪、土匪的罪恶活动，国民党反动政府、土豪、劣绅，不仅不闻不问，甚至还纵容包庇。

马头区的人民在国民党罪恶的统治下，过着黑暗的奴隶生活，他们愤怒、仇恨！他们听到共产党、毛主席、红军在各地创立苏维埃、打土豪分田地的消息时，他们热心地希望共产党、毛主席、红军来领导他们闹革命。

共产党、毛主席来了！红军来了！红旗来了！一场尖锐、复杂的阶级搏斗的序幕揭开了！

二、红军带来了红旗

1930 年六月十二日，红军一连人，从石城县小松来到东龙，住了几天，宣传打土豪，建立苏维埃，并且捉了万户土豪李鲁善之妻，捉去信耶苏教的土豪李学传，同时帮助东龙人民成立乡苏维埃。可是当红军回到小松去以后，东龙苏维埃的主席武秀才李敬堂把苏维埃解散了。东龙乡苏维埃政府只有几天子，没有做什么工作。红军回到小松后，处决了土豪李学传，要李鲁善土豪用 600 块银圆赎其妻。

1930 年十一月二十五日，红军大队 500 多人来到田埠、马头、东龙等地区。这队红军就是在次年元月攻打石城县城的一部分。

在二十四日，田埠"当街"，很多老表就传说红军要到来。土豪便把自己的家财埋的埋，藏的藏，而土豪及其家属也躲藏起来。

二十五日上午，大队红军由一面红旗、7 个尖兵引路，到达田埠街。红军沿途向老表宣传：我们是贫苦工农的队伍，是共产党的队伍，我们要建立苏维埃，打土豪，分田地。

二十六日，红军在田埠召开全乡的七八百人的群众大会，把土豪陈集庭、李元顺的财产分给群众。当时，陈、李土豪及其家属已躲藏。

红军在田埠住的时候，经常派五至七人的宣传队，到附近的村庄去宣传、写标语。当时的标语最多的是打土豪、分田地、成立苏维埃！经过红军的深入宣传，老表们便照常做买卖和生产了，不再存在有害怕的心理！

来到田埠、马头、东龙一带的红军，并没有马上开走，而是留有一部分住在这一带。其他一部分开往石城去，待乡区苏维埃成立后才开走。

三、人民做主人，建立新政权

1931 年元〔正〕月初四日，红军在田埠召集附近各村的群众大会，选举出席宁都县召开的人民代表大会代表。田埠乡共选出四五个代表。这些代表于六日出发。开几天会回来后，即成立苏维埃。

成立田埠乡苏的时候，村苏也成立起来了。不久（1931 年秋），马头区也跟着成立。

乡苏的人员是：主席、文书、伙夫兼交通、赤卫队长。

村苏的人员是：小组长、文书、伙夫兼交通、赤卫队长。

田埠乡苏主席是：雷化雨—廖盛兴—谢善良—芦廷生—余月中。

田埠乡管属：眉村、黄沙排、武里村。3 村共 700 多户。

在建立乡村苏维埃政权的时候，乡建立贫农团，村建立贫农小组。

田埠乡苏成立时，就有 30 多个队员的赤卫队，他们没有枪，只有鸟铳、梭镖，他们的任务，在此段时间内是放哨站岗、打土豪。在打土豪时，是吃公家的饭，平时是在家生产。赤卫队队长黄金辉。

马头区苏主席是：肖朝权（肖高人）—雷化雨（田埠人）—谢有华（武村人）—肖太全（肖高人）—温聚珍—曾洪盛。

马头区苏和其他的区苏一样，设有军事、裁判、检察、财政、劳动、土地、国民经济、文化教育、粮食等 10 个部。

苏维埃在 1931 年一至六月间主要的工作是成立机构、打土豪。土豪虽跑了，打不到，可是对他们的家产，我们是分给群众了。当时有少数落后群众不敢来分土豪的财产，有少数落后的群众，明分暗送回给土豪。绝大部分的群众很高兴，很多敢去分土豪的财物。

四、白匪徒杀人民，抢劫财粮

1931 年六月初四日，逃亡在外的土豪陈集庭，听国民党匪军到马头、田埠、东龙一带来，便收买流氓、赌徒、烟鬼等 10 余人，组织守望队，回到田埠，他们有枪 10 余支。

田埠乡苏工作人员、赤卫军闻国民党匪军到来，便由乡苏主席雷化雨率领（20 多人）撤离田埠，在固村老禾坑方向（老禾坑离瑞金大柏地 20 里，离固村 30 里，离田埠 80 里）打游击。

反动的守望队到田埠后，即杀死赤卫队员廖师傅（璜〔黄〕陂人，原是理发工人）、温开油、赤卫队员之母亲让上祖婆。陈集庭为首的土豪向农民实行倒算，并捉了一些革命农民去坐牢，一些胆小的落后群众则送回财物给地主。

国民党匪二十六路军由福建、石城方向开来，于七月四日回到田埠一带，七月五日又由田埠开向宁都。匪军所到之处，即拉夫，劫粮、菜、钱财。武村（离田埠 10 华里，是田埠到宁都必经之路）的土豪，指使一些狗腿子、流氓、赌徒、烟鬼，在匪军来到之时，便迎出 3 里路远，打炮冲〔铳〕迎接。被国民党匪军捉去的人，有些逃亡回来，有很多到现在【都】还没有回来！

五、赤卫军飞杀匪首陈集庭

七月二十四日，雷化雨率赤卫军 20 多人（5 支枪，其中有条是坏枪），然后出现在田埠街外围。是日当街。上午 11 时许，陈集庭召集土豪在田埠街一店开会，并派他的狗腿子李秀明在街上鸣锣：老百姓不要造谣，红军是不会回来的，谁要说红军会回来，查到，就会杀脑袋……他还没有说完，外面赤卫军的一声枪响，把他的三魂都吓跑【了】。他连锣子也不要，丢在街上，只身逃跑。在外面放哨的守望队员陈国良，在看到赤卫军向他开枪时，他也没头没命地跑。这时街上一片混乱，正在饮酒、诈骗的守望队员也跑个精光。正在店铺里开会的土豪陈集庭、刘宝真、刘宝哉，像个落水狗那样，逃的逃，藏的藏。刘宝真、刘宝哉土豪在跑到还没有一里路远的地方就被赤卫军开枪打死。陈集庭这个土豪则被赤卫军从床底下拖出来。这个罪大恶极的反动首脑，被雷化雨一马刀处决了。土豪及其家属闻到枪声，看到守望队逃跑的时候，他们也逃跑和躲藏起来。

六、三大队成立，苏维埃重新建立

在田埠飞杀土豪陈集庭等之后，赤卫军又马上离开田埠，转到老禾坑方向去了。就在这个时候，田埠赤卫队被编为三大队（固村是二大队，固厚是一大队），当时三大队队长雷化雨，副队长张哲英。全大队共有六七十人，有枪 20 多支，其余皆为梭镖土枪。当时三大队没有在田埠活动，而是在外打游击。三大队经常派探子回田埠打听情况。在这段时间里，我们的苏维埃还没有重新成立起来。经过打击的守望队也不敢回到田埠来，只是经常偷偷地到田埠抢劫一些财物粮食，就逃入长胜岭一带的深山。

八月间，我们的苏维埃又重新建立起来，区苏打〔把〕三大队调回来，在相鸡岭（离田埠 35 华里的宁都到田埠的必经之道）捆守饭桶子①。在九月间，三大队曾把饭桶子打到宁都城郊，但战况不明。

七、三大队攻打云石仙，雷化雨私通黄匪

赵博生同志于 1931 年十一月间起义。起义者围困匪首黄镇中于云石仙的斗争。②田埠三大队也住定在那里围困。群众参加对黄匪的围困，有〔就〕像现在修水利那样来来往往，人数难以计算。

1932 年一二月〈份〉，黄匪逃跑了。据老革命同志反映，是当时的三大队长雷化雨有意放走的。雷是卖药出身的知识分子，他曾和黄镇中有来往，在黄匪被困于云石仙、陷入绝境时，雷去信给黄匪，要他从那个方向逃跑。黄匪不相信，雷便咬破指头写血书给黄匪。据调查，雷化雨在国民党未来到之前，就因与当时的中共区书记彭金彪有矛盾，而不干工作。当国民党来到田埠时，他便逃到固村一药店去卖药。国民党的伪乡长刘远昌捉到了他，要判处雷死刑。黄匪闻此事，特令刘释放雷，雷因在田埠杀了土豪陈集庭等，所以不敢回田埠，怕陈姓及陈集庭之子杀他。可是陈姓族头陈××和杀人魔王伪联保主任李给初担保雷回田埠住。雷回田埠后，一直住到现在。

在围困翠微峰的斗争中，三大队也参加，但具体情况不明。

八、中共少共组织建立

1932 年三月间，田埠乡党团支部成立。

田埠乡的党支书最先是余朝鲜。初期有党员约 20 余人。

---

① 原文如此。
② 此处不通顺，照录原文。

田埠乡的团支书最先是余立贤。初期有团员 30 余人。

党的支部设有支部书记、组织、宣传 3 人。入党须要填写【入】党志愿书，须要人介绍。入党的条件是：历史好，成分好，斗争坚决，大公无私。新党员入党后，就是正式党员，没有候补期。入党时须要宣誓，誓词已忘，内容约有……夺回地主资本家的政权，争取社会主义成功……党的组织生活：1 个月开二【至】三次支部大会，平时根据情况，三五天开会也不一定。开会多在晚上开。党团生活有【时】一起过，有时分开过。不过团开会，党支部一定派人参加。党费 1 个月交 3 个钢壳子。党证田埠乡没有发。党在 1932 年八月以前是秘密活动的。党的区委会是在 1932 年八月间成立的。区委会一成立，党就公开，区委书记彭金标（黄陂）。

马头区党的组织，是由 1931 年二、三月间，宁都派来【的】彭金标、张连标发展的。彭金标、张连标，在区委会成立前，一直在区苏工作，他们没有公开自己的身份。

马头区，并不是每个乡都有党支部，有一些乡有党员，而没有党支部。这些党员直属区委会支部的，像马头、长胜岭（？）、茶甫坳就没有支部，而马头、东龙、田埠、武村、肖告、肖坪、田背就有支部。

马头区委书记：彭金标（张连标任组织兼特派员）—温开共—赖方富—李祥员—△△△。

入团是要填表的，但团员不要交团费。团的工作，主要是管青年人的工作。儿童团、模范少队、妇女会的工作团部要管。

九、建立和健全基层群众组织

在 1932 年三月到六月，马头区苏、各乡苏、村苏的工作，主要有两项：党团组织的建立和发展，和大力的领导健全组织，建立和发展队的工作。苏维埃在党的领导下对土地、人口的调查登记分配土地等工作。1931 年冬时分，曾经对土地进行登记，但还没有分配好土地。

当时建立和健全的组织有：

乡有贫农团，村有贫农小组，在区苏维埃设有土地部，在乡村苏维埃设有土地委员。分田是根据党的决定，交由贫农团执行。贫农团的领导人多是党员。

反帝大同盟：自愿参加。会员每人每月交 1 个铜壳子作会费，会费是上缴，作为买飞机、大炮之用。贫雇农民占会员 80%。20% 是中农。反帝同盟在区设会，在乡设小组，受苏维埃领导，经常开会宣传反封〔对〕帝国主义。

互济会：自愿参加，参加者每人每月交会费一个钢壳子。组织机构像反帝同盟一样，受苏维埃领导。会费当作地方建设、慰问伤员之用。

妇女会组织洗衣队、慰问队、访问队、做鞋队……

对于土豪、富农及其家属之男子，组织带有强制性的劳役队。

在上述时间内，发行了战争的公债，贫雇中农热烈购买，土豪富农也要购买。债券分 5 角、1 元、2 元、3 元、5 元等 5 种。

十、革命者勇往直前，胆小鬼中途逃亡

"扩大铁的红军一百万"的时候，三大队晋升独立团，开往前方作战。

1933 年三月二十五日，张连标、廖××率领 100 多【个】新战士到宁都参加少共国际师。这次动员的新战士表现得很好，没有一个逃跑，个个勇往直前。

1933 年五月间，动员模范营到前方去，这次马头区每乡都有 50 多个青年报名参军。全区共有 400—500 人出发到宁都去。可是队伍开到离宁都 15 里的硧下坝时有 200—300 【个】胆小鬼开小差逃跑了。剩下 200 个左右勇敢坚强战士继续前进，开到宁都送上了前方，为苏维埃为劳苦工农作战。

对于开小差的人，我们的党团组织、苏维埃进行耐心说服教育，动员归队。有个别多次逃跑者，我们苏维埃便把他们捉起来。

在 1933 年三八妇女节，马头区苏维埃杀了 2 个多次开小差、又屡教不改、影响极坏的人。

十一、分田地

在 1931 年八、九月间，苏维埃〈便〉开始登记调查土地、人口，同时实行废债废租（其实红军一到就不再交租交债了）。

1932 年二—六月，苏维埃开始分配土地，但是分田时由于规定凡是分田，后出生的人都得补田，凡是分田，后死去的人都须抽回田地，所以造成很大的麻烦。同时由于 1932 年的分田分得不均，有人瞒田，所以存在很多问题。

关于分配土地的问题，直到 1933 年冬才彻底解决。分田后，新出生的小孩不再补田，分田后，死去的人不再抽回其分得的田，对于一些瞒产的人也清查出来，经过这样做后群众才满意。

在分田时，把已调好田亩分成上、中、下三等，以村为单位在原耕的基础上，按人口平均分配。在分田时首先划阶级，划阶级及一切分田事宜都是党组织内部研究决定后，交贫农团讨论公布。当时的阶级划分为雇农、贫农、中农、富农、土豪劣绅。

军工烈属分得好田，贫雇农所得田是搭配上、中等田，中农的田一般进出①，富农分得坏田。土豪若是逃亡者没有田分，若是在家的话分坏田，土豪的家属分坏田。田埠乡眉村每人分得 12 担谷田，田埠乡其他村分得 8—9 担谷田，东龙乡每人分得了 3—5 担谷田。

分田时每村都有 15% 的田作为公田，用来办学校、开会、节日纪念用费。这些田是由贫农小组、村代表管理，耕田队耕种。公田所须〔需〕之肥料由全村人负责（军、工、烈、病不须负责）。军、工、烈、病所分得田，由耕田队耕种，所需的肥料由军、工、烈、病负责。农民们分得土地不准买卖，出租时须经过一定手续。

---

① 原文如此。

分田后，农民们只交 5%—10% 的农业累进税。

十二、关于反革命大刀会的问题

1. 大刀会的阶级基础及本质

东龙、马头各地边区，山岭险峻，国民党统治的时代，是土豪、劣绅、惯匪、赌徒、烟鬼、流氓横行霸道，宗族姓氏，封建迷信，制造纠纷，鱼肉人民。苏维埃时代，以东龙的土豪、流氓头子李镇东，土豪劣绅李进余、李首邻为首的阶级敌人，不甘心放弃对人民的残酷的剥削，便勾结广昌驿前反革命大刀会头子赖开城等，利用宗族姓氏关系，采用封建迷信形式，以土豪、富农、流氓、烟鬼、赌徒、惯匪为基本骨干，欺骗强迫落后的群众，组织反革命大刀会，与我党、政、军人民作对。他们无恶不作，抢劫人民，攻打我地方政府，屠杀干部伤员。

东龙乡〈的〉现有地主 23 户，富农 5 户，都参加过当年反革命大刀会的组织，他们中的李镇东、李进余、李昌邻①等都是反革命大刀会的头子，其中还有许多是反革命大刀会组织的大小头目。这些匪徒又利用宗族势力，强迫许多本姓及外姓的落后群众，参加反革命大刀会组织（东龙乡 95% 人口是姓李的）。如果有群众不参加大刀会而参加苏维埃工作者便屠杀。如：贫农少共团员李锡邻带红军去扣大刀会，当晚回到家里便被他们抓住杀了。

国民党统治时，东龙李姓的土豪专靠剥削宁、石、广三县方圆 80 里的佃户过活的。在东龙这个 1000 多人口的村庄里，土豪、流氓、烟鬼、惯匪便是日夜开赌场、吸鸦片、嫖花姑娘，过着□市、日市的荒唐、腐化的生活。

东龙的土豪劣绅，强迫落后群众，收买匪徒参加反革命大刀会外，还把他们的匪徒打入我们的革命组织，收集情报，暗害干部〈的罪恶活动〉，如：李久岭、李枳华等匪徒打入我区苏维埃，给我

---

① "李昌邻"，上文作"李首邻"。

们的革命事业带来极大损失。

2. 反革命大刀会的组织形式

大刀会的首领是广昌驿前的李开成，他以"师父"自称，"有佛法"，会划〔画〕佛符，收买徒弟数人，师父传徒弟，都可以划〔画〕佛符、烧香求神和"点灯"，其他人都不会这一套。

大刀会的神是写在一张红旗子上，如写什么玉皇大帝、观音菩萨之类的东西，日夜长香不息，在行军打火前，由师父徒弟找旗子并跪下来，念念有词，究竟念些什么东西，谁也不知道。

大刀会匪在作战时头戴青布帽，帽前有个蝴蝶形的"英雄花"，并在花下写有"金钟照"三个大字（定义不明），匪徒们多扎红兜肚〔肚兜〕，左手持梭镖，右手拿白旗，斜身弯腰，低头冲锋。他们在作战前，吃下师父给他们的符水，称"刀枪不入"。大刀会匪徒也有部分带枪的。另外大刀会还有师爷（张世叶，石城人）专管审讯。

董事：专管叫操，喊口令。

宣传：秘书，专管写标语，贴标语，像军队文书一样，其他组织像军队一样。

团长：李镇东，排长×××，班长×××，李进余、李昌邻都是李镇东的师父。

大刀会匪徒经常分居在东龙、长胜岭一带的深山，以帐为单位，每帐住十几、几十个不等。

3. 游击队、赤卫军、少先队搜剿大刀会于深山

1933年五月间，马头区军事部长余英才率游击队、赤卫军、少先队共300余人（枪20余支）到离田埠50里的杨坑、离寨的深山搜查大刀会。大刀会有30多人，他们看见我们人多就逃跑，我们追了一段路。这次没有捉到大刀会的匪徒，捉到1个逃跑的"老百姓"，解回长胜岭乡苏维埃政府问清后，便释放了。

1933年八月间，马头区游击队长钟文标率领游击队员、赤卫队、模范营、少先队共400—500人，到离田埠40多里的△△△附

近的清查里、叙石里搜查大刀会。这次大刀会有 200 多人，我们和他【们】开火，他们又向深山逃跑。我【军】穷追 5 里多路，捉到 1 个大刀会的"老头"（年老的）。当我军把大刀会匪徒解回长胜岭乡苏时天已将黑，大刀会匪徒追来，隔小河大叫大闹，要我们放回其老头，我军以土枪打他们，他们也开枪。因我们加强了放哨，游击队、模范营、赤卫军一起放哨，这样既有洋枪，又有梭镖（这样大刀会便无法摸哨）。第二天，我们就把老头解到马头区苏维埃政府。

1933 年十月间，我们把队伍分做二部分去搜打大刀会匪徒。

第一部分是由黄必焕（模范营付连长）率领模范营、赤卫军、少先队共 200 人，持梭镖、土枪由田埠直迫长胜岭附近的渣元陈地大刀会聚居的深山，捉到 2 个大刀会的探子。

第二部分是马头区苏的游击队和一部分模范营、少先队约 200 人，有枪 50 多支，从马头直迫〔逼〕阵地，渣〔在〕元里和黄必焕所带的队伍汇合。这次打火，没有打着我们的人，我们所捉到的 2 个探子解回马头区苏时就处决了。

我们曾多次征剿大刀会匪徒。这些匪徒都是聚居在宁、石、广边界的深山里。他们派有匪徒打入我们内部，我们的行动，他们多为预先了解（当时我们并没有完全发现这个问题），所以我们人多去进剿时，他们逃居深山。我们人少时，他们便拦路伏击我们，甚至多次攻打我区苏维埃政府。

在这几次征剿进程中，我们发现，这帮匪徒是赖李的匪卒一部分，他们都是有一部分枪的，至于李、赖是不是其中率队与我们打呢？尚未弄清楚。

4. 大刀会多次攻打我马头区苏

1932 年一月，大刀会匪徒在肖高的兔子寨下杀我革命群众，我区苏则派人去打凶手。大刀会匪徒曾义财的哥哥【被】逮捕回马头区苏。当晚曾义财匪徒（李镇东的部下）率 4—5 匪徒摸到马头区苏大叫大闹，我区苏住有一班游击队（10 多人枪），干部十几人。

因我们没有放哨，不明敌人有多少。当敌人大叫大闹时便跑。我区苏裁判部长陈祖兰被匪徒刺到几梭镖受伤，敌人趁机劫走曾义财及一些犯人。

1932 年八月，广昌驿前大刀会首领赖开成[①]、匪首李镇东于天将亮的时候，率匪众 200 余人，攻打我马头区苏，赤卫军胡近集同志放哨回到区苏门前的小木桥被匪徒杀害。马头街上一卖药的李应为闻大刀会匪徒来就跑上山，被匪徒杀害。（一说马头一伙夫到区苏门前打火，首先发现大刀会匪徒，跑回叫醒军事部长、区苏的人才跑走）我区苏裁判部长温元伯同志向小桥方向跑被匪徒杀害。我区苏伙夫同志黄金和本已逃出，但因他回去取物而被杀。当时区苏里面有 40 多人，其中有中共区委书记李祥员（原有的 70—80 游击队已动员到前方去，新检收 7—8 游击队员刚到不久）。因当时的警惕性不高（一些枪支挂在壁上），对突然到来的匪徒情况不明，所以敌人一来就跑。敌人劫走了我们一些枪支（十几支）和财物就逃到长胜岭的深山！

1932 年十二月，我马头区苏同志感到东龙房子好，又想扩大游击队，于是把区苏移到东龙。区苏在东龙扎上 1 个多月后，被匪首李镇东、李进余率大刀会匪徒 30—40 人，十多支枪打开。中共区书记李祥员率区苏 30—40 人住在里面（其中有 20 多游击队），有枪 20 余支。

大刀会打东龙区苏是在半夜过后快黎明时摸进来的。首先摸杀了哨兵，然后冲进屋里来的。区苏躲在天花板（李士达就是躲在天花板上），有的躲在别的屋角里，我们一枪不发就被劫走全部枪支（只差 1 条）。匪徒杀死我游击队 2 人（不是东龙姓李的，是姓肖的马头人），东龙李久宁是干部（现已被捕，是内奸，叛徒，被杀了几梭镖）。大刀会匪徒本来想继续搜下去，但因我游击队班饶绍远

① "赖开成"，文中又作"李开成"。

同志在大刀会冲入时，便拿了 1 支枪逃跑了，他在对面山上放了 2 枪，大刀会匪徒以为我们有救兵到，便急忙逃跑了。

在大刀会匪徒劫走我区苏枪支后，赤水县闻此信，便派出县苏裁判部长黄连育（广东人）等 4—5 个人的工作组到东龙来调查了 3 天，把有问题的李伴陶、李永槐逮走了！区苏也随着转回马头。我区苏转回马头后，即做工事，并把木门板钉上铁皮，同时加强戒备。

1933 年三月，大刀会又来攻打马头区府，这次我们事先做好工事，大门钉上了铁皮，外面放火烧不着，大门旁边挖了枪眼，大刀会来了将门关上。有一个匪徒拖篾搭从大门口来想烧区府，被我游击队开枪打死。另一个匪徒也拖篾搭来烧门，也被我游击队打死。对面一个匪徒也被我打死。这次区里有游击队 20 余人，有枪 10 余支，手枪 2 支和敌人对打。

1934 年五月一日早上 6 时许，天下小雨，马头当街，大刀会匪首赖开成、谢协仁（湛田人）、李镇东、小差团匪首刘森华，率大刀会、小差团匪徒共一两千人，他们把四围的高山都占领，围攻我马头区苏。我们区苏当时仅有 8 个人在家，有 6 条枪（坏了 1 条），手枪 2 条，和敌对打。在中共区委书记李祥员【的】领导下，和敌人从早上一直打到中午过后，我们打死匪徒 3 人，匪徒不敢靠近我们，只是用土枪、洋枪向我们开火。

在危急的时候，五军团经长胜岭过，听到枪声，问老百姓是什么事情。老百姓告诉他们，大刀会攻打苏区（一说是有保卫队），便开来救急，把敌人反包围，和敌人打火有三四个钟头之久，〈便〉把敌人打死二三百，捉到二三百，派一连人解着捉到的匪徒交给区苏。这连人在马头住了几天，和区苏一起去搜捉被打散的匪徒，然后才回到石城去了。捉到的匪徒，镇压了一二百，有部分解走了（解到什么地方，不晓得）。这次打死的多是大刀会的匪徒，捉到后镇压的多是小差团的匪徒。

十三、匪徒对苏区的烧杀掠夺

红军北上以后，国民党、土豪劣绅，给人民带来了沉重的灾难。烧、杀、抢劫，使到〔得〕老革命、苏区人民，家破人亡，妻离子散。

匪首李镇东是杀人魔王，又是强迫什么"自新费"的恶狗，他向老革命要"自新费"，使老革命家破人亡，他从中掠夺财富最凶恶。他说：我要老"匪"全家的命。事实上是这样。

匪首李绍初是活埋老革命同志的典型凶手。经他手下，活埋我革命同志不下100人。（在逃）

匪首李康是杀人魔王，又是倒算凶手。（在逃）

匪首、土豪劣绅踊跃指使流氓、赌徒、烟鬼对我苏区人民大肆掠夺、诈骗，强奸妇女，欠下人民的罪债。

苏区人民并没有屈服，他们相信共产党、毛主席、红军一定会回来的。

苏区人民的愿望实现了！我们胜利了！永远胜利了！

存在的问题，简述如下：

1. 三大队的发展历史问题。

2. 对大刀会的斗争问题。

3. 对大刀会的组织形式、机构问题。

4. 小差团的问题。

第二次国内革命战争时期东韶、洛口、琳池、吴村一带革命史资料

中共江西省委中央苏区赣东南革命史料调查工作队宁都分队洛口组

一、第二次国内革命战争前的社会经济概况

东召[①]、洛口、吴村一带，地处宁都县北【部】，是第二次国内革命战争时期的老根据地，在第二次国内革命战争以前，这一带称为清泰乡。苏维埃政权成立初期，划为代英（即南团）、肖田（吴村）两区；后来，把黄陂、小浦〔布〕划入，成立洛口县，属当时中央苏区江西省管辖。解放后，成立洛口区，辖9个乡。1958年人民公社化运动后，除成立洛口人民公社外，其余划为琳池垦殖场。

这个地区，山多，交通不便，在第二次国内革命战争前，封建势力占统治地位，资本主义的影响很弱。

土地大部分为地主、富农所占有，如麻田占人口7%的地富占地80%，永村7%的地富占地50%以上。较大的地主占田达六七百担（如琳池李云春），中小地主一般占田百余担左右，祠堂公田几乎每个村子都有。就洛口来说，李、杨、邱、黄四个大姓的公田有千担左右，占全乡耕地【的】1/5，这些公田都由地主豪绅所掌管，租给贫雇农耕种，地主、富农的田大多数属于好田，广大贫雇农无田和少田，只得租种地主的土地，受苛重的剥削。就地租

---

① "东召"疑为"东韶"，下同。

来说，中上田一般都是"倒四六"分租，即地主分六成，农民只得四成，甚至超过这个比例，如东召好田收成约亩产400斤左右，交租要13大桶（每桶20斤，合260斤）；次田有对分制，也有"顺四六"，如永村次田亩产约200斤，交租谷4桶。公田的租谷，一般是对分的。

地主一般都兼营高利贷盘剥。每年春天青黄不接的时候，农民没有粮食吃，只得向地主告贷借钱、借谷，利息十分重，如东召、永村一带，春上借10元银洋，年终利息8桶谷子。罗村有个最狠心的地主在横江放债，借给农民桶 [①] 谷利息就要7桶（利率140%）。农民借钱时，还得用房子、田地作为抵押，还不起钱就要被强占田地，如永村贫农赖永余，还不起赖善言的高利贷，自己住的房子，就被赖善言强占；贫农赖汗明，还不起债也被赖善言占去2亩田。

地主还兼营商业，主要有夏布、什〔杂〕货、药材等，从中剥削手工业工人与农民，商业资本不大，而且和封建剥削密切结合，地主兼商业，如琳池大地主李云春，开夏布行，资本有十四、五担布。小商贩一般带有流动性的，资本很少，由于工商业很不发达，所以没有很大的集镇，当时最大的算东召，有一千五六百人，一般的集镇都是五天一赶集，称"当街"。商业活动主要在这个时候进行，货币主要仍是用银洋（这里称光洋），除了在苏维埃时期使用纸币外，截至解放前，纸币还是很少。

封建宗法制度的残余，在第二次国内革命战争前，还是相当浓厚的存在。各姓都有自己的祠堂和田产，各姓的械斗当时虽然很少发生，但是姓氏间的斗争及大姓欺压小姓的事仍是很多的，如洛口赖、李两姓的争夺猪、粉、油行营利，召集了好多人，几乎要杀起来。又如洛口李姓人多势众，霸占塘角朱姓的山岭作为坟地，朱姓人少势弱，不敢反抗。各姓都有土豪"话事人"，在地

① "桶"字前疑有漏字，可能为5。

方上有很大势力，他们掌握祠堂公产，包揽诉讼，如高坪、赖坊、永坑一带都是姓赖的，赖香斋、赖行成、赖源泉三大土豪管当地一切事务。

封建婚姻和迷信观念根深蒂固，婚姻无自由，而童养媳十分普遍，缠足的风气很流行，迷信观念深，凡是父亲"八字"不好，而祖父"八字"好，都叫父亲为"哥哥"，以为这样，可以使自己的命运更好一些。

在第二次国内革命战争前，地主、土豪为了维护自己田产权势，纷纷组织了武装——团练，如东召〔韶〕有严兰香，永村有赖香斋做〔作〕团总，只有7个人，6支枪，由于这一带交通闭塞，北阀〔伐〕军队也没有经过这地区，因此大革命在一般群众中反映是薄弱的（这一带群众都称第二次国内革命战争为"头次革命"）。

二、第二次国内革命战争时期洛口地区的初期革命活动

（一）大革命失败后，党由城市转入农村，洛口一带有王谟、赖金声等同志来活动，组织农民协会，打土豪，大批干部下到农村，进行土地革命。1927年十月（旧历），由李绍〔韶〕九领导的乐安、宜黄、南丰游击队在宁都县、漳灌一带活动。14日，永村劣绅赖源泉（注）被邀去漳灌调解纠纷时，在管源（离陂头10里）被李绍久〔韶九〕部队捉住了，并解往头陂，要赖源泉缴出永村团练的6支土洋枪。永村接信后，派3人送枪到黄陂后，又要其缴光洋500元，赖家派人送至半路，被打短棍（土匪）抢去。经过2月之久，赖源泉答应回永村帮助发动组织群众，进行革命工作，于是赖源泉就在12月即回家乡。不【到】十天，红军派王谟同志（南丰建川人）秘密到永村，住在赖源泉家，并通过源泉召集赖汝林等十三四个贫雇农、手工业者在赖源泉家开秘密会议，传播革命道理，号召大家起来暴动，起来打土豪、分田地。同时并讨论如何接近真正的贫雇农，如何起核心作用。不久，王谟便

离开了永村。

注：赖源泉是一个包揽诉讼，勾结衙门、吸大烟、不劳动的劣绅，曾为永村反动地主武装团练，副团总。于1929年冬终于脱离革命了（一说叛变）。

1928年元月24日，赖奎轩介绍赖金声（又名周金声、周玉山，党员）来永村。金声与源泉取得了联系后，即在永村找到一个小学教员，以教书为名，秘密进行革命活动。组织农民进夜校，利用教夜校的机会向贫雇农讲革命道理，教他们唱国际歌、暴动歌、戒烟歌，等等。当时参加夜校学习的有二三十人之多，为以后这一带进行革命运动准备了力量，金声在永村的革命活动，主要是通过赖汝林（织布工人）进行的，以后组织群众召集开会，都是赖汝林出面。

1928年3月，金声召集18人在赖明远家开秘密会，到会的均为共产党员，成立党支部，支书是赖永全（后叛变）。同时成立秘密农民协会，赖汉明当主席。会上由赖汝林讲话，他要大家宣誓，坚决团结在一起，打土豪，分田地，不贪生怕死，并要保守秘密。会后即汝〔派〕赖汝林去璜〔黄〕陂联系，派赖友文到吉安受训3个月（后在前方当排长），派赖永友到横江、东召，赖圣坚到南团，赖茂瑞去严坊，赖启辉去白谷前，赖金声在东召、横江一带，各地分头进行活动，组织农民发展党组织，吸收工作积极、成分好的入党并与永村保持着联系。赖汝林回来后，也一直在琳池、东召一带活动。他与赖永友，经常用红绿纸写标语，内容是打土豪、分田地，自由平等，派赖启辉乘〔连〕夜到附近各地去贴。

赖奎轩这时也到这一带来，白天在永村，夜晚与金声等便到桥背岭（永村对面，只隔三道桥）后面一栋房子的楼上开秘密会议和策划斗争。

横江、东召一带的活动，主要集中在廖村下宅庵里（汝林母亲在庵里吃长斋）做活动地点，秘密建立组织，同时也是各地的联络站，横江党支部就在此开吸收新党员的会议，宣传革命思想，鼓动农民起来抗粮抗债抗租，当时下横江的贫苦农民黎宽模（后腐化变质被杀）、黎安祥（以后被咬为 AB 团杀了）、黎朝兴（现在下横江住）等人与永村赖金声取得联系，上横江的李庆祥等也联系上了，于是上、下横江联合秘密组织农协。

1928 年四月初，宁都派斗夜子（绰号）为首的 5 个催粮员到坪川（东召乡辖）一带，催老粮，交不出的就要被抓去坐牢，坪川人民很气愤，派人来永村与金声联系，要求想办法。金声等了解情况后，便准备组织永村—横江的农民打东召粮局。暴动前，要赖源泉写信给东召团练，要来了六支枪。

十四日夜，由赖汝林在永村召集 20 多人开会，讨论打东召粮局的事，赖金声在永村事先布置后，早已到横江与李庆祥、黎安祥等人组织农民同永村农民一起打东召粮局。

四月十五日晨（阴历），赖汝林带领永村 20 多人向东召进发，金声也带横江的群众 60 多人去东召开会，永村队伍在半途中捉到了宁都县东召粮局征粮员杨云泉的狗腿陈××，知杨云泉不在东召而在坪川，于是汝林便将陈××带到坪川，结果，在坪川美德（李士德）老板家里捉住了。群众拍掌欢呼，金声在街上进行演说，鼓动大家起来说"现在不要还粮，不用受气了"等。

后来，又将杨云泉带到永坑村一个庙子里，押了半个多月，罚他 800 元（只交 300 元）才放回宁都。

（二）永村—横江暴动鼓舞了琳池一带的人民起来革命，东召打粮局的影响很大，一直到现在，这一带人民几乎人人皆知，都能说上几句当时的情景。

永村、横江暴动后，附近各地农民纷纷来永村，横江要求派人帮助搞革命，金声他们即派出了很多干部赴各地，赖汝林到琳池一带。琳池首先与汝林接头的是李自荣（【在】盐店当伙夫，后当区支书时，被咬为 AB 团杀了）。赖源泉、黎宽模等人到吴村与吴村的曾子行、李焕能等取得联系，在张天堂活动。洛口的丁永金也与永村联系上了，田营的丁介和与江导民、黎宽模接上了联系。不久，这些地方的农民都动起来了。都在 1928 年 5—8 月间先后成立了农民协会，公开进行活动，组织农民打土豪，抗粮，抗债。当时的口号是"万户欠我钱，千户安心眠，贫雇农跟我来，每月八块钱"。最流行的歌曲是"我们大家来暴动，消灭恶地主，农村大革命，杀土豪，斩劣绅，一个不留情……"

王俊于 1928 年 6 月间，单人，暗带着一支勃朗林手枪，到洛口来活动，住在湾里的赖金煌（德清）的亲戚里，通过丁怀盛（或兴）、丁永金（农民）、罗斐章（或飞）（银匠工人）等进行工作，曾在进武庙开过秘密会，要大家组织起来，打土豪，抗债，抗粮。成立了农协，过了六七个月，王俊便离开了。

南团、齐元，公开的革命活动主要是军队党组织（南团是胡竹生来进行打土豪的）搞起来的。

与农民协会成立的同时，也相应地开展了妇女协会、工会。工会当时的主要工作也是打土豪，推行婚姻自由，剪头放足等。

（三）乡苏维埃政权建立的前后

1. 农民协会成立之后，打土豪风暴起来，最初群众中部分有顾虑，怕报仇，大土豪更怕，如永村赖香斋、赖久成，先后逃跑，东西也分散在其亲戚家里，富农则诬蔑农民"放火杀人"。只有贫雇农最大胆，最坚决地参加剧烈的阶级斗争。

最初打土豪时，因农民打不开情面和怕土豪报复，一般都是打外村的（洛口是打本村的），如琳池首先打坪川的李金友，齐元的土豪李朝玉是横江农民打的。以后运动深入一步，就本村外等等地捉土豪[①]。

打土豪是在党领导下进行的，也是党、政、军活动经费的主要来源之一。打土豪得来的银圆大部分上交，拿一小部分给参加打土豪的农民，每次一两元，名为"草鞋费"。土豪家的谷子挑来农协，

---

① 此处不通顺，照录原文。

可以抵折借款，农协将谷分给缺粮的农民吃，多余的留作军粮或作农协开支。至于打土豪时农民吃了土豪的鸡鸭猪，不能打借款。衣物、家具也不要（吴村是拿来分给农民）。与打土豪的同时，农民欠土豪的粮钱都不要还了，只是债券仍在土豪手里。

在打土豪前，先由农协研究，确定对象，以后派人去侦查其藏钱的地方和探听土豪当家人是否在家，探听确实后，夜里才去打。去时部分人包围住宅后，才进去捉，并进行搜查，后将人和银圆带来农协，提出借钱数目，交齐钱后，把人放回。如果发现这土豪仍有钱，可以打第二次、第三次，直打到他无钱为止，如谢坊、松山排的谢德忠打了11次，每次都打到了钱，多时100多元，少时也有50—60元。当时大小土豪都打，打到大的数目很大，如南团的曾庭三，一次打出1200元；小〔少〕的10多元；也有一般就是50元—四五百元。除打土豪外，也向商人借钱，洛口就曾向药商张继才借过几次钱。

开始打土豪时，有些混乱，把富农也列为打的对象，后来成立了乡苏维埃，确立对象就比较慎重。

2. 各乡农民起来后，土豪一方面惧怕，一方面组织反动武装进行反抗。1929年四月间，洛口地主赖九成（固上人）、李明亮（城上人）收罗地痞流氓、二流子、大烟鬼共百把人，集拢2支坏洋枪，四五十支鸟铳，十多个土炮，几十支梭镖组织靖卫团（注）。在地方上进行扰乱，向农协的武装进行攻击。

同年8月间，在白谷前与地方武装打了一仗，结果把靖卫团打散了。赖九成逃往东山坝，李明亮躲起了，我们的地方武装下洛口烧了李明亮、赖九成的房子后，即到横江那边去了。过了十几天，赖九成到宁都搬了国民党的庞团长的部队来洛口，到永村烧了赖源泉的房子，抢了一些东西就走了。9月，赖九成、李明亮又在洛口一带组织起靖卫团，捉去了王俊同志。

11月，李绍〔韶〕九、赵世家部队来围剿赖九成的靖卫团，在农协武装的配合下，追至东山坝的展田捉到了赖九成，农民用梭镖把这个罪恶滔天的吸血鬼戳死，大快人心。

注：靖卫团成立的年代，不确实，需要进一步核对。永村过去赖香斋、赖源泉的团练在赖源泉帮助共产党搞工作后，便与源泉分开，另在高坪组织团练，共 10 多个人。1929 年 8 月，王俊、彭澎率领游击队打败了赖香斋的团练，烧了高坪赖宗林的房子、赖坊赖明光的房子。

3. 拆宁都城及区、乡苏维埃的建立

1929 年 2 月（旧历 1928 年十二月二十九日），王俊、彭澎率领游击队，发动群众参加配合毛主席的红军，攻打宁都城。那时，适逢下大雪，但群众却很积极地参加。这一带去了上千人，当队伍到达东山坝时，红军已攻下县城，所以一部分折回，一部分继续赶赴宁都，参加拆城墙。从正月初一到初五，前后拆了 5 天。

红军占领宁都城不久，在东召成立了清太区工农革命委员会。五、六月间，吴村区苏维埃政府正式成立，赖汝林任主席，区设有 9 个乡。1929 年夏至 1930 年春，这一带普遍建立了乡苏维埃政府，有 5 个常驻干部，村也设有村代表。

乡苏建立不久，即组织了赤卫队、先锋队、儿童团等群众组织。

4. 分田地

随着乡政权的建立，群众运动的声势也愈来愈大，各种组织比较健全了。从 1929 年冬到 1930 年，便普遍进行分田。分田时，将土豪所有的田契、债券都收集起来，当农民面前烧掉。有的土豪不拿出来，欺骗说：不记得放到何处去了，但经政府说明，如果不拿出来，就要处理，结果都在一两天内交了出来。分田工作是在乡苏乡党支部的领导下，以村为单位（上面规定以乡为单位），按田的肥瘦分为上、中、下三等，采取抽多补少，好坏搭配的办法进行分配。当时，因为没有划阶级（南团、麻田划了），所以不分土豪、商人都和农民一样分给，田的质量也是一样。只有南团、麻田是分给地主以坏田或远田。田少的村不分给土豪，让其耕荒田；对商人，有的（如南岭）虽分给座〔坐〕商，【但】跑商不分。这一带平均每丁^①分8—10石田，多的如横江分给20担田，琳池、洛口都是10担田，麻田最少也有5石半田，生补死抽；只有东召是每人分给600斤谷，对土豪的池塘、山林没收归公，耕牛没收分给农民。农民的池塘一般不分，但有的（如麻田）分与几家农民共管一个池塘或一块山。

第一次分田时，一般都留有一部分公田或机动田，如琳池、洛口都留有百担左右，陂头留有几十石，对耕地稍超过应分地时（如4人应分40石谷，而耕了45担）也不抽田。第二年，将多余部分交租乡苏，以上公田的收入都归乡苏作为活动经费，有多余时要上交，这些田到第二年查田时就分掉了，以后生死不出进。

洛口还有一部分庙（庵）田，一直都没有分，仍归庙收租或自耕。

5. 肃杀 AB 团

1930 年上半年，朱德部队在吉安的水南打罗炳辉部队时，发现后面的人拿枪打前面的自己人，便撤回后方（富田、黄陂、小浦〔布〕）来进行肃反。经审查，说是 AB 团混入军队破坏，并已混进地方、各级组织，因此，地方即进行肃杀 AB 团并取得了很大的成绩。但当时，这一带肃反执行机关负责人（据说是胡竹生）不够慎重，偏重于口供并施以肉刑，给真正 AB 团钻了空子，产生了乱咬现象，错杀了一些人。如东召乡主席严佑中同志（现已平反）被人咬后即杀了，造成了各级干部人人自危，怕咬到自己，不愿出来工作，区乡政权的工作处于半停顿现象。如，琳池乡苏则有名无实，干部晚上都躲起来；永村这边工作也很平淡。到了 1931 年春，三军团派出干部在这一带纠偏，提出"封刀不杀人，真正 AB 团也可自首"后，政权活动才恢复。接着，群众运动也蓬勃地发展起来，

① 原文如此，疑"丁"应为"人"。

这以后几年的革命运动，是轰轰烈烈地向前发展。

6. 工会组织

洛口有一总工会，乡也有工会组织，乡工会的专职干部有主任、书记、秘书。琳池由李英才负责，固下乡李德胜任主任，还有手工业工人，雇农均参加为会员。最初，配合农民协会，打土豪，分田地等工作。每月交工会费5个铜板（1角或5分）。成立工会后，工人的工作有了保障，工资普遍提高。如，东召裁缝工的工资由过去一天2角提高到2角5分；学徒过去没有满师是不给工资的，工会成立后，学徒每月也【有】津贴3元，并且不准打骂和虐待学徒。

（四）乡政权建立前的党团组织

1. 自永村—横江暴动后，附近各村农民纷纷起来，永村也派出党员干部到各地去组织农民发展组织，随着农协的成立，各地也有了党的组织，党员少的成立了小组。有的成立了支部，如琳池、东召等地，党员绝大部分都担任农协的工作，领导着打土豪和其他反封建的工作。团的工作与党的工作不同。

2. 组织生活

规定定〔会〕期的会议，一般都是7天或半月，以支部为单位，召开一次；3天开一次也有。当时开会是秘密的，通知时，是一个通知一个人，党的代号是C.P.，团的代号是C.Y.。内容有工作研究，工作布置，发展组织以及相互批评等。

3. 党团员的条件及入党手续。当时对团员的要求，基本与党员同，只在年龄上有差别。党团员的条件：成分好，组织农协、打土豪中表现积极，革命坚决。手续：经本人申请（书面或口头），1个至2个正式党员介绍，经支部讨论，上级党批准，即为正式党员，（南团、麻田，有候补期）。入党时要宣誓，誓词是：遵守纪律，牺牲个人，永不叛党，坚持到底，为人民服务，抗粮、抗债，打土豪，分田地。

4. 党费：每月每人缴5个铜板或红军票子5分，也有交3个、10个、1角不等，但有的入党一两年只交两三次党费，有的农村党员党费不交。

三、洛口、琳池一带的有关反"围剿"情况及军民关系

琳池在洛口区的左侧，周围皆山，高低不平。按地势说，琳池还属小盆地，相邻村庄很多。当时国民党为了消灭红军扩大根据地[①]，举行第一次大规模向苏区疯狂的进攻。国民党张辉瓒部一师人直窜这区域，想直抵红军腹地。在十一月十四日（阳历即1930年12月底）夜间，全部匪军驻扎在石公寨、曾碑堖、王泥寨诸山山头上，红军第三军团当时在毛泽东同志的诱敌深入的正确军事思想指导下，紧跟而至，红军得到当地群众亲切拥护，很多老同志行小路穿便条〔道〕，直登比白军所驻扎的山头还高的凌华山、仙元堖。于是两军对峙，一高一低，红军前头部队到〔把〕敌人围困，敌人〈仍然〉如梦初醒。红军士气百倍，居高临下，俯牵全局。白军处劣势，低地如囊中之物。第二天早晨，天刚蒙亮，双方接火。枪声炮弹有如猛雨，红军火力步步逼敌。张匪部只顶几个钟头，便难以支持。过了晌午，张匪部节节失利，全线溃败。红军大包围圈已成，火力更猛，敌人更发抖，于是下午匪全部投降，缴获枪支无数。四周老百姓，【有的】抬着担架，有的提着家庭食品，慰劳咱们的红军。妇女同志忙着宽慰红军负伤人员。第一次反"围剿"胜利以后，〈就〉在琳池附近曾开过一次庆功大会，参加人数一两万人〈以上〉，附近二三十里〈的〉村子【的群众】都赶赴前往。以后，洛口一带各村都是做好支前工作，并动员扩军工作，壮大红军力量。

红军是工农的武装，可以到处皆见。红军的三军团四师三连的士兵委员会，曾在1931年七、八月间，扎在宁都琳池永乐村的时候，写上了这样的标语："共产党是无产阶级的政党""红军是工农的武装""彻底分配土地武装拥挤苏联消灭军阀混战，打倒帝国主

---

① 此处疑有误，照录原文。

义""只有工农革命才是出路"。他们到达永乐村时，住在老百姓家里，都是受到群众的爱护。如，有几个士兵和一个特务长住在曾德纯同志家里，帮助曾同志家里打理家务、挑柴……临离开的时候，把草垫及一切东西都照件点清，打扫干净，归还。军纪歌："红军的军纪最严明，帮助老百姓上门板、捆禾草，房子扫干净，借物要送还，打了要赔钱。"红军三军团扎在永坑村时，贫农李友明同志家里也扎了6个红军战士，他们为了装东西，借了他的箩子只 ^①。结果红军战士乘夜把箩子送回来，亲手递交友明同志。似此种种例子，不胜枚举。红军三军团彭德怀某部在〈福建〉黎川、建宁一带打胜仗，得了国民党盐站的盐几千担，挑来洛口一带发卖，因为洛口最缺盐，原价1斤1元，当时红军知道老百姓这种情况，便廉价出售，1元可买10斤，给群众很大方便，大家都欢呼，红军确是自己的子弟兵。

白军可不同。到处诅咒，老百姓逃在山里。1931年八月间，蒋匪的孙连仲部队进攻苏区的第三次"围剿"狼狈失败后，由黄坡溃退下来，路经永坑村，把李友明同志等青壮年全部捉走，为他们当挑夫。友明同志被迫挑了半个多月，才逃回家乡。友明同志在路上因饥饿挑不动，被匪军用皮条（3尺长）鞭背，极甚惨痛不胜言。〈有的活活被打死，〉孙连仲匪部到了琳池时，便把琳池老百姓的大小猪杀宰。9月初（阴历七月十三日），琳池被烧房子84间，商店百多间，祠堂10多间。琳池老百姓如果没有逃上凌华山，必再遭惨杀无遗〔疑〕。琳池这一浩劫更引起人民斗争的意志沸腾。匪军到了东召、横江、陂头一带，也大肆惨杀焚烧。尤其东召更甚，被毁民房700多间，占全部80%。原来有27个祠堂，也被烧20间，陂头4个村子（哉江、陂头、洋宜、石水）被毁民房有100多间，下哉江（礤）原有房子30多间，仅剩下1间没被烧毁。

---

① "只"字前应有漏字。

（二）红色政权——苏维埃的建立与发展

A. 群运蓬勃发展

红军的胜利鼓舞了苏区人民的信心，农协领导打土豪分田地的斗争，尖锐的阶级斗争的胜利，工农专政已经要求进一步巩固，农村的苏维埃政权的产生便紧接而来。首先是自下而上的选举，人民享受自由的权利，每村设代表一两人或几人。1930 年十月间，成立乡苏维埃。一般的情况是 50 人选代表 1 人，各村代表选起来，用提名讨论的方式进行讨论，然后在大会上公布，由群众大会表决通过。负责的干部必须成分好，工作积极，例如，永村乡就是包括永村、高坪、检背岭、永坑、赖坊、横坊、白谷前，第一任乡主席就选上赖炳生同志负责永村乡工作，永村乡的负责干部后来次序改选情况如下：

赖炳生—赖财源—赖东秀—赖钦明—李远明（迁检背岭）—李□风—赖贞祥—赖龙岗。

1930 年冬天，成立吴村区，赖汝林任区主席。东召、吴村皆属这个范围。各乡苏都由农协这个机构转来〈的〉，最初设主席、财政、秘书、伙夫、交通，后来减为 3 人，主席兼财政，副主席兼秘书，伙夫兼交通。公支由屠宰费（每头 5 角）、累进税等款项供给，但最主要是用打土豪的款。如果没有土豪打，则每月由地富阶级募捐，每户 10—20 元不等。有的地方分田时，有少量的红军公田，为公费开支的来源，但到后期红军公田也少见了。乡里负责干部一律没有薪给，只家里有享受优待，家属的代耕队代耕其田。

区苏的成立是在各乡政府成立以后，区苏的机构及各项职能如下：

（1）内务部：负责修桥、筑路、卫生、选举等各项工作。

（2）检察部：负责检查依法腐化反革命分子，以及纠正各项工作中的偏差和划错的阶级成分。

（3）军事部：负责领导少先队、游击队、警卫连、独立团、独立营。总之管理地方一切武装。

（4）土地部：负责分配土地、调整土地，抽多补少，抽肥补瘦。

（5）文化部：负责办学校，如列宁小学、苏维埃小学的创办及文化娱乐的一切事务。

（6）裁判部：负责处理审判犯人。

（7）财政部：管理财政、经济方面收入与支出以及征收屠宰税。

（8）劳动部：管理手工业工人、雇佣工人、商业工人等。

（9）粮食部：管理粮食调查及征收公粮。

补充：根据麻田材料，有国民经济部而没有检察部。检察部是由工农检察委员会①。每部设正、副部长一人，每部有部员3—5人，后来扩展到7—9人。军事部下有三科，一科管理前线枪支弹药供给和伤员护理工作；二科管理地方武装组织，训练模范营和模范少队；三科管理全县的军事。除九部以外，还有保卫局，下面有侦察、执行、总务三科，侦察科管理侦察案件，设有4人；总务科设有2人；后来有战地委员会，下设有调剂局，管理粮食和人员的调度，还有互济会、反帝大同盟、工会、收发处、总务处。

随着苏维埃政府的建立，各乡也成立了赤卫队，如，东召、陂头二地有200多人，都是25【岁】以上的青壮年，他们的任务是〔除〕保卫地方外，也经常出发配合红军游击队作战，有的是编为担架运输队，装备方面有土枪、梭镖等武器。1931年后，赤卫队都改为模范营，每乡成立一个连。模范营的士兵一部分编入独立团，经常出发到宜黄发展。

16—25岁青年编入少先队，少先队设有书记、队长、宣传、组织等委员，如东召、横江、陂头3个乡共有百余人，少先队在地方禁烟、禁赌、查路条、放哨等。1931年改为模范少队，也常随模范营出发去宜黄，次数较多。有时将俘虏和地主押到璜〔黄〕陂去，各地的少先队，主要是在乡里工作，洛口乡李黑面是模范少队

---

① 疑有漏字。

的典范，大公无私，工作积极，起【到了】良好作用，后被害。

东召、横江、陂头及各地都有儿童团的组织，任务与少先队一致，配合着工作，组织方面也设有书记、团长，组织和宣传工作。

B. 党组织公开

随着革命形势的发展，根据地的稳定，党的组织也随之扩大发展。1931年党组织公开了，如东韶、横江、陂头发展党组织工作主要依靠三军团政治部（因1930年杀AB团时，这些地区错杀了一些党员，使党的组织工作受到影响）。据不完全统计，1931—1932年，这地〔里〕党员有五六十人之多。

1931年底，南团这的党组织公开了。入党的只要成分好，工作积极。登记后由区苏党组织批准。南团曾公开入党有20余人，这时党员已经有30余人。又如，洛口乡党的组织也是在1931年公开的，当时有李行甫和×××介绍了其他人参加。当时宣传说："共产党是不关门的，可以要求参加的。"参加的人越来越多，每个参加党的人都要2人介绍，雇农不用候补期，贫农要3个月候补期，中农则须6【个】月。会议内容多半是讨论如何积极工作发动群众，后来参加的人【越来】越多，后达30多人。

C. 团组织的发展情况

1930年（民【国】十九年）开初，就有团组织的建立。首先是永村成立共青团组织，永村共青团员有丁桃钟、赖克明、赖长泉、赖金等10多人参加，最早负责支部书记是丁桃钟，后来【是】赖就全、赖秀才。赖足才参加后又有李邦固参加团组织。赖克明当支书，中才后来继任支部书记。3天或一星期开会一次，缴团费苏币5分。当时团的工作是配合打土豪、分田地，带动青年人参军。以后又动员一部分革命同志到宜黄工作。组织生活〈也〉有斗争，【也】有批评，有表扬。表现差的则批评一次、二次，或警告，再则处分及至开除。永村团组织曾开除赖永有、赖长泉。团设书记、组织、宣传之职。又如，1931年东韶一带的团组织已经公开并且得到很大的发展。据不完全统计，横江、陂头两地在1931—1932

年有团员 20 多人。

D. 扩展宜黄

1930 年末，宁都的游击队正在宜黄边界活动，自从第一次反"围剿"胜利后，宁都根据地稳定下来了，所以党提出向北发展"发展宜黄 ×× 卅"，就是当时口号，宁都北面的宜黄都是当时发展的对象。

1931 年元月，在吴村成立宜黄苏维埃，做向宜黄发展的具体工作。县苏的干部大部分是从宁都各区乡抽调来的，像县苏主席曾德行（宁都永乐村人）、财政部副部长刘斤能（宁都麻田人）。同时也有从其他县调来的，如县委书记黄△光（兴）（永丰人）、县少共书记胡立照（吉安人）。

在县苏维埃成立【的】同时，还建立武装，有宜宁游击大队、宜黄独立营。游击大队有一两百人，枪支数十支，士兵都是从宁都各乡模范营中抽调来的。游击大队除负责进攻宜黄任务以外，主要是保护县区政府（后期），独立营的士兵同样是由〔从〕各乡模范营中抽调出来的，人数有 300 余人，是发展宜黄的一支武装力量。南广独立营也是攻打宜黄的一支力量，后来这两支独立营合编为宜黄独立团。1933 年扩为独立第四师，师长是曾德行。

发展宜黄时，还组织工作队，工作队的人员绝大部分也都由宁都各乡抽调优秀人员（大部分是党团员）去新区发动群众建立政权工作，但也留了些人在这里的乡村里继续工作。从吴村乡派去宜黄担任县区苏维埃工作的有 10 多人，如少共副李发兴、黄陂区委少共书记赖书生……

宁都各乡的模范营虽然没有编入独立营、独立师……但也不时配合打仗，各乡也是轮流前往的。一般的是人 X 轮流一次①。模范营与模范少队一般不参加作战，因为枪支较少，主要工作是守卫、

---

① 原文如此。

放哨、押土豪等。宜黄地方反动武装，主要是靖卫团，后期有义勇队。初〈进展〉时并没有什么大的战役，只有在宜黄东南20里的塘仁地方与敌人较强的部队打过几次仗。

随着武装的胜利，工作队也向新区推进，发动群众分田地、打土豪，建立苏维埃。区级干部大部分是由宁都各乡的干部去担任，乡一级干部都是宜黄人，为了便于领导，当时区的范围划得很狭，有的区才两三个乡的范围。

宜黄的贫雇农热烈欢迎红军，欢迎兄弟，宁都弟兄为军队带路、侦察敌情，供给柴火、粮食。他们对去宜黄的士兵工作人员说："打下宜黄县（城），好过太平日子。"有时我们在敌强我弱形势下，退出一些地区，而当地的干部等都宁愿离开家乡，跟着红军走。如在河口、霍元，有一次，因靖卫团突然包围独立营第四连，当地的干部就随我军一起离开霍元，因此可知，他们【是】决心与红军共存亡的。但也有部分农民因受国民党和地主豪绅的造谣影响，有的开始时就逃上山了，有的说："宁都人没有盐吃，才不得不来打宜黄。"发展宜黄时，并无大战争（指反"围剿"的战争），但困难还是不少，去宜黄的也都有充分思想准备，当时的口号是："集中一切力量，准备一切的牺牲。"靖卫团的残部经常对我区乡政府进行骚扰与袭击，宜黄的反动地主还组织暗杀队，杀害我工作人员，如，蛟湖区□儿童书记赖友明（宁都洛口永村人）一次下乡夜间被杀。

从1931—1932年，在宜黄南部曾先后建立了东坡、黄陂、干池、七都、东江、成江、五都、金竹、蛟湖、新丰等9个区，最远打到二都，县苏维埃随着胜利也向宜黄挺进，1931年下半年从吴村迁东陂，1932年迁黄陂。

1932年下半年，国民党第四次"围剿"，国民党匪军曾一度深入宜黄根据地，后被我三军团在黄陂、东坡打得大败，活捉李明师长，粉碎了敌人的"围剿"（活捉李明后，三军团在洛口、水口召开军民群众大会，几万人参加）。

E. 苏区中心工作

查田运动

前阶段的分田运动是平均分配，没有划分阶级成分。中央为了巩固胜利【果实】，发展苏区，彻底深入分田的斗争在1931年。1932年以后几年都进行了查田运动，麻田一带都有瞒田现象，在1931年、1932年查出来的土地都收回来，进行重分。麻田原来每人5担田，经过查田后，都能增加半担田。同时，又发好土地证，土地证当时用复写、油印、墨写都有，一家一张，上面有户主名称、分田数量、土地的位置、颁发的时间。

琳池乡李仕富同志1931年（民【国】二十年）当南团区土地部长，曾参加瑞金所举办的划分阶级训练班（或学习班），训练的时间是半个月。查田运动除划分阶级外，还要抽肥补瘦，抽多补少。地主的田地全部抽出来，以最坏的田分给他，有的乡则不分给，要他们去开荒。查田运动是以1个小村为单位，组织查田委员会，成员是5—7人。

永村当时的查田委员会负责人是赖东秀，永村当时的查田运动中，查出地主赖善言，他家里只有老婆儿子共3人，他曾管过公产，很多产业在外乡。当时报田时，他报100担田，后来农协派人到处调查，才揭穿了赖善言的财产，光土地就有300担田，瞒报200担田。同时，又发现其烧掉田册，破坏查田运动，于是激起了群众的愤怒，对他进行激烈的斗争，曾把他吊打过，同时又罚250元的罚款。同时，又曾进行反对造伪契的斗争。

【扩红运动】

第四次反"围剿"以后，提出扩大一百万铁的红军的号召，首先在洛口县开会，动员群众，自动报名参加红军。南团人民积极参军，南团的模范营、赤卫队差不多都是整个团连排编入红军。南团是编入三军团和十二军，□□有50多人，商源五六十人。琳池地区每个党员都积极动员。有的乡每个党员负责1人，有的视实际情况而定。琳池的田营村在1931年五月节后，前后参军的四批人，第一批 20 多人，第二批 10 余人，第三批 30 多人，第四批 50 多人。

动员参军的时候，确定了哪些人参军，明天出门，今天就在乡里开一个茶话会。第二天，就召集了群众大会，打着锣，敲着鼓，喊口号，欢送他们参军。欢送队伍都是分成两排，唱着歌，拍着掌，洋溢的热情欢送新战士。新的战士手里拿着梭镖，上面扎着三角红旗，旗子上面写着"扩大一百万铁的红军"。锣鼓喧天，妇女群众都拿着细心精工制作的布鞋，封上红纸，送给新战士。有的新做了许多光荣牌子，挂在新战士胸前，大踏步前进。

经济工作

苏区政权稳定下来，经济工作随之而开展。经济工作方面，首先是发行公债，琳池、田营一带曾发行公债几次，琳池当时每人平均购买 5 元左右，有的经济情况较好的则购买 20 元。1932 年，南团也开展过群众性的购买公债运动，南团发行二次；东召在 1932 年发行过三次，麻田当时党团员带头购买 30% 公债〈的发行〉，支持了红军的扩张，稳定了苏维埃的经济工作。

发动参加合作社也是当时苏区经济工作的重要部分。洛口当时设立三种合作社，有棉布合作社，食盐、油、杂货合作社，中药药店合作社。棉布合作社专营穿，油盐合作社是以卖油盐为主，兼卖薯条粉、鸡蛋、糕点等杂货，这是管吃的。洛口油盐合作社有 3 人，李席保最先是做采买，后来当主任，刘行仁为当时会计，兼做糕点。当时油盐、白糖都是从外面调来的，这间合作社兼收购土产。1931 年以后，中药合作社也营业了。洛口当时有医师七八人，家庭并不富裕，当时把他们都联合起来，开成中药合作社，卖中药；医师则集中办公，叫做红军医疗所，诊治群众，开方不要钱。诊治红军伤员，是当时医疗所的任务。医师每月薪水 8 块，每天伙食 2 角，薪给依靠区财政部发给。

合作社是由农民集资组成，是农民组合而成，每股 2 元，发售原则是：①红军家属可以优待卖给且价格便宜。②没有参加合作社的人一律不准卖给他们，只有问私营小商店去采购，价格当然较贵。

工人的工资当时也提高了，如，东召裁缝工由 2 角增加到 2 角 5 分。只有盐、布问题因国民党进行封锁，这二种都需外给，故盐的数量没有办法供给，各村都组织硝盐合作社，或几个人组合，解决了当时缺盐的困难。1 元钱只一二两，布 1 元才 2 尺，价格很贵。食盐的困难，造成了人民生活的困苦、健康水平的下降，这是国民党反动派封锁苏区经济的主要原因[①]。同时也说明苏区人民在困难的情况下面，战胜了一切困难的精神。

苏区当时群众都通行使用苏维埃发行的红军纸币以代替银圆。市场物价依然稳定。纸币初发行时 1 元换光洋 1 元另〔零〕5 分，后来 1 元换光洋 1 元。洛口东村的荣祥布店老板曾破坏苏维埃法令，依然使用银圆，给当地少先队长李黑面捉住后，解到乡政府。

当时政府为了便利靠近白区的群众买物，在各地师部的地方开设银行，每天开 1 小时给群众兑换现元，便【利】老百姓买物。

优抚工作

政府对红军家属优抚工作做了很多，对当时扩大红军支援前线起了很大作用。同时，苏区也曾颁布优待红军家属条例，鼓舞与安慰了广大红军战士。田营乡对待红军方面，首先组织代耕队，将军烈属的田地耕种起来，当时的口号是"把军烈属的田种得很满意，然后才管自己"。军烈属家庭小孩都派妇女去照料，过年过节时就送果子、花生、豆子、猪肉、食盐等东西，对他们进行慰问。同时每个军属都送一块红布，安置在其门前，红布上写"红军万岁""红军胜利万岁"等字样。经常派人去慰问军属，劝告人们不必挂虑，将来就可回乡团聚。参加乡政工作人员属脱产干部，可以享受优待、代耕，如果是村代表，则不受〔在〕优待之例〔列〕。

南团方面曾组织优待军属委员会，设有主任，专门负责优抚工作。

---

① 此处不通顺，照录原文。

文教工作

苏区当时都设有列宁小学及苏维埃小学，洛口当时有 3 所小学，经费由农协支出供给。区里由区里供给。老师薪水每月 8 元。课本由上级发下来。严坊方面也开设过列宁小学，教师由本村里能识得字的人去教学。琳池乡的齐源也办过苏维埃小学，教师李集祥，学生有 20 多个，设国语、算术二科，课本中有一些是三字经，如"天地人，创造者；工农兵，赚红利，厂主吞"。暴动歌、国际歌等都充满着浓厚的工农阶级感情和政治内容，为教育服务于政治奠定了很好的方向。学校〈要〉挂着列宁像，当时洛口设有娱乐部，唱歌跳舞演戏，丰富了农村的文娱生活，也教育了广大的群众。

妇女工作

妇女协会成立后，除配合打土豪、分田地的斗争以外，同时又进行过妇女自身解放运动。剪头〔发〕放足过程中是碰到一定的困难的，尤其是年纪有 30 岁以上的人，受了封建思想的影响，认为剪头放足是件丑事，不愿干，怕被评为"妖怪"，甚至有时一些落后的言论都出来了，妨碍了工作的进展，后来经过自上而下党的教育，通过宣传、演戏等活动，才把一些舆论进行驳斥。经过一年半工夫，基本上完成这件工作。

当时规定是 28 岁到 20 岁妇女，一律剪头放足；30 岁以上可以不放足，但要剪头。40 岁以上两者都不要。在规定公布后，如果不做，少年先锋队就会突击，利用妇女不注意时，往后一剪。每村都要由妇女代表积极分子组成检查队，每三天到各家收脚布一次，收集后烧掉。如果发现年轻的妇女包脚，就用钩子钩脚布。

苏维埃组织中，有妇女干事，成年妇女干事。村有妇女代表，大村有 2—3 人，小村有 1—2 人。选代表时采取提出候选人的办法，然【后】通过全村妇女大会通过。

妇女在支前及地方上一些工作，如组织慰劳队，以 8—12 岁的女孩子组织慰劳队。红军如果路过乡村及驻扎，都积极开展慰问，特别是伤员，加以照料。妇女有的为伤兵员洗脸，喂饭，有的烧茶、敷药。40—50 岁的壮老妇女，就组成洗衣队，替红军伤员洗衣服。做红军鞋是一件经常【性的】支前工作，当时如琳池乡每次有 160 双的任务，最少也有 150 双。最先是每月交一次，后来半个【月】交一次。如果任务下来，乡里首先研究分配数字，再行分配到村里，从村里到组，层层下来，经常都能完成。做得好的则大会表扬她。送新战士时就挑最好的用红纸包上，送〈赠〉给新战士，表示敬意。

妇女工作中，特别是在扩军工作上，表现得很出色。首先是妇女干部、积极分子，加上红军军属，组成突击队，到合乎参军条件的青年的家里去动员。（一般年龄 16—35 岁）。当时琳池也有一支妇女突击队，下面有 15 组，3 人组成一组，每次协助动员参军。

妇女又担任卫生工作，也做得很好。例如，琳池乡妇女对他们乡政府及公共场所（附近街道、会场），专门有 20 个妇女，分 5 组轮流扫打。在开会时由先锋队协助打扫及搬凳子，大操场由赤卫队打扫，居民的屋前屋后由附近居民组打扫，少先队负责督促检查，发现不洁，则视情况给其批评。如果屡责不改，经过 7 次通知，就要游街。

随着政权稳定，妇女工作的发展更加进一步展开。中央有所规定，在男女问题上，这样规定，男 20 岁，女 19 岁，才能结婚；结婚、离婚（离婚只准 1 次）可以自由。当时永村一村就〔有〕赖启辉等 5 对夫妇是自由结婚的。当时麻田乡一带有 AB 团，乱搞男女关系。政府查出来以后，属 AB 团的就枪杀，不是 AB 团的则押去游街示众，以示警告，以树立社会秩序，严肃风化。有疾病的人不能结婚，表兄妹不能结婚，同姓氏要五代以外才能结婚。

麻田当时妇女干部甘秀莲，曾被派到瑞金受军事训练 3 个月，回乡来当了妇女连长。麻田妇女后来成立妇女连，凡是每月初五、十五、廿五都要操练。操练大部分是基本动作，没有发枪，每月到南团（区）会操一次。苏区发展红军任务下来，她就劝丈夫芦发华参军，同时又积极动员带动乡里 2 个青年参加红军，受到群众的好评。

四、红军北上后国民党对苏区人民的迫害和苏区人民的斗争

1934 年第五次反"围剿"时，由于当时左倾主义领导的错误，苏区日益缩小。

当主力红军还没有完全撤出、国民党军队尚未深入苏区时，反动地主豪绅带义勇队（大多数从宜黄来的）在 1934 年上半年（？）已经开始窜入吴村、东韶等地区进行活动。义勇队的头子都是逃亡在外的地主、豪绅，如赖坊的赖行成、漳灌的赖福生、琳池的李先佐等义勇队，主要活动是抢劫财物、武器，杀害革命干部，甚至有时袭击我政府。如，1934 年 7 月，义勇队袭击我东韶邮局，抢去一支枪。被义勇队拦路击杀的红军和干部人数也不少，如洛口李春富从部队请假回家路经肖田被杀害（时间是夏历九月十一日）。又如，陂头地主罗东兰秘密勾结义勇队于 1934 年 9 月某日晚袭击驻在陂头牧牛岗的区政府，打死区政府工作干部两名，另一个重伤不治而死。

主力红军撤出苏区时，区、乡政府政权并未解散，而且还组织了一支 80 人的游击队，半数人有枪支，全为梭镖等武器。游击队的骨干是由部队下来的残废红军担任。当时游击队的任务除了保护区政府外，还保护农民秋收，防止坏分子并和窜入的义勇队斗争。后来这支游击队在郭光先后编队分为二连。

十一月初二（夏历），国民党匪军进占洛口，游击队第二连转战于节布、新霞、乌溪，最后在羊石被国民党第八师包围。由于当时二连只剩下 10 多人，枪少而又没有子弹，队伍就这样冲散了（一连情况待查）。

除各区游击队坚持斗争外，当时江西军区的游击队也曾从宁都来麻田，转战于东韶、金竹坑，最后到小浦一带游击。

1934 年十一月初二（夏历），国民党匪军占领洛口。初三，吴村、东韶相继被占。国民党匪军开始向苏区人民进行了疯狂的残杀

和迫害，白色恐怖笼罩了整个老苏区。

国民党反动派来后，在吴村、洛口、东韶等地成立了联保处，各乡建立了保甲制度，联保处和保长都由逃亡回来的地主、土豪、叛徒充任，如，洛口大土豪靖卫团头子李明亮就当上了洛口联保处主任，叛徒黎进才从宜黄回来后在陂头当保长。

国民党政府和地主土豪首先大肆搜杀，共产党员、革命干部在东韶、横江、陂头就杀了5个（不包括在外地被杀的）。其中，陂头有个残废红军谢启忠被活埋。琳池地主李先佐回来后，用棍子打死农民陈全良、李泰园子2人。共产党员在敌人面前表现了英勇不屈的气概，如，东韶共产党员严兰清在临死前高呼"保佑共产党万岁"。

不少革命同志逃往外地，游离失所几年不敢回家。有的在外做长工，甚至有的被迫去当和尚，如南团曾连发、麻田卢秀田。即使有的后来冒险回家了，家里东西早被抢得精光，连家里一只碗也没有，而且不敢出门上街。没有逃出的同志和逃走后不久即回来的同志，普遍受到各种迫害。凡是做过革命工作的或当过红军的都污蔑为"土匪"，他们的老婆被称为"土匪婆"，甚至连穿的鞋子也被称为"土匪鞋"。凡是被称为"土匪"的，都抓去严刑拷打强迫"自首"、交"自新费"，家产全部被没收，一妻二子住在牛栏里，自新费交不齐还不发给"国民通行证"。没有"国民通行证"，就不能离开本乡到外地。其次，国民党还强迫苏区人民交"月费"，有的地区分为三等（如永乐），有的地区分五等（如东韶）。每户少的要几角钱，多的一两元，每月都要交（"月费"一直收到解放前夕），交不出月费就要坐牢，来捉人的警察也得给他"草鞋费"，如，麻田廖元生（当过红军）因交不出月费，连老婆也被迫改嫁。地主富农普遍进行了倒算，夺回贫雇农分得的土地、房屋、家具、农具，并且还强迫农民交回租子，看你有钱就多算几年，如横江有的被倒算3年。洛口联保处主任李明亮逼农民交几年租，交不出就把农民家里的东西拿走。以后地主还强行增租加重剥削，如洛口李希圣（苏区时任乡支书）租种地主李思尧4亩坏田，按常例每亩交租4担谷，但李思尧强迫他交租每亩8担（相当于好田的租）。至于农民在苏维埃时期"由"来的老婆也列为倒算的对象，如东韶李春生（苏区时曾任雇农工会主任）曾"由"到一个老婆（原先的丈夫是国民党靖卫团士兵），白军来后也被要了回去，并且还要他交600斤谷子。

此外，国民党在抓丁时，又对参加苏区工作的和当过红军的，比一般群众更为频繁。有被抽过4次，如南团的孙主富（苏区时当过模范营营长）连独生子也要抽。苏区人民不愿给国民党当炮灰，有的逃走，有的把自己弄成残废，如永坑赖集文（当过红军）面对抓丁者用斧砍去自己的食指。

在苏维埃时期曾参加过工作的革命同志，除了少数后来变节投敌为国民党做走狗外，绝大多数能够在极艰苦的年月里不叛变，不给反革命做帮凶。尽管国民党反动派威胁利诱，但是他们【始】终不动摇，如横东黎朝兴，国民党几次要他做保长，他不干。麻田刘有来，伪保长要他当保队付〔副〕，他坚决不干，带家眷逃入山里住了好几年，直到解放后才回来。由于国民党对苏区人民的残酷压迫和摧残，给苏区人民带来惨重的灾难，人口大大减少，如东韶在苏区时有一千五六百人，到解放前夕只有七八百人，减少50%；吴村、谢坊在苏区时有40多户，解放前夕只剩下10多户。

苏区人民始终怀念着共产党和毛主席，红军北上时毛主席曾对苏区人民说过，"我们一定会胜利的，你们要坚持下去"。毛主席的话深深地印在苏区人民的心坎里，他们坚信共产党一定能取得胜利，许多人把苏区时的文件、印信、公债券、钞票、钢板秘密地保存起来，直到解放后才拿出来。如，南团曾常茂在红军北上后把乡苏维埃的几包文件秘密埋在石岩里，可惜后来查看时被雨水霉烂了。

五、解放前夕各阶级的动态

解放前的几年中，苏区人民受到国民党的压迫和剥削更为深重，人民处在水深火热之中。国民党抓壮丁一年要好几次，麻田青音村一年中就抓去壮丁 12 名。不愿当炮灰就得出巨款〔额〕的壮丁费，当时〈买〉一个壮丁【费】要三四百元银洋，被抽中者本人要出一半，其余由适龄壮丁共出壮丁费（摊派）。① 吴村的黄水生，不到 3 年连抽到 2 次壮丁，共出壮丁费 450 元，不但讨老婆的钱落了空，而且还欠了不少债。地方豪绅除了在壮丁费中大肆中饱外，还借抽壮丁为威胁，进一步奴役贫苦农民。如吴村恶霸李彬珍，逼农民赖兴香给他做长工（只供吃饭，无报酬），才答应不抽他的壮丁。为了回答国民党的抓壮丁压迫，人民掀起了自发的抗丁斗争，如洛口保警队在汗元村抓到 1 个壮丁，村里妇女数十人闻讯赶至围打保警队，把壮丁放〔救〕走。又如，1949 年洛口保警队 5 人去永村抓壮丁，青年联合起来，把保警队痛打了一顿之后，这些青年就跑上山去，并且带了刀准备死拼，保警队不敢再去抓了。月费在解放前还在征收，而且数额也增加了。除月费外（在 1948、1949 两年又大征），还有枪杆费。各地土豪在解放前奉反动头子黄镇中的命令（借口保护本姓），购买枪支建立反动武装，土豪并借买枪为名从中渔利，如，洛口李明亮、永村赖香斋都组织了冬防队，交不出这些苛捐杂税就要绑人。如，吴村十书荣的母亲因交不出 7 元钱就被关在牛栏里，两天没有吃东西。

地主豪绅的高利贷盘剥较前尤为严重。贫雇农在青黄不接时一般都没有粮食吃，要借钱借粮。借钱 10 月〔元〕按月交利息 1 元，名为"月月钱"。吴村有些最狠心的债主春上放债 1 元，年终还本利 12 桶谷（当时 1 元钱能买 2 桶谷，利钱要 10 桶谷）。

国民党政府更借抓赌为名，任意捕人，捉了许多没有赌钱的人。目的是罚款，这样的事洛口就发生过好几次。

国民党的军队（如熊式辉的军队）在解放前夕更是横行霸道，买东西不给钱，抢劫鸡鸭是十分常见的事，乱抓伕子，所以青壮年男子一听国民党军来了就逃到山里。

---

① 此外不通顺，照录原文。

由于国民党和地主的残酷剥削和压迫，广大人民日夜盼望解放军到来，南昌解放的消息传来后，人民都知道解放军就要来了，心里都很欢喜。地主慌作一团，有个别的逃走了，有的造谣说"八路军来了要杀人""八路军坐不稳，如果给八路军做事，以后要杀头"，有的到庙里求神拜佛。

解放军进入洛口前，国民党的政府已溃散了，洛口大约有2个月处在"真空"状态。1949年八月间（夏历），解放军先后进入洛口、吴村、东韶等地（洛口县是八月十二日解放的），得到广大人民热烈欢迎，如，吴村人民在老革命同志赖永△（苏维埃时期曾任工会主任）的组织下，放炮〔爆〕竹杀猪接待亲人。在欢迎解放军的群众大会上，不少人都说："如果解放军迟来几个月，还不知要逼死多少人。"

说明：

（1）这份资料是由中共江西省委中央苏区赣东南革命史料调查工作队宁都分队洛口组配合县委革命史编辑办公室同志经过廿多天调查、访问、座谈会的纪录整理出来，仅是史料，作编史参考之用。

（2）这份资料重点在第二、三、四部分。

有关的专题、标语、诗歌、名单都不在内。

宁都城关镇革命斗争史资料

江西省委赣东南党史调查队宁都分队

（一）辛亥革命至北伐前的宁都社会情况

宁都位于梅江之滨，全县尚称富足。自古以来封建势力较大，大姓巨族豪绅地主很多，辛亥革命以后剥削致富超过 10 万的有 10 多家。就宁都县城温渭臣一家而言，管庄收租的大总管就有 5 个，以下又各有 4 个小总管作大总管的帮手，总共二十几个人，婢女十几个，店房 200 多幢，他自己的住处叫做"九如第"，就是表示他什么都如意，算是第一个的意思。城里的店房有 80% 是温、李两家的，公产也被他霸占，社仓 48 个，义仓 24 个，也被他们控制。1914 年和 1918 年宁都连遭两次饥荒，由于这些仓的粮食被他们控制，他只限每人只能买一次、买一升，买过了的群众，手指染靛为志。有些饥民品质高尚的，认为花钱买米，还需要染指受辱，所以宁愿挨饿，不去买他们的；有些人吃糠的，吃耆下糙的，还有从义、社仓买回的谷已发霉，谷内鼠屎拌杂，做出的饭黑色〔色黑〕味劣。

温、李两家非但控制了社、义两仓的粮食，而且还利用他家里所收的租谷高利放息，借 1 担还 3 箩，利上起利、脑上起脑的方式来剥削，同时一至早、晚稻收割后，贬价收进；青黄不接时，抬价售出，极尽其剥削而致富。

温、李两家除对农民残酷地剥削外，对一般的贫民的剥削也

很厉害，开设当铺，利钱加二，两年为期，过期就不能收赎。迨至
1927 年八一起义后，贺龙、叶挺的军队经过宁都，由于这一段的
革命高潮所影响，他们的当铺歇业倒闭，接着有豪绅邱和鸣的老婆
等，进行私当，贫民去当金银首饰的利息加三，衣服加五，限期半
年或一年，逾期便不能收赎，对贫民的剥削更为严重。

在政治上，过去没有什么地方政府，地方政权完全为封建豪族
劣绅所把持。如民国初年，有前清退休的官吏李泽兰、温九畴等组
织共和党，拥护袁世凯复辟做皇帝，由廖竞优办迪群学堂，组织友
联社，拢〔笼〕络地方势力。后来又有卢性初、蔡爱人等组织国民
党，拥护北洋军阀，勾结官府，把持政治，蔡爱仁①把持教育，办
觉民学堂，组织合众社与友联对抗。当时宁都有"十八绅"（李泽
兰、温渭臣、邱和鸣、卢性初、蔡爱仁、赖少前、赖佐汤、李人
偕、李豆村、温濂泉、温竹三、彭肖山、彭光达、曾睦山、曾竹
埃、彭子珍、廖昂山、曾华春）等把持政权，横行霸道，鱼肉乡
里，所以这些人引起民愤甚大。

民国初年，宁都的手工业还算发达，行业很多，各行业的工
人也很多。在 20 多个行业中，缝衣工人有一两百，首先组织；药
业有 50 多人，染匠有 400 多人，船筏工人有 600 多，都跟着组织
（1932 年，并正式成立赤卫队，三连内便有一工人连的组织）。工
人的组织由此开始萌芽。

1918 年，蔡成勋当江西督军，派了一排军队驻防宁都，只有
22 条枪，排长姓张，作威作福，专为地主服务。有条枪到乡村，
回来便有三挑东西。勒索讹诈农民无微不至，城内结婚、嫁女一切
喜庆，一定要请张排长，打官司也请张排长包案。他驻兵的地方不
准老百姓在他的屋前经过，在那里走的常会被打。1922 年 5 月 13
日，粤军许崇智从西门入城，那时已是上午 10 点，张排长还未起
床，听到粤军进城，连鞋都不及穿，走到北门路上抢了把伞，狼狈

---

① "蔡爱仁"，上文又作"蔡爱人"。

而逃。

1923 年，方本仁当江西督军，常得胜的军队在宁驻扎很久，常常保护豪绅地主，军纪极坏，强买强卖，以抓伕为名，勒索民财。常得胜的部属军官姚舜，强占人妻，后来开往赣州，抓去了百多个伕子，路上被虐待而死的很多，回来的没有几个。

1925 年，国共合作，赖世璜的队伍有易简一团驻在宁都，发行流通券，一出城便不能用。殷户捐很重，大夏布行怡丰福就是因此挤倒的，一般持有怡丰福红票的算不吃亏。那时社会秩序很乱，就是由于剥削太重所产生的，三五人有条枪就起义反抗，较著名的高营长和邱永福的起义，由于当时力量小失败了。

（二）宁都最早的革命活动

宁都的文化较发达，有中学、小学，不少地富子弟在外读书。由于内忧外患，袁世凯和北洋军阀的卖国政策刺激了他们，从新文化运动得到启发，激发了爱国热情。不少人废学返里谋救国之道。当时的进步书刊《新青年》《自由之路》等也宣传到宁都来，中小学的教师和学生受到了影响，对国家的前途感到不安，加上宁都社会的极端黑暗和教育文化多为封建绅士〔士绅〕把持，更加不满。

会同连政公是留日学生，当日本强占我青岛后，袁世凯还向日屈服，就弃学离日返国，在沪和学生办报。1923 年间回到宁都，1924 年春和各地归来的青年知识分子，创办了《鼓灯报》进行启蒙的宣传，不久停刊；又创办莲峰中学，任校长。

温雪堂（又名温玉庭），宁都城内北门人，1918 年毕业于宁都第九中学，1919 年考入北京国立工业专门学校学习。当年参加了五四运动。1921 年以政治嫌疑被学校开除，即返回宁都，（关于温雪堂同志入党的时间，是民国十四年〈1925 年〉在北京师大入【的】党）回宁都后仍然进行革命活动。当时和比较激进的知识分子连政公（莲峰中学校长）、温兼善（崇义小学校长）、曾子文、曹子久、江源祥、彭澎、王俊等有来往，向群众讲革命理论，同封建绅士作斗争，受到群众的拥护。

彭澎、王俊均【为】宁都城内人，皆系第九中学学生，当学生时受了五四运动和革命书刊的影响，目睹北洋军阀的反动无能和中国社会的黑暗，非常倾向于革命。

1926 年 9 月，彭澎、邱洪生、王熠、杨新翊、谢羽、戴福群等 7 人被保送（经考试）到赣州共产党人陈赞贤主办的赣南农工运动训练班学习（因国共合作）。同年年底，由陈赞贤同志介绍彭澎、邱洪生、王熠、杨新翊 4 人加入中国共产党，成立宁都党小组，由彭澎任小组长。10 月间，温雪堂、王俊等在宁都组织了农工兵学商联合会，经常举行群众性的演说，宣传群众向左转等活动。谢梦彪为委员长，还举行游行示威，年底彭澎等回到了宁都。

1927 年元月，彭澎、温雪堂、王俊等着手组织工会，农协会的筹备委员会、县总工会的筹备委员有王俊等人，每行业的积极分子有 1 人，如卢志坤（缝纫）、廖期容（织布）等皆是，王俊为主席，农协会的筹备委员有彭澎、邱洪生、王熠、杨新翊等人，由彭澎负责，同月并召开工农联合会议，决定了几个行动口号：（1）要求实现孙中山提出的联俄、联共、扶植〔助〕工农〔农工〕三大政策。（2）打倒土豪劣绅。（3）打倒贪官污吏。（4）工人实行 8 小时工作制。（5）实行二五减租。（6）工农团结起来。（7）大家向左转。并以"青年干社"名义作好掩护，农协会已由城内发展到西厢村、会同、杨溪一带，工会各行业都有了基层组织。

1 月份，农协会和工会同国民党县政府和县党部进行谈判，目的在于限制国民党以铲烟苗为名敲诈百姓，彭澎、王俊、王熠、邱洪生、戴福群都参加了。提出了"铲烟苗不罚钱，留到烟苗不抽税"，并要求铲烟苗经费来罚款是要不的[①]。要求清算罚款账目，经县长余天民的同意进行清账，在查账中发现账内写有"土三钱，小洋八毛"，当即提出质问，"你是卖烟机关吗"？于是要将警察局周

---

① 不通，原文如此。

局长交群众大会处理，当晚立即扣押，县官余天民担保不必扣押。是夜放走周局长，使第二天群众大会开不成，群众极为愤怒，向县官要人，群众吆喝喊打，温雪堂旋即打了县长两个耳光，群众齐上，余县官被打得头破血流地跑了。以后曾扣押我数人。

又是县衙监狱污吏王云，罚坐牢的农民200毫洋，该民报告农协会，农协会支持要群众捉起该污吏，并罚戴纸帽游街。

还有县府第二科长坐轿子带警察到会同去铲烟，罚了农民的钱，会同农协会将该科长的轿子也打掉了，人也被打。警局的警士逃走，农民高举着农协的红旗追到河背石垅为止。因此引起了城内反动劣绅温渭臣、温卓仁、陈子臣的恐慌和不满，同到县府告农民造了反，打伤了二科长，并到农协会威胁要医伤，农协会拒绝【了】他们的要求，并向县府说理质问他们为什么下乡不先联系农协会，罚钱是犯法的，县府也无可奈何。

3月间，赖世琮的士兵拔农民的竹笋，被农民抓住。赖世琮马上集队威胁，农协会就发动群众包围赖的部队并抓两兵到县府，县府不得不将赖兵扣押。赖世琮看势不妙，赶快制止士兵不要开枪，免得被群众缴走枪械。

当时温兼善在群众大会上说，"现在老劣绅还未打倒，新劣绅又出来了，群众认为〈好〉不好的一律得打倒"，引起劣绅的不满，是夜四向的城门①，来捉温兼善未获，倒引起了群众的义愤，工会、农协会支持，在县府打官司，群众齐集县府西花庭，监督审问，因审问不公，引起了群众打毁西花庭的暴动。

那时候宁都已分派别，左派是农协会、工会等组织，右派是劣绅的组织，叫"青年工作团""少年合作社"等。右派是用黄纸写白字对联，左派是用红纸写黑字对联，对联的内容都是写"革命尚未成功，同志仍须努力"。右派中并分卢、蔡、赖三派（卢性初、蔡爱仁、邓吉生、赖少前、赖佐汤等），右派多宣传有关帝国主义

---

① 原文如此，不通，疑有漏字。

的事情，右派的牌子挂赖家祠堂。左派^① 中当时也有激进分子，天天宣传"集中一切力量，准备一切的牺牲。"

党组织亦〈也〉不断地发展，多半是知识分子，也有一部分是工农，当时党员已近 40 人左右。党组织的代号叫 C.P.，团组织的代号叫 C.Y.。

3 月，总工会主持发动群众实行平籴，成立委员会，由王俊、卢志坤等主持，劣绅勾结米户李孝文、彭世焕等起来反对，劣绅曾雇打手准备袭击平籴委员会，总工会在天主堂鸣钟聚众，各行业群众多赶来，劣绅闭门不出，派赖达士来和解并请我平籴工作人员喝酒。等我群众散后就带暴徒袭击天主堂，捉了我工作人员，如卢志坤也被捉，入狱数日，后彭澎从赣州回来交涉，县政府将人送回总工会。

3 月上旬，彭澎带来不幸消息，说陈赞贤同志被刺，马上在总工会举行追悼大会，将陈烈士遗像挂在孙中山像下，工农群众多有哭者，会后还举行了示威游行。

5 月间，彭澎调赣州农民协会、赣南办事处工作，宁都农协会的工作就由邱洪生负责。

不久劣绅认为莲峰中学全是赤化，命暴徒打碎莲峰中学的校牌，引起纠纷。我方也聚多人冲突，王俊等也在场；后因暴徒有武器，终将该校捣毁，驱散了师生。

7 月间，国民党开始清党，共产党员李伯雄以国民党省党部特派员的身份来宁都布置清党。他曾安排了工会、农协会的工作，并要邱洪生由赣州赴南昌开会。邱到赣州，国民党的军队已叛变，封了农协会。邱在城外遇到彭澎，2 人即返于都，以电告李伯雄，"李伯雄鉴：火速来于。"李知有变，马上布置王俊和工会、农协会的人员疏散乡下，本人也马上离宁赴于都。赣州事变不久，宁都劣绅即组织清党委员会，卢性初、蔡爱仁、邱伦才等负责，马上去捕工

---

① 原文如此，结合上下文，此处应为"右派"。

会、农协会的工作人员及李伯雄，皆扑空。

（三）国民党"清党"后的革命活动

彭、邱秘密回宁，同王俊、江源祥、温雪堂等商量，潜在乡下工作，组织农民反抗。

当时混进党内的一些资产阶级和小资产阶级民主革命者发生了动摇，一些以革命工作为出路、想升官的投机分子都叛变了，像温兼善、戴福群、曹子久、曾子文等人均叛变投敌。当时工农训练班的教官肖韶（兴国人）化装【成】叫花子来宁布置工作，要同志们坚持，指明了形势和方法，布置了要向农村发展、组织农协会并武装暴动。当时革命信念坚强的彭澎、王俊、温雪堂、彭祥生、江源祥等重新振作，会议决定王俊去黄陂，彭澎去会同，邱洪生去青塘，温雪堂、王熠、江沅祥等在城郊，彭祥生、温立煌等在城内联络（没有公开过）。

8月底，南昌起义部队贺龙、叶挺军过宁都，宁地巨商劣绅闻讯皆逃，躲藏乡下，一面恳请我党内同志温雪堂做他们的代表，答应漏夜筹饷慰劳。翌日，我党内同志，如温雪堂、彭澎、王俊等都跟着大军南下至广东三河坝。我军失利，温、彭、王诸同志又折返宁都从事革命工作。

以后肖韶又化装【成】杂货商人来宁都联络，布置工作（约在10月）。当时在黄陂一带已经组织暴动，成立了赤卫队、游击队。

1927年冬到1928年间，彭、王、温、江等同志除在外面活动外，还不断秘密地回到宁都城内，在江源祥、王俊、温雪堂等人家中秘密开会，用白凡〔矾〕写秘〔密〕字等方式来联系我方地下工作人员。当时的游击队和赤卫军的武装曾活动到城郊一带。

1928年8月间，温雪堂同志秘密回到城内，不料为敌人侦知，于九月十二日（农历）早上被捕，十三日解到赣州，于十二月二十四日牺牲。他是宁都最早的党员之一，也是最早的先烈。

1929年2月（农历正月），红四军在大柏地打败了刘士毅伪军，群众曾编歌谣歌颂我们的胜利："正月初二，行到大柏地，打败刘士毅，枪支缴到720，全部得胜利，尹、肖二团一丧一亡，刘匪坐赣州起了恐慌，深闭城门，不准行商。"2月13日左右【红军】到宁都，原国民党独立第七师赖世璜部下赖世琮团在宁不战而逃。工农红军入城秋毫无犯，商界组织了招待所。2月13日，红军要富商筹饷5000元，草鞋、袜子各7000双，白布300匹，伕子200人，军队不停，即转入黄陂。又转战于福建活捉了郭凤鸣。农历四月，又转回宁都，发动农军配合来攻宁都。赖世琮又准备逃走，后探知我多农民又折回，先将在宁都搜刮之银洋挑回石城家中，结果挑错了，将几十担子弹挑走了。赖军要民众守城，自己在城角下赌博。我农民赤卫队满布城外四面的山上，红军紧紧包围着城墙。围攻第三天晚，我方烧魁星阁北门一带，枪声大作。我军佯攻北门，赖匪弹药不及，仓慌〔皇〕率部急救北门。我军便从城墙最矮的小东门一带爬墙进城，大开城门，红军大队进城，随即活捉了赖世琮，敌人一个也没有逃走。赖世琮乞降，并运回所挑走的子弹和枪10余支。我军后给他5支枪，要他发展游击队，并招抚保安队。但放后他仍坚持反动，后又被我【军】击毙。

克城之后，在王俊家召开党的会议，毛主席、朱德军长也出席，彭澎、王俊等都出席。会上决定成立革命委员会，党内同志公开一部分并吸收一些党外人士参加委员会。决定赖金生为县委书记，彭澎为主席，王俊为军事科长，下面分了许多科，委员有彭澎、赖金生、王俊、邱洪生、江源祥、王熠、谢荫南等20多人，其中也有反革命分子邓瑞生（任秘书）、彭南生（财政科长）、曹子久混入革委会来。在儒学召开群众大会，到数千人，由赖金生宣布革委会人数，由群众通过。又以革委会的名义枪毙赖世琮的团副谢益新和县府的狗腿子谢会沂。

红军前进至永丰乐安，革委会也转移山区，扩大组织，由安福到黄陂，只有几支步枪。国民党回宁都以后，立即悬赏捕捉我革委会委员。5月，谢荫南因年老掉队被族人出卖，解到宁都还昂首高呼"共产党万岁"，在临刑前还说，将我的头挂在北门城上，好看到红军回来，为我报仇。

宁都本无地方武装，1927年赖世琼在宁都时，组织一队保卫队，由本地温宏基任队长，只有20支土枪。后伪六十九团肖希贤驻宁，改保卫队为靖卫队，由城关和各地购枪60支，委外地冉××为队长，后改吕中全，再后改严唯神继任队长。严匪初多在长胜一带活动。靖匪完全依靠开设赌博烟场、收取杂捐来供给军饷。贫农和小商贩受征者无不恨之入骨，其中严匪因克扣军饷曾被部下殴打几乎毙命，幸为严捷生解救。1929^①年黄镇中叛变时，靖卫团改为四队。

同年5月，在黄陂成立县苏维埃政府，选王俊为主席，彭澎为军事科长负责军事，江沅祥为宣传部长。6月，消灭了伪肖团长两个排，武装逐渐扩大。8月，换高秀峰为县委书记，赖金生为秘书，并组织了各乡的贫民小组，各乡成立支部，如张觉僧（渭斋人）是东山坝的区委书记，赖奎轩是后任区委。贫农团逐渐建立乡、区苏维埃组织。9月，王俊因病请假，被赖沅泉出卖，10月3日被捕【后】光荣牺牲。12月7日，彭澎率领游击队攻开宁都，救出王俊爱人曾宝秀。

以后，江源祥任游击队长，经石上、会同转入固村一带打游击，1931年亦光荣牺牲。

1930年6月，彭澎因痛脚病在李家坊被捕，旋由群众夺回藏在深山古庙里，反动政府派大军搜山并威逼群众交出，彭澎同志不忍群众受害，毅然挺身而出，因此解回宁都。11月被反动派惨杀，光荣牺牲。

在东韶成立赣东办事处，先后由金万邦、胡充生^②负责。1931年正月，曾在东韶召开军政人员会议。围攻宁都县城，三、四月间，红军罗炳辉部配合游击队攻下宁都，组织了城市区苏维埃政

---

① 原稿在"29"上方标注有"30"。
② "胡充生"，文中又作"胡允生"。

府，县苏已回宁都。不久陈诚部来宁都，我政府组织转移到青塘一带打游击去了。

（四）廿六路军起义

1931 年 6 月，蒋匪之嫡系陈诚（十六师）进驻宁都。当时天热卫生条件很差，流行痢疾瘟疫。陈匪在四周修筑工事，企图与我对抗，并到处进行反共宣传，召开群众会议进行欺骗宣传。城外 30 里就是我红军前哨，匪军在城内不敢出头，严守四门，百姓多不敢出入城门。并将城内外之菜园一律平毁作为练兵之用，拆平城四周之所有房屋，锯倒所有的树木。大筑工事碉堡，每隔 200 公尺就有一碉堡，并且还不断的向蒋匪求援。后罗卓英〈已〉来宁都。9 月，孙连仲之二十六路军来换防，该军多北方人，不服水土死者更多。百姓和匪军在这半年死约 4000 余人，每天死者上百，城内抬尸的棺材都用空了，一个棺材能用几十回。

赵博生同志是该路军的总参谋长，他在宜黄时就加入了共产党。他关心群众的生活，做了许多接近群众的工作，向士兵作了很多宣传工作，士兵厌战，博生同志指出只有当红军才是出路。他很受士兵和下级军官的爱戴。他又与共产党取得联系，取得党的支持。起义前，赵派人从小东门出城，以往固厚买鸡鸭为名，至青山下，与我红军前哨部队接好策动伪军暴动起义事宜，当即买回鸡蛋 1 担，翌日又由赵博生同志派遣亲信，暗藏短枪 18 支交于我军，并由我军党委派遣党员 28 个混入城去，协助博生共同策划暴动工作。我底下工作人员以赵博生鸣枪为号，杀死伪军长姚国章。赵博生同志这一义举，扩大了我军的力量。

二十六路军原是冯玉祥的西北军（即国民军）。在第一次国内革命战争时，由于国共合作，在部队中建立了政治工作，共产党在队伍中有了影响。虽然在国民党叛变时，西北军也曾排斥共产党人，但共产党在部队中的影响，国民党是无法消灭的。这支久经军阀混战未得喘息的部队，在蒋介石"消灭异己"的思想指导下被驱赶到江西"剿共"的战场上来，因此在部队中自然是矛盾重重。红军的英勇善战，使得所有的"剿共"部队闻之丧胆。当初二十六路军也是在"四怕"（怕生病、怕大杀、怕下雨、怕红军）的情况下，来到"剿赤"前线的，士气十分的低落。军中的军官派别矛盾也很大，克扣军饷的情况也十分严重，士兵经常吃稀粥，加上红军的政治宣传和俘虏政策，对该军有很大的影响。在高兴圩、老营盘战斗中，二十六路军二十七师的士兵被放回以后，他们就成了红军的"义务宣传员"。出城二三十里路都是革命根据地，到处都是标语（当时"九一八"日本已经占去了沈阳），"穷人不打穷人，士兵不打士兵""北方人回北方抗日去""廿六路军的弟兄们！你们过去打蒋介石不知死了多少人，现在又为什么为他送命""欢迎白军弟兄打土豪分田地""廿六路军的兄弟们：你们在河南苦战八月，除饥饿、寒冷、疾病、死亡，得到了什么？""欢迎白军的长官来当红军""医治白军的伤兵""医治白军的病兵"等对二十六路军的影响很大。

当时在二十六路军中已有党的组织，七十三、七十四、七十九、八十等旅中都有党的组织。总参谋长赵博生同志也在此时加入了党组织。党中央调二十六路军中党的负责人之一王超同志去上海党中央，王超同志在南昌因为接头站已经被破坏，〈王超同志〉误将我党内重要情报交给敌人。12月5日，蒋介石的南昌行营拍来了火急的电报，"令廿六路军总指挥部严缉刘振亚、袁汉澄、王铭五三名党员（都是廿六路军中党的负责人），星夜解送行营惩处"。恰好当时二十六路军的总指挥孙连仲到上海休养去了，主持军务的是赵博生同志。为了应付南昌行营，即复了"遵令即办"的电报。我党内领导同志已在研究对策。12月9日一早，一架飞机在宁都降落，飞行员声言有委座（指蒋介石）手令要面见总参谋长。赵博生同志接见之后，原来是二十六路军内党的政治决议和组织决议，还有蒋介石一网打尽共产党的密令。党内同志研究：赵博生同志一面应付南昌行营，一面派袁汉澄星夜兼程到苏区去接头。

中央革命军事委员会作如下的指示：

一、如能全部起义成功，改为红军十六军，由季振同、董振堂、黄仲〔中〕岳、赵博生互推领袖。

二、如全部起义不可能时，以七十三旅（旅长董振堂）为主，以"进剿"红军为名在适当的地点，解决反动军官，起义到革命根据地来。

三、镇压反革命将领应采取坚决的手段。

四、暴露的同志随起义军到革命根据地来，未暴露的同志继续潜伏工作。

五、12月13日黄昏起义，红四军进行协助。

六、军委派王稼祥、刘伯坚、左权诸同志携电台到彭湃县政府联络。

中央又要求在可能时，逮捕严唯神、黄才梯（即黄镇中）这两个宁都人民的死敌。

二十六路军的党组织紧张起来了，工作也很秘密，和中央的来往文件都由其他党员誊写一遍。

赵博生同志借点名发饷的名义，向下级作了广泛的政治宣传。共产党员李肃在病院里以苏维埃中央政府的名义慰劳病员。赵博生还向士兵讲演，挂一张大的地图，将日本占过的地方用笔圈起来教育士兵，王铭五写标语通夜不眠。所有的党员都积极地进行鼓动工作，说"廿六路军是杂牌军队，永远吃不开"，说"廿六路军早晚都要喂了江西的狗"，骂国民党官员腐败，骂蒋介石是卖国贼；并宣传红军不打人不骂人，官兵平等。还有一个同志故意发作，大发牢骚说"老子当红军去"，周围的人立刻响应"谁不走是小舅子"，"你前面走，我后面跟"。

快到13日时，七十四旅要推迟起义日期，理由是：一，棉衣与饷款已运到广昌，要等它来；二，嫌编十六军的番号名义太小了。于是袁汉澄又同七十三旅的郭如岳、七十四旅的鲁寿椿当夜到彭湃县政府去联系。中央革命军事委员会批准起义胜利后，全军改为红五军团，由季振同任总指挥，董振堂任副总指挥兼十三军军长，赵博生任参谋长兼十四军军长，黄如岳为十五军军长，并发委任状，送了军事地图指明起义军的前进路线。第一集合点是赖坊，第二集合点是口村。

董振堂、赵博生、李青云、袁汉澄在宁都南街的一个小楼上秘密开会，把总指挥部和现款搬到七十四旅，赵博生也搬到那里去。

决定赵博生以召开紧急会议的名义，在总参谋处解决团以上的反动军官。争取边章五，争取王鸿章，一切布置就绪。[①]

12月14日的黄昏来到了，在城北角总参谋处的小楼上，共产党员孙步霞鸣枪，起义部队迅速地执行了任务。当晚下着濛濛〔蒙蒙〕细雨，部分反动军官被捕〔抓〕【了】起来，街上贴上了"打倒我军北归道路的蒋介石！"[②]"打倒阻止我军北上抗日的蒋介石！""到红军中去！"〈……〉等标语。

15日的拂晓6点钟，起义部队陆续到宝塔下的河滩上集合，起义将领首先撕青天白日的帽徽和青天白日旗，向苏区前进。［据传说在耶稣堂打死〈一〉姚国章军长（师长）[③]］

（五）围困翠微峰

二十四路军起义时，驻在城内的反动地方武装，一部在大劣绅伪国民党县党部书记温渭臣的率领下，投奔二十六路军总指挥部，被起义军捉到（解至瑞金，后又解回宁都枪毙），一部在靖卫团长严匪唯神的率领下逃到翠微峰去了，因而展开了围攻翠微峰的战斗。

起义军刚出宁都，我独立团戴团长率部由马头、会同一带来宁都。我县苏、区苏也随即回城内，各种群众组织如工会、农协会、赤卫连、模范连、担架队、妇女会、少先队、儿童团等，随即恢复

---

① 此句文字疑有误，照录原文。
② 原文如此，疑有漏字。
③ 原文如此。

和公开。青年工人也组织了纠察队，苏区人民在党的领导下进行了一系列工作。

我独立团在地方武装和群众积极的配合【下】，围攻封锁敌人。（年龄在 18—23 岁的参加少先队；23—35【岁】的参加模范连；35—45【岁】参加赤【卫】队、担架队。）主要由城市区和梅江区两区的武装力量，开始采取一个大包围。1932 年春战斗开始，我军首先攻打安仁山，不久即打下获枪五支及其他战利品。第二步是攻王竹寨，当我军进军时，该山敌人看到安仁山被攻破，不得不投降，结果缴获已造好的枪支 100 余支，未造好的 100 余支，还有军机厂的机器多种，得厂内机器和工人（五六十人）送中央。

第三步是打翠微峰，该山陡坡削〔峭〕壁，范围很大，高出群山，只有一小路可通山上，但已被地下扼断。戴团长观察地形之后，提出以云梯攻山的办法，随即动员了所有的楼梯，靠山凿洞搭起了 13 层的云梯，不料为敌人发现，从山上滚下石头砸坏了我云梯。我方就采取围困的战术。这时，独立团留下一个营配合各区的地方武装轮班封锁放哨，并调动一切后方力量，妇女组织洗衣队、慰问队、医疗队等。

长期的围攻，使山上的粮食差不多吃光了。本来早在北伐战争时期就有地主在翠微峰做房子，并把粮食等运到山上。陈谷多了，地主还换上新谷，严唯神也带了很多谷、豆、猪、牛上山。包围的初期，有些地主亲属、落后群众走山中小路将蔬菜、粮食等送到王竹寨山下的大坪台，然后山上的地主用绳子吊上去，自打下王竹寨后，此路才被封绝。

上山的粮食日少，小地主和钱少者根本无东西吃，金银很多买不到东西，所以有以绳缒下山逃走者。

当时我苏维埃政府采取了政治攻势，要山上的士兵下来当红军，说穷人不打穷人，士兵不打士兵，不要跟地主一起走死路，宣传山上地主下来交出财物后一律看待。在这样的形势下，山上敌人动摇分化。大土豪只得用枪打下信来，要杨新寿（酒店老板，过去和豪绅较亲近）上山谈判，我方才许其上山。杨上山四五次后，敌人全部缴械，于1932年十二月二日（农历）严唯神下山受降。严匪由省裁判部处决枪毙于宁都。上山地主缴出金银布匹无算。中华苏维埃国家银行江西分行于1932年二月十五日（农历），以此胜利品在宁都开了一个花边展览会。

（六）1931—1934年宁都城关镇财政工作概况

1932年六月（农历）财政统一以前，财政部管收和支付许多复杂的工作，某些人趁机贪污，所以六月开始财政统一，此后财政部主要配合裁判部、土地部打土豪。打土豪首先依靠区、乡干部，党支部、贫农团开会讨论划分土豪，确立对象，再由裁判部、土地部去捕获他们，查封没收其财产，一般金银均由财政部没收纳入金库，粮食、衣物、家具初分给贫雇农，后来将没收的衣物、粮食归贫农团的公库作慰劳红属之用，并要富农捐钱将财产缴入金库（省有分库，县有支库）。各单位的经费，各自造预算计划，中央批准直接向金库支取。国家银行受金库节制。财政部本部门工作主要打土豪、收税。财政部下设财务科，征收土地税（税率很轻，现金、粮食兼收），商业税、屠宰税，收地主公堂祠庙的房产税等，税收都是累进的，此后还以扩大红军为中心工作为自己的任务。

1932年七月（农历），中央在瑞金召开经济建设公债会议，有各县的财政部长、经济部长参加，开会七天，毛主席作了报告，会议主要讨论是〔了〕发行三百万经济建设公债【的】工作方法，要机关干部带头买。

1932年八月（农历），曾山同志到县召开财政工作座谈会，主要内容是说明土豪劣绅由裁判部判决，财政部管没有〔收〕财产之责。

（七）苏维埃政府所做的各项工作（1932—1934年秋）

1.分田查田的方法：初期是自报会议，没有查田。地主不分田，富农分坏田，很不准确。以后查田，是先插标，后丈量土地。1932 年 4 月在瑞金沙洲坝召开省、县、区、乡的主席联席会议，约一周，宁都去 20 余人，由汪木胜县主席率领。

2.1932 年 5 月 1 日成立少共国际师，宁都城市区的少共全连报了名，由连长郑舒带队，在温家祠开欢送茶话会。还扩充一次工人师，送去中央补充师，在天主堂开欢送茶话会，两次都隆重严肃。当时父送子、妻送郎的很多，以后扩大红军是主要中心工作，陆续有人参军。经常唱歌，"同志们，快快来参军，我们是工农的武装，要消灭帝国主义国民党。要创造苏维埃，我们要勇敢的向前冲、冲、冲，杀、杀、杀"，"炮火连天向前进！"……

3. 在宁都有红色招待所，红军及来往工作人员，有介绍信者都招待，不出〔收〕任何的费用〈钱〉。

4. 城市的工作方法：每天早上区书〔苏〕召集主席会议，（各部长）等汇报检查昨天的工作情况，布置当天的工作，饭后下去分片包干，晚上回家。各政府的印每晚当众封印，第二天当众开印。干部一般穿自己的，吃公家的（打来土豪有吃的），后曾号召自带伙食。区以上的干部都发皮包一个装文件。

5. 生产组织：工会，工会是各行业都有，共有 24 个负责人，由大家选举，有的工人还组织了生产合作社，① 1931 年，缝纫工会将没收老板的一部分机子，集中生产支援前线。后也有自愿带机子加入的，共 14 部机子，大家集中生产，不管徒弟、师父，生产的收入平分，多是给红军做军衣被服等，一直到国民党来才散开。②木工生产合作社（不多），大家凑股购木料做东西，平均分红。③染布合作社，也多给军队染布。

消费合作社：在苏区，盐、布是要进口的主要东西，因此也较贵和紧张。尤其盐在 1934 年更紧张，群众多食硝盐，有毒，苏维埃政府之国民党经济部主管此事。组织赤色合作社（消费）对生活日用品进行分配，市场没有的合作社社员可以分到，资金由群众凑股统一经营。城市区的合作社多在安福区一带收买夏布、烟叶去赣州江口堂一带（距赣州60里）换食盐、布匹，也有从会昌筠门岭去，也有去广昌、白石〔舍〕一带。白区需要苏区的夏布和烟叶。

6. 优抚工作：烈军属都有优待，每乡有优抚主任，水、柴、米都要优待。儿童团、妇女会担水，供给烧柴，红军家属每人每天给1斤米，报了名参军的马上就有优待。

7. 党的发展工作：1932年党组织公开，也公开发展党员。每在一次纪念会后，马上出告示，如"五一"、"五卅"等纪念会后，就有告示。要求参加者经2个党员介绍，交代三代历史，手续同现在一样。工人中党员比较多，如缝纫工会支部有20多个人，工人出身党员提拔工作的亦较多。

8. 专政工作：反动地主富农坚决镇压，有的坐牢，还有劳动感化院，犯人剃半头，有的剃眉。第四次"围剿"后，1934年5月开始地主集中都住凤凰池，共30余人。有问题的随时提出问罪，或镇压，地主、富农、反动者都要佩戴白布条，写上自己的名字，又将地主婆、反动家属送出苏区，先用武装押送，至不上①，佩上布条任其走出，不准回来（上级指示的）。

9. 破获秘密守望队：1934年2月间，宁都城市区西门乾和药店有2个学徒是南城建昌人，一个叫南水东，每每以采办药材为名取得证明去白区南城，与南城反动派有联系，回宁发展了秘密守望队，初发展三名，彭文、曾三荣、曾刘子。先分三队，后为四队，三人分任队长，在宁城、田头、赖坊发展组织，参加者多是落后分子及开小差分子，以金钱收买。一队长每月30元，二队长每月28元，三队长每月25元，其他人不等，最少的是8元。每天以赌博为名，7—9点钟聚集开会，其银洋是用药材包来的，敌人并设法打入我各级组织，拉拢动摇分子，如县工会的少共书记秘书，其各部工作人员都有加入者。在破案时，除工会主任和妇女部外都有联系。5月间，破案已发展到100余人，中央检查〔监察〕部破案，

---

① 原文如此，疑"至不上"应为"后不送"。

在案者无一漏网，枪决 10 余人。

（八）红军北上后宁都简况（1934 年秋—1935 年 2 月）

中央工农红军于 1934 年秋离开江西北上，国民党军于 1934 年九月十九日进入宁都城，当时苏区的人民和苏维埃政府的工作人员，在曾山同志的领导下，组织了 2000 多人的游击队，进行游击战争，活动在宁都、兴国、吉水一带，并有省武装的 3 个独立团作为骨干力量。

三县的游击队主要活动在宁都璜〔黄〕陂、蔡江一带，1934 年九月曾在宁都县打了一仗，后撤退到安福，又和来自石上的国民党军队展开了激烈的战斗（1934 年九月从下午 3 时打到 9 时）。国民党国家保卫局来援，亦被我击败，退回石上。

一开始就与国民党的三个师的兵力展开了激烈的战斗，但因敌我力量的悬殊，经数天的激战，冲破重围退至兴国莲塘，一天跑 100 多里，甚至 200 里。敌人实行堡垒政策，四处动兵包围我游击队。就在此革命紧急关头，李诗繁竟叛变人民，出卖党的利益，率领一独立团，开赴前线，借出击敌人为名企图降敌，幸被曾山同志率先发觉，立即以召开紧急军事会议为名，令其速回团部，李回即予逮捕，刑以军法处决。曾山同志在敌强我弱的情况下，意志坚定，率领游击队员们忍饥挨饿地坚持斗争。因为此年冬天，天气较往年更冷，一连下了几次的大雪，后加阴雨连绵。我游击队没有斗笠雨伞，只穿短裤、单衣，覆盖夹被，天天露宿野外过冬，队员们的手脚、脸孔肌肉均被冻裂，鲜血淋漓，苦不堪言，但他们为了党的利益，为了革命胜利，并无半句怨言，日夜坚持斗争。12 月底，游击队前进至兴国莲塘，正遇地主豪绅开所谓胜利庆贺会，他们说："现在红军已被我们完全消灭，除非是天上掉下来，否则就没有红军。"正好给游击队听见，立即包围他们，打了一夜，取胜，获枪数支，抓住反动保甲长，大受苏区人民欢迎，赤卫军替军队放哨。队伍休息 3 天之后，又被敌人包围，同志们英勇地进行战斗，在一天漆黑的夜间冲破敌人重围向吉水方向前进。敌人跟踪追迹，同志们逢山过山，遇水过水，历尽千艰万险，冲破敌人重围，追随北上。但实力过小，到处遇到国民党匪军的阻拦截击，没有追上，只得留下，在江西、湖南、湖北、福建等边界山地继续进行斗争，至国共合作一致抗日为止。

另外，还有宁、广、兴游击队 600 多人。宁都独立营 200 多人，独立营是地方武装，政委赖玉山，宁都游击队 300 多人；兴国游击队 100 多人；广昌 80 多人。他们属军区独立团领导，团长曾山，团政委是杨玉生同志，3 个县的游击队分片进行活动，宁都分 2 个大队，设队长和指导员各一名，队下面设三个排，设排长 1 人，一排有三班，正、副班长各一人。据胡学焕同志说，当时没有叫连队，但亦有的地方设连队，如东郊区游击连（丁思煌口述）。

在东璜〔黄〕陂和国民党打了 6 次较大的游击战，有一次在游击中缴获步枪 10 多支，经过数月战斗，由于敌强我弱，敌人步步进逼。一些意志不够坚【定】的人，离开了革命队伍。到年底独立营（宁都）减少到 100 多人，兴国游击队减少到 50 多人。至 1934 年十二月间（旧历），国民党五十八师团，在璜〔黄〕陂、蔡江、安福一带来围，战斗中，县委书记、独立营营长均光荣牺牲，自此以后，宁、广、兴游击队员日益减少，到后来便没有坚持斗争了。如胡学焕、温新桂、彭世鹤同志，都先后东躲西藏地隐蔽在亲戚朋友的家里，不敢再组织群众进行斗争。国民党白色统治恢复，革命暂入低潮。

国民党反动派占据宁都后，人民群众又过着乌天黑地的生活，在三座大山的压迫下喘不过气来。1934 年 10 月间，反动派为屠杀革命者做好准备，建立了"清乡委员会"，大肆地屠杀革命同志，掠劫革命同志的家产，夺回了被分给贫雇农的田地，逼还了抗缴的债务，致使不少家庭流离失所，过着极其悲惨的生活。反革命的屠刀是对向革命同志的，他们用惨无人道的手段将革命同志活埋、切割、棒打等活活地弄死，如杨△△同志被反动派杀害后，还【被】

挖去心肝炒吃了。就是没有遭到杀戮的革命同志也被逼打、火烧、迫交自首费等。虽然如此,革命者是杀不尽的,他们从血海中爬起来继续坚持革命斗争。

国民党为了巩固他的反动统治,便于压迫人民,于□月间,各乡村建立了保甲制度。同时还组织了各种统治人民的反动工具——国民党、青年党、民社党、三青团、一贯社等90多个反动组织和特务组织,使人民抬不起头来。

抗日战争胜利后,1947年下半年,宁都的反动头领黄镇中任第八区的专员。到1949年,我解放军盛〔乘〕势南下,黄镇中坚持反动到底,迫使青年学生组织了青年工作队,小学教师组织戡乱工作队,搜集地方的封建势力。各地区组织反动游击队,强拉硬拽民工修筑防空洞——翠微峰。勒索人民的钱财,向商店捐募巨额款项,方法是写一张条子,要多少钱就得给多少钱。作了几个月的准备,搬上翠微峰很多东西,压迫人民上寨,计数千人,企图作垂死挣扎。

1949年8月,解放军进城,就把翠微峰围攻起来,经过一【个多】月〈多〉的时间,到9月23日〈就〉击〔攻〕破了翠微峰,活捉到黄镇中及其他官吏,宁都的人民才重见天日,过着自由幸福的生活,在毛主席的领导下沿着共产主义的大道前进。

附件

会议

1932年五月(农历),县在宁都观菩堂召开区、乡联席会,有中央工农检查部部长何叔衡参加。开了7天,主要内容:讨论了查田、查阶级、镇压反革命活动、节约粮食、自带伙食参加政府工作。

1932年,在李雁峰祠(城内)召开党代表大会,主要讨论扩大红军,动员党员参加红军。

政府人员的更替

城市区主席:曾塘盤、曾庆传、丁维新、谭吉昌、温期新、彭子忠、彭亦沛、王兴华、丁思煌。

区书：刘俊、王大进、刘光勋、刘凤生、赵兴余、曾生太。

县书：谢志邦、罗正岳、张家亨、刘××、肖瑞祥、彭国辉（叛变）。

县苏主席：王木森、赖玉珍、傅华荣、曾友森、廖继周。

省委驻地

兴国→宁都城内森〔谌〕家祠→七里村、李员村、木马架。

县的划分

赵博生同志牺牲后【，宁都县】改博生县，再划出洛口、长胜两县。

长胜辖：李岗、黄石、田头、赖村、固村、马头、九堡、对坊、大白地，县苏设田头。

博生：城市区、梅江、流南、志墅、青塘、江口，县苏设城关。

洛口：石上、东山坝、璜陂、蔡江（宜丰、乐安一部），县府设洛口。

1927 年元月，在宁都儒学召开第一次农民协会和工会联合会。

宁都城郊乡第二次国内革命战争时期史料

中共江西省委党史调查队宁都分队编

（一）辛亥革命至北伐前的宁都城郊社会情况

宁都城郊乡现在属于东方红人民公社范围，离城最远的村庄不过二三十里。周围多山，土地肥美，物产丰富，除稻谷外，北郊区盛产毛边纸，南郊蔗糖尤著名。反动势力盘踞很久，在 1921 年前后，基本没有什么革命活动，处于封建把头统治之下。就以九塘一个村而言，地主与富农有十八九家（全村总户数 200 多家），其中黄思凡为最大，他靠放高利贷起家，剥削之重达 50% 以上，有的达 100%。绝大多数的农户都要租种地主的土地过活。当时手工业以织夏布为主，有 30 多户，这〔都〕是自给自足的手工业工人。

（二）城郊乡早期的革命活动

第一次国内革命战争时，早在 1926 年，宁都城内虽然有革命活动，但因多在知识分子中活动，对城郊的影响不大。1927 年上半年，城内初步开展工农运动，但因时间很短，加上城郊一带的封建势力较大，所以也没有发动起来。不久国民党开始"清党"，城关镇成了全县的反动中心，城郊也更是陷于白色控制之下。

1927 年 8 月，贺龙、叶挺的军队经过宁都，革命先驱分子彭澎、王俊在城关镇的革命活动转到黄陂、小布、东韶、琳池一带。当时城关镇被敌人占领，时被我游击队攻克。当我军攻占宁城时，匪军多退往本地，并且组织了靖卫团在各处活动。虽然反动势力较大，但接触革命较早的同志仍然在活动，如背村的彭光发被城内的秘密组织发展为党员，经常秘密开会，担任交通，以卖杂货为名，给黄陂送消息。如王干在1929年时，地主黄家树组织了守望队（王干的反动势力）。当时青塘已有区政府和游击队，由支部书记刘道迁、游击队的政委肖大祥、文书王太勤、区主席何其生等率队伍来王干，捕获守望队许多人，要王干成立村政府才放回他们。于是，次年正月王干就成立了村政府。游击队来，守望队退。李德珍为村政府主席，黄义臣为副主席。受反动势力的威胁，政权还不巩固。赵博生起义以后，反动势力退到山上，但还有当过守望队的人，使工作展不开，后来请示梅江区，于1931年4月派来了1个警卫排，联系群众力量，抓到7个反动分子，政权才巩固下来。

秘密活动时期，本地区也有许多革命的先驱者跑到黄陂、小布一带去参加革命工作，如九塘有一个姓黄的工人和一个姓罗的，其他各村也有许多人去。到1931年以后，他们又回到本地来进行一系列的革命工作，建立革命政权。

1929年3月17日，葛麻子率红军从葛坳进攻宁都城，不克，退驻虎溪。不久，朱总司令从王干来才打进宁都城，活捉赖世琮。当时有首歌谣说："红军恶恶（很厉害的意思），烧了魁星阁，王干一过河，驼好楼梯担好笋。红军主意高，驼好楼梯援城脑。城里有个胡瞧佬，十铳打得九铳到。有时有日捉得到，拿你胡瞧佬来过刀。红军进城一阵风，捉到赖世琮，赖世琮（吓得）面墨黑，捉你见朱德，看得朱德面墨黑。念起你哥赖世璜，翻手打你两巴掌。赖世琮，不要慌，罚你五百银子五百枪，照原团长拿你当。朱德打封电，一送送转石城县，赖世琮打一晓（看一看的意思），九亲六眷都倒灶，看见赖世琮来过刀。"打开了城，叫群众到土豪家里挑东西，并发动群众拆去城墙（不久国民党又在修）。

1930年冬开始分田地，每人一两亩不等，分屋每人1间（1丈2尺宽）。最初群众有顾虑，不很重视。红色政权巩固后，群众的意见很多，才进行查阶级查田。1931年冬到1932年春，是打土豪、分田地的阶段，在革命开始的时候，首先组织了贫农团、农民协会，建立了苏维埃政权和党支部。在党的领导下组织各级部门深入发动群众，首先插标，标明此地主人是谁，面积多〈少〉大，后经丈量，然后按人数，贫雇农、中农平均分配（九塘1亩多，李园六七石），但贫雇农分好田，中农分次田，富农分坏田，地主不分田，让他开荒为生。

在分田开始之前，首先是划阶级，划阶级的标准是看他剥削多少，有无劳动，专靠剥削为生的就划为地主；剥削达50%以上，自己有劳动者划为富农；自己有劳动又有少数剥削或不进不出的则是中农；自己有一小部分土地，多是租种别人的土地则是贫农；自己完全没有土地，全靠出卖劳动力为生的则是雇农；靠手工业过活的则是手工业者。1932年，中央颁布土地条例，规定了划阶级的标准，根据所颁发的条例，进行了复查，纠正了过去一些错误的做法。

打土豪：先由群众向乡主席、干事报告，再由全体工作人员率儿童团、少先队、赤卫军去，一般是先贴条子封门（也有口头通知的），限期两三天。假如土豪不理会，便捉人没收东西。也可以到别乡去打土豪，先要报告上级，通过了解调查，再通知本地政府知道就行。

在划分阶级之后，土地部、裁判部就组织广大的农民斗地主恶霸，首先把地主分子扣押起来，开群众大会斗争他们，并把他们的全部财产分给贫雇农，金银财宝则上缴金库。

七里一带的革命活动首先是沙方贵搞起来的，先组织农民协会，火烧七里地主赖老佩的房子及大路口地主赖功木的房子，接着组织赤卫队，湖底也有人参加。刘贤柏为一排长。这时组织起来政府文书、主席都是地富分子，只沙方贵一人是贫农。打土豪搞到不少的银洋，赤卫军退时这些地富分子都不愿退，反动的守望队回来将农协会里的东西全部夺走。隔了几个月，赤卫军又回来，地富分子就躲避了。当时七里去当赤卫军退到东黄陂的有20多人，经常夜间回来，没有枪就拿着梭镖和手榴弹。守望队、反动分子也是偷偷地回来。群众会来告诉某人在某人家里，赤卫队就可去抓反动。曾抓了好几次，捉上山几个。1930年冬和1931年初，第一次反"围剿"胜利，红十二军罗炳辉部来宁，成立了县、区、乡各级政府。和塘角头也成立区政府，七里也成立了乡政府，这次的政权就全在贫农之手。

（三）1931年以后的近郊革命斗争

在土地革命以后，紧接着的中心任务是扩军。1932年，毛主席提出了口号要扩大铁的红军一百万，因之扩军保卫后方就成为压倒一切的中心任务。每天上级有指示任务到，限期就要完成。当时参军的人数是很多的，就九塘一地一段时期而言（从1933年10月底—1934年2月）就有50多人去参军，社公岭陈科发在3天内就动员了127人参军到前线，编入五军团十五师的很多，王干一村有48人参军。当时扩军成为最光荣的事情，但有些思想较落后的人，为了躲避参军就跑到山上去。当时政府工作人员为了发动更多的青年参军，就做了一系列的宣传鼓动多样化的工作，组织妇女互相串连，互相发动，教育青年妇女与儿童唱参军歌、开小差歌，造成〔提高〕社会与地方参军者的信心，军属挂光荣牌等。向群众讲明只有打败了敌人，后方才能安定地进行生产的道理。同时又解除他们的思想顾虑，叫他们安心在前方打仗，家事一概不必□念，田地有耕田队代耕，父母妻儿有人照顾等。经过宣传解释，干部起带头作用之后，参加的青年就愈来愈多了。当时妇女、儿童参军的也很多，她们参军的主要任务是做医务工作，为伤兵换药，送茶送饭，端屎端尿，感动了无数英勇的红军。他们说："只要我伤一好，马上就返回前线，坚决消灭敌人，不消灭敌人就坚决不回。"因此红军能以劣势的兵力打败〈了〉蒋贼的四次"围剿"。

党政对参军的青年是非常关怀的，每送一批青年入伍时，都要敲锣打鼓，彩旗飘飘开一个隆重的欢送会，除准备了花生、豆子外，还有丰盛的酒肉，买些肥皂、毛巾、牙刷、布鞋、耳盅……慰劳他们。全体妇女、儿童、少年队都要整队欢送，每人都要唱歌，组织儿童扎好大红花给入伍的青年戴，使他们高高兴兴走向前线。为了支援前线，后方还组织了担架队。

1931年赵博生起义以后，一部分靖卫团和地主恶霸们逃到翠微峰去了，因而展开了围攻翠微峰的战斗。七里的赤卫队去围过3次，夜里常有地富们的亲戚送东西上山。当初没有发现，后来发现了，上级命令谁截到的东西就是谁的。七里的赤卫军就截到了七八次，封锁哨均是游击队的干部，夜里敌人会来摸哨。我们戒备很严密，帽子戴翻向的以为记认，每夜换五个口号。1932年8月16日夜里冲开王竹寨，暗中摸索，左臂不穿衣的是自己人，否则认为是敌人扣他起来。12月28、29日打开了翠微峰，发动群众去山上搬金银、首饰、布匹下来，开了一个盛大的展览会。

1932年以后，扩军和搜山捉地主都很重视，1934年□□有些地主分子【如】陈升秀、陈觉民等拉拢开小差的所谓小差团进行反革命活动，甚为猖獗，因此工作很紧，天天有会开，开会的内容是："坚决消灭敌人，扩大红军，镇压反革命，处处查路条抓反革命。"25岁以上的妇女组【织】洗衫队，16岁至25岁的妇女要下操，练步法。开会时一人带头呼口号，群众齐声响应，口号是"打倒帝国主义，粉碎五次'围剿'"。

（四）党组织的建立和发展

这里党组织活动较少，最早的是九塘的黄步元，【黄】是个知识分子，1927年初就在城内参加革命活动。1929年以后党组织继续在发展，除彭光发外，1929年4月红军也在城关、城郊一带发展党的组织。1930年建立政权后，组织发展较快，但还没有公开。从1932年以后，每个乡区都建立公开党支部，党员还少，一支部不过是3—5人都不定。当时没有挂牌子，开会不会开。党发展的对象是年满25岁以上、历史清白的、工作积极的贫雇农，入党时要两个党员介绍，有 3 个月候补期。党员规定时间过组织生活，检查自己的工作情况，同时布置新的工作任务，讨论党的政策和贯彻的方式方法。

政府是执行党的政策法令的行政机关。当党制定政策法令时，就通过党员，在各级机关进行宣传解释，发动群众，自己带头，以模范行动来贯彻党的各项政策方针。

1933 年以后，党的发展进了一步，各支部的党员逐渐增多。除当时的知识分子，一般都发展（这可能是由于左倾路线，因为怕知识分子入党会夺去党的领导权，会改变党的性质，其实这是一种错误的做法）。每个支部都有书记 1 人，下设宣传部、组织部，同时直接领导少先队部、少共队部，进行具体工作。

（五）政权的划分、政权的组织及其工作方法

宁都近郊初属宁都县，1933 年 7 月分为博生、洛口、长胜三县时属博生县。当时划分为两个区：1. 梅江区，包括 7 个乡（即刘坑、背村、七里、竹坑、王干、老溪、塘角）；2. 志墅区，包括 8 个乡（即侧排、鹅婆、大布、竹笪、松湖、九塘、水东、新街）。

背村先与刘坑共为一乡，1932 年分为背村、刘坑两乡。背村乡主席为连万福→刘良茂→罗玉森→温元奎。1929 年竹坑乡主席为管永沛，后来是杨久泉，少先队排长是邓元里，游击队排长是曾谋柱。竹坑并入王干后，李德珍为乡主席，黄义臣为财政部长。梅江区原有湖田乡是 1931 年成立的，乡主席为肖世芳，肖后来调梅江区【任】财政部长。湖田后来与塘角合为一乡，老溪另开一乡。塘角乡主席为谢德英，支部书记为谢传元，妇女主任为曾兰秀。李园村原归七里梅江区，后成立流南区，属流南区，成立李园乡。乡主席为魏德福→刘尚文→刘中才，全乡当时有 981 人。县、区苏维埃设主席、文书，下设：〈①〉乡有〔由〕主席、文书、通信员（伙夫）、支部书记等组成，各部都有管文书的。有贫农团。执行方面：支部书记下设组织部、宣传部，具体执行工作。行政方面，下设 9

部，进行工作。各自然村有代表小组，大约 50 人选一代表。每村有男女代表各 1 人，如刘坑小组，包括刘坑、黄泥排、雁湖、菖蒲塘共【有】代表 4 人。九塘乡管辖 4 个自然村，每村有代表 8—10 人。乡设妇女干事 1 人，代表数人。

县里有粮食运输站，1934 年的站长为魏德材，下设会计 1 人为叶运飞，保管 1 人为丁国沙，另有伙夫 1 人，谷由固厚转运安福，站址在北门桥背。

江西省政府设在七里村，省保卫局设在刘坑，江西军区设在李园村，经常指导地方工作，如生产、治军等。军区约一两千人，有独立团，每星期日军区人员都下田帮助生产，不逢星期多指导各方面工作。放哨时军区给指示，如"口令"等，都由军区布置，军区和群众的联系很好。当地的地主赖先钊、赖功发逃上山，群众在军区的指示下曾几次上山搜捕。借用群众的东西都打借条。省保卫局从 1933—1934 年 5 月迁到刘坑，专办镇压反革命工作，凡县里不能解决的，都解到省保卫局来，工作人员有 100 多，犯人有好几百，都是从各处解来的。

一切工作均遵照上级的制度法令，上级指示，下级执行。一般从县到区，区到乡，乡就发动群众、动员群众，进行具体工作。当命令指示到达时，乡的工作干部先开会研究，然后分工负责包干，做宣传解释工作，发动积极分子和村干部自己带头。不论什么工作，乡里都去做。

乡村干部每晚开干部会讨论，汇报当天的工作和布置下一天的工作。每月召开群众大会 1 次，多讨论扩军问题。当时农村的组织非常严密，除党政之外，还有各种不同的群众组织。如儿童组织儿童团，平时劳动，战时在路口放哨，检查坏分子，做拥军优待军属的工作（为军烈属砍柴、挑水等）。少年组织少年先锋队，青年组成赤卫军，壮年组成模范连，年老的组成担架队。他们都【是】按军队组织原则组织起来的，平时是耕田队，帮助军工烈属耕种田地；战时就是红军的来源和保卫后方的主力。他们经常搜山捉土豪，打大刀会，配合主力作战。妇女也组织妇女会等做优待工作。每村的男女代表是协助党政完成一切工作任务和贯彻执行党的政策法令的具体体现者。

（六）苏区的财政和国民经济

在苏区革命时期的财政收入，主要是打土豪为主，结合土地税、屠宰税、发行建设公债等。各村打土豪的物资、金钱，除解决自己本村的公共用途以外，物资方面的东西一般是由贫农团主任分给基本群众，其金钱是逐级往上缴，区里的财政机构设有财政部、国民经济部、总务处等，区里把各乡解来打土豪的钱转缴县里，区里需要的各种经费再由县里拨下来，只是用于政府所费的各种用途，干部是没有工资的。另外，土地税每人平均收入 150 斤以上的才缴税 20 斤谷，累进税 3—7 斤，屠宰税每头猪一两元。当时财政收入，除推销经济建设公债外，对地主是采取没收方式，对富农是采取征发方式，对群众是采取节约借谷方式。由区统一解县，支出层级向上级领。

当时农业生产组织耕田队，以村为单位，有队长。优待军属代军属耕田，要先把军属的田耕好，才耕自己的，农忙时也互相扶助。其次是代工作人员耕田，但是有些工作人员，因为带头作用，有例外的。如刘坑的妇女主任，自己〈自〉带伙食去工作，爱人参军，婆婆由本家照料，因此不需要接受代耕的优待。政府还照顾她不能吃硝盐，和红军家属一样，可供应她的盐吃，每元买 1 两。刘坑有纪念仓，是农业生产集体化的性质，共食共做，分工合作，有养牛的、有养猪的、有种田的……种的西瓜、黄瓜很大。约有六七十人都是从各处调来的。

乡里有熬硝盐的仓，要参军有病回家的人来熬硝盐。有面坊和油榨生产合作社，也有消费合作社，每人发展四五股，每股 1 元，限各人都要入社，股份多少不等，供应社员的日用品。

苏区发行钞票、小毫子和 1 分、5 分的铜圆，是通用的，又铸了些半块、1 块的银圆。钞票都可在苏区通用。当时缺盐、布，到白区去买盐和布要换银圆，因此银圆比较值价。

（七）苏区的文化教育

自 1927 年革命以后，虽然工作非常多，但是党从来没有忘记人民教育事业。每村都有设立小学，校名叫列宁小学，乡里成立教育委员会。当时规定地富可以当教员，学校受教育委员会的领导，课本由中央统一印发，课表由县统一规定，上午约 2 小时多，下午 1 小时多。还有识字班、夜校、妇女班等，都由村小教员负【责】教。下午为妇女班，妇女来则儿童暂坐到后排座位去默读。晚上教育青年人，灯油有的统筹，有的公摊不等。每星期六教育委员会同教员率学生去砍柴作优待军属之用。另外学生还演戏、宣传、募捐、慰劳战士，作用很大。每开一个纪念会，都在区里评比，并有奖旗，比赛内容是唱歌、答题、创作新歌、话剧、教育程度、优待军属的情况和动员参军的成绩等。当时七里靠近省委，刘坑靠近区委，所以七里和刘坑的教育成绩比较好些。当时很重视教育，每个干部下乡都要了解参军和教育的情况。

教育还管俱乐部的事，每个蓝衫团（在乡里叫蓝衫团，出外叫俱乐部）演现代戏剧，内容由上级发，各地方的剧本要送省委教育部批准。梅江区的蓝衫团很有名，到各处演戏。1933 年曾派温健伯、温星宫去省委受训。各处欢送参军的，蓝衫团就得去演戏。经费是打土豪的收入。

教员的薪金一般是每月 15 斤米，后来统一发钞票。每月发钞票时，教员要集中开会汇报工作，区里派人了解情况。

中央的教育部长当初是徐特立，副的是沙可夫，后来是瞿秋白为教育部长，曾来七里开了十几天的省县区教育部长会议。当时教育部长为肖峰云。[①]

---

① 此句写上一句矛盾。原文如此。

（八）红军北上后苏区人民所受的残酷迫害和人民的反抗

1934 年秋，中央工农红军为了北上抗日，暂时离开了苏区，从此苏区人民就在国民党残酷的压迫摧残下，度过了十几年。苏区人民都想念着党中央和毛主席，他们想毛主席一定会回来。在国民党统治时期，苏区人民受尽了苦难，尤其是曾参加革命的军工烈属受害更大。

1. 残酷的灭绝人性的屠杀：1934 年 10 月，国民党、地方的地主豪绅恶霸组成了所谓"清乡委员会"，对革命同志进行清查。很多参加革命坚决的同志都在敌人的屠刀下流出了最后的一滴血。遭残害的同志数目难计，就以九塘大队（原是一乡）而言，被惨杀无辜牺牲的有：温期进（贫农团主席）被反动派毒打受重伤死于狱中。杨传华（区主席）被国民党匪徒用钻子活钻死。还有志墅区军事部长管□胜被打得死去活来，被活埋。还有曾 × × 家产全被劫光，他本人逃往山上活活饿死。在塘角也被国民党地主杀了 3 个老革命同志，背村的 20 多个同志全被捉去，有的保出，剩 11 人解宁都，国民党就在粥里放毒，毒死 9 人，因 2 个儿童吃的少没有死。还有张兴堂被国民党在背上用香火烧"共产党"三字。【敌人的残酷】由此可窥见一斑。

2. 敲诈勒索金银财物，反攻倒算：国民党是见钱眼开的，只要有钱什么都可以。当国民党回来之后，很多革命同志被迫"自新"，每人必须交 3—5 元的"自新费"。有的还用骗的方法来达到其卑鄙的目的。如陈新连同志被骗去银洋 30 元，搞到倾家荡产。同时又经常巧立名目，不论什么苛捐杂税，我军烈属都得出双份，尤其壮丁费出得更多。地主恶霸的反攻倒算是惊人的。1934 年秋，红军离开了苏区，地主恶霸跟着回来之后，就宣布一切土地财物归原主。当时秋收还未登场，农民们半年辛苦的血汗全归地主富农所有。不仅如此，而且还要向农民索取一两年的租谷，交不出的就拿自己的家产作抵押，家产抵押不足的只得为地主富农做奴隶。随着国民党回来的地主恶霸乘许多革命同志因被匪军把家产抢劫一空之时，就残酷地剥削人民，放高利贷加十或加十五来剥削人民。有的开当铺以三天为一期，每期加倍利地剥削人民，如某同志拉1件衣服去当，原值能抵2元，而当铺只用1元的代价收入，限一晚为赎回期，过期不赎变为他的。有的就加倍地增利，过一□增1元，这样无形中不能赎回当物。

3. 人身的诬蔑，政治权利被剥夺：地富豪绅恶霸对待我军工烈属是非人地看待，开口"土匪"闭口"土匪"，骂革命同志为"土匪"，家属为"匪属"，妇女为"土匪婆"，小孩为"土匪子"等。军工烈属是没有政治权利的，他们想要把你怎么样，就把你怎么样，要你上就上，下就下，不能有什么反抗。若有反抗就骂：你"土匪"还敢反抗。

4. 反动派的军事统治：国民党对富有斗争意志的苏区人民是非常害怕的，他为了防止苏区人民的反抗，就实行了就地屯兵的办法。在1934年国民党进入宁都后，在城郊一带驻扎了大批伪军，家家户户都有匪军盘踞，历经2年之久。在当时盘踞的匪军对百姓无恶不作，公开的〔地〕劫掠，如猪崽、小鸡均被吃光，名为买卖，实质上是公开打抢，老虎借猪有借无还，同时要为匪军筹备一切粮饷，人民负担非常沉重。

在凶恶的敌人面前，苏区人民虽不能公开进行反抗，也有些人被这种穷凶极恶的魔爪吓得不敢抬头，但一般的人民对反动派是恨之入骨的，在他们的内心上，在背地里，随时随地准备反抗，如抗捐、抗粮、抗丁，改名换姓逃往外地，有的削发为僧藏于深山古庙中。

就这样苏区人民度过了10多年的血腥岁月，在1949年临近解放的前夕，黄匪镇中曾【准】备血洗宁都杀尽老革命同志，但由于解放军的英勇打击，节节胜利，很快攻下宁都，黄匪的毒计未得逞，仓皇逃上翠微峰，城郊乡就在翠微峰山脚下，不少老同志主动和解放军接头，指给地形，协助攻打翠微峰。

大沽乡（即五一人民公社）革命史原始材料整理

1959 年 1 月 3 日至 1 月 6 日晨，访问大沽乡南林、芦西、刘家坊三大队老革命名单——

南林召开座谈会参加者：黄必达同志，读书坑乡主席；赖诗芹同志，黄陂区邮电局长；李文禄，少先队长；陈伦交，乡少先队长。

个别访问：刘梦松，南林乡乡主席（叛徒）。

汉头座谈会参加者：杨启友，乡主席；陈定钦，乡主席；张国□，区团委书记；周传茂，乡代表。

刘家坊个别访问：曾有尊，三军九师二十七团侦察员；陈定珍，县副财政部长；张胜林，区代表；李念松，乡主席。

访问人次：座谈会 2 次；个别的：4 次，共 13 人。

访问方法：座谈会与个别访问相结合，正面人物与反面人物兼顾，以正面人物的材料为根据，以反面人物的材料为参考。我们到刘家坊时，因队长和支书到乡参加评模大会，对该队的情况我们也不熟悉，原想召开座谈会和进行个别访问相结合，因上述原因只得改为个别访问。访问过程中个别同志因年纪太大，对苏区时期的革命过程忘记得很厉害，但刘家坊的曾有尊同志，过去的事情记忆犹新，说出许多前方革命活动的材料，对我们的工作帮助很大，但他对后方的建设工作不大了解。

一、土地革命前的阶级关系和土地占有情况

大湖乡：共 800 余户，3100 余人，6200 余亩土地，其中地主

25 户，富农 33 户，富裕中农 17 户，中农百余户，贫雇农 600 余户，地富占有土地 80%。

坵坊村：共有 130 余户，500 人，总有土地 1000 亩，茶山 400 担，其中地主 2 户，富农 2 户，中农 18 户，雇农 10 余户，其余是贫农。中农约占 60 亩，贫农约占 50 亩，其余土地和绝大部分茶山是地主、富农、公产的。

山田村：共有 31 户，其中地主 1 户，富裕中农 1 户，中农 5 户，雇农 1 户，贫农 23 户，总人口 110，共有土地 330 亩。地主占有土地百余亩，公产占有土地百余亩，富裕中农占 50 亩，中农占 50 亩，贫农根本没有土地。年收入百余担样子，地主占 60%，中农占 20%，贫农 20%。

旸斋村：共 150 户，人口共 500，土地 500 亩，茶山梓子约 500 担。其中地主 16 户，富农 3 户，雇农 15 户，工人 30 户，还有 89 户是中贫农（中农少数，贫农绝大多数）。

中农占领〔有〕百亩土地，地富占有全村土地 80%（有 400 亩），茶山几乎全部属于地主、富农所有〈的〉。

大沽村（包括里梓堂）：共 170 户，700 人左右，共有 1050 余亩土地，其中地主 6 户，富农 15 户，中农 20 户，贫农 104 户，雇农 25 户，中农占有全村总土地的 1/5，地、富占全村土地的 4/5。其中里梓堂一家地主名叫张启飞，就占有全村土地面积的 1/3，家中有资本六七万银圆。

二、土地革命时期

1. 党的产生与发展

大沽乡党的活动与发展情况，根据现有了解材料，要算大湖背鹅公墩村党的活动为最早。1926 年，黄积道、黄积远从外面回到鹅公墩村，同他们的好朋友杨铁石、黄友石、何祖泽等开始进行党的秘密活动，宣传马列主义，并进行发展组织工作。1928 年，发展了王家瑞加入党的组织。1930 年正月组织党支部，党支部书记黄积远，此时又发展陈方清等 7 人入党，党员共有 13 人。到 1931 年党公开了，有党员 29 人（另一种说法，有 50 余党员），在 1930 年成立团支部，支部书记何裁禾子，有团员 10 余人。（上淮大队葛斜村陈方清说）

1928 年 4 月间，在刘家坊的鸡婆窗，由廖南生到此进行党的秘密活动（出面叫"放苗"），这时有胡遵雄、廖位欢、张成林等入党。1929 年 1 月间成立党支部，这时有党员六七人，书记——廖位欢。同年又发展了曾远来、陈达中、廖金锈、黄朝东、游位中等 5 人入党。1931 年有党员 10 余人，1932 年党的活动公开了，有党员五六十人。（刘家大队田岭下张成林说）

1929 年，党员罗献宝在南林开始党的活动，并先发展了 6 名党员。1931 年六、七月间，由龙冈区委会委派胡英还到南林发展杨启发等 3 人入党，并举行宣誓：遵守纪律，严守秘密，牺牲个人，永不叛党……同年 12 月成立党支部，支部书记胡英还，这时有党员 10 余人。（南林大队李文禄、周传茂等说）

1929 年冬，在上淮一带，由胡元生、胡伯传、胡魁流、胡洪琴、吴良伯等 6 人组织共产党小组，进行秘密活动。当时党的主要工作是发展党的组织，党的领导人胡元生、胡伯传。1930 年三、四月间成立党支部，支部书记刘直摇，这时有党员 14 人。与此同时，建立了团支部，支部书记——温友春，团员有 6 人。1931 年党支部书记——胡魁流，这时有党员 20 余人。（上淮大队胡魁流说）

1930 年六、七月间，永丰的罗格作到旸斋与胡元生、陈传仁等组织共产党。1931 年，陈传仁到王家田发展共产党组织。当时工人、雇农党员的候补期为 3 个月。（旸斋大队王家田村胡洪章说）

1929 年正月，璜陂区成立区党委会。到 1932 年璜陂区共有 17 个党支部，有党员 3000 余人。这时的区委书记——姜奇珍，组织部长——胡魁流，宣传部长——游德文，少共书记——姜作州，大队长——廖风仪。当时璜陂区区委书记的更替情况：李清→胡元生 → ×××→姜奇珍→胡魁流（代 2 个月）→张谢丁→廖发祥。全区党员代表大会每年召开3次至4次，会议内容：一般是发展党的组织，检查党的工作，整顿党的组织，18—22岁可以加入团，23岁后可以加入党。党员有候补期，一般是半年到一年。党员犯了错误，第一次教育，第二次警告，第三次严重警告或开除党籍。（上淮大队胡魁流说）

1928年春天成立"红旗社"，类似区委会一级的党组织，党组织在秘密活动期间是以"红旗社"为名义。党给党员下达通知和文件，上面写着"送周林收"几个字。党员接到后，就晓得是党的秘密文件或是开会的通知，送党文件的人必须亲自送到收件人之手，不得转带；收件人必须在隐蔽的场合亲自拆阅，就是党内同志也不能看，谁收谁看。开会一般情况1月1次（特殊情况例外），开会地点一般在山上或野外，党员去开会时，不能说是去开会，必须扮作上山砍柴的模样。会议的内容不准告诉任何人，连自己的父母、妻子也不能告诉，如有走漏消息就要杀头。会议讨论内容一般是讨论如何发动组织群众，查坏人，划成分，选拔干部。当时"红旗社"的负责人：李清、胡元生、彭春容。入党手续与条件：入党的人要工作积极，联系群众好，斗争坚决，经人介绍自己写申请书。申请书要写家庭成分与经济状况、个人简历。工人和雇农只要一个党员介绍，贫农和中农要两个党员介绍，经支部大会讨论，半数以上的人通过，送区委批准后才通知你去开会，就成为党员。（上淮大队葛斜陈方清说〈的〉）

2. 苏维埃的政权建设

1928年春，永丰东固农民大暴动，大湖、鹅公塅一带在永丰东固农民大暴动的影响下，开始酝酿革命活动。1928年冬，段月前〔泉〕到中坪招兵，廖孙彬在段月前〔泉〕部下当个月兵①（廖是大湖人），回到大湖秘密组织农民协会，并领导了打土豪饶学胜，当时有这么一首歌谣："乌迳背上有包，红军在打土豪。一打打到

---

① 原文如此，疑有漏字。

饶学胜，饶学胜矮子走得过，漏夜三更走到牛皮隘。牛皮隘的农民张他活，走到兴国去搬老谢（反动头子）。老谢来得快，一追追到牛皮隘，白军贼子走过隘。红军来得凶，来到罗坑打反动，反动贼子不怕死，把他人头挂在坝子里。啼的啼哭的哭，回到兴国怨大福（反动头子）。大福麻子不怕死，使个探子下城里。城里检查喊他归，上石红军还在追。"在这个革命歌谣的鼓动下，觉悟起来的农民由秘密开始转为公开地打土豪、分田地。在 1929 年上半年，大湖成立乡苏维埃政府，主席翁仕福，文书廖鲁昌，财政科长廖孙彬，肃反委员黄良忠，调查委员胡道财，监察委员廖孙林，乡代表胡恩清（这些人都是贫雇农成分）。1929 年 11 月—1930 年元月，大湖鹅公塅先进行分田，当时组成有分田委员会，每村有分田小组，领导进行分田。苏维埃政府成立后，大湖鹅公塅组织了游击队、少先队、儿童团、赤卫队、互济会等革命组织。组织起来的广大群众经常与兴国的靖卫团打仗。（大湖）

1928 年 10 月，南林成立农民协会，由曾远球等串联组成的。主席先后为曾远球、陈德甘、陈伯秀。同年冬，由黄必达、李文禄等同志领导农民到永丰李坊水东坪打土豪罗××，将罗捉到芦叙，没收其财产 200 银圆和其他许多物品。1928 年 10 月，郑子能在南林万寿宫开会，会议内容："号召农民组织起来，不交租，不还粮，实行统一累进税，打倒资本家，实行平均分田。"分田后 1929 年冬开始划阶级，1930 年 4—5 月间成立南林乡苏维埃政府，主席李垂林。与此同时，芦溪、棋坑成立乡苏维埃政府。

1928 年 10 月，李绍〔韶〕九的独立第二团、段月全〔泉〕的独立第四团来大沽一带进行革命活动，1928 年冬，陈月林、陈伍良、李严林 3 人到黄陂静安寺廖南生处去接头，回来后冯真瑞、陈月林、陈伍良、马玉林、李严林、李绍堂等人组成农民协会，主席李严林，宣传委员冯真瑞，文书李绍堂。1929 年 2 月，大沽乡成立乡苏维埃政府，主席李进发，文书张景生，党支书廖蔚焕，少先队大队长易洪生，政治委员张文山（叛徒）。

1928 年 4 月，王俊带领游击队到小浦活动，胡竹生到小浦与王俊接头，回来后组织小浦农民协会（小沽属于小浦）。1929 年，成立小浦乡苏维埃政府。

1928 年冬，段月前〔泉〕的部队来到旸斋。当时当地的胡元生与段月前〔泉〕接头，组织农民协会。胡的家是地主，本人是知识分子，革命前不务正业，爱好赌博，是个二流子。革命后领导了一支游击队，回到旸斋，开始分田地。到同年冬重分谷子。第一次分田是以村为单位，第二次分田是以乡为单位。

1927 年 3 月，胡元生、王延、胡骨癞子组织旸斋的赤卫队之后，拿众产者①的钱制造 20 把来火枪，20 把搬沟爪，2 把猪兜炮，到小浦围剿黄陂隘的靖卫团。（4 月间）因敌强我弱，王延②和胡骨癞子被抓去杀掉了（王是赤卫队政治指导员，胡是赤卫队长），胡元生归来后到永丰东固投段月前〔泉〕。1928 年，段月全〔泉〕到旸斋进行活动，公开成立游击队，并进行打土豪。

至 1930 年冬，旸斋成立乡苏维埃政府，主席陈传仁，党支书胡魁流，工会主任胡魁流兼，妇女主任胡玉秀，反帝大同盟主任黄福德。

1930 年 3 月，上淮成立乡苏维埃政府，主席廖直其。1929 年，下淮农民普遍起义进行打土豪，实行抗租抗债。抗债歌："我国全体是红军，也是工农最热心，受打击不能散心，先受痛苦后解放，穷人夜了又天光，到现在势力膨胀。解放当兵心要雄，消灭敌人并反动，才可以革命成功。如果革命不成功，贫苦工农更无松，受剥削不能高兴。那班穷人团结起，抗租抗债抗贪吏，分田地大家欢喜。年间斗争抗了债，穷人心里更爽快，恶地主无权作怪。借钱好比浪绑绳，捆手捆足捆穷人。无老纸，他不遵允。岭无岭来田无田，那有文契押钢铁。借当我多算我钱。借钱苦诉说你听，三行四

---

① 原文如此。
② "延"字斜画了一笔，改为"瑗"。

转求人情，好酒肉款待奉承。今年借钱到明年，明年冬下要我钱。见到了就在边问，日守街上你无拿，明日会来你屋下，嫁妻子都要你还。穷人听到这句语〔话〕，醒眼醒鼻一布夜，目也想记在心下。听到地主门口唤，快行几步到房间。怕地主剥我衣裳，老婆妻子门口站。做茶提烟接待你，无钱拿还要东西。过年鸡公捉起行，一家大小气狠狠，恶地主这种杀心。地主做事无天理，请起龙天该保你，多痛苦床上屈死。"

1929 年元月，在刘家坊成立农民协会，主席赖生民，农民协会成立后立即进行打土豪分田。1930 年，农民协会转成苏维埃政府。

1929 年冬，廖仁从永丰东固到垱坊发动革命，组织农民协会。1930 年 8 月，成立刘家坊乡苏维埃政府，乡政府主席陈达忠，文书胡遵雄，党支书廖蔚焕，少共书记谢□霞。

1929 年 2 月，小浦的王延到山田进行活动。当地的贫农曾有良与他接头组织农民协会，主席李炳年。1933 年 6 月间，成立山田乡苏维埃政府，乡主席李以珍，党支书李崇进，文书李善发，团支书龚进仁，少共队大队长黄朝汉，参谋长李炳洋，宣传部长李明配，妇女主任廖和春。

1929 年 11 月，王家田、高背一带组织农民协会。农民协会主席胡洪章，领导打土豪分田地。1929 年 11 月，成立旸斋乡苏维埃政府（有人说是 8 月成立的），乡主席陈传仁，秘书胡育黄，互济会主任廖美标，后换为胡忠善（廖因贪污被撤换的）。上级拨来的救济款，没收地主的东西，地方上的买卖等都属于互济会管的。1930 年春天，王家田、高背成立苏维埃政府，乡主席胡洪章。

1929 年 9 月，黄积道、黄积远、何祖泽到中坪接头，回来后在鹅公塅组织农民协会，委员是黄积道。10 月间，30 余个社员进行打土豪。1929 年冬到 1930 年正月，大湖鹅公塅先后进行分田，组成一个分田委员会，每村有一分田委员。1929 年 2—3 月间，王先彩、郑子能（永丰人）来古告、康头坪、葛斜、横培垄等地秘密组织农民协会，当时参加农民协会的刘治摇、刘永吉、李仁林、陈用金、陈登华、余叶才。同年 9 月间逐渐由秘密活动走向公开活动。

（苏区时期邮电局的任务：军事信件（急件）派人日以继夜地赶送；普通信件赶送时只走日，不走夜）

1928—1930 年，小沽、大湖、南林等地先后成立农民协会，进行打土豪、分田地，不久农协会转成乡苏维埃政府。

1929 年冬至 1930 年正月，大湖鹅公墈等地进行分田，分田时先组成 1 个分田委员会，每个村都有 1 个分田委员，先党内后党外进行酝酿。土改时首先留好田作为公田，约 15%，这些田分给参加红军的或残废军人，再以村为单位，按土地、人口的数量平均分田，把田分为上、中、下三等，地富分坏田，中农分中田、上田各一部【分】，贫雇农分好田，每人约分 2 亩左右。

苏维埃政府成立后，组织游击队、少先队、儿童团、赤卫军、互济会、工会、妇女协会、反帝大同盟、雇农工会、担架队、洗衣队、慰劳队等革命组织和任务。

苏维埃政府成立后，于 1930 年 3 月开始杀 AB 团，至同年 11 月。杀 AB 团时由区的裁判部、乡肃反委员掌握情况，抓到的 AB 团进行肉刑审问，如当时龙岗区裁判部长邓仁龙到汉下乡进行肃反工作，同年 11 月的一天晚上，至该乡抓到李凤明（肃反委员）进行审问，第二天把他押到龙岗，过了两天又要李楚英去龙岗，第三天将李楚英、李凤明打死后的尸体扛到南林（李凤明是资本家，李楚英是知识分子）。过了 1 个多月，乡里的干部全部改组，乡的领导干部由区主席邓放金、邓玉龙担任，他二人结果被咬为 AB 团杀了，改组后又杀了七八个干部。之后，又改组，乡干部由一些地方人担任，乡苏维埃主席李方恭，乡文书刘梦松（叛徒）。

1929 年 2 月，璜〔黄〕陂区成立苏维埃政府，区主席包斌→姜文生→赖昌标→王木胜→丁新安。黄陂区包括吊锋、小浦、高田、旸斋、刘家坊、黄陂、山塘、蔡江、杨依、赖家坪、大湖、章坊 12 个乡。革命开始时大湖鹅公墈分为 2 个乡。第三次战争后，苏区时期南林乡、芦西乡，先属龙岗区，后属君甫区。并一个乡属于黄陂区①，1933年7月间璜〔黄〕陂区分为黄陂、小浦、蔡江3个区，大湖鹅公墩属于洛口县蔡江区。

1930年冬，大沽刘家坊、垬坊并为1个乡。1931年汉下分成南林、读书坑、汗下、棋坑4个乡。

1930年8月，红三军团第四团配合璜陂区廖南生、廖铁头子领导的地方武装4个大队四五万人打下宁都后，成立宁都县苏维埃政府，县府主席王木胜，县委书记谢志邦。

革命歌谣《十送朱毛》

一送朱毛到璜〔黄〕陂，朱毛带兵剿白匪，准备红军千百万，准备决战得胜利。

二送朱毛到小浦，就要活捉蒋土匪，红军士兵向前进，打他一个无路走。

三送朱毛到旸斋，朱毛带兵打蒋匪，打得蒋匪无办法，国民军阀灭得快。

3. 经济文化建设

当时苏区为了反抗国民党的经济封锁，曾于1930年由农民集资组成了食盐合作社、食物合作社、革命互济会，当时提出了一切工厂、商店归工人的口号。

在赋税方面有累进税、商业税、屠宰税。

1930年黄陂区创办了苏维埃小学，各村都创办了列宁小学，入学儿童多数为贫雇农子弟，当时大家都认真学文化，提出："十字教五字，互教互学"的口号。

在中央设有列宁军事学校，村村都有俱乐部。

4. 武装斗争

1930年7月间，黄陂区由廖南生、廖铁头子领导的地方武装赤卫军、少先队、游击队等组成4个大队，共四五万人。第一次攻

---

① 此处与上文连接不顺，原文如此。

打宁都未克，同年 8 月在红三军团第四团和李韶九、段月泉的部队配合下，第二次攻打宁都，激战一个早晨终于攻克了。当时我军从北门攻进城里，敌人从西门逃往青塘，并拆了西门的城墙。打开宁都城时开了群众大会，参加会的有几万人，赖金轩、赖昌标在会上讲了话，会后打了几十个小土豪，回来后又打兴国三都七堡。（大沽大队李会荣说）

1931 年 7 月初，小浦人高九杨领导的 18 支枪的游击队在小浦天子地与敌人第六师进行阻击战。激战 1 小时后，打死敌人 1 个团长并击毙敌兵很多，但因众寡悬殊，我游击队主动地边战边退。同年七月间，驻小浦的国民党反动军队，三三二〔两〕二〔两〕到山田抢劫东西和奸淫妇女，被我游击队包围，先后消灭了 6 个敌人。（大沽大队山田中队李炳祥说）

1931 年 7 月 15 日，上淮乡三排赤卫军配合红军西方军，打败从古告、下淮、旸斋三路进攻上淮的白军。西方军打败古告方面的敌军 1 个团，打死敌团长 1 人，赤卫军打败下淮、旸斋进攻的敌人。同时间，敌人 1 个师从永丰、龙岗经康头坪、古告到璜〔黄〕陂去，企图沿途放火焚烧民房。在康头坪碰到我红三军 1 个连（250 余人），我红军当即给予敌人迎头的痛击，击败了敌人，抢救了古告、康头坪等地的房子免被焚烧。（上淮大队陈方清说）

1931 年 7 月，王家田、高背等地的农民组织赤卫军 300 余人，打败了敌人三次进攻：第一次敌人【来】数十，企图到王家田抢东西，赤卫军奋起抗敌，打死几个敌人，敌人败走。第二次敌人来百余，又被赤卫军打败，并活捉敌人七八人。第三次敌人来了数百，双方打火，仍被我赤卫军打败。赤卫军的英勇打击敌人，救了红三军团伤兵医院的全部伤病员和王家田一带老百姓房子免被焚烧。（旸斋大队王家田村胡洪章说）

高斧〔虎〕脑战役：1933 年 10 月，蒋介石国民党反动派以"百万"兵力分为八路向我中央苏区大举进攻。当时敌人提出口号："围剿中央政府，屠杀工农红军。"我红军提出口号："坚持革命斗争，武装保卫秋收，打到敌人屁股背，进剿蒋介石的后方。"1934
年 4 月至 7 月，我红军纵队 30 万人，会战于广昌驿泉〔前〕，我红
五军团第十三师三十七团的 2 个连的兵力，扼守高斧脑，阻击敌人
的进攻（又说我红军是 1 个团的兵力）。我军在山脚的外围布置地
雷、火炮阵，激战五昼夜，打退敌人三次集团的冲锋。有一次，敌
人以一个营的兵力（300 余人）冲锋，全部为〔被〕地雷、火炮所
炸死。在这次战役中共打死敌人 3000 余人，当时地雷最重的 120
斤，轻的 80 斤。到 7 月 19 日早晨，敌人调动大批的飞机和大炮，
并在外围筑起炮楼，再次向我军阵地疯狂地进攻。我军给予敌人很
大的杀伤后，完成了阻击任务，主动地向兴国的高田撤退，集中北
上抗日。（大湖大队何文福和大沽大队李会荣二人说）

曾山同志领导的游击队的活动：

1933 年 2 月间，成立江西军区。5 月，成立博生、长胜、洛
口、宜黄、广昌、南丰独立团，同时成立西方军，共万余人。当时
江西军区军长曾山，政治委员李泽凡①。1934 年 6 月间，曾山同志
领导千余游击队，在杨依驻了一个多月，7 月开往宁都集中受训，
到八月初一毕业典礼的大会，曾山讲了话，他说："列位同志，你
们分工到各县去担任指导员和连长，指挥作战，打击和消灭各县大
刀会……红军北上抗日迟 3 年、早 2 年就会回来。"同年 7 月，红
军和江西军区游击队又在石上开了 1 次大会。当时朱总司令也参加
了这次大会，并讲了话："江西军区武装保护秋收，坚决保卫江西，
死也要保持江西光荣。"是年八月初一在石上胡岭嘴打了一仗后转
往吊锋一带活动。10【月】间，游击队在广昌与宁都交界的鸡公脑
阻击敌人 1 个月，退到小浦。11 月间，游击队从小浦〔布〕出发，
经小沽、大沽、旸斋等地，在虎头岭与敌人打了一仗，又从原路回
到小浦、大金竹坑。1935 年 1 月，游击队在大金竹坑解散了。曾
山同志当时对其部下说：你们回去后，把工农群众秘密地团结、组

---

① 照录原文，应为"李赐凡"。

织起来，把文件保留下来……曾山同志自己率领120余人开往吉安去了。同年2月，江西军区政治委员李泽〔赐〕凡同志因为他的脚部受伤不能走动，就躲在小浦岩排脑石洞里，被他的马夫所出卖，前去小浦的伪乡政府报告，后被杀。（大沽大队李会荣、龚进阶二人说）

杨依当时有支10余人由谢邦真、谢邦坤领导的游击队在吊锋村桃山进行活动，坚持到1935年2月间才解散。（大沽大队李会荣说）

1933年十月二十六日（古历），博生县、璜〔黄〕陂区、蔡江区政府工作人员组成一支游击队，在蔡江坑头地方被国民党包围打散。（大沽大队冯其瑞说）

南林乡人民对一、二、三、四、五次反"围剿"战争的支援：

第一次反"围剿"时，南林乡人民组织担架队、运输队、带路队和赤卫队（队长刘生才），配合红军活捉张辉瓒。南林乡人民以食品和日用品支援前线红军，战争胜利后发了一些胜利品，如布、钱给南林乡人民。

第二次反"围剿"时，出动了32个长期担架队队员和短期（15天）担架队队员670余人，配合红军活捉了伪师长李向荣，送往瑞金。

第三次反"围剿"时又出动了32人的担架队支援前方。

5. 红军北上抗日后，国民党反动派对苏区人民【的】摧残和苏区人民的对敌斗争

红军北上抗日后，国民党对苏区人民和老革命同志的摧残是很厉害的，把老革命同志当作"土匪"看待，抓壮丁就要专门抓老革命，每月要出月费、壮丁费，每家出月费五六元。如1939年坵坊村一次出壮丁费1000余元（银圆），国民党抓壮丁的狗腿保甲长穿的草鞋钱，用的乡电费、伙食费等都要老革命同志出，还粮都要穷人还，地主、有钱人不还粮、不纳税。反动派势力用封建的宗族观念迫害小姓的老革命同志和人民，压迫得人民串〔喘〕不过气来。

在白色恐怖下，许多老革命同志被迫离乡背井，逃亡在外，改名换姓。刘家乡（当年苏区乡）据初步的统计，被屠杀的老革命同志4人，被迫死了四五个老革命同志，家产全部被抢劫的有5家，被抓去当兵的革命同志有7人，老革命的妻子被迫改嫁的有3个。地主回来后他在土地革命时期被分的东西，以及欠它〔他〕的债、租进行倒算。1934年12月，在上淮成立连〔联〕保，在旸斋成立联保办事处，他们强迫凡是在苏区干过工作的老革命要到璜〔黄〕陂去"自新"，并进行罚款。陈方清同志被罚了2次款，共60余元，迫逼得老革命同志到处逃生，不敢在家，妻离子散。许多老革命同志之所以能够活到现在是刀下"留人"。国民党与一些逃亡地主组成义勇军，对老革命进行迫害，强迫老革命用钱去赎买"良民证"。

在白色恐怖下，苏区的人民并没有被吓倒，反而对国民党反动派这种惨无人道的摧残更加恨之入骨。他们对国民党的抓壮丁和各种苛捐杂税采取各种不同方式的反抗，许多老革命同志情愿离乡别井，流落在外，拒绝为国民党地主做事，他们坚信共产党、毛主席很快就会回到苏区来的，为他们报仇，许多老革命同志冒着生命的危险把苏区时代的文物保存下来，一心向着党，向着毛主席。

三、抗日战争时期苏区人民的斗争

1944年，璜〔黄〕陂下坝人廖明启（贫农，曾任过少共书记和前方的连长）领导的几十支枪"自卫队"打击和扰乱国民党反动政府，曾经打过璜〔黄〕陂区和小浦〔布〕区政府。当国民党来抓兵时，组织和发动群众进行抵抗，处处维护贫苦农民。国民党的捐税尽是往有钱人那里派，不要贫苦农民出。国民党要抓贫苦农民时，只要到廖明启那里上1个名就不要去了。廖部队表面上是国民党的军队，实际上是共产党在活动，他利用合法的地位与反动派坚持了1年多的斗争。以后国民党发觉他是在进行共产党活动，将其部队解散，并杀了廖明启。

四、解放前夕敌人的挣扎

国民党反动派在大沽乡组织一支 180 余人的"游击队",反动头子张文山、张邦模,准备进行垂死的挣扎,企图把所有的老革命同志抓起来屠杀,在其布告 13 条中的 12 条都有杀字落脚,后被我解放军所消灭,并抓住反动头子张文山。

解放前夕土地占有关系:

西山村:共 31 户,150 人,共有土地 1085 亩,85% 的土地为地主和公产所占有,10% 为中农所占有,5% 为贫农所占有。31 户中只有 9 户达到中农的生活水平,其余都是贫雇农。当时平均亩产量 205 斤(水谷,好的田),地主〈与〉收租为对半分租。

附:大沽乡土地革命时期大事年表

1926 年

在大湖乡鹅公墩村,黄积道、黄积远、何祖泽、杨铁石、黄友石等人开始了党的秘密活动,以"红旗社"为名义。

1927 年

11 月,在南林乡,由陈长生、黄家何领导农民暴动,在野竹坑抓到地主罗××。

1928 年

大沽乡由黄陂区派来廖位欢任支书,从此党开始在此地产生与发展起来。

上半年,南林乡成立了农民协会和村苏维埃。

大湖乡鹅公墩村由黄积道、黄积远秘密组织了农民协会。

1929 年

南林乡最早的党员罗宪宝开始在本地进行党的活动,南林乡党组织从此诞生。

大湖乡由廖孙彬、廖荣生领导农民暴动,组织农民协会,进行打土豪。

11 月，大沽乡成立了农民协会。

本年内各乡先后开始了分田地运动。

1930 年

上半年，南林乡成立了乡苏维埃政府，乡主席罗宪宝。

上半年，大湖乡成立了乡苏维埃政府，乡主席曾达间（富农）。

大沽乡也成立了乡苏维埃政府，乡主席廖伦其。

1931 年

各乡党的组织公开发展，党员人数大增。

各乡掀起了"扩大铁的红军一百万"的运动。

大湖乡苏维埃政府进行了一次整顿，清洗了混进来的富农分子，干部皆换上了贫雇农。

红军 200 余人，在大湖乡康头坪村打败了敌人 1 个师。

1932 年

龙岗县保卫局赤卫军在固县打败敌人 1 个师，活捉伪师长李向荣，伪副师长杨连升被击毙。

1933 年①

1934 年

红军北上后，国民党反动军队于 11 月向该乡进攻，大肆进【行】烧杀抢掠。

---

① 无内容，原文如此。

大沽乡革命老人座谈记录整理

现在的大沽乡是宁都县五一人民公社的所在地。在土地革命时期，这个地区有坵坊（大沽）、大湖、读书、南林、杨磜①等5个乡。前2个乡属于洛口县黄陂区管辖，后3个乡属于龙岗县君浦区管辖。在这5个乡内，中国共产党的组织、苏维埃政权、红军建设都先后产生和发展起来，成为老革命根据地之一。

一、党的产生与发展变化

从1926年至红军北上前，党的组织先后在这个地区内产生与发展了，各乡都成立了支部。1931年以前，党组织是在秘密活动。1931年后到红军北上时，党组织就公开活动了，党员发展人数大大增加。

1.大湖乡

1926年，该乡有黄积道、黄积远两个知识分子，他们在外面教书得到一本马克思列宁主义的书籍，回来后找何祖泽、杨铁石、黄友石等要好友朋〔朋友〕开秘密会议，研究马克思列宁主义。从此以后，他们5个人就在本地进行秘密活动。1928年发展了王家瑞加入党的组织，1930年又发展了陈方清等7人，到此时共有党员13人。1931年，党公开发展，党员人数共发展为29人。

党组织在秘密活动期间，以"红旗社"为名义，党给党员下达的通知或文件，上面写上"送周林收"，党员接到后，就晓得是党的秘密文件或开会通知，送党的文件的人，必须亲手送到收件人之

---

① "杨磜"，文中又作"旸斋""阳霁"。

手，不得转带，收件人必须在隐蔽场合亲自折〔拆〕阅，就是党内的同志也不能看，谁收谁看。开会一般情况是1个月1次，特殊情况例外。开会地点在山上。党员去开会时，不能说我去开会，必须扮做〔作〕樵夫上山砍柴模样。会议内容不准告诉任何人，连自己的父母妻子也不能告诉，如有走漏消息，就要杀头。会议讨论的问题，一般是讨论如何组织发动群众，划成分，查坏人，选拔干部等。

入党手续与条件：入党的人，要工作积极，联系群众好，斗争坚决，经人介绍自己写申请书。申请书要写家庭成分与经济状况、个人历史。工人和雇农只要1个党员介绍，贫农和中农要2个党员介绍。经支部讨论半数人以上通过，送区委批准，才通知你去开会，就成为党员。

调查当时一部分党员姓名记载如下：

彭长科：乡党支部书记。

黄积道：知识分子（现在还在当医生）。

黄积远：知识分子。

何祖泽、黄友石、杨铁石（驻赣东办事处区委）、王家瑞（现还在，已重新入党）。

陈方清：曾任乡主席，现还在，任管理员。

王家时：曾任乡苏肃反工作〔委员〕。

翁仕福：曾任乡苏主席。

温盛其、温文真、黄良中、陈修桥。

红军北上后，党的组织被破坏了，没有什么活动，大多数党员被反动派杀害了，有些被国民党抓去当兵了，有些逃走了，有少数叛变了。

2. 南林乡

1929年，党开始在南林乡活动，最早的党员是罗宪宝，他是雇农出身，曾任乡苏主席，以后又发展了6名党员，他们的名字如下：

黄思成：乡党支部书记。

胡奎仁：乡党支部书记。

刘永万：乡党支部书记，以后叛变，当过伪保长，现在是地主。

陈奎年：叛变了，当过伪保副。

赖书生：现还在，思想有些保守。

黄必达：现还在，现在重新入了党。

（以后党的发展变化不明）

3. 大沽乡

1928年，由黄陂区苏派来廖位欢任乡支部书记，从此党开始在此地产生与发展。1929年，曾远来、陈达中、廖金秀、黄朝东、游位中等人加入了党。1931年，党公开活动，此时发展了党员五六十人。

（以后情况不明）

二、苏维埃政权的建设

在土地革命时期，这些地区革命活动一般发展的规律，首先是农民暴动，建立农民协会，进行打土豪，再成立村苏维埃，几个村苏维埃联合，又组成乡苏维埃。有的地方是在村苏维埃成立后，就进行分田地；有的地方是在乡苏维埃成立后进行分田地。

1. 南林乡

1927年11月，由陈长生、黄家何领导农民暴动，到野竹坑抓到一个地主罗××。1928年上半年，成立农民协会和村政府。村政府成立后，就进行分田地。1930年上半年，成立乡苏维埃政府。当时乡设有乡支书、乡主席、文书、妇救会、肃反委员等。乡主席是罗宪保〔宝〕，妇救会主任是邹玉君，肃反委员是赖书生。当时乡组织了赤卫军、模范团、少先队、儿童团、耕田队、破坏队、洗衣队、慰劳队等组织。乡的主要任务是肃反、支前、扩军。

2. 大湖乡

1928年由黄积道、黄积远在大湖乡鹅公塅坎村秘密组织农民协会。当时加入农会的有7人，1个月以后，农会会员发展有40余人，并进行了暴动。到农会开第三次会议时，有会员100多人，农会主任为廖龙修。打了三次土豪，第一次打土豪得到了 300 多元（银圆）。打土豪时，要造表送龙岗县南坑谭月前、郑子能批准后，才能进行打土豪。打土豪得到的钱大部分上缴，留下一小部分地方上开支。1929 年，又由廖孙彬、廖荣生领导农民暴动，组织农会，进行打土豪。1930 年上半年，成立乡苏维埃政府，当时乡主席是曾达间，文书是廖鲁长，妇救会主任是邹月英，肃反委员为王家时。1931 年，因乡政府混进了一些阶级异己分子，撤换了富农分子曾达剑①和来路不明的廖鲁长、邹月英等人的职务，换为贫雇农。这时的乡主席为翁仕福，党支书兼文书为彭长科，肃反委员为王家时，妇救会主任为谢福生。

3. 大沽乡

1929 年 11 月，成立了农民协会。1930 年成立了乡苏维埃政府，乡主席为廖伦其，文书为王方宜。

（大湖、大沽其他的组织与南林乡同）

4. 划阶级分田地

1929 年开始分土地，分土地的原则，以乡村为单位，按人口土地的数量平分，把田分成上、中、下三等，雇农分上田，贫农分一部分上田、一部分中田，中农分中田，富农分下田，地主、恶霸、反革命、包工头不分。

家中一无所有、当长工和帮工者为雇农。

自己有少数土地，大部分租别人田耕种者为贫农。

一般不剥削别人，也不受别人剥削，分配土地不进不出者为中农。

按人口平分土地，如果他家里的土地超过应分的土地 40% 者为富裕中农。

按人口平分土地，如果他家里的土地超过应分的土地 50% 者为富农。

———

① "廖达间"，文中又作"曾达剑"。

不劳动、靠收租、放高利贷、雇长工者为地主。

地主其家在土地革命前 3 年破产者为破产地主，一般破产地主、流氓都分配土地。

分配土地时，经过群众算细账，评定阶级。

分配土地后，由各家自己耕种。各村组织耕田队代军、工、烈属耕田，同时要保证耕好。当时土地 100 斤产量，还累进税 8 斤。农民分得土地后，不要还租还债，生活大大地改善了。

三、建军和对敌斗争

当时各乡都组织赤卫军、少先队、儿童团、模范团，8—15 岁可以参加儿童团，16—24 岁可以参加少先队，25—45 岁可以参加游击队。区以上组织游击队，专门负责打仗。赤卫军亦农亦兵，负责担架、运输，配合红军、游击队打仗，维持地方的治安。少先队、儿童团负责站岗放哨、通讯、报信、监视坏人。

1931 年，毛主席提出"扩大铁的红军一百万！"当时各乡都组织了宣传队进行宣传，内容：只有打垮了反动派，保卫家乡，保卫胜利果实，才有好日子过。党团员、干部带头报名参加红军，群众经过宣传后，纷纷报名参军，有的 50 余岁的老人也报了名。上下坝一个小村 30 余户，从 17 岁至 30 岁的男人就有 13 个人参加了红军，约占青壮年的半数以上。有的丈夫参加红军去，妻子参加担架队，群众组织慰劳队热烈欢送自己的亲人参加红军去。

第二、三、五次战争都在这地区打过。地方武装赤卫军经常与地主武装靖卫团、大刀会打仗。1931 年，红军 200 余人在大湖乡康头坪村打败敌人 1 个师。1932 年，龙冈县保卫局赤卫军在永丰固县打败敌人 1 个师，活捉伪师长李响〔向〕荣，打死伪副师长杨连升。

四、红军北上后国民党反动派对苏区人民的迫害

红军北上后，国民党反动军队在 1934 年 11 月开始向苏区进攻，苏区群众转移上山躲避了一个时期，终因力量不足坚持不下，被国民党抓起来。周传茂同志被抓回来，伪保长张××首先罚他

28 元，保长要他自新，他说："我不自新，你要杀就杀，发自新符号，我死也不要。"他家中财产全部被没收。1940 年，国民党又迫他出买壮丁费 60 余元。国民党抓壮丁，全是抓老革命去当兵，苛捐杂税，对老革命加倍的负担。在土地革命时期当过乡主席以上的人，国民党叫他们是"土匪"头子，强迫挂自新符号，日夜抬不起头来。

整理者的意见：

一、这次来参加座谈会的老革命同志在土地革命时期都是乡以下的干部，只了解本乡的一些情况，对于乡以上的情况他们都不了解，因此乡以上的情况需待进一步了解。

二、大沽、南林乡的党组织的产生、发展及其变化的情况，还不够清楚，需要进一步弄清楚。同时大沽乡的苏维埃政权建设也不够了解，有待进一步搞清楚。

三、各次战争的情况不清楚。

四、乡苏维埃政府的政策，各次重大的会议，群众活动需作进一步了解。

五、土地革命期间的经济建设情况了解得不够。

六、线索：有关南林乡当时党、政府的情况可找胡日生、黄必达进行了解，他俩现在是党员。

大湖乡当时党的情况找黄积道（现医生）、王家瑞（现党员）了解。

大沽乡当年党的情况可找黄朝东了解。

（整理人：吴绍署、王和余）

宁都会同乡第二次国内革命战争时期史料

中共江西省委党史调查队宁都分队编

一、社会概貌

会同乡高峰人民公社在第二次国内革命战争时期是中央苏区的老苏区，因此它和其他苏区一样有着极其光荣的历史。特别一直是生活在这里的 40 岁以上的社员，每人都有一段苏区时期的光荣斗争历史。他们都曾积极地为捍卫劳动人民的政权——苏维埃而斗争过。更有不少先烈为了争取民主、自由，为了土地，为了劳动人民的解放而血洒边疆，或死在国民党地主劣绅血腥屠刀之下和监狱里。当然也是他们的鲜血浇开了今天人民公社之花。所以我们对他们都有着赤诚的怀念和虔诚的敬意。我们也一定能完成烈士们的遗志，举起革命的红旗，在党的领导下办好人民公社，为建设人类最理想的共产主义社会而继续努力。

高峰人民公社跨有当时两县五个区的地方，绝大部分属于博生县管，占有当时博生县的会同、湛田两个区的全部和梅江（南田）、流南（武朝、陂头）的一部【分】。肖高大队则属于当时的赤水县马头区，全社之内多是山区，山峦层叠，丘陵起伏，梅江的一些小支流横贯其间，只有在这些小支流的下游才有一些小面积的平坦地带。

全社地势东北高而西南低，圳下、明华、肖高一带都是大山，由东向西倾斜下来。

山上多产竹木，先辈也多因山就水，花出不知多少辛勤的劳动，开垦出层层的梯田。山上泉水在田间纵横交错，青山绿水织成了一幅美丽的江南图画。目前全体社员在党的总路线的光辉照耀下，在社党委的直接领导下，正以冲天的干劲来建设着自己的故乡。横贯全社的马路正在修筑，各大队都新建水库，加上土地利用规划实现后，机器会出现在这山乡，到那时全社的面貌就更加美好了。

可是又有谁能想象在这美丽富饶的山乡，它的主人们从前过着忍饥挨寒的痛苦生活。满清时代豪绅当权，民国以来也仍然是这样。北洋军阀更是和地主豪绅勾结在一起，对人民进行愚民政策，所以这里的基层统治者还是劣绅及其狗腿地保。地保在名义上是由县衙任命的，实际都是地方绅士的指示。地保替衙门追钱、追粮非常凶恶，也会帮助地主绅士追租追债，又管地方上的大小诉讼，多为豪绅说话。

当时每村都有几家地主，拥有大量的土地，雇用长工或租借给贫雇农耕种，每年征收大量的租谷，并额外又放高利贷。

就新田一个地方来说，共 330 户左右，有耕地面积 4000 亩左右，其中大土豪 3 家、地主 7 家、富农 15 家，人口占总数的 9%，占有耕地 1500 亩左右；另外，外地地主在新田有田 1000 亩左右，他们（富农以上）占有的土地占全部耕地面积的 62%，而【人口】占 90% 以上的农民只有 1500 亩耕地，为全部耕地的 40% 还不到。当然这里面还有中农的土地。贫雇农的土地就更少了。其他地方也大致相同，又如肖高本是山高田少的地方，也有五六家地主，另外还有家庙、寺院的公田，租给贫雇农来耕。这些公产实际上也是私产，贫雇农无权过问，都是有知识的人来管。当时也只有地富分子才有文化。这些被地主阶级占去的土地又租给农民来作〔种〕。农民为了生活，又没有田地，只得去租种这些田。肖高的田多是梯田，农民花〈出〉很大的代价去耕租来的田地，种得好了一点时，地主就要加租，他不说田地增产了是劳动换来的，却说这是他的田好。每年割了禾，地主、债主就上门追债催租，一年的辛苦就这样被地主们夺去了。为了生活，人们不得不在高山上开点荒地种点番薯之类的东西来充饥。去问地主借债也不是容易的，当地主豪绅看你还有点田地房屋之类的东西时就借给你，当到他的本利刚好能以你的家产来抵押时，他就来催，滚算以后农民的家产就完了，以后连债也借不到了。不少农民就是这样被盘剥穷了，地主反而骂农民不勤、懒惰而败家。就在这样的情况下，不少人不得不背乡离井到外乡去作长工、零工，甚至有不少的人到黎川的张村、德胜关一带去作纸工。当时就肖高一村，经常外出的人就有 20% 左右。

当时每年能收百担以上租谷的几乎每村都有，多的至 2000 多担。还有一些地主雇上长工强租别人的地种，种上几年就成他的了，像桐口的彭亦恕、南田的刘贤江就是这样的地主。地主也是想尽各种方式来剥削农民，除了重利之外，还有大进小出，桐口一家地主借出东西都是用 14 两来称，还有采取二八回扣的办法来剥削，很多人欠上债就永世难还。有的人不得不嫁了老婆、卖掉子女来还债。桐口的陈世镖就是嫁了老婆还彭亦恕的债。更可恶的是一些地方当权的地主，在穷人嫁妻卖子时，他还要抽 20% 的税钱。

地租当时一般是五五分、四六分，也有三七分、二八分，剥削更重的达到一九分，甚至 100% 交给地主，农民只得点禾秆，一般的门口田就是这样的。高利贷的利钱加五是最普遍（即 1 担还 3 箩），也有加三的，但也有加 7.5 的（即 1 担加 3 桶，4 桶为 1 担）。

长工的命运也是同样的，成年累月地为地主卖命，吃的却是很坏的东西，工钱也很少，还受地主的责骂。有些地主构（勾）结长工去赌博、抽大烟，长工输了钱就扣工资，还要加利息。南田的刘贤江就是这样对待长工的，他的长工有的做了十年八年都拿不到一个钱。

官府衙门也非常厉害。由于大小军阀的连年混战，就拼命向老百姓搜刮金钱，立出各种的名目来收税，专以害民为能事。当时会同一带盛行种鸦片烟，农民为了生计多种此作物。1927年的春天，县官余天民和宁都的绅士勾结，想借铲烟来勒索敲诈农民，准备进行铲烟。当时宁都城内的共产党员彭澎、王俊、温雪堂、邱洪生等组织的农协会和总工会，为了农民的利益，曾交涉禁止铲烟，提出"留下烟苗不抽税，铲去烟苗不罚款"。可是南田的地主刘金山，因和会同一带的地主有矛盾就去报告官府，余天民在清明节前后就派了他的侄儿、县第三科科长，带了警察局的差狗子（警察）来会同铲烟，并要罚款（彭澎曾来会同布置反对铲烟）。鹧鸪的绅士周家澄种烟最多，于是一早就鸣锣聚众。会同、湛田一带48个村子都集合来了，每村打着一面旗子作领阵，各带梭镖、土枪、鸟铳、土炮分三路，一路走坛口下，一路走塘角底，一路走石龙边。在温村背后遇到了巡官坐着轿子来了，当场就痛打了他一顿，把巡官打下到田壕里，头也打破了，轿子也打碎了，并将他抓到刘金山家来。他答应以后不再铲烟就放了他，刘金山不得不招待群众，群众在他家吃餐饭，吃去了几十石谷的米，并将刘金山也打了一顿。由于农民的行动，那时的鸦片才算保住了。

二、革命的起源

当时的阶级矛盾是很尖锐的，党的影响已经传到这里来了。（注：据说1927年的春天，彭澎、王俊在宁都成立的农民协会已经发展到会同来，这里也组织了农协会。会同农协会设在下村，由杨叶奎、陈初生负责，公开在会同街上开会）会同、湛田一带的知识分子和部分士绅在五四运动及第一次国内革命高潮的影响下，在现实的刺激下，开始倾向革命、宣传革命了。不少抱着各种不同目的的人混入到革命的队伍中来。

1927年7月，国民党武汉政府反共以后，宁都国民党也开始清党。当时的共产党员连振公（后来叛变了）、温雪堂等都到会同一带来。在城市中读书的青年知识分子也回到地方上来了。那时候，东黄陂已经开始发动进行革命的武装暴动，组织红旗社（党的组织），秘密的县委设在安福的高田塅，属赣南特委领导（特委设在于都的冷水井）。特委派来了王模（兴国人）、赖金声（福建人）来县指导工作。

1928年4月，彭澎到桐口来发展党的地下组织。当时多以亲戚朋友关系发展组织，也多在知识分子中活动。在这一带成立支部，陈初生任书记，陈玉放做组织工作，彭南做宣传工作，建立了很多党小组。会同是其中的一个，组长是杨叶辉，共有七八人，董延庆（后脱离革命）、杨叶奎等都是。这一带共有党员数十人，如陈冬生（初生弟，沙山里人）、张文稠、张功昌（大坝人）、温质彬（腰田）、连振公（会同）、杨叶田（会同）、黄辅安、赖腾布（会同）、曾宪章、曾令春（湛田）、刘风鸣、杨天池、彭先汉、彭世毫等。

同时，也建立了党的秘密组织——红旗社，设在桐口村，彭澎、王俊为主席，陈初生为秘书，彭世豪为宣传部长。同年10月，在红旗社的领导下，彭澎出面组织农民协会，公开宣传贫雇农是多数，地主（土豪）是少数，我们起来打倒他。会址设在杨屋村公夫祠内，由彭先反任主席，廖方任秘书，陈庭任军事部长，彭世雄任检察部长，具体地领导会同的革命活动。

当时党员都是秘密地进行活动，晚上在野外开会。1928年，在武朝开过一次党员大会，到会的有40多人。不久，又在东韶的下州庵开全县的党代会。

革命形势在彭澎、王俊等同志的领导下如火如荼地蓬勃发展着。到1928年由璜〔黄〕陂、东韶一带发展到砍柴岗、大布、池富等地，震撼着宁都的整个封建制度。广大【人】民群众仰首瞻望，俯耳相传，革命在劳动群众中影响极为深刻，摇摇欲坠的封建地主统治眼看就要土崩瓦解，但封建地主、资产阶级和代表这些阶级利益的国民党反动派，临时还要攀床沿，作垂死挣扎，收买一切反动力量。收买大批武器，组织反动靖卫团配合国民党的军队固守着宁都城，并在东山坝、石上、长胜、赖村等地组织靖卫团分队，大肆杀害革命干部和革命群众，企图镇压革命运动，使革命事业的发展受到一定的影响，致使革命政权不能定期建立，处于游击状态。

三、革命政权的建立与发展

1929 年春天，毛主席和朱德同志率领红四军来赣东南以后，彭澎要王模和红四军取得联系。4 月，就打下了宁都，活捉匪首赖世琮。于是，在宁都成立了革命委员会，由彭澎任主席，并在第九中学开了 2 天的党训班。不久，红四军离开宁都，彭澎等因自己力量单薄，就召集了一些游击队员退至黄陂一带打游击去了。此时，靖卫团另一反动头子严唯神①旋即回宁进行其反动统治，并下令通缉全宁已公开的 48 个共产党员。会同一带多人在缉，于是这些同志就疏散了家庭，上黄陂打游击去了。而有一些阶级异己分子和意志薄弱的人，在这种情况下开始动摇或叛变。没有公开的党员还在家里继续活动，在贫雇农中发展组织，如李思泽、黄英集、张启钦等同志都是这时发展的。这时党员的活动十分秘密，经常收集情报，与宁都和黄陂都有联系，会同是黄陂、宁都转接站之一。

1929 年 11 月间，璜〔黄〕陂开来一支红军，在会同成立了工农红军办事处，会址设地母庵，彭世东为主任，杨天池为秘书。同时，又成立了会同区苏维埃政府，中共书记杨回珍，主席柯邦桃，组织部长杨心禄，内务部长张功昌，财政部长肖先秀，交通部长官志本，军事部长陈永生。赤卫军、模范连、少先队、工会、妇女会亦同时组织起来了。革命群众有了自己的组织后，斗争更加坚强〔决〕，打土豪、抗租、抗债运动风起云涌弥漫着整个农村。

当时，会同区只管辖会同、大塘、武朝、鹧古、桐口、谢家坊、南坑等乡，并逐步往湛田等地发展。

---

① 原稿中写为"渭臣"，后把"渭臣"二字划掉，改为"唯神"。

湛田等地因有石上、东山坝的靖卫团和广昌、石城、宁都交界处圳下山、明华山大刀会的活动，政权建立较晚。虽然大刀会、靖卫团在此严密地控制着，但总不能压服群众的革命行动。如井沅、李村、新田等地群众不断地往璜〔黄〕陂、砍柴岗等地参加红军。1929年4月，李村黄文珠同志等3人投入璜〔黄〕陂当红军。1929年冬，新田王习迁、王歪咀和池富报名参军，编在大布游击队内。

桃枝、桐口、会同也有多人去参军。

1930年三、四月间，会同办事处迁至湛田，设区政府。此时我游击队逐渐扩大，经常以少胜多，用炮〔爆〕竹当酷冷〔冷酷〕的枪声恐吓敌人。经常围攻宁城靖卫团。

1930年十一月（古历），蒋介石发动了第一次"围剿"，出动了大批的兵力进攻我苏维埃政权基地。在此情况下，我们就进行了第一次反"围剿"，打退了敌人的猖狂进攻，在龙岗活捉了伪师长张辉瓒，取得了伟大的胜利。此后，对宁都的白区又进行了征伐，派十二军来湛田一带建立政权。这时，革命群众前往璜陂、砍柴岗接头，引红军进来，如井沅的揭传华、揭传坤（后均划为富农）、江仁里（贫农）、胡年华（是流氓，后杀掉）等四人到东韶与红军接头；新田的王彦皆（是杨烈的表兄，后划为地主）、李文义（流氓，后叛变）前往砍柴岗与杨烈联系。到同年十一月二十五日，红十二军□团长带了一团兵来到湛田等地。同时，会同区党组织又派刘凤明、邓定周、杨心禄、杨天池、彭保英等同志到湛田协同建立苏维埃政府和发展党的组织，于同年十二月先后建立了吉富、李村、蓝迳、新田（属池富区领导）、李家坊（属池富区领导）、井源、陈罗、圳下等乡苏维埃政府。

苏维埃政府建立后，一方面安定群众的生产、生活情绪和社会秩序，另一方面发动、组织群众进行打土豪。打土豪【得到】的家产〈后〉，除上缴的部分外，大部分分给农民群众，群众的革命热情就更加高涨。到1931年三、四月间就开始分田地（分青苗），因那时没有划阶级，分田的方法以乡为单位，全交群众评议，分上、中、下三等，好坏搭配，按人口平均分配，贫雇农分好田，土豪分坏田。（个别乡不分田，如谢家坊）劳动农民开始在自己亲手开垦的土地上欢天喜地地耕作着。

国民党反动派第一、二次"围剿"失败后，死不甘心，于1931年六月初四又派了孙连仲的大批兵力进犯宁都，为了保存实力避免当头的形势，我革命政权又转入秘密活动。这时逃跑地主带领着自己的武装大刀会、靖卫团等又回来了，兴风作浪，大肆残害人民，反攻倒算，夺回田地，逼还债务，搬回没收分给贫雇农的家产，还把贫雇农的东西一起抢走，分给贫雇农的稻谷转为债务，逼贫雇农1担还2担。革命干部、军人的家产全被抄洗，并残酷地毒打革命群众，残杀革命干部，如井源乡干部胡军华、新田乡干部李世驰均被杀害。会同又乌云重罩，人民群众的悲惨生活又开始了。当时我各级政府的工作人员多先后转入固厚，参加游击队。不久即成立会同工作团，由十二军拨给枪支，向会同方面活【动】。

国民党与地主武装，虽然一时猖獗，但他这种叛离人民群众的反革命行为，早已播下了众叛亲离的种子。当时二十六路军很多进步将领和士兵对这种行动感到万分痛恨。尤其早已接受了共产党影响的军参谋赵博生同志更加愤怒。博生同志虽历任白军中旅参谋及旅长等高级军职，但异常刻苦自励，不存一钱，痛恨国民党的背叛革命，决心为工农解放，故他自来宁后就积极主动与我红军接上关系，并于1931年7月在宜黄加入中国共产党，回军中后时常关心群众生活，向士兵宣传"穷人不打穷人"、"士兵不打士兵"的政策，得到广大士兵的拥护和爱戴，经过半年准备，条件逐渐趋于成熟，遂于1931年12月14日就在宁都举起了革命的红旗，倒戈叛敌，对革命政权的巩固起了很大的作用，因之，得到我党、政、军人员和广大人民的热烈欢迎。中华苏维埃为表扬其功勋，曾下令嘉奖和授予红旗奖章之荣誉。

博生同志起义后，全宁除个别地区外，都宣告解放。反动地主武装——靖卫团、大刀会等，都纷纷逃跑，或藏在深山绝崖中，依赖险山峻岭，渡〔度〕其苟延残喘之日。而我县苏、区苏、乡苏工作人员则摆脱游击状态，回来重新建立苏维埃政权，恢复了各种组织，开始了苏维埃政府的各项工作，巩固和发展苏维埃政权。

同样党组织亦进一步得到巩固和发展。从 1932—1934 年，除个别地区，如新田、坳下，没有组织外，其他各乡都成立了党支部，或党小组，各个支部都有八九个党员，多的如井沅已发展到 20 多个，少的也有四五个（党组织虽得到了发展，但因湛田地区反动势力较大，党组织一直没有公开过，因此与其他地区相比，组织的发展还是比较慢的）

当时政府的主要工作人员，均是党员担任。各级党支部和党员都依靠和团结了广大人民群众和全体政府工作人员，完成了一系列艰苦复杂的阶级斗争任务。在广大人民群众中留下了不可磨灭的印象。中国共产党革命的唯一目的是解放广大被压迫被剥削的人民群众，因此在其一旦击败反动派建立政权的时候，就把解除农民的压迫剥削放在第一位。因此党就领导苏区的劳动人民展开了轰轰烈烈的打土豪、分田【地】的斗争。

打土豪、分田地是在党政直接领导下进行的。广大人民群众，团结在党的周围，进行了抗租、抗债、反剥削、反压迫的斗争。打土豪的原则是先大后小，用贴封条、捐款、没收其金银财宝等方法。打土豪不分乡村区划，别村别乡的也可以去打，打来的金银财宝、被服衣物、粮食首先归政府统一处理。一般的说，金银财宝不分给农民，留作政府办公用；猪上缴；被服衣物、家具、粮食等一律分给贫雇农，最贫苦者得最多和最好的，次者得次的，可以不分者就不分。经过打土豪后，农民生活有了初步改善，暂时摆脱了剥削的枷锁。但这仅仅是暂时的，农民几千年来过着被剥削被压迫的生活，主要是没有做土地的主人，他们迫切地要求党给予他们活命的土地，因此在打了土豪之后，接续在 1932 年正月，中央就颁布了《临时土地法大纲》。按照大纲的精神，各级党政就领导各地农民群众，进行轰轰烈烈的划阶级分田地的斗争。同样，会同、湛田

（现皆属会同乡高峰人民公社）二区的农民亦在这一斗争中留下了光辉的一页。

1931 年 12 月—1932 年一、二月间，会同、湛田二区各级组织健全起来，并成立了分田的专门机构贫农团，进行查划阶级。划阶级的说法不一，有的说：划分为地主、富农、富裕中农、中农、贫农、雇农、工人（城市）。有的说，划分为：土豪、富农、中农、贫农、雇农、工人（城市）。而又有的说，划分为：地主、富农、贫农、雇农（苦农），没有划分中农。其划阶级的标准，虽说法不一，但内容大致相同。略述如下：

地主（又称土豪）：凡是全靠剥削过活，自己没有一点劳动，家产值万户者划为大地主；家产略小者为小地主。

富农：凡剥削超过 30%，自己有一部分劳动，土地很多，剥削又重者，划为富农。

富裕中农（多数说不划富裕中农）：自己土地很多，有劳动，除自己食用外，还有部分剥削，划【为】富裕中农。

中农：凡自给自足、自己劳动者为中农。（约〔若〕不划富裕中农者，把富裕中农多划为富农）

贫农：自己有一小部分土地，每年都要租种别人田耕和借债者，为贫农。

雇农：自己一无所有，专靠出卖劳动力过活（即长工），为雇农。

工人：自己一无所有，在城市出卖劳动力者划为工人。

除了划分阶级成分外，还有个人成分为恶霸、劣绅、流氓。

阶级成分〈的划定〉是由党政工作人员根据实际情况和文件精神划定的。经划定之后，苏维埃政府就召开全乡的群众大会，在会上宣布成分。被划为地主恶霸的就当场扣留起来，交群众大会给群众斗争。斗争之后，实属罪大恶极者皆杀。在斗垮地主之后，马上就实行分田。分田的原则是以村为单位，多田多分，少田少分。如井沅乡，有的村子分 12 担，而有的则为 6 担半。分田时首先把田分为上、中、下三等，好坏搭匀，按人口平均分配，贫雇农、军工烈属分好田，地主恶霸、富农分坏田。有的乡，如原里、谢家坊，地主恶霸、流氓不分田，强迫其开荒为生。分田之后就插标，标明分给谁的田、起止范围、多少谷田等。田归贫雇农本人所有，不得转借或买卖。同时亦留下一小部分好田作为公田，可租给别人耕种，或统一由耕田队耕种，收入归公，多是用作拥军优属之用。

在打土豪、分田地之后，农民解除了重重的剥削压迫，对党和苏维埃政府产生了深厚的感情。因此，当到1932年毛主席提出雄〔宏〕伟的口号"扩大铁的红军一百万"时，个个都希望参军，到前线去打败国民党反动派，保卫自己的胜利果实。

党为动员更多的青年参军，在后方做了一系列的宣传鼓动工作，把当红军的意义说得家喻户晓。如湛田区在1933年8月就在李家坊召开了全区的群众大会，到会的男女老少共有千余人。在会上，区委书记、区主席和各部部长先后讲了话，说明当红军的伟大意义，得到群众的热烈拥护，叫出了响亮的口号："坚决扩大红军一百万，打到南昌、九江去，夺取中心城市""反对日本帝国主义，帝国主义滚出中国去""打倒蒋介石卖国贼""拥护苏维埃""红军万岁"等口号（有的是"左"倾路线提出的）。在开会之后，不论男女老少、群众干部都积极要求参军。如宋训福同志就积极带头，发动了28个青年去参军。有的赤卫连、模范连，整连整排地去参军，如南田一次就去了一个连共80多人，全区参军的共有四五百人〈左右〉，参军变成了一件光荣自豪的事业，老人小孩都争着要去参军。有的几次报名参军都没有得到批准，如黄龙林五次报名都没有得到参军的机会。有的青年对老者说："你现在老了，不能参军。"老者马上就会气愤地说："嘿！我老了，不会行还是不会走？不会开枪打敌狗？不消灭国民党反动派，我们怎样过活？"语词非常坚决，他们坚决要求要到前线去杀敌。甚至有的老者为了能参军就少报年龄，而儿童亦吵吵唧唧〔嚷嚷〕要求要去参军。当时出现了许多母送子、妻送夫、父子争参军的动人场面。

苏维埃政府不但动员广大青年去参军，而且亦动员发动了更广大的人民群众，做了不少的拥军优属、支援前线的工作。

党为了使参军者一心一意、毫无牵挂地在前方作战，就发动了广大人民群众，组织了耕田队，帮助军属作田，而且一定要作得好好的，保证田上没有任何杂草。又组织了儿童为军属砍柴挑水，组织妇女做草鞋布鞋，送给红军。并发动大家捐献花生、豆子以及其他各种食物，在过年过节时敲锣打鼓送到军烈属家里去，使其家属感到非常满意，真是做到有钱出钱，有力出力，前方后【方】行动一致。

正在我们全力以赴掀起扩军高潮的同时，我们党并没有忘记后方还有凶残的敌人，还时刻来扰乱我们。我们亦不得不抽出大批的力量来消灭这股凶残的敌人，保卫后方安全，支援前线红军。在我们会同一带，最凶残的敌人就是大刀会。

大刀会又称一心会、带子会，后改义勇队，是一支极其反动的地主武装。他们组织的目的完全是对付我苏维埃政府的，参加者均系地主、富农、恶霸、流氓、反革命。同时他又用迷信的形式和掠夺财物的行为来欺骗、蒙蔽、拉拢落后群众参加。他们欺骗群众说入会者能学得一种法术，不怕枪、炮、刀，师父有佛法，他划〔画〕佛符置于人身上，行军打仗就必须头戴扎角帽，帽子上有3个大字"金公照"，有的说"迁公照"，谓之神仙保佑。身穿红肚兜，左手执令旗，右手拿梭镖。出发前每人饮符水一杯，即会使从者昏昏痴痴，不怕生死，一往直前，来势甚凶〔汹〕，使一般群众和干部感到害怕。

大刀会的活动多在广昌、石城、宁都三县交界的地方，三县共有千人以上。广昌有余师父，石城有张世叶，宁都有吉付〔富〕的曾子云等反动头子，各队都有四五百人。宁都的大刀会，以曾子云为师父，曾宪龙、曾宪文为大队长，〈约〉有400多人，活动在湛田、吉富、李村、会同等地，【以】坰下、明华两座大山为其据点。他们日宿夜游，乘黑夜下山抢劫政府和残杀革命干部，影响到我乡、区党政干部日夜不安，不论刮风下雨，冰天雪地，都要露宿野外，危害极大。因此，我乡、区党政工作人员，就分别在广昌、洛口、宁都组织了工作团，专门对付大刀会，经常围攻圳下、明华两座大山的大刀会。同时又组织了一支强大的游击队，如湛田就有100多支枪，专门对付大刀会。井沅对大【刀】会的斗争最坚决，他们有10支枪，号称百支，组织得很好。当大刀会来时，就利用天然地形，有力地打击敌人。大刀会每次来都是惨败而退。同时又组织儿童团、少先队、模范连、赤卫连，日夜站岗放哨，捉拿坏人，被我赤卫连抓住的大刀会就有几十个。同时又协助游击队，上山搜捉大刀会。每次大【刀】会来都要与它打火，【井沅】多次击败来扰，逐渐巩固了苏维埃政权。

当我们正在消灭公开敌人的同时，有许〔多〕反革命分子、流氓等亦乘机打入我苏维埃政府内进行破坏活动。可是他们的阴谋诡计是不能得逞的。党为了从内部纯洁自己的队伍，遂于1933年8月间在中央苏区瑞金沙洲坝开办了一个训练班，集中了江西、闽赣、福建三省的县、区、乡的主要干部，计有保卫局长、检察部长、特派员、土地部长、工会主任等学员300余人，进行学习，主要内容是肃反、查田、查阶级。在训练期中〔间〕，毛主席作了肃反、查田、查阶级的报告，邓子恢作了关于经济建设和发行公债（当时有经济建设、战争公债、×××等5种公债）的报告。

训练结束后，就回到各地，于1933年10月，就开始了肃反、查田、查阶级工作。当时宁都保卫局干部不纯分子罗大保一回来就畏罪自杀了（未死），县委书记谢志邦（地主分子）被扣留，历史不清、来历不明的阶级异己分子均被清查出来，作了处理。如湛田区裁判部长沙瑞生（有的说区委书记），部员宋佳桂、李集凤，财政部长邱家信（捕后逃跑了），区主席彭光吉（流氓），查出后皆杀掉，为民除害。同时对地主、富农、反革命、流氓、落后群众、会道门等，亦加强了管制，得到人民群众的拥护，从内部巩固了苏维埃政权。

　　结合肃反，又进行了查阶级、查田运动，把许多漏网的地主、富农重新划过，把错划了的纠正。在查田运动中，查出黑田很多，黑田均归公，并对隐瞒黑田的人进行教育。肃反、查田、查阶级历时3个月之久。

　　苏维埃政府除了领导会同、湛田二区人民进行了打土豪分田地、扩军、支前等一系列工作外，还做了一系列改善人民生活、繁荣祖国文化的工作。

　　在打土豪、分田【地】之后，劳动人民摆脱了沉重的封建剥削和压迫，生活有了很大的改善，但处在战争和被包围的苏区人民，生活还是比较艰苦的，特别几种必须的日需品，如食盐、布匹，受国民党反动派的封锁无法运入。即使有少许食盐，亦贵如黄金。党为了人民不受奸商的剥削就组织了消费合作社，每区设1个，有的乡还有分社，资金由农民集资入股，每股5角，每人可买1股以上。只有社员才能买到社里便宜的食盐和日用品。

　　在分田后，政府组织了耕田队，帮助军工烈属耕田，生产搞得很好。当时政府号召农民，"前方仗要打，后方田要耕"，要保证做到，前方要人人成群，【后方】要粮粮成山。劳动人民在自己的土地上自由自在地耕种，生产效率比以前提高了10%，生活得到初步改善。对党所发行的5种经济建设公债都热烈地认购，大大支援了国家建设，保证了三、四次反"围剿"的胜利。

　　在最艰苦的岁月，党亦没有忘记对劳动人进行文化教育，使人民摆脱文盲的痛苦。当时每区每乡都设立小学，如湛田就有20多所。除此之外，每10—15家组织一个识字班。识字人当组长，每天抽空认字几个。教师是很缺乏的，认识字的人都要去【当】教师，薪金由文化部统一发。有的义务教师不发薪，若他分了田的，耕田队帮助他作田作为报酬。教师和干部还要教男女老少唱歌、跳舞，结合着政治运动和中心任务，唱了许多歌曲。如：

　　《打土豪歌》："打土豪，斩劣绅，一个不留情。"

　　《扩军歌》："万户欠我钱，千户得睡眠，贫雇农跟我走，月月八块钱。"

《剪发歌》："妇女剪发好得多，省得梳来省得摸，免得生虱婆；省得戴了金花银，反动来了怎样跑；掉了金花银，气愤心又燥〔躁〕。"

《老婆拉后腿歌》："报告指导员，老婆不要脸，要我回家转，万万不可能，身上还有二块大花边，给你回家买油盐。"《开小差歌》："开小差的士兵，无缘无故回家庭，你原本是工农，不该怕牺牲。老婆子女有优待，一切田地有人耕。快快归队当红军。"

《骂死蒋贼军》：（唱）"开言就把蒋贼骂，骂死蒋贼不是人。军阀财源相倾轧，压迫我夫去当兵。我夫当兵十周年，并无音信回家庭。老婆子女无生活，父母屋下哭连连。土豪劣绅来收债，逼得我家好可怜。不良父母起恶心，想把奴家嫁别人。想我身价还老债，免得土豪进我门。左思右想无办法，设想出门来逃生。"（白）"行来行去天色将晚，想到酒饭店内吃顿饭。"（唱）"不把酒饭还尚可，拳打脚踢不容情。冇好老板恶良心，逼我奴家出门庭。若我日后有出头，一场仇来要报定。"（白）"明天天亮再行，行来行去来到大街上。"（唱）"台上锣鼓闹洋洋，观看好多善心郎。列位同志很大方，拿出银币我逃荒。若能寻得我夫到，要把地主恶霸杀干净。再报红军哥哥的好恩情。"

当时所唱的歌很多很多，在此不能一一列举。总之，在苏维埃时期，到处都可以听见此起彼伏的嘹亮歌声。可是大好光景为时不久。1934年秋，国民党反动派仅〔竟〕调动一百万匪军，向我中华苏维埃中央苏区——江西，发动了疯狂的第五次"围剿"。我工农红军，鉴于大敌当前，困难重重，遂决定摆脱"围剿"，绕道万里，北上抗日，创造了世界上闻所未闻的奇迹——二万五千里长征。苏区的广大人民犹如孩儿丧母，挥泪送别，从此，苏区人民又开始了暗无天日的悲惨生活。

附

苏维埃政府各级机关、机构的设置及职能。其行政系统为中央—省（市）—县（镇）—区—乡—村。

区行政机构的设置及职能：

区设正副主席各 1 人——是政府的主要人物，他全面负责，检查和布置各部的工作。

设文书 1 人——负责行文，处理来往文件。

下设 9 部：

裁判部——负责处理案件；

工农检察部——负责检查工作，检查反革命案件、坏分子活动等；

军事部——负责扩大红军，保卫后方；

土地部——管划阶级、分田地、搞生产等工作；

劳动部——管理生产；

教育部——管教育，又称文化部；

财政部——专管财政收支；

粮食部——负责粮食的调配；

内务部——管民政。

各部设正、副部长各 1 人，部员数人。

除 9 部外，还【有】派生部门：特派员——由检察部派出，专门审查各级党政工作人员的历史与检查反革命案件。

总务处——由财政部派出，管理伙食。

革命政治部——专搞拥军优属工作，又称互济会。

区设有各种工会、妇女会，设主任 1 人，委员数人。

区党委：设书记 1 人，下设 4 部，组织部、宣传部、少共部、妇女部。

当时区的工作人员很多，〈约〉有四五十人。

乡，设正、副主席各 1 人。下设文书、交通（兼伙夫）。

乡有贫农团，设主任 1 人，妇女会设主任 1 人。

各乡有党支部，或党小组，设书记 1 人，宣传委员 1 人，组织委员 1 人。少共部，有少共书记 1 人。

此外，还有许多群众组织，如，儿童团（8—15 岁）、少先队（16—25 岁）、赤卫连（军）（36—45 岁）、模范连（26—35 岁）、耕田队（45 岁以上）、担架队、运输队、互济会。（自愿参加）

每村设村代表 1—3 人。每 10 家选代表。

四、红军北上抗日，苏区灾难重重

1934 年九月十九日（古历），国民党军队进入宁都。我苏维埃政府工作人员、江西军区、省保卫局、县独立团组织了安南团①，开上洛口、麻田方面去。县区工作干部组织安南游击队，退上安福、甘防西部一带活动，据说由石城军区调来的刘××为游击队长，政治委员是宜黄人。经常化装下山，了解敌情，打击敌人，有时抓到很多国民党军，碰到敌人少时就把它〔他〕们消灭。有一次，敌人来了很多军队（约七八百），我游击队少先队长（江西军区调来的很会吹号）吹起冲锋号，敌人闻号皆逃。经过数月的战斗，终因敌强我弱而散。当时，湛田、会同的区、乡干部和地方武装退上铜钵山，被敌人追围退固厚。此时区政府就退到固厚，当时县委也在固厚，有万余人，中央〈留有〉项英副主席【也】在固厚。在大油坪开了大会，项英同志作了报告，要求本区本乡的革命同志回转本区本乡，不能跟项英同志去，随后项英同志带领部队走了。留下本区本乡干部组织一支千多人的游击队，分两路活动，一路大油坪，另一路走老虎洞，在那里，国民党反动军队围得很紧，〈被〉石城、宁化几县调来的反动军队包围，放火烧山，用乌龟壳的战术，层层包围我游击队。在敌强我弱的情况下，到九月底，被迫打散，被捕被杀的很多，被扑〔捕〕没有杀害的，有的解信丰、南康和赣州，

---

① 原文如此。

有的解安徽 ① 等地做苦役。也有的解到泰和、吉安、宁都或本地处理的。很多同志路上走不动,被活活打死、杀掉,打伤者甚多。

国民党军队进入宁都以后,我乡大部分地区被国民党占领,只有南坑(原属固厚区)曾有一段时【间】坚持和敌人进行游击战争。但在敌强我弱的情况下,游击队被迫打散。苏维埃政府工作人员除部分参加游击队被打散跑到外面去外,其余部分不敢落屋,退上山躲藏,一旦被地主、恶霸、富农、反革命分子发现,就被捉去杀害、坐牢,或严刑敲〔拷〕打。很多革命同志立场坚定,永不屈服,英勇地为革命而光荣牺牲。革命先烈并没有死,将永远活在千万人民的心里。

1934 年十月,国民党成立"清乡委员会",专门对革命同志和革命群众进行残杀勒索,当地的地、富、反乘势报复,对革命同志进行大量屠杀;开小差的组织小差团,对革命同志进行暗害。当初被杀害的革命同志不知其数,就南田大队(原鹧鸪乡)杀害约 13 名。1934 年十一月间,湖田一次杀害革命同志 4 名,另一次 7 名。南田刘球福,苏区是耕田队长,国民党来了,被地主恶霸刘贤江用尖刀全身刺〈在〉死,杀了几十刀,又将刘贤福捉到他老婆墓前杀来"祭墓"。有的革命同志【被】活活打死,如赵细长女子 ② 被地主用小锄头、木棒打死的。有的被捉去活埋,腰田赖芳福、坛口老芦两夫妻都【是】被活埋的。处处皆同。捉在牢里的革命同志无数被偷偷暗杀,当时会同地母庵牢里经常有地主、恶霸、反革命分子进行报复,半夜三更拉去暗杀,黑夜、黄昏拉到山上杀掉,沉尸灭骨。武朝,国民党来了,把捉来的革命同志关在一牢,有钱的罚钱放了,没有钱的,晚上拉去杀掉。有一天晚上,明月挂空,天气极冷,冷得人直发抖,以陈训贤、陈训伟等为首的地主恶霸带了好多人,解了 3 个革命同志去山【上】杀了。其中陈训球同志被用柴刀

---

① 原文如此。

② 疑"女子"二字为衍字。

千刀万刀杀死的，尸体全身都被杀烂了。湛田罗女仔（女），她从小没有爹娘，给地主放牛，受尽苦头，共产【党】来了，她当了儿童团，1933 年她 16 岁当少先队长，工作积极，去抓地主，有两个地【主】被她杀了。一个地主叫李家天麻子，1935 年，李家天捉到了罗女仔严刑敲〔拷〕打，问游击队的消息，但她没有吐露一点消息，结果被李家天拖到山上地主坟地"祭祖"。钟哑子用刀杀，李家天麻子用碗端血，杀一刀端一碗血，共杀了 9 刀。年仅 18 岁的罗女仔同志丝毫不畏怕，目光仇视地主而躺〔倒〕下去。残酷杀害，难以例尽。

没有被杀害的，被关在牢里，遭受严刑敲〔拷〕打问罪。南坑刘开祥苏区是乡文书，被捉后解到会同地母庵坐了一个多月牢，严刑敲〔拷〕打，打了 7 天 7 夜，用绳吊悬来打，7 天没有吃一点饭，放下来不知人间世事，睡在小便桶下，不会爬起来，要旁边的同志拿稀饭放过他口边去喝。打得一身皮肤都粘在衣服上，衣服被染得鲜红的，两手的大拇指吊得见骨头，左手小指头被打断了。他回到家吃饭也要他老婆来喂，全身脱皮，两手〔只〕胳膊直到现在还有当时吊的伤迹。湛田李贤爱同志，苏区是乡主席，被捉到后，吊在楼上打，用香火烧，还赔银洋 65 元。宋仕达同志是老革命，被地主婆（曾子和婆）用钻子钻死。苏区革命同志被扑〔捕〕被残害者什〔甚〕多，处处如此。特少数的留下生命罚钱放了。

所有的革命同志家产全部被地主、恶霸、富农和国民党没收，被抢劫得干干净净，有的连灶脑都被挖倒，甚至有的把房屋烧掉，或抓去做工事做碉堡，耕牛被牵去耕田或杀吃。又如，南田杨心炳同志，苏区工会主席，国民党来了，地主恶霸刘贤江等把杨心炳同志的老婆嫁了。这样使得所有的革命同志无家可归，无处逃生。还逼迫所有的革命同志"自新"（写犯约①）罚银洋五六元，如果不"自新"，就没有"良民证"发，不能走动一步，因当时出门走三步

---

① "犯约"，疑应为"保约"。

〈脚〉都得有"良民证",否则有被扑〔捕〕、被杀的危险。每个革命同志要十家来保,不准逃走,任国民党随时扑〔捕〕捉。

〈对〉广大的贫雇中农分得的土地被地主富农全部收回,还进行倒算,从地主【被】没收土地到收回土地为止,以每年每亩出产多少,强迫交租,其租额有四六分的,有三七分和二八分的,交不起租的被捉去坐牢或做抵押(对少数落后不倒算),将广大革命的群众加以压迫。

【在】国民【党】成立的"清乡队"专门屠杀勒索革命同志和苏区人民之下,凡是参加革命的同志都被叫"共匪",苏区干部叫"土匪头子""土匪贼子"等,不论什么苛捐杂税、月费钱、壮丁钱、担架队等都加在革命同志的头上,很多革命同志被捉去当铁担队,去了不能回家,使得广大人民群众家破人亡。

到解放前夕,国民党反动派压迫更甚,各种苛【捐】杂税、月费钱、壮丁钱、重租重息、加利钱、利上加利的高利贷压迫剥削广大群众,特别是对老革命同志的迫害更厉害。他们说:"要把所有参加过革命的同志都〈要〉斩草除根,杀其七代……"此时很多老革命害怕,在家性命难保,不得不离乡背井,逃往他乡。在家的不敢说半句话,特别是老革命同志之间,更不敢站聚说话,若是说了话,被地主恶霸及他们的狗腿子瞧见了,就有【被】陷害的危险。他们会说你们又想造反了,要抓去坐牢,甚至性命难保。特别是国民党很多的地方,如陂头等,老革命同志更什么都不敢动一下,话也不敢说一句,经常只是闷闷不乐,痛苦流泪。很多老革命同志在国民党反动派暗无天日、残酷血腥的统治之下,千辛万苦,性命难保的苦难中熬过了10余年。但有一小部分立场不稳,受不起革命考验,中间叛变出卖革命的亦有。

在这种残酷的统治下,不少同志始终立场坚定,改名换姓,背乡离井,逃往他乡,坚持与敌斗争。如宋仕文、宋愈桂、宋克金等都是由固村、赖村逃至湛田来。当到国民党抓夫抓壮丁的时候,很多老同志就逃跑,以视〔示〕反抗。这样的例子〈是〉很多,几乎每个老同志都这样做过。他们在这种重重苦难中生活，一天不得一天过，天天都盼望着毛主席、红军早日回来。他们坚信，毛主席、红军一定会回来的。1949 年，毛主席、红军果然来了。他【们】受尽了的苦难今天又有出头了，这是何等兴奋啊。他们用热泪用爽朗的欢笑迎接了解放军。从此很多老同志们反〔返〕老为〔还〕童，朝气蓬勃地参加了一系列的革命工作，继续为革命事叶〔业〕贡献出他【们】的一切力量。

大事年表

1927 年春　会同、湛田一带 48 个村的农民千余人，反对县府铲烟。

1927 年 7 月　宁都国民党开始清党，共产党员连振公（后叛变）、温雪堂等在会同开始革命活动。

1928 年 4 月　彭澎到桐口来发展党的地下组织，并成立了支部，有党员七八个。

1928 年 10 月　以彭澎为首组织了农民协会。

1928 年冬　在武朝开党员大会，到会 40 多人。又在东韶下州庵召开全县党代会。

1929 年 4 月　朱德同志率红四军攻下宁城，组织了革命委员会。

1929 年 11 月　会同成立工农红军办事处。

1930 年 3、4 月间　会同办事处迁至湛田，设区政府。

1930 年 12 月　红十二军来会同、湛田一带建立了苏维埃政府。

1930 年 3、4 月间　湛田、会同开始第一次分田（分青苗）。

1931 年六月四日（古历）　国民党二十六路军来宁。

1931 年 11 月 22—23 日　赵博生在宁起义。

1931 年 12 月　开始查划阶级。

1932 年 2—3 月　开始分田。

1933 年 8 月　湛田区在李家坊召开全区群众大会，宣传扩军问题。

1933 年 8 月 中央苏维埃在瑞金举办了查田、查阶级、肃反学习训练班。

1933 年 10 月 湛田、会同一带开始查田、查阶级、肃反。

1934 年秋 国民党反动派发动第五次反"围剿"。

1934 年九月十九日（古历） 国民党进入宁都。

提供材料比较多的老革命同志——

会同大队：李世泽、官志本、萧先秀、刘丽德、黄延庆（叛变了）

谢家坊队：黄英集、张启钦

肖高大队：肖太荣、肖太全

南田大队：杨心炳、刘贤晏、赵秉栋

南坑大队：胡景洪

武朝大队：陈训忠、魏德耀

桐口大队：①

李村大队：黄龙林

吉富大队：曾庆涛

湛田大队：彭煜、宋训金

井源大队：艾立高、艾立煌、刘太广

李家坊队：李家珠

新田大队：李远璜

---

① 原文缺。

青塘区苏区革命材料综合

　　青塘乡是我县所新划的一个乡，全乡为一个人民公社。全乡有青塘、河背、社岗、谢林、南堡、赤水、坎田等 7 个大队，是发动革命较早而且是革命情况较为复杂的地方，因此我们遵照乡党委员所介绍的老革命和当地老人进行访问和座谈，为了便利起见，现以乡为单位，将所搜集的材料综合如下。

　　一①

　　青塘乡位于宁都、兴国、于都三县交界的地区，东为县直属乡，北为本县的黄陂乡，西为兴国、于都□□□□，南为赖村乡，四面环山，高山峻岭，树大茂盛，交通不太便利，只有通宁都之路较便利，和于都、兴国有往来影响较大，出产稻米、木材等。青塘是一个圩场，苏区时人口□□，是本乡政治经济的中心，乡政府设在此，全乡人民多是耕田，只有少数经商。

　　封建势力很大，有地主□户，富农□户，中农、贫农□户，土地□□□，多被何姓、孙姓等青塘的大姓大地主、劣绅所操纵。青塘苛捐杂税，欺压劳人，在封建的统治下种鸦片，流氓光棍不少。②

　　青塘离革命发祥地黄陂、宁都都不远，四五十里，在初期〈时〉就受其影响，革命的消息不断地传播。在黄陂搞革命的第二年，1928 年冬黄陂□礁人谢昌孺从黄陂接头到坎田来发动革命。

---

① 原文如此，后面行文中无"二、三……"。
② 本句有不通顺之处，原文如此。

坎田是大山区，生活较苦，离黄陂较近，由秘密串联初来参【加】的多是不务正业的流浪汉。

1928年3月18日，红军由赖【村】、青塘、坎田到宁都，另一路是由赖村到宁都，目的是在进攻宁都城，在经过的路上宣传革命，但只是过路未驻扎，这样青塘只受到革命的宣染〔传〕，打开宁都后回到宁都[①]，红军离开后青塘、宁都又成为白区。

在革命的影响下，在坎田后几个月，青塘圩也秘密地搞起来了，是何其生、何其黄、何祖庆等20多人参加了，但这时多是流流浪浪的人〈多〉，在"保卫局"的压【力】下，他们立足不住，都到青塘去了。

1929年阴【历】二月起（一说为1930年，据各地所座谈材料，在1929年较为正确）才在基本群众中开展，即由串连〔联〕的办法，认为谁坚决又穷敢革命的就约定时间来开会，参加者必须喝酒宣誓，保守秘密。会议多在夜间和山间，不固定地点。到几十天后才公开成立农协，公开时进行改选农协人员。

选举方法，由出榜公布选民名单，〈剥夺〉流氓、道士、和尚、地主、富农、烟痞等没有选举权，把他们的名单公布在右。有权选举者名单贴在左边，成立农协会，建立赤卫队，领导者为谢昌孺同志，刘老才子为副领导军事，坎田由虎背[②]第三办事处领导。这时，周围只有黄陂、安福、蔡江、虎背、坎田是苏区，宁都青塘圩、兴国山寮、江口都是白区。

1929年3月份，李绍九[③]、段牙前〔月泉〕从兴国、桥头、山寮来到青塘，李韶九为团长，在青塘圩打了五六家大土豪，起了政府，李部由青塘圩经坎田走，走后政府也就散了。这时青塘的土豪劣绅就组了"保卫局"，即靖卫团。

---

① 原文如此，疑有误。
② 当地方言中，"虎"与"湖"同音，虎背应该即为湖背。
③ "李绍九"，应为"李韶九"，下文作"李韶九"。

注：青塘靖卫团是否在这时组织，应等待考查，但这时已有了。

青塘靖卫团由宁都、兴国、于都三县联防办事处领导，团总是严维臣，青塘的团总是何明亮，是青塘的封建头子，中队长何芝生，财政何荣梅，山寨也有团总，是曾昭桓，中队长是曾庆仁，副中队长曾宪沂，江口团总吴德波，赖村团总宋谨产等与赤卫军、革命为敌。

1929年阴【历】四月十五日，青塘的靖卫狗子【以】何荣梅、何明亮为首，搬了宁都的靖卫团，共有100多人，有枪18支，压迫老百【姓】来烧坎田，扬言要烧光坎田，捉到男孩保上谱，捉到女孩就当媳妇，财物谁抢到谁得，16岁以上的男丁要去，也有部分想去发洋财，分二路来，一【路】由牛转湖来，一路由黄贯来，有几千人。

坎田群众有百余人在谢昌孺和刘老才子的领导下去抵抗，只有3支土枪，其余的都是大刀、梭镖等。在未接火前，谢村和青塘有几人带了3支枪来投诚，敌借口说来找这9人而不是来打坎田，因而被敌入了口，但在战斗中还是被我英勇的游击队群众把他们困在坎田圩前一里路的小屋里，打算把他们烧死。但是屋主人不肯，怕【烧】了难作田，因而不肯。这时敌人的头子困住，另一路的群【众】都要退走而被靖卫团拦阻，但还是退走一部，可惜领导之一刘老才子在退进屋子时，有房子里的敌人很着急而揭开屋瓦放枪而把老才子打死，因而队伍乱，敌不过，群众都上山，坎田被烧，共烧了200多栋，只有4栋遗留了几间屋子。4月14日，反动靖卫团吴德波又带领一些狗卒，从石□圩来烧赤岭下，共烧几百间，几乎被【烧】光。十五、十六几天都去烧了。当时在敌多我少的人数力量对比下，谢昌孺为保实力，只得暂退往虎背、猪沉驻扎下来。

4月25日，坎田群众要求谢昌孺去报仇，到黄陂颁〔搬〕王俊、彭澎之游击队，到南丰颁〔搬〕游击队（一说5月23日），有枪200多支，300来人。一路【由】黄陂、吊峰、赖家坪，一路由黄贯到青塘，安福、蔡江、虎背、坎田等地的百姓都去了，共有几千人，青塘的靖卫团在河背，看到坎田的人来了，因而就去颁〔搬〕山寮、梅窖的靖卫团来抢东西，但是青塘百姓听到在烧房子，因而就出来与坎田队伍作对。到这时，坎田的人看到靖卫团和敌人队伍来了，因而收兵，但有部分几百个走远了未听到号声，被捉去杀了。这次牺牲了七八个人，青塘圩烧了几间房子，社岗多烧了一些，共有 20 多栋。

虽然坎田被敌人烧过，但红区还是一直巩固下来。这次烧了以后，青塘、坎田没有联系来往，这样〔种〕情况直到青塘红了后才结束。

9 月，李韶九之兵到青【塘】来，未进街，这次是突围的。李韶九在赖村、谢村，敌人六十七、六十八、六十九三团打【算】消灭李部，一团〈长〉在兴国的梅窖，二团在赖村、谢村。李部从赖村岩背，经过封锁线，经白石岬、青塘、南堡、东瓜面的山上德坎、坎田到黄陂，在黄陂整顿。这时青塘、谢村是白区，只有坎田和以上等地和兴国的比巴垄是苏区。

1930 年 2 月份，十二军走到青塘，当时就的〔有〕同志参加红军。

1930 年 11 月 27 日，红二十二军第五团【到】青塘，由宁【都】、黄贯来青塘，四处宣传革命，在军队的干部领导下，青塘成立起乡苏政府。青塘由东乡办事处领导（设在古龙岗，是于都管）（1931 年改由兴国管）。

青塘区政府设在今乡政府，辖油村、河背、石灰、谢村、青塘圩的赤水乡，坎田到 1932 年成立博生县时才归到青塘区。

二十二军在〈这里〉青塘时，杀了很多 AB 团（杀 AB 团到1932 年正月才停止），在青【塘】圩油寮下一处杀了三四十个，因而对群众受〔起〕到副作用。

二十二军在 1930 年 12 月 28 日才走，开到宁都。

注：于北区东乡办事处在 1929 年就成立，是由一女干部名叫

亚金①（可能是代号）的领导（她是一个大学生），设在古龙岗，后成立胜利县时为县属。

1931年正月十一日又倒回来，目的是保护政府，这时干部的成分也很好，多是贫雇【农】出身，政府已很稳定，二十二军在青塘住了几天就开到兴国梅窖了。

二月份，朱总司令、毛主席带第一方面军来到青塘，由黄陂经坎田到青塘，赖村、谢村都住有。中国工农红军军事委员会总司令部设在青塘的河背村忠王碑塅的一个秀才家。毛主席的队伍在青塘四处开展宣传，协助政府，在到的〔达〕不久的几天召开了一次群众大会，有几万人参加。毛主席和朱总司令在会上作了报告说，进行打土豪、分田地，分田原则是把田分为上、中、下三等，以村为单位，地主无田分去开荒，富农分坏田，但是由于革命环境，一部分分得很粗糙。政权已很巩固，住了1个多月，经过江口，过东固、黄陂、东黄陂，在青塘分完田才走，工作交给地方干部。经过坎田时，毛主席和朱总司令还特地看了当地被烧的情况，召开群众开了会，群众杀猪欢迎，吃了餐晚饭就走了。

六月初五，红军大队第三军团经过青塘去打赖村土围子，由宁都来。三军团到水口就来敌机1架，丢了炸弹，炸死1个百姓。六月初六去赖村土围子，初七用钢炮打开一口，但初八敌人陈诚、罗卓英、何应钦部来青塘，因而赖村土围子未打开，从此青塘天天过国民党的军队，由宁都、青塘去兴国，青塘变为白区。这时赖村土围子里的靖卫团经常出来扰乱，在青塘杀了三四十个人，抄干部的家财。

在敌人来时，青塘的游击队共80余人，有枪20余条，在队长刘方云、政治委员王锡山的领导下，掩护政府撤退。当时有红军二〔两〕个团来助战，在青塘何树岭桃子树下作战半小时，让人民

---

① 当地方言中，"亚"与"阿"同音，"亚金"与"阿金"应为同一人，即金维映。

上山，政府撤走才退，因为敌人太多。我们的政府移坎田、黄陂、东固，配合主力打敌人。战后政府移转到黄陂。七月，国民党走回青塘，在回青塘路上时，游击队到兴国山寮的马田背，山寮的靖卫团未走及，被围在一个屋里，后捉敌人几十个，缴到敌 20 多支枪，一支左轮，被捉的全部枪决，连中队长在内。（注：这与赖村黄家辉的材料有矛盾）

回到青塘，恢复政府，谢村的政府在 8 月整顿和开展组织，整顿干部，开展赤色互济会、反帝大同盟、乡里的贫农团、区里的职工联合会等。

但靖卫团未消灭，还会出来捣乱。1931 年阴历九月，国民党有青塘、赖村、固厚的靖卫团，由谢烈春、宋谨坎、何荣梅、温太忠为头子，共有五六百人，驻在青塘圩上。青塘游击队由〔在〕刘方云〈为〉队长、政治委员王锡山的领导下①，有三排，分三路进攻，一路打正面，二路打侧面，群众一起有数千人，敌人怆〔仓〕皇四散。因我们是偏偏地打，敌人抵不住，从□□□的小巷退了，我们的游击队追到谢村去，谢村的游击队又挡，结果打死敌人 2 个，从早上打到下午，敌人退到赖村土围子里。

1931 年正月，于都派朱贤谱来到青塘协助工作，宣传扩军，他后【来】是青塘区委书记。这时政权很巩固了。

1932 年二月，把赖村的土围子打开，因为青塘的周围都红了，〈宁都在〉赵博生起义后，宁都也是在红军手中。

二月，进行查田查阶级，根据任弼时的报告进行，按照土地法，主要是查阶级敌人，纠正了从前的很多偏差，没收地主之田，征收富农的财产，中农的不动，少者可补。划阶级有反【动】地主、土豪、劣绅、反动富农、富农、中农、贫农、雇农等，上田分给红军家属，下田给富农，以乡为单位，每人分到 6.5—10.5 担田。

1932 年发行公债，由党员、干部带头买，各乡分配有任务，

---

① 原文如此。

群众都很积极地购买。

1932 年五月，青塘扩军，任务是 500 人，结果扩大到 800 人，对军属照顾很周到，干部要到军烈属家去劳动，自带伙食。

1933 年，在扩军很多以后，有很多开小差回来，而根据中央发下的 25 号命令，动员红军归队，青塘前后离队的红军有百余人，经动员后，绝大部分都归队，根据规定，开小差 3 差〔次〕、坚决顽抗的要枪决，青塘枪毙了 2 人。

第五次反"围剿"和北上抗日后苏区被摧残情况

在 1934 年【红军】北上前，组织了运输队、破坏队、担架队、掩埋队和坚壁清野工作，阻止敌【人】前进。

在红军北上后，有博生县委、县府和县各机关、青塘区乡干部与省各机关在 1930 年 10 月在黄陂、蔡江、安福等地打游击，目的是要牵制敌人，但与中央留下的干部切断了联系，因而分散了势力，但敌我力量悬殊〈过大〉，因而到阴【历】十二月就被打散了。

九月十九日，敌人进宁都。九月二十八日来到青塘，敌成立联保办事处，屠杀干部，在南堡一地就活埋 40 多个，先被捉去，关在牢里，晚上就捉去活埋，活埋后在牢的墙壁上挖开一个洞来，第二天就扬言说某某在晚上挖洞走了。青塘被杀的很多，共有百余人，一般都被弄得倾家荡产，留下的多是躲在外头，但也没有好日子过，处处受欺压。如坎田的陈祖德同志被捉判处死刑，但越狱出来，又捉其妻打几十扁担，关了几十天出钱才放。以后抽壮丁，就只有独子，都还是别人过继过来的，被捉过几次，结果，在一次被捉时，跌死了。而完粮则要出双份。到现在家里只有夫妻两人，其妻现经常身痛。

谢村李红锡同志，儿子被卖了，兄被杀。

青塘区的党的活动情况

党的领导是由于北区的桥头调来【的】，最初到青塘来的是刘道迁、王绍芹、周先浦、谢梯、李鄂左、王世柳、李立植等。1931年一月份，青塘区委会正式成立，先后加入党的有何德宗、孙宋顺、曾盘松、何远清、曾鼎进、何元镍、何祖均等。第一个区委书记是王少洵，以后任过区委书记的有刘道迁、谢杨荣、周先浦、何德宗、廖维用等。

王少洵等来青塘时，大力向农民宣传党的政策，筹备建立行政建党，领导农民打土豪等工作。

区委会的组织如下：组织部、宣传部、军事部、妇女部、发行部。

1932年党才公开，公开后一段时间公开征收党员，摆桌报名。同时征求成员的有反帝大同盟、妇女会、工会、互济会等，报了名经组织审查批准通知他本人。候补期中农为6个月，工人、雇农无候补期，贫农3个月，条件好的可以缩短。在秘密时，发展党的组织也是秘密的，经过启发教育到条件时介绍入党，开会时通知为CP，地点临时定。

1932年八、九月间，开了第一次区党代表大会，那时的区书记是朱云浦，代表约有60人，讨论的内容是扩大红军、发展党员、健全支部、粮食、生产、肃反及优待军烈属（每逢星期六全体干【部】要替军烈属耕田，自备粮食）。①

1933年九月，召开了第二次党【员】代表大会，讨论的东西和第一次党代【会】差不多。还讨论了节约粮食、推销公债、动【员】开小差的归队等。

党员数：1931年全区30多人，1933年全区约有500人。

----

① 此段边上加注"这材料有待查考"。

宁都县青塘乡苏区革命斗争史料

一、基本情况

从宁都的北门出口，沿着公路往大布、鹅婆、老嵊场，经过60华里的地方，就是青塘。

青塘是宁都、于都、兴国三县交界的地方。境内位于坐西朝东[①]：西南部靠近兴国的梅窖，有 20 华里；西北部又靠近兴国的江口和画眉坳、廖坑矿山地区，有 30—40 华里；东北部靠宁都：其右角靠近宁都的蔡江、璜〔黄〕陂、小布，有 80—90 华里；左角靠近三干坑、莲花山，约 15 华里；东南部靠近于都的邮村、赖村，15—30 华里。

全乡辖 7 个大队。境内〈居于〉2/3 的平原地，1/3 的山陵，除坎田离青塘乡 35 华里的山陵地区外，河背、社岗、南堡、赤水、谢村和青塘本身均系平原地方。境内四周均是高山，民房边地树林茂盛，风景良佳。境内的青塘和坎田是两个一般圩场，不算大，有一条小河，水利不便，较易受旱灾。主要产粮食、花生、番薯，少数大豆、芋子。苏区前当地鸦片产数比例较大。其次，有铁矿、钨矿、硫黄矿、煤、石灰以及木料等资源较为丰富。这些资源〈但〉在国民党反动派的统治时期却成为乌有，想办办不起来。因此，青塘人民在国民党的统治时期主要是依靠耕田，少数经商。同时由于生产资料（土地等）绝大部【分】掌握在土豪劣绅、地【主】富农

---

① 原文如此。

的〔等〕少数人手里，极大多数的贫雇工农仅【有】少量土地，或几乎没有。贫雇农只得出租〔租种〕地主的土地，出卖自己的劳动力。在这【种】情况下，地富豪绅不劳而食，压迫和剥削劳苦群众，过着大吃大喝、嫖赌逍遥、任意挥霍的腐朽生活。如，地〔主〕豪劣绅何树彬、何芝生一年光在收租上就有 600 多担，养上狗腿子何传使等 5 人，天天东西乱窜，到处催租逼债，还收养管账先生、长短工、婢女、奶姆为他们劳动、伺候。其次，在捉拿壮丁方面，每年也要贪吞着一笔巨额的款子。而我们贫雇工农呢？整天辛勤劳动不得食，担负着沉重的苛捐什〔杂〕税，上欠公粮，下欠地富的债，每年都过着饥寒交迫【的】生活。如，李兆炳做了一辈子长工，欠下无数的债，结果将祖父遗下的少量土地和一个小孩出卖抵债，老婆也出〔改〕嫁了。许多劳苦群众吃粗糠挖青菜，或吃生枯，每年不少的劳动人民因饥寒和租债等发生种种的死亡现象。同时那时青塘地区在封建的统治下，又有一些好吃懒做的人，不务正业，盛行赌博，好嗜鸦片，到处有赌场、娼妓，弄得不少人倾家荡产，歪风邪气不断出现。这样的人又成为官府豪门收买的对象，把他们收留下来，进行〔成为〕极强的压迫劳苦群众的工具。劳动人民在这样恶劣黑暗的社会里，痛苦的日子越难过下去，个个义愤填胸，满腹深仇仇恨〔深仇大恨〕，燃烧着强烈的革命火焰，时刻在想着和正〔准〕备团结起来推翻压在身上的锁链——国民党反动派的封建统治。

二、革命的起源、红白区的斗争和政权普遍建立情况

青塘的坎田离蔡江、璜〔黄〕陂、小布一带仅有 35—90 华里，而璜〔黄〕陂、小布又是宁都县革命较早发源地。在初期深染革命的传播就是坎田。① 同时坎田是一个深山峻岭的山陵地。广大劳动

---

① 原文如此。

人民在国民党统治时期的痛苦又深，他们时刻在正〔准〕备着团结起来打倒那些统治压迫者。

1928 年 3 月 18 日，毛主席的军队一路由璜〔黄〕陂到坎田往青塘，一路由赖村到青塘，目的是要攻宁都城。毛主席到坎田开了群众大会，宣传了革命的原理，在坎田播下了革命种子。接着 1928 年 11 月间，即璜〔黄〕陂搞革命的第二年，璜〔黄〕陂的乌砾谢昌孺来坎田，组织群众进行革命暴动，革命的种子就像雨后春笋似的成长壮大起来。广大人民在谢昌孺的领导下，开天辟地地闹革命。当初〈不防〉也有些不务正业的流氓、光棍来参加，总之是依靠我们的基本群众。那时一般还是秘密的，他们为了确保组织生命，参加的人以喝酒进行宣誓，"服从农会领导，保护党和同志"。会议均系在夜间和山间召开，并不固定地点，从而在坎田展开了革命的活动，队伍不断发展到 60 多人，有了 3 支土枪。

农协会于 1929 年 2 月才公开，建立了赤卫队，以谢昌孺为正，刘老才为副，〈担任〉领导军事。这时坎田已由湖背第三办事处领导，成为一个新的革命据点，也是青塘辖区的起源地。农会的成立，紧接着健全组织改选农协成员。选举方法：对于那些统治剥削者，地富、烟痞、流氓、道士、和尚等没有选举权，把他们名单放在右边；对贫雇工农、劳动人民有选举权的列入左边。这样，在初期混入农会的流氓有些人吓跑了。既纯洁了组织又利【于】革命，从而进行打土豪劣绅、分田抗债。

坎田归红后，革命的火焰强烈地燃烧【在】边界，青塘地区的广大人民天天在沾染革命影响。

1929 年 3 月，李绍〔韶〕九、段月泉从兴国桥头到青塘圩打了五六家大土豪，起了政府，李部兵往坎田去后，政府又散了。青塘的土豪劣绅用"保卫局"即"靖卫团"进行更残酷的统治。这时青塘地区是白区，反动势力疯狂，时时提出要捉坎田的饭袋子，痛恨坎田红色政权，因而他们在 1928 年就组织了靖卫团，成立宁都、兴国、于都三县联防办事处，匪团总严渭臣①。青塘的团总是何明亮，中队长何芝生，财政何允梅②；兴国的山寨团总曾昭桓，中队长曾宪沂；又江口的团总吴德波；于都的赖村团总宋谨产等。就青塘靖卫团有100多人，18支枪，同兴国、于都的靖卫团与我赤卫军革命为敌。

1929年4月13日，青塘的靖卫团狗头子何明亮、何允梅带了100多人、18支枪和压迫老百姓两三千〈多〉人来烧坎田，提出："捉到男孩上谱，女孩当媳妇，财物谁抢到谁得。16岁的男丁都要去，否则如何如何。"分两条路：一路由王干，一路〈直〉由青塘往坎田。这个消息得知后，【坎田人民】马上起来保卫自己胜利的果实，〈进行〉抵抗敌人。我赤卫队和群众百余人，3支枪，其余均系梭镖，在谢昌孺、刘老才（小名葵麻老）的领导下，早已埋伏好，进行抵抗。在未抵火前，谢村、青塘有9个人带了3支枪说来投诚，借口为捉拿这9个人，不是打坎田，因而被敌人进了口。在我斗【争】中，靖卫团却被我英勇赤卫军、群众〈把他们〉絪〔困〕攻在坎田圩前1里路的小屋子里。这时刘老才正〔准〕备放火烧死，由于当时群众不肯，同时老百姓在内，因而未放火烧，〈因〉采用破墙攻入，在紧张的关头里，敌内惊慌，不料被敌揭开瓦放枪打死了刘老才，队伍就乱了，群众退上山间，坎田结果被敌放火烧房200多栋。到第二天，反动靖卫团（兴国江口来的）吴德波从江口、下公斜来烧赤岭下，共烧了几百间，15、16【日】又来烧坎田。当时在敌多我少的人数力量对比下，谢昌孺为保实力，只得暂退到湖背、猪沅扎下来。

1929年4月23、25【日】，坎田群众要求谢昌孺要〔去〕报仇，谢后到璜〔黄〕陂颁〔搬〕王俊、彭澎之游击队300多人，200多支枪，一路由璜陂、吊峰、赖家坪，一路由王干到青塘，当时蔡

---

① "严渭臣"，文中又作"严维臣"。
② "何允梅"，文中又作"何荣梅"。

江、安福、湖背也来了几千个老百姓。青塘的靖卫团在河背看到坎田来了人，他们就去颁〔搬〕山寮、梅窖的靖卫团来。当时青塘的老百姓听到要烧房屋，就来与坎田队伍作对。这时青塘百姓看到是我军和靖卫团打，又逃跑了。这一次烧掉青塘圩几间房子，社岗多烧了些，有20多栋。

年青〔轻〕的红色据点——坎田，虽然被敌人烧过，但红色政权还是一直巩固下来。这次战斗后，与青塘切断联系，更加防绝敌人，直到青塘红了后才恢复联系。1929年9月，李绍〔韶〕九的兵由于都的桥头、赖村、磨岭下来青塘，未进街，因这次是被敌人大军打散。不料到这境内又碰到反动军六十九团肖树其的兵又打了一仗。赖村、谢村是驻有敌军六十七、六十八、六十九三团，一团在兴国梅窖，二团在赖村边，所以我李部兵由岩背经过封锁线，经白石坳、青塘、南堡、东瓜面的山上，3天未得吃饭，坚持到了坎田，回到了璜〔黄〕陂。

1930年2月，红军十二军由赖村到青塘，到3月18日往坎田到璜陂。十二军路过青塘，当时是展开了打土豪，但对反动势力靖卫团还未消灭，大地主未完全打倒，因而局面还未打开。十二军走后，青塘仍是在白区的封建统治下。

1930年10月26日，主力红军十二军又由坎田来，驻扎青塘，把靖卫团赶跑。匪首何明亮（青塘人），秘书何树彬（青塘豪绅），带领100多人和谢村的靖卫团200多人全部逃往赖村土围子。〈于〉28日农协会成立，主任是何金标（赤水人），随着农协会的成立，其内部〈就〉组织了赤卫军，制有镰刀、斧头的红旗，发动群众打土豪劣绅。十二军住了10多天又往兴国梅窖去了。

1930年11月27日，胜利县（现于都的银坑）于北区东乡办事处派来了刘赞唐（缝衣工人）到青塘来成立苏维埃政府（各乡村仍是农会组织），青塘除谢村未成为苏区外，其【余】均系苏区。区政府由于北区东乡办事处领导。

注：于北区东乡办事处在1929年就成立了，是由一女干部叫

"亚金"（可能是代号）领导（是一个大学生）。设在古龙岗，后成立胜利县为县委。

区政府主席是何其森（小名葵麻老），区委会书记是刘赞唐同志，建立组织以后是王大忱（兴国人）、刘道千（于都人）。区委会的组织成员均带有秘密性。党不久建立游击队，【其】经过是：在区委领导下，召开了一个积极分子活动会，参加人数有何德综、何允清等40多人，会后成立一支游击队，约40人。游击队在刘赞唐的领导下，由小到大逐步发展【到】约110多人，其内部成员一般均是区乡机关干部组成，建立赤卫军、少先队。赤卫军又分两部：赤卫队、模范营。在何其森的领导下，由100多人扩大到300多人。16岁到23岁都列入了少先队，少先队又分两部：少先队、模范队，共有2000多人。当时任务是：

游击队主要是扩大游击战争，扰乱敌后方，搜杀那些土豪劣绅和反动狗腿子，领导和配合赤卫队掩护主力红军进攻。

赤卫军在游击队的领导下，展开群众运动，进行打土豪劣绅、分田抗债。

少先队主要是做好严放哨，查路条，查不良的烟赌、娼妓，了解反、坏分子造谣破坏活动等秘密工作。展开了就地的革命斗争。

1931年元月11日，毛主席、朱总司令带第一方面军由璜〔黄〕陂经过坎田，在坎田当时毛主席、朱总司令还特地看了当地被烧的情况，并召开了群众大会（群众杀猪欢迎，吃过晚饭）就直往青塘来了，驻扎在青塘的河背（工农红军军委会总司令部扎在河背村中王碑塅的一个秀才家里。毛主席的队伍【把】全村都扎满了）。展开了革命宣传，在到【达】不久的几天召开了首次上万人的群众大会。毛主席和朱总司令参加了会议，在会上作了演说，说明了为什么要革命。当时又提出了打土豪分田地的原则〈是〉：把田分为上、中、下三等，以村为单位进行，地主无田去开荒，富农分坏田，贫雇农分好田。由于当时政权建立不久，条件不够的情况下，分田工作较为粗糙。这次工农红军驻在青塘较久，开展了广泛革命宣传，到处写的是标【语】口号，"万户少我钱，千户也可免，穷人跟我来，月月八块钱（银圆），官长士兵都一样""扩大百万铁的红军，把红旗插到南昌、九江"……朱总司令和毛主席到青塘来，革命活动声势浩大，因而青塘已轰轰烈烈进行分田和扩军工作，当时就有100—200人自〔主〕动参加红军。

朱总司令驻扎青塘时，于同年2月来到谢村开了群众大会，在会上又演说了，会后朱总司令带领100多保卫军转回青塘来。谢村自朱总司令到后，于几天后就成立了农协会，在宋元生（谢村人）主席的领导下，迅速组织了赤卫军300多人，有土炮100多把、鸟枪150多支，其余是梭镖，力量较大。于4月间就公开进行打土豪分田地，当时打了谢世堤、谢烈怀、谢烈春、谢烈东等五家地【主】豪【绅】，获银圆300多元、稻谷100多担，其他财物全部分给贫雇农。3月间，青塘分完田后，毛主席的队伍往兴国的江口、东固进攻去了。

1931年6月，国民党进攻苏区，当时匪六军军师罗卓英军队分两面进：一方由宁都往青塘过兴国，一方由宁都到谢村往于都去。同年6月5日，我红军大队第三军团也是从宁都边过来到青塘去打赖村的土围子。这时，时局紧张，从青塘区来说，青塘游击队、赤卫军听到国民党大军来，就做了正〔准〕备，阻挡敌军去路，敌人发现后不敢跨步前进，这时还有刘方生队长和政治委员王锡山领导下的游击队80余人、20条枪，掩护当时政府撤退。结果在青塘柯树岭桃子树下打了一仗，命中敌军前哨，坚持抵抗了2个多钟头。那时我们仅400余人、40支土枪土炮，在敌众我少、敌强我弱的情况下，为保全实力不得不暂【时】退让。因此我游击队和赤卫军由青塘往兴国的梅窖、山寮、岩前、桥头皮〔琵〕琶垅驻扎，给敌人进攻〈的〉一个寸步难行。结果敌军仍是追赶上来，一直到皮〔琵〕琶垅扎营，这时我们的游击队、赤卫军已经埋伏好，在各个深山林野里坚持游击战。过了几天，得知我们主力红军在张木山，因此，〈从〉整个队伍直退到了张木山，配合主力红军三军团和东乡办事处的政委营向敌弱地方进攻，去攻打兴国的东古〔固〕、富田。这一仗打得很好，打得敌军败退而逃，结果在富田岭上打了6个钟头，活捉匪师公秉藩，缴枪1000余支，〔获〕军用物品不计其数。过去我们的游击队、赤卫队用的是土枪土炮，这时已经全部【是】新武器。宁都下来的匪六军军师听到活捉公秉藩以后，就一直停留在桥头皮〔琵〕琶垅不敢前进。后来我们游击队、赤卫军把队伍整理后，转回皮〔琵〕琶垅一带进行游击战，牵制敌军无法进攻。经过20多天，匪师罗卓英无法找到我军营，结果只得往后退，重返宁都去。在宁都扎下了三个师，匪师二十五和二十六师扎在宁都的北门口，十三师扎在宁都的石上区。这三师均是匪首孙连仲任总指挥。

从谢村这片来说，当时农协会、赤卫军已经往兴国的古龙岗去了。但碰到靖卫团狗子在古龙岗的莲塘打了一仗，缴枪4支，打垮了驻扎赖村虎井的靖卫团。当我红军第三军团由宁都来往水口时，敌机1架丢了炸弹，炸死1个百姓。

1931年六月初七，我三军团用小钢炮打开赖村土围子1个缺口，但由于敌军陈诚、罗卓英、何应钦的部队都来青塘和赖【村】，因此赖村土围子未打开。在这1个月左右，青塘、谢村又变为白区。靖卫团狗子也经常窜出扰乱，在青塘杀了40多人，搜干部的家财。

1931年农历七月十日，得知匪军退出青塘后，青塘的游击队也从桥头转回来，不知〔料〕在三寮碰上一批靖卫狗子100多人、一部土豪劣绅以及带来的老百姓约3000多人，结果就开火起来。经过一天一夜战斗，靖卫团全被我游、赤军队①四面包围，困在祠堂里，用困打的办法搞了2天2夜，以挖地洞而入。在这时里面的靖卫狗子惊慌失措，群众叫杀连遍〔天〕，只得打开大门企图逃命。这时我们高呼"贫雇农赶快出来，捉拿靖卫狗子"。结果除少数往

---

① 疑应为"游击队、赤卫军"。

麻田坑逃出一些外，打死了几十人，捉到了 20 人，土豪劣绅们全被杀掉，缴枪 16 支，左轮 1 支，救出了劳苦群众。青塘地区全部又恢复了，区乡政权组织也逐步健全起来。我谢村农会组织于 6 月 20 日也由古龙岗迁回，接着成立了苏维埃乡政府，主席艾德禄，文书谢烈望，中共书记谢世乎。

1931 年 9 月间，就进行肃反工作，交界地方遍地燃起革命高潮。妇女工作中也展开了一个大破封建迷信运动，剪发放脚，解放妇女在封建统治下的束缚，妇女思想觉悟不断提高了，在革命中起了大大的作用。如妇女帮助打草鞋，搞食物慰劳前方战士，宣传动员自己的子女和丈夫参加红军。

1931 年农历十月，赵博生在宁都起义（据说 12 月初带军往中央——瑞金去了），由于赵博生起义，宁都城也就在红军手里。

1931 年 × 月，宁都派〈来〉朱善谱来到青塘协助工作，宣传扩军，他后【来】是青塘区委书记。1932 年 2 月把赖村的土围子打开了，全部被【红】军包围，缴枪 300 余支，那些狗腿子全部杀光，并捉到土豪劣绅 1000 多人，分别解往其原籍加以处理了。

1932 年 2 月，又进行全面查田查阶级，因弼时的报告进行，即按土地法进行。主要是查阶级敌人，纠正了以前的很多偏差，没收地主之田，征收富农财产，中农的不动，少者不补。划阶级有反动地主、豪绅、反动富农、富农、中农、贫雇农等。上田分给红军家属，下田给富农，以乡为单位，每人分到五六担到十担半田。

1932 年，发行苏区经济建设公债和战争公债，由党员干部带头买，各乡分配有任务，群众都是积极地购买。同年 5 月，青塘扩军，任务是 500 人，结果扩大到 800 人。那时对革命军属照顾很周到，干部要到军、烈属家去劳动（一般是星期六一天），自带伙食。

1933 年 × 月，扩军很多。以后发生开小差（因〈受〉杀 AB 团受了些影响，那时在青塘油寮下一处杀了三四十个，当时在群众中受〔起〕到反作用）。后来根据中央下的 25【号】命令，动员红军归队。青塘前后离队的红军有 100 余人，经动员后绝大部分都归队。根据规定，开小差 3 次的、坚决顽抗、教育不改，执行枪决（青塘毙了 2 个），开小差 1 次【的】进行劝告，2 次的警告。

三、组织建设情况

广大的贫雇工农、劳动人民在阶级斗争、革命实践中得到了党的宣传教育，阶级觉悟很快得到提高。他们亲身体会到，共产党是为自己的党，它的军队就是劳动人民组织起来的军队，在共产党领导【下】的人民军队，共青团是党的后备军。他们认清了方向，迫切要进行求得彻底解放。同时，□□□□壮大自己的组织，对革命斗争中最坚决、勇敢、大公无私、能牺牲一切个人利益的同志，进行了考验，就〈开始〉在青塘乡开始发展建设党团组织以及扩大各种革命组织。

1930 年 12 月间，仅是个别的加入了共产党，如何祖俊、吴崇财。1931 年 7 月，又发展了七八人，有何德综、孙宋顺、曾盘松、何远清、曾鼎进、何元镍、何祖均等。这时就有党的小组，带有秘密性的，党代号为 C.P.，团代号为 C.Y.。第二个区委书记刘赞唐，后来任过的有王少忱、刘道千、谢杨荣、朱善谱、何德综、廖维用等①。到 1932 年的五一劳动节，党的组织发展迅速，并在这个节日里就公开征求积极分子加入党团纪念大会，采用了 4 个报名处：①征求加入党报名处；②征求加入团报名处；③征求加入赤色互济会报名处；④征求加入反帝拥苏同盟会报名处。4 个报名处均设有宣传队（宣传台）。然后根据加入组织的对具备了条件的人，分别吸收到各个组织里面来。党员有 51 人，团员有 30 多人，从此就成了一个总支，6 个支部。少先队也有 3000 多人。以后的工作均系先

---

① 在另一份相似度较高的调访资料《青塘乡苏区革命斗争情况》中，上述人名略有不同。

由党内到党外，先干部后群众，大力宣传党的方针政策，领导各项工作，使各项工作得到贯彻的〔并〕切实执行。以后组织建设工作不断发展，力量不断扩大。

1932年八九月，开了第一次区党【员】代表大会，那时的区书记是朱善谱，代表约60人，会议讨论的内容是：扩大红军发展党员，健全支部、粮食、生产、肃反工作，以及做好优待军烈属工作，干部每逢星期六一天要帮助军烈属耕田，自备粮食。还讨论了节约粮食、推销公债。以后到1933年党员数增加到500个。

四、红军北上抗日后苏区被摧残情况

国民党第五次大力进攻我苏区，1934年10月间，红军就全部退出〈红军〉根据地。在未退出以前，当地组织了运输队、破坏队、担架队、游击掩护队以【完成】"坚壁清野"的工作，阻止敌人前进。当时博生县委、县【政】府有机关干部和中央留下的一部游击队，在璜〔黄〕陂、安福打游击战，后来〈结果〉断切〔切断〕了联系，因而分散了势力，敌我力量悬殊颇大，所以在1934年12月就被打散了。国民党反动派那些走狗，也就重返青塘。当时封建统治者何树彬（原靖卫团秘书）、何芝生（原靖卫团第二头子）回来后，建立反动政权为联保办事处，成立义勇队，〈实行〉残酷地杀害我老干部，他们那时手段：

一般当过红军的按照每人罚1担谷或罚款压迫"自新"，当过一般干部的实行吊打、搜洗家财，甚至杀了我1个老干部，还要其家属补上他们杀人的刀费钱；当过主要干部的活埋或吊打活割死，将我老干部的子女出卖，而年纪大些的甚至用惨无人道的杀绝手段，老婆出嫁等，弄得家破人亡、倾家荡产一扫光。如老干部吴亦【悟】（土地部长）将〔被〕反手吊在树上，两只脚上吊两只粪箕，而粪箕内加上沉重的石块，既吊又打，最后割耳朵，就这样活活地被刽子手杀害了。

以上吊打死、活埋的、被杀害的据知道的有：

活杀的：艾德忠（青塘区主席）、何叙仁（区副主席）、何祖湖（乡主席）、何祖芸（乡党支书）、谢有钱、艾道有、谢烈忠等7人。

活埋的：何元二（下溪乡主席）〈……〉等几十人。

吊打死的：吴亦悟（土地部长）、李咸春（乡工会支部）、曾良佳（同上职务）、何传沣（乡主席）、何芳东（同上）、曾鼎炘（乡工会支部）、涂英贤（区经济部）、江维良（区裁办〔判〕部长）、谢烈树（乡干部）、谢烈煌（乡干部）等10人。

还有许多不知名【的】，差不多四五十个。就现在存在的一些老干部逃在外面救了一条命，但也不同程度受了很多摧残。有的是半死回生的，有的是吊打成了残废的，罚谷、罚款等不计其数。

五、其他情况

有关苏区宣传材料和歌曲【另】外有材料（略）。

（了解【整】理综合：伍崇光、邬海明）

钓峰记录

一、党的活动

1927年，赖奎先、廖南生到黄陂进行革命活动，先赖后廖。赖奎先家庭成分地主，曾于宁都城九中读书。1927年，赖从东韶至黄潭乡，以教书为名进行革命活动。1928年，赖于黄潭成立党，进行党的秘密活动，介绍穷苦农民加入共产党，后与曾扬扬等四五人到黄陂钓峰打土豪王公里，也打龙江土豪谢保民，没收他们的财产分给农民。六、七月间，曾扬扬、廖扬等人带领赣南游击队和10余支枪到小浦〔布〕进行革命活动，其中有李绍〔韶〕九、廖明生、廖应等人，李领导两次农民暴动，都被国民党的靖卫团残酷镇压而失败了。

1927年，党在黄陂进行秘密活动的记号，党是C.P.，团是C.Y.，后来改成C.C.P.和C.C.Y.。党组织规定每个党员不能将党的秘密告诉自己的父母和妻儿，作战时要勇敢不怕牺牲。

红旗社从洛口传入黄陂，并于1930年成立。它是一种党组织，乡只是支部，区才有红旗社，赖奎先为红旗社社长，后来他被咬为AB团杀了。红旗社经过整顿，后转为区委会。上级派第四军第二十二师第二团政委李清为黄陂区委书记（曾任过湖南省县长，1933年冬第五次"围剿"时在鹅公墈被国民党杀害了），区团委书记罗永春。

二、政府机构及活动

1928 年廖南生等人至黄陂领导农民暴动，先成立农协会，没划阶级分田。分田标准：田多人少、没有剥削的为中农，出租多的为富农，靠租谷过活的为地主，租地来种的为贫农，靠卖劳力过活的为雇农。分田时地主不能分田，富农分坏田，中农不分。出入为过田过多（好）时①则抽出部分好田，补入部分坏田，雇农、贫农分好田（以村为单位）。

1929 年冬，王俊至黄陂发动农民暴动进行分田，口号是："我们大家来暴动，消灭地主恶霸，杀土豪斩劣绅，个个不留情。"

1929 年 3 月，李绍〔韶〕九、彭彭〔澎〕等人至吊〔钓〕锋打死 2 个土豪。黄陂暴动后 4 个月，各地成立农协会，不久农协会转成区苏维埃，区苏维埃主席涂德标。1931 年以后，黄陂区成立革命互济会、反帝大同盟两种组织，各设主任 1 人，由区苏维埃政府负责领导。上级发下来的救济品、种子由救济会负责发给农民。这两种组织只有贫苦农民才能参加。参加者每月纳会费 2 铜板。后经过整顿，队伍吸收赤卫队、模范少队扩大为红军，提出"扩大红军百万"，成立模范师、少年国际师。

黄潭乡农会主席温昌林，1930 年苏维埃政府成立后，下设农协会、肃反委员、财政委员、文书、主席、妇女委员、贫农团、雇农工会、工人工会，两个工会合设 1 个主任一起办公。妇女会、儿童团、少先队、赤卫队，②

黄潭乡土地革命前后的变化情况（未抄）。③

1931 年县苏维埃主席傅华荣，后来换为王木清。1932 年冬至 1933 年春，江西省委设于宁都，省委书记李富春，军事司令陈毅，

---

① 原文如此。

② 原文缺。

③ 原文缺。

保卫局长吴德洪，主席曾山。

三、各次代表大会

1930 年，区苏维埃政府成立后，于黄陂召开贫农团代表大会，内容：建立工农政权（实行工农专政）。同年，模范少先队和赤卫军于各个节日展开军事竞赛。

1930 年，于三塘河树下召开区党代表大会，内容：选区党委，宣布党为领导机构，赣东办事处，派陈先胜、李清德参加大会。

1931 年，毛主席在黄陂下坝召开大会，号召农民"贫雇农工人暴动，起来打倒土豪，打倒蒋介石，分田地，实行农民武装。"

1931 年，召开县贫农团代表大会、县苏维埃代表大会。大会的内容：选举临时中央苏维埃政府。三次战争后，瑞金成立中央临时苏维埃政府，并召开代表大会，大会内容：巩固政权，扩大红军，进行肃反。

1934 年，中共中央发表抗日"八一宣言"。

四、文化、经济

1930 年，黄陂创办苏维埃小学，各村设一列宁小学，学生大多数为工农子弟。

1930 年，组成（农民集资）食盐合作社、铁路合作社[①]、食物合作社，也有私人经营的小商店，私营工商业具有自发性。

五、数次"围剿"和被打败

第一次，1930 年 11 月我红军第三、四军团于小浦〔布〕、吊〔钓〕峰、黄陂一带配合吊峰游击队、赤卫队于龙江与敌作战。1930 年 12 月，灭张辉瓒一个师，张被活捉，也捉到旅长、团长，缴获敌人 4000 余支枪。

---

① 疑有误，照录原文。

会〔战〕后，毛主席于龙江、黄陂开两次庆祝大会。

第二次，谭道源师十余万人从吉安东古和东韶打仗，于 1931 年 3 月至 4 月被我红一、三军团和红十二军打败 1 个师。

第三次，1931 年六月初（古历）伪军第八师师长毛炳【文】率一师人向黄陂进攻，占住 20 余天，这时我后方农民组成破坏队、运输队、模范少队，男女老幼个个用菜刀、锉头、标枪配合一、三军团对敌抗战，并采取坚壁清野的办法，于六月二十八日从永丰良村到黄陂包围敌人，打垮了毛炳文全师，缴获大量的枪支弹药。

民国二十年，宁都城国民党二十六路军起义后，组成红五军团。

毛炳文师被打垮后，国民党派第六师罗卓英部到黄陂一带进行屠杀（敌从广昌、永丰、兴国包围黄陂，从小浦〔布〕烧至黄陂）。

第四次，1932 年 2 月，敌人罗作仁〔卓英〕、何应钦、陈诚等率六师约数十万人，由罗作仁任"剿匪"总指挥，从永丰打脑子岭，结果被我红十二军、红五军采用游击战术牵制敌人主力、攻其弱点的办法，击败敌人 1 个师，陈时骥伪师长被俘。

第五次，蒋介石率领百万大军于南昌进行督战（1933 年 8 月—1934 年 4 月），采取稳作〔扎〕稳打、步步为营的堡垒战争，对苏区实行军事、经济的封锁政策。1934 年，中共中央组织抗日先遣队，由陈毅、项英率军突围，北上抗日[①]；曾山领导红军退出宁都城，进行游击战。

六、红军北上抗日后国民党的残害

国民党见人便杀（对老革命同志），对一般人民则家家要钱，没有钱便抓人。

（陈兴△整理）

---

① 原文如此。

钓峰、连陂区原始材料

一、第一次国内革命战争时期

1.阶级对比及人民的生活状况

在第一次国内革命战争时期，吊〔钓〕峰、桃沅、曾村、连陂、高田、龟庄等地和全国其他各地一样，受到了帝国主义、封建主义的严重剥削和压迫，生活非常痛苦。例如，吊峰乡黄潭村当时共有106户，其中有富农1户，富裕中农2户，中农3户，贫雇农和工人100户。在土地占有方面，80%以上的土地为本村富农及外村地主所占有，20%的土地则为占人口总数90%以上的贫雇农所有。

又如，龟庄在当时共有200户，其中有4户地主，196户贫雇中农，全村共有土地1570亩，4户地主占有1200亩，196户贫雇中农只占有贫瘠土地370亩（其中有50户一点土地也没有），4户地主占有土地80%，196户贫雇中农仅占有土地20%。

在这种土地高度集中的情况下，地主对贫苦工农剥削压迫是非常厉害的。当时地主除以地租进行剥削外，还有暂租青苗、高利贷等剥削。当时问地主借1石谷，一年就要还2—3石，给地主做长工平均每天只有1角钱的工资，连吃饭都不够。因此广大的劳苦工农群众当听到"千户只管眠，万户欠我钱，穷人跟我走，每月八块钱""我们大家来暴动，消灭恶地主，实现大革命，斩土豪，杀劣绅，一个不留情""打土豪，分田地，抗租，抗债……"等革命宣传时，就立刻暴动起来，进行了轰轰烈烈的土地革命。

1929 年 3 月，廖盐①、廖南生领导黄潭进行打土豪。10 月，成立农民协会。

二、土地革命时期

1. 党的产生与发展

宁都县党组织的产生是由李介民（本县人，与赖奎先是同学）、赖奎先发动和组织起来的。

李介民原在中东铁路工作，受到苏联十月社会主义革命的影响。1925 年，他到上海开过一次会议，会议决定派他回江西宁都县发展党的组织，于是他带着党交给的任务，于 1925 年来〔回〕到了宁都。在这里与他的同学赖奎轩〔先〕、谢福田、彭澎等革命先进分子开会研究在宁都开展革命活动和建立党组织。

赖奎先当时是宁都连风中学的校长，该校有学生几千人。据说当【时】在职工和同学中就有共产党员、共青团员上千人（此数字有疑问）。1926 年 7 月间，李介民、赖奎先首先组织了一次学生运动，殴打胡知事。在学生闹事时，学生王燕②（小浦〔布〕人，党员）高喊"打倒帝国主义，推翻国民党反动政府，打倒胡知事"的口号。学生运动被反动政府镇压后，反动政府下令通缉捉拿李介民、赖奎先、王燕等人，从此他们就转入农村进行革命活动。王燕回到小浦〔布〕，后于 1929 年 3 月（一说是 1928 年四五月）组织小浦〔布〕暴动。李介民转入黄陂一带，赖奎先去上海后又转到吉安，于 1926 年 10 月与湖南省委派来宁都领导革命的郭定远同志回到高田。郭定远同志任宁都县委书记，他是湖南人，经常与湖南省委联系。他在高田以教书为名，进行秘密的革命活动。1927 年 3 月，在高田建立了第一个党支部。当时有郭定远、赖奎先、谢富田、李

---

① "廖盐"，前面相关访谈资料为"廖营"。
② 前面相关访谈材料中为"王延"，《宁都县志》（1986 年版）中记录为"王瑗"。

介民、赖世雄、张元标、张允寿、赖时尊、赖抒（现是地主）、彭春容、彭澎、彭知己、陈初盛、黄员庆、江道（皓）明〈……〉等40多个党员。他们在赖世雄家中来往活动了三个多月。

1927年4月，郭定远、赖奎先、谢福田、彭春容、江道明、陈初盛、张允寿在龟庄开了一次会议，会议指定张允寿回庙子前发展党的组织。张允寿回到庙子前组成了第二个支部。1927年4—5月间，赖奎先、赖世雄又到大湖背鹅公墩村与黄积道、黄积远等人在鹅公墩建立了1个支部，此后党员不断增加，平溪、吊峰、龟庄也相继建立了支部，黄陂区各乡党支部从此先后在各地建立。黄陂乡的支部是在下坝廖南生家中成立的，由廖南生以串亲为掩获〔护〕发展组织起来的。

当时，因为庙子前便于黄陂区各地的交往，加上为了各支部取得联系，因此1927年10月在庙子前建立1个各乡党支部交通总站，各支部都到此联系。

1928年正月（可能是古历），吉安府泰和县、永丰县、兴国县、宁都县等地党代表在永丰东古开了一次会议，会议决定各地党代表回去后就进行发动群众，开展轰轰烈烈的打土豪、分田地运动。1928年2—3月间，黄陂区成立了秘密的区党委会，区委书记是谢富田。1928年5—6月间，成立红旗社（一说是1930年成立的，一说是由区委会转红旗社，一说是由红旗社转区委会），它是共产党的代名，性质类似区委会，它领导黄陂区各政权机关。

1929年8月，在永村赖沅泉（他是连风中学学生）家中召开过一次宁都全县各支部负责人会议，由于靖卫团的破坏，结果未成就散了。1930年10月，在山塘召开了黄陂区第一次代表大会，会议内容是组成公开的区委会。1931年6—9月间，第三次战争时期伪军毛炳文部进驻黄陂，各支部有的转入打游击，有的被敌人破坏或冲散了。到第三次战争结束后，由红军第四军第二十二师第二团政治委员李奇来任黄陂区委书记，重新组织区委会和各乡党支部并召开了各乡支部书记会议，重新组织了苏维埃政府。从此党组织一直存在到红军北上抗日时期为止。

党在秘密活动时期，其代号为 C.P. 或 C.C.P.，共产主义青年团的代号是 C.Y. 或 C.C.Y.。

当时入党的条件是：贫苦工农成分、工作积极、斗争坚决的分子。入党手续：先经本人申请填表（表的内容：个人简历、家庭经济情况、亲戚关系、祖宗三代），由 1—3 个党员介绍，经支部大会讨论并经半数以上通过，再经区委批准，才能成为正式党员。

党员的组织生活一般的情况是党小组每月 3 次，乡支部每月 2 次。组织生活内容：个人汇报工作情况，布置工作和分配工作任务。工作任务是：扩军、购买公债、支前，由党员带头，并首先动员家庭与亲友响应党的号召，而且还要追查坏人坏事，并向组织上反映，当时每个党员每月交党费 3 个铜圆。

为了巩固党的组织，党内曾进行了三次整顿，（一）反陈独秀的右倾机会主义；（二）反立三路线（一说是罗明路线）；（三）肃杀 AB 团。经过这些整顿后，清除了一些阶级异己分子，巩固了党的组织。

2. 政权建设

1927 年 12 月至 1928 年正〔元〕月，成立黄陂区农民协会，并于黄陂金鸡庙召开一次会议，选举张元标为农协会主席。1928 年 2、3 月间苏维埃政府成立（一说是 1929 年农协会转成苏维埃政府，一说是农协会、苏维埃政府同时成立），主席是张元标。同年 4 月，张元标领导全区人民进行暴动，攻打宁都县城，回来后就进行了轰轰烈烈的分田地、打土豪运动，当时杀了黄陂恶霸地主廖会标、廖美更、廖会杰 3 人，缴获他们 8 支长枪。

1930 年，全区分田基本完成，以后每年进行一次查田查阶级，其中查出一批隐瞒分子。

农民打土豪、分田地的运动，其所以在这时轰轰烈烈地进行着，是因为当时在《申报》（资产阶级的报纸）上看到一篇论美、英、法、日、意等帝国主义争夺中国发生了尖锐的矛盾的文章，所以当时党指出应趁帝国主义之间矛盾尖锐之际，积极展开反帝反封建运动，发动群众进行减租、减息、抗租、抗债、打土豪、分田地的斗争。

在分田运动中，各乡以党支部为核心，贫农团、雇农工会为主力，由贫雇农事先了解本乡本村财多、地广、剥削厉害的有若干人，将人名送交支部审查批准，然后进行斗争。

当时地广、财多、专靠剥削为生的就是地主；田出租多的为富农；自己有土地、有劳动、不剥削别人为中农（中农好田太多则抽出部分好田，补入部分坏田）；租地耕种的为贫农；靠出卖劳动力过活的为贫〔雇〕农。分田时以乡为单位（最初则按村），按人口平均分配，地主无田分，富农分坏田，贫雇农分好田。

苏维埃政府成立后，1930 年在黄陂召开贫农团代表大会，内容：建立工农政权、模范少先队和赤卫军。在这一年展开了军事竞赛。

1931 年，召开县贫农团代表大会，并召开苏维埃代表大会，内容：选举临时中央苏维埃政府①，中央苏维埃政府成立后就召开了代表大会，内容：巩固政权，扩大红军，进行肃反。

1933 年春，江西省政府设于宁都的七里村，省委书记李富春，军区司令陈毅，保卫局长吴德洪，省主席曾山。

1934 年 8 月，中共中央发表抗日"八一宣言"。

3. 武装斗争

正当苏区人民轰轰烈烈地进行土地革命活动的时候，国民党反动派在 1930 年 12 月向苏区发动了第一次"围剿"，当时我红军第三、四军团在小浦〔布〕、吊〔钓〕峰、黄陂一带配合游击队、赤卫队在龙岗与敌作战，红军用土枪土炮激战一昼夜，活捉伪师长张辉瓒及其旅、团长，缴枪 4000 余支。毛主席曾在龙岗、黄陂两地召开庆祝大会。

---

① 此处疑有误，照录原文。

1931 年 3—4 月，敌人又派 10 余万人进行第二次围攻，从东韶、东古进犯。我红一、三军团和红十二军配合游击队，又击败了敌人，活捉伪师长公秉藩。

同年六月初（古历），伪军第八师师长毛炳文率一师人向黄陂进攻。这时我苏区人民组织了担架队、破坏队、运输队，男女老少个个出动，用菜刀、锄头、黄泥水、扁担配合红三军团打击敌人，并实行了坚壁清野工作。这次战争又取得了伟大胜利，所缴枪支武装了红十一军。

当时涌现了许多杀敌英雄，如，廖运松用 1 条扁担就缴获了 5 支枪，平溪一妇女用菜刀缴获了敌人 2 支枪，70 余岁的老人谢和贵用菜刀杀死了十几个敌人。有 6 个 6—12 岁的小孩破获侦探 3 起，缴枪 3 支。这些对敌斗争英雄真是多得很。

毛炳文被歼灭打垮后，国民党派第六师罗卓英部到黄陂一带进行烧杀，东边烧到吊〔钓〕峰，西边烧到龙岗，北边烧到小浦〔布〕。

1932 年 2 月，敌罗卓英、何应钦率 10 余人[①]进行第四次"围剿"，从永丰打【到】高古〔虎〕脑，结果被我红十二军、红五军采用游击战术牵制敌人主力、攻破其弱点的办法所击败。

1933 年 8 月—1934 年 10 月，进行了第五次"围剿"，当时蒋介石率百万之众坐镇南昌指挥，采取稳扎稳打的办法，进行堡垒战争，并对苏区实行经济封锁。这时我主力红军奉令突围北上抗日，所留部队由曾山、项英两同志率领进行游击战争。当时李富春同志在宁都召开了全县干部会议，在会上他说："红军北上抗日后，壮大了队伍就会回来，我们要坚持战争，有一口气打一口气。"

红军北上后，国民党就在 11 月初派兵进攻宁都、瑞金、石城三县。我中央和江西省各县机关留下来的人员约 5 万余人组织了一支游击队，在项英同志领导下进行游击战争，项英同志曾对游击队员说："我们要牵制敌人主力，分散敌人的兵力，保证红军顺利

---

① 数量疑有误，可能为"10 万余人"。

北上，要消灭反革命组织，建立革命组织。"这支游击队曾坚持到
1935 年 6 月，结果在石城中华山被敌人围攻冲散了。洛口、博生二
县游击队 200 余人在吊峰、黄陂、永丰、兴国一带山区进行了几个
月的游击战争，最后剩下 11 人，游击战争至此结束。

五①、红军北上后苏区人民的坚持斗争及国民党反动派对苏区人
民的摧残

自红军北上和游击战争停止后，我苏区人民还是秘密地进行着
对敌斗争，他们用学打②的方式反抗国民党的抓兵。当地主来收租
时就说没有，或是少交、交坏的谷子进行反抗。

因为中央红军北上抗日，国民党反动派对苏区进行了大肆的烧
杀、掠夺，仅吊〔钓〕峰乡就杀害干部 8 人，群众 7 人，烧拆房子
101 栋、591 间，掠夺耕牛 18 头，强奸妇女 40 人，掠夺粮食 999 担，
资财 1539 元（银圆），龟庄几乎被烧成平地。这种受掠受压迫的生
活直到 1949 年解放才结束。

六、解放后的生产生活情况

1949 年 8 月，黄陂区解放了，苏区人民重见天日，他们在共
产党领导下打倒了地主恶霸，分得了土地，生产大大提高，生活
大大改善了。如，1929 年前每亩最高产谷 500 斤，平均为 310 斤；
1930 年至 1948 年国民党统治时期，每亩最高产量为 450 斤，平均
为 275 斤。

---

① 前文仅见"一"和"二"，未见"三"和"四"，照录原文。
② 在当地方言中，"学打"意为学武术。

砍柴岗材料

一、第一次国内革命战争前社会经济情况

砍柴岗在宁都县东北，离城 40 里，东有梅江，隔江和石上相对，这里虽无高山，但岗峦起伏。

第二次国内革命战争前，这里有居民 200 户左右，人口五六百人。绝大部分都是杨姓一个宗族，什〔杂〕姓有李、曾、黄、廖等 10 多户。耕地有 900 亩左右，其中有 2/3 为祠堂公田。

地主、富农有 7 家，占田二三百亩，其中最大的地主如杨承春、杨保玉各占田五六十亩。地主在族中有势力，还掌管相当数量的公田，所以地主实际的田远超过上面这个数字。

中农约有一二十家，一般有田 10 多亩（其中有些是众田）。

贫雇农基本上自己没有田，都是租种祠堂众田，一般是五六亩，少的只有一两亩，多的 10 多亩。当时租种的众田是固定不轮换的，有的交租，有的不交租。交租数额也不甚高，最多 1 亩交谷百斤左右。贫雇农虽然租种众田后，有的可以不交租（只交钱粮），但是地少而且地很贫瘠，所以收成也少，生活还是十分困苦，只好向地主借钱借谷。地主杨承春、杨宝玉就放高利贷剥削农民。当时一般借钱 8 元要回利息 120 斤谷，最高的借钱 5 元要回谷 120 斤。有的借钱 1 元要回本到 1.5 元。

杨姓的众田除了在本村有一部分外，大部分在外地（如角元坪、安福……），每年可收租谷 1000 多担。由于这些众田在开始购置时，是杨姓各家合股买来，入股者都有权轮流掌管众田，每年 8

个人为一班来管理，收来的租谷除了请班子做戏、吃酒、散丁外，按股分给入股的各家。

众田中，除了上面这些轮流掌管外，还有一部分（约二三百担租谷）管手田（是合股后新增出来的众田），则有〔由〕族里有权势者来掌管，除了少数用来交粮和修田塅外，大部分落入族长私囊。

杨姓共有6房，其中二房、小房势力最大，二房读书人多些，小房人多，所以在族中争权势争夺掌管众田（主要是管手田）也是这两房。

杨姓除了内部有斗争外，主要和隔江即石上的李姓争利最烈。杨姓族里当时有土枪、土洋枪百余支，李姓也有自己的武装。

早在民国七、八年间，李、杨两姓为争夺岩前岭的山几乎杀起来（岩前岭是杨姓祖坟所在，认为有关本族风水，传说这个地方是龙脉子好，不许李姓染指）。后来打官司打到赣州，杨姓取得胜利，但从此杨、李两姓之争更为剧烈。

民国十二三年间，杨、李两姓为争"街集"闹得也要相杀。本来李姓在石上有集，杨姓无集，为此杨姓联合廖、曾两姓，三家在砍柴岗也组织了市集，这样石上李姓的市集就萧条下来，李姓族里的头子李能信借保护本姓利益为名纠集了人，买了土炮，准备轰打砍柴岗。试炮时，因土炮走火，击死了4个自己人，这样一场大的肆〔撕〕杀才没有演成。砍柴岗闹革命后，杨、李的斗争已有〔由〕宗族的斗争转变为阶级的斗争。

（以上材料主要根据杨存振口述）

二、红四军过砍柴岗和砍柴岗初期革命活动

杨姓和李姓（石上）为了争山的事闹得很久没有介〔解〕决，最后双方打官司一直打到南昌。杨姓派杨亮廷为代表去南昌。这时正是大革命的时候，杨亮廷在南昌也受到一些马列主义思想的影响。

1927年八一南昌起义后，杨亮廷由南昌回到砍柴岗，并且还

带回来一本马列主义的书，偷偷地在夜里阅读，并且讲给他的叔父、弟弟和儿子杨烈听，并且经常和温连奎谈革命的事（温是杨的好友），有时也对一些知心的人宣传说："现在有了个共产党，要抗租、抗债……"当时有些人不相信，说他在讲怪话。

1929年四月十八日（夏历），红四军六七万人打下宁都、烧掉衙门后来到砍柴岗。杨亮廷听红军来了，就【在】村口放爆竹迎接红军进村。红军住在杨亮廷家，商量给红军筹款。亮廷开出了一张附近土豪的名单给红军，计有：江背曾华春、灶背堂曾福林等人，由红军通知他们开会筹款。红军住了一个星期后，即向吉安（？）方面去了①。

红军走后二三天，温连奎带了王俊、彭澎等人一同来到砍柴岗，温、王、彭等人都住在杨亮廷家中（有说商讨建立县苏维埃政权，决定王俊担任县苏主席，彭澎为秘书）。并且组织了赤卫队，由温连奎任队长，杨烈为财政，砍柴岗有二三十人参加了这支队伍。当时还没有洋枪，只有土枪、土洋枪、梭镖等武器，杨姓族里的土枪拖走52条。

因为宁都有国民党靖卫团，离砍柴岗很近，为安全计，政府〈于〉不久就迁到大布，并在大布成立了区苏维埃政权，赤卫队也一起开到大布。

王俊、彭澎在砍柴岗时，即组织了秘密的交通站，由杨亮廷担任站长，派了四名交通员去广昌头陂、宁都洛口、宜黄黄陂探听消息，随时和大布联系，报告敌人情况。他们有的扮作卖黄烟的，有的装作赌徒，其中有两人被敌人抓去杀了（杨心仙、杨心坚）。杨亮廷除了负责秘密交通外，还收集子弹、刺刀（北洋军阀【士】兵遗弃的），秘密送到大布。

砍柴岗本地在王俊、彭澎初来时即建立了农民协会，主任是杨励贞。政府迁大布后，农协会的工作就停顿下来（和白区太近，群

---

① 原文如此。

众未发动有关）。杨励贞去教书了，不久出天花死去。

砍柴岗和大布一带闹起革命后，引起了当地和河东一带地主土豪的恐惧和仇恨。石上恶霸李集瑞、李振佩等组织了靖卫团（守望队）和民团，有枪数十支。东山坝李南斋也组织了靖卫团。这两支地主反革命武装是比较大的。其他还有枧田的李保球、湖岭组的李南权的靖卫团。

砍柴岗的地主杨承椿、杨心诚、杨宝玉本来和杨亮廷有仇恨，于是秘密向宁都国民党靖卫团告密。1929 年九月（夏历），李南斋从宁都带了靖卫团来砍柴岗，捉走杨亮廷，在宁都杀害。12 月，烧了亮廷的房子。

三、第二次红军来砍柴岗大暴动末始

1929 年十二月二十八日（夏历），大队红军（据说是第四军）第二次来砍柴岗，于是正式组织苏维埃政府。第一任主席是杨承有。在乡苏维埃政府的领导下，展开了打土豪、抗债抗粮的活动。除了在本村打杨承椿、杨宝玉等人外，也打到外村（也打到河东），如洋河、白石、小布脑、湛布①。白石李心米打了他 1000 多元。打到的钱除了伙食、草鞋费外都上交归公，衣服散给贫雇农。砍柴岗的 3 个大地主，杨承椿、杨宝玉、杨承岳都先后逃走。

1930 年冬，砍柴岗也进行了分田。没有划定阶级，大土豪（地主）不分田，小土豪分坏田，其他人不分男女老幼，一律分 8 担谷田，好坏搭配，分田后把地富集中送县里"劳力队"强制劳动。

公开在分田时留有 16 担，作为修桥铺之用，后来来了两个残废红军，就分给了他们。鱼塘按人口分给几家合管养鱼。

田分好后，有生、死采取生补死抽，生超过死、多生的人不补，死了即抽，有多即归公作为修桥补路之用。

---

① 疑应为"湛田"。

四、关于党的组织问题

1929 年 6 月间,第四军派了四五人(湖南人)来砍柴岗发展党的组织,最先入党的有杨烈[①]、杨石秀、杨承胡、罗秀福(大布)、符三秀(外号狗头婆,石背人)、廖瑞勤(平田人)、杨承添、杨承卓、廖存生、杨承宗、杨训等人。还有团员杨仁标、杨正国。成立了 1 个党支部,下分为尹田、大布、砍柴岗 3 个小组,支部书记是罗秀福,团员没有独立支部,和党员在一起过组织生活。

党费每月 2 个铜板。组织生活每周一次,是在夜间开会的,地点在砍柴岗学堂楼上。

1930 年,党团组织有相当大的发展。砍柴岗、大布、平田、安福、小源都成立支部。党团员人数也增加了,就砍柴岗支部来说,有党团员 12 人(内团员 5 人,成立 1 个〈一〉小组,没有支部)。

1931 后,党团公开。在 1932—1933 年间,有党团员 20 多人。团也成立了支部,杨存标是【团】支部书记。

党团员在扩军中起了积极带头作用。党员乡苏主席杨承财、团员杨正国都带头参军。砍柴岗参军规模最大共有六七十人。

五、跟国民党匪军和地主武装——靖卫团的斗争

从 1929 年底建立政府起,到 1930 年,砍柴岗一带比较稳定。河东、石上、东山坝一带的靖卫团、守望队也都逃到宁都。

1931 年 7 月,国民党发动了第三次"围剿",国民党二十六路军深入苏区。二十六路军侯团长从宁都县成〔城〕驻兵石上,逃在宁都的靖卫团头子李集瑞、李南斋等也都来到河东一带。这样,河西的红军和河东的白军从 1931 年六月(阴历)起展开了剧烈的斗争。

---

① 原稿在名字的上方标有"?"。

早在 1930 年 9、10 月间，杨烈在攻打吉安负伤后^①回家休养，伤愈后去大布区担任区委书记兼赤卫队长。1930 年底第一次反"围剿"胜利后，这里的武装〈的〉扩大。大约在 1931 年初，成立区特营，有 3 个连，营长是杨烈，书记是刘俊。1931 年六月三日（夏历），第一连被国民党在李家坊包围，被缴走全部枪支。不久，其他二连被调编入大队。这样，大布区就没有武装，区特营无形瓦解，改组为游击队，只有 1 根枪。

这时（1931 年 7 月间），国民党匪军毛炳文师经由双原向黄陂进犯，杨烈用截尾的办法缴得了 4 支枪。黄陂大战后，毛部残兵向广昌逃窜，路经双原，被杨烈的游击队包围，缴枪六七十支。此后杨烈带领游击队先后在洋合、东山巴〔坝〕、枧田、社溪击溃国民党侯团长的匪军和李集瑞、李南斋的靖卫团。游击队后改为独立营，杨烈任营长，刘俊为书记。

在斗争尖锐的这个时期中，苏区所受国民党的破坏也最惨烈，如 1931 年 7 月 15 日，国民党侯团长率靖卫团、守望队进入洋河火烧洋河村。1932 年 8 月 15 日，又在砍柴岗大肆烧杀，毁民房 300 多间，杀害居民 6 人，其中有 2 个妇女。这两个妇女当白军来时正在烧开水，白军闯入问她们烧给谁吃，她们回答说给红军吃的，白军说红军是"土匪"，她俩毫不畏惧地说"你们才是土匪"，当场就被匪军杀害。

由于当时白军经常来骚扰，所以当时生产不能正常地进行。除了靠公路的路口日夜有人放哨外，种田时也带了梭镖、土枪，随时准备抗击来扰的白军。秋收时游击队派了士兵在山上〈保护〉监视敌人，抢收的时间一般都在清晨和夜里。

1931 年 9 月，杨烈被区委书记兼独立营政委刘俊向东路办事处告密说杨烈是 AB 团，杨烈被捕，关了 3 天，越狱逃走，躲大堂岩（离砍柴岗 5 里）大约有 1 个月，去角元当街被刘俊发觉，当场

---

① 原稿右侧标注"龙岗也负伤"。

被打死。

1931 年 12 月 15 日，赵博生率领二十六路军士兵在宁都发动了起义。国民党靖卫团都逃到翠微峰。这样一来，砍柴岗和附近一带的根据地才最后稳定下来。1932 年，在河东成立了池布区，砍柴岗乡也划归池布区。

六、红军北上后国民【党】对苏区人民的迫害和摧残

红军北上后，1934 年九月十八日（夏历），国民党匪军占领了砍柴岗，开始了国民党黑暗的统治，逃亡在外的地主李承岳、杨保〔宝〕玉等都从白区回来，杨承岳当上了保长。

许多在苏区时担任工作的同志逃亡在外，流离失所。有的病死，有的饿死。留下来没逃的同志也备受国民党的种种迫害，如杨存创（乡支书）被国民党抓去严刑敲〔拷〕打，打了 40 多条鞭〔扁〕担。

贫雇农分到的田也被地主夺回，并且还倒算了一年的租谷，抗了的债也都被倒算，不仅要归回〔还〕本利，而且借小洋要按大洋计算（本来借 12 个小洋毫——1 元，现在 10 个小洋毫就折 1 元）。

1936 年，又开始征收月费钱，每户每月都要出，少则几角，多则几元。还有月费米，每一户最少 10 升（20 斤），最多 15 升（30斤）。交不出钱就要捉人。

地主杨承岳（保长，是杨姓小房）霸占了大量众产，名为办学，实际上把钱装入自己的腰包。杨承岳对其他几房、外姓压迫更甚，派捐派款他房和外姓都要重，尤其对苏区时担任工作的同志更凶，骂杨承振（杨姓二房，苏区时任区土地部长）为"老土匪"，要他多出款，杨承振忍气吞声不敢少出。

七、解放前夕阶级动态

解放前夕，国民党对苏区人民的迫害更加重，尤其是抓壮丁、派壮丁费，达到空前未有的程度，单 1949 年不到一年中，即出了

5 次壮丁费（按家摊派）。

从〔在〕1946—1949 这几年中，砍柴岗的青年夜里经常住在山上，防止国民党来抓丁。回家吃饭也要母亲或老婆放哨。有一次〔天〕（1948 年八九月）傍晚，村上青年男子吃完晚饭正走上山去睡觉，突然从石上来了国民党 5 个警察来捉壮丁，青年杨春华因为走得迟了一点被警察捉住，他就大叫起来，其他青年 20 多人闻声赶回来，国民党警察只得放了杨春华，狼狈地回到石上。第二天，国民党派来大批人重新来捉杨春华，【杨春华】被一个警察班长追到，杨春华和那警察扭打了一阵，把警察打翻，脱身逃走。从此，国民党就不断〔敢〕来捉了，只得派壮丁费。

除了抓丁、派壮丁费外，月费在解放前还在征收。高利贷剥削也更苛重，借 10 元钱按月交利 1 元，一年要利钱 12 元。

从 1934 年 9 月—1949 年 9 月，国民党残酷统治了 15 年，砍柴岗所受灾难无法计算，单就人口来说，在苏维埃时代就 200 多户、500 多人，到解放前夕由于逃的逃、死的死，只剩下 83 户、320 多人口。

南昌等地解放的消息传到砍柴岗，劳动人民个个心里欢喜。贫雇农在田里劳动时相互说"这回共产党来就好办了"。

只有那些地主心里着了慌，想逃已经走投无路，只得故作镇静装腔作势。如地主杨宝玉说："共产党来抓我，我也有办法，一家 12 口人可分 30 多亩。"

解放军进入宁都后，在 7 月 18 日来到石上，从此砍柴岗的人民又重见光明。

连陂记录

一、党的产生、发展及变化

宁都党组织的产生，据说是李介民由上海传过来的。李介民在中东铁路靠苏联边境满洲里一带工作，得了一本马列主义的书籍，因而他从此接受马列主义的熏陶。他约于 1924—1926 年期间到上海开了一次党的会议，会议决定派他回江西宁都发展党的组织，他带着任务回来后，就与他的同学彭澎、王俊、赖奎先、谢胡田^①等先进革命分子开会研究在宁都发展革命活动。这次会议决定赖奎先、谢福田到黄陂地区发展党的组织。因此，从整个宁都县来说，黄陂区展开革命活动最早，而黄陂区又要算连陂乡高田、庙子前两地开展革命活动最早。1927 年 4 月，赖奎先、谢福田带着党的指示来到黄陂区进行革命活动，他们首先在龟庄召集了彭春容、江浩明、陈初盛、郭庆远、张允恢，连谢、赖在内一共 7 个党员，开了一次会议。他们组成了黄陂区第一个共产党小组，由赖奎先、谢福田领导。这次会议指示张允恢回到连陂、庙子前发展党的组织。1927 年 5 月，张允恢在庙子前一带以串亲形式发动贫雇工农，进行秘密革命活动，发展了张元标、张炳南 2 人入党，他们 3 人开了一次会议，决定继续发动贫雇工农酝酿准备起义，又发展了张至权、赖昌标入党，到此时他们 5 个人又在庙子前开了一次会议，决定深入发动贫雇农进行革命。

---

① "谢胡田"，文中又作"谢福田"。

　　此后，张允恔又到平溪进行革命活动，介绍了张正仟、廖迎欢、廖起呈入党，他们在平溪开了一次会议。接着又发展了张立生、黄光华、廖焕明3人入党。

　　到这时，一共有11个党员，他们在庙子前开了一次会议，组成了黄陂区第一个党支部，江浩明参加了这次会议。由于党员不断的增加，继之平溪也成立了第二个支部，吊丰成立了第三个支部。黄积道、黄积远从庙子前把革命的火种带到大湖背鹅公墩村，组成了一个党支部。黄陂区各乡党支部从此先后〈在各地〉成立了。

　　张允恔由赖奎先、谢福田介绍到彭澎家中开过一次会议，1927年8月又到永村赖沅泉家中开过一次宁都全县各支部负责人的会议，由于靖卫团的破坏，结果未开成就散了。

　　1927年10月，黄陂区在龟庄成立党总支部，总支部最先设在龟庄，后移到庙子前，以后又移到龟庄。县委书记是郭定远，他是湖南人，由吉安地区党组织派来的，他与湖南省委经常发生联系。他在高田以教书为名秘密进行革命活动。1928年正月，吉安府、泰和县、永丰县、兴国县、宁都县等地党代表在永丰东古开了一会议，张允恔参加了这次会议。会议决定各地党代表回去后就进行发动群众展开轰轰烈烈的打土豪、分田地运动。1928年2—3月间，黄陂区成立了秘密的党区委会。1928年5—6月间成立红旗社，它是共产党的代名，实即区委会，它领导黄陂区各政权机关。1931年6—9月间第三次战争时期，黄陂区只有张允恔领导连陂乡支部和赤卫军以游击战术到处打击敌人，其他各乡支部被冲散了。三次战争结束后，由红军部队派来李德任黄陂区区委会书记，重新组织区委会。此时党的组织公开了（在1929年3月间就已公开）。李德召开各乡支部书记会议，重新组成了区苏维埃政府，从此党组织一直〈继续〉存在到红军北上抗日时期为止。

二、政权建设

　　1927年12月—1928年正月，黄陂区农民协会成立，在黄陂金鸡庙开一次会议，选举张元标为农会主席。1928 年 2—3 月间，黄陂区苏维埃政府成立，主席张元标。1928 年，他领导全区人民暴动，攻打宁都城，拆了宁都城墙，攻打宁都回来后就进行轰轰烈烈的分田地、打土豪，到处印刷宣传标语，黄陂暴动杀了廖会标、廖美更、廖会结 3 个封建头子，缴获了 8 支枪。分田各乡各村先后不一，从整个黄陂区分田来看，约于 1928 年至 1930 年，全区基本上完成了分田地。分田完成后，接着来了个查田查阶级运动（1930 年）。

分田运动的起因，一方面是在东古开会回来的党代表传达了会议的指示，另一方面是在《申报》上看到一篇文章论美、英、法、日、意五大帝国主义争夺中国互相之间发生尖锐的矛盾，指出中国人民应趁各帝国主义矛盾之机，积极开展反帝反封建运动，发动群众，减租减息，抗捐抗债，打土豪、分田地。因此，一个声势浩大的分田运动就此开展起来。《申报》的来由，是以黄陂一个学校的名义订两份报纸，一份学校看，一份拿到共产党内部看。

在分田运动中，各乡首先组织一个秘密支部为核心，以贫农团、雇农工会为主力，由他们报拟谁是地主、富农……再送秘密支部审阅。划阶级标准基本上与解放后土地改革同，以乡或村为单位，按土地、人口平均分，地主不分田，富农分坏田，中农一般不进不出，贫雇农分上田。

党和政权组织进行了三次整顿。一次是反对立三路线，一次是反对罗明路线，一次是杀 AB 团。杀 AB 团有些过左，许多知识分子的党员被杀害了，以〔之〕后中央下令停止了杀 AB 团，纠正了这个错误。

当时一般实行全民皆兵、组织军事化的政策，各村到了下午 3 时后，组织起来的群众就进行操练。当时【对】文化教育也很重视，各村都有列宁小学、夜校，入学儿童多是贫雇中农子弟，提出的口号是"十字教五字，互教互学"，还有列宁军事学校，村村都有俱乐部。当时只有农业累进税、商业税、屠宰税三种税收。

三、各次战争

所谈情况与文献记载和现有资料略同，仅第三次战争的确是"黄陂妇女、小孩、老人都会抓俘虏、缴枪、杀人"。例如，廖运松以 1 条扁担缴获 5 支枪，平溪一妇女以菜刀缴获敌人 2 支枪，70 多岁的谢和贵老人以菜刀杀死了十几个敌人，6 个 4—12 岁的小孩缴获了敌人 3 条军毯、枪 3 支。全区群众烧开水、黄叶水泼弄敌人是不胜枚举。

第四次战争：宁都出了一个模范营，少先队到福建改编为少共国际师。

第五次战争：第五次战争开始，李富春同志在宁都召开了全县干部会议，传达了红军北上抗日的指示，他说："红军北上抗日后，扩大了、壮大了，就会回来的。我们要坚持斗争，有一口气要打一口气，有一寸地盘要打一寸地盘。"红军北上后，敌人于 1934 年 9 月 20 日进攻宁都、瑞金、石城三县，我中央、江西省、各县机关留下来的人员约 5 万余人，组成一支游击队，在项英同志领导下进行打游击，一共打了 9 个①游击，项英同志曾对游击队说："我们要牵制敌人主力，分散敌人兵力，保证红军顺利北上，到各地要打联保办事处，要灭消〔消灭〕反革命组织，建立起自己的组织。"长胜县游击队 500 余人，在廖盛昌的领导下，坚持到 1935 年 6 月，在石城中华山被敌围攻冲散了。博生县、洛口县游击队 200 余人，在吊峰、黄陂、永丰、兴国一带山区打了几个月游击，最后剩下 11 人，在桃山坚持了 3 个月。1935 年 1 月 4 日，敌人围攻桃山；到 1935 年 2 月 10 日，11 人被冲散了。从此老苏区人民完全沦于反动派国民党的黑暗统治下，直到 1949 年解放，才又见到光辉的太阳。

---

① "个"字后疑有漏字。

第二次国内革命战争时的东韶、横江、陂头

一、革命的发动，农民协会的建立，打土豪运动

第二次国内革命前，东韶、横江、陂头和其他地区一样，深受国民党新军阀和封建势力压迫。土地绝大部分为地主、富农所占有，像东韶地富占有土地90%左右（其中地主占土地60%）。封建剥削十分严重，一般是"倒四六"分租，即地主分到六成，农民只得四成。好田1亩要交租13大桶（每桶20斤，合260斤）。次田也要对分，每亩交租100多斤。高利贷的剥削尤重，像东韶借1元钱，年冬要回2元（利率100%）。横江借10元钱，息就要6—8桶。有个最狠心的地主李逢春（罗村人）借给农民5桶，利息就要7桶（利率140%）。所以广大贫苦农民是吃不饱穿不暖。

大革命失败后，在党的领导【下】，1927年秋冬，湘、赣爆发了"秋收暴动"。同年底，横江也爆发了农民暴动。

先是赖沅泉（后叛变）等人在永村发动农民打土豪。1927年10月（夏历九月），赖金声（共产党员）从永村来横江进行秘密活动，传布〔播〕革命思想，鼓动群众抗租、抗债、抗粮。当时最流行的宣传口号是"万户欠我钱，千户安家眠，贫雇农跟我来，每月八块钱"。最先和赖金声取得联系的有下横江贫苦农民黎安祥（后被咬AB团杀）、黎宽模（后腐化变质，被杀）、黎有功（后思想退步脱离革命，红军北上后为国民党杀死）、黎云清、黎仁安、黎朝兴、黎成章、孙仁春等人，并且通过他们和上横江赵为珍（后叛变被杀）、李庆祥等人【联系】。这样，在横江就成立了秘密农民

协会。

那时，正逢国民党反动政府逼着农民收粮，在东韶设立了征粮处，限令期在12月底前必须交清，否则就要捕人，抗粮的时机就成熟了。

1927年12月（农历十一月），横江（联络了永村）农民百余人在赖金声、赵为珍、黎有功等人率领下，带有长枪6支、鸟枪几十条和梭镖，掀起了轰轰烈烈的打粮处的暴动。农民由横江到东韶，捉到由宁都派来的征粮人员杨云泉，罚了他500元钱才放走。从此，横江的农协会召开。当时农协会主任是赵为珍，并且开始打土豪活动。

横江暴动的胜利影响甚大，东韶、陂头和其他附近各乡纷纷派人来横江要求派人协助发动群众组织农协会开展革命。1928年，横江党组织先后派赵为珍到吴村、肖田、戴年，派黄礼发到好年、黄沙、漳灌，派赖金声、黎宽模到东韶、琳池、陂头去开展工作。王俊、彭澎也亲自到东韶一带指导工作。召开群众大会是发动群众最好的方法，如，赖金声有一次在东韶万家祠堂召开群众大会，号召打土豪、分田地，在场的土豪听了都脸红、低头，群众积极性提高了。

1928年春，东韶、陂头也都成立了农民协会。农协会的骨干大多是贫苦农民，如东韶有严佑宗（被咬AB团杀）、严世清（红军北上后被国民党杀害），陂头有黎进才（后叛变，反革命），除农民外也有农村的一些小知识分子参加，如陂头有黎泽明、黎泽有（后均因AB团被杀）。

农民协会成立后，各地都开展了打土豪的活动，主要方式是向土豪捐款，一般是不杀，也不没收其财产，至于土豪家里的鸡、鸭、肉被农民吃掉的〔了〕，对那些为群众所切齿痛恨的劣绅，在群众要求下也有被杀掉的，如东韶有曾宜三。

打土豪得来的钱大部分归公，用来购买武器——土枪、梭镖，作农协会经费和上交，也有一小部分分给参加打土豪的群众，当时称为"草鞋钱",如陂头每人给 1 元钱。

二、1931【年】前的党团的秘密组织

打粮处暴动后,在横江 1928 年上半年已经有党的秘密组织,东韶、陂头在农协会建立后,也建了党的秘密组织。横江、陂头都有支部(东韶待查)。在横江有党员 6 人,党员的对象都是贫雇农、农协会的骨干、打土豪中的积极分子。1929—1930 年党的组织有些发展,如,陂头在 1928 年只两三人,到 1930【年】有 9 人。

1931 年前,党组织都处在秘密活动状态,开会一般是每周 1 次,有时 3 天 1 次,都是在晚上开的,并且有人放哨。

党费有的地区交 4 个铜板(如陂头),有的地区交 7 个铜板(横江),用来买灯油、纸墨等办公用费〔品〕。

少共团的组织也在 1928 年〈品〉开始建立,横江、陂头两地最初有团员 10 人左右,都是贫苦青年农民,最早的团员是由党员介绍的。团是在党的领导下展开工作,党、团的组织生活常在一起召开的,团费和党费是一样的。

三、苏维埃政权的建立和群众运动的发展

1929 年 2 月(夏历 1928 年十二月二十九日),王俊、彭澎率领游击大队发动广大群众参加配合毛主席主力红军攻打宁都城。那时适逢天下大雪,但群众都积极参加。东韶、横江、陂头三地参加这次打宁都的有两三百人。当我们的游击队到东山坝时,宁都国民党匪军闻风弃城逃走;所以一部分就折回,另一部分人参加拆宁都县城墙,前后 5 天。

红军占领宁都县不久,在东韶成立了清泰区工农革命委员会。同年五、六月间,区乡的苏维埃政权正式成立,第一任区主席是赖而林。由于当时尚处在游击时期,区苏维埃政府的地址经常迁移。有时在东韶,有时在田营、吴村。后来划为两区,南团区、吴村区,东韶归南团区,陂头、横江归吴村区。

1932【年】四、五月间，在麻田成立洛口县以后，东韶、横江归田营区，陂头归肖田区。

各乡苏维埃都【是】由农协会转来的。最初设主席、财政、秘书、伙夫、交通5人，后来减为3人：主席兼财政，副主席兼秘书，交通兼伙夫。主席人选由各村代表先进行酝酿提出候选人，再由群众大会选举产生。

陂头乡苏维埃在1929年下半年，为工作方便，曾分为2个乡苏维埃，即陂头、龙下，但时间并不久，1930年3月又合并为1个乡。

随着苏维埃政权的建立，群众运动有了进一步的发展，各乡都成立赤卫队（25岁以上青壮年参加）。东韶、陂头三〔二〕地共有队员200多人，有土枪、梭镖等武器，除保卫地方外，也常出发配合红军、游击队作战（主要做运输、担架等工作）。1931年后，赤卫队都改为模范营，每乡成立一个连，模范营的士兵一部分编入独立团，经常出发去宜黄发展新区。

16—25岁青少年编入少先队，少先队设有书记、队长、宣传、组织，三个乡共有百余人。少先队在地方做禁烟赌、放哨等工作。1931年，改为模范少队，也常随模范营出发：去宜黄次数较多，将俘虏和地主押到黄陂去。

各乡都有儿童团，共有百余人，设有书记、团长、组织和宣传，有些工作和少先队一样，不过不出发。

当时的工会叫雇农工会，参加工会的人有铁工、木工、裁缝工、学徒、长工和其他打杂工人。东韶工会有会员70多人，设工会主任1人。工会费每月交5个铜板。由于成立了工会，工人的工作有了保障，生活也提高了。工资得到普遍提高，像裁缝工由过去1天2角加到2角5分。学徒过去没有满师是没有工资的，成立工会后，学徒1个月也有3元津贴，并且【师父】不能打骂和虐待学徒。

1930年春（可能是三、四月间），毛主席、朱总司令曾来东韶，由彭湃陪同到大戏坪（现在东韶分场办公处前广场）开过一次群众大会，朱德在会上曾讲过话。

由于国民党反动组织 AB 团混入我革命内部进行破坏活动，故在 1930 年八、九月间，东韶、横江、陂头都进行肃杀 AB 团分子。由于当时没有经过细致的调查研究，产生"乱咬"现象：如横江人黎安祥（共产党员，曾任区主席）、东韶人严佑宗（共产党员，曾任乡主席）等均被咬而杀；有些同志因而离开革命，如东韶黎从吾在当时任乡主席，被咬 AB 团逃到山里。这样使当时【的】党和政府一度混乱。第一次反"围剿"后，三军团政治部谭森、李寿等同志奉令纠偏，提出"封刀不杀人""真正的 AB 团也可以自首"，这样才安定下来。

四、分田地

在苏维埃政权成立后的第二年（1930 年），东韶、横江、陂头都进行了分田地。在分田以前（1929 年秋），只有东韶曾分过一次谷，规定不分大小，每人分谷 30 桶（600 斤），收成多的要将余谷交出，拨给收成少的，因此有些人对这个办法不满意。

1930 年正式分田，都是按人口平均分配的。分田工作是由〔在〕苏维埃领导下，以村为单位分的，各村负责分田的有分田委员会（3—7 人）。由于各村的田有多【有】少，因此每人所分得的田也不一致，一般是在 10 担谷田左右（2.5 亩）。田少的如龙下只分得 6 担谷田（1.5 亩），【田】多的如下横江每人分到 20 担谷田（5 亩）。根据田的肥瘠分为上、中、下三等，原则是抽多补少、抽肥补瘦、好坏搭配，如下横江每人 5 亩田中，上田一，中、下田各二。大部分地区都是地主不分田，富农分坏田。因为地主没有田分，只耕荒田和别人不要的瘦田。一般也不留公田，只有陂头乡陂头村例外。在分田时，地主也能分到一份田，而且和其他人一样，也是好坏搭配。到后来查田时，才抽回地主的好田给贫雇农，换给地主坏田（富农也如此）。而且陂头村在分田初还留有几十担谷的公田。公田由乡苏维埃出租给农民，每亩交租六七十斤，此谷作乡政府办公费用。后来这一点公田也取消了，分给新增的人口。

东韶集镇上的工人、小商也分给田，不过一般因缺乏劳动力都自愿放弃。

分田时，地主、富农一般是不敢公开反抗，有个别造谣破坏，说："共产党不长久，分了的田要回。"经群众揭发加以拘捕，顽固不化的送区里处问〔置〕。

五、保卫苏区和反"围剿"的胜利，根据地稳定，党组织的发展

在苏维埃政权正式成立前，东韶、横江、陂头人民就热烈参加过打宁都（1929年2月）。1929年6月（夏历五月二日），参加游击大队攻打东山坝国民党李南斋的靖卫团，李南斋逃走，捉其家属7人罚款后放走。

1930年12月，国民党反动派发动了对我苏区的第一次"围剿"，毛主席领导红军一、三军团在龙岗歼敌一师，活捉师长张辉瓒。后国民党谭道源师窜逃来东韶琳池，时间是夏历1930年十一月十四日。红军从小布迅速追来，控制了东韶西面的长江岭、灵云山、小元岭。第二天（夏历十一月十五日），从早上7时到下午三四时，红军和敌人展开了激烈的战斗，红军大捷，歼敌三四千人，缴获枪支数千，连一个祠堂也堆不少〔下〕，残匪向宜黄、广昌逃走。

在这次战役中，东韶、横江、陂头人民给红军以极大的支援。当白军来前，除年老的外都上山了，组织了向导队、担架队、运送队、交通队、侦探队，给红军以极大的支援。特别是东韶因地临开火处出力更大。战争胜利后各地人民热烈慰问红军，妇女们组织慰问队、洗衣队、做鞋队，少先队员们给红军唱歌，为伤员抚摸。老表们还把家里的干菜、辣椒拿出来给红军吃。第一次反"围剿"胜利后，在牛岗上（东韶南2里）召开活捉张辉瓒庆功大会，参加的

军民有几万人。

1931 年 8 月，第三次反"围剿"时，红军在黄陂歼灭了国民党毛炳文师后，国民党匪军孙连仲部曾在东韶、陂头、横江大肆烧掠。尤其东韶损失更加惨重，单东韶（包括 3 个村）被烧民房 700 多间，占全部民房的 80%；祠堂原有 27 个也烧掉 20 个。陂头 4 个村（哉江、陂头、洋宜、白水）被毁民房也有 100 多间，下哉江原有 30 多间房子，烧得只剩下 1 间。

由于反"围剿"的胜利，根据地在 1931 年基本上稳定下来。当时党和政府提出"向北发展"扩大根据地，宜黄是当时发展的重点。东韶、陂头、横江为向宜黄发展提供了不少人力和物力。许多干部抽调去担任发展宜黄县的工作队工作。模范营、模范少队随独立团去宜黄。

随着根据地的稳定，到 1931 年党的组织公开了，并且得到很大的发展。1931 年，在东韶、横江、陂头发展党组织工作〈的〉主要依靠三军团政治部（因为 1930 年杀 AB 团时，这些地区错杀了一些党员使党组织工作受到影响）。据不完全统计，1931—1932 年间，三地党员约有五六十人。同样团的组织在 1931 年也公开了，团员的人数也有增多，据不完全统计，横江、陂头两地〈有〉在 1931—1932 年间有团员 30 多人。

六、苏区时期的经济和文化

苏维埃时期人民的生活【水平】比国民党时有了显著的提高，农民分得了土地，不再交租，不用还债，土地税（累进税）也很低，粮食吃不完。猪肉过去给地主吃，现在农民自己有了吃。贫雇农过去娶不到老婆，因为娶一个老婆至少也得花 100 多元。婚姻自由后，没有钱的贫雇农也能"由"到老婆。工人的工资也提高了，如东韶裁缝工由 2 角增加到 2.5 角。只有盐、布很贵，因为国民党对苏区的经济封锁，所以盐 1 元只能买到一二两，布 1 元钱（银圆）只能买到 2 尺。为了〈使〉供应日用必需品（如盐、油等），成立了合作社，如东韶的合作社，每股1元2角，横江合作社每股2元。农民踊跃加入，入股份可以廉价买到油盐和猪肉，比市价便宜。红军家属可以优待，地主富农不能加入，也不能在合作社买到东西。1932年起，苏区曾发行公债三次，人民都踊跃购买，少者三五元，多的一二十元。为了帮助军烈属耕田，各村都有耕田队给军烈属代耕。国民党时东韶只有1个小学，苏维埃时每村1个列宁小学，共有3所。

七、红军北上后国民党对苏区人民的迫害和残酷统治

当红军准备北上时，反动地主已经开始加紧破坏活动。1934年8月间，田营区苏维埃政府迁来陂头（住牧牛岗），这时陂头反动地主罗东兰（土豪罗栋风子）秘密勾结自宜黄来的反动义勇军。在1934年九月底（夏历，日期不详）袭击我区政府，打死区政府工作人员2人，另一人重伤后死去。不久区政府就迁走。

接着，国民党匪军在同年十二月初三、初四（夏历）先后占领了东韶、横江、陂头，开始了白色恐怖。国民党先在东韶成立了联保办事处，在苏区时逃到白区的地主、叛徒都纷纷回来，如叛徒黎进才从宜黄回来就在陂头当保长，勒索钱财，无恶不作（解放前一月病死）。国民党来后在东韶、横江、陂头大肆搜杀共产党员、革命干部。据不完全统计，这3个地方有5人被残杀，其中陂头有个残废红军谢启忠被活埋而死。东韶共产党员严芝清在临死前高呼"保佑共产党万岁"英勇牺牲。此外也有被逼自杀的人，如陂头邱家△（共产党员）。

不少同志逃跑外地流离失所，几年不敢回家乡，即使冒险回来，家里的东西早被抢得精光，像黄必连（曾任区主席）家里连一只碗都没有，而且不敢出门上街。

留下来的同志也受种种迫害，先是严刑敲〔拷〕打，强迫"自首"，交"自新费"，少则10元，多则数百元，没有钱逼使卖房屋、家具，"自新费"交不齐，不发给"国民通行证"（没有"国民通行

证"就不能离开本乡到外地去）。其次，地主富农对农民进行倒算，夺去过去分得的田，并且还强迫农民交回几年租（看你有钱就交回几年，如横江有的被倒算 3 年）。分到房屋、农具、家具也都被一起夺回。甚至连农民"由"来的老婆也要倒算，像贫农李春生（东韶人，苏区时任雇农工会主任），曾"由"到一个老婆（原来丈夫在国民党靖卫团【当】士兵）。白军来后也被要了回去，并还要他交谷 600 斤。国民党还强迫人民交"月费"（每月要交），分为五等，每户少则 3 角，多到 1.5 元；以后加到最少 5 角，最多 2.5 元。交不出钱就坐牢。还给警察"草鞋费"，每人 2 角。此外国民党在征丁时，对参加苏区工作和当过红军的比一般群众更多，有时甚至被抽去 3 次，双丁、单丁都要抽去。由于国民党残酷压迫，人民〔口〕大大减少，如东韶苏区时有一千五六百人，到 1949 年解放前夕，只有七八百人，减少【了】50%。苏区人民在黑暗年代里经常怀念党和毛主席，他们深信共产党一定能取得最后胜利。

附：关于向宜黄发展扩大苏区问题

1931 年第二次反"围剿"胜利后，由于宁都根据地初步稳定，党和政府提出了"向北发展"扩大根据地的号召。宁都县北邻的宜黄是当时发展的重点。

1931 年 6 月，在宁都县北部吴村，成立宜黄县苏维埃（主席是曾德恒），同时建立武装——宜黄独立团和工作队。之后，县苏维埃也好，独立团也好，工作队也好，干部、士兵来源大都是由宁都各乡抽调的，如独立团的士兵绝大部分由各乡的模范营中抽调一部分人编入，没有编入独立团的模范营也常出发打宜黄，模范少队也出发配合独立团（如运输、担架、押俘房等）。去宜黄进行发展工作，是先由武装开路，攻打宜黄的反动地方武装——靖卫团、大刀会、守望队等，这些敌人是不堪一击的，每战必败。随着武装的推进，工作队就在新区发动群众，展开打土豪、分田地，成立区、乡苏维埃政权。乡苏维埃的干部都是从发动起来的贫雇农中挑选，区干部采取搭配的办法，即〔既〕有宜黄当地人，也有宁都去的干部。

1931—1932年，先后在宜黄县的南部发展了甘池、东陂、黄陂、七都东江、成江、金竹、五都等7个区（有的区因接近白区不稳定，存在时间不长，如五都区），县苏维埃也由吴村迁【到】肖田，后来迁到黄陂。

〔以上材料根据黄必连、李乾贵、曾祥福等同志口述，也参考严佑福（叛徒，解放后【被】划为地主）口述，由江西革命史调查工作队宁都分队东韶小组整理〕

调查访问记录

1. 访问廖村刘凤祥同志关于横江的部分材料

一、1929 年邹金声（又名赖金声）和一个姓江的彭志才 ① 组织游击队，负责人彭澎、王俊、王模，这支游击队有 100 多人，四十几支枪。

二、段月泉率领 100 多人来到廖村等地，负责联系的是赖汝林，组织农协会，主席是刘凤祥同志担任，组织打土豪。当时只要钱不要谷，钱充公后归公。赖汝林是永村人，后来因为他母亲吃斋而迁居在下寨观音庵里，他本人不吃斋。

三、1930 年组织苏维埃，当时是横江乡，横江乡包括廖村、水口、下寨、峰下、尾元。乡苏维埃负责人有 3 人，主席兼财政，第一个主席李清贤，第二个管弼才，第三个吴敬华。文书兼乡支部书记（当时文书是刘凤祥担任），伙夫兼通讯员。

打土豪、分田地之后，党团过宜黄去了（当时宜黄县的县苏扎吴村）。

四、党组织在 1929 年之前是秘密的，是由赖汝林在这里发展组织，最早入党的是在 1928 年，有刘凤祥、甘候和（横江人）、黎友功、余成玉（下寨人）、曾行华 5 人，组织党小组，由甘候和任

① 原文如此。

党小组①。在入党前先填入党申请表，入党时赖汝林对他们说，要努力工作，有坚定的意志和地富作斗争，不贪生怕死。党的组织生活基本上是一个月2次，有事议不定时②，当时会议的中心是打土豪和支前工作。每人每月交党费1角多钱。乡支部成立不久，党公开，当时有党员二十几人，村设党小组。

五、生产分季节，政府也有时〈间〉会来讨论生活问题，但当时主要是支前工作。盐供应紧张，1元钱只能买14两硝盐，后来1元银洋换苏币三十几元。从1930年起发行了两次公债。

六、当村苏维埃成立之后，红军经常地派人下来，下村来教〔训〕练赤卫军和游击队。在打土豪、分田地时也经常有红军来协助分田等工作。

七、关于李清贤和管弼才和国民党的地方武装斗争的材料，琳池组已掌握总结了，同时事实也相符，这里暂略。

八、杀AB团是办事处胡竹生干的，在廖村杀了3人（名不详）。在红军中的和外地工作的干部也有作AB团杀了【的】。

关于其他地方的线索

一、琳池的情况，刘棉青同志知道。解放后他做过乡主席，合乡之后才没有工作了。

二、东韶的情况，李从吾和万序安两位了解。

附：邹金声改名的原因

邹金声因为当时的工作，廖村姓赖的较多，为了工作便利，故改姓赖，名赖金声。

（访问人：宋华梁、叶敬煜、胡钦豪；整理人：宋华梁）

---

① 疑"组"字后有漏字，照录原文。

② 疑有漏字，照录全文。

2. 访问张仁春记录材料整理

（一）横江暴动

1927年9月，赖金声先到永村，横江有6人参加，黎有功、黎安祥、黎云清、黎宽模开会，要平产。1928年，赖金声来横江召开全村开〔大〕会，鼓动宣传要暴动，叫大家不要怕。当时永村有10多条枪，横江无枪。黎沅泉家住在赖沅泉家中，并说现在无枪，以后慢慢来，号召打倒资本主义和土豪劣绅，打倒粮处。1928年五、六月间，捉到杨云沅。当时横江和永村二地有100多人参加，赖有功带头。【把杨云沅】捉到横江后，迁〔解〕到永村，罚他几百元钱。以后成立农民协会，主席是赵为珍。

（二）政权组织的职能（打土豪、分土地）

农协成立后要打土豪、分田，打了万户戴赵祥、曾南如、万普济，要他们交钱，杀了恶霸曾宜三。打土豪的钱用来买土枪、土炮和分给群众。1930年2月分田，每人有4亩（16担）。有万元钱为地主，有土地〈一二〉千担以上。地主无田分，富农分坏田；地主耕别人不要的荒田，查田以后地主也不分田。起义这年，田营、陂头等处都来这里开会、学习经验后，派人到各处去指导革命。

（三）政权的形成

1930年，成立了东韶区、乡政府（清大〔太〕区），李安祥当主席，李兆新当书记。有人告李兆新是AB团，群众不同意，出来保他。1928年成立了乡政府，主席是余成玉，以后是张仁春担任，接着又是余成玉作主席。1931年春，区乡政府都移到兴国的东固，五六天以后就回来，老百姓都躲到附近（陂头）山上去。

（四）①

一次战争中活捉张辉瓒，迁〔解〕到琳池，后在牛角山开大会，把他杀掉。

（五）横江暴动的起因

在国民党统治下，农民借（地主）10元，就要还8桶谷（20斤1桶），在10月交粮（征购），12月就要交清，引起农民反抗。

（整理人：刘事聘）

3. 从黎从吾口述了解一些问题

一、关于打东山坝问题

1929年5月，我赤卫队（彭澎领导）在三军团协助下（待查），攻打东山坝国民党靖卫团李南斋，李南斋逃走。我赤卫队捉其家属7人，后来罚了7万元钱才把人放回。

二、乡村政府工作人员

乡主席、秘书、裁判（裁判负责地方治安）。

以上人员均由群众选举产生，群众有意见就要撤换，重新选举。因此在苏维埃时期，乡干部时常易人，有的做几个月，有的只做几天。

村：在平时没有正式机构，只有一个负责优待红军家属的优抚委员。在分田时，村里有一个执行委员（还是村主席，待查），负责分田的有5—6人的分田委员，还有1个土地部长。分田结束后，村政府机构也就不再有了。

三、关于分田

1929年，在没分田时曾经分过谷，规定每人可得谷4担。凡

---

① 原文缺。

是收入超过 4 担者（按人口计），应将多余部分交给不足 4 担者。这样的办法（按：是平均主义的办法）群众颇有意见，因此就没有继续实行。

1930 年秋，开始分田。当时是按村为单位进行分配的，每人分二亩半（10 担谷田）；分田原则：抽多补少，抽肥补瘦，地主不分田，富农分坏田。集镇上的工人、小贩、流氓也给分田。地主无田，只能去耕荒田。

四、暴动前受剥削情况

地主在东韶占田 60% 左右，大的地主有田 800 多担的，小地主也有三四百担，剥削甚重。好的田四六分租办法，地主要分六成，每亩交租 13 大桶（每桶 20 斤，计 260 斤）。差的田是对半分，一般要交租 100 多斤。

高利贷剥削尤为酷重，利率达 200% 之高，即借 1 元钱，年后要回 2 元。

五、苏区时人民生活改善

工人：工资比国民党时提高了（由 3 角 1 天工资提高到 5 角）

农民：都分到了田，不交租，不回债，不换粮（只交极轻的税，每人 10 斤、10 斤半），因此不仅不会挨饿受冻，粮食是吃不完的。其他肉类过去农民是不易吃到【的】，现在吃得比较好。

过去贫雇农无钱娶老婆，因为娶一个老婆至少要 140 元钱，红军来了，婚姻自由，贫雇农不少"由"到了老婆。

4. 访问东韶李春生老革命记录整理

民国十八年，在模范营当班长一年，后来就在本乡当通讯员，1932—1933 年当本乡雇农工会主席，解放后当过副乡长。在苏区时我有一个老婆，她家是中农，她丈夫是参加靖卫团的。红军北上后，她丈夫【把她】要回去了，又拿了我 600 斤谷子，一个小孩也被拿〔要〕回去了。

民国十七年八九月里，王俊带了十几条枪，赖沅泉、赖金声带了 100 多人，从横江到东韶来打粮处，抗粮、抗债，捉住杨云泉，后来起了农民协会。打土豪得来的钱给贫雇农买猪肉吃，10 个人有 6 个人不敢吃。当时我想哪里有这样的好人，买肉给我们穷人吃。

开始是王俊在东韶组织农民协会，严有忠当裁判，严兰清当乡里面的治安委员。

黎建有扩大了 7 个红军，打土豪的钱起了办事处。打土豪是民国十七年，打宁都是民国十八年，十八年打东山坝。

王俊、彭澎未来之前，从琳池来个〔过〕一次兵，叫做胡百万，叫龙团长，穿灰衣服。

区政府设在东韶，后来迁到田名，又迁到吴村。区主席是赖而林，乡政府有主席、裁判、秘书、书记。分田以前没有分过谷，乡里有赤卫队，25 岁以上的才能当赤卫队员，男赤卫队员出发上前线，有 60 多个人，有 10 多条枪、梭镖、土枪。女赤卫队放哨、站岗。赤卫队有正、副队长各 1 人。

【民国】十八年 11 月 15 日，我送信到田名看到了毛主席。

活捉张辉瓒之后，红军打东韶，包围了谭道源。红军围东韶，登小元岭。只留到宜黄一条路，逃掉一些反动队。在战争中，老百姓帮助红军带路、挑开水、挑军用品、抬伤兵……

1931 年 3 月，在琳池的牛元上开大会，有万把【人】参加，杀死了张辉瓒。

1930 年，开始分田，以村为单位，每人分 4 亩，田【分】上、中、下三等，每人最多 16 担，最少 10 担，好坏搭配，上田 2 担，中田 4 担，下田 6 担。富农分坏田，地主没有田分，小商贩、工人都有田分。村里有分田委员，由村里选的 4—5 人组织分田队。

当时有合【作】社，1 或 2 元为 1 股，发行公债，最多的买 20 元，最少的 1 到 2 元。

旧历 1931 年七月十三日，国民党来东韶烧房子，烧了 8/10，祠堂 22 个只剩下 6 个。

红军北上后，国民党收月费分为五等，一、二、三、四、五角，最少要 1 角光洋；收"自新费"30—40 元，最多到几百块钱的都有。没有钱的就买〔卖〕东西去交。杀人：杀了曾永田（在赣东办事处工作过）、严兰清等。倒算：在苏区分到的田、东西、农具，地主都把它拿回去了。抓壮丁：专门抓当过红军的，有的被抓过 3 次。

在苏区时组织雇农工会，有铁、木匠和做手工业的人参加，东韶有 70 多个人参加工会，每月交会费 6 个铜板。当时工人还加了工钱，裁缝工人加了两毛到两毛五。当学徒的每月可以拿到 2—3 块钱，在国民党时，学徒期间没有工钱拿，而且要给老板打洗脸、洗澡水，还要挨打。苏区时不准资本家打工人，不准开除工人，不准虐待工人。

5. 访问管弼能老革命材料整理

永村赖沅泉到山田做客，卢元发带了几个红军捉到他。赖沅泉说我是老百姓，不要杀。卢说要帮助搞农协和红军才不杀你。赖沅泉接受了。在民国十六年七八月里，赖沅泉回来后给老百姓谈到，要搞农协，组织共产党，以后要打土豪、分田地、分粮，农民有好处。于是，老百姓和赖沅泉打成一片。民国十七年，赖金声先到下横江来，下横江有六七个人接头，其中有赵为珍、黎安祥、黎有功、管弼材、李庆祥、黎宽模等，搞起秘密的农民协会，经常在半夜开会，躲在李庆祥家中后屋开。赖金声说：搞农民协会的好处，要打土豪，分田地，分给贫雇农，抗租抗粮。我 13 岁时就开始打土豪。

【我】13 岁^①（三月）【时】打粮。当时粮处到【处】追粮，不完清粮要捉人，管粮处的是杨云泉。当时下横江有 100 人左右，罗元发、赖沅泉等在永村那边搞来 6 条枪，还有鸟枪几十条及梭镖。后来抓了杨云泉，罚他几百块钱，才把他放走。后来农协公开了，由黎宽模、黎〔赵〕为珍领导。打土豪的钱，分给贫雇农，其余就上缴。打土豪主要是把土豪本人捉来，然后罚他的钱，整要 100 多元^②。暴动以后，国民党没有兵来。少先队是 14 岁，主要是放哨、查过路人，有做客、做买卖的准他们过，其他人不准。最早的党员横江有黎朝新、黎行章、黎安祥、黎为珍、管弥材、李庆祥。13 岁时我才知道有党的秘密组织，党内 7 天开一次会（秘密的）。

【我】13 岁入团。团是秘密的，和党员一起开会，是赵为珍发动的。当时只有 3 个团员，张显春、黎连生、管弥能。进团的条件是：成分、历史好。入团时不填表，就是说一下，但是不能告诉别人。赵为珍为我的介绍人，为珍给我说，入团的意义是为了打土豪、分田地，要提高警惕，划清敌我界限，抗租抗粮，可以自由结婚。横江当时有一个支部，党支书是朝新。党和团一同开会，主要商量哪里有土豪，打得多少钱等情况。当时团费每一星期交 7 个铜板，作为办公费，买灯、油和纸墨笔。党员也和团员交一样多钱，党费、团费有时可以隔一星期交。当时分配了任务到各地发展农协。党内开会主要是研究如何打地主、反革命等情况，了解好人、坏人的情况。开会时要站岗放哨，经常在李庆祥家开会。当时共青团员要站岗放哨，【看】守土豪，帮助党工作。

我 14 岁时〈成立〉横江乡政府【成立】，主席开始是赵为珍，秘书黎朝新。当时乡政府有二团、四团，由赵志家领导乡政府，四团打乐安，经常从这里经过。乡政府主要是分田，王俊的游击队在东韶有几百人，横江有七八十人，少先队有 20 多人，儿童团 10 多

---

① 原稿上方标注"管弥能现年 43 岁"。

② 此处不通，照录原文。

人。【我】14 岁时开始分田（2 月），每人有十四五担，以村来分，由乡村政府领导，村里无主席，有土地委员。分了田就无事，搞其他工作。地主无田分，富农分坏田、远田，可以分到一半，上、中、下田搭配，抽多补少，抽肥补瘦。地主造谣破坏者，抓起来送到区里，顽固的就由区判决枪决。【我】17 岁【时】曾查田，有七八十元就划为富农，这时纠正过来。1930 年十一月十四日（旧历），红军在田名见到白军，红军不打，上级指示明天打。打败白军后，老百姓都做布鞋、草鞋慰劳红军，送菜干、辣椒给红军，给红军抬伤兵和抚摸，少先队唱歌，妇女洗衣、做鞋、打开水给红军。

儿童团有书记、宣传和组织部长，乡里有 20 多个儿童。16 岁时党公开，党员十七八人。团员 10 人，赤卫队改为模范营。这时有 60 人成为一连（30 人一排），党团员带动宣传，动员参军，少先队 1931 年改为模范少队。当时口号是去当红军，打到南昌、九江去，以后回来吃老米。模范营帮助红军到宜黄打国民党（挑东西、武器等），少先队也去，捉地主，把他们迁〔解〕到黄陂。1929 年 2 月，【黎】宽模带 100 多人去打宁都。

横江成立了 1 个合作社，买油盐和杀猪。农民加入，2 元 1 股，入社后可便宜买东西，红军家属可以优待，地富不能加入，也不卖东西给他。有雇农工会。

红军未来时，地主放 10 元债要 5 桶谷利息，有些地方要 8 桶。若还不清，就要拿猪，或给他做零工。收租则拿 10 担，收四〈、〉【到】五成，最高收 4 桶（有庄田），东韶地主借出 5 桶还 8 桶利息。

苏区时，口粮可以解决。

解放后，横江反了 3 个【恶】霸，一是李连生，一是戴书贵、李红春，李当过保甲长，是地方绅士（劣绅），他在地方强〔横〕行霸道。这时还要派月费。解放后每人分 9 担谷田，当时壮丁费每丁 2 元。

李庆祥、管弼财在吴村联保局被杀（因被告为土匪），其他都跑了。

红军北上后，地主要倒算，几年的租倒给还地主，平了东西，财物也给还地主。

6. 访问黎朝兴材料整理

赖金声先到永村来接头，联系的人有黎安祥、黎云青、黎仁安、张仁春、黎成章、黎弼材、黎朝新。1927年七八月里，秘密宣传要暴动。开会后由弼材、为珍到上横江联系。这时还未入党，只成立了秘密农协，这些人都是贫农。金声是党员，发动群众打粮处，时间是1927年11月间。打粮处原因，由于发动群众，告诉群众，无吃就要打地主，平地以后有田种。当时口号："万户借我钱，千户在家眠……"，这样老百姓很喜欢。还不起粮，就要坐牢，10月份征粮，12月份要交清，主要是抗粮。于是，组织了100多人参加，永村无人，主要领导人是李宽模、赖金声，有鸟枪。在东韶捉到杨云泉，罚了几百块钱后才放走了。以后组织了农民协会，主任是赵为珍。（1928年）这时，有了秘密党组织，成员是赵为珍、李庆祥、黎弼材、黎朝新、黎安祥，支书是赵为珍。开会是在安祥家后房开，常是晚上，3天或7天开会一次。开会时有赤卫军放哨，开会主要研究如何打土豪，还要交党费，每月7个铜板，用来点油、买笔。1928年成立了团，有时和党员一起开会。介绍入党的是金声，我的介绍人是为珍。入党时，为珍给我说：入党是政治生命，要发动群众，做群众骨干，为群众服务。暴动以后，永乐、田名、下宅、东韶等附近地方派人来此学习，搞农协还派人出去。1928年打土豪，罚他的钱，劣绅也不杀。1928年底打宁都，农协有1个主任、6个执行委员。1929年四五月里起乡政府（苏维埃），主席是安祥，秘书是朝兴。有区政府（清太区），先在东韶，后在吴村。先成立县、区政府，起农协，有王俊、王模来此。有游击队，叫游击大队。区有裁判，乡无裁判，村无主席有村代表。区里有主席、秘书、宣传、财政、裁判、粮食部和党团支书。毛主席是1929年来的，住【了】两三天就走了。1929年7月，打过靖卫团（在赖坊），主要是赖洪波的兵，有几十名，赖被打死了。游击队长是陈明亮。

1930年春分田，贫雇农分20担（5亩），上、中、下搭配好分，上1亩、中2亩、下2亩。中农田不动，抽肥补瘦，抽多补少。地主耕别人不要的荒田。富农也有田分，是中下田。乡里有人派来分田，村里有代表，有分田委员，大概有三四个人。打战时老百姓帮助红军洗衣服、慰劳伤兵、挑开水。杀AB团是1930年八、九月间。

赣东办事处1930年搬到此地，管理县区政府，办事处主任是胡竹生，书记是谢维俊。1931年，党已公开。

北上以后，要过去当过红军的人出"自新费"，有100元、50元不等，我出了20元。李庆祥、管弼材在吴村被杀，曾俊发（村代表）被杀。月费2元，最多要5元，最少2元（开初几角）；还有壮丁费，双丁、单丁都当兵，地主的儿子不当兵。

7. 东韶资料

访问对象：黎早秀

一、政权建设

在我十八岁时（1927年），彭澎来到东韶起农民协会。农民协会主席是黎春英（现在是反革命）。

1927年五、六月间，县苏维埃设在东韶→宜黄→南团，县主席是彭澎，他做过县里的军事科长。

二、毛主席、朱总司令来东韶

1930年三、四月间，毛主席、朱德、彭澎在大戏坪开会。

三、彭澎个人事迹与战役

1927 年，彭澎带人打赖坊，赖九成走了。

1928 年十二月二十八日（1929 年 2 月间），彭澎带领东韶、洛口、琳池等地方赤卫队到宁都拆城墙。

1929 年三四月，彭澎带人打东山坝。

1929 年四月间，毛主席来信要老彭进东固去，老彭脚痛没有去。

1930 年七八月间，彭澎在右坪老百姓家里弄饭吃，有个老太太对他说：你还在这里弄饭吃，反动派来了，你还不走。彭澎就上山去，两天没有下来，而且饿了两天。

老彭在干革命的时候很苦，两脚都摔烂了。

附注：黎早秀在 19 岁时与彭澎结婚，21 岁时彭澎牺牲。黎现年 51 岁。

8. 黄必逋口述材料

黄必逋，宁都县陂①人，现年 48 岁，公社社员，未任工作。

在头次革命（第二次国内革命战争时期），我当过乡团委书记、模范连连长、区财政部长、区主席，扩大红军为中心领导工作，打土豪，运送物资，担架运输，这也是个任务。

东韶打粮处后，横江黎宽模来陂头与农民黎进财、黎泽明、黎泽明〔有〕、曾秀时等人接头商量起农民协会。我 19 岁时起了农民协会，以后就打土豪劣绅。最早农会主任是黎进财。因 AB 团他就逃到白军（区），叛变了革命，到 1949 年 4 月病死了。泽明、泽有杀 AB 团时【被】杀了。乡苏维埃有主席、秘书、财经、伙夫。

---

① 原文如此，疑"陂"字前有漏字。

1930年二三月间分田，以村为单位分的，有的村分8担（2亩），有的每人分6担（1亩半），有10担的（2亩半），地主也分到一份差田。我19岁时入团，团书记杨清祥，有时党员也参加开团员会，每个月交团费4—5个铜板。当时有七八个团员，团员主要任务是扩大红军。彭澎、王俊经常来打游击。第四、二团从这里经过，公开时有团员十五六人。【我】21岁当团委书记，领导少先队儿童放哨、送信。

三次战争，我〈自己〉帮助红军带路。7月1日，红军与国民党孙连仲白军在这里打火（打仗）。红军从乐安过漳灌，过营元到这里来的，红军有2000多人，从中午打到黄昏，没打退，半夜时红军就到白水去了。

当时有发展宜黄、抚州的口号。首先发动贫雇农，打土豪，召集群【众】开会，组织宜黄独立团营，团长是曾德行（被白军捉）。独立团是从宁都扩大的，总的来说是少先队、模范营自愿报名参加或改编的。曾德行是宁都永乐人。1931年，赤卫队改为模范营。宜黄县首先成立于吴村，后迁小田→东陂→黄陂。

他说工作队主要是做发展新区的工作，是由各地方调来的干部组成的。当时工作队有几十个人。工作队宣传共产党救贫雇农，打土豪劣绅，捉流氓。宜黄县有柑池、七都东江、陈江、东陂、宜黄、金竹等区。

1931年3月，洛口县成立于麻田，当时在麻田一个祠堂里开成立大会，各乡有代表参加。县苏维埃主席是李显富，洛口包括小田、洛口、田名、南团、前山等区。

我在乡苏维埃政府当过财经，当时收累进税，怎样累进不记得，收屠宰税。先有累进税（按亩收），后来就没有收税。当时陂头还有公田几十担，租给农民，每亩交税六七十斤，后来这些公田又被分【给】刚出生的小孩了。

红军北上后，国民党反动派杀了严朝金，他当过区裁判部长，在路上被地主杀的，国民党还活埋了一个姓严的红军伤兵。我家里的东西都被国民党抢光了，国民党打朝金时又打我，但失了火，我就逃跑了。在外地帮长工，回到家里也不敢出去做工，别人见到我就叫我是"土匪头"。邱家章被迫自杀了，他是共产党员。解放后，我做过半年乡长，后来因病没当了。

9. 访问严佑福资料

在苏维埃时我当过乡主席、县裁判部长。1929年，黎宽模到陂头与黎进财、黎泽明等接头。打粮处是1928年冬天。以后就起农民协会，东韶就是王俊在起，陂头是接横江之后起农民协会。赖而林是清太区的革命委员会主席，清太区有七十三四个农民协会①。清太区是在1929年成立的，1930年12月3日，成立苏维埃政府，县苏维埃政府设在麻田，县主席胡元生。

1928年八九月，江沅祥、江兆明来陂头秘密发展党的组织，黎泽明、黎进财入了党。1931年，三军团来公开发展党组织。1930年，我入党。黄必田是团员，又是团书记，有十七八个党团员。1930年，我是党支书记，当时有9个党员。3个党员介绍一个入党，入党条件以贫雇农为中心，中农要行动表现得好才能入党。党员要起骨干作用，不怕生命（牺牲），什么工作都要带头。党费每月交4个铜板。党团员常在一起开会。1929—1930年，党员做秘密调查工作，与政府联系，党员要紧跟着共产党。1931年，有三十几名团员。

1929年冬，毛主席军队从宁都来东韶，住了1个多月。

1930年，成立龙夏乡苏维埃政府，又交了一次款。1931年，龙夏与陂头又合并了，乡主席还是黎进财。乡苏维埃有主席、秘书、财经。清太区革命委员会于苏维埃政府成立时就分吴村、南团两个区，陂头为吴村管，东韶属南团管。

---

① 原文如此。

打三次战争后，就提出"发展宜黄、抚州，向北发展"的口号。宁都县分来的工作队，李靖当县委书记（宜黄县的）、独立团长是曾德行。由吴村、南团各乡调干部参加工作队有卅（三十）几个人。模范营在战时就被动员打仗，打仗完成了就回家生产。宜黄县有 6 个区，主要是□地主武装，和红军的配合发展到宜黄去的。宜黄县政府最早成立在吴村（1931 年 5 月）。武装先行，工作队就跟着后面宣传。

红军北上，大军队都走了，有少部分红军在陂头牧牛岗成立区政府 1 个多月，后来就被国民党的义勇队包围，杀了 3 个人。

黎进财是叛头〔徒〕，黎泽友不是烈属，曾德行被国民党杀了。

1930 年分田，地主不分田，富农分坏田。每人分 8 担，交粮每人是七八个铜板。

附注：本材料仅作参考，因为严佑富〔福〕现在是地主成分，怕他讲的〔得〕不真实。（许弟倬）

10. 曾祥福老革命同志口述资料

本来这个地方（陂头）都是苏区，民国二十三年（1934 年），罗东兰组织义勇队来打设在陂头牧牛岗上的区政府。当时，正当红军〈将〉要北上时，他们从宜黄回来组织义勇队来打，而且罗东兰是秘密组织的。打死 3 个人，而严凡新是当时区政府的工作人【员】，他现在还在坎头工作。

苏区时，我家是在洛口区头田乡。红军来之前，头田有两个大地主，有两【个】留洋生。地主对农【民】剥削很重，倒四六分租。我 9 岁时死了爷（父亲）以后，就给地主看牛，帮长工到 20 多岁。1934 年，我由宜黄到琳池，那个时候很苦，我在宜黄县苏维埃政府当宣传员。二次火后（二次反"围剿"）后，宜黄县成立于吴村→小田→宜黄。我是 1932 年到宜黄去的，当时在宜黄做工作很危险，因为宜黄有地主武装靖卫团、大刀会经常扰乱革命。我们白天在县政府上班，晚上就搬到山上去睡觉，不敢在县政府睡。

那时有独立团和新独【立】团。老独立团是属宜黄县管，新独立团则不是。老独立团后来编为第四师，听说曾德恒是师长，起初曾德恒是独立团团长。

1928 年，我在帮工。1927 年，坎田地主、土豪劣绅〈就在〉组织团练，保护资本家。1928 年，王俊、彭澎〈就〉来【到】田头。赖沅泉首先来田头开会，准备组织农民协会，打宁都城后就起农民协会。打土豪、分田地得来的钱用来打梭镖、土枪、土炮，组织苏维埃政府。那时赖沅泉出卖王俊，后来他自己也搞垮，听说赖沅泉到最后还自杀了。

我是 1933 年在宜黄县入党的。有次打到二渡，只离宜黄 20 里路。有一天打到宜黄城又退出来了。工作宣传队是跟着红军后走的，工作队的干部都是各乡调来的干部。有"往北发展"的口号，而没有"发展宜黄、抚州去"的口号。主要是宁都县人来领导宜黄县。宜黄县有柑池、七都东江、陈江、东陂、宜黄、金竹等 6 个区，红军占领最久的是宜黄、东陂、金竹区。

主要战争是：打草鞋岗、璜陂，时间是在 1932 年，是五军团和三军团打的。

1934 年，我由宜黄回到琳池后讨老婆。国民党李友△捉水南人老革命李学文杀了，还用棍子打死 1 个老革命。另外国民【党】来收月费，说你们当过"土匪"的都要出月费。宣传工作主要是发动群众、组织群众选举干部，打土豪劣绅，那时没有县长这个名称，只有主席。

按：曾祥福老革命同志是洛口田头人，自小就给地主看牛、当长工到 20 多岁。第二次国内革命战争时，在宜黄县苏维埃政府当宣传员，苏区时就加入了共产党。现在琳池、陂头一带做民政工作。

11. 李乾贵老革命口述资料

1930 年上半年，我当乡苏维埃副主席，下半年在吴村当区宣传员。1931 年，带模范营到宜黄去参军，后来上级又派我回到吴村工作。

黎宽模、王模、胡竹生来陂头组织黎进财、黎泽明、黎秀明〔泽有〕等在 1928 年上半年起农民协会，主任是进才〔财〕，沢有、沢明是书记，后来他两人是杀 AB 团时【被】杀了。进财后来叛变了革命。起农会后就【打】土豪，向土豪借款 100 多块〈的〉，打土豪黎宜春、李上中、罗炼△，没杀土豪。打土豪的钱用着起农会和发给参加工作的人，叫草鞋钱，每个参加工作的发 1 块光洋。打土豪来的衣服发去给当红军的人穿。

1928 年底，陂头有三十几个人到〔去〕打宁都县城，我也走到东山坝，听到国民党反动军队已经逃走〔离〕宁都城，我就打转身了。

1929 年上半年，农会改名为苏维埃政府，当时还是进财做主席。1929 年下半年，由陂头乡分出龙夏乡苏维埃来；1930 年，又合并为陂头乡了。

1930 年春，陂头开始分田，每个人分 8 担，地主也分到弱田。分田是以村为单位的。乡里执行委员到村里组织分田委员会来分田。红军未来前，地富占田 50% 以上。

我是 1931 年 8 月 14 日在琳池开庆祝大会后就入党的，当时有二十几个党员。1933 年，有党员六七十个，党员做领导工作，最艰苦的工作由党员去做。

清太区后划分为南团、吴村、东韶 3 个区。1931 年七月十四日（古历），国民党反动军队来陂头烧了 100 多间房子（包括陂头、哉江、洋宜、白水汗），下哉江本来有二十几间房，烧得只剩 1 间房子。

1934 年七八月，由麻田搬来一区政府（地点：陂头牧牛岗），罗东兰的义勇队就来包围区政府，打死两个工作人员，有【一】个受伤。义勇队走了，区政府不知搬到哪里去了。

1934 年十一月四日下午（古历），国民党大军〔部〕队来了，在东韶成立联保处，主任是黎××（绅士），黎进财做财政，1935【年】又当保长，勒索钱、收租等，国民党来了还收自新费、月费，出不起就打。

本来乡政府设主席、秘书、财政、伙夫、交通，后来只有主席、副主席、伙夫 3 个人。

向北发展，打到南昌、九江、汉口……去，没有提出"发展宜黄"的口号。

宜黄县独立团是由宁都县各乡的模范营的一部分编制的，团长是曾德恒（永乐人），他很爱护士兵，打倒土豪来的钱主张多发给士兵。

（访问人：江西党史调查队宁都分队）

12. 访问洛口区材料

甲、一般情况

一、直属血亲烈属 367 户，旁系血亲烈属 454 户，共烈属人口 1362 人，绝户烈属 154 户，工属 417 人，荣属 93 户 458 人。

二、斗争历史

1928 年，赖坊乡允村①赖源泉、赖金声、王茂等以教书为掩护开始进行秘密活动……1929 年，开始建立苏维埃政权。赖源泉率领进步人士和毛主席、朱总司令见面，接受指示及任务，更积极地

---

① 在当地方言中，"允"与"永"音似，"允村"即为"永村"。

建立了各种基层组织，如，儿童团、少先队、妇女会等，积极支援我军，向〔与〕封建势力及反动派进行激烈的斗争。

三、游击队班长李元乡等带 12 人在陂头〈市〉（现属吴村区）防守，伪军一个师来侵犯苏区，李同志把队员分成 6 组，配合当地群众分散在山林中，用土炮、梭镖把敌军挡住，坚持斗争一日一夜后，我军主力赶到，把敌人打败，取得了伟大胜利。

四、第二次反"围剿"时，洛口全区人民起来，家家户户自动捐献粮食、干菜、金钱、布匹，妇女们争做军鞋、宣传、慰劳看护伤员等，儿童团站岗放哨……洛口乡的女宣传干事罗四秀曾宣传鼓励 20 余个青年参军，毛主席号召扩大一百万红军时，她劝自己的丈夫李兆金参军（独立团），因此推动全区青年踊跃参军。

五、伪军的残暴罪行：……赖坊乡赖克明曾任宜黄县委，1932年，在东璜〔黄〕陂被靖卫团黑夜包围被俘，严刑逼供，到死不屈，被敌人用火油烧死。……1931 年，琳池村【被】国民党第八师毛炳文部放火烧毁民房 897 所，祠堂 27 所被烧去 22 所；抢去耕牛 11 头，猪 35 只（其他财物损失约银洋 1 万元）。

六、永乐村的曾德恒任宜黄军事部长，在宜黄崇山区与敌坚持斗争 2 年多，建立苏维埃政权（？）①，在新丰与敌坚持斗争,〈多次〉屡败敌第八师，扩大了自己队伍，后提升为师长。

七、李黑面是一个 16 岁的青年团员，任过洛口全县少先队兼侦察情报工作，调查出 AB 团 10 余人，曾一天亲手杀了反革命 12人，封闭亲叔父李开泰的烟馆。

八、自 1931 年反动派潜入我内部建立 AB 团后，当时缺乏调查研究而引起错杀我自己的革命同志，本区杀 AB 团 143 人，其中只有 27 人是杀得对的，其余 116 人是我们革命中的积极分子被咬错杀，如赖斐宗曾任乡主席，就被一个真正的 AB 团诬告而死。

---

① 原文如此。

乙、红军北上后受国民党的摧残情况

一、全区被杀害区以上干部与军队战士和干部计 276 人；

全区被杀害组长与乡主席 178 人，人民 3259 人；

烧毁房屋 3247 间，抢去粮食 1328280 斤，耕牛 314 头，农具 8032 件，家具 33892 件，地主夺田 18646 亩。

二、（略）①

三、和国民党斗争事迹：

永乐乡曾德恒在红军北上后，和敌军去宜黄崇山区与敌军斗争 3 个月后，以〔因〕众寡悬殊（敌一团，我只 100 余人）被敌四面包围，他率领 12 个弟兄冲出包围后被恶霸所捕。1935 年 1 月 5 日牺牲，临死高呼："共产党万岁。"再有李有才是个模范营的战士，伪政府捉他当兵，他组织 14 个青年在烟斗坑挖开一个坑，预备活埋伪区长易之蕴，被伪政府发觉，逃奔他乡不敢回家一直躲到解放时。

丙、解放后情况（略）②

（访问人：中央访问团二分队第一小组）

13. 洛口乡访问材料

一、一般情况（略）③

二、斗争历史

1928 年 5 月，由王俊、彭澎、肖海鹏、王幹等在该地发动，到 1929 年主力红军到达该地，开始建立苏维埃政权，全乡参军 147 人，参加过战争 45 人，其中病死 83 人，战斗牺牲 21 人；参加后

---

① 原文如此。

② 原文如此。

③ 原文如此。

方工作 71 人，其中死亡 40 人，共牺牲 144 人。

三、群众对红军的物质支援

自动捐献鞋子、鸡蛋、干菜、粮食，青年自动参军，少先队做诱敌、扰敌、向导、运输等工作，妇女做宣传、慰劳、看护伤员等工作。儿童拿着梭镖站岗放哨、侦探敌情及检举破坏分子等工作。

四①

当斗争环境中曾杀 AB 团 12 人，即曾常桂、曾兴明、张接禄、李振邦、李允中、李允助、李思远、丁永金、丁还威、赖斐秀、李思训，妇女李新仁，其中杀对的有 2 名，李允中、李允助是真正的 AB 团，其余 10 名是错杀的。

五、与反动派进行斗争的模范事迹

自建立苏维埃政权之后，进行各种宣传动员，人民对党有了正确的认识，群众自动自觉地建立了各级组织，对敌展开了激烈的斗争，如：李黑面，12 岁任儿童团队长，领导队员站岗放哨、送信、探取敌情，配合少先队打土豪、分田地，办事大公无私，如将他亲叔父李开泰的鸦片烟馆全部没收。在 1933 年，因工作积极调任侦察便衣工作，曾查出 AB 团 10 余人，并在一天中亲手杀死反动破坏分子 12 名。又如，妇女罗四秀任乡宣传干事，曾动员 20 个青年参军，后来毛主席号召扩大红军，她劝自己的丈夫李兆金参加红军，因此，引起了广大青年热烈参军。

六、红军长征后国民党摧残情况

1934 年 10 月，红军北上后，伪军进〈攻〉占，建立反动政府，对人民及革命同志进行惨无人道的屠杀、压迫，如杀害少先队长李黑面及游击队员扁嘴子，及压迫其他革命同志出"自新费"银圆 6 元到 50 元。

被烧房子 2 所，掠去耕牛 12 头，猪 60 只，捐去乡积谷 5 万斤，支持地主恶霸进行倒算。

---

① 原文如此。

在反动派统治 15 年中，一贯进行苛捐什〔杂〕税，名目繁多，又抓壮丁拉夫，强奸妇女，无所不为。

老根据地人民深信革命一定会胜利，翻身的日子总有一天会到来，他们怀念党和毛主席，如老革命徐忠义是个老实的贫民，曾任过村代表，唯有一个儿子已参加红军北上抗日，他还存留 72 元苏区钞票，密藏在壁洞内，作【为】永远对毛主席的留念保存下来。

七、解放后：（略）①

（访问人：中央【苏区革命史调查】访问团）

14. 苏区少年烈士"李黑面"

李黑面是宁都洛口城上村人，因他左面颊上发黑，乡里人称他为"包黑面"。3 岁死父，7 岁死母，8 岁开始给地主放牛，常常挨打吃不饱穿不暖，因此树立了他对统治阶级的仇恨。

14 岁时（1930 年），任儿童团队长，领导队员站岗放哨，探取敌军情报……

1933 年，转入少先队，由于工作积极，光荣地参加共产主义青年团，在支前和生产中积极带头。在粉碎敌人三次"围剿"中，他发动群众广泛宣传，参加运输、守卫等工作。执行上级政策大公无私，叔父李开泰不务正业，贩卖鸦片，开设烟馆，他首先对他说服教育，李开泰顽固不化，李黑面就率领队员封闭烟馆，没收其财产。

不久，李黑面升任洛口县少先队大队长兼侦察敌情工作，曾调查出真正 AB 团 10 余人，一日内曾杀过反革命 12 人，为民除害。

1934 年 10 月，红军北上，李黑面和 6 名游击队员在麻田、永乐一带山地坚持斗争 3 个月之久，至 12 月为叔父李开泰所诱，被伪区长易之△捕捉，用尽惨无人道的刑法，灌辣椒水……想从他口

---

① 原文如此。

中得到其他队员的下落，但他始终闭口不言，受刑极痛时便高呼"毛主席万岁，共产党万岁"。刽子手易子△^①束手无策，想把他送到宁都请功，途经城关区七里村大路口，路旁有一大池塘，他乘看守人不备，纵身跳入塘内壮烈牺牲，时年仅18岁。

（访问人：李禧汉）

15. 老红色战士李登金

李登金同志是宁都洛口区古夏乡人，现年43岁，是老苏区的革命荣军。

1931年，毛主席在洛口一带领导农民土地革命，李同志带领组织少先队积极参加打土豪、分田地。由于工作努力，被吸收加入共产主义青年团。1932年，转为候补党员。25岁时，参加红五军团十三师，后又改编【为】独立团，由战士升任副连长、宣传干事等职，转战福建建宁、泰宁等县，曾负过伤。

1934年红军北上后，李同志曾在游击队和敌人斗争了几个月，但是众寡不敌，终于解散。李同志回家后，反动政府要把他活埋，他一点也不害怕，临难挣脱绳索逃走，不幸李同志的63岁的母亲被伪政府捉到山上用石头活活打死，他的妻子同样被地主抓到山上烧木炭的窑内而熏死，家中财产全部被抢光。

1949年解放后，李登金同志又看到朱总司令的军队，十分兴奋。在去年反霸当中亲自率领民兵站岗放哨，抓住黄陂区逃亡大地主廖界峰，送给县人民法院，为阶级兄弟报仇伸〔申〕冤。土改时，他家分到20担田，还分了胜利果实，政治地位提高。（下略）

（访问人：中央访问团）

---

① "易之△"与上文"易子△"疑为同一人。

16. 老革命同志徐忠宜

老革命徐忠宜同志住在宁都洛口区洛口乡富山村，出身贫农，秉性忠厚，人称好子弟。1928年，洛口区革命浪潮高涨，建立苏维埃政权，投身革命，曾任村长与村代表之职。他有两个儿子，一个在苏区时已长大的名叫徐忠保，于1933年参加了前线部队，1934年北上抗日。他在反动派进攻后，家产被抢光，被恶霸禁止说话数年之久，一切权利都被剥夺，过着牛马不如的生活，他知道共产党和毛主席会回来，将他家中苏区票72元冒着生命危险想保存起来，他在漫长的黑暗统治中想念毛主席和共产党。

现在，他第二个儿子也参加革命，任乡政府文书。他今年已有67岁，生产战线上不亚青年；抗美援助捐献，他慷慨献出8万元，还叫儿子捐薪水2个月，徐同志对国家作出了模范带头的作用。

17. 访问廖营爱人卢月英记录

廖营他母亲31岁未开怀，两兄弟都只有这根苗，家里虽然是苦，但看得很重。5岁便发蒙，到19岁（1924年）从宁都读书毕业回来，没有什么事做，第二年便在高排教书，教曾玉春（高排的万户）的子女。当时，他回来对我说："资本家的子女难教呀，连画画都有意见。"后来曾玉春不给他薪水，他故不教了回来。

回来闲在家里，正在这时，在宁都的同学彭澎来找他，这年他是23岁（1928年），就在这一年，他和高排罗万正（也是在宁都读书的同学），小浦〔布〕黄相万、抚州袁红吉等几人到毛主席那里开会，五六【天】之后便回来了，我问他到那里做什么，他告诉我说"到毛主席那里开会，洗脚几人共一盆水，是在山上"，同时还说能成功就好。

第二年（1929年）热天，他和彭澎、罗万正等100多人，在麻田的坝下吃雄鸡血酒，发誓永远跟着毛主席，不能叛变。接着便组织赤卫军、农协会、工会、纠察队。他父亲便教〔叫〕他不要搞，说搞不得，会搞出雷天大祸来，将来屋角瓦檐都会搞掉。他要跟罗万正他们一起到红军里去，我公公又不肯。事也是大怪，就在这年，高排邱德昭（国民党排长）带着白军来捉人，家里什么东西都被搞了，果然不出我公公所料，我一个刚刚生下9天的男孩子被他们搞死了。我公公逃了，婆婆躲在邻舍的床底下；我正在月子里，躲在娘家，他本人躲在下湾龙头庵的神像后面，才脱了险。白军走后，他便带着赤卫军过永丰去了。邱德昭没有捉到他又到高排捉罗万正，罗万正已跟红军走了。邱德昭同样地洗了罗万正的家，邱德昭还说："共产党什么也没有，日子是不会长的。"同时还出告示说，只有捉到了他们地方才会乐安，还说哪个捉到了廖营赏金500元，捉到了罗万正赏金500元。

同年冬天，廖营从黄陂又回来了，仍然组织群众起来革命，正在准备分田，土豪已打了。

正在这时，黄陂廖南生三次状纸告他，便在他25岁（1930年）的古【历】七月初一日，被廖南生捉去，3天后便杀在黄陂。

廖营死了后，当时兴自由结婚，我就有了一个老公，就是曾队长（曾带保）的父亲。刚生下他，他父亲又当兵去了，一去几年不回来。在五次战争时，在驿前打死了。唉！我的命真苦呀。后来又招了一个年轻的，生到这个（指着身旁的儿子），这家伙三岁的时候他父亲又死去了……

廖营死后不久（1934年1月间）[①]，钟苏标带着几百人从小浦〔布〕那边又来了，他说"这样一个忠于革命的人，为什么又杀了"。他还要我公公去查清，我公公说："我在麻田是小姓，哪里查

---

① 时间疑为1931年1月间。

的清楚。"（下面的卢【父】亲的意见较多）

钟苏标来了之后，便【接】廖营的手继续分田，在分田之前先查田，掌握谁家有多少田，有多少财产，事后才再来划阶级，查清了阶级便平均【分】土地，进行分田。在第一年（1930年），每人平均分5担谷田；第二年（1931年）查田又补了半担，每人平均约5担半谷田，分田之后发有土地证。

当时在这一带工作的是从兴国、于都来的干部，有几百人，和大家搞得很好。

民国二十二年（1933年），洛口县成立。

在第二次战争时中央政府和省政府、江西军区都搬到永丰交界的芦风岭。

（整理人：宋华樑）

18. 访问曾英行记录

我16岁时在麻田一家店内做学徒，卢寿田经常地来店里，便认识了他。就在这一年（1930年）5月间他便介绍入团，就〔被〕派到黄陂团训练班学习。一年多之后回麻田，组织模范营，不久便【到】地方上工作，做乡苏维埃的文书。在五次战争时，打过一段时期的游击。

民国十八年4月间，钟苏标带有几十支枪、几十个人来到麻田。首先和他们接头的有卢寿田（现在洛口某一个庵子里吃斋）、卢友玉、曾正花，酝酿组织麻田农民协会，提出打土豪，打了万户卢章前、千户李国秀，罚了他们几十担谷，分给群众。钟苏标他们走后，农协会也没有组织好。

同年，毛主席来到宁都。廖营当时在宁都读书，便和毛主席接上了关系（廖营家境贫苦，后来被咬为AB团，在1950年平反，追认为烈士）。和廖营一起的还有罗道登和罗万金（现在是某军的军长）。他们三个是同学，就在这一年回到麻田，一同秘密地活动。他们三人经常和卢寿田、卢友玉、曾正花、刘在海一起开会，开会多是在山上。组织了党支部，由廖营为书记，罗万金和罗道登分别担任支部组织和宣传【委员】。

廖营等三人在民国十九年 1 月（1930 年）公开组织了农民协会（包括麻田、东元里、杜迳、饭堂下）。同时，也组织了农民武装赤卫队，有几十支枪，由廖营领导，有卅（三十）几个队员，十几个经常地和廖营在一起，十几个是机动的，有事便来了，无事便在家里生产。3 月间，开始分田，当时是【每】人分 5 担田。到民国廿、廿一年都进行查田。民国廿一年有所增加，每人可以分到 6 担田，发下了土地证。地主和富农分高山少水的田。分田之后，到民国廿三年冬天正都不交租，收到就是自己的。只纳很少的土地税（累积〔进〕税），是按产量来纳的，每百斤只交 5 斤谷，土地税交到乡苏维埃，当时只收钱不要谷。

乡苏维埃在农协会成立之后不久便组织起来了，乡苏维埃内有 5 人，主席、文书、财政、裁判和伙夫。在民国廿一年三四月前，麻田乡苏维埃是属于黄陂区的；民国廿一年三四月间，自洛口县成立以后，麻田属洛口县的南团区管。当时洛口县包括吴村区、南团区、洛口区、前山区、其布区、大沽区。

乡苏维埃成立不久，组织有食盐合作社，后来扩大为副食合作社，买〔卖〕油、盐和果子等东西。合作社是群众入股组成的，每股是苏维埃纸币 1 元。加入了股的，买盐时可以便宜点，多买一点；同时，每月每股可分得 5 角—6 角的红利。地主和富农没有份。到了民国廿三年，盐、布在敌人的封锁之下越来越缺乏，有钱买不到盐，1 元苏币只能买一二两盐。群众便各自熬硝盐，到九、十月间，由乡苏维埃组织硝盐合作社。

在分田之后，地主和富农集中起来劳动。

党组织是民国廿二年公开的。

卢甲和廖营是同学，他父亲是麻田一个大绅士，有权有势，当时卢甲没有参加革命。

　　附〔注〕：党组织民国廿二年公开是有问题的，需再查对。

　　　　　　　　　　　　　　　　　　　（整理人：宋华樑）

19. 访问黎光辉同志材料的整理

　　在 1928 年（民国十七年），红军第四军分为三个纵队，第一纵队是林彪，第二纵队是胡士海，第三纵队是由井冈山到广东的东江而到瑞金县来。当时红军的生活是比较苦的，每天伙【食】费是 3 分钱（等于现在 3 角钱）。

　　当时有一个侦察队了解了〈当时〉当地的情况，当时江西敌人是刘士毅的部队，首先在瑞金的乌杨梅打一仗。

　　在 1928 年 12 月 30 日，红军第四军由黄柏到大柏地的鸡公脑和大柏地附近的一个小山上，敌人由东北面来大柏地，在 30 日红军作好一切的准备工作来消灭敌人。在 1929 年 1 月 1 日早上 2 时起来吃饭和作好一切的准备，3 时登鸡公脑（当时下露，看不见）。在 5 时开始打，一直打到上午 11 时才结束。我军是采取包围的战术，结果完全消灭了刘士毅师的部队。这一仗是有决定以后胜利的意义的（红色政权能够保存下来，这一仗是决定的因素）。

　　当时敌人的装备虽好，但是我军已埋伏好，真是来一个打一个，枪一响就打倒敌人几百个。

　　当时红军只有 2000 多人，而消灭敌人近 2 万。

　　刘士毅的部队，兵士大部分是本地人，当时党执行了优待俘虏的政策，对他们很好，以前这些兵士也看到红军写的标语，俘后向他们宣传政策，如兵士不打兵士，官长不打骂兵士，欢迎白军兄弟当红军……留下来当红军的发 3 元，愿意回家而路又远的发路费，有的发十几、廿元。

　　在 1929 年一月初三日到宁都，休息一下到东固，经过安子泉、楼子坝、着田，在一月初十日郭凤鸣来了一团人，我们在十四日到石上，然后到瑞金住了一个星期，我们就集中兵力消灭郭凤鸣。

当时捉到他的部下，问他们："你们的官长在哪里？"他们说："在前面5里路的地方。"我军急追到田竹湖，当郭凤鸣骑马过河时，打中他的腿而翻下马来，活捉了郭凤鸣。他的老婆带一连人逃跑了。

我军到福建△△△招了许多兵，当时发3元钱和衣服给他们，他们的东西都是新的。

不久，第二纵队打宁都（与赖世宗〔琮〕打），打了两天没有攻下，我们就退到梅江，在3月时又包围宁都。

当时赖世宗〔琮〕的兵士知道红军不打人、骂人，对兵士很好，当我们去打宁都城时，兵士说："你们不要这样来打，城墙高很难打，白费你们的气力，我们在今晚下半夜1时开北边的城门，你们就可以进来。"

在夜1时，果【然】开城门（城门上堆着很多沙包，兵士把它搬开）。打进城后，活捉了赖世宗〔琮〕，同时把铁线串着他的鼻子，以后我军回到瑞金再到福建。（赖世宗〔琮〕在永定县逃走了）

在龙岩洲猛攻了一次保安团，包围他一团人，同时到湖内与胡碧崔同志接头，而后在永定县的堪朝打一仗，同时还打了改组派姓张的，以后再打漳州，未打进去而又退到龙岩，在龙岩编第四纵队，蓝下乔任政治委员，胡碧崔任司令员。

在古田过阳历年后，在初三日于盆口的湖洛大战了一场；再回到江西第四纵队打游击，第一纵队打赖世宗〔琮〕（当时赖世宗〔琮〕由永定逃回到宁都来）。

在1930年正月十八日，由黄陂到东固而打富田。我军与唐英生打的，打败他后，败军向南昌方向逃窜。

以后，我军打过赣州、信丰、南安。不久，第四纵队打宁都，其他纵队去湖南打长沙。

后来一、二、三纵队改编为一、三、五军团了。

在 1930 年，富田杀 AB 团。在 1931 年时，在东韶开纪念"八一"大会，当时省政府设【在】宁都（当时姓魏的介绍我到宜黄去当军事部长，以后当独立营长）。

1930 年 9 月，在竹生坑编第九军团，罗炳辉为军团的团长，后来打广昌和富田。

1935 年 7 月，省政府设在旗岭的石坪，中央政府设在竹金坑。

1935 年八、九月间，石上、南团等地经常打仗（游击队），当时有一次在麻田的金竹坑我们被围，李县长也在里面。

当时在军队里专打有钱的商人。

（整理：叶敬煜）

20. 再访问黎光辉同志的记录材料

1932 年，党组织公开了当时的标准——23 岁以上的贫雇农可以入党，当时是采取登记的形式。

司令部派邓相高来扩大红军，一般都是 16〈岁〉—45 岁参加红军（病者例外）。

1949 年 8 月，宁都解放。8 月 19 日，武工队张队长和周×× 同志四五人来麻田调查土地、二五减租、田亩税、派柴、计算公粮。

同年 11 月间，黄陂区长郭庆和来麻田组织支前办事处。

民国二十六年 4 月，谢山同志由小元来麻田打合作社，当时他带有游击队 30 余人（在民国二十七年被保安团捉去枪杀了）。

在民国二十八年国共合作时，罗姓有一个人说，苏币与国民党的钞票通用，据说当时有人来麻田收苏币到前线去使用（当时 1 元是折四五角钱）。

在临解放时，特别在 1948 年和 1949 年上季，国民党对麻田人民封锁和压迫得很紧，注意人民的一举一动。

（整理人：叶敬煜）

21. 访问廖元生记录

廖元生同志谈的是他自己由少共加入红军的经过，关于这方面的材料，整理不全面，现在就他说的几个段落记录下来。

在第五次反"围剿"时，我在东韶、马头、固村、固厚打游击，任政治委员，后来回到瑞金编入一三野战军。为了扰乱敌【人】的后方，使北上抗日的红军顺利前进，项英下令要我们突破敌人的封锁线。第一次没有冲出去，又回到瑞金休息了 11 天。当时项英同志住在九堡，又下令要我们几团人冲出封锁口，结果我们冲出来了，到达广东和湖南交界的地方。我们这一团为了掩护其他团的前进，打后卫，前面的走了，但我们自己被国民党包围住了，一团人 1800 多打伤被俘，解往广州，关在大监牢里，每人【都】上了手铐。不久，国民党选了五六百个个子高、伤较轻的，骗他们北上抗日。毛主席北上的话还记得，他说："我们一定会胜利的，你们要坚持下去，把红旗插遍全中国，你们要好好地组织群【众】进行革命，国民党一定会【被】推翻。"当时我们内面还有党组织，充满着信心便起来反抗。

后来国民党把兴国、宁都、于都的 31 个人解回江西来。在当时我们的生活是饿、打病，原来就有伤，这样一拖，结果有十几个人便死了……在回来的信上写着，如果他们打过土豪，在地方上做过什么东西，解到当地之后便杀。

1935 年刚回来，伪保长便要我"自新"，当时我很气，说：我什么也没有做，"自新"什么。他又派我的月费。当时我回到家里，什么也没有，就是连老婆也被迫出嫁了，我哪里交得出月费呢。他见我无法交月费，便用枪迫我当伪甲长，说你交不出你来收总可以。当时月费哪里收得齐呢？是有意为难我。

因为受万恶的国民党的被〔压〕迫，吃了很多苦，身体受到残摧，染上痛病，一发，床也不能下，两只脚便麻木，吃饭、□床都得交〔叫〕别人，一年要发三四次，发一次就是1个月，害得我什么也不能做，成为一个残废。

22. 访问卢华运记录

民国十八年（1929年）冬，廖营和卢寿田等在麻田组织农协会，农协会内有赤卫军，参加的农民为〔居〕多。同时组织了工会，工会组织了工人纠察【队】，参加的人是手工业工人、木匠、篾匠……加入工会要交毫子，多少忘记了。

农协会成立不久，便酝酿组织苏维埃。在民国十九年（1930年）初，苏维埃组织成〔立〕了。饶绪才是苏维埃的主席，曾近逢是秘书、裁判，苏维埃成立后不久，大约是在同年春上开始分田。

洛口县是在1931年成立的，是在马田两个祠堂里（现已倒塌）。1932年二、三月间，县苏维埃便搬到小沅（？）[①]，这次搬是因为小沅较中心，当时的洛口县包括黄陂、小沅（？）、小浦、洛口、南团、吴村、大沽前山。在第五次战争时，国民党的飞机经过〔常〕地来炸。在1934年初，洛口县又搬回麻田，到七、八月间迁到金竹坑。

监察部是检查案件，向裁判部和保卫局报告，凡是政治犯的先由保卫局审，审后交裁判部续审。当时AB团都处死刑，区刑事犯是交裁判部审、判刑的，后来保卫局和裁判部合并，组织肃反委员会，这是在五次战争时。

区裁判部有3人，正、副部长和文书。县裁判部有7人，正、副部长，2个检查员，1个秘书，2个文书。

---

① 原文如此。

23. 访问刘开能记录

我 1930 年在合作社工作, 1931 年调到宜黄财政部作〔任〕部长。

合作社是在苏维埃领导下组织起来的, 合作社的经济是由群众入股组织起来的, 每 1 股是 1 元钱, 一月结账 1 次, 一年分红 1 次。同时, 县设有县粮食合作总社。

县财政部有 3 人, 正、副部长各 1 人和会计科 1 人。县财政主要是管理本县经济工作, 将各区的钱收集起来交库保管, 除本县用费之外, 其他的一律交县财政部。

1930 年分田, 分田的时候各村组织 5 人到 7 人的分田委员会, 分田的工作由他们负责, 而查田是群众性的查田。

在我们竹坑, 打了刘开友、刘发忠、卢△△、卢△滚的土豪。刘开友是千户, 其余只有 600—700 担, 在打土豪时他交出了 200 元硬光【洋】, 三十几担谷。刘发忠是一个破产地主, 什么也没有打到。卢△△是千户, 打了百元, 几十担谷。卢△滚是双千户, 又开铁炉; 当时又放债 15 元, 要年利 1 担谷。在打土豪时, 他造了一栋房子, 反而欠了债, 所以什么也没有搞到。打土豪得来的东西, 谷子和牲畜是分给贫苦老百姓, 当时钟苏标都叫我们村里的人到麻田担谷, 而钱是留在农协会用和上交。

洛口县成立时是在洛口,【而】后才迁来麻田。

1929 年, 洛口在戴文昌领导下起义。

24. 访问芦发禄记录

民国廿三年 3 月间, 18 岁, 加入红军, 在团部内做通信兵。9 月间, 在广昌驿前打火, 躲在坑道里打, 十五六天没有吃饭, 吃干粮。后来右脚负伤，子弹是从左边进、右边出。负伤之后，送入石城军人医【院】，后来还到瑞金，住了6天左右。又退往于都，在于都休息了2个月，便到兴国牛岭。到牛岭之后，300多【名】伤员全被分到老百姓家里休养。当时医生对我说，好好养伤，他们两星期又〔就〕回来。但后来没有回来，当时我的脚烂得很厉害，坏了一块肉，肉面发霉发臭有蛆，我自己都很怕，好得〔在〕当地的群众好，每天给我敷草药。我的房东姓廖，他号〔叫〕什么我忘记了。他们家里吃什么，我也吃什么。在他家住了3个月，到民国廿四年七、八月间，房东对我说：国民党又要来了，你还是回家去好。这时脚也较好了，能走动。房东还为我做好了干粮，炒了一【些】炒米，还给了几元钱。后来用得不够，沿途讨饭回来。

25. 访问刘荃宗的材料记录

1929年4月，李绍久〔韶九〕、钟苏标、段月泉等带有100多人，枪五六十支，其他的是梭镖，来到麻田进行活动。在1930年1月间，成立农协会。2月开始分田。当时土豪比较大的是李国珍（千户）。正在打土豪时，我村（竹里）卢祝三（生）怕打，他就避在庵里去，一些食物也搬到庵里去。结果，他的第二个儿子被红军捉去，解到东固（据说曾〔金〕万邦与卢祝三有亲戚关系，用钱一塞，结果卢祝三的儿子被放）。

1930年底，赖沅泉号召人民到宁都去拆城墙。

1930年四、五月间，廖营和卢甲被咬为AB团被杀。

中央政府首先是设在古龙岗的见布，在第四次战争以后，才搬到瑞金去的。

在1933年有教育部的设置，首先是县，其次是区，最后是乡、村。县、区有教育部长，乡设教育主任，村里有1个委员。

教育当时是办贫民学校，是读新书（中央苏区发下来的），教师是由当地的旧知识分子来担任。贫民学校（15 岁以下的男、女少年儿童参加的）是白、夜上课的学校，还有学生委员会。除了贫民学校以外，还有识字班和夜学班（以村为单位）。

洛口县——包括洛口、前山、田营、吴村、璜陂、巴里等区。

田营区——南团、带径、东韶、琳池、横江、南岭、麻田、球田、上潮。

26. 访问曾光华和丘超群同志的材料

金竹坑在土地革命时有 40 余户，200 人左右（地主没有，富农 1 户，中农有六七户，其余是贫雇农）；现在是 40 多户，有 270 余人。

1930 年，东沅的丘品才来金竹坑与丘树珍、丘训有和丘季春接头。首先召开会，宣传打土豪、分田地。当时的群众在丘品才的宣传鼓动下，立即组织暴动起来，组织农协会，主席是张发枕，文书是丘聚计，肃反委员丘训文，党支书曾光华。

1931 年进行打土豪、分田地，当地没有土豪可打，就组织人力到麻田和小浦〔布〕去，在严坑打卢文达，当时打来的物资分给农民吃了，而钱就归公，为公费之用。

1932 年分田，当时把田分为上、中、下等。地富也参加分田，不过分坏田、远田。当红军的士兵分比较好的田。在 1933 年再不要向地主富农交租了，只交轻微的累进税（大约每百斤交 7 斤，后来有人反映交多了，因此以后就交 5 斤了）。

1934 年 9 月，省府和江西军区由宁都搬迁到麻田的下湾后，再迁到金竹坑（当时到金竹坑时是军政合一）。在同年 10 月下旬，中央政府由瑞金也搬迁到金竹坑。制枪炮的机器和印刷苏维埃的纸币的机子也一同搬到金竹坑，进行工作和印刷。这是很秘密的工作，士兵写信不能写明付〔寄〕信的地址（在金竹坑的中央政府的所在地还保存着）。

1934年，江西军区的部队到南团后，与敌人打了一仗（同谁打，不详）以后，分别在刁峰和扬磜打一仗，主要的目的是红军想穿过敌人在永丰的封锁线，一部分穿过了永丰敌人的封锁线，还有一部分没有冲过而退到南团来，到中村经沉头到竹高岭，被敌人包围起来（是哪一部队的敌人，不详）。结果，李树番无法冲出包围而被敌人俘虏去了，因此我们的队伍就被冲散了。

据说，红军北上抗日时，留下一部分的炮和零件（坏了的或很笨重的炮）埋在山上，以后国民党的军队来后，捉去我军兵工厂的人员（可能这些人员告诉敌人炮埋在哪里），留下来埋在地下的武器就被敌人挖起拿走了。

存在的问题：

①农协会和分田地的时间可能要早一些。

②中央政府和兵工厂的机器、印刷机是否搬到过金竹坑去？

27. 访问王维珍同志的记录

在1928年曾〔金〕万邦带兵来过麻田、东沅，不久李绍久〔韶九〕也来过。在1929年组织农民协会，在同年冬进行打土豪、分田地。

1930年，成立苏维埃，村成立小组，后改为村代表（村主席兼村代表）。农协会开始时是有钱人把持着，当时人民不懂（这是说农民的觉悟不高），认为他们有一点文化，同时又做得来，因此随随便便选一个人去负责就算了，一直到打土豪以后，（把土豪打下去后）穷人才来做工作。

在1931年党组织公开了。

28. 访问李上勤同志的记录

在 1929 年展开打土豪、分田地，当时麻田的千户是卢章前，他有 300 多担租谷；李国秀有 200 多担谷子，60 块钱的光洋，也算是一个千户，在打他时交出 50 担谷子、60 块光洋，其他好食的物资就搬到农协会来。当时打来的谷子和物资是分给农民，光洋是归公家的经费之用。

当时不够食和没有谷子吃的农民都参加了打土豪，贫雇农每次打土豪都分一部分的物资，因此鼓舞了他们打土豪的积极性。在打土豪、分田地时，他们都是打先锋，当时贫雇农没有吃就去打土豪。

当时的土豪也很不服气，说：我们什么东西都被你们拿走了。要他拿出光洋，他们都不肯拿，说他们没有什么光洋，因此就把他们捉出吊打，要他们好好地交出谷子和光洋。有的土豪说：你们吃了我的东西，以后是要还我的。

当时有人说：红军来了是很好，吃饭、穿衣有增加，连老婆都可以娶上。

李国珍的田租给农民耕时是四六开，佃主得 6，耕佚〔夫〕得 4。高利贷也是对半利，如借 10 元而还时一年是 5—6 元的利息，如果不还和交利息的话，是利上起利。

在第五次反"围剿"时，有一部分红军上前线而受伤，部队把这些养病的伤员放在人民群众的家里。有一部分群众对受伤的同志说："你们要快点回你们家里，否则国民党军来了，会说我们暗藏土匪，连累我们，不好！"

29. 访问饶孟桂同志的记录

1929年6月（又说是1928年），李绍久〔韶九〕到麻田、东沅，因此在1929年成立农协会，成立后立即展开抗债、抗粮、打土豪、分田地。

1930年2月，廖营、曾昭等来进行分田，当时分田的原则是把所有的土地都集中起来，把田分作上、中、下等（有抽肥补瘦的因素）。山、鱼塘和房子（没收来的）都分了，地富分坏田，还抽出一些公田（作为修桥、修路之用）。

农民协会的主席是饶绪才，秘书陈荣，裁判曾秋风。

1930年，毛主席来过这里。

1932年，公开了党的组织（秘密时，C.Y.是党，C.P.是团）。

赵博生牺牲后，改宁都为博生县，洛口县是在博生县成立后才成立的。

代英区在1931年成立，省政府在1934年迁到金竹坑。

（卢寿田现在〈是在〉密石寨做和尚。）

廖营和卢甲被咬为AB团被杀。

30. 访问卢洪君的记录材料

在1929年王俊来过这里打土豪（指南岭乡），南岭最大的土豪是卢盛贵，打击了300多块钱。1930年分田，在同一年党组织产生。首先是黄陂一个人负责，后来党的负责人是赖汤标，继后党支部书记是卢泮溪，由几个人发展到几十个人，在1932年宜黄县开大会公开了党组织。

1929年，宁都县有7个区——清太、黄陂、石上、安福、会同、长胜、城关。

首先，我在南团做秘书，然后调到宜黄县做财政部长，这部门的工作主要是订经济计划，作好经济的预算、决算。当时财政部里设正、副部长各1人，委员2人。

当时县还设有支库，中央是设总库，省有省金库（库址设在宁都余百金家附近），负责人是钟照全（赣县人），每1个月有2次到支库来检查工作。

在支库里有主任卢著明，下面有出纳赖据荣，会计卢洪君，公债是由财政部负责的。

在军队里还设有银行。

1930年1月，毛主席到麻田召开群众大会。

1931年，国民党有3架飞机来南岭炸房子，炸死了3人，伤2人。

1934年11月，曾山主席带领游击队在麻田、南岭、金竹坑一带地方进行打游击。

1930年3月，在黄陂〈进行〉杀AB团。

1933年，在黄陂分田。

31. 访问南岭雷发金记录

1930年，我参加红军，在富田打过仗。

1931年7月14日，来了两架国民党的飞机，一来到就是扫机枪，丢〈落〉下了两个炸弹，一个炸毁了半边祠堂，一个丢在菜园内。我的老婆和一个4岁的孩子被炸死，我老婆肚里还有1个小孩，损了3条命，还有2个负重伤。

32. 访问甘玉莲同志的材料

我 16 岁那年（1930 年）被选为代表，派到瑞金受军事训练，3 个月后回来，在乡里担任妇女连连长，每月初五、十五、廿五在麻田的坝上上操，教练基本动作，立正、稍息……每月到南团会操一次。在扩大红军时，我鼓励我男人（雷发华）参加红军。我男人去了之后，又动员了 2 人参加红军，得到好评。

红军北上抗日时〔后〕，伪乡公所把我捉去，要我交出枪来。其实我没有枪，自然就交不出来，他便打，把双手贴在桌子上，用三指宽的、一指厚的木板打了 110 板。当时打得手红了又白而发肿，肿得一寸高，后来烂了两个月，在两个月内一点什么也【没】作。光打不算，还派人抄家，其名义是查枪，其实呢，是一来【就】搜东西，从箱内到柜内都翻了几遍，连几件旧衫也抢去，缸缸罐罐打得稀烂！唉，真是可恶。在 1949 年初，伪保长来催月费，当时我们这里传开了解放军的消息，我壮了壮胆，说：你们还要月费？我要跟你算总账。

解放后，我还做了两年妇女主任，后来我就在家里生产，去年我做了 300 多分。

33. 访问黎球和黎瑞玉同志的材料

1931 年，党中央提出向北发展，因而在 1931 年 7 月成立宜黄县，我们首先到宜黄去打游击。当时我（黎球）是到宜黄去做少先队的工作，我们还组织一个警卫排带有 7—8 人的工作班到宜黄去。当时为了扩大宜黄，南团区和吴村割给宜黄管，我们当时的领导人是罗科发（少共）。

1931 年，曾德亨做宜黄的主席，李静做书记（后在黄陂牺牲的），继由黄日昇做书记（少共书记是傅立昭，继后是徐东桂）。到 1932 年是梁碧添做主席，张德轮为副主席。

宜黄县址最先设在吴村，后分别设在东黄陂、黄陂、于都。

县机构除设主席外，下面设劳动部、国民经济部、土地部、内务部、财政部、军事部、裁判部、文化部、工农检察部，还有总务处、司法处、互济会和反对〔帝〕大同盟。

粮食局在战地委员会才有设置（设主任），当时的军事部设 3 个科，第一科管前方，第二科管地方的模范营，第三科组织地方的游击队。

当时的裁判部长是卢华秀，内务部工作是修路、修桥。

少共组织除设书记外，还有宣传部和组织部。

16—23 岁为少先队，8—15 岁为儿童团，这是群众性的组织，24 岁以上为赤卫队，以后从赤卫队里面再抽出身体强壮的为模范营，每一天操练约 2 小时一次，其余时间就进行生产。

洛口县在 1932 年 4 月成立〔上级曾发过机队①的命令——1932 年十二月二十五日（农历）由洛口县执行这个命令〕，但洛口是在博生县成立后才成立的。

当时的洛口县包括柴岗区、石上区、吴村、小浦〔布〕、璜〔黄〕陂、南团、巴里。

当时黄陂设有东路办事处，胡竹生为主任。政府来招一团教导团，共有 4 连人，这团人是青年，而且【是】有一些文化的人。在 1930 年 9 月，把这些人全部判为 AB 团而杀了。

在东韶地区，段月泉有 400 余人，李绍久〔韶九〕有 800 余人。后来，他们改为第六军。在 1929 年由砍柴岗到宁都打一仗。在 4 月初到瑞金与李文彬打一仗。在 5 月到福建龙岩与陈国辉打一仗，消灭他两团人。后在 5 月 20 日于福建白石与卢新明打一仗。到 7

---

① 疑有误，照录原文。

月又到福建龙岩州打张桢。在 9 月间打钟绍奎。

1930 年 1 月，打乐安的靖卫团，缴到 90 多条枪。1 月 10 日，独立第十五旅在水南（吉安）与唐英山打，第四军和第九军与他激战两日，消灭了敌人 3 个团。3 月间打赣州，然后到东固经宁都回到瑞金。

朱飞德手下第二师是刘士毅，赖世宗〔琼〕做团长。

1930 年 3 月，由瑞金娄子坝到水口、渡坊、新泉、古田、大治打龙岩州，消灭陈国辉 2 团人。以后打永定的卢新明（卢有 2 团人），在打白水时消灭他 1 团人，休息了三四天。第二次打龙岩，消灭了敌人 1 个师。休息半个月到新泉，由毛主席和朱副主席开军〔庆〕功大会，准备打上杭。8 月时打上杭，消灭了卢新明的全部人马，然后回汀州，训练了 1 个月回来三州做地方的工作（建政工作）。

以后到古田过旧历年（1930 年），再到连城、宁画〔化〕，到石城、广昌、信丰、肖田、东韶，12 月 28 日到乐安县与靖卫团打。

1930 年 1 月间，在流坑打水南（吉安）。

当时的第六军是罗炳辉（原是第三军黄公略之部）。

第五军是彭德怀，经过大庚到湖南和湖北去打游击。[1]

廖营在曾玉春家里教书，因绘了一个关于男女关系的画被【视】为不正当而解去教师的职务。

罗司忠从国民党军中开小差回来，讲到红军就快要到这里来。

黎瑞玉在洛口与元布一个人闲谈，讲起国民党对人民压迫很厉害，很难过生活，那人说："我听说红军在安徽搞得很热烈，山东成立了苏维埃政府。"

国民党派月费，钱多的每月 10 块钱或几十块钱。当时的人民还要被捉壮丁，如青音的伪保长曾常知，做保长不到 1 年时间，就捉了 12 个人去当壮丁。

---

[1] 原稿此段左侧页面标注了"？"。

34. 访问雷长胜记录

雷长胜，南岭人。

我在 1930 年时组织麻田乡工人纠察队，9 月 10 日编队，当时有几十人，编队后到黄陂、到吉安领枪，每人都发了 1 支枪，10 月间又从吉安开回来。

1931 年，【我】被选为出席全国中华工农兵苏维埃代表大会的代表。当时选代表，乡是 300 人选 1 个，区是 11 人选 1 人，县是 30 人选 1 人，没有经过省选，各县代表便直接到瑞金叶坪开会。当时连宜黄的白区也派来了代表。

会议是在 1931 年 10 月（？）日召开的，一共开了 13 天，从各县来的代表共有三百七十几名。

在会上，项英、毛主席、朱总司令、彭德怀都作了报告。

会议讨论的中心有 3 个：一个是土地问题，一个是婚姻问题，再一个是优待红军十八条例。其次还谈到停止杀 AB 团的问题。

一、土地问题：规定以乡（？）为单位平均分，山、鱼塘、菜园和房屋一律都分。地主本人不分土〔田〕，其家属分田，□商不分田，作小生意的分田，在会上通过了土地法。

南岭分田是以村为单位进行，当时还划分了区域。

分田之后，以家为单位发了土地证，土地证是用墨写的。

二、婚姻法：结婚、离婚双方愿意，反对包办、买卖婚姻。结婚年龄，男的 20，女的 19。同时规定了，离婚只能离一次，有疾病的不能结婚，表哥表妹不能结婚，同姓在五代外可以结婚。乱搞男女关系的作 AB 团便杀，一般的是戴高帽子游行。

当时颁发〔布〕了婚姻法。

三、优待红军十八条例：记得不全，总的是照顾红军家属和对红军的慰问，有条文：1. 优待红军家属，组织代耕队帮他们作田；2. 过年过节慰劳红军家属，送肉、果子等慰劳品；3. 家属有病，由红军优待委员会负责医治；4. 组织洗衣队；5. 组织慰劳队。

关于宜黄的材料

宜黄县是在 1931 年 4 月间由李△、陈祖福、卢长胜三人受省委指示在吴村成立宜黄革命委员会。李△任书记，陈祖福任组织【委员】，由李△负责在吴村召开活动分子会议，讨论确定各部负责人，县长是徐中奎，副县长徐希恩、梁必成，土地部长张德龙，裁判部长卢发秀，文化部严有福，工会联合委员会委员长卢长胜，雇农工会卢文先，后来县委书记是黄日昇。

工会联合委员会下设：

雇农工会，设主任、文书；

店业手【工】业公会，设主任、文书，管理签订集体合同；

青工会，设部长、文书、组织，管理邦〔帮〕工和学徒的反包工头、老板；

女工会，设部长，管理工人们【的】婚姻；

文化教育部，设正、副部长，管理组织教育工人子女；

劳动部，设正、副部长，管理订合同；

工人俱乐部，组织青年工人进行宣传；

社会经济部，管理经济和县列的经费。

行会中的等级：学徒、帮工、师傅、老板、包工头，师父又有上、中、下等，教学徒是下等。

工人福利问题：徒弟有病，医药费在半个月之内自费，半月以外由老板来负担；10 元钱之内的学徒自己管理，10 元之外由老板负担。同时规定了工作时间，学徒吃饭三餐的饭菜都有规定，早上几个菜。

合同和条件订立之后，工会经常检查执行情况，不执行作违反劳动法算。学徒有病不治，死了，老板罚三、〔至〕五年的苦工。要用便使用，不要便解雇，看情节的轻重，罚三、〔至〕五月苦工。

打骂徒弟的，看情节的轻重罚老板或老板娘坐三月、〔至〕半年不等的牢。

从省到县设有巡视团，经常下乡，检查指导工作。

区工会有3人，主任、文书、女工。

乡工会有2人，主任、秘书。

当时我们到宜黄去时，宜黄的老百姓走的走了，躲的躲了。当时要扩大红军，征兵很困难，我说走的走了、逃的逃了，征不到兵，组织上说我是左倾机会主义，为这事开了几次会议。后来省工会晓得了，便来通知，调我到省里学习3【个】月，说县里的工作县派人作〔做〕。学习时我这问题又提出来，讨论了好几次，学习完后，调到省巡视团工作。

35. 访问卢章洪记录

民国十七年10月间，廖营参加党，当时党是秘密的活动。在这年冬天，廖营到胡竹生那里拿了一支马枪。【民国】十八年元旦，廖营便带着麻田的十几人到瑞金，1月底回来，在地方上组织赤卫队、农民协会。4月间，带着四五人过杨寨①到小浦〔布〕，和杨寨胡元生、小浦王燕合并起来，在杨寨被小浦〔布〕地主黄培阿武装包围。当时四五十人突围到小浦〔布〕，而黄培阿带着兵追来又包围在小浦〔布〕。当时四十几人中有2/3被杀了，王燕在突围时被扑〔捕〕，被扑〔捕〕是在民国十八年4月28日。王燕被捉住之后，黄培阿用钉子把他钉在小浦〔布〕的桥上，手掌和额上钉了无数颗钉子，王燕同志仍是不屈；黄培阿又割掉了王燕同志的鼻子，王燕同志在反革命的摧残下牺牲了。杨寨胡元生逃来之后，投军第四军。廖营逃回来之后，在五六月间，正好红军第四团段月泉和第一

---

① 杨寨，应该即为前面提到的旸斋、阳斋。

团李绍久〔韶九〕打麻田过，廖营和罗万金便跟第四团走了。当时是打游击战，时常在广昌、乐安、石城、于都、兴国、信丰和瑞金一带活动（民国十八年冬天，廖、罗回麻田，领导地方上的活动，公开地组织农民协会和工会）。

麻田曾〔金〕万邦在南昌读书，民国十六年在南昌参加暴动，反对蒋介石独占鳌头。就在当时加入了中国共产党，〈加〉入党之后，便改名为钟万邦，加入红军。民国十八年冬天回来，听说是在朱德总司令的军队某团当参谋长，回来和廖营等相识，便在麻田等地进行打土豪、分田地的宣传，组【织】农民协会和工会。工会首先在黄陂组织筹备委员会，设有主席。当时曾万龙任主席，下还有裁判。在民国十九年初分田，每人可以分 5 担田，在分田之前首先查田，了解各家有许多〔多少〕田，有许多〔多少〕本钱，然后划分阶级。分田之后，接连几年都有查田，查出多的收回来又分给农民。分田之后每年交累进税，每百斤交 5 斤税。

在麻田最早的党员有廖营、曾〔金〕万邦、曾敬友 3 人，党是在民国廿一年元旦公开。

民国十八年时，廖营和赖沅泉、彭澎、王俊他们有联系。当时我十几岁，廖营要我送信到永村给赖沅泉，他写的信上面什么也没有，是一张白纸。送到赖沅泉家之后，见他放在水里，字便现出来了，我也不知道他是用什么写的。

民国十九年元旦，廖营被黄陂廖南生捉去，廖营和廖南生因争婚的原因，廖南生的职位比廖营大，同时当时在蔡江和黄陂四处都有靖卫团，廖南生便说廖营不听上级的指挥，便把他捉起来。初五日就【在】黄陂枪毙了（有种说法，廖南生咬廖营为 AB 团而杀的）。

曾〔金〕万邦也是被咬为 AB 团杀的。

民国廿年 10 月，为了纪念赵博生起义有功，便改宁都县为博生县，还划出洛口县。长胜县是先就有的，在泰和一带又有一个公略县，到了民国廿一年又增加宜黄县、乐安、永丰和信丰。

洛口县最初在安福，在廿一年分□才迁到麻田来。

民国廿三年 9 月 19 日，宁都空城，江西省政府搬到观坊西甲。国民党 9 月 21 日进攻，博生县迁到安福。当时江西省军区从广昌来到石上、安福，省政府也来到安福和江西【省】军区在一起。十月初七来到麻田街上，大约有 4 团人，正式军只有 2 团人，其他 2 团人是干部编成的。后来在高排、大坪、南团、岐岭、石坪流动，想突围，想从岐岭过永丰，只有一团人过去了，过来几天又回来了，在树陂开会布置登山，但在上朝和下朝之间的寨沅，江西军区司令员娄梦侠①被捕，曾山和李富春他们不知哪里去了。

在【第】五次围攻时，中央的兵工厂搬来了，在梨树药林（和永丰交界的地方）设有制弹厂，在乐安、崇仁交界的金朵有枪炮修配厂。（民国廿三年，宜、乐、崇三县合并之后，政府便迁在金朵。）

1921、1922 年两年先后发行两次公债。

洛口县来到之后，成立了全县的粮食合作总社。

在黄陂有红旗社，是党的一个机关，经常开会，开会的是党员，负责人是李季园。

（整理人：宋华樑）

36. 第二次访问卢东洪记录

（一）民国十八年 4 月，麻田卢寿田等在高排被邱德昭、李仁高等国民党军队包围，卢寿田等同志被拳头打伤，死去②，后来急救救活。但从此之后，麻田一带党的活动一度停下来，有二三【个】月。

（二）洛口县是 1932 年在安福成立，1933 年从安福迁来麻田

---

① 查当时的江西省军区司令是李赐凡，娄梦侠担任江西省政治保卫局长。

② 原文如此。

下湾，在五月间（旧历）召开了洛口县成立大会，在会上选举了李△富等同志为县苏各部门的负责人，当时代表是由各乡、区选举出来的。

洛口县包括：清泰乡、太平乡、怀德乡。

洛口县在麻田不久，大概一年左右，1934 年三四月间又迁往小沅、迳背、集源、大布。因为第五次战争，国民党飞机的轰炸，便在 1934 年 10 月 20 日搬到金竹坑。

（三）民国十九年冬，甘道明在安福成立革命委员会，甘道明任主任，在安福开会，在会【上】布置，土豪不可乱打，搜到的东西一律归公，不可贪洋财，要随时注意放哨。

（四）我起先是在麻田工会作文书，后来调到区里任文书。当时工会每月交 3 个铜板作为会费，反帝大同盟、互济会每月交 1 到 2 个铜板。

（五）民国廿一年宜黄东陂分田。

民国廿一年，宜黄、黄陂分田。

在宜黄时我是在保卫局工作，当时保卫局设有侦察、执行、总务三科，保卫局长是甘石生。

侦察科：管理侦察案件，设有正、副部长 2 人，科员 2 人。开初科长是李国党，后来因为他擦手枪打死 1 人后撤职，我后接他的手，经常在各区。

执行科：管理审讯工作和裁判的联系。凡是政治性的案子，必须由保卫局先审，裁判部可以复审。民事案是由裁判部处决。执行科设有 3 人（正、副部长、科员），科长是易道中。

总务科设有 2 人，科长是李炳兰。

保卫局有武装。

县保卫局下设有监察站，区设保卫队，下同样地设检察站。

（六）1949 年，来解放麻田的是武工队。8 月 15 日，张队长带着卅几人来到麻田，一到麻田便召开二五减租。当时出来接头的有南岭卢长胜，麻田街上曾英行和罗友才。到了 10 月间，黄陂区郭庆和直接带着工作队来到麻田进行工作，号召组织支前办事处，当时卢长胜是主任，进行收田亩税、派柴公粮、柴和粮一道送宁都，当时征集了 19 万斤公粮。

（七）1926 年瑞金营田寨有游击队活动。

1928 年五、六月间，卢金章率领十八九人来麻田打合作社，卢金章原是保长，和卢会福因一批公款不和，互相对打，卢金章便上山。

1928 年 11 月间，谢山带领着三十几人从小沅来到麻田打合作社，谢山是党员，1927 年在下江东山口被保安团捉住，枪杀于黄陂。

1928 年国共合作时，当时提出号召苏区票子能用。当时在麻田有人收兑苏币，1 元钱可以兑得国民党的纸币四五角，洛口杜斋人便到麻田收过。

（八）廖营死后，党书记是彭△△。后来有饶绪才、陈荣（宁都人），他们做过。他们 3 人都是被咬 AB 团而死的，饶绪才是被咬 AB 团在家吃鸦片烟死的，接陈荣的是载文昌，载文昌后来是南团区的书记，解放后他还做过乡长，在区乡合并时，因为年纪大而没有做工作，现住在乐安对坊新街。

（整理人：宋华樑）

第二次国内革命战争时期永村—横江 农民打粮处

中共江西省委中央苏区赣东南革命史料调查队宁都分队洛口组

（一）土地革命前的永村、横江

永村—横江暴动发生于 1928 年。这时国内是国民党新军阀统治，是城市买办阶级和乡村豪绅阶级的统治，对工农阶级的经济压迫和剥削比以前厉害。而 1926—1927 年资产阶级民主革命被买办豪绅篡夺了领导权，立即转向反革命道路上，全国工农、平民以及资产阶级依然在反革命统治下，国民党新军阀继续混战。1928 年，工农在共产党领导下有组织的城市罢工和农民暴动在南北各地发展，而江西是【受】1926—1927 年资产阶级民主革命影响较深的地方，曾经有过很大的工会和农民协会组织。同时，江西又是军阀势力较薄弱的一环，尤其是宁都的永村、横江一带都是交通闭塞的山区，地方性的农业经济很浓厚，有利于红色政权存在。这时，永村、横江一带和全国其他地区一样，乡村豪绅占统治势力，对农民实行空前的剥削和压迫，如永村〈有〉7% 的地富占地 50%，横江〈有〉50% 以上是〔的〕公田，完全由豪绅掌管（琳池李姓、高坪赖姓等），贫雇农大部分耕种公田（祠堂田）。至于地租的剥削甚重，一般是倒"四六"分租，有的超过，如东韶亩产 400 斤的田要交租 13 大桶（260 斤）；次田是顺"四六"，永村次田亩产 200 斤交租要 4 桶；公田是对分租。高利贷剥削更重，每年春天青黄不接时，农民就要向地主借债，如东韶、永村地主春天放债 10 元（银洋），年终要交利息 8 桶谷。罗村最狠心的地主在横江放债，借给农民 5 桶谷，利要 7 桶（利率 140%）。农民借钱时还要用房子作抵押，还不起，房子就要被强占。如，永村贫农赖永余还不起赖善言的高利贷，自己的房子被赖善言霸占了，贫农赖汗明还不起债也被赖善言占去 2 亩田。

（二）封建剥削的大堡垒——"东韶粮处"与吸粮鬼——杨云泉

贫苦农民生活在水深火热的环境中，国民党政府的苛捐杂税名目繁多，其中剥削压榨老百姓最残酷的是粮税（土地税）。国民党在东韶设立一个粮处，专向清泰乡一带方圆四五十里的农民敲诈钱粮。清泰乡东韶粮局管理人员杨云泉，每到年终由国民党宁都县派来大批差事，身穿军装，背上号有"步兵"二字，带着枪支、刺刀，耀武扬威来到洛口东韶一带，向老百姓催粮款，欺压老百姓。粮款税是按照田亩的多少计算，一般 10 担谷田要交 1 元 2 角左右。有的贫雇农自己租地主的田耕，按理是地主还粮税，但地主不交，完全以加重地租的形式把粮税转嫁于佃户身上，如，东韶劣绅黎才珍、黎济搬、黎通才、严兰香掌管 2000 多担众田，自己不完粮税，反而加重地租剥削。横江琳池的众田都是琳池土豪李桂兴、李元发、李鼎西掌握，他们可以不完粮，还勾通了东韶粮处，当地（琳池）的粮册由他们一手把持，征粮税他们可以任意勒索老百姓，收到的粮税只上交一半，其余由他们捞去，每到冬天粮价跌时，这些土豪就收买大批谷子，囤积居奇，每 1 元能买到六七桶谷，到明年春天乘〔趁〕青黄不接时，就把囤积的谷子大大提高价格出卖，1 元只能买到三四桶，剥削率达 200%。这时，有钱的人才能买几桶，贫苦农民就忍饥挨饿，逼得嫁妻卖子。永村的粮税征收权由劣绅赖沆泉掌握，一般是 1 担谷田征收 8 合，可是苛捐杂【税】频繁，如卖粉税（100 斤抽 2 斤）、粜米税（1 桶米抽半桶）、团练费（每户要几元）、屠宰税（每头猪 1 元 2 角）。甚至贫雇农无田也要强迫出粮税，不出就要坐牢、关牛栏，用尽各种残刑酷法绞杀农民。如，横江贫雇农黎永发家中无插针之地，却被逼完粮税，结果无钱可还，被国民党征粮差事捉去东韶粮处坐牢10多天，但终未逼出钱来，才放回。又如，永村贫雇农赖而林的母亲不是耕田人也要完粮（织布工人）10多元之重，因交不出被国民党的征粮差事用大竹杆〔竿〕狠狠打得半死半活、满身伤迹。就是有田的一般农民也在这种繁重的剥削压迫下抬不起头来，国民党的征粮差事每当下来催粮就要糟蹋老百姓，交不出粮款的就要强迫卖被子、饭锅和家具等，老百姓家里的鸡鸭都要杀给他们吃，否则就给桌上的碗打个破碎无余，或者翻箱倒柜抢劫东西，年终还不清到明年春又派许多差事来催逼，没有就要捉人去捆绑吊打，逼出钱粮，甚至罚款。当时真是暗无天日，农民只得逃往外地，躲避这沉重的灾难，如东韶贫农黎为良有10多亩田要完粮税10多元，家中人多，生活困苦，连吃饭【都】成问题，每当催粮差事来时就逃往漳灌做银匠，弄得生活无处安宁。

（三）永村—横江人民的大福音——"金声"的到来与"18人会议"

永村—横江一带农民受着豪绅阶级和国民党的苛重粮税的剥削与压迫，怒火燃烧，永村—横江人民渴望救命人——共产党。这时农民革命浪潮波及全国，共产党派了大批干部到农村领导革命。王俊先通过赖奎轩与赖沅泉联系，要其到永村搞革命。1927年年底，王模来永村秘密工作，在赖沅泉家召开14人的秘密会议，讨论打土豪、如何暴动问题，以后王模离开永村。1928年元月（古）廿（二十）四日（阳【历】2月），赖奎轩派党员赖金声（又名邹金生、周玉山）来永村与赖沅泉（党利用他帮助革命）联系进行秘密工作。金声在永村发动农民打〔办〕夜学，宣传读书的好处，读书不要钱，参加学习的有二三十人，金声逐步与群众联系起来，经常在夜学留下贫雇农兄弟，教他们唱暴动歌、国际歌、戒烟歌，讲解革命道理。有时，又用矾水写秘密信，叫学生赖寿林（贫雇农，团员）送到洛口联系。金声老婆也在永村、东韶秘密宣传妇女放足、剪发和革命道理。1928 年三月（古）（阳历 4 月），金声通过而林召集了"18 人会议"，18 个贫雇农在赖明远家开秘密会，正式成立了党支部，支书赖永余；同时，也成立了农民协会，统一了思想，明确了方向。会议由而林主持，决定派大批党的骨干到附近各地去发动群众组织革命，如派金声、而林到横江、东韶一带着重搞暴动，建立党组织；派赖友文到吉安受训 3【个】月；赖圣坚、赖茂瑞去南团、高坪、赖坊、严坊、洛口一带活动；赖葵轩①也曾来这一带，白天在永村，夜晚与金声在桥背岭后屋楼上取得联系。后金声得到上级党的指示，又另设一个革命活动中心，即在廖村下寨庵（而林母在庵里吃长斋），成为各地的联络站。下横江的贫苦农民黎宽模（后腐化变质被杀）、黎安祥（后被咬 AB 团杀）、黎朝兴等人与永村金声取得联系，上横江的李安祥也联系上了。上、下横江联合在庵里建立了党支部，组织了秘密农协。永村党组织为了扩大影响，号召贫苦农民起来暴动，写了很多标语，内容是打土豪、抗粮、抗债斗争，派党员赖启辉乘夜里到各地去张贴。

（四）永村—横江人民活捉"吸粮鬼"杨云泉与"打粮处"的暴动

党的组织成立后，农民就有了指明灯，党组织要赖沅泉搞几条枪，沅泉即写信到东韶团练要来 6 支枪（因赖沅泉是永村团练副团总，与东韶团练团总严兰香相勾通），准备暴动。1928 年四月初（夏）（阳历 5 月），宁都派杨云泉、斗疯子为首的 6 个催粮员到坪川一带催老粮，交不清就要抓人坐牢，弄得老百姓坐立不安。永村党组织知道暴动时机成熟，并打听到宁都将派杨云泉及差事 10 多

---

① 通读全文与结合当地方言的发音，推测"赖葵轩"与"赖奎轩""赖奎先"应为同一人。

人来横江东韶一带催粮，当即与横江、东韶一带取得联系，金声早在这一带组织好了。永村在四月十四日晚，由赖而林召开了二三十个雇农大会，动员准备明天"打粮处"的斗争。当时参加【大】会的有赖而林、赖圣坚、赖永余、赖汗明、廖炎（横陂〔黄陂〕人，当过兵）等人，会上要大家准备明天暴动。横江在赖金声的领导下，十四日晚也召开了群众大会，动员群众准备打粮处。四月十五日（阳5月）清早，永村赖而林带着10多人在洛口石亭子等候，赖源〔沅〕泉由东韶团练搞来枪支6条，但等到吃早饭太阳老高了还未等着，派人送饭吃了后，10多人即回永村准备打粮处。永村20多个贫苦农民在赖而林率领下往东韶粮处进发，途中得到东韶6支枪，而林拿鸟枪，赖启辉、廖炎拿洋枪，其他人都拿梭镖，横江七八十人也在金声的率领下拿着鸟枪、梭镖（东韶有20多人）来到东韶会合。永村队伍在河陂先捉到杨云泉的狗腿陈××，群众用枪托把他痛打一顿（捉到杨云泉后把他枪决了），强迫他带去捉杨云泉，他不得不带到坪川，永村队伍直往坪川（未经东韶），一到立即把李世德家围住，后派人到屋内搜查，结果在世德家的床底下抓到杨云泉，把他绑起。这时，群众拍手称赞，有的痛快地说："如今不要完粮了。"杨云泉被捉到后解往东韶，这时金声的横江队伍正在东韶，而金声早在东韶街上宣传，他说："你们贫雇农不要害怕，今天我们打粮处是为了改善贫雇农生活，现在不要完粮了，可以过好日子。"然后打粮处的群众和东韶群众冲进粮处（在东韶一个祠堂），把门打个稀花〔巴〕烂，把千百万粮票和许多粮册立即在群众面前烧个精光，接着许多东韶群众也把自己过去的粮票存根烧个一光〔干〕二净。

从此群众不要完粮了，压在人民头上的大石头在党领导【下】把它打碎。打粮处后，永村—横江100多个暴动群众押着杨云泉由东韶往横江浩浩荡荡，旋歌而归，黄昏时到横江。老百姓一看捉到了杨云泉，既高兴又愤怒，喜的是人民抗粮斗争取得胜利，愤怒的是杨云泉这个"吸粮鬼"（老百姓骂他为"吸粮鬼"）对老百姓的残暴无情的剥削与欺压，为要解消长期深受的愤怒，几十个横江青年把杨云泉围个水泄不通，你一拳我一足地打得他屎滚尿流。横江人民长期来遭受国民党的粮税的剥削压榨，从此在共产党领导下才算开始摆脱。当晚在横江召开了群众大会，金声、茂瑞都讲了话，金声说："共产党〈为〉解除了百姓痛苦，今天捉到杨云泉，打了粮处，老百姓不再要完粮了，不再受苦了……"四月十六日晨，永村20多人把杨云泉解到永坑的一个庙里坐牢，并罚他800元，后来只交了300元，半月后把他放走，从此，国民党再也不敢向老百姓要粮税了。

（五）永村、横江农民暴动的影响

永村—横江打粮处影响很大，这是洛口一带革命的序幕，他鼓舞了许多贫雇农起来打土豪、推翻封建统治。打粮处不到几天，就有琳池三四十个贫雇农民以李超兰、李如兴为领导的暴动。当队伍要去坪川打土豪，走到樟树边时就被当地土豪吴孝东、李桂兴、李永村等阻拦，后来这些土豪不得不出了200多元交给农民，企图缓和轰轰烈烈的阶级斗争。打粮处之后，永村、横江的农协就半公开进行活动，永村、横江一带就成了洛口、琳池一带革命的起源地，从此向附近各地传播革命的种子。

永村、横江党组织派了大批干部到各地领导革命，附近各地农民看到永村—横江暴动也得到很大鼓舞，都纷纷派人来永村、横江联系，并要求永村党组织帮助。永村党组织派赖而林到琳池一带【与】琳池李自荣（盐店伙夫，后当区委，被咬AB团杀了）联系；赖沅泉、黎宽模等人到吴村与曾子行、李焕能等取得联系，在张天堂活动；洛口的丁永金也与永村联系上了；田营的丁介和与江道明、黎宽模接头；而林、圣坚、瑞茂在永村附近的永坑、赖坊、高坪、桥背岭、白骨前等地领导革命（还派人到东山坝），并且在1928年五〈月〉—八月（阳【历】6—9月）间都先后成立了秘密农民协会和党的秘密组织，半公开地领导农民打土豪的斗争，他们的口号是："万户欠我钱，千户安心眠，贫雇农跟我走，每月八块钱……"6月间，王俊也【到】洛口与丁永金、丁怀兴接上关系，在进武庙开过秘密群众会。1929年红军来宁都以后，洛口一带农民像暴风雨般地起来革命了。

永村—横江暴动是在共产党亲自领导下的反封建农民暴动，打击的目标首先是东韶粮处，农民【受】双重剥削是前所未有，如横江黎良发自己无田也要完粮，农民在这种情况下忍无可忍，只得起来革命。不但如此，豪绅利用征粮权势加重地租剥削率，还有国民党差事的横行霸道，胡作乱为，农民起来暴动是自然的。粮处正标志〔代表〕着封建剥削的堡垒，土豪劣绅是它的基础（他们掌管粮税征收），打了粮处也即打了土豪劣绅。

永村—横江暴动是在共产党的领导下，经过充分的酝酿，充分发动群众的情况下起来的，永村党组织有计划地分派金声到横江准备暴动，而林专在永村组织，二地区又经常有密切联系。暴动的时间也选择在四月间，正是国民党催粮最厉害【的时候】，标志着时机成熟。

这次暴动能胜利主要是党在领导，所以能够有明确的方向。首先攻击封建堡垒——粮处，这就更能动员广大群众参加。受粮税剥削不仅是贫雇农，而且有中农、中小地主、手工业者，所以有了广泛群众基础，所以当杨云泉被捉到后，东韶人民都把自己的粮票存根烧光，可知对粮税剥削痛恨入骨。当杨云泉到横江时，群众愤恨地把杨云泉痛快打了一顿，这都是群众对粮税如何的反抗[1]，对国民党的压榨如此不满，所以一旦有了党的领导就变成了伟大的力量。

另外，这次暴动，由于党有了正确的阶级路线，在永村发展党组织极大多数是贫雇农出身，在永村有三四人是长工，横江党组织中大部分是贫雇农，他们革命最坚决，永村党组织的许多成员都是各地革命的骨干，如赖而林、赖圣坚等，这样，革命很快就能发动

---

① 不通，疑有漏字。

起来。

　　另外，党组织也利用了当地劣绅赖沆泉，因他在地方上是团练头子、宗姓头目，他参加革命可以对革命起一些作用，群众更容易发动起来，减少一些不必要顾虑，但党并不是以他为骨干，而是以金声、而林、圣坚为骨干。赖沆泉也不是最大的劣绅，故群众也不会有其他顾虑。况且革命初期主要打击目标不是土豪，而是粮处。而沆泉自己并无很多田地，所以他投机革命是可能的（建立政权后他逐渐脱离革命）。

麻田调查材料

一

麻田位于宁都县的北部，东北和南团和洛口的区域相接，西南边相交地方是黄陂、小浦〔布〕的地方，现在是洛口乡超英人民公社的一个大队之一，包括金竹坑、高排、青音、东元里、麻田、杜迳、竹里和饭堂下，直径有 25 里左右。区乡合并之前，是属于南岭乡管辖，但金竹坑和高排不属麻田，□□之内是属黄陂管。

麻田是一个道地〔地道〕的山区，四周环山，举目就是一片苍翠的崇山峻岭。在这起伏不平的万山中，有着密长的松杉和竹林，有着无数的小溪，千万条山水急速而下，汇集成一条较大的河流。□□麻田的每个村落，房屋和村落是筑在较低的山谷和小丘上。740 余户、2500 余人口就居住在这里。勤劳的麻田人民用双手和无穷的志向在山谷和小丘上开辟了 7430【亩】梯田。这里的人民除了经营农业之外，砍伐杉、松、竹材也是他们的生活来源之一。

但在国民党反动派统治的年代里，680 多户的贫苦农民尽管起早摸夜，力〔累〕[①]断肋骨，也得不到饱暖。7430 亩土地中，7.43% 的地（15 户）、富（39 户）占了 80% 左右，广大的贫雇农没有一寸土地，靠租佃地富的田过活，地租的剥削是作的 1 亩田，亩产 200 斤左右，而地主占了六成半，过着【半年】糠菜半年粮的牛马生活，在天灾人祸的侵袭下逼得他们欠债。债是不好借的，借债不

---

① 在当地方言中，"力"和"累"同音。

但利息重而且还要看门面，家里面是否有田地、屋宇和耕牛等其他动产可以作抵押，否则是求之不得的，难于上青天。李上勤父亲一次向地主李国琭借钱，因为家底空虚没有借到半文钱，被赶出来。借债的利钱是很重的，借10元钱1年要还22元，年利是125%，一年不还清又利上起利。最可恶的是卢庆三地主，曾常老借他9升米无法还，几年之后，利上滚利，算去曾常老11担谷田、3间房子，仅仅补还7角纸币。

广大的群众过着这种暗无天日的、人吃人的鬼生活，被压迫得喘不过气来，剥削得一干二清〔净〕，无法生活，广大的群众迫切地要求改变现状，渴求革命。

二、党的萌芽、酝酿革命、组织武装、抗租抗债

革命的道理首先在廖营等知识分子中传播。

廖营在城内读书时便认识了彭澎，他们两人是同学，很要好。廖营毕业回到麻田，在高排教书，因画画而得罪了地主曾玉春，说他没有人性，欠发他的薪水，他便气愤回家不教。正在这时（1928年）彭澎来找他，他们纠合了高排的罗万正、罗道登，小浦〔布〕黄相万，抚州袁红吉等人到毛主席那里开会，五六天之后回来了。回来之后，廖营、罗道登、罗万正三人在麻田积极地进行秘密活动。【廖营】常和他结发妇卢月英说革命能够成功就好。

第二年4月（1929年4月），钟苏标带着百多人、半数[①]枪经过麻田，提出打土豪，廖营等便出来接头，配合打了当地最大的绅士罗章前和土豪李国秀，罚了罗章前190元银洋，李国秀谷50来担、银洋50来元。同年6月间，第四团段月泉和第一团李绍久〔韶九〕带领几百人经过这里，听说钟〔金〕万邦领兵到过麻田，进行革命宣传，抗租抗债，群众的觉悟不断地提高。就在这年热天某天夜里3点钟，廖营和彭澎、罗万正、罗道登等在麻田坝上吃雄

---

① 原文如此。

鸡血酒，发誓说永【远】跟着毛主席，不能背叛。

廖营便在麻田组织了党支部，廖营任支部书记，罗万正和罗道登分别任组织和宣传委员，当时党员有邱品才（高排人）、罗寿田、卢友玉、曾正花、刘在海、黎瑞玉、芦章洪（做过伪保队长）等，开会是夜里，是秘密的，躲在山里进行。

在 1929 年冬，廖营他们号召组织农民协会、工会、赤卫队和工人纠察队，同时还酝酿着分田。廖营从胡竹生那里搞来了一支马枪，同时和赖沅泉也建立了联系，卢章洪便替他送过信到永村。这时赤卫队经常在小浦〔布〕、黄陂一带活动。在 1929 年冬天，在高排被地主武装邱德昭和李仁高包围，罗寿田同志被拳击伤至气〔窒息〕，后来【被】救活。此次之后，麻田的活动一度停下两三个月，廖营等活动在永丰边界一带。

在 1930 年冬天，邱品才、邱树珍、邱训有、邱季群等到金竹坑进行革命活动，组织大家打土豪，但因金竹坑 40 多户中只有 1 户富农，他们便分两路跑到别处打土豪，一【路】跑到麻田，一【路】跑到小浦〔布〕，打了卢文迈等土豪。

地主、富农他们害怕革命高潮的来到，便大肆地行凶，破坏革命，屠杀革命同志。1929 年冬天，邱德昭、李高仁[①]等率领□排□□子的国民党武装洗了廖营、罗万正的家，罗万正从此转入红军第四军，廖营继续在家里坚持斗争。

1930 年，廖营和廖南生因婚姻之故，廖营被廖南生咬为 AB 团，在元旦【被】捉去黄陂，5 日便杀了。

廖营死后，党依旧坚持斗争，选举了彭△△为支书，接着是饶绪才、陈荣（宁都城内人）任支书。他们三人都是被咬 AB【团】而死，接上来的是载文昌（乐安对坊新街人）。

金竹坑〈的〉党组织的建立是在 1933 年，由麻田廖鼎三介绍曾光华及我入党，派我们回金竹坑开展工作。

------

① 前文又作"李仁高"。

在党发展的同时，少共组织也发展起来，当时载文昌介绍廖元生等入团，有团员二十几人。

三

1930年1月中旬，钟苏标带领着军队从东固来到麻田，接起了廖营的工作，继续组织苏维埃。1月间，苏维埃成立起来了（包括东元里、麻田、杜迳、饭堂下），设有5人，主席、裁判、财政、文书、伙夫，饶绪才任第一任主席，刘海是财政，曾丘逢是裁判。

各村设了村代表。

农民协会没有了，工会、工人纠察队和赤卫队继续地扩大。当时工会的成员是木工、泥工、织夏布工和雇工，加入的每月交3个铜板，作为办会费之用。

就在同年（第一次战争之前），毛主席、朱总司令和彭德怀同志来到这里，在坝上召开两万人的群众大会，在坝上搭有3个台，向河的是毛主席、朱总司令和彭德怀等主持开会，右边是仪仗台，五军和八军的号兵担任司号，左边的台是宣传部的，宣传地方工作。毛主席还在大会上讲了话，他分析了我们打胜仗要有的7个条件：①做好对敌军的分化工作，他说，国民党的士兵，是工农出身，只要我们宣传工作做好，他们的阶级觉悟一提高就会拖过枪来的；②要有运输队，做好粮食运输支前工作；③要有担架队，做好伤员护理工作；④要有群众的侦察队，来侦察敌情；⑤要有向导队，替红军带路、送信；⑥战时紧张时给前线送饭送菜；⑦（不知）。做好了7项工作我们就一定【能】打胜仗，同时还讲了AB团的问题。毛主席的到来给麻田人民的鼓舞力很大。

经过几次反"围剿"的胜利，革命不断地壮大和发展，宁都的根据地得到稳定。1932年，成立了洛口县。洛口县包括清泰、太平、怀德乡，设有洛口、南团、吴村、前山、其布、石上、小浦〔布〕、黄陂、蔡江9个区，到了1934年冬又增加了陂头区。最初，县苏人员是由江西省苏派来的，在安福组织县苏、县委。到1933

年四、五月间，迁来麻田下湾，各乡、区选举了代表，开了县苏成立大会，选举了李△富同志担任。

各部门的工作：

县苏设有土地、国民经济、财政、内务、军事、裁判、劳动、文化和粮食9个部，每部都设有正、副部长，在开初每部是3人至5人，后来扩大到7人至9人。军事部下有3科，一科管理前线枪枝弹药供给和伤员护理工作；二科管理地方武装组织，训练模范营和模范少队；三科全面管理全县的军事。除9部之外，还有保卫局，下面有侦察、执行、总务3科。侦察科管理侦察案件，设有4人。执行科管理审讯工作和裁判部的联系，设有3人。总务科设有2人。有县土地委员会，下设有调剂处，管理粮食和人员的调度。有互济会、反帝大同盟、工会、收发处和总务处。

洛口县在1933年、1934年3月间搬来麻田，不久，大约是在1934年又迁往小沅、迳背、集源、大布，在那里时间很短，1934年8月间因国民党的第五次"围剿"飞机的轰炸，又迁往麻田高排的石坪。

同年10月间，江西军区和江西省苏从安福也迁来高排、金竹坑。中央的兵工厂和造币厂先后也都迁来金竹坑、梨树、药林一带，继续地修理枪支、造制弹药。

当时省苏和县苏等结合在一起，编有4个团，2团是江西军区的武装部队，2团是由干部编成的，在李富春、曾山、李△富同志的领导下坚持斗争，经常流动在金竹坑和石坪等地进行游击战。1934年底，从金竹坑过南团，想从岐岭突围过永丰，但因国民党封锁，没有冲过去，只有一团人过去了，隔几天又返回来了，会合在上朝、下朝之间的树陂开会研究登山等战术战略时，被国民党包围住，江西保卫局娄梦侠同志就在此次战役中牺牲在金竹坑过去的寨沅，曾山、李富春到钧峰之后，情况不知。到12月，江西军区司令李士蕃同志率领一部分军队，从金竹坑过钧峰，在小浦〔布〕的上竹岭被国民党捉住。

四

1929 年 1 月，麻田苏维埃成立不久，在钟苏标、饶绪才和卢寿田的领导下，继续进行打土豪、分田的斗争，大小土豪打了很多，如刘开友、刘发忠、芦英先、卢发滚、曾玉春等，要他们交出文契和借条，毁掉；在这基础上进行了分田。分田之前进行丈量田地，□□，然后由党内先划定阶级，群众大会开过，才开始分田。分田是以村为单位，各村设有 5 人到 7 人的分田委员会，分田时是平均〈的〉分配。东元里、杜迳、竹里、麻田一般是 5 担谷田，只有金竹坑每人分 8 担（1932 年分田）。

工商业者也分有比较差的田。

地富分坏田，分田之后把他们集中在区苏进行劳动。

1931、1932 年接连两年进行了查田，到了 1932 年每人又增加了半担谷田。同时发了用复写纸和油印刷的条子似的东西，上面有姓名、分田数字和田的地位〔位置〕，年、月，作为凭证。

一般是不留公田，只有竹里才留下三四亩田，作为办公费之用。

五

分田之后，山村的面貌有所改变，生活也安定下来，闭塞的山村活跃起来了，人民的生活比国民党时代有了提高，结束了"糠菜半年粮，禾镰挂上壁就冒①饭吃"的牛马生活，农民有了自己的土地，不交租，不纳粮，只交很低的累进税，一般是每百斤交 5 斤谷；金竹坑开初收谷是 7 斤，后也减为 5 斤。

在国民党蒋介石封锁政策之下，苏区人民经济生活最困难【的】是吃不到盐和用不上布，盐和布一度很紧张。在 1931 年 1 元苏币只能买 2 两盐，后来更缺乏，1 元钱只能买 8 钱。到了 1934 年有钱无货。苏维埃政府为了反封锁，为了人民生活，在 1931 年

---

① 方言，意为"没有"。

先后组织了食盐合作社和硝盐合作社。食盐合作社开初专门卖盐，后来才扩大为卖油、盐、山货、布匹。合作社就是群众入股组织起来的，1股是1元钱，每人根据自己的经济情况，自主自愿的入股，多少不等，每季结算、分红1次，约每股可以分到几角钱。合作社内有两人经营业务，71岁的刘开能就是当年第一个售货员。硝盐合作社是在1934年组织起来的，首先是干单〔单干〕，后来合伙熬，熬者便得，不熬者买也难买到。

洛口县成立时，在麻田还设有县粮食合作总社，粮食是由各区收集来的，不买〔卖〕，是供给干部和红军用。

为了经济建设，支援前线，在麻田发行了两次公债，时间是1933年、1934年。在1934年才有5元的公债，当时认购公债先在党、团员内发行，然后才扩推到群众中去，党、团员比一般群众多认购30%。

六、苏维埃政权的稳定和组织的发展与扩大

政权建立后，人民的思想觉悟有一定的提高，如在农协会刚建立时就推选一些有权有势的人来当权，认为他们识得字而又做得来，就随随便便地搞出几个人去负责就算了，经过党的领导和教育下，通过打土豪、分田地，就把他们打垮了，自己起来当家作主，因此政权就开始稳定下来。

在几次反"围剿"当中，人民给予红军人力、物力很大的支援，当时组织了向导队、运送队、担架队、侦察队……配【合】红军作战。当红军取得伟大胜利后，当地人民热烈地慰问胜利归来的红军。妇女组织慰问队和歌唱队、洗衣队、做鞋队，还有〈的〉送饭送菜的慰问队……为红军积极地工作。有的同志在前线受了伤，住在人民的家里，当时人民对养伤的同志照顾得十分周到，如护〔送〕菜、端茶送饭等，好像照顾亲爹娘一样。这样，不但可以使红军更好地休息，而且也鼓舞了红军作战打击敌人的信心，因此在几次战争中（一次—四次战争）都得到〔取得〕了辉煌的战绩。

党根据形势的发展和目前的需要，提出扩大红军一百万，而麻田人民一批又一批地参加红军，模范营、赤卫队和先锋队是整队整排地加入。一般地来讲，16岁起到45岁止都参加红军，妇女动员和欢送丈夫参军。如，妇女主任甘秀莲不但动员了自己的丈夫参军，而且还动员了2名群众参军，同时她曾参加过几个月的军事训练。母亲送儿子入伍，由家送到乡，由乡送到区，都是非常普遍的，这样就扩大了红军的实力，对敌人是一个〔沉〕重的打击。

随着人民思想的提高和政权的进一步巩固，因此，在1932年2月党组织就公开了。首先是召开群众大会，号召大家入党入团；要入党入团的进行登记，凡是23岁以上的贫雇农都可以入党，因此由几个党员发展到几百个，由乡的党支部发展到各村，村成立党小组。由18—23岁的加入少共组织，因此少共组织也大大地壮大了。

随着政权的稳定，敌人为了摧毁苏维埃的政权，组织了一批特务组织——AB团，潜入革命组织内部。党为了肃除这些暗藏的敌人和纯洁革命组织内部，在1930年2月杀AB团，但在肃除过程中，由于工作上不够仔细，误杀了一些革命干部，如廖营、陈荣、卢甲等同志，这样就使革命受到一定的损失，到1931年3月就纠偏。

七、文化教育

随着政权的巩固，使到〔得〕人们的政治觉悟进一步提高，使到〔得〕人人有文化，因此在1932年就设置了教育部，首先是设县教育部，其次是区，然后是乡村，在县、区有教育部长，乡设教育主任，村里设一个委员来负责。

当时教育部在各乡、区设有贫民学校，学校的教师暂由当地的旧知识分子来负责，书籍是中央苏区发下来的新书（据说三个字一句的书本），采取日夜都上课的形式，在学生里面还设有学生委员会。当时麻田乡就有八九个贫民学校，由15岁以下的男、女少年儿童参加学习。除了贫民学校之外，各村还设有识字班和夜学班（大部分是成年人来上学的）。

八、红军北上后苏区人民坚持革命斗争

红军北上抗日时，毛主席曾对苏区人民说过："我们一定会胜利的，你要坚持下去，把红旗插遍全中国，你们要时时组织群众进行革命斗争，国民党一定会被推翻的。"毛主席走后，他们将这句话牢牢【地】记住，同时鼓舞了他们的斗争信心。因此他们组织了游击队坚持斗争下去，如在 1937 年 5 月间，谢山同志率领 30 个游击队员从小沅来到麻田打合作社（1938 年谢山同志被保安团捉去被杀）。

当时国民党对革命同志的摧残是十分残酷的，如廖元生同志等31 人于 1934 年在广东与湖南交界的地方被敌人抓去（因掩护红军前进而掉在后方被捉的），后将他们解回江西来，在路上他们的生活是饥饿、吊打、疾病在一起，结果他们在路上就死了十几个人。回来后伪保长又要他们自新具结，具结时还要交钱。不仅如此，还要同其他人民一样交繁重的月费，如廖元生同志因交不起月费，而连老婆也被迫出〔改〕嫁了。由于国民党对革命同志的摧残，廖元生和王维珍两位同志被摧残而双足残废。

当时革命同志的家财、用具都是〔被〕国民党劫掠一空。麻田人民在 1934 年还要交租谷，交不起的，什么也要卖掉，一定要把租谷交清。

国民党来后，当地的卢学富（地主）组织了几十个义勇队横行在地方，要人民出月费，有的人每月出 10 块或者几十块钱，有的贫雇农没有钱〈的〉最少也要交四五块钱。地富可以不交月费。同时还要抓壮丁，如果不去的话就要出三四百块钱，有的给钱请了壮丁，不久又来捉人，弄到人财两空，如在 1945 年青音（地名）的伪保长曾常知任保长不到一年就捉去壮丁 12 名。

对老革命同志不发或者迟发"良民证"（身份证），使到〔得〕老革命同志除在麻田外，哪里都不能去，苏区人民在国民党统治下过着暗无天日的生活。

1948 年，黎瑞玉在洛口与元布一个人闲谈："现在国民党对人民压迫很厉害，生活很难过。"那人说："国民党的世界不久了，我听说在安徽的红军搞得很热烈，山东成立了苏维埃政府，我们这里很快就要解放了。"

1949 年 8 月，宁都解放。8 月 19 日，武工队张队长带领着三四个人到麻田来进行搞二五减租等工作。10 月间，璜〔黄〕陂区长郭庆和到麻田成立支前办事处，卢长胜做乡长，曾英行任农协会的主任，罗友彩当文书。当时乡人民政府立即进行调查土地、田亩税、计算公粮等。

1949 年 11 月间，民兵组织 120 余人击溃了义勇队卢学富等几十名〔人〕，缴获长枪 32 支、驳壳 1 支。

党中央和毛主席为了人民的生活过得很美好，彻底改善人民的生活，〈因此〉在 1950 年 7 月进行翻天覆地的土地改革运动，彻底消灭在农村中的封建势力。当时农民在【土】改时的斗争很强，1 个多月的时间就斗垮了地主，分好了田地（当时每人分得产量 500 斤）。

全乡人民经过土改、镇反、"三反"、"五反"等政治运动，觉悟大大地提高了，在各项运动中都表现了模范先进的作用，如打锣击鼓集体送公粮，自愿自觉报名参加抗美援朝的斗争和保卫国防的安全。

党提出要走互助合作的道路，农民自愿自觉地组织互助组，再由互助组走上农业生产合作社。当时农民也亲眼看到走互助合作的道路才能清除过去的贫困，才能更好地发展生产和提高产量，才能更好地集中而合理地使用劳动力。农民经过社会主义思想的教育，特别是经过整风反右派的斗争，思想觉悟更进一步地提高，认识到只有走合作化的道路，走社会主义，永远跟着共产党走，才是唯一的正确的道路。因此，在 1956 年冬，由低级农业合作社转到高级社，转入高级社后，农民兄弟在生产方面的干劲是十分大的，如很早起床很晚才来睡，一切工作大家争着去做，就是各项运动一来，也是很顺利地进行，没有什么抵触，一说干就干，一定要把工作干好，这就说明了人民的思想觉悟大大地提高了，生活也大大地改善了，如刚解放时生活上还是很苦的，不但穿成问题，就是连吃饭也解决不了。经过一系列的改革和合作化的运动，生产不断地提高，粮食不断地增加，农民的收入也不断地增长，如，1957 年某家有 2 个主要的劳动力而可以维持 8 个人的一般生活，所以在【此】基础上，在 1958 年 8 月由高级社转为人民公社。

人民公社首先就是把吃饭、医病、教育、娱乐等包起来，同时还设有敬老院和托儿所，这也是农民最迫切的问题，也就是从来没有过的事。同时生产劳动与模范评选是结合在一起的，通过评模工作来激发生产者的积极性，如在 1958 年底评出模范 500 多名，其中甲等的有 97 个，乙等的有 140 多人，丙等的有 300 多人。

人民公社包含了共产主义的因素，〈在逐渐增长，〉现在的人民公社正向半供给半工薪制走去，这样就大大地促进了生产力的发展。

现在全麻田大队有党员 51 名。

（整理：宋华樑）

琳池革命概况

琳池的社会基础

琳池村位于宁都县的西北方，四面环绕着高山峻岭。它是一个革命最坚决的村庄，同时也是受国民党反动派破坏最残酷的地方。在第二次国内革命战争前，经济方面是自给自足、以农业为主的小农经济，这里的人民都是受着封建势力压迫和剥削的。

前一次革命时，全村有 360 余户，人口共有 1100 多人。在 360 余户中，地主有十七八户，富农有 10 户，中农（数目不详），其余的都是贫雇农。地主富农占了大量的土地。最大的地主李云春 1 户就占有六七百石田，还开夏布行，有 15 担布。地主李顶西也占有三四百石，也开布行。李贵兴占管〔有〕大量的公田。他们除了占有大量土地外，还放高利贷等。贫雇农所占有的土地很少，同时这些土地都是坏田，大部分【人】是耕种公田和地主的田地。最好的田，1 石就要缴 2 桶谷地租，一般的土地产量是□□（1 石田＝1/4 亩，4 桶＝1 石谷），除了缴租外还要劳役。

在这里，封建势力、宗派观念也是浓厚的，大姓常常欺负小姓。

贫苦农民在这种水深火热的环境下，为了吃饱、穿暖和自由，所以 1927 年在党的领导下，就起来暴动，"打土豪，分田地"，建立自己的政权——工农苏维埃政权。

（唐和亲执笔）

琳池初期革命活动

1927 年（民国十六年），黎宽谟^①（东韶人）的部队在管沅（离陂头 10 里）捉住了赖坊绅士赖沅泉（30 多岁），因赖在地方上有些"威望"，当地一般青年人只要他一叫便可拢来（集中三四百人不成问题）（注：可能没有民愤）。宽模部队便把他放回来，要他在各村工作。回来后即邀人（横江 2 人、永村 1 人）在赖坊开会，不久横江暴动。

初，赖沅泉工作都不出面，一般都是以征养老费的名义向有钱户征款（每亩征 20—200、300 元不等，要看被征户财产的具体情况而定）。出面工作的是赖而林，是他首先来与琳池的李自荣（原盐店伙夫，参加革命后在区政府工作，后来当区苏主席半年多，当 AB 团杀了）联系，组织农民。

1928 年 4 月间（栽禾），由永丰、南团过来四五百红军，经过齐元、琳池一带，沿途贴标语、做宣传。7 月间，开始成立农民协会，接着妇女协会、工会也成立了。此时，王俊、彭澎带 100 多人来这一带工作。开始成立农协时齐元、琳池都是小组，到田营去开会。当时农协领导人的成分不纯，有地富渗入，如琳池的李发行（土豪）。

农协成立后 10 来天就打土豪，妇女协会、工会的主要工作也是打土豪，一般妇协打土豪老婆。开始时因打不开情面，一般都是打别村的土豪，如齐元土豪李朝五就是横江农民打的，有时还会到永丰去打土豪。琳池（农协主席李炳权，裁缝出身）首先打坪川（离琳池 3 里多路）土豪李金友，去了几十个后生，搞到了一些纸币，未搞到银洋（李英才说是因为李金友媳妇勾结彭澎，因此领导不力，银圆隐藏住了）。过了一两天，又打耶【稣】堂的先生刘水生，搞到几百元。这次参加的农民都分了一两元草鞋费。琳池前后

---

① "黎宽谟""黎宽模"疑为同一人。

打了 11 家（李发行、李兴山、李兰兴、李良士、李美士、李才士等）土豪。田营打了 5 家土豪及 1 家富农（当时也当土豪打）。

1930 年冬，开始分田，每丁 2 亩 5 分，生补死抽，另留一两百石（4 石 1 亩）谷田作为红军公田，留一部分机动田作为外来人和出生率高于死亡率时用。

当时地主、富农都是由他自留的好田。中农多耕的好田也不抽，在第二年交多余部分的田租给乡苏作为乡苏的经费来源之一。如某中农 4 口人吃饭，本应分田 10 亩，但他耕了 12 亩和〔或〕13 亩（超过此数即抽多余部分）田，便不抽，只要交二三亩租即可。此次分田好坏、数量不均，后经过查田运动才分好。

打土豪方法。未打前，农民协会召开各村代表会（转乡苏后，即由乡苏召开），提出被打对象，查清他的动产与不动产，有多少人吃饭，剥削程度如何，大家研究够不够土豪（开始没有这样慎重），够就报上级批准，批准了即去一批人（人数几人、几十人不等），把土豪（当家人）捉来押在农协（后乡苏），提出借钱数目（借多少要根据各土豪的富裕情况，几十、几百不等），要土豪家属派代表来商量，将款项交清（包括土豪在农协吃饭的伙食费）才放他回家。

打来的钱、谷子（折借款）除分给参加打土豪者每人一两元草鞋费（齐元不分）和农协（乡苏）经常开支及分给贫困户口粮外，都上交。

土豪家的鸡、鸭、猪等被农民吃了，不算钱。木器、日用品不要。

1929—1930 年，琳池乡有党员 40 名左右，党支部一①，支委会由支书（脱产）、组织委员、宣传委员（不脱产）3 人组成。每村都有小组。党员每月缴党费 5 个铜板。

齐元：党员七八人，团员四五人

———————————

① 疑有漏字。

田营：党员七八人，团员五六人。

发展对象都是工作积极，成分好的，要经过1个或2个人的介绍才能加入。

琳池乡属南团区领导，是1个小乡，辖琳池、平川、田营、齐元、水南、坑头、下村。有干部3人：主席兼财政、副主席兼文书、党支书。

村无政权组织，只有村代表，一般50人选1个代表，每村有3—9个代表，只有1个的也有。

南团区辖：琳池、麻田、南岭、黄石、横江、带迳、球田、永乐9乡。（有的说辖东韶、琳池、南团、球田、麻田、上潮、金竹坑7乡）

南团区的前身是代英区，成立时区苏设洛口，后迁麻田，不久又迁田营。成立5个多月后，就设为南团区，区苏设在田营3年多。（曾一度迁南团，不久又回田营，直到1934年9月。）

区苏主席：李继茂→卢著模。

区委书记：廖如金→罗长流。

区苏设：总务、财政、文化、裁判、军事、内务、土地（后改粮食部）、劳动、检查九部。

附：

李继茂：出身□□，当了3年区苏主席，1932年反逃兵运动中，因未调查清楚抓来的6个逃兵的具体情况，便枪决了，受到撤职处分，解县查办。［这次区的主要负责人除李英才（副主席）因到职不久（1个多月）又是工人（泥水）出身，只受降职（乡支书）处分外，其他均撤职解县查办。］

卢著模：出身□□，接李继茂的手，当了1年左右区主席，因检查部长王继才（因病在家休养）写信给卢，说两个星期后，他就要当主席，此信卢未接到，被□□□接到，说从信的内容看他们与国民党守望队（流氓、大烟鬼组成）有勾结，于是将卢、王一起杀了。

廖如金：上潮人，出身□□，当了□□区委书记。

罗长流：工作积极，自接廖手一直干到区苏撤消。

陈安珍：琳池农民协会主席、区苏主席，农民出身，接李炳权的手当了几个月，调区苏任主席，当了1个多月，被人咬为AB团杀了，解放后已平反，无后裔，老婆已改嫁。

（漆特英　整理）

建政后的活动

（一）党的建设工作

1932年，琳池乡党组织已发展为1个支部，本乡支部成员有40人左右，各村成立党小组。

入党对象，一般阶级成分是贫雇农，工作积极肯干，历史清楚，经过介绍人介绍，党组织逐级讨论批准。

琳池当时（1932年）支部书记李英才。

支部设书记1人，组织委员1人，宣传委员1人，分管各种工作。

支部书记：管理负责组织全盘工作，如当时中心工作是扩军，支部书记则应全力以赴做好扩军工作。

组织委员则搞组织工作，也结合当前中心工作带头来干。

宣传委员：做好宣传、动员工作，大都是分挨户、开会种种形式。

党费：每月收党费5个铜板。

党员一般的活动，是依据当地中心工作，积极完成党的号召，党员都在各级组织负担工作，如区、乡、村干部，一般都是党员负责。（1932年以后，曾在琳池抽调一些干部去宜黄工作，所以党员的人数逐渐减少。）

（二）工会组织方面

1932年前后，工会组织在琳池已经壮大起来了，工人数目增加到七八十人，其中包括木匠、泥匠、理发工人、篾匠、雇农……自从成立以后，工会主席是由李英才同志负责，最初是配合打土豪、分田地等工作。

工会费的征收：雇农缴 3 个铜板，工人缴 5 个铜板。

工会费开支方面：有关工会工作方面的开支，如印发通知、买纸张等办公费用，都由工会费开支，至于用后所有余存部分，都缴交区方面的工会。

（三）政权方面的主要中心工作

政权工作方面除了健全各方面的组织外，主要工作有扩大军队、经济工作、查田运动。

A. 扩军工作

当时在政府的号召下，为了保卫苏区，为了保卫胜利，粉碎第五次"围剿"，为了打倒国民党、反对帝国主义瓜分中国，于是必须广泛发动苏区人民参军，琳池乡参军运动也是主要工作。当时口号是"扩大一百万铁的红军""打下南昌、九江，会师武汉"，故此，我们全党动员，当时这样说：每一党员都至少要动员 1 人以上，动员不到，应该自己参加，参军年龄是 35 岁以下。在积极动员之下，本乡青年大部分参加了红军。

对待参军家属：乡苏维埃组织代耕队，代参军的家属耕地、干活，有时募捐、买盐等食品给军属。至于参干的家属，要以参加本乡苏工作以上的人才能享受，村代表不脱产不能享受。

附：在扩军的同时，相应地也成立了担架队，担架队以 35 岁以上的壮年人负担，分担担架任务。琳池乡支前担架队抽调上前方的有几次，一次有 30 人、40 人不等。

模范营的组织是以 25—30 岁的青年组织，配合红军作战。17—25 岁青少年，都参加先锋队，他们负责帮助赤卫队维持治安秩序，先锋队都打抽鸦片、赌徒的坏行动，领导者是党团员。

琳池有 30 多人，模范少队 80 多人。

妇女洗衣队、慰劳队，他们工作是在后方照顾前方伤兵，宽慰他们情绪，提高他们为革命战斗的信心。

B. 查田运动

乡苏维埃第二项中心工作就是查田运动，1930 年冬天的分田是以每丁10担田计算分配，多种了则不抽，多种部分叫红军公田，要交公田租子，由乡政府开支，用于公费及共同福利事业，如造桥等。当时还没有划分阶级，田没分上、中、下等。

查田运动以后逐年进行，当时则进行划阶级、田分等级、抽肥补瘦，地主的好田全部抽出来，以最坏的田分给他们。

一个村子组织查田委员会，成员是5人至7人，琳池在查田委员会当执笔的是李华万。

征收公粮是以累进原则计算，最先每人10斤半，后来是11斤半。

C. 经济建设工作

发行过几次公债，琳池当时每人平均购买5元左右，但有高低不等，高的20元，低的2元。

合作社组织，主要是消费合作社，【以】供销油、盐为主，收购破铜破铁。

后来又组织熬盐合作社，经过挖泥、过滤、煮熟等手续〔程序〕，才能得到硝盐。

棉布方面，均由私营小商扁担者到白区挑来发售。

流通货币有纸币，计有5种：1元、5角、2角、1角、5分。铜币有5分的，银币有1角毫、2角毫。

银行开设，是以军队的师部为主，由师部每天兑换1小时银圆，以利附近老百姓，可以自由到白区买物。开始使用纸币时，1元纸币可以兑换1元零5分的银圆。（第五次"围剿"时1银圆可换纸币30—40元不等）

（四）乡政权机构编制及经费开支

乡苏维埃编制3人，主席兼财政，副主席当文书，党支书当伙夫，处理日常工作。

公费开支由屠宰费、累进税等款项供给，但最主要的是用打土豪的款，如果没有土豪打，则向地富阶级每月捐款，每月每户10—20元不等。

1940年，国民党反动派征兵征粮，迫〔逼〕得人民更加困苦，宁都征兵团里，一批一批地征集。在苏区征兵中，国民党反动派采取更毒辣的手段，集中地征集老革命干部，他们隐隐地想把老革命同志送上前线当炮灰，这是继续不断地采用种种方法方式向苏区人民进攻【的】具体表现。横江乡当时老革命同志有几人，被征于宁都县。是年，由国民党连长（山东、河南一带人）前往黄陂抓壮丁，同行的有 20 多人，其中 4 人为连长老乡，到了横江，在李清祥、管培才二位同志【的】带动下，杀了连长，举行暴动。李、管二位说："王俊、彭澎二人几条枪可以干革命，咱们 10 多枝〔支〕枪，力量更大，更可革命。"于是 20 多人便打回麻田，切断电线，打土豪温进财，给款 200 多元，又往东韶挺进，东韶伪国民党区公署也【被】吓跑了。每人分得几元，又往碛江走，伪连长 4 个老乡也拖枪散伙。同伴中也有一些离开，于是剩下 10 来人，逃在山上，经常出入于碛江附近，弄得国民党伪区公署没有办法，暗地勾结碛江绅士李彬金、管米斋，利用宗派关系〈为联系〉，以解决纠纷事件为名，邀至碛江。当晚被捉，第二天早晨被杀。同伴被杀者几人，其余也逃散了。

红军北上抗日后对老苏区人民的压迫

红军为了整个民族的利益，北上抗日。国民党反动派与地主、反革命分子都猖狂地向老苏区人民进攻。

首先，枪杀了很多老革命同志，枪杀方法有枪毙的，有杀头的，有活活打死的。

其次，地主阶级联合组织起"义勇队"专门搜山，对付老革命同志，想尽办法杀光老革命人员。

再次，先后回村的则要追勒赔款，没收家产，交"自首费"6 元（光洋）。

最后，实行联保政策，并强抓壮丁，抓壮丁首先必抓老革命同志。

（胡钦豪　整理）

第一次反"围剿"我军胜利纪实

琳池在洛口区的左侧，周围皆山，高低不平，按地形来说，琳池还属小盆地，辖下有坑头（偏东北）、坪川（正中）、水南（更西北）、田营、永乐（都在西面）等相邻小村庄。当时国民党为了消灭红军〈扩大根据地〉，举行了第一次大规模的向苏区疯狂的进攻。国民党张辉瓒部一师人，直窜这区域，想直抵红军腹地。于是在【1930年】11月14日夜间，全部匪军驻扎在石公寨、曾碑垴、王泥寨诸小山头上。红军第三军团当时在毛泽东诱敌深入的正确军事思想指导下，紧跟而至，红军得【到】当地群众亲切拥护，很多老百姓引小路，穿便道，直登比白军所驻扎的山头还高的凌华山、仙元垴。于是两军对峙，一高一低。红军前头部队到敌人周围，敌人仍然有〔犹〕如迷梦初觉，红军士气百倍，居高临下，俯牵全局。白军处劣势，低地，如囊中之物。第二天早晨，天刚朦亮，双方接火，枪声、炮弹有如猛雨，红军火力步步逼近，张匪部只顶几个钟头，便难以支撑。过了晌午，张匪部节节失利，全线崩败，红军包围圈已成，火力更猛，于是全部缴枪投降。我们住胡家巷，距离石公寨、曾碑垴等小山仅2华里，激战时，我们逃到屋子里，心里总希望红军把白军消灭干净。到了下午，便听见一片叫敌人投降的洪亮声音，实是众声成雷，顷刻之间，不见枪声响。我们纷纷开门观望，见到石公寨、曾碑垴、王泥寨一带的白军窜头窜脑，举手投降，颓丧地向红军缴枪投降。于是，我们都见到四周老百姓抬着担架，提着家庭食品，慰劳咱们的红军。妇女同志，忙也忙不了〔赢〕，宽慰红军负伤人员，一片军民亲切景象，都讲也讲不了。今天思索记忆犹新，永不磨灭。

（李英才述，胡钦豪记）

琳池乡的妇女工作

妇女协会一成立，除组织部分青壮年妇女配合农民协会打土豪外，即进行妇女自身解放的剪头、放脚工作。当时妇女，尤其是二十七八岁以上的妇女受了封建思想的支配，认为剪头、放脚是丑事，是妖怪，不但自己不剪头、放脚，还阻止或造成舆论妨碍工作的进行。后经过从上至下开大会、小组会、个别动员，妇女干部（主任、村代表）带头编歌谣等工作，加上外地剧团的宣传，一年半左右才基本做完这一工作。

当时规定妇女七八岁——20多岁的一律剪头、放脚；30岁以上可以不放脚只剪头；40岁以上两者都不要。在规定须剪发年龄的妇女如不剪，即由少队去突击（悄悄地当她不注意的时候，抓住发髻就一剪刀）。有的妇女被剪后，还伤心落泪。在规定须放脚年龄的妇女，一律要放，每村由妇女代表和积极分子组织1个检查队，每3天到各家去收一次脚布，收集后即烧掉。如发现个别年轻妇女还包脚，就用钩子钩她的脚布。

1930年杀AB团以来至第一次反"围剿"时期，琳池地区党政各组织的活动基本上停止了。到1931年初，三军团派刘复庭、袁福清、张宗洋重新逐家宣传，劝曾经工作过的同志、党员出来工作，向群众解释不会乱杀人。经过这样宣传组织，党组织、政权组织才恢复起来。接着就是扩军。这以后几年的工作都是轰轰烈烈的，妇女也组织起来了，乡有青年妇女干事、成年妇女干事，村有妇女代表，大村2—3人，小村1—2人。选代表时采取提候选人（成分好、工作积极）的办法，在全村妇女大会上通过，做到了没有闲人。当时妇女的工作也很多，主要是做军鞋、慰问红军、扩军、搞好卫生等工作，相应地成立了很多组织，如洗衣队、慰劳队等。一般八九岁——十二三岁的女孩组织慰问队，红军或红军伤、病兵员路过驻此扎时，便敲锣打鼓地去给唱歌。15—20多岁的妇女替伤员洗脸、喂饭，再大点到30多岁，即给红军、伤员煮饭、烧茶，40—50岁的就是洗衣队，替红军、伤员洗衣补衫。

做军鞋：

一乡一般每次有160多双的任务，最少也有150多双，起先是

1 个月交 1 次，后来是半个月交 1 次。

任务下来后，乡里研究分配数字，再下到村，由村到组，一般 2 个或 3 个妇女做 1 双，任务多时 1 个妇女做 1 双也有。做得好的在大会上表扬。欢送新兵时，挑最好的鞋用红纸包着送与。

扩军：

这是苏区的主要工作之一，任务重时间紧，且比较经常。任务下来后，首先乡里开党员会，强调党员带头参军，并规定每个党员扩军的数字。再开群众大会，赤少队长会进行动员，妇女也配合作扩军工作，以妇女干部、积极分子（包括党团员）、红军家属为主，组织突击队，到有合乎参军年龄（十六七—35【岁】）的家庭去宣传动员。琳池乡有 1 个突击队，每 3 人组织 1 个宣传小组，分 15 个小组。每次都具体规定任务，如一次战争时规定每个突击员突击 1 个兵（这是任务大的一次）。

搞好卫生：

琳池乡政府的公共场所（附近街道、会场）专门有 20 个妇女分 5 班负责打扫。在开大会时，由先锋队协助打扫和搬凳子，大操坪即赤卫队负责打扫。

居民的屋前屋后由附近居民负责，少队检查督促，发现不清洁即叫负责者打扫。

室内清洁，规定 7 天（有时半月）由妇女干事、妇女代表组织小组进行 1 次检查。发现污浊的家庭督促她打扫并进行批评，要是批评无效，接连 7 次（有的 3 次，45 天）即 49 天，每次都是污浊的话，就拿纸剪鸡脚贴在她额上，由少队押着并敲锣游街，叫污浊的看样。

慰问、照顾军烈属：

过年时向军烈属送礼（花生、豆子等）并进行安慰，叫他们不要记挂着在外的亲人，不要担心，他们会回来与家人团聚的。在平时替军烈属（人手少的老弱户）处理一些家务。军烈属生小孩时，一般都照护 7 天，不让产妇劳动。在这 7 天中每天都派两三个青年妇女去处理家务。

　　苏区妇女都组织起来了，各人有各人的工作，一到忙时，带小孩的妇女，如家里没有年老的婆婆带小孩的话，就很难脱身，如是当时便动员年老的出门走路不方便的妇女帮这些人看小孩。有事的妇女可以在外出时将孩子送往附近的老人看管。（当时妇女派往外工作，一般是分上、下午两班，只有半天在外。）

（漆特英　整理）

第二次国内革命战争时期永乐一带
革命史资料调查小结

永乐、河背革命前后情况

永乐、河背位于宁都西北方，四周环绕着高山，以农业生产为主，处在自给自足的闭塞经济状态中。二次革命前，人民都受着封建地主的压迫和剥削，过着贫苦的生活。

当时永乐有 120 户〈人〉、300 多人口，到现在只有 40 多户、167 人。那时的阶级状况是大地主有 2 户、富农 2 户，被打土豪有 2 户以上，中农 2—3 户，雇农 6—7 户，其余都是贫农，地富占有大量的土地，最大的地主曾烈章有田 400 多担，曾祖珍有田 150 担，其他地主均在 60 担以上。

河背有 100 户、400 多人，地主有 4 户，富农有 2 户，土豪有 3 户以上，其他都是贫雇中农。最大的地主黎红才有田 100 多担，黎永福也有几百石。雇农很少土地，跟地主租种土地，税很高，上等田每石缴 30 斤谷，一般是 20 斤。地租不管年成好坏都照数交。贫苦农民除缴纳地租外，还要跟地主做无偿的劳动，还受高利贷的剥削，农民过着痛苦的生活。为了摆脱这一痛苦，所以在党的领导下起来暴动，"打土豪，分田地"，成立农协会和苏维埃政权。

一、农民协会的建立

河背老革命同志王为秀、黎起一说：约在 1928 年十一月初八，赖元〔沅〕泉、彭澎、王俊等在东韶抓粮局收租人杨云沅，杨逃到坪川，在世德家的床底下，彭等抓住他后，将其收租钱没收，警告他不能再来收租，后放回宁都。从此东韶一带开始组织"暴动协会"进行暴动，河背农民在赖金声的组织发动下，成立"暴动协会"，有 40—50 个农民参加，以穿红衣为标志，用梭镖攻打坝里的靖卫团和地方团练。过了五六个月，赖元〔沅〕泉、江先生、金先生等来到永乐一带组织农协。1929 年冬，永乐村农民协会在赖等和曾德行（永乐人）的组织下成立了，推举曾德行当主席，后李德秀继任；曾德纯任文书。成立农协后（抗租、抗债情况不详），开始打土豪，永乐被打的土豪有曾祖珍，交出 200 担谷，银洋 200 元；曾烈章交出多少不详；熊家的土豪管中庸有田 300 担，交出银洋 500—700 元。除谷子和部分土豪物件（如衣服）分给贫雇农外，银洋上交归公作军用。约在 1930 年冬，三军团住在永乐（1 个多月），曾打过 1 个土豪（名字不详），交出〔缴得〕200 多元银洋，部分交给群众，其他归团部。与永乐组织农协同时，河背熊家联合成立了农协，主席黎仁发，四五个月后因贪污改选黎中发任主席，黎耀明做文书。农协成立后，接着就是打土豪。当时黎红才交出银洋 200 多元，在他家牛栏里找到藏着的 150 元银洋；黎益新交出银洋 40元。银洋归公上交。同时河背有 40 多个青年曾到东韶参加打土豪黎雁传的斗争。白天先巡视好，晚上斗，交出多少钱不详。

在 1930 年至 1931 年间，永乐乡成立农民协会，乡主席曾德行。

二、党的建立与发展

曾德行是永乐最早的共产党员，1929 年时他介绍永乐村的李德秀、曾△国、曾春华、曾以行、曾定吉入党，成立党小组，组长曾德行。

河背最早入党的是黎平金、彭金福、丘仁高、黎仁荣、曾平辉等，负责人黎平金。接着河背入党的有罗明贵、罗德才、黎培英、黎焕庭，永乐有曾宣传、曾子才、曾丁良加入党，党的负责人是李德秀。

一次战争胜利后，东韶开过一次群众大会，曾号召群众加入共产党和共青团。会后党团组织扩大了，永乐当时有 20 多人加入党团组织，这时永乐乡成立党支部，书记是曾德行，后德行上调，黎一谭继任。

与党建立的同时，团的组织也建立起来了，永乐最早入团的有曾传新、黎瑞云、曾文珍、罗运庭、曾元敏等7人，传新、瑞云担任组长。河背最先入团的是黎招生、丘鸡子（外号）、黎祥金、黎冬明，祥金担任组长。团的组织到后来逐渐扩大，如永乐党公开后加入党团的就有20多人（各占多少不详）。党员【每月】交党费1角钱，团员每月交团费1个铜板。

入党前填表申请，成分好、工作积极的就能入党，经过批准进行宣誓，大意是服从领导，带头搞好工作，不怕牺牲，保守党的秘密。党员五六天开会一次，有事时经常开。当扩大红军和支援宜黄斗争时，永乐村党团员在曾德行领导下起了先锋作用，带头参加红军和模范营，那时党团员差不多都到宜黄参战。

三、苏维埃的政权建设

约在1930年冬（亦说1931年），永乐、河背、熊家合并，成立乡苏维埃。主席先是曾德行，后有刘光发①、黎平金、曾子才等；土地部长赖伯福；财政部长黎△保，后黎步亭；监察部曾保元等7个干部。乡苏成立之后，村苏也建立起来。

1930年冬，各村开始分田地。在党支部的领导下，贫农团曾先研究划阶级的问题，确定哪些人是地、富、土豪、劣绅、中、贫、雇农，然后没收地主土地，收地富土地，会田、公田和贫农土地打乱（中农土地两种说法：①原封不动，少者补足；②打乱重分）全部合在一起，分上、中、下三等，按好坏进行分配，平均每人分田10担，地富分较远的田或坏田，山和耕牛也进行分配，几户共一座山，没有屋的贫雇农住被没收的地主房屋，鱼塘未分配（永乐的分了）。分田后两年，年年都有查田，有专门负责这一工作的查田委员，永乐是李德秀。查田原因有二：①地富和部分落后群

---

① "刘光发"，下文又作"刘先发"。

众瞒田；②好坏搭得不均，须进行调整。

当时交累进税，税率很低，每百斤交 2—3 斤。

永乐乡苏成立 1 年后，又合并到东韶乡，主席是刘先发，秘书黎耀明。不久东韶又成立区，叫东韶区，管 17 个乡，有横江、迳沅、吴村、小田、柏树下、田营、南团、琳池、汗口、上下潮、东韶等。区苏主席黎安祥（横江人），担任工作 2 年。

儿童团。永乐有 60 多人，团长曾祖文，分成 5 个班，设正、副班长。平常早晚操练，10 天一大操，主要工作【是】防止地主破坏，白天放哨、查路条、禁赌、禁吸鸦片、烧菩萨。

先锋队。永乐有 20 多人参加，维持地方政权，宣传放脚、剪头发，放哨，查路条和禁烟（吃鸦片）赌，当时队长是李秀春（后叛变）。

赤卫队。配合村政府打土豪、分田地，保障胜利果实，和靖卫团作战，如永乐赤卫队曾配合红军攻打东山坝的靖卫团，打了半个月，在小沅江背活捉曾青春。当时永乐赤卫队有 20—30 人，队长曾春华。平常操练，7 日一大操。

妇女协会。设主任 1 人，在妇女主任带动下，经过宣传，妇女纷纷放脚、剪头发，做慰劳红军鞋，组织洗衣队，帮助红军洗衣服，就连 50 岁的老年妇女也参加了。另外，妇女和男人一样参加打土豪，斗争土豪婆。

列宁小学。永乐举办了 1 所列宁小学，有 10 多人入学，学员是儿童团先锋队成员。

邮政工作。曾经在东韶任四年邮递员组长工作的黎起财（河背人）说，当时送过到乐安、崇仁、宜黄 3 个县的信件，另外从东韶邮局将信送到固下、小田等地。有局长 2 人，邮递员 9 人，组长 1 人〔工薪黎起财每月 22 元，后减少到 14 元〕，穿草黄色公〔工〕服，戴草绿色的公帽，上有斧头镰刀的记号。信件有平信、快信、特别快信、双单挂号等，另有《大众报》《群众报》《青年实话》（口音、内容不详）。

麻田也有一邮局，约办了 2 年之久。

其他方面。约在 1930 年 9 月和过旧历年时，红军三军团曾到过永乐、河背，且在河背演过戏，毛主席和朱总司令也到过，且在永乐挖了 1 个防空洞。

四、群众支前工作

经过打土豪、分田地，群众获得了土地，为了保障这一胜利，群众除积极生产外，还热烈参军和做各种支前工作。

生产方面，党同样领导生产，各〔在〕春耕前，正月十五以后，召开村代表会议，宣传春耕意义。后乡干部和村代表一起到各村召开群众大会，宣传春耕意义，指出春不种秋就无收。到将至夏收时，又开群众大会，动员群众爱护劳动成果，好好收割回来。这时赤卫队、先锋队停止操练，参加生产，12—13 岁的小脚女孩参加放牛和砍柴。

群众生产积极性提高后，产量增加了，加上不用再交租和还债了，生活有了改善，所以中央发出推销 300 万元公债后，永乐群众热烈认购，先开乡代表会，后开村群众大会，一般购买 1、2、3 元，多的有 10 多元（地主没有买）。1932 年发行，接连发行了 3 次。

当中央提出扩大一百万铁的红军号召以后，永乐群众也热烈地响应了这一号召，永乐 1934 年参军的有 36 人。当时在后方组织了优抚军属委员会，负责优待军属，如，募捐。另外，组织耕田队，设耕田队长 1 人，组织劳动力分配到军属家耕种土地和砍柴等工作。当时，永乐耕田队长是曾保才。

在支援红军，消灭白匪、靖卫团的斗争时期，永乐人民也很积极，除了大部分党员随同曾德行领导的模范营到宜黄参战以外（开初 20 人，后又有八九人参加），还组织担架队和运输队，一起到前线。当时永乐群众有 80% 以上参加了支前工作，光担架队和运输队就有 50—60 人。

五、红军北上以后的情况

红军北上以后，永乐乡遭受国民党靖卫团和地主的压迫和剥削情况谈得不多，因此只将当时谈的情况分述如下：

参加红军北上和宜黄战斗时的永乐乡群众和党团员好多没有回来，部分回来后遭到国民党义勇队的摧残，如党员赵从大回来后，就给〔被〕义勇队绑起来，要他说出其他同志（反动派骂他们为"土匪"，连他穿的鞋也说是"土匪鞋"），另外要参加革命的同志"自新"，并交"自新费"，最少要 10 元。地主曾品龙随国民党一起回来向农民进行倒算，要贫雇农将分到的田地、房屋等交还给地主；另外，还强迫贫雇农交几年的谷子为租谷，强迫老革命同志做各种工作，如挑担。另外，还有种种苛捐杂税，如月费很多，分甲、乙、丙三等，革命同志最重；还有草鞋费和购枪费等。最使群众受苦的是乱抓壮丁，交繁重的壮丁费，交一【个】月后又抓。很多革命同志被抓去当壮丁，有的躲藏起来。这时白色恐怖统治着整个永乐乡，革命暂时处于低潮，但群众仍然盼望红军早日回来，他们始终记住毛主席的话：我们一定会回来，胜利最后是我们的。所以群众都把苏区时的公债券秘密地藏起来，保存下来，并把红军送给自己的东西保留下来。直到现在河北〔背〕老革命同志黎起财还保存了〔着〕当时红军 1 个师长送给他的瓷印色盒，有花纹，还有干了的油印，红色的。另外三军团在河背演戏、宣传用的化妆小木架和用品也送给河背村，要他们演戏搞宣传，直到现在也保存下来（现已收集到琳池总部）。从这可以看出群众对国民党的斗争和仇恨，以及对红军的怀念。

存在问题：永乐乡苏维埃组织【成立的】具体时间不详，无法搞清；又建党时间也不具体，永乐发展党组织的是谁不详。

东韶、琳池地区革命斗争大事年表

年月日	事件	备注
1927 年 11 月	横江村 100 余农民在黎有功等人的领导下，掀起抗粮暴动，其他乡也纷纷响应	民政局材料说暴动时间为 1928 年 10 月

续表

年月日	事件	备注
1929 年 2 （农历 1928 年十二月二十九日）	红军攻占宁都县城后，东韶、洛口一带四五千人参加拆宁都城，前后 5 天	
1929 年春	在东韶成立清泰区工农革命委员会	
1929 年 6 月	清泰区苏维埃政府成立，地点设在东韶	
1930 年 2、3 月	毛主席、朱总司令到东韶在大戏坪召开群众大会	具体是什么月，不详
1930 年	开始分田	
1930 年 12 月 （农历十一月十五日）	红军在东韶、水南歼灭谭道源师四千余人，缴枪两千余支	
1931 年 7—8 月	东韶杀 AB 团四五百人	
1931 年 8 月	红军独立第十四师，在陂头与孙连仲接触	孙连仲在东韶进行"三光"政策
1931—1932 年	在 1931 年独立营于东黄陂、二都河口击溃宜黄靖卫团。从 1931—1932 年在宜黄建立了 4 个区的苏维埃	
1932 年 6 月	在麻田成立洛口县苏维埃政府，包括南团、清泰两区（1934 年增设陂头区）	
1934 年 6—9 月	红军在广昌力田五次阻击国民党进攻后，主动撤退	
1934 年 12 月 （农历十一月三日）	国民党匪军占领东韶	

（调查人：杜铮奎、漆特英、唐和亲）

东韶、琳池老同志座谈材料

一、东韶地区的革命是怎样发动起来的

1927 年，中国共产党【党】员王俊、彭澎在东韶一带进行革命宣传。横江村（离东韶 5 里）的贫苦农民黎宽模、黎有功、黎朝兴（此人尚在）首先动起来了。1927 年秋收后，国民党宁都县政府派杨云泉来东韶征粮，10 月开征，12 月要缴清，过期不缴清者要罚款，否则就要抓人。抗粮的要求在群众中已广泛形成。在这以前东固的农民运动对东韶影响也很大，鼓舞了抗粮的积极性。

在这样的形势下，黎宽模、黎有功、黎朝兴去赖坊和赖源泉接头，要求派人来东韶进行组织和发动。于是，赖源泉派赖金声、胡竹生去横竹〔江〕组织暴动。1927 年 11 月，横江 100 余农民首先掀起了抗粮暴动，他们在黎有功等人的率领下，冲入东韶的征粮处，捉拿了国民党的征粮人员杨云泉，罚了他 500 元钱才放走。东韶农民暴动的胜利鼓舞了附近各乡农民斗争的积极性。接着，琳池、南团、漳灌、小田、吴村、洛口等地农民也都纷纷起来抗粮、抗捐。

暴动起来后，各地都成立了农民协会，组织武装和进行打土豪。当时，对一般土豪的打击办法是采取借款的办法，只要他老老实实按期把钱交出来一般是不杀的，也不没收其财产，至于土豪家的鸡、鸭【则】被农民吃了。只有那些为群众切齿痛恨的劣绅，在群众要求下才杀掉，像在东韶乡杀掉的劣绅有李炳西、曾宜三、李炳光等人。农民协会在开始成立时，有些地主、富农也混入了农民协会（后来〈才〉划阶级、分田地时才被清洗出去）。又由于农民

开始时还不能彻底打破情面，所以在打土豪开始时往往是这个村打那个村的土豪，这个乡打另一个乡的土豪，后来各乡、村协议好后，才打本乡、本村的土豪。

打土豪所得来的钱绝大部分是用来充实武装，购买土枪、土炮等，也有少部分以"草鞋费"的名义分给参加打土豪的群众。

1929年2月（农历1928年十二月），红军攻占宁都县城，当时因尚处在游击状态，敌人可能重占宁都，为了不使宁都成为敌人的堡垒，红军在攻克宁都后，动员各乡农民拆毁宁都城墙。东韶、洛口一带就有四五千人参加。参加拆墙，从农历1928年十二月二十九日到第二年一月初三共5天，每人发给"草鞋费"共5元。

存在问题及意见：

①据东韶、琳池的老同志说，早在1927年9月，从永丰来了一支红军，领导人是严玉余、吴刚，人数约三四百（番号不明），曾一度来东韶，据说只捉去5人，没有其他活动。捉去的5人，杀掉3人，放回2人，其中1人是赖坊大绅士赖沅泉，赖源泉回来后即宣传革命。对这一件事大家搞不清的有下面几点：a.这支红军究【竟】系什么队伍，来东韶目的【是什么】，是否没有一点宣传活动；b.赖源泉为什么被放回，而又搞起革命来；c.这支红军在东韶的影响。

②东韶地区党的组织活动的发展情况不了解。据老同志说1931年前是秘密的，1932年后公开。因为参加【座谈的】同志都不了解党在秘密活动时【的】情况，【故】需要进一步深入了解王俊、彭澎在东韶活动的具体情况〈不了解〉，赖源泉和王俊、彭澎的关系怎么样。

③横江、东韶暴动前的农村经济情况怎样，不了解（特别【是】地主剥削农民情况怎样）。横江暴动前，黎宽模等是否已成立秘密组织？为什么知道要去找赖源泉接头？以上情况据说参加领导的黎朝兴尚在，又去横江进一步了解。横江暴动时间有两种说法：一说在1927年11月，一说在1928年10月，前后相差一年，待查。

④暴动后，反白军"围剿"的斗争情况，要补充材料。

⑤红军打开宁都的时间不明确。是哪一支红军打开的，据有些

老同志说是李绍〔韶〕九的独立二团和段月泉的独立四团。根据文献记载，又可能是毛主席、朱德的红四军。

二、苏维埃政府的成立和分田运动

在红军攻克宁都县城后，不久，在东韶成立了清泰区的工农革命委员会。到同年五六月间（具体时间不详），正式成立区、乡的苏维埃政府。清泰区苏维埃政府设在东韶，第一任主席是赖而林。

随着苏维埃政府的成立，广大群众更广泛地组织和发动起来了。赤卫队、少先队、妇女会、工会、儿童团都成立起来了。为了支援红军作战，各地还组织了担架队、运送队、侦探队、向导队等。

1930 年二三月（不详），毛主席、朱总司令曾来东韶在大戏坪召开群众大会，参加的人有数千。朱总司令在会上讲了话，他号召大家要行动起来保卫胜利果实，要打土豪、分田地，还说明了婚姻自由。

东韶原属于宁都县。1932 年 6 月，洛口从宁都划出另成立洛口县，这样东韶已〔就〕划归洛口县。洛口县的苏维埃政府先在麻田，后迁小沅；县苏主席是李显富（现任宁都县长）。洛口县包括 2 个区（南团、清泰），1934 年增加 1 个区（陂头区），这样有 3 个区。

分田是 1930 年开始的，领导分田各乡有土地委员会，村有分田队。分田是按人口平均分配的，每人分田 2 亩半（10 担谷），地主不分田，富农分坏田。地主大部分逃走了，没有分到田的地主家属耕荒田及农民不要的坏田。

存在问题及意见：

①工农革命委员会成立时间待查，领导人是谁、区苏维埃成立时间也不确切，待查。据另一材料说，宁都县苏政府曾在东韶，而来的同志都说不知道，待查。苏维埃的成立是自下而上，还是自上而下，还是一起成立，也不明确。

②群众运动（工会、妇女会、少先队、儿童团等）的组织与活动情况因时间不足均未具体了解。

③苏维埃时文教情况因时间不足未了解。区苏维埃的工作情况等，由于参加座谈的绝大多数是乡干部（只 1 名是区委宣传员），【故】都不了解。

④分田问题讲得十分不清，他们只知道分了好几次，具体情【况】都不了解，主要问题如下：a. 土地占有的一般情况（在分田前）；b. 分田中的斗争问题；c. "查田运动"在这个地区的情况如何；d. 据文献材料，1930 年 2 月 7 日，赣西南红军在毛主席领导下举行"二七会议"，决定土改方向。据老同志说，毛主席、朱总司令在 1930 年二三月曾到东韶召开群众大会。土改方针是否在这个大会上进行过宣传？是否从这时起开始分田的，还是这以前已开始？

⑤毛主席到东韶时，在群众大会上是否讲了话，在第一次座谈会上老同志说讲过，后来又说是朱总司令讲的，到底毛主席讲了没有，待查；讲话内容有哪些，老同志都说不清。

三、击退宜【黄】靖卫团，把革命发展到宜黄

东韶北部的地主、土豪大部分都逃到宜黄（白区），联络了宜黄的国民党靖卫团（约五六百人），在 1931 年向我苏区进行骚扰，被我独立营在东黄陂二都汉口击溃。

当时党提出"发展宜黄抚州，打到南昌、九江"。东韶组织了模范营，保护我工作干部去宜黄进行发展工作。1931—1932 年，在宜黄南建立了 4 个区的苏维埃政府（东黄陂、东陂、干池、信头），东黄陂成为宜黄县苏维埃政府的所在地。

存在问题及意见：

东韶地区党的发展对其北部宜黄影响甚大，可以说是推动了宜黄的革命运动。首先东韶北部地主纷纷逃向宜黄，结合宜黄反革命向宁都进犯，因此红白斗争在宁都、宜黄交界地区是尖锐的，但这里斗争情况很少材料，仅一次也〔且〕不明确，这是其一；其次，发展宜黄既是扩大革命的一个重要方针，党和政府如何组织这个行动，主力红军和地方部队如何配合也不清楚；第三，发展到宜黄后

如何发动宜黄群众更无材料。这个问题除了继续在本县了解外，还应和宜黄取得联系。

四、对敌斗争的情况

1. 第一次反"围剿"——东韶战役

1930 年，毛主席领导红军于龙冈歼敌一师，活捉张辉瓒后，吓得谭道源师由源头向南团逃往水南、东韶。在农历十一月十四日，该师到东韶、水南，红军第一军团由小浦〔布〕经过下潮、南团到水南。第三军团（彭德怀）由小浦〔布〕经麻田到琳池、东韶。在十一月十五日，我军分别在水南和东韶与谭师打一仗，从上午 7 时一直打到下午 4 时（"毛选"【中】是 1930 年 12 月 27 日至 1931 年 1 月 1 日），在战役中有赤卫队、少先锋队、担架队配合作战，还有向导队带路，同时我军登上细鹰岭（东韶的北面），山高 10 余丈，这是有利的地形，因此大败敌军，打伤、打死敌人 4000 余人，缴获枪支 2000 余支，剩下残敌 2000 余人向宜黄、广昌逃窜。

2. 第三次反"围剿"——陂头大战

敌人在黄陂被我军打败后，孙连仲有几万人，由黄陂经麻田到陂头和东韶，当时我军由乐安来的独立第十四师的一个团（据老革命同志说是肖克华率领的），与〔在〕当地赤卫队和人民配合下，在陂头袭击孙连仲之军队，没有打败敌军。

当时该军在东韶进行烧、杀、抢"三光"政策，烧了民房 680 多间，祠堂 16 所，抢夺物资无数。

3. 扩大红军

根据当时形势的发展，经过第四次反"围剿"之后，党提出扩大红军一百万，当时的口号："创造铁的红军一百万，打到南昌、九江，会师武汉。"

由于党的号召，全体模范营加入红军（南团区有 200 余人），同时动员党、团员应该带头加入红军，然后赤卫队和人民纷纷加入红军（多少人加入红军未评）。在 1932 年 8【月】组织的少共国际师（东韶有 80 多人，琳池有一百四五十人），〈从〉18—25 岁的先锋队也一同补充到红军里面去，因此红军的组织就日益壮大起来。

根据上面的情况提出如下几点意见：

①时间十一月十五日与"毛选"【中的】1930 年 12 月 27 日—1931 年 1 月 1 日可能是有矛盾，要核对。

②是不是红军第一、三军团（彭德怀）分两路与敌人接触，要进一步进行访问。

③是不是肖克华军与孙连仲之敌打？战绩如何不详，打的目的性不了解，要访问。

④红军究竟扩大了多少？要进一步进行访问。

⑤孙连仲军来东韶烧的民房与祠堂的数字不符。

⑥第一次反"围剿"毙敌多少和缴枪多少？他们前后说法不一样。

五、苏维埃时期农村经济的情况

当时苏区人民经过分田之后，生活日益改善，如每人分田 2 亩半，可收入谷 800 斤，当时缴税是 10 斤半谷，所以粮食吃不完。

当时乡内有供销合作社和熬硝盐合作社（因敌人的封锁，苏维埃币 1 元多买 1 斤盐，1 光洋 2 尺布，外地无盐供应），每人出 1 股 1 元 2 角币可入合作社为社员。由于政府的组织而物价平稳，打击了投机商人的垄断市场，安定了人民的生活和生产。

组织了救济会——当时人民捐钱来救济灾区的人民和军烈属，还组织了帮耕队，解决军烈属生产的困难。

苏维埃时期政府发放过 3 次公债，每一次人民都是踊跃地购买，有的买三四十元，买 20 元的是很多（5 元可买谷 100 斤）。

按：当时党、政的经济政策没有具体的体现，应进一步进行访问，尤其是对农村生产领导的措施，根据其他材料说有劳动互助。

六、在肃反中存在的问题

在军队中发现了有国民党的 AB 团混入我们组织内部，因此在

1930 年八九月份，上级指示各地党、政应立即清查自己组织内部有无 AB 团存在。由于领导上有"左"倾思想的指导，在当时赣东办事处总指挥胡竹生的掌握下，在东韶误杀了许多革命同志和贫雇农，当时当 AB 团杀的有四五百人。大部分是误杀的，如，琳池清泰区主席陈安珍被杀，甚至后来胡竹生本人也被告为 AB 团，押送上级（据说是中央）处死，在革命内部造成了一些混乱。有的同志和干部甚至害怕被咬为 AB 团而逃避外地，离开革命。（当时有人咬定为谁是 AB 团，不要任何证据，也不加以侦查和研究，就立即杀掉。）

第一次反"围剿"后，第三军团提出"封刀不杀人，要调查研究，真的 AB 团也可自首悔过"，因此就逐渐纠正过来了。

按：

①误杀了多少同志，杀对 AB 团的有多少？要具体。

②是不是有真正的 AB 团或地主豪绅等在里面搞鬼？

③胡竹生是不是 AB 团的人？

④为什么当时杀人不要证据，靠嘴一说就杀掉？这些问题要下乡去调查访问。

⑤误杀的数字与中央访问团的材料不符。

⑥误杀的同志这么多，是上级指示一咬就杀，还是下面执行指示有问题？

⑦第三军团在什么时候来纠偏呢？杀 AB 团时间一说是 1930 年，一说是 1931 年。

※ 关于 AB 团的问题，①②⑥三个问题是否要进一步调查？因中央"关于若干问题的决议"一书中已经作了结论。

七、红军北上后，国民党对老根据地人民的迫害与压迫和人民的继续斗争

在第五次反"围剿"中，红军从 1934 年 6 月到 9 月，于广昌力田和国民党反动派交锋，接连打退了他四次猖狂进攻，但由于他

军队越来越多，到第五次时，我军则主动撤退。敌军于 11 月从广昌进到宁都县城，到 12 月（古历十一月三日）占领东韶。红军撤退后，北上抗日。

红军北上抗日后，国民党反动派军来了。他首先把逃跑的土豪劣绅带回来了。他们熟悉地方上的情况，哪个任过红军中的什么职务，把名字开给了"别动队"，便依名字捉，捉到后，看你家庭的经济情况，苛你的钱。假使外面没有报告，就坐牢罚钱后放掉；如得罪过人，有报告则杀。其次，打土豪、分田地时，分的田地、财产，地主、富农夺回了，并且要农民交租，家里稍好的要交几年的（有的交了 4 年）租。第三，他又调查谁分了多少土地和其【他】财产，其他财产要一律归还，土地假使你耕，要苛重租。在调查中，如在革命时有谁杀了人，杀的是土豪，要抵命；没有杀中是土豪①，要坐牢罚钱。一般的土豪都逃了，杀的少，个别被杀到，则他的亲戚兄弟来报仇者也有。第四，革命时，土豪、地主的老婆或女儿因土豪逃跑，而和其他人自由了（结婚），现在土豪回来了，要披红挂彩，用轿子抬着送回；原来没有生过儿女的，还要赔上五六十元打手礼（大概是聘金）；自由后生了的小孩也连同送回。第五，一般老革命的家财都被地主抢光了。第六，一切苛捐杂税和徭役都派到当过红军战士身上来，地主不出，要农民出，如月费按户派。穷人出不起，则卖青谷，卖青豆，卖老婆子女，以致倾家荡产。没有钱，反动派派警察到村子里来收，一到就是吊打捆，捉鸡鸭，弄得狗鸡不宁。第七，征兵先征参加过革命的或者是他的儿子，到处抓，追得没有着落；在抓兵时，还贪污钱，一个壮丁 500 元，名义上给当兵家，实际上是绅士们分掉了，只有少许路费，这笔钱派到各户身上出，主要是老革命，特别是老革命家有符合壮丁者出得更多。第八，反动派对凡做了红军工作的，好几年都没有发"国民通行证"，使你不能走动，像笼子里【的】"鸡"一样，跑不

---

① 不通顺，原文如此。

了。第九，反动派迫使老革命写"自新书"，要【求】永不跟共产党走，不写，则说和共产党有"勾结"，想共产党红军回来，开口"土匪"，闭口"土匪"，吃尽了亏。若要跟共产党，就全家都杀，斩根绝苗。我们许多人没有办法，因为红军走了，游击队找不到，只好写了，还要出"自新钱"，少至20元，多至一二百元。总之，反动派不让我们生毛（有饭吃），一切东西抢光了，有一点剥削去了，连吃饭碗都没有，许多人靠打短工过活。

红军北上抗日后，游击队散了，线索找不到，我们抵抗不住，只好忍受痛苦受污辱，但也反抗。如有一次，抓的壮丁，从宁都开往璜〔黄〕陂，一队一百六七十人，其中有横江人管弼能、李庆祥、朋古仔3个人发动签名暴动，有七八十个人签了名，在路上把连长杀了，暴动时有十六七支枪，过几天只有十几个人和七八支枪了。在哉江地方，还打了1个土豪叫温进才，罚了他300元，后来跑到石背（山上）。他下面的亲兵是北方人，起初说也和我们当"土匪"去，后来分了钱，枪又在他们这里，他们跑回宁都来了，只留2支枪和七八个人了，以后看看没有办法，便解散了。这个事件发生在1940年。

存在问题：

1.红军北上抗日后，老根据地人民如何反抗国民党的迫害？材料少，需进一步了解。

2.老革命以什么方式和反动派斗争？否则他们怎样保持生命到解放，这是一个问题。

3.红军北上抗日后，一般认为找不到游击队线索就算了，是否还有游击队在这里工作？不清。又是不是没有和他们取【得】上联系？

（整理人：王文超、叶敬煜、肖炎山）

第二次国内革命战争时期琳池小组材料的整理

第一部分：琳池的社会面貌

琳池乡（包括田营、齐元、坑头、坪川、水南）位于宁都县的北面，四周环山，地处偏僻，资本主义影响仍不比其他地区浓厚，故此，牢固的自给自足自然经济仍然保留，人民生活较苦，封建主义的压迫，是山村穷困的根源。

土地革命前，琳池全乡有360余户（本乡），人口有1100多人。地主有十七八户，富农有10户，中农【户数】不详，其余都是贫雇农。地主、富农占有大量土地，最大的地主李云春占地六七百石田，兼营夏布行，资金有10多担布，高利贷不计其数。田营也有100多户，人口约300多人，地主也有8户，富农有五六户。故此，绝大多数的贫雇农民都是租耕地主的田地，缴了繁重的租子，又要承担各种劳役，于是使农民劳动终年，不能得到一顿温饱，凄凉境况，实在难以述完。

落后迷信等思想观点也充斥于社会〈上〉，故此，宗派姓氏的斗争，利益的冲突也经常发生，造成农村一片黑暗。土地兼并情况越厉害，农民的破产情况越多，要生活下去，非革命别无他法了。于是，革命声势一来，琳池的革命风暴也跟各地一样，成为不可遏止之势，与各地汇成一股洪流，汹涌澎湃，彻底地反对封建主义，【农民】当了家，做了主人。

第二部分：革命的发生、发展

1927 年，李康谟①部队在东韶捉了 3 个绅士杀掉，后接着又捉住赖坊一带的绅士赖源泉，赖乃当地较有"声望"的人，能收拢附近青年人，于是康谟就把他放回，要他在附近各村工作。果然不久，回来后即邀横江 2 人、永村 1 人，在赖坊开会，组织横江暴动。赖源泉最初不出面，而是指挥赖汝林出来开会活动。琳池首先与赖汝林联系的是李自荣，李乃盐店伙夫，接头后，便进行琳池这一带的活动工作，田营人丁介和也在这时接受了革命影响，回到田营一带地方活动。1928 年 4 月间，由永丰、南团过来了四五百红军，经过齐元一带都贴起标语来。7 月间，这里各地都成立农协会，接着妇女协会、工会都相继成立起来，如田营村由李康谟带一姓江的先生先进行活动，最初是开大会，讲革命的好处，讲共产党的政策，于是感动了受苦受难的田营人民，马上就选上 7 个活动分子，如丁耀州、丁为清、丁席均、丁立廷、丁希光、李凤彬等，进行扩大组织，到后来田营就发展到 40 多人。

党的组织也随着革命活动的开展组织起来，田营最先吸收进党的有 5 人，如丁上盛、丁光辉、李桂林、李凤彬、丁立廷，成立党小组，进行活动。（琳池最先建党，建党情况至今不详。）于是党员分担各种组织的领导干部，如田营的丁上盛担负互济会工作；丁光辉则领导赤卫队的活动，当队长；丁桂林当琳池乡乡长；李凤彬后又当田营乡秘书；丁立廷当田营村主席。革命同志王俊、彭澎他们都带百余人，经常到这里一带进行活动，频繁来往，指导革命斗争。

革命的组织——农协会成立以后，过 10 来天，便掀起打土豪、分田地的斗争。最先是从别乡下手，然后才打本村，如横江农民就到齐元打李朝五，琳池最先就打坪川村的李金友，后打耶稣堂的刘

---

① "李康谟"应为"黎宽模"。下同。

水生，先后 11 家。田营就打丁则友等 5 家，声势越来越大，革命的怒火越燃越旺，所有的群众都卷入这个斗争，当时的行动口号是"打土豪，分田地""万户欠我钱，千户安心眠，贫雇农跟我来，每月八块钱，贫雇农吃了亏，报仇在眼前"。

打土豪的方法，一般都是由各乡召开村代表会议，提出被打对象，查清动产与不动产，研究其剥削与资金情况，然后便报上级，上级批准就打。执行时派人把土豪捉来，关在农协会，提出借多少钱数目，然后要土豪家属派人来商量，将款项交清，才许放回家去。打土豪得来的钱除分给参加打土豪的每人一两元"草鞋费"〈之外，〉和留些为农协开支【之外】，其余均上交。土豪家的鸡、鹅、鸭、猪都被农民吃了，不算钱。因此，不仅从经济上打击了地主阶级、土豪劣绅经济，更主要的是政治上给封建主义狠狠的打击，鼓舞了群众的斗争意志。

1929 年冬天，琳池、田营一带各村先先后后都开始分田，分田过程最初是在农协会领导之下，成立土地委员会，负责分田的具体工作。在这次分田的时候，并没有划分成分。当时田营土地委员会主任委员是丁玉珍，还有丁保卿、丁怀珍协助。田分三等，以村为单位，以原耕为基础，按丁计算，被打的土豪都是地主，其所有的肥田、好田完全抽出来，剩下中、下田，然后全乡统一调配。贫雇农分好田，中、下等的田也有分配，于是按丁计算，计户分田。当时每户都是 10 担田（2 亩半），同时另留一部分为机动田，作为将来生补死抽之用。如果是多种部分，仍然种下去，不过是要缴租子。这些多余田叫做红军公田，交来的田租归乡苏费用或地方上的公共福利事业之用。

随着农村反封建斗争的【推进】，赣东办事处也在东韶成立。当时，在各地的乡村政权也成立起来，乡的机构编制 3 人，主席兼财政，副主席兼文书，还有党支书，属脱产干部，处理日常工作。公费开支由屠宰费、累进税等款项供给，但最主要是用打土豪的款。如果没有土豪打，则每月向地、富募捐，每月每户 10—20 元不等。

国民党反动派为了彻底摧毁人民的政权，派了若干AB团分子潜入革命队伍与革命政权中。我们为了肃除这些暗藏敌人，曾发动杀AB团工作，由于执行上不够仔细，曾经错杀了一些革命干部。当时杀掉的大部分集中于区、乡级，故此，琳池乡、田营一带也因认识不足，受到一定的影响，而一些干部也不敢负责政权工作，造成一些工作停顿。

阴历十一月（民国十九年），国民党反动派向苏区进攻，十三日在龙岗打了一仗，隔2天（即十五日），国民党张辉瓒部主力一部分到达琳池一带，红军第一、三、五军团跟踪而至，结果，经过一天多苦战，国民党全部歼灭，我军获得第一次反"围剿"的胜利。

第三部分：革命高潮的发展

我军自从取得肃除AB团与第一次反"围剿"的胜利后，地方政权仍然有加以巩固发展的必要。故此，1931年，红军派干部刘福廷、袁福青、张中杨三位同志到琳池、田营一带重新加以组织巩固乡政工作。最初他们到琳池劝告、宣传教育群众，交待政策，说"封刀不杀人"，于是各乡政府又恢复了正常的活动工作，田营乡长是丁桂云，党组织也查核加以扩大，同时又再发动打土豪、查田运动……

（一）党的工作方面

1932年，琳池乡党组织已发展为1个支部，本乡支部成员有40人左右，各村成立党小组，入党对象一般阶级成分是贫雇农、中农，工作积极肯干，历史清楚，经过介绍人介绍，党组织批准。当时琳池党支部书记李英才，支部有支书1人，组织委员1人，宣传委员1人。党费每月收5个铜板，党员都在各级组织负担工作，1932年以后琳池的党员干部中曾抽调一批人到宜黄去工作，人数〈越〉减少。

（二）工会组织方面

1932 年以前及以后，琳池工会组织是逐步扩大的，工人的数目扩大到 80 多人。其中包括木匠、泥匠、理发工人、篾工、雇农等。自从成立以后，工会主席由李英才负责，最初工作是配合乡里打土豪、分田地。1932 年，李转负担别职。工会费的征收，雇农缴 3 个铜板，工人缴 5 个铜板，有关工作的费用，如纸张、印发一些文件等，都由会费开支，至于用后，所有余存部分，都缴交区方面的工会。

（三）政权工作方面

①扩军工作

当时口号是"扩大一百万铁的红军""打下南昌、九江，会师武汉"，故此，我们全党动员。当时这样说：每一个党员都至少动员 1 人以上，动员不到，应该自己参加。参军年龄是 35 岁以下。在积极动员之下，本乡青年大部分参加了红军去。1951 年^①过五月节后，田营前后参军的有 4 批人，第一批 20 多个人，第二批 10 余人，第三批约 30 人，第四批去得最多，有 50 多人。除了这四批以外，仍有一些个别去的。参军的人确定后，头一天晚上就开茶话会，第二天就召集群众大会，打锣打鼓，喊口号，欢送他们去参军。

②查田运动

乡苏第二项中心工作是查田运动。1929 年的分田是没有划分阶级的，这也是一个农村的阶级斗争。琳池李仕富同志曾当过区苏土地部长，曾参加过在瑞金举办的划分阶级训练班（或学习班）半月短期的学习。这一次查田运动除划阶级外，还要抽肥补瘦，地主的田地都抽出来，【把】最坏的田分给他们。查田运动是以一个小村为单位，组织查田委员会，成员是 5 人至 7 人。琳池的查田委员会执笔【人】是李华万。

---

① 时间疑有误，疑为"1931 年"，照录原文。

③经济建设工作方面

琳池、田营一带，曾发行购买过几次公债，琳池当时每人平均购买5元左右，但有的经济状况较好，买20元；经济差一些则买2元、5元。

合作社方面，主要是抓消费合作社，由农民集股投资，供销【以】油、盐为主，收购破铜破铁。后来又组织熬盐合作社，挖泥、过滤、熬成硝盐，克服被国民党封锁的食盐困难。棉布供应方面，均由小商【贩】挑来供给。

货币流通方面，纸币计有5种，1元、5角、2角、1角、5分，铜币有5分，银币有1角毫、2角毫。

银行开设，是以军队的师部为主，由师部每天兑换1小时光洋，以利附近老百姓可以自由到白区买物。开始使用纸币时，1元纸币可以兑换1元零5分光洋。四次到五次【反】"围剿"时，1银圆可换纸币30—40元不等。

④优待军烈工属方面

军烈属方面，政府是负责组织在家的劳动力成为代耕队，首先必将军烈属的田种得很满意，然后才来管自己，发挥了大协作的精神。军烈属家庭小孩都派妇女去照料，过年过节时，就送果子、花生、豆子、猪肉、食盐等东西，对他们进行慰问。同时，每个军属都送上一块红布，安置在其门前，红布上写"红军万岁，胜利万岁"等字样。经常派人去宽慰军属，劝告他们不必忧虑，将来就会回来团聚。

参加乡政工作的人员，属脱产干部，可以享受；村代表不脱产，不能享受。

（四）地方武装与组织

琳池乡支前担架队成立起来已久，分担担架任务，琳池上调支前的有几次，一次都是三四十人以上，担架队是35岁以上的男子参加。

模范营的组织是以25—30岁的青年组织，配合红军作战。先锋队是 17—25 岁的青少年，他们帮助赤卫队维持地方秩序，禁烟禁赌，查路条，都是由党团员负责、领导。

还有反帝大同盟等组织。

互济会是善捐一些钱，照顾红军家属与孤寡老人。

（五）妇女工作

妇女协会成立后，除配合打地主婆的工作外，同时又进行妇女自身解放运动。在剪头、放脚的过程中，是碰到一定的困难的，尤其年纪〈有〉30 岁以上的人，受了封建思想的影响，认为剪头、放脚是件丑事，不愿干，怕被评为"妖怪"，甚至造〈成〉一些不好舆论，妨碍工作的进行。经过党政从上而下的动员教育、宣传，妇女干部带头编歌谣，利用剧团等活动进行宣传教育，经过一年半工夫，基本上完成了这件工作。

当时〈有〉这么规定：七八岁至 20 多岁一律剪头放足,30【岁】以上可以不放脚要剪头，40 岁以上两者都不要。在规定宣布后，如果不做，少先队则去突击，利用妇女不注意，往后一剪。每村都由妇女代表和积极分子组织成为一个检查队，每 3 天到各家收脚布一次，收集后烧掉。如果发现年轻的妇女包脚，也用钩子钩脚布。

乡政府组织中有妇女干事，成年妇女干事，村有妇女代表，大村有 2—3 人，小村 1—2 人，选代表时采取提出候选人的办法，然后在全村妇女大会通过。

妇女在支前及地方上的一些工作：

组织慰问队，以 8 岁至十二三岁的女孩子组织慰问队，红军路经乡村或驻扎都进行慰问。特别是伤兵、病员，更加加以照顾，妇女替伤病员洗脸、喂饭，有的煮饭烧茶。40—50 岁就是洗衣队，替红军伤员洗衣服。

做军鞋，经常是分配任务，每次有 160 多双，最少有 150 双，最先是 1 个月交 1 次，后来是半个月交 1 次。如果任务下来，乡里先研究分配数字，再行分配到村里，从村到组，层层下去，经常都完成。做得好的也【在】大会表扬她，送新军时也就挑最好的，用红带包上送赠他，表示敬意。

帮助扩军工作，动员工作人人都做，妇女也由妇女干部、积极分子加上红军军属，组织突击队，到合乎年龄的男子家里去动员（一般年龄是十六七至 35【岁】）。当时琳池有 1 支突击队，下面分 15 个小组，3 人组成一组，每次进行动员参军，都有具体任务交待。

做好卫生工作：琳池乡政府的公共场所（附近街道、会场）专门有 20 个妇女分 5 班负责打扫。〈在〉开会时，由先锋队协助打扫和搬凳子，大操场由赤卫队负责打扫。居民的屋前屋后由附近居民负责，少队检查督促，发现不清洁就通知其再打扫，室内清洁，规定 7 天（有的半月）由妇女干事、妇女代表组成小组进行检查，发现某些家庭不够清洁，督促、批评，如果无效，经 7 次通知依然不改变（大概 49 日），那么就用纸剪成鸡脚贴在她的额上，由少队敲着锣鼓解去游街。

几点说明：

①本材料系根据我们组里访问老革命同志的记录整理综合出来的，由于时间短促，不能再开座谈会核对。

②我们访问的老革命同志一共有 12 人次，多半是区、乡干部，开过座谈会 1 次，访问面仍不够宽。

③所整材料基本上视为可以肯定的，但时间、地点……可能有些问题，不能完全确实，有待以后校正。

安福材料综合

一、农民暴动的发生与发展和红色政权的建立

1928年黄陂（小布）暴动后，安福庙前村的曾方辰（富农出身，后【被】咬 AB 团杀死）曾先和黄陂水口廖南生取得联系。曾方辰又串联了庙前曾元澄（后打宁都时死）等9人，于同年9月去水口住了3天，回来后又进行秘密宣传，并且又到附近的马迹村进行宣传。到十一二月即开始暴动，首先去角元坪打了土豪李承宗，得光洋300元，除去"草鞋钱"，多下来的打土枪、做红旗。

1929年正月初五（夏历），红军（红四军）在大柏地战役后，过宁都，来到安福，贴了许多标语，号召暴动打土豪。当时就有很多人参加了红军（安福有10多人）。同年四月，红军又路过安福。五、六月间王俊、彭澎、温连奎带游击队来安福活动，进一步发动群众，和王俊、彭澎接头联系的有庙前的曾方辰，安福的江锡周、曾方朱，尖坑的王仕仁，甘坊的赖坤波、赖坤卓等人。就在这一年秋天，安福、甘坊、庙前、尖坑等地都成立了乡苏维埃，区苏维埃也同时成立。在成立区、乡政权时，会同曾调来不少干部，如陈玉奇、陈楚生、杨立奎、彭南（元）等。开始差不多每一个大村都有一个乡苏维埃，到1931年并乡后有安福、罗陂、社溪、罗岗、甘溪、江背、湖背、角元坪8个乡。1933年，庙前又成立乡苏维埃，湖背划归洛口县（安福属博生县）。

在苏维埃政权成立后，打土豪活动有了进一步开展，并且在1929年底和1930年初开始分田。安福每人6担谷田，庙前每人8

担谷田。地主、富农分给坏田，雇农分好田，中农、贫农好坏搭配。1932 年查田时，在庙前村查出地富瞒田 200 担左右，分给农民每人加 1/2 担。

二、党组织的建立和发展

1929 年 4 月红军在宁都时，安福木匠曾远习等人去宁都看红军，遇见同乡田头人温力新（在当红军），曾远习就在某连【入】党（领到油印党证）。回家后秘密发展了 7 个党员。（按：此材料仅据曾远习本人所讲，待核。）

1931 年，党组织有很大的发展，各乡都成立了支部，安福乡有党员二三十人，西甲（甘溪）乡有 20 多人。

1933 年党组织公开。

三、保卫苏区反对国民党的进攻

1930 年初，安福区成立游击队，开始时只有 2 只〔支〕枪，其余均为土枪、梭镖，有 70 多人，队长曾方留。这支游击队后来发展到有二三十条枪。在安福一带除安福区游击队外，还有二大队（名称不详，领导人，有的说肖大鹏，有的说赖进英，均不确切，待查），人数有 100 余人。

1930 年七月初三（夏历），广昌靖卫团吴文孙部深入苏区，因我游击队没有准备，所以没有大的接触即退，安福区苏维埃也一度搬出安福。吴文孙匪军在安福一带大肆劫掠，庙前被劫去耕牛 60 多头，只有 3 头【因】未被发现没有被抢走。

同年七月十八日，各路游击队（二大队、安福游击队、太平区游击队等）和各乡赤卫队大举进攻石上，石上靖卫团闻风逃走，游击队曾火烧石上后凯旋而归。在七月十九日，各路游击队进攻东山坝，靖卫团头子李南斋也逃走了。

安福区游击队长曾方留九日〔月〕被咬 AB 团杀，由李××接任。1931 年这支游击队和太平区游击队合并。

四、第一后方医院和博生县劳动感化院

1932 年，第一后方医院驻在安福，设有 3 个所，一所在马迹，二所在庙前，三所在社溪。伤病员都住在民房里，住院人数不少，像庙前的二所经常住有四五百人。附近各乡给医院以很大的支持，像抬伤员、慰劳和迎送，妇女们组织了洗衣队、募捐队。来医院慰劳伤员的除宁都各乡群众外，兴国、于都也经常有人来。兴国有许多小鬼担任看护生。

国民党的飞机曾来安福轰炸过几次，都没有炸到。

1933 年下半年，博生县"劳动感化院"曾搬到安福，有犯人六七十个，这些犯人在院里做油纸、雨伞、斗篷等，除劳动外，也有学习，主要读报。

安福曾设过兵站（现在大队部地址），专门供给来往军队用品。

五、红军北上时〔的〕

1934 年，主力红军北上时，江西军区等游击队于八、九月间从宁都经太坪底来到安福，曾在龙汤底驻扎过 10 多天。后来到黄陂和小布的竹高岭。

同年七、八月间，安福、城头两区的区、乡干部在安福组成了一支安南游击队，人数约百余人，队长由安福区主席赖见万担任，活动于城头、连富、角元坪、安福一带。九月十八日（夏历），国民党军队占领安福，搜索我游击队。九月下旬，我安南游击队在龙汤底、尖坑一带被国民党匪军包围，游击队被冲散了，被国民党捉去的有省政府宣传部的宋子辉（下落不明），区主席、游击队长赖见万（在黄陂被杀）等人。

六、红军北上后国民党对苏区人民的摧残

1934 年九月十八日，国民党匪军占领安福后大肆搜杀我革命同志，仅在安福村【就】捉去乡主席刘顺义等 7 人，其中 5 人被

杀害。

逃亡在外的地主、土豪都先后回来，大土豪曾方信的儿子曾善岩当上了联保主任，曾方信仗势残酷地迫害革命同志，如强迫庙前村代表曾方还做长工，不给工资，连吃饭也不给，甚【至】叫他吃草。

土地房屋都被倒算，连农民由来的老婆也要倒算，如安福曾远添①曾"由"到宁都地主赖功万②的女为妻，红军北上后赖万功向曾万添要钱。庙前贫农刘明奎"由"到富农曾方探的老婆，红军北上后曾方探回来把老婆强要了回去。

---

① "曾远添"，下文又作"曾万添"。
② "赖功万"，下文又作"赖万功"。

第二次国内革命战争时期南团革命斗争史小结

一、党组织在南团的建立

1928 年 4 月间，胡竹生率领几十个人从南丰来到南团、汉口一带，（不久到东韶）在区里进行打土豪。当时的宣传还是停留在有钱、有势、有文化的阶层当中。

胡竹生来后不久，彭澎带领着几十个游击队来到南团、汉口等地广泛深入【地】在贫雇农群众中进行打土豪、分田地的宣传，为此打土豪、分田地深入人心。这口号是代表广大贫苦工农的要求，所以〈这口号〉也就成了党当时在农村中发动群众、组织群众的动力和武器，同时也是党在农村中工作的主要内容，革命的理论从此传播在南团，革命的火种〈就〉燃烧起南团人民革命的火焰。

在抗粮、抗债、打土豪、分田地火热的阶级斗争中，经过党的教育和培养，激发了贫雇农的阶级仇恨，提高了农民的阶级觉悟。在斗争的过程中出现了一批革命最坚决的积极分子，在斗争中锻炼了他们，在这基础上党的组织在南团建立起来了（这时党的活动还是秘密的）。

1929 年冬，红军三军团住在南团时，首先进行了建党工作，红军三军团政治部谭森同志介绍了张主富、伍子云、陈元清、曾翠林、罗秀科、刘德香 6 位同志入党，在南团乡建立了党支部。同时在汉口发展了李玉皆、李朝富、熊宗林、曾朝珍、丁品长等成立党小组，由熊宗林任组长。

入党的都是贫雇农，在打土豪等各项运动中工作积极。在入党时先填好申请表，申请表分姓名、性别、年龄、籍贯、入党要求等栏，填写好后讨论通过。批准之后，在 C.P.、C.Y. 的红旗下举行入党宣誓，由介绍人带领宣读誓词。誓词是：遵守纪律，牺牲个人，永不叛党，坚决到底，为人民服务，抗粮、抗债，打土豪、分田地。

宣读誓词之后，喊口号"共产党万岁""共产主义青年团万岁""全国胜利万岁"。党员每月交纳党费 1 角钱（汉口未交），党的组织生活基本上每 1 个礼拜开 1 次，有事时是经常开。

随着党组织的建立，在党的领导下，南团少共组织也建立起来了。当时南团少共有 20 余人，其条件和入党的一样，加入少共的年龄是 16—25 岁，要 2 个少共团员作介绍人。

到 1931 年底，南团区的党组织公开了，入党的只有〔要〕成分好、工作积极，登记后由区苏批准后便可以。在南团曾公开入党的有 20 余人，这时南团有中国共产党【党】员 30 余人。在 1931 年，南团也召开了同样的会议，由伍子云主持会议，在会上讲解了打土豪、分田地的意义，号召群众加入党和其他社会组织，分 4 个地方登记，一个是加入中国共产党，一个是加入共产主义青年团，一个是加入互济会，一个是加入反帝大同盟。党的组织就扩大了。

南团乡党支部以原来 5 个人为首，在各村建立了党小组。

二、苏维埃政权建设和巩固

1928 年 5 月，南团、汉口的农民协会在胡竹生领导组织下成立起来了。

当时胡竹生在南团大祠堂内开群众大会，宣传打土豪，号召大家起来，提到："万户欠我钱，千户得睡眠，穷户跟我走，每月八块钱"。胡竹生在汉口首先捉住了曾既富和他的老婆，把他夫妇捆绑在树上，要他交出谷子和钱财；后来赖源泉出来调解，曾既富交出了 100 多担谷子，银洋 300 多元，曾既富和他的老婆被释放了，胡竹生和曾既富就交结为朋友。以后在汉口组织农协会，推举曾既富为农协会主席，南团的农协会推举了曾敬兰为主席，后继任的主席有曾维土、曾维新、李黄仁等。

开初，有本钱、有文化的人掌握了农协会，农协会成为名不【符】实的组织，他们利用农协会的组织作为扩大自己的财富工具。据曾高汉同志反映：当时有"万户打千户，千户打百户"。曾既富在打土豪中便发了财，据李玉皆同志反映，曾既富出了 100 多担谷子、300 元银洋以后，他反而赚了钱。

农协会还不是贫雇农自己的组织。

1928 年，彭澎来到之后，清除了农协会内的有钱有势分子，改组了农协会，南团选举了曾敬兰为主席，在贫雇农中广泛深入抗租、抗债、打土豪、分田地的宣传。在农协会的组织领导下成立了赤卫队和游击队，曾华明同志任游击队长，仅有枪 9 支，大约有 20 余人。冬天，便开展了打土豪的群众运动。打土豪首先是对地主的地租剥削和高利贷剥削和抗债、抗粮的运动结合起来，捉住了宁都伪政府派来收粮的杨云源，打开了粮仓，以后捉住了万户曾执尧、曾廷三、曾焰辉、曾春全，向他们交待政策，收回来文契和票子（借据），把这些文契和借据烧毁，要他们交钱谷。曾执尧交 500 银洋；曾廷三交出 1000 多担谷子，银洋 1200 元；曾焰辉罚银 200 元；曾春全罚银洋 300 元，谷子 45 担。打土豪没收来的谷子分给贫雇农，留下一部分集中保管作为红军口粮之用，没收来的银圆一律上交作为军费之用。

在农协会巩固的基础上，1929 年 4 月间，南团成立区苏维埃，同时南团乡苏维埃也宣告成立，不久各村苏维埃也先后地组织起来了，汉口村苏维埃就是在同年春成立的。

区苏维埃设有主席，在主席下设 9 个部：内务、土地、财政、劳动、监察、裁判、军事、文化、粮食。

乡苏维埃设有主席、秘书和伙夫（兼通信员）。

村苏维埃有主席和文书，不久村主席改为村代表。

在区、乡苏维埃之下还设有国民互济会、优待红军委员会和雇农工会、贫农团（农协演变而来的）。

南团区、乡苏维埃各机关工作人员不详（暂略）。

各级苏维埃组织建立不久，同年冬天开展了一个广泛而又深刻、热火朝天的打土豪、分田地的群众运动。

打土豪、分田地的一切工作是在党的领导下进行的，在分田之前，首先是划分阶级成分，在党内划出之后交群众大会通过。当时划的成分是雇、贫、中、富农、地主、土豪劣绅。成分划定了后，开始分田，田分上、中、下三等，分田的原则是好坏搭配。南团是按产量来进行，每人可以分得 7 担田。在汉口是按面积分，平均每人分得 2 亩 5 分田（产量也是 7 担）。1929 年冬天分田之后，直到1933 年每年都有查田。这里所有的田都分完，没有留公田。地主也分田，分的数量也是一样，地主和富农分的是坏田、旱田、产量差的田、比较远的田。

除了分田之外，没收来的房屋、山岭一律分给贫雇农（分配的原则不详），池塘一般是不分的，养鱼可以，水不私有，一律供田里用。

分田之后，农民当家作主，生产积极性提高，产量增加了。当时苏维埃进行自由结婚的宣传，很多没有结婚的贫雇农娶上了老婆，生活改善了，再不缴地租纳粮了，每年上交轻微的累进税，是按产量来纳，缴纳的标准不一致，一般每百斤交 3 斤到 4 斤。

粮食增产，支援前线打胜仗，后方得到巩固，红军在休息时积极帮助农民生产。张主富同志反映，红军帮助群众种田，为群众撑腰，打土豪，分田地，这样一方面巩固了苏维埃政权，另一方面为扩大铁的红军作好〔打下〕了物质和思想基础。

三、群众运动

1.妇女工作

经过了宣传之后，首先就是剪头发和放脚，有的妇女如果不剪，开会时就把她们的【头】发剪去。参加洗衣队为红军洗衣，其中有不少是老年妇女，组织救护队，另外组织做布鞋、打草鞋。少数的〈或〉犯了错误的妇女便罚她们多做几双鞋，妇女会把妇女编成连排分别派到红军中慰问。此外，经常的为红军烧茶弄饭。

2.扩大红军

第四次反"围剿"以后，提出扩大一百万铁的红军的号召。首先在洛口县开会，动员群众，自动报名参军，提出只有〔必须〕【粉碎】五次"围剿"，〈必须打败它，〉有国才有家，没有国家就没有家。个人必须明确任务，为了保证分田胜利，消灭国民党，南团人民积极参加红军。当时参加红军的很多，模范营、赤卫队差不多都是整个营、连、排编入红军。当时，南团一带的模范营是编入三军团和十二军团，□布录有50人，南坑有五六十人。有的群众先为适龄青年家里作好田，然后再来动员他们参加，妇女动员丈夫、母亲动员儿子参军的事例更多。如，南团妇女主动动员自己的丈夫参军，有的为红军搬行李送到10多里路以外。儿童团打着锣鼓欢送他们到区上，战士们胸前挂着光荣牌，红军家里的工作，一律由各级苏维埃安排好，制订了优抚条例（内容不详）。区苏维埃组织了优待红军委员会，设有主任，专门负责优抚工作，红军家属的田地由代耕队帮助种好，提出"田地由苏维埃耕种，供给红军家属"。同时还大力地开展优抚工作宣传。

3.踊跃地认购公债，支援前线

当时购买1、2、3、4、5元的不等，有的购买十几元，开展群众性的购买公债运动（在南团从1932年起连续发行两次公债）。同时组织了担架队、向导队、侦察队、运输队，积极热情地做好后勤工作和支前工作。1934年攻打东韶时，南团人民给前线红军烧好茶，煮好饭，送到前线。

4. 1929年8月，南团人民召开了庆祝八一建军节2周年的群众大会。

5. 第一次反"围剿"活捉了张辉瓒。当时张辉瓒从小浦〔布〕解到南团，在南团召开了群众大会，会后举行了示威游行，群众手执小红旗，高呼打倒张辉瓒的口号（后来张辉瓒解往东韶）。

6. 1931年10月，举行了庆祝苏联十月社会主义革命的群众大会。

四、南团人民的武装斗争

南团农民协会成立以后，各村赤卫军队相继建立起来，保证了抗粮、抗债、打土豪、分田地的胜利。少先队、儿童团和妇女会也积极地投入斗争，经常放哨检查过路人，捉吃鸦片和赌博的流氓；同时还经常地操练，配合赤卫军捉回了不少逃亡地主和坏分子，维持社会治安。

赤卫队、游击队和国民党、靖卫团进行了几次斗争。1929年，曾和从麻田来的国民党军队在南团打了1天，因敌人不知游击队的力量有多少人，而逃回麻田。

随着苏维埃的建立，地方武装也扩大了，用打土豪没收来的钱，制造了一批土枪、土炮和梭镖，赤卫队扩大为模范营，南团有100多人。1932年7月，在风雨亭（南团村后面的山上）和永丰的靖卫团打了一仗。后来赤卫队又配合红军三军团击退了驻在南团的白军，打死了白军1人。靖卫团来骚扰时，便给他们打击。有一次，麻田来了几十个靖卫团的兵抢鸡、鸭、猪等财物，赤卫队给他们一个迎头痛击。

1931年到1932年春，配合全县攻打翠微峰，南团模范营参加了作战，达半年之久。

五、国民党的残酷统治和苏区人民的斗争

1934年十二月初九日（同是农历），国民党反动军队来到南团恢复了白色统治，原在红军中工作、后来留在南团乡作〔做〕秘书的甘赞春叛变了，在地主们支持下组织了义勇队，土豪劣绅又重新欺压在人民头上。

南团的老革命同志和广大贫苦农民重【新】过着牛马的生活。打土豪时分得的田地、房屋都被倒算了，如罗科发、曹常茂、曾华明、曾星福、曾华队、张主富等同志被地主赶出屋，屋内的一切家具财产都被地主强占了。反动统治对老革命和贫苦农民又实行各种苛捐什〔杂〕税的剥削，有什么壮丁费、月费、运输费、购枪费，特别是壮丁费，一次又一次。张主富同志便派了4次，每次都是上百元（银洋），交不出便〈是〉捉人坐牢。

在政治生活上压迫得更苦。当红军离开南团时〔后〕，国民党便大肆地捉抓老革命同志。对他们进行严刑拷打，例如布元张主富同志，在贵州掉队被国民党捉住，受尽了煎熬逃回家，刚回到【家】又被地主曾玉德捉住，反手悬吊在树上逼问口供，拷打1天1夜。他的亲戚托人花了百块钱，买通伪保长，才救到一条命。抓夫拉丁，首先就是抓老革命同志，曾华明同志便被抓去当白军，关在宁都牢里，他们想法〔方〕设法在墙上打了一个洞，才逃出来，逃出还不敢回家，流落深山，后来才回家。曾耀春和罗科发等100多人被抓去挑东西20多天。不发给老革命同志"良民证"（身份证），叫他们"土匪"，例如罗科发同志，因为【无】良民证，行动不自由，几十〔十几〕年没有来过南团、麻田（他家住在南坑）。

老革命同志在艰苦的岁月里怀着仇恨，对统治阶级继续进行着斗争，斗争的形式就是逃跑外地，不交租税，对生产消极，这不能不是给地主一个严重的打击，也有个别的在尖锐的阶级斗争面前畏惧而叛变。

六、关于 AB 团的几个材料

国民党反动派派了一批特务打入党政机关和军队中，进行破坏工作。同时，在分田地之后一部分地主外逃。当时苏维埃每两星期查阶级一次进行肃反。

1930 年，南团杀 AB 团 3 人。杀 AB 团是从东韶杀过来的。在南团杀的 3 人中有曾永绍，他在地方工作很积极，有人咬他是 AB 团，捉住后地方上便组织人去保他，结果无效。后来，三军团内有很多的 AB 团，从前方军到南团下坝杀了 23 人，另外有一次杀了 5 人。三军团在黄陂也杀了很大一部分 AB 团，据曾华明同志说，用机枪架起来打 AB 团。

AB 团潜入党内破坏情况：

①田营区（即南团区）的区主席、副主席、区委书记廖玉金、卢著模、王惜才，他们三人是 AB 团成员，党内的任何事是他们先知道。有一次，王惜才到竹坑和靖卫团开会，把党内的情况告诉靖卫团，王惜才的反革命活动被组织掌握了，【便把】这三个 AB 团〈便〉杀了。

② AB 团头子琳池李自荣在吴村小岭开会，开会的时候把到会的人登记起来，在开会时李自荣号召"大家不要当农民的炮灰"。后来名册被红军掌握了，按名册杀了一部分 AB 团；隔年之后，开始纠偏，号召 AB 团自首，不再杀了。

③ AB 团成员有内红外白的袖子，红军一来红袖子反在外面，白军来袖子又反转来。

存在问题：

1. 南团的党组织。根据张主富同志回忆，他是最早入党的，是在 1929 年冬天由三军团谭森同志介绍入党，但是与琳池和东韶、横江的材料对查起来，三军团来建党是在 1930 年，在时间上有矛盾。

2. 南团的党组织。据罗科发同志回忆是在 1930 年，由李△党同志来发展组织，当时入党的有伍子云、黄英能、李春林。在对查的过程中，有几个老革命同志说不认识李春林，南团没有这个人；黄英能现在还在，只有 44 岁，按年龄说来黄英能同志在 1930 年不可能入党。

附：黄英能同志现在江西萍乡峡山口□铁马，建议去信与他联系。

3. 关于卢著模和廖玉全、李自荣的问题，在南团据罗科发同志和曾敬元同志回忆，他们是 AB 团和 AB 团的头子。这材料与琳池、田营掌握的材料有出入，究竟怎样，建议到洛口、吴村、小岭时再调查对核。

江西省委革命史调查队宁都分队洛口组

宋华樑、叶敬煜、杜铮奎（宁师教员）

1958 年 12 月 29 日

第二次国内革命战争时期吴村一带调查资料

一、土地革命时期的一般情况

1928 年春，在党的领导下爆发了打东韶粮处的永村—横江暴动。不久，吴村的农民也发动起来了。最初来吴村进行革命活动的有从永村来的，也有从横江来的。从永村来的有赖源泉、黎耀才，最先在吴村的张天堂发动群众。从横江来的有董永发、赵为珍、黎宽模等人。最初和他们取得联系的在吴村有曾子行（后叛变，被杀）、李焕能、赖能万、张天堂、黎和清等人，故在 1928 年四、五月间，吴村张天堂也都搞起了农民协会。

成立农民协会后就开始打土豪，先由农民协会研究确定打的对象，然后在夜里派一些人去打土豪。他们分一部人，把土豪家团团围住，以防其逃走，其他的人进入土豪家里，先把土豪捉住，接着进行搜查，把银钱、衣服、粮食、家畜等一齐带走，土豪本人〔缴纳〕罚款后放回。衣服等物散发给贫雇农，粮食、家畜大家一起吃了。打土豪得来的银洋大部分归公，少数分给参加打土豪的群众每人一两元，名为"草鞋钱"。吴村各村没有大的土豪，打到的钱也不多，100 多元已经算大土豪，普通只有五六十元。开始打土豪时有些混乱，把富农也列为打的对象，后来成立了乡苏维埃，确定对象比较慎重。

乡苏维埃是在 1929 年春成立的，第一任乡苏主席是赖能万。乡苏维埃成立后除了继续打土豪外，还开展抗债活动，一般是勒令债主将借据自动交给村代表，有些不老实的债主拒绝交出借据

〈者〉，则由乡里派少先队去要，【再】把这些借据集中到乡【苏】烧毁。

1930 年开始分田，根据上级指示，是按乡为单位平均分田，每人分 10 担谷田（2.5 亩），但实际分配是按村分田，因为田多的村虽然愿意把多余的田拨给田少的村，但田少的村因为路远不便耕作，宁愿少分也不要他村的田。乡里开会征求意见，群众认为以村来分方便，田少没意见，所以结果是以村为单位分田。田多的如谢坊每人分 16 担谷田（4 亩），田少的如吴村（本村）每人 8 担谷田（2 亩）。分田初还留下一部分公田，其收益作为修路、修桥之用。后来这部分公田也分了。地主不分田、富农分坏田，因此有些地主去开荒田，或耕别人不要的弱田，也有个别地主给人家做短工或长工。

二、关于肃杀 AB 团问题

1930 年肃杀过一次 AB 团，被杀的 AB 团分子一般都是知识分子出身，在农村中称为"毕业生"，其中不少是区苏维埃的负责人，【如】李次云（区委书记）、罗维邦（区主席）。

据谢坊（离吴村有 7 里）的群众说，罗维邦和老马（名不详）曾在毛家斜（离谢坊 2 里）召开过一次会，谢坊的万保生（区财政）也参加了这次会，据说这次会是 AB 团会，万保生不久（1931 年 2 月）也被肃杀了。

1930 年底第一次反"围剿"时（在东韶打火前夕），县苏维埃主席曾子行来到吴村准备反水迎接白军，曾子行先和马鞍山方面的白军取得联系，并在吴村万里的学校里邀集同谋者七八人开秘密会议。东韶打火，白军大败，曾子行阴谋未成，即带了 5 个人逃走（一说曾带走 3 支枪），后在大山背地方［被］当地群众捉住。曾子行【被】押到黄陂杀掉。

三、关于肖田区政府被围问题

红军北上后，肖田区政府仍坚持斗争，这时由赖恒清（洛口赖坊人，解放后镇压）带领的义勇队已先由宜黄进入宁都，经常骚扰地方。九、十月间，肖田区政府迁到东车（离吴村 10 里）。十一月初（夏历），国民党大军占领洛口即包围东车的区政府，当时区政府的工作人员有二三十人，除一部分逃散外，据说有 11 人被杀害。

四、1949 年吴村解放前夕的情况

解放前的一两年中，吴村人民所受国民党的压迫，真可称是水深火热。

抓壮丁一年好几次，不愿去当炮灰就得出壮丁费，买 1 个壮丁要两三百银圆。像黄水生 3 年中连抽到 2 次壮丁，共出壮丁费 450元。不仅把要讨老婆的钱都交出，而且还借满了债。地方豪绅除了从壮丁费中大肆中饱外，还任意进一步剥削贫苦农民，如，恶霸李彬珍要赖书香给他做长工（只供吃，无工钱）才答应不抽他壮丁。

除了壮丁费外，还要出月费、枪杆费。枪杆费是各姓的土豪借购枪支保护本姓为名，摊派勒索，从中渔利。交不出这些苛捐什〔杂〕税的就要抓人，如，李书豪的母亲因为交不出 7 元钱就被关在牛栏里，两天没有吃东西。

地主豪绅的高利【贷】剥削尤为苛重。贫雇农（甚至包括一部分中农）在青黄不接时一般都没有东西吃，要借粮、借钱。借钱10 元每月要交利息 1 元，称为"月月钱"。最厉害的债主在春上放债 1 元，年终要回本利 12 桶谷（1 元钱买 2 桶谷，利钱要 10 桶）。由于国民党和地主的残酷剥削和压迫，广大贫苦农民日夜盼望解放军早日到来。南昌解放的消息传来后，人民都知道共产党就要来了，心里都很喜欢。

八月二十日（夏历），解放军百余人由东陂过肖田来吴村，吴村人民热烈欢迎解放军，腾出屋子来给他们住，烧饭招待解放军。

老同志赖坊生（曾任区少共书记）激动地对解放军同志说："我们等了 10 多年又见面了。"当解放军来时，吴村的地主豪绅及恶霸李彬珍、黎海清，伪保长李生坚等都逃到附近的山里。这支解放军因有任务，过了 1 夜即去戴元。

后来，区委刘书记从洛口来吴村，吴村人民在老革命同志赖永怀（苏区时曾任工会主任）的组织下热烈欢迎，放炮〔爆〕竹、杀猪接待亲人。在群众大会上不少人都说"如果解放军迟来几个月，还不知道要逼死多少人"。

江西省委革命史调查队宁都分队洛口组
王文超、许弟倬
1959 年 1 月 6 日

关于向宜黄发展根据地问题

1930年末，宁都的游击队已在宜宁边界活动。

第一次反"围剿"胜利后，宁都根据地稳定下来了，所以党提出"向北发展""发展宜黄、抚州"以扩大根据地，宁都北邻的宜黄是当时发展的重点。

1931年初，在宁都县北部吴村成立了宜黄县苏维埃，具体负责向宜黄发展的工作。【在】县苏维埃工作的干部大部分是从宁都各乡抽调来的，像县苏主席曾德恒（宁都永乐人）、财政部长刘开能（宁都麻田人）、裁判部长严佑福（宁都陂头人，后叛变），也有从其他县调来的，如县委书记黄日兴（永丰人）、县少共书记胡主照（吉安人）。

在县苏维埃成立同时，还建立了武装，有宜宁游击大队宜黄独立营。游击大队有一二百人，枪支数十条，士兵都是从宁都各乡模范营中抽调来的，游击大队除负有进攻宜黄【的】任务以外，主要是保卫县、区政府。独立营的士兵同样是由各乡模范营中抽调出来的，人数有300余人，是发展宜黄的一支重要武装力量。南广独立营也是当时攻打宜黄的一支武装，后来这两个独立营合并为宜广独立团，1933年扩为独立第四师，师长是曾德恒。

发展宜黄当时县苏维埃还组织工作队，工作队的人员绝大部分都由宁都各乡抽调优秀人员（大部分是党、团员），去新区发动群众，建立政权工作，但有些人就留在区里担任工作。就吴村乡来说，去宜黄担任县、区苏维埃工作的有10多人，如县少共副书记李发兴、黄陂区委少共书记赖书长。

　　宁都各乡的模范营、模范少队除了抽调编入游击大队、独立营外，未编入者也经常出发，配合去打宜黄。有由各乡轮流去的，一般的是1—2月轮换1次，模范营与模范少队枪支较少，所以一般都不参加战斗，做放哨、守卫、押送土豪等工作。40岁以上的男子有任务时参加运输、担架工作。

　　打宜黄由独立营、游击大队开路打先锋，模范营、模范少队跟着前进。宜黄的反动地方武装主要是靖卫团，后期有义勇队。这些敌人是不堪一击的，有的一触即败，有的闻风就逃，所以在开始发展宜黄时没有什么大的战役。在宜黄县东南20里的塘仁，由于敌人武装较强，曾打进打出过好几次。

　　随着武装的向前推进，工作队也就在新区开展工作，发动群众打土豪、分田地，建立苏维埃，区一级干部大部分是由宁都去的人担任，也吸收一部【分】宜黄人。乡一级干部都由当地人担任，为了便于领导，当时区一般是划得很小，有的区只有两三个乡。

　　宜黄的贫雇农民热烈欢迎红军，欢迎宁都弟兄，为军队带路，侦察敌情，供给粮食、柴火。他们对去宜黄的士兵、工作人员说："打下宜黄县（城），好过太平日。"有时，我们军队因敌强我弱，暂时退出一些地区，当地的乡村干部宁愿离开家乡也要跟我们队伍一起走，如在洛口、霍元，有一次因靖卫团突然包围我独立营第四连，当地干部就随我军一起撤【出】霍元。由此可知，他们是决心与红军共存亡【的】。当然，也有些农民因受国民党和地主豪绅的造谣影响，有的开始时逃上山去，有的还说"宁都人没有盐吃，才不得不来打宜黄"。

　　发展时，虽然无大战争（这里指不包括大军队的反"围剿"战争），但困难还是不少的，去宜黄〈的〉工作也都有充分的思想准备。当时的口号是"集中一切的力量，准备一切的牺牲"。靖卫团的残部经常对我区、乡政府进行骚扰和袭击，宜黄的反动地主还组织了暗杀队，杀害我工作人员，如蛟湖区儿童团书记赖克明（宁都洛口永村人）【在】一次下乡夜间被杀。

〈从〉1931—1932 年，在宜黄南部曾先后建立了东陂、黄陂、干池、七都东江、成江、五都、金竹、蛟湖、新丰 9 个区，最远打到二都，县苏维埃随着胜利也向宜黄挺进。1931 年下半年，从吴村迁东坡；1932 年迁黄陂。

1932 年下半年，国民党发动第四次"围剿"，国民党匪军一度深入宜黄根据地，后被我三军团在黄陂、东陂打得大败，活捉李明师长，粉碎了敌人的"围剿"（活捉李明后，三军团在洛口水口召开军民群众大会，参加的人有数万）。

第二次国内革命战争时期石上、曾坊斗争简况

　　石上、曾坊地处丘陵，紧挨南昌至宁都的干道（当时的大路，现公路）。石上离宁都仅 38 里，曾坊也只 46 里，城里的靖卫团、守望队经常来骚扰。红色政权在 1931 年以前都是不巩固的，时常白天插红旗进行工作，晚上即搬入山中或迁砍柴岗。

　　1929 年 4 月，红军来砍柴岗，石上地主都逃【往】宁都。1929 年秋，石上、曾坊先后成立石上乡苏和池布乡苏，石上的乡苏主席李振杰（赌棍，反水后跟侯团长跑了）。同时，成立了赤卫军，有五六十人，参加攻打宁都。10 月，宁都靖卫团来围石上，乡苏、赤卫队被打散了。靖卫团回宁都后，石上的乡苏也没有做什么事，宁都的靖卫团便经常来扰乱。

　　池布乡苏是在 1929 年 5、6 月间成立的，主席符书远，支书符书录，不久被靖卫团追逼散了。1930 年初，又重新组织起来，同时成立游击队（当时池布属大布区，这里有两个游击队大队共 120 多人）、赤卫军，曾吉习任赤卫军队长，后任大布区第二游击大队队长，镇守秀岭（宁都、广昌交界），进行分田。但由于四面都有靖卫团，北是湖岭咀的李沉〔源〕泉，西是东山坝（枧田）的李保球，南是宁都靖卫团和石上的李集瑞（常来往宁都—石上），还有管头的廖德胜。这里的政权一直是白天工作，晚上迁山上，生产也不能正常进行。

　　守望队受靖卫团指挥。李集瑞的守望队是在 1929 年 4—5 月，他逃入宁都后在城里组织的，只有十几个人、4 支枪。1930 年 4、5 月间，李集瑞、李振倬带守望队六七十人，枪一二十支来石上，

杀了谢坊妞子、牛巴子（刘××）两人。到 1930 年 7 月 15 日，河背的游击队、赤卫军攻打石上，才把守望队赶回宁都城。此后直到 1931 年夏，靖卫团都没有常住石上，只有来扰【民】，上来就与河背游击队、赤卫军打仗，但也住不久，一次最多住三五天。赶走靖卫团后，石上又成立乡苏，附近各村成立村苏维埃，插红旗，进行打土豪。里熬打刘诗英家，捉到其媳妇，打到五六十元。石上土豪都逃了，没有打。同年底，即进行分田，以村为单位，田分上、中、下三等，互相搭配，平均分。里熬每丁 10 担谷田，石上每人 7—8 担谷田。农民欠的租债也不要还。

1931 年夏，国民党二十六路军进驻宁都，派侯团长一团兵驻石上，侯团长一来，李集瑞、李振佩[1]等地主守望队、民团都回来了。地主夺回了田，租债照常要交还。民团、守望队到处捉拉革命工作人员，进行杀害。

当时，侯团长的兵驻在石上街上和附近小山上，沿河也扎了帐篷，到处挖工事，天天和杨烈的游击队打。8 月 15 日，烧了砍柴岗的房子，杀死 6 个群众。守望队、民团则到处捉人。民团和守望队 100 多人，都驻在里熬，民团六七十个人，天天搜捉革命者交给守望队审问杀害。从 6 月至 11 月半年中，即杀了 100 多革命者和革命群众，石上乡主席李能水、池布乡游击队长李能有均是这次被害的。

1931 年十一月初五，赵博生同志在宁都率领部下起义，通知□□团侯团长跟随，侯接通知得知事不好，即率领部队向南城逃窜。宁都靖卫团逃到翠微峰，石上李集瑞的守望队和李焕益的民团以及地主都在一天之内跟着逃了。守望队和民团逃到抚州时，编入伪保安第三师，师长史宏律。

1932 年春，石上又起乡政府，重新分田，不论手工业者或做生意的都分给。有时也到会同、枧田去打土豪（石上土豪都逃了），

---

① "李振佩"与"李振倬"疑为同一人。

傍晚去，天亮边归来。因调查不够路又远，没有打到银洋，也没捉到人，只打到一些牲畜、食物。

池布、禾尚坪等地也稳定了，乡苏有了固定的地点，各种群众组织，如妇女协会、互济会、反帝大同盟等，群众热情地支援政府建设，支援红军。1932—1933 年两年中发 3 次公债，群众都踊跃认购，多的十几元，少的也购一两元，一般都购五六元。在扩军方面也做得很好，1933 年 11 月间，池布区苏大操坪开群众大会扩军时，少共书记李兴店带头报名，带动了五六十个青年参加红军。在这以前也有很多青壮年入伍，石上村在 1932—1933 年间去了十几个，兰田乡 1933 年也去了十几个，各乡村都有青壮年涌入红军。

1934 年九月十七日，国民党罗卓英部队来到池布、石上的前一天，池布苏区委还在工作，晚上才在江西军区某独立团的掩护下撤往安福—黄陂。

随着国民党军队的到来，石上外逃的地主大部分也回来了，与国民党勾结在一起。捉拿革命工作者，施行酷刑，强迫自新，交自新费。如，1934 年九月二十二日，地主李杰、杨易行带国民党军队捉到原乡主席李能月同志，用茶杯粗的棍子敲打，打后将李能日〔月〕同志的手反剪着捆在树上，树旁设一火炉，用水壶烧开水，水开后用棍子撬开李的牙齿，往下灌，灌得鼻孔口腔流血，喉咙给烧烂了（后医了 2 个月才好），腹部在灌开水时因憋气和烫的关系，起了很多气泡，直到现在都没有好。从那时起至现在，李能日〔月〕同志吃饭还经常噎住咽不下。

用过酷刑后，还要李能日〔月〕同志交"自新费"，把他捆在树上十几天，经过群众的联保，写了字据，打上脚模、手印，保证以后随传随到，才把他放出来。李出来后，带一家人躲在里敖（离石上三、四里）住了八九年。

同时，李的妻子也被抓去坐了几天牢。

石上的刘诗森则被敲去了 70 元"自新费"。

1936 年，国民党又开始收月费米、月费钱，做过革命工作的比一般群众要多出 1/3 以上，交不起就要被捉去坐牢，李能日〔月〕夫妇都被捉去坐过牢，有的被坐死了。

以后又按户派壮丁费，不管独子，年龄合不合格都要派，不交就捉人，弄得青壮年无法生产，整天躲在山中。

1949 年闰七月十八日，解放军解放了石上一带。那天正逢当街，石上街上挤满了人。中午，解放军首先派便衣进街，安定群众情绪后，大部队才进来。因为解放军进军的神速，石上乡伪乡长还没有来得及逃走，当时还有〔在〕街上，伪乡政府也未撤。解放军来后，伪乡长李炳还在街上，解放军当时也未动他。

附：①

---

① 原文缺。

宁都县石上乡东山坝土地革命时期的部分材料

一、土地革命的情况

东山坝地处梅江河的东面，是个小坪场，当时每旬【逢】五、十赶圩，分成四房：上坝、下坝、东上屋和炉屋。下坝势力最强，以李南斋（以九）□最强，李国保（绅士）是其忠实的走狗。上坝不强不弱，以李秀盛、李保球最强。炉屋、东上屋没有什么势力。整个东山坝都姓李，地主绅士李南斋是李姓族中的首脑，他父亲叫李育山，没有什么家产，很少土地，只有一两间店，是一个抽鸦片的人。到南斋时，家产很快地发展起来，他以吞食大布、坝里一带办大学（即小学）的 200 担谷子为资本，残酷地剥削贫雇农，放高利贷，利上加利，没有办法【还】完的就要人家的田地或店子。看见人家有好田就假意问他要不要钱，结果就上了他的当，还不起钱就占有他的好田地。于是他就渐渐变成了坝里的大地主，成为土地革命时期的反动头子。土地革命前，他每年收租 800 担以上，有商店 47 间（亦说有 20 多间），经营夏布及其他生意。除此之外，他还企图统治坝里附近的他姓，如廖姓、曾姓、罗姓等，因此宗姓间常有纠纷。其中，有处在河西坪田子坝里相对的廖和李姓有斗争，曾、罗不敢往往〔往往不敢〕在李、廖争斗时出来调解。

李、廖姓的斗争有着比较长期的历史。据一些老同志和老婆婆反映说，他们还小的时候常常有械斗，组织"□子班"，有土炮、土枪等用来搏斗。在李南斋时期斗争主要集中在两个问题上，第一个就是赶圩的问题，因为东山坝李姓和坪田廖姓都是逢五、逢十赶圩，李家〔姓〕就不准廖姓同一天赶圩，而廖姓又偏要同一天，并且禁止廖姓人过坝里赶圩，并把坝田与坝里唯一交通的木桥拆去。就这样，李南斋从中进攻，说桥不能拆。同时，廖姓的柴、菜或其他挑到坝里卖时要抽税。因此，廖、李姓因赶圩问题往往有冲街〔突〕，甚至发生搏斗，隔河用土炮相打。第二个问题就是相坝的问题。廖姓单把坝里的人的祖坟"毁掉"，说这是廖姓的地界，不许坝里人霸占。李姓就说要这一坪，处在河东坪。两姓争斗，结果李上青的父亲给廖姓打死了，于是两姓在县里打官司，打了3年（从民国十五年开始）毫无结果。直到土地革命前，李南斋的父亲李育山〈时〉也因两姓的冲突后打官司，结果李姓输了，李育山【被】判了徒刑，坐牢坐死了。于是李南斋便依其发展起来的势力，一定要和廖姓打斗。李南斋要本姓都参加姓斗，如不参加的就要说他买〔卖〕族。各个家族受他的支配，就连县长都要听他的话。

二、靖卫团的建立及其对人民的掠夺

宁都县黄陂、永村一带在王俊、彭澎的领导革命组织起来以后，李南斋等土豪绅士也就建立起靖卫团，企图维护其反动统治，镇压人民的革命活动，所谓保护地方。

1927年3月，宁都靖卫团建立，分成3个分队，一分队就〔驻〕扎在宁都，二分队驻扎在石上，三分队驻扎在东山坝、富田。一分队由阎矮子负责，二分队由范南的胡南一负责，三分队由李南斋、李国保、李保球负责（又说南齐是县总团长）。整个靖卫团有将近300人，一分队有100多人，50—60支枪；二分队100多人，80支枪；三分队50多人，有20多支枪。

东山坝的靖卫团经常到坪田溪边、大布湖等地抢劫东西，而且不止一次。从民国十七到二十年，东山坝一带时红时白，靖卫团回来或逃亡时都到处抢劫，不管是鸡、鸭、牛、猪，亦是谷子、花生、豆子和被帐、锅头、家具等都要，前〔曾〕到大布抢银首饰到坝里卖。靖卫团烧了坪田40多间〈的〉房子。尤其李南斋从外地

回来后，迫租债更加凶恶。群众谈起这一事件时，【无】不感到相当痛苦。经常逃到山上，回来的时候，家里像水洗一样的空虚。那时，大部分群众还不敢起来和游击队一起消灭靖卫团，只有部分秘密党员在暗中和游击队联系，但斗争时还不敢露面，一起跟群众来到山上。

三、党组织的建立及其初期的秘密活动

据坝里李南畴同志说：1926 年底（十月），东山坝李昌平（康民）、李奉飞（先周）、赖通、李绍贤等人和彭澎一起在赣州工农训练班学习过，快要过年时回来。【当】时叶青（赣州派来的）也来到坝里，住在饭店里，很夜里才到李航民（即李周禹）家进行活动。李连森曾亲眼看见叶青、李昌平、李继哥、李奉飞、赖通、李周禹在一起吃血酒，加入党的组织，不久叶青也走了，走到哪里不详，秘密地进行革命活动。以后常到山上去开秘密会，常假说探亲到永村去开会。永村一说六村会，参加者有太〔大〕布的罗新福（后叛变任伪保长，现在杨村），小元有曾年亮，坪田有廖遂清。

1927 年正月初五，第四军邱陶带军队攻打城里。打开城里及赣州市独立第七师长刘事义（口音）后，邱陶带了 400 人到东山坝①。李昌平也回来，十七日又走了，在省金里②担任工作。在这一时期内秘密发展了一些党员，如李新发、李富斌、李良才、李新才、李彩宽、李贤才 6 人，成立秘密党支部。李南畴说支书是李昌平（可能这时已经不在坝里），组织委员李继周，宣传委员李奉飞。

1929 年至 1930 年间，李南畴、李丁良、李发先、李福浪、李玉山、曾集成、廖新锡、曾士贵等 20 人加入了党的组织，分成 5—6 个小组，每组 5—7 人，整个支部〈约〉40—50 人。党、团组织到 1933 年 3 月公开。

---

① 不通，照录原文。
② 原文如此，疑有漏字或衍字。

1927 年 8 月，有团小组，组长曾集成，团员有李南畴、李淮泰等 5 人。1929 年 3 月后，有李开秀、孙迪仁、李荤子婆、李细女子（绰号）、李齐波等 10 多人加入团组织，成立支部，少共书记李集成，宣传孙迪仁，组织李南畴。到 1930 年时有 50 多人。

入党条件：查三代，成分好，对革命有认识的、工作积极者即可；2 个人介绍，要填申请书，要牺牲个人顾【全】集体利益的。宣誓时呼口号，内容是党的十大政纲：推翻帝国主义在华的统治，没有〔收〕帝国主义在华的银行，推翻帝国主义国民党，建立苏维埃，实行工农专政等。开会时唱《国际歌》，小组会一星期一次，支部会半月一次〈，雨雪不停〉。开会后〔前〕，内容有事先通知，谈论国内外形势，揭露地主的剥削，〈死〉对地主做坚决的斗争。到扩大一百万余的红军号召时，党、团的检讨①在一起，以前分开。党、团员交费每月 5 分（红军票），由组织委员收。

在游击队和靖卫团作斗争时期，东山坝党组织的活动主要通过秘密信和游击队联系。当看到靖卫团空虚的时候，就派李富先送信到游击队那里，叫他们来攻打靖卫团。但在战斗时又不露面，和群众一起到山上去，因为秘密党没有枪枝〔支〕，靖卫团力量较大；另外，秘密的党员也会为游击队带路，和靖卫团作斗争。

四、游击队的建立及其与靖卫团的斗争

革命初期，有清泰乡游击队，由王俊、彭澎领导，〈约〉40—50 人，20 多支枪，一次战争后有太平区游击队，由古下、坝里、大布、小元的赤卫军编成。分两个大队，叫一大队、二大队。一大队长罗秀福，有 3 个排，包括邱秀周、李超浪等。二大队长李富先。当时还有宁南游击队、河西游击队（东山坝河以西）、宁安游击队。

游击队和东山、石上靖卫团的斗争次数非常多，有时天天打，

---

① 原文如此。

有时隔几天打一次。在坝里主要斗争有三四次，第一次是民国十七年正月，王俊、彭澎带着 60—70 个游击队员攻打坝里，在持〔靠〕近东山坝的东边的"李家背"时受靖卫团埋伏，初战不利，游击队有一个负伤，后撤走。后三四天，宁南游击队的〔从〕城里溪边来，经过木桥攻打坝里。靖卫团退到官田，游击队追到官田，逮捕靖卫团一人，但有一个游击队员牺牲了。

第二次是在 1930 年 4 月的一个下雨天，正是种迟禾（晚稻）时节，宁南、赣南游击队和太平区游击队冒着雨、戴着斗笠攻打靖卫团。经过半天的战斗，靖卫团失败了，李南斋带着 30 多人逃走了，赖九成脚【受】伤后来不及逃走，退到湖岭嘴的灌般（口音）时，游击队员赶到田里，用梭镖刺死了【他】。李元泉也受伤逃走了，罗科仁缴获了赖九成【的】手枪。这时秘密党为游击队队员带路，〈组〉带了路后，又赶快走回村里和群众一起走了。

第三次是民国十八年 7 月以后，国民党军队到东山坝抓当兵的，有 2 个士兵（在现在坝里炉屋的食堂门口塘里）给浸死了（当时涨大水，听说 2 个士兵去捉兵，反而给群众赶到塘里），以后两支枪从塘里捞起来，游击队知道后用 20 多元买去了。后又不知谁告诉驻在官田的靖卫团，靖卫团派人来向捞枪者李新传要枪，新传交不出被打了一顿。到 9 月时，游击队又和靖卫团打了一仗，结果把李祥红打死，并逮捕了李桃万、李老细等 4 人，后解到安福打了。7 月，王俊、彭澎带领游击队到东山坝捉李贵资、李上富（流浪绅士），后把贵资杀掉了，并出告示〔控诉其〕勾结反动派屠杀。

民国十八年初一，十二军攻打城里，派圻赖等受^①，坝里有人参加。民国十九年元月初一，又打城里，有宁南、赣东、太平区游击队和永村、琳池、东韶、洛口一带 1000—2000 人打城里，全县共几囗人，这时靖卫团一、二、三分队都在城里。

第四次是在（1930 年）民国十九年 7 月 19 日。7 月初，广昌吴

---

① 疑有误，原文如此。

文逊的军队约 300 人（李南斋等人用了 400 元银洋请来）来到东山坝，驻扎在"德成祠"和"德干祠"，还有靖卫团一、二分队也来到东山坝，亦说毛炳文在黄陂失败后的残匪也来到东山坝。这时，在共产党领导下，各地都完成了土地改革，因此群众都要求消灭反动武装——靖卫团。所以，这次攻打坝里的群众特别多，除宁南、太平区，一、二大队，游击队，赣东游击队，各乡的赤卫队和几万个农民群众，队伍分东、西、北三面包围坝里。游击队员在小元吃过晚饭，12 时出发，天蒙蒙亮时开始战斗，没有多久敌人溃退了。战斗结果，活捉江背地主曾育春、曾先春，打死 20 多人（吴文逊的士兵），李南斋吓得不会走，叫人抬着逃走了，后逃到广昌（以后到南昌任六路军"剿共"总指挥，国民党回来后回来，解放前几年病死了）。这次战斗获得了很大的胜利，吴文逊的士兵狼狈逃走，到处丢枪、丢子弹；但也有个别顽抗的，没有子弹时，就把枪毁掉；战利品有 40 多支枪，子弹 1000 多发，两洋油箱的鸦片，俘虏七八个人。

战斗前充分的部署，留〔早〕在五六天【前】就在坝里开过秘密会，要党员在自己的门上写上"大字同志"四字，以免被捐。战斗中，用火烧去李南斋的房子和 40 多间店。这次战斗以后，靖卫团基本上被消灭了，坝里和其他地方的红色政权获得了巩固。

民【国】二十年 7 月 14 日，东山坝、坪田、大布、小元各乡群众和乡政府人员也包围枧田的李保球之靖卫团 20 多人，包围了 2 天，保球从这往湖岭嘴的道路走了，只抓到 1 个靖卫团员后解在坝里杀掉了。

五、工会的组织及其斗争

1928 年 12 月成立工会，太浦设总工会，东山坝成立分会，李上智任秘书，后调到区工会任秘书；李友富、李仁政做主席。据友富说，当时有雇农工会、手工业工会、劳力工会，参加工会的有篾匠、铁匠、理发匠、裁缝等，共 60 至 70 人。参加工会的经申请后，发给工会证。工会的主要工作是统计有哪些老板，他们各有多少工人。工会规定 8 小时〈的〉工作制（但实际上工作不止 8 小时），工资由工会会议决定，老板、工人、学徒要得同样的工资，老板要细心教会学徒，不准收学徒的钱。工会负责人检查老板有无虐待徒弟，有无照工会规定的做。上智曾检查过一个老板（竹篾老板，大布人）虐待徒弟，要一个年纪很小的徒弟背一根很大的竹子，查到他没有照给工资，以后打他包工头，斗争过他二头后也没有教育。^①当时工会还组织工会介绍所，解决工人工作问题等。

工会还对一些有钱人借款，和打土豪差不多，如，曾向屠宰商李进崇借过 2 次款，第一次要他交 50 元，只交了 20 元；另外还和农民在一起打土豪，款项除发一些给草鞋费外，全部上交。工会会员不定期开会，每月交会费 1 角（红军票）。

六、东山坝的政权建设及各种机构

民国十七年 12 月 24 日宁都起义以后，成立县革命委员会，主席彭澎、王俊，秘书长肖前方，行政科长彭澎兼，财政部长李航民。

民国十九年正月十七日（1930 年），成立了乡政府（同时成立了太平乡政府），开始打土豪的斗争。四军团曾打过李南斋 2 次，要他交出 100 多元银圆（他不在家）。

在乡苏成立前，即民国十八年 5 月，成立了农协，主席李新发，财粮委员李良才，文教委员李法先（现在是地主），秘书李植成，还有宣传委员。

打土豪没有〔收〕南斋、辅皆的财产，要继士交出 300 银圆。抗租抗债，群众借了地主的谷或钱，现在不用还了，如，南畴欠地主李维贤 100 多元就不用完〔还〕了。农协贴出布告要地主将借契、字纸交到政府来（那时南斋、辅皆的〔把〕契纸都带走了），如

---

① 原文如此。

果查到不交来要受处罚。

打土豪、抗租抗债以后开始分田。1930 年 2 月开始分田，平均每人分到 5 担；未完成，国民党靖卫团又回来；后继续分田，平均每人分到 7 担。地富分坏田。公共的鱼塘照分，其他未分。

在农协和乡苏建立同时，各种组织如儿童团、先锋队、赤卫队、妇女协会等也建立起来。在中央提出扩大一百万红军的口号后，东山坝的群众也热烈地参加，当时有 30 个左右的手工业工人参加了红军。李上智任池布区优抚委员会主任时，区政设在坝里，每月每次都有 20—30 人参军，他常到各村去动员青年参军，动员妇女、母亲要劝自己的丈夫或儿子去参加〔军〕，大家做好优抚工作。

坝里也组织了互济会和反帝大同盟，每月交会费 5 分，以后照例上交。

七、红军北上以后的情况

红军北上以后，东山坝逃亡的地主李南斋、李国保、李保球、李沉等都先后回来，以后整个乡又处在反动地主的统治之下，李沉任联保主任，残酷地剥削人民，要革命同志交自新费，交月费。抓壮丁更是频繁，几乎每隔 1 个月抓 1 次，被抓去的就得用 100—150 元银洋来赎。就这样，不到 5 年的时间，李沉便拿到剥削人民的血汗钱购买了 100 多担谷田，做了 2 间小屋和 1 间大房子。

对老革命同志的压迫剥削更是残酷，如〈将〉李南畴同志〈的〉6 岁的儿子【被】丢到塘里〈，被水〉溺死，他的家产被洗得精光。对李上智及其他老同志也是如此，要他们交自新费，派最重的月费，强迫李上智和李进棠当保长，他们都以无文化、耳聋脚拐为辞拒绝做国民党的差事。当李沉把保长之印送到上智家一定要他做时，他便从坝里炉屋逃到小元。更毒辣的就是将两个曾任区乡苏主席的廖新锡和曾集成同志杀害了。反动地主经常无事生非向贫雇农要钱，骂革命同志为"老土匪"，其爱人为"土匪婆"。

八、区、乡界线

土地革命前，石上、洛口一带分成 6 个乡，叫上三乡、下三乡。上三乡包括清泰乡、怀德乡、太平乡，下三乡包括仁义乡，还有两个，南畴同志【不】记得了。

清泰乡下有琳池、东韶、田营、河背（陂）、永乐、严坊、厚田（后并入太平乡）；

怀德乡下有万峰、黄陂、曾村、杨蔡、下左、小布，到龙岗边界。

太平乡下有古下、洛口、谢坊、大布、东山坝、小元、麻田。

仁义乡下有安福、会冈、驿前（属广昌，是否在以前属于宁都不详）。民国十七年 2 月（1928 年），成立太平区。

太平区包括以下各乡：池布、东山坝、石湖、大布、小元、古下、严坊、厚田、坪田、富元、溪边、石上、砍柴岗、角元坪、安福、杨村、小布脑、湖岭嘴，以后石湖、杨村并入到东山坝乡，溪边、坪田合为一乡。

太平区政府曾设在大布、溪边、小元、安福。

1930 年后，以江为界，分河东区、河西区。河东区曾设在东山坝和池布。

河东区包括：池布、石湖、东山坝、石[①]。

河西区包括：麻田、小元、大布、角元坪、砍柴岗、坪田、溪边。

---

① 原文如此，推测"石"字后有漏字，疑为"上"字。

角元调查

一

角元在苏区时是一个乡，大的村子包括温坊、灶背场、角元3个，小的有洋合、通场坝、石△坑、下△、上阶等，横直几十里。

角元位于梅江上游之东，跨过宁琳公路，进猫子岭走几里路便是角元。角元是砍柴岗的后卫，这里有着重重障障、连绵不断的山岭，四周的山岭有的是碧绿的，有的是光秃秃的，仅长几根草。

在山与山之间形成一个个小盆地，451户、1454个人就生息在这山区。人口较集中的角元有着几家小店，乡苏就设在这里。这地区的人口因为国民党的摧残，死亡很多。就单洋合这个小村，在苏区时有100余户、300余人，1/3的人在国民党的横征暴力〔敛〕之下死了；解放后，人口虽然逐年地增加，现在还只有70余户、200余人。留下来的462户中（最近搬走11户），贫农有407户，占总户数的88%（强），差不多都没有土地。中农27户，占总户数的5.86%。富农9户，地主19户，地富占总户数的6%，差不多4726亩地都是地富和祠会所有。在1927年，国民党征粮达7次，压得贫苦农民透不过气来。

二

1928年，彭澎、王俊的游击队来到角元坪、温坊、洋河①打游

---

① 洋河、洋合疑为同一地点。

击，宣传"万户欠我钱，千户安心眠，穷人跟我走，月月人人八元钱"。当时，温坊廖集中、廖太和等人和彭澎、王俊接头，协助游击队打土豪。当时，打土豪是打大户人家，打了两个最大的土豪：一个是离角元2里路的李宗顺；一个是角元村的李善仁，家有千担谷田，打到他200元钱（首先是安福来打）。游击队走后，廖集中等同志积极地活动。

到1929年4月初，第四军由宁都来到石上、角元坪一带进行革命，又打李善仁和李宗顺等大户。角元坪、温角灶、沅场3村，在廖集中、廖太和、廖作文（已叛变）、曾耀庭等人【领导下】组织政府，曾耀庭任角元乡苏主席，其他〈社会〉组织在苏维埃成立以后也先后地成【立】〈组织〉起来。

党的组织在这时也在扩大，当时李焕先和廖作文等人在廖集中的组织下先后入党。当时党的组织是秘密的，他们入党时，不是说入党，只是说C.P.、C.Y.。

在党的领导下，进行了轰轰烈烈的打土豪、分田。1930年，温角灶分了田，每人平均分5担谷田，地富也分田，分坏的田。在分田时划了阶级，但不仔细。

分田之后，大家都积极支援前线。在李焕先任主席时先后发行了两次公债，每次是1万多元，两次共有2万多元。发行公债之前，先开动员大会，然后摊派到各村，摊派时一般按人口派的，购买公债时没有钱【买】可以用谷【抵】。特别是后期角元坪积极地为宜黄军队和马迹等地的医院运送粮食。全乡百多担架，千人，只要一接到宜黄等地交粮食，来封信，这边信〔便〕送去，差不多每天都有十几人送，每次每人挑70多斤。妇女在支前工作中也做了不少工作，打草鞋，做布鞋，人人都干。同时组织了慰劳队，在李亲秀的率领下，80个妇女到马迹医院，慰劳伤员半个月左右，为伤员洗换伤口和衣物。

三

角元在1928年先后和其他地方一样，掀起了轰轰烈烈的革命，88％的贫雇农民是革命的中坚力量。除了和本地的地主展开尖锐的打土豪、分田的斗争外，还对石上、东山坝、湖岭咀等地的靖卫团、守望队、国民党的武装进行了神话般的游击战争。这支游击队原属太平区，后来太平区和安福区合并，这支游击队便属安福区管辖。游击队的领导人是杨烈和廖瑞清，游击队的成员是由邻近砍柴岗、角元、社溪等地的贫雇农组织的。现还在的，角元有余朝容，社溪有曾远茂、曾子龙等。开初只有几十个人，后来扩大到百余人，编为一连三排。杨烈任连长，廖瑞清担任连政治委员（有一种说法恰相反）。一排长李晨夫，蔡背埠人；排副曾黄仁，甘背人。二排长李自万，蔡背埠人；排副廖人古仔，平田人。三排长余朝容；排副陈面子，△水人。初期武器是很简陋的，差不多都是梭镖、鸟枪，只有两支枪。1931年六七月，毛炳文在黄陂大败，他们运用切蛇尾的战术，在富元、小元、王州等地缴到七十几支枪，力量也就更大了。游击队的生活是很艰苦的，天天在山里窜来窜去，有时竟连草鞋也没有，光着脚；有时几天也吃不上一顿饭，就是连吃饭也得肩〔扛〕着枪放哨，敌人一来就登上〔山〕。这支游击队经常地活动在小沅、王州、富元、东△岭、平田、角元、社溪、砍柴岗等地，总之，他们活动在梅江之西岸，经常给江东的国民党军队、靖卫团、守望队神出鬼没的袭击。

红、白军以梅江为分水岭，进行拉锯战。

洋合是他们的根据地之一。1931年7月，湖岭咀、赤布、小布埠、砍柴岗、角元的乡苏和太平区苏先后搬到这里。白天，男女老幼一齐上山，晚上就下来。这消息被石上国民党侯团长和李集瑞、李振佩的靖卫团、守望队探到了，7月13日便大举地来围攻。当时游击队只有7支枪，他们在登山之前事先招呼群众先上山藏好，然后才登山。他们登在李家祠后面的高山上，7支枪分三路合击，3支枪打正面，左、右两边各两支枪。经过数点钟激战之后，游击队打死侯匪2人，缴枪3支。因双方力量悬殊太大，游击队便退往坪田。到了19日，侯匪等又率兵来围攻洋河。这时游击队还没有回来，侯匪便大肆地烧杀抢掠，烧掉大小民屋、祠堂55间，抢去耕牛70头。待群众给游击队通风报信，游击队从坪田赶回〔过〕来【时】，敌人行凶已走，游击队便追，在猫子岭追回了7头牛。

四

国民党的残酷统治给苏区人民的摧残是难以计算的，他们烧杀抢掠，在今天的角元还留有他们罪恶的痕迹，这是永远也忘不了的。如，东山巴靖卫团头子李南斋杀人不眨眼，对老革命同志施行严刑峻法、残〔惨〕无人道的屠杀。角元乡温坊最早的党员廖集中就是在他的屠刀下惨死的，万恶的李南斋杀死了廖同志不算，还要开肠剖肚、挖心脏。又如，角元曾传富同志在国民党的枪杀下成了残废；洋合李祖育同志因敌人的拷打〈损失甚大，〉而四肢瘫痪。

党北上抗日之后，国民党又重新恢复了黑暗的统治，老革命同志又过着暗无天日的生活，受尽他们苛捐什〔杂〕税、抓兵抓丁的搜刮。洋合李安先前后被抓兵两次，单壮丁费就要200多元，月月还有月费。称老革命同志为土匪。

在这尖锐的斗争中，绝大部分老革命同志仍旧坚持着斗争。李安先同志为反对国民党抓丁抓兵，组织洋河青壮年十几人练习拳术。在1942年11月间某天晚上，国民党警察来抓李凤鸣，李凤鸣同志拿起大刀给警察一个迎头痛击，吓得警察屁滚尿流，〈被吓倒〉跌在池塘里，浸得落水鸡样夹着枪落荒而逃了。又如，角元年达70多的李燠元同志，当年他是温角灶乡的乡主席，后兼支书，他为了反对联保逃走躲藏起来，后来被联保处捉住了，用肩担、枪托打，开会公审，追问口供，他仍是坚贞不［屈］，联保处勒索了他

35 元银洋，后来经群众担保才放出来。过了 2 年，联保要他做白军代表，他说："你们打得我好^①！现在又要我做代表，就是打死我也不干，我要跟红军。"

但有极少的部分在敌人的拷打利用下叛变了。

---

① 疑"好"字后面有漏字。